企业内部控制全流程操作
从入门到实践

王鹰武　胡潘婷◎编著

人民邮电出版社
北京

图书在版编目（CIP）数据

企业内部控制全流程操作从入门到实践 / 王鹰武，
胡潘婷编著. -- 北京：人民邮电出版社，2022.11
ISBN 978-7-115-59781-6

Ⅰ. ①企… Ⅱ. ①王… ②胡… Ⅲ. ①企业内部管理
Ⅳ. ①F272.3

中国版本图书馆CIP数据核字（2022）第138367号

内 容 提 要

本书以企业内部控制的基本理论为起点，搭建各个环节具体的内部控制架构，帮助企业形成完整的内部控制体系。企业应根据自身情况建立适合自己的发展战略，以发展战略为整个内部控制的基点，使资金活动、采购业务、资产管理、销售业务形成完整的生产经营链条，构建内部控制架构。

本书归纳整理一般企业所需的各部分内部控制流程，希望能为企业内部控制制度的建立提供思路和方法。本书既适合各大企业管理人员、财务人员以及财会类专业师生参考阅读，也可作为企业实施内部控制的实用工具书和培训教材。

◆ 编　著　王鹰武　胡潘婷
　　责任编辑　李士振
　　责任印制　周昇亮
◆ 人民邮电出版社出版发行　　北京市丰台区成寿寺路 11 号
　　邮编　100164　　电子邮件　315@ptpress.com.cn
　　网址　https://www.ptpress.com.cn
　　河北京平诚乾印刷有限公司印刷
◆ 开本：700×1000　1/16
　　印张：41.75　　　　　　　　2022 年 11 月第 1 版
　　字数：798 千字　　　　　　 2022 年 11 月河北第 1 次印刷

定价：199.80 元

读者服务热线：(010)81055296　印装质量热线：(010)81055316
反盗版热线：(010)81055315
广告经营许可证：京东市监广登字 20170147 号

随着时代的发展和经济一体化进程的逐渐加快，企业面临的市场竞争环境日益激烈，风险也逐渐加剧。为确保在激烈的市场竞争中立于不败之地，企业需要跟上时代的步伐，建立和完善自身的管理体系，重点确保企业各部门和单位之间的权力与责任的明确划分。

为了加强内部管理，提高管理和经营效率，企业要完善内部控制管理机制，保证监督控制工作的有效实施。建立内部控制制度是为了确保企业的经营和管理正常运行，不仅可以保证企业既定方针的贯彻执行，而且能确保企业日常经营活动的顺利进行和未来可持续发展，还能为审计工作提供良好的环境。

企业要实现自己的经营和管理目标，仅仅依靠几个部门的努力和合作是不够的。企业内部控制主要包括五个方面——内部环境、风险评估、控制活动、信息与沟通、内部监督，是一项全面的风险管理活动。企业内部控制具体的手段偏向于工具性质，往往涉及企业整体业务或管理内容，需要企业全面协调与合作。

由于内部控制的主体是全体员工，因此内部控制体系以企业的整体合作为基础和前提发挥作用，实现全员参与。现代企业内部控制包括一系列与会计、审计和业务部门相关的制度和规划。因此，内部控制贯穿了企业经营和管理的各个方面，涉及企业生产经营的各个环节，是一项复杂的系统工程。基于此，本书系统地总结了企业内部控制流程的各个细节，为企业内部控制的精细化管理提供方法。

本书的特点如下。

1. 综合性

在信息化和数据化的不断更迭下，企业与时俱进、有针对性地改进内部控制框架和流程才是现代企业内部控制真正发挥作用的关键点。同时，企业还应该在建立内部控制体系时关注其他业务，要确保内部控制全面性、覆盖性的实现就要真正了解企业的各项生产经营活动。对此，本书强调企业内部控制的精细化划分，就是为了能够立体化、形象化地展示内部控制的具体内容和操作办法。只有做到内部控制细致入微，才能将其落到实处，实现企业内部控制制度存在的意义与价值。为确保企业内部控制能够得到规范性指导，财政部 2010 年颁布了《企业内部控制应用指引》，其内容涉及企业内部控制制度的各个方面，是对企业内部控制原则、内部控制要素及建立健全企业内部控制所提供的指引。其内容可以划分为三类，即内部环境类指引、控制活动类指引、控制手段类指引，基本涵盖了企业资金流、实物流、人力流和信息流等各项业务和事项。

2. 实操性

为使内容更具实操性，满足企业内部控制制度建立的实际需求，编者在撰写本书过程中还借鉴了世界 500 强企业的管理经验，从而提供更有价值的内容。本书涉及的内部控制制度全面且流程体系清晰，适应不同行业的企业内部控制管理需求。本书的主要读者是企业内部控制体系的设计者、执行者，因此注重实操性是本书的主要出发点。

3. 直观性

为了使读者更直观地了解内部控制各部分的设计流程，本书配有大量的内部控制流程图和相关表格，帮助读者解决内部控制设计的困难，便于读者循序渐进地了解内部控制设计流程。作为一本内部控制精细化管理图书，本书的直观性能帮助企业实现内部控制的精细化和可行性管理。同时，读者还可以根据所在企业的具体情况，结合本书内容增加所需的内部控制必要环节，这样更能帮助企业完善内部控制体系。

编者编写本书，得到了多位专业人士的热情帮助，在此一并表示感谢。由于编者水平有限，书中疏漏在所难免，恳请广大读者不吝指正。

编者

2022 年 9 月

目录
CONTENTS

第 20 章　内部控制评价

第 1 章
内部控制概述

1.1 内部控制的概念

内部控制，是指企业为了实现其经营目标，保护资产的安全完整，保证会计信息资料的正确可靠，确保经营方针的贯彻执行，保证经营活动的经济性、效率性和效果性而在企业内部采取的自我调整、约束、规划、评价和控制的一系列方法、手段与措施的总称。

我国《企业内部控制基本规范》中内部控制的定义：内部控制是由企业董事会、监事会、经理层和全体人员实施的、旨在实现控制目标的过程。

内部控制的原则：

（一）全面性原则。内部控制应当贯穿决策、执行和监督全过程，覆盖企业及其所属单位的各种业务和事项。

（二）重要性原则。内部控制应当在全面控制的基础上，关注重要业务事项和高风险领域。

（三）制衡性原则。内部控制应当在治理结构、机构设置及权责分配、业务流程等方面形成相互制约、相互监督，同时兼顾运营效率。

（四）适应性原则。内部控制应当与企业经营规模、业务范围、竞争状况和风险水平等相适应，并随着情况的变化及时加以调整。

（五）成本效益原则。内部控制应当权衡实施成本与预期效益，以适当的成本实现有效控制。

其中，涉及财务的原则细分为以下七项。

（1）合法性原则，是指企业必须以国家的法律法规为准绳，在国家的规章制度范围内，制定本企业切实可行的财务内部控制制度。

（2）整体性原则，是指企业的财务内部控制制度必须充分涉及企业财务会计工作的各个方面的控制，既要符合企业的长期规划，又要注重企业的短期目标，还要与企业的其他内部控制制度相互协调。

（3）针对性原则，是指企业要根据自身的实际情况，针对企业财务会计工作中的薄弱环节制定对企业切实有效的内部控制制度，有效控制各个环节和关注细节，以提高企业的财务会计水平。

（4）一贯性原则，是指企业的财务内部控制制度必须具有连续性和一致性。

（5）适应性原则，是指企业应根据变化的情况及财务会计专业的发展、社会发展状况及时补充企业的财务内部控制制度。

（6）经济性原则，是指企业的财务内部控制制度的建立要考虑成本效益，也就是说企业财务内部控制制度的操作性要强，要切实可行。

（7）发展性原则，是指制定企业财务内部控制制度要充分考虑宏观政策和企业的发展，密切洞察竞争者的动向，制定出具有发展性或未来着眼点的规章制度。

内部控制的重点是严格会计管理，设计合理有效的组织机构和职务分工，实施岗位责任分明的标准化业务处理程序。内部控制按作用范围大体可以分为以下两个方面。

1. 内部会计控制

内部会计控制直接涉及会计事项各方面的业务，主要是指财会部门为了防止侵吞财物和其他违法行为的发生，以及保护企业财产的安全所制定的各种会计处理程序和控制措施。例如，由无权经管现金和签发支票的第三者每月编制银行存款余额调节表的规定，就是一种内部会计控制。这种控制可提高现金交易的会计业务、会计记录和会计报表的可靠性。

2. 内部管理控制

内部管理控制范围涉及企业生产、技术、经营、管理的各部门、各层次、各环节，其目的是提高企业管理水平，确保企业经营目标和有关方针、政策的贯彻执行。例如，企业的内部人事管理、技术管理等，就属于内部管理控制。

1.2　内部控制的目标、方法

1.2.1　内部控制的目标

一、内部控制目标的具体含义

内部控制目标是指要求内部控制完成的任务或达到的标准。它用来促进企业组织的有效运营，以确保各部门均能发挥应有的功能。它包括以下内容：（1）建立和完善符合现代管理要求的内部组织结构，形成科学的决策机制、执行机制和监督机制，确保企业经营管理目标的实现。（2）建立行之有效的风险控制系统，强化风险管理，确保企业各项业务活动的健康运行。（3）消除隐患，防止并及时发现和纠正各种欺诈、舞弊行为，保证企业财产的安全完整。（4）规范企业会计行为，保证会计资料真实、完整，提高会计信息质量。（5）确保国家有关法律法规和企业内部规章制度的贯彻执行。

从内部控制理论的发展过程来看，现代组织中的内部控制目标已不是传统意义上的查错和纠弊，而是涉及组织管理的方方面面，呈现出多元化、纵深化的趋势，主要包括以下方面。

（1）确保组织目标的有效实现。任何组织都有其特定的目标，要有效实现组织的目标，就必须及时对构成组织的资源（财产、人力、知识、信息等）进行合理的组织、整合与利用，这就意味着这些资源要处于控制之下或在一定的控制之中运营。如果一个组织未能实现其目标，那么该组织在从事自身活动时，一定是忽视了资源的整合作用，忽视了经济性和效率性的重要性。一家医院有优秀的医生和先进的设备，但如果这些条件没有充分用于医疗，这家医院就是没有效率的。例如，如果病人因为医院不健康的饮食而不能痊愈，这家医院就没有实现其目标。因为内部控制系统的目标就是直接促进组织目标的实现，所以所有的组织活动和控制行为必须以促进实现组织的最高目标为依据。

（2）服从政策、程序、规则和法律法规。为了协调组织的资源和行为以实现组织的目标，管理者将制定政策、程序和规则，并以此来监督运行并适时作出必要的调整。另外，组织还必须服从由社会通过法律法规、职业道德规范及利益集团之间的竞争等所施加的外部控制。内部控制如果不能充分考虑这些因素，就会威胁组织的生存。因此，内部控制系统必须保证服从各项相关的政策、程序、规则和法律法规。

（3）经济且有效地利用组织资源。所有组织都是在一个资源有限的环境中运作的，一个组织实现其目标的能力强弱取决于能否充分利用现有资源。制定和设计内部控制必须以保证以低廉的成本取得高质量的资源（经济性）和防止不必要的工作和浪费（效率）为依据。例如，一个组织能够经济地取得人力资源，但可能因缺乏必要的训练和不合适的生产计划而使工作效率很低。管理者必须建立政策和程序来提高运作的经济性和效率，并建立运作标准来对行动进行监督。

（4）确保信息的质量。除了建立组织的目标并沟通政策、计划和方法外，管理者还需利用相关、可靠和及时的信息来控制组织的行为。事实上，控制和信息是密不可分的，决策导向的信息受制于内部控制，没有完备的内部控制便不能保证信息的质量。也就是说，管理者需要利用信息来监督和控制组织行为，同时，决策信息系统，特别是会计信息系统也依赖内部控制系统提供相关、可靠和及时的信息。否则，管理者的决策就有可能给组织造成不可弥补的损失。因此，内部控制系统必须与确保数据收集、处理和报告的正确性的控制相联系。

（5）有效保护组织的资源。资源的稀缺性客观上要求组织通过有效的内部控制系统确保其安全和完整。如果资源不可靠、损坏或丢失，企业实现目标的能力就会受到影响。保护各种有形与无形的资源，一是确保这些资源不被损害和流失，二是确保对资产的合理使用和必要的维护。

在现代社会，信息作为一种特殊的资源，其遗失、损坏和失窃也会影响组织的竞争力和运作能力。因此，一个组织的数据库必须防止非授权的接触和使用。

人力资源是组织获得竞争力的根本性财富，高素质的员工队伍是组织行动能力的"放大器"。企业的员工队伍代表了企业在培训、技能和知识上的大量投资，其作用是难以替代的。因此，工作环境，尤其是内部控制环境不仅要有助于员工的身心健康，而且要培养员工对企业的忠诚。

二、内部控制目标的实现途径

影响内部控制目标实现的因素错综复杂，但通过系统研究和归纳，可得出有效实现内部控制目标的途径。

（1）适应外部控制环境，改善内部控制环境。控制环境包括企业的外部控制环境和内部控制环境，为实现企业的最高目标，必须谨慎设计内部控制以适应环境。

就外部控制环境而言，正如前面所讨论的，企业必须服从社会通过法律法规、职业道德规范、不同利益集团之间的竞争等表现出的一系列要求。尽管管理者不能轻易地对外部控制环境施加影响，但为使内部控制能有效运行，管理者一定要建立一个内部控制系统来确认和满足组织的外部控制环境要求。例如，顾客的需求便是一个越来越重要的外部控制环境要求。人们正在寻求通过管理技术，如全面质量管理，不断改善整个运行过程这一原理，明确要求内部控制要包括严格的质量保证和监督方法，以满足企业外部控制环境要求。

企业的内部控制环境是指可由管理者自身主观努力而设计和决定的影响因素，如企业形式、企业结构、企业形象、员工行为、资源规模与结构等，这些众多因素又影响和决定着企业文化。企业文化涉及员工对企业运行方式的集体感受、对在企业中如何处事的共识。因为企业文化既反映又影响员工的态度与行为，如果企业文化是有益的，那么内部控制一定要有利于这种文化。在一个组织中，如果其文化氛围是奉行官僚主义和墨守成规的，员工就倾向于遵从"本本主义"的行为方式；相反，在以顾客为导向的文化中，什么事都有可能发生的思维便会盛行。以顾客为导向的文化鼓励创造和革新，而前者对此是不鼓励的。由于建立科学的内部控制目标与方法对培养主动性和革新文化大有裨益，所以，企业文化对内部控制具有重要意义。

（2）员工的积极性是决定内部控制运行的行为因素。了解控制对人的行为的影响，对内部控制的有效运行至关重要。为实现控制目标，企业必须认识到人们的正常需求，并尽可能减少不正常的行为发生。具体而言，就是企业在充分重视和尊重员工在内部控制中的作用的同时，强调员工的积极性。

与早期的等级结构相比，现代企业更富有弹性，并鼓励员工更多地参与管理。即使在结构最简单的企业中，相互作用的企业结构也要求有共同的目标和指导，以通过战略、战术决策和操作控制过程来实现这些目标。尽管控制的目的是调节企业行为以实现组织目标，但这不只是简单地减少阻碍实现目标的行为。为了防止阻碍目标实现的行为产生和解决问题，内部控制系统一定要激励对实现组织目标有积极作用的行为。因为内部控制本来就具备激励对实现组织目标有积极作用的活动、防止威胁组织目标实现的行为的双重功能。

尽管"控制"一词通常与限制行动联系在一起，但是，如果要保持竞争力，现代组织一定不能僵化和缺乏弹性。面对放松管制、不断加剧的竞争，生机勃勃的金融市场，飞速发展的技术创新及流动的、充满希望的劳动力，现代组织需要比以往更加敏锐和富有活力。尽管政策和程序是维持可靠的系统和保证前后一致的行动所必需的，但如果这些政策和程序过于压抑和拘束人，一旦出现问题，员工便无力解决。因此，组织应当努力培育一种奖励员工、鼓励创新、正直可靠的控制环境。

当然，控制也会因员工的不理解、马虎、疲劳而丧失效率，同时，控制也可能使员工因不理解或不认同而产生敌意并采取消极的态度，这些不测事件和行为都会对企业目标构成威胁。所以，一个健康的内部控制系统应当既能推动对实现企业目标有贡献的积极行为的产生，同时也能防止有害行为和事件的发生。

（3）控制成本是衡量控制效益的关键因素。控制只有在经济上可行或出于有关健康、安全等类似的观念的考虑才能得以实施。任何控制行为均会产生成本，控制成本包括控制自身的有形成本、由于实施控制而造成的机会和时间的丧失及员工对控制的反感和不满所造成的损失等。在内部控制的设计和运行中，一定要将这些成本与不实施控制而产生的不测事件、错误、低效率和舞弊使组织受到损失的风险联系在一起进行权衡。一般来说，潜在损失是单一事件的价值、事件发生次数及事件所造成风险的结果。潜在损失将明显随着其价值或在组织中的重要性而增加；一种似乎微不足道的错误或低效率会因为频繁出现而产生严重后果；某些资产（如现金）的性质使其较其他资产更容易受舞弊、滥用和破坏的损害。

对一个企业而言，其需要清楚地判断潜在损失的风险，并予以量化，以便设计和实施成本效益控制程序。以控制为目的的风险评价，直接集中于风险的性质和可靠性，以及采用相应控制的可行性和成本。企业进行风险评价，可以采用结构风险分析模式，评价企业的整体风险或某项业务的单独风险。

遵循成本效益原则的另一个重要方面，就是将内部控制不留痕迹地融入组织管理的每个方面。企业应尽力避免将内部控制视为一种独立的、辅助的部分。其理由是将控制融入组织的整个管理体系之中，能明显地降低控制成本，并产生良好的控制效益。

三、内部控制目标的威胁因素

内部控制目标的威胁因素是指普遍存在的妨碍内部控制目标实现的消极现象。即使是一个设计科学的内部控制系统，也可能因忽视内部控制运行的威胁因素而难以发挥作用。因此，企业必须充分认识并正视这些威胁因素。威胁因素主要有以下几种。

（1）管理者不够正直。内部控制的目标之一是使诚实人能保持诚实，并不能有效防范管理者的道德风险。在一个企业中，管理层如果不能很好地遵守道德规范，将会严重干扰内部控制系统的有效运行。

（2）合谋。对不相容的岗位和职务，即使采取职责分开的控制手段，如果员工企图串通和欺诈，控制所防范的风险和不测事件仍会发生。

（3）利益冲突。对企业而言，利益冲突，特别是高级管理人员与组织利益的冲突，会对内部控制系统构成显著的威胁。

（4）环境的不利变化。一个良好的内部控制系统的力量可能会因其运行环境发生不利变化而被削弱。管理者一定要密切注意环境和组织运行方式的不利变化，这种变化要求企业不失时机地调整和改进内部控制系统。

（5）管理当局的忽视。管理机构的不重视是会对控制系统造成严重威胁。如果管理机构把一个设计良好的内部控制系统搁置，便等于没有内部控制。同时，管理机构对内部控制的忽视，会埋下风险隐患，长此以往，在激烈的竞争中，这无疑置企业于危险的境地。

四、内部控制目标的拓展

会计信息真实、完整既是企业内部控制的基本目标，又是企业内部控制基本的、非常重要的前提，会计正是通过真实、完整的会计资料的记录、汇总、报告等手段实现其对企业经管责任的落实、对企业财产及经济活动监督管理的。在现代企业制度和企业治理结构尚未健全、会计信息失真尚未得到根治的情况下，把企业会计信息的真实、完整作为企业内部控制的基本目标是符合我国企业现状的。

但是随着市场经济的不断完善，企业的竞争除技术因素外，还有管理因素，也可以说管理水平的高低将成为企业能否继续生存的关键。在这种情形下，把会计信息的真实、完整作为企业内部控制的基本目标是不够的。会计信息的使用者希望利用对决策有用的会计信息进行各种决策。因此，企业应该把内部控制看作一个动态的系统工程，内部控制的目标应随着企业外部环境的变化而调整，内部控制的内容也应不断丰富和发展。比如电子商务的发展使无纸化、无场所化的新兴产业出现，由此产生了一系列内部控制问题；虚拟企业的出现使控制的主体和客体认定困难等。这些新形势下出现的新问题要求现有内部控制的目标不断进行扩展和重心转移。为适应环境的变化，企业内部控制的目标需要向下列方面扩展。

1. 内部环境控制

在内部控制中，环境控制有两个基本的构成要素，一个是人，一个是组织。人是控制环境中的重要因素，人既是内部控制的主体，也是内部控制的客体。这里的"人"主要指两大群体，即企业的员工和管理者。内部控制目标最终分解落实到企业员工，员工素质对控制的实施有较大的影响，内部控制的作用在于激发员工实现控制目标的积极性。管理者是内部控制的实施者，在控制过程中，管理者处于主导地位，控制的程度和效果与管理者的素质也有极大的关系。市场竞争使管理者人力资本得以流动和优化配置；优胜劣汰的市场法则形成强大的约束力，不称职的管理者应被市场淘汰出局。这就是说，管理者的选拔和退出依靠市场机制的作用。只有这样，人力资源才能合理配置，内部控制目标才能有效落实，企业经营效率才能显著提高。

除此之外，企业也是环境控制中的一个因素。新形势下的企业是配置资源和发挥能力的结构形式。对企业的控制主要是激发合作能力和创新能力。能够保持这种能力的最好形式的企业是学习型企业，企业的活力来自不断的知识更新。只有这样，企业在环境中的控制作用才能有效发挥。

2. 风险防范控制

风险是指事件本身的不确定性，具有客观性。企业在市场经济环境中难免会遇到各种风险，为了能规避风险，企业应建立风险评估机制。风险有外部风险和内部风险。外部风险主要包括政治、经济、社会、文化与自然等方面，内部风险主要来自决策失误、执行不力、生产故障等。风险防范控制应包括建立企业风险评估机构、防范风险措施、风险信息反馈机制、防范风险的奖惩制度等。风险的存在与一定的客观环境有关，当这些条件发生变化时，风险的大小、性质也将发生变化，风险有可能在一定的时空范围内降低或被消除。

风险评估的内容很多，几乎在企业生产经营的各个环节都存在风险评估问题。在众多的风险控制种类中，信用风险评估和合同风险评估是新经济形势下企业的基础性和经常性的工作。信用风险评估是指评估企业应收账款回收过程中遭受损失的可能性。企业应制定客户信用评估指标体系，确定信用授予标准，规定客户信用审批程序，进行信用实施的实时跟踪。合同风险评估是指在合同签订和履行过程中，对发生法律纠纷导致企业被诉、败诉的可能性进行预测。为防范合同风险，企业应建立合同起草、审批、签订、履行监督和违约时采取应对措施的控制程序。风险评估一般须经过辨别、分析、管理、控制等过程，辨别和分析风险的过程是一个持续的过程，是内部控制有效实施的关键，也是提供决策有用会计信息的保证。

3. 政策适用性控制

企业经营管理活动中的政策通常有两类。

（1）为完成经营管理目标而制定的方针政策。这些方针政策必须符合国家的法律法规。新的法律法规不断出台，对新的法律法规的理解和运用成为各类企业活动尤其是企业管理活动的重要内容。

（2）选择的会计政策。在委托代理关系中，经营者往往利用信息的不对称，通过选择有利的会计政策进行盈余管理。由于经济业务的灵活性和多变性，会计核算方法、程序存在一定的选择，选择的目标是更好地反映企业的财务状况和经营成果，选择的唯一条件应是决策有用性。但是在实际管理过程中，经营者可能利用内部人控制的优势选择不符合实际情况的会计政策，这种选择在一定程度上影响了会计信息的质量。为了避免这种现象发生，有必要通过企业内部控制制度对企业管理中的各项政策实施监控，对比分析，使选用的会计政策符合法律法规的要求，符合企业经营目标的要求。

1.2.2　内部控制的方法

内部控制的一般方法通常包括职责分工控制、授权控制、审核批准控制、预算控制、财产保护控制、会计系统控制、内部报告控制、经济活动分析控制、绩效考评控制、信息技术控制等。

（1）职责分工控制。职责分工控制要求企业根据目标和职能任务，按照科学、精简、高效的原则，合理设置职能部门和工作岗位，明确各部门、各岗位的职责权限，形成各司其职、各负其责、便于考核、相互制约的工作机制。

企业在确定职责分工过程中，应当充分考虑不相容职务相互分离的制衡要求。不相容职务通常包括：授权批准、业务经办、会计记录、财产保管、稽核检查等。

（2）授权控制。授权控制要求企业根据职责分工，明确各部门、各岗位办理经济业务与事项的权限范围、审批程序和相应责任等内容。企业内部各级管理人员必须在授权范围内行使职权和承担责任，业务经办人员必须在授权范围内办理业务。

（3）审核批准控制。审核批准控制要求企业各部门、各岗位按照规定的授权和程序，对相关经济业务和事项的真实性、合规性、合理性及有关资料的完整性进行复核与审查，通过签署意见并签字或盖章，作出批准、不予批准或其他处理的决定。

（4）预算控制。预算控制要求企业加强预算编制、执行、分析、考核等各环节的管理，明确预算项目，建立预算标准，规范预算的编制、审定、下达和执行程序，及时分析和控制预算差异，采取改进措施，确保预算的执行。

（5）财产保护控制。财产保护控制要求企业限制未经授权的人员对财产的直接接触和处置，采取财产记录、实物保管、定期盘点、账实核对、购买财产保险等措施，确保财产的安全完整。

（6）会计系统控制。会计系统控制要求企业根据《中华人民共和国会计法》《企业会计准则——基本准则》和国家统一的会计制度，制定适合本企业的会计制度，明确会计凭证、会计账簿和财务会计报告及相关信息披露的处理程序，规范会计政策的选用标准和审批程序，建立、完善会计档案保管和会计工作交接办法，实行会计人员岗位责任制，充分发挥会计的监督职能，确保企业财务会计报告真实、准确、完整。

（7）内部报告控制。内部报告控制要求企业建立和完善内部报告制度，明确相关信息的收集、分析、报告和处理程序，及时提供业务活动中的重要信息，全面反映经济活动情况，增强内部管理的时效性和针对性。内部报告形式通常包括：例行报告、实时报告、专题报告、综合报告等。

（8）经济活动分析控制。经济活动分析控制要求企业综合运用生产、购销、投资、财务等方面的信息，利用因素分析、对比分析、趋势分析等方法，定期对企业经营管理活动进行分析，发现存在的问题，查找原因，并提出改进意见和应对措施。

（9）绩效考评控制。绩效考评控制要求企业科学设置业绩考核指标体系，对照预算指标、盈利水平、投资回报率、安全生产目标等业绩指标，对各部门和员工当期业绩进行考核和评价，兑现奖惩，强化对各部门和员工的激励与约束。

（10）信息技术控制。信息技术控制要求企业结合实际情况和计算机信息技术应用程度，建立与本企业经营管理业务相适应的信息化控制流程，提高业务处理效率，减少和消除人为操纵因素，同时加强对计算机信息系统的开发与维护、访问与变更、数据输入与输出、文件储存与保管、网络安全等方面的控制，保证信息系统安全、有效运行。

除上述内部控制的一般方法外，与财务报告相关的内部控制还应包括如下政策与过程。

与财务报告相关的内部控制。内部控制被定义为一个流程，该流程由企业的首席执行官和财务总监或类似人员设计并监督运行，并由企业董事会、管理层和其他相关人员实行，从而对财务报告的可靠性及对外披露的财务报告的编制符合公认会计准则提供合理保证。这一流程包括以下内容。

①企业的相关记录在合理的程度上正确和公允地反映企业对交易的记录和对资产的处置。

②企业对相关交易的记录能够为企业按照公认会计准则准备财务报告提供合理的保证，以及企业的收入和支出都经过了企业管理层和董事会的授权批准。

③能够防止和及时发现对财务报告产生重大影响的非法行为，这种行为包括对企业资产不合法的占有、利用和处置。

1.3　内部控制的要素

我国《企业内部控制基本规范》根据 COSO 框架将内部控制的要素归纳为内部环境、风险评估、控制活动、信息与沟通、内部监督五大方面。

一、内部环境

1. 治理结构

企业治理结构指的是内部治理结构，又称法人治理结构，是根据权力机构、决策机构、执行机构和监督机构相互独立、权责明确、相互制衡的原则实现对企业治理的结构。

治理结构由股东大会、董事会、监事会和管理层组成，决定企业内部决策过程和利益相关者参与企业治理的办法，主要作用在于协调企业内部不同产权主体之间的经济利益矛盾，减少代理成本。

2. 机构设置与权责分配

公司制企业中股东大会（权力机构）、董事会（决策机构）、监事会（监督机构）、总经理层（日常管理机构）这四个法定刚性机构为内部控制机构的建立、职责分工与制约提供了基本的组织框架，但这并不能满足内部控制对企业组织结构的要求，内部控制机制的运作还必须在这一组织框架下设立满足企业生产经营所需要的职能机构。企业所采用的组织结构应当有利于提升管理效能，并保证信息通畅流动。

3. 内部审计机制

内部审计控制是内部控制的一种特殊形式。根据中国内部审计协会的解释，内部审计是指企业内部的一种独立客观的监督和评价活动，它通过审查和评价经营活动及内部控制的适当性、合法性和有效性来促进企业目标的实现。

内部审计的范围主要包括财务会计、管理会计和内部控制检查。内部审计机制的设立包括内部审计机构设置、人员配备、工作开展及其独立性的保证等。

4. 人力资源政策

人力资源政策是影响企业内部环境的关键因素，它所包括的雇用、培训、评价、考核、晋升、奖惩等业务，向员工传达着有关诚信、道德行为和胜任能力的期望水平方面的信息，这些业务都与企业员工密切相关，而员工正是企业中执行内部控制的主体。一个良好的人力资源政策，能够有效地促进内部控制在企业中的顺利实施，并保证实施的质量。

5. 企业文化

企业文化体现为人本管理理论的最高层次。企业文化重视人的因素，强调精神文化的力量，希望用一种无形的文化力量形成一种行为准则、价值观念和道德规范，凝聚企业员工的归属感、积极性和创造性，引导企业员工为企业和社会的发展而努力，并通过各种渠道对社会文化的大环境产生作用。

二、风险评估

风险评估是企业及时识别、科学分析经营活动中与实现控制目标相关的风险，合理确定风险应对策略的活动，是实施内部控制的重要环节。风险评估主要包括目标设定、风险识别、风险分析和风险应对。

1. 目标设定

风险是指一个潜在事项的发生对目标实现产生的影响。风险与可能被影响的控制目标相关联。企业必须制定与生产、销售、财务等业务相关的目标，设立可辨认、分析和管理相关风险的机制，以了解自身所面临的来自内部和外部的各种不同风险。

企业开展风险评估，应当准确识别与实现控制目标相关的内部风险与外部风险，确定相应的风险承受度。风险承受度是企业能够承担的风险限度，包括整体风险承受能力和业务层面的可接受风险水平。

2. 风险识别

风险识别实际上是收集有关损失原因、危险因素及其损失暴露等方面信息的过程。风险识别作为风险评估过程的重要环节，主要回答的问题是：存在哪些风险、哪些风险应予以考虑、引起风险的主要因素是什么、这些风险所引起的后果及严重程度如何、风险识别的方法有哪些等。企业在风险评估过程中，更应当关注引起风险的主要因素，应当准确识别与实现控制目标有关的内部风险和外部风险。

3. 风险分析

风险分析是在风险识别的基础上对风险发生的可能性、影响程度等进行描述、分析、判断，并确定风险重要性水平的过程。企业应当在充分识别各种潜在风险因素的基础上，对固有风险，即不采取任何防范措施可能造成的损失程度进行分析，同时，重点分析剩余风险，即采取了相应应对措施之后仍可能造成的损失程度。企业应当采用定性与定量相结合的方法，按照风险发生的可能性及其影响程度等，对识别的风险进行分析和排序，确定关注重点和优先控制的风险。

4. 风险应对

企业应当在分析相关风险的可能性和影响程度的基础上，结合风险承受度，权衡风险与收益，确定风险应对策略。企业应合理分析、准确掌握董事、经理及其他高级管理人员、关键岗位员工的风险偏好，采取适当的控制措施，避免因个人风险偏好给企业经营带来重大损失。

企业管理层在评估了相关风险的可能性和后果，以及成本效益之后要选择一系列策略使剩余风险处于期望的风险容限以内。常用的风险应对策略有以下4种。

（1）风险规避。

风险规避，即改变或回避相关业务，不承担相应风险，是企业对超出风险承受度的风险，通过放弃或停止与该风险相关的业务活动以避免或减小损失的策略。例如：由于雨雪天气，航空公司取消某次航班；企业拒绝与不守信用的厂商有业务来往；新产品在试制阶段发现问题，企业果断停止研发。

（2）风险承受。

风险承受，即比较风险与收益后，愿意无条件承担全部风险，是企业在权衡成本效益后，对风险承受度内的风险，不准备采取控制措施降低风险或减小损失的策略。例如： 企业设有一个小型仓库，平时就存放一些待处理的设备（市场价值很小），如果为了防止这些设备被盗而专门雇用一个保管员，那么这时支付给保管员的费用要远高于设备的价值，显然不符合成本效益原则，因此，对于这种情况下存在的失窃风险，企业就应该采用风险承受策略。

（3）风险降低。

风险降低，即采取一切措施降低发生不利后果的可能性，是企业在权衡成本效益之后，准备采取适当的控制措施降低风险或减小损失，将风险控制在风险承受度内的策略，包括两类措施：风险预防和风险抑制。

（4）风险分担。

风险分担，即通过业务分包、购买保险等方式来分担一部分风险，是企业借助他人力量，采取业务分包、购买保险等方式和适当的控制措施，将风险控制在风险承受度内的策略。

常见的措施有业务分包、购买保险等。例如：大学里学生宿舍的管理外包给物业公司负责，这是由于大学本身不具有物业管理的能力，通过外包的方式转移了与物业管理相关的风险；企业通过给某些关键设备购买财产保险来转移风险。

风险应对策略往往是结合运用的。同时企业应当结合不同发展阶段和业务拓展情况，持续收集与风险变化相关的信息，进行风险识别和风险分析，及时调整风险应对策略。

三、控制活动

控制活动是指企业根据风险应对策略，采用相应的控制措施，将风险控制在可承受度之内的活动，是实施内部控制的具体方式。常见的控制措施有：不相容职务分离控制、授权审批控制、会计系统控制、财产保护控制、预算控制、运营活动分析控制和绩效考评控制等。企业应当结合风险评估结果，通过手工控制与自动控制、预防性控制与检查性控制相结合的方法，运用相应的控制措施，将风险控制在可承受度内。

1. 不相容职务分离控制

所谓不相容职务，是指如果由一个人担任既可能发生错误和舞弊行为，又可能掩盖其错误和舞弊行为的职务。

不相容职务分离原则指的是经济业务的授权者和执行者要分离，执行者与记录者、监督站要分离，物资财产的保管者和使用者与记录者要分离。不相容职务分离的核心是内部牵制。

单位在设计内部控制制度时，首先要考虑哪些岗位和职务是不相容的；其次要明确规定各个机构和岗位的职责与权限，使不相容岗位和职务之间能够相互监督、相互制约，形成有效的制衡机制。

不相容岗位是指设置的岗位不能交叉，不能重叠，不能由一个人担任。货币资金、实物资产、对外投资、工程项目、采购与付款、筹资、销售与收款、成本与费用等所有经济业务的会计控制，按不相容职务分离的要求，必须合理设计会计及相关工作岗位，明确职责权限，形成相互制衡机制。

2. 授权审批控制

授权审批是指企业在办理各项经济业务时，必须经过规定程序的授权批准。授权审批控制要求企业根据常规授权和特别授权的规定，明确各岗位办理业务和事项的权限范围、审批程序和相应责任。

3. 会计系统控制

会计作为一个信息系统，对内能够向管理层提供经营管理的诸多信息，对外可以向投资者、债权人等提供用于投资等决策的信息。会计系统控制主要是通过对会计主体所发生的各项能用货币计量的经济业务进行记录、归集、分类、编报等进行的控制。

4. 财产保护控制

财产保护控制是指为了确保企业财产安全、完整所采用的各种方法和措施。财产是企业资金、财物及民事权利义务的总和。财产按是否具有实物形态，分为有形财产（如资金、财物）和无形财产（如著作权、发明权）；按民事权利义务，分为积极财产（如金钱、财物及各种权益）和消极财产（如债务）。财产是企业开展各项生产经营活动的物质基础，企业应采取有效措施，加强对企业财产的保护。

5. 预算控制

预算是企业未来一定时期内经营、资本、财务等各方面的收入、支出、现金流的总体计划。预算控制是内部控制中使用较为广泛的一种控制措施。预算控制，使企业的经营目标转化为各部门、各岗位以至个人的具体行为目标，作为各责任企业的约束条件，能够从根本上保证企业经营目标的实现。

6. 运营活动分析控制

运营活动分析，曾被称为经营活动分析，但实际上运营活动比经营活动范畴更广、更能全面概括企业活动。运营分析是指对企业内部各项业务、各类机构的运行情况进行独立分析或综合分析，进而掌握企业运营的效率和效果，为持续优化调整奠定基础。

企业运营活动分析的方法包括定性分析法和定量分析法。定性分析法有德尔菲尔法、专家会议法、主观概率法和德尔菲法（通过函询的方式收集专家意见，对未来进行直观预测的一种定性分析法）。定量分析法有对比分析法、趋势分析法、因素分析法和比率分析法。

运营分析控制要求企业建立运营情况分析制度，综合运用生产、购销、投资、筹资、财务等方面的信息，通过因素分析、对比分析、趋势分析等方法，定期开展运营情况分析，发现存在的问题，及时查明原因并解决。

7. 绩效考评控制

绩效考评是对所属企业及个人占有、使用、管理与配置企业经济资源的效果进行的评价。绩效考评是一个过程，即首先明确企业要做什么（目标和计划），然后找到衡量工作做得好坏的标准并进行监测（构建指标体系并进行监测），发现做得好的（绩效考核），进行奖励（激励机制），使其继续保持或做得更好，能够完成更高的目标。更为重要的是，发现不好的地方，通过分析找到问题所在，进行改正，使工作做得更好（绩效改进）。这个过程就是绩效考评过程。企业为了完成这个管理过程构建起来的管理体系，就是绩效考评体系。

四、信息与沟通

信息与沟通是企业及时、准确收集、传递与内部控制相关的信息，确保信息在企业内部、企业与外部之间进行有效沟通的活动，是实施内部控制的重要条件。企业应当建立信息与沟通制度，明确与内部控制相关的信息收集、处理和传递程序，确保信息及时沟通，促进内部控制有效运行。信息与沟通的要件主要包括：信息质量、沟通制度、信息系统、反舞弊机制。

1. 信息质量

信息是企业各类业务事项属性的标志，是确保企业经营管理活动顺利开展的基础。企业日常生产经营需要收集各种内部信息和外部信息，并对这些信息进行合理筛选、核对、整合，提高信息的有用性。企业可以通过财务会计资料、经营管理资料、调研报告、专项信息、内部刊物、办公网络等渠道，获取内部信息；还可以通过行业协会组织、社会中介机构、业务往来企业、市场调查、来信来访、网络媒体及有关监管部门等渠道获取外部信息。

2. 沟通制度

信息的价值必须通过传递和使用才能体现。企业应当建立信息沟通制度，让与内部控制相关的信息在企业内部各管理级次、责任企业、业务环节之间，以及企业与外部投资者、债权人、客户、供应商、中介机构和监管部门等有关方面之间流通。对信息沟通过程中发现的问题，相关人员应当及时报告并加以解决。重要信息须及时传递给董事会、监事会和经理层。

3. 信息系统

为提高控制效率，企业可以运用信息技术加强内部控制，建立与经营管理相适应的信息系统，促进内部控制流程与信息系统的有机结合，实现对业务和事项的自动控制，减少或消除人为操纵因素。企业利用信息技术对信息进行集成和共享的同时，还应加强对信息系统开发与维护、访问与变更、数据输入与输出、文件储存与保管、网络安全等方面的控制，保证信息系统安全稳定运行。

4. 反舞弊机制

舞弊是指企业董事、监事、经理、其他高级管理人员、员工或第三方使用欺骗手段获取不当或非法利益的故意行为，它是需要企业重点控制的领域之一。企业应当建立反舞弊机制，坚持惩防并举、重在预防的原则，明确反舞弊工作的重点领域、关键环节和有关机构在反舞弊工作中的职责权限，规范舞弊案件的举报、调查、处理、报告和补救程序。

反舞弊工作的重点如下。

（1）未经授权或采取其他不法方式侵占、挪用企业资产，牟取不当利益的行为。

（2）在财务会计报告和信息披露等方面存在的虚假记载、误导性陈述或者重大遗漏等。

（3）董事、监事、经理及其他高级管理人员滥用职权的行为。

（4）相关机构或人员串通舞弊的行为。

为确保反舞弊工作落到实处，企业应当建立举报投诉制度和举报人保护制度，设置举报专线，明确举报投诉处理程序、办理时限和办理要求，确保举报、投诉成为企业有效掌握信息的重要途径。举报投诉制度和举报人保护制度应当及时传达至全体员工。

信息与沟通的方式是灵活多样的，但无论哪种方式，都应当保证信息的真实性、及时性和有用性。

五、内部监督

内部监督是企业对内部控制建立与实施情况监督检查，评价内部控制的有效性，弥补发现的内部控制缺陷的活动，是实施内部控制的重要保证。内部监督主要有两个方面的意义：第一，发现内部控制缺陷，改善内部控制体系，促进企业内部控制的健全性、合理性；第二，提高企业内部控制施行的有效性。除此之外，内部监督也是外部监管的有力支撑。内部监督机制可以减少代理成本，保障股东的利益。

（1）企业应当制定内部控制监督制度，明确内部审计机构（或经授权的其他监督机构）和其他内部机构在内部监督中的职责权限，规范内部监督的程序、方法和要求。

但是内部审计机构应该独立于被监督部门。例如，它不能隶属于财务部，否则可能失去应有的独立性与谨慎性。

（2）内部监督包括日常监督和专项监督。

①日常监督是指企业对建立与实施内部控制的情况进行常规、持续的监督检查。日常监督的常见方式包括：在日常生产经营活动中获得能够判断内部控制设计与运行情况的信息；在与外部有关方面沟通过程中获得有关内部控制设计与运行情况的验证信息；在与员工沟通过程中获得内部控制是否有效执行的证据；通过账面记录与实物资产的检查比较对资产的安全性进行持续监督；通过内部审计活动对内部控制有效性进行持续监督。

②专项监督是指在企业发展战略、组织结构、经营活动、业务流程、关键岗位员工等发生较大调整或变化的情况下，对内部控制的某一或某些方面进行有针对性的监督检查。专项监督的范围和频率根据风险评估结果及日常监督的有效性等予以确定。

专项监督应当与日常监督有机结合，日常监督是专项监督的基础，专项监督是日常监督的补充，如果发现某专项监督需要经常进行，企业有必要将其纳入日常监督之中。

（3）日常监督和专项监督情况应当形成书面报告，并在报告中揭示存在的内部控制缺陷。内部监督形成的报告应当有畅通的报告渠道，确保发现的重要问题能及时送达治理层和经理层；同时，应当建立内部控制缺陷纠正机制，充分发挥内部监督效力。

（4）企业应当在日常监督和专项监督的基础上，定期对内部控制的有效性进行自我评价，出具自我评价报告。内部控制自我评价的方式、范围、程序和频率，除法律法规有特别规定的，一般由企业根据经营业务调整、经营环境变化、业务发展状况、实际风险水平等自行确定。

1.4 内部控制的设计原则与方法

1.4.1 内部控制设计的主要原则

企业在设计内部控制的过程中，应当遵循以下基本原则。

一、合法性原则

合法性原则指企业在设计内部控制制度时，必须符合国家有关法律法规和有关政府监管部门的监管要求。合法性是企业从事经营、创造价值、实现内部控制目标的前提，是一种约束性条件。合法性原则要求：在构建内部控制制度时，企业既要遵循一般法律法规和准则、规范，如公司法、税法、会计法、企业会计准则、内部会计控制规范，又要根据自身行业特点和性质，遵循行业内部控制规范，如上市公司治理准则、证券投资基金管理公司内部控制指导意见、商业银行内部控制指引等。

二、适应性原则

内部控制制度必须符合管理者的要求，对其经营管理有用，这是适用性原则的要求。各种控制制度是切实可行的规定，是管理者的控制工具，它既要考虑到国家的要求，又要考虑到企业经营的特点与内外环境的实际情况。由于各企业的营运目标、具体任务、规模大小、人员结构、技术设备等都不相同，所以内部控制的设计要有针对性。

内部控制制度应当合理体现企业经营规模、业务范围、业务特点、风险状况，以及所处具体环境等方面的要求，并随着企业外部环境的变化、经营业务的调整、管理要求的提高等不断改进和完善。

三、全面性原则

企业风险管理控制系统，必须包括控制环境、目标设定、风险识别、风险评估、风险应对、控制活动、信息与沟通、监督等八项要素，并覆盖各项业务和部门。各项控制要素、各业务循环或部门的子控制系统，必须有机构成企业内部控制的整体架构，这样才能发挥其应有的效用。这就要求各子系统的具体控制目标必须服从控制系统整体的一般目标。

全面性原则要求：内部控制在层次上，应当涵盖企业董事会、管理层和全体员工；在对象上，应当覆盖企业各项业务和管理活动；在流程上，应当渗透决策、执行、监督、反馈等各个环节，避免内部控制出现空白和漏洞。

四、相互牵制原则

相互牵制原则，是指一项完整的经济业务活动，必须分配给具有互相制约关系的两个或两个以上职位上的人员，由他们分别完成。相互牵制原则表现为横向和纵向两个方面：①在横向关系上，至少要由彼此独立的两个部门或人员办理，以使该部门或人员的工作接受另一个部门或人员的检查和制约；②在纵向关系上，至少要经过互不隶属的两个或两个以上的岗位和环节，以使下级受上级监督、上级受下级牵制。相互牵制原则的理论根据是在相互牵制的关系下，几个人发生同一错弊而不被发现的概率等于每个人发生该项错弊的概率的连乘积，因而几个人发生同一错弊的概率远远低于单个人独立完成某项任务或工作出现错弊的概率。常见的需要分离的职责主要有：授权、执行、记录、保管、核对。

五、协调性原则

协调性原则，是指在各项经营管理活动中，各部门或人员必须相互配合，各岗位和环节都应协调同步，各项业务程序和办理手续需要紧密衔接，从而避免扯皮和脱节现象，减少矛盾和内耗，以保证经营管理活动的连续性和有效性。协调性原则是对相互牵制原则的补充和深化，是为了避免一味强调互相牵制而带来的负面影响。贯彻这一原则，尤其要求避免只管牵制错弊而不顾办事效率的机械做法，必须做到既相互牵制又相互协调，从而在保证质量、提高效率的前提下完成经营任务。

六、有效性原则

内部控制应当能够为内部控制目标的实现提供合理保证。企业全体员工应当自觉维护内部控制的有效执行。内部控制建立和实施过程中存在的问题应当能够得到及时的处理。

有效性原则包括两层含义：①各种内部控制制度，包括最高决策层所制定的业务规章和发布的指令，必须符合国家和监管部门的规章，必须具有高度的权威性，必须真正落到实处，成为所有员工严格遵守的行动指南；②执行内部控制制度不能存在任何例外，任何人（包括董事长、总经理）不得拥有超越制度或违反规章的权力。

七、成本效益原则

成本效益原则是指为进行控制而花费的成本与缺乏控制时所遭受的损失相比，当控制效益大于控制成本时，该项控制措施才是可行的，否则就是不可行的。控制成本包括便于归属计量的直接成本和不便于归属计量的间接成本，控制效益包括短期效益、长期效益、企业自身效益和社会效益等。在实际中，有些工作的效益是难以用金额表示的，但开展该项工作有利于企业各项控制目标的实现，如员工职业操守的培养、经济项目的审核、信息的反馈等。

贯彻成本效益原则，要求企业力争以最低的控制成本取得最好的控制效果。因此，在构建内部控制制度时，企业应根据自身经营业务的特点、规模的大小、具体的管理情况，既要考虑控制设计成本、执行成本和修订成本，又要考虑企业整体效率和效益的提高，既要把企业的各项经济活动全面置于经济监控之中，又要对经营管理的重要方面、重要环节实行重点控制，力争以最低的控制成本取得最好的控制效果。

八、授权控制原则

授权控制原则是指企业应该根据各岗位的业务性质和对人员的要求，相应地赋予其作业任务和职责权限，规定操作规程和处理手续，明确纪律规则和检查标准，以使职、责、权、利相结合。授权控制原则在实际工作中以岗位工作程式化的方式来体现，要求做到事事有人管、人人有专职、办事有标准、工作有检查，以此定奖罚，以增强每个人的事业心和责任感，提高工作质量和效率。

九、可容性原则

可容性原则是指内部控制制度不仅要体现公认的管理原则，要能够被外部环境接受，同时，还要体现一致性原则，即企业内部同类业务在不同部门、不同年度的处理要保持一致。更重要的是内部控制制度的基本构架要保留一定的弹性，以增加其可容性。企业会因外部经济环境的变化和内部业务流程的改变而适时修正制度，但不能因经常改变其基本框架，而破坏其稳定性和连续性。因此，企业在最初制定制度时要留有充分的余地，适应未来的修订和补充。

十、独立性原则

独立性原则是指内部控制的检查、评价部门必须独立于内部控制的建立和执行部门，直接的控制人员和直接的操作人员必须适当分开，并向不同的管理人员报告工作。在存在管理人员职责交叉的情况下，企业要为负责控制的人员提供可以直接向最高管理层报告的渠道。

十一、预防为主原则

内部控制制度的总体性质是属于预防性控制，同时包含部分事后查处性控制。建立内部控制制度，主要是预防经营企业发生无效率或违法行为，既要保证企业各项业务活动有序进行，又要避免在运行中因浪费、舞弊或混乱而带来经济损失。它是一种事前控制手段，如企业采取的组织控制、人事控制、程序控制等。当然，有些问题是无法预防的，因此，内部控制制度需要辅以一些事后控制措施。事后控制从某种意义上说是检验预防控制效果的一种方式，如内部稽核、内部审计等。事后控制需要耗费的资源远远大于事前控制。因此，内部控制制度的制定应以预防性控制为主、以查处性控制为辅，这样既可以防患于未然，又可以减少实施控制时的耗费，有利于提高控制的效率和效益。

十二、电子信息技术基础原则

业务运行通过信息系统的反应和衔接，可以极大地提高运营效率。电子信息系统能够在很短时间内进行更大范围的核查，极大地提高内部控制的效率。电子信息技术基础原则要求有条件的企业最好建立一个电子信息平台，把各种业务的处理集中到该平台上，通过程序设计来实现控制，就如同建立 ERP（Enterprise Resource Planning，企业资源计划）系统一样。

1.4.2　内部控制设计的主要方法

具体的内部控制设计可以结合企业的具体情况，以内部控制的一些规范为指导来进行。下面介绍组织系统图设计等五种设计。

一、组织系统图设计

组织系统图主要描述企业内部各阶层的组织机构，显示每一个职位在企业中的地位及其上下隶属与纵横的关系。现代企业组织庞大、部门众多、层次不一、关系复杂，只有以组织系统图的方法描述出来，才能使人一目了然。图 1-1 是一张完整的企业组织系统图。

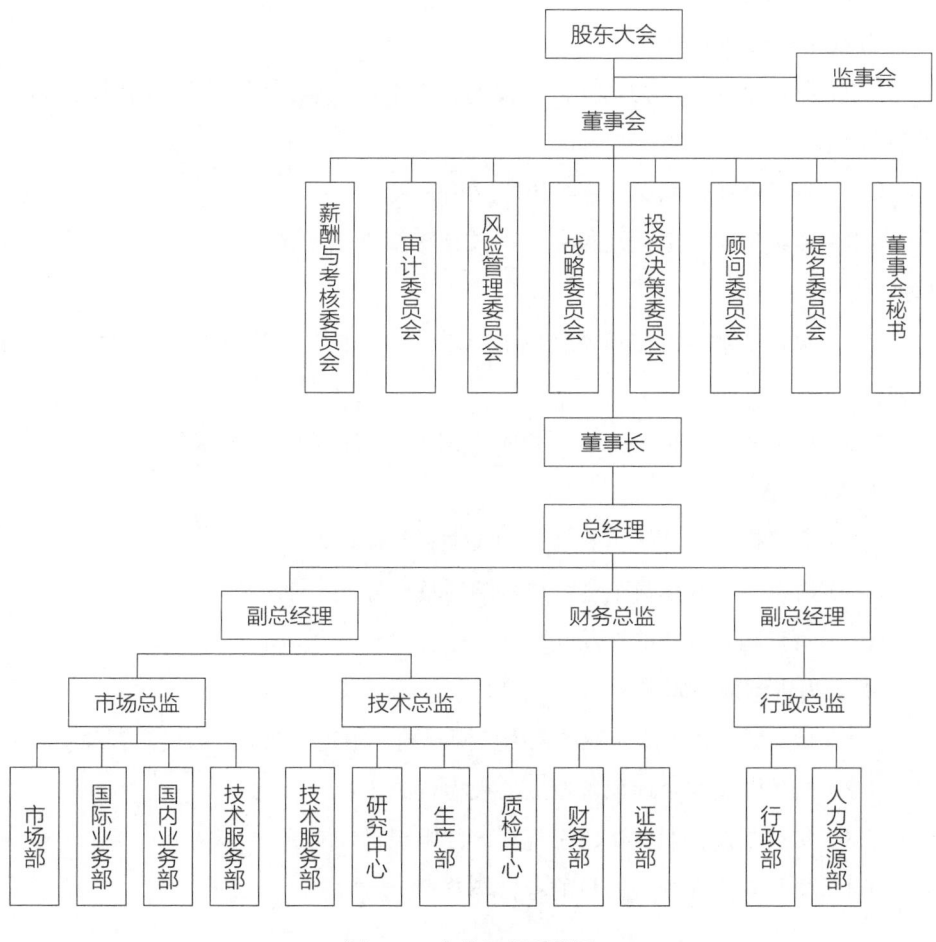

图 1-1　企业组织系统图

二、职责划分设计

一个企业有很多业务，也有很多部门，各个部门的职责划分应详细、明确，使每一事项的发生都有部门负责办理，而且要做到不重复、无遗漏。如果一项业务需要两个以上部门共同完成，对各部门应负责任的范围也应该有明确的规定。下面以图1-1中的部门为例，说明如何对岗位职责进行内部控制设计。

1. 市场部的职责

（1）制订和实施销售计划。

（2）销售管理，制定与施行销售政策，销售人员管理。

（3）市场调研与市场预测。

（4）策划。

（5）监察与评估销售工作。

（6）实现企业销售目标。

2. 技术服务部的职责

（1）拟订企业年度技术支持、技术服务工作开展计划，并组织协调计划的分解和落实。

（2）负责企业技术支持系统的建立和完善。

（3）搜集国家、地区及行业的相关技术标准、规定，并负责在企业内宣传和推广。

（4）负责企业范围内技术问题的汇总分析，拟订解决方案，并组织、协调各部门。

（5）面向企业其他部门进行技术咨询，提供技术支持和服务，并接受一定范围内的技术投诉。

（6）负责指导、考核和监督企业技术服务体系人员。

（7）对企业内其他员工进行技术培训及指导。

（8）负责解答客户的技术问题。

3. 人力资源部的职责

（1）编写并组织实施企业的人力资源规划，制定企业的人力资源管理制度。

（2）有效开发与合理配置企业的人力资源。

（3）负责制定企业文化建设规划，并组织贯彻实施。

（4）参与对企业管理人员的考核与管理。

（5）审核、办理机关员工出差任务单。

（6）拟订并审核企业的人员招聘计划，负责组织员工的招聘和培训工作。

（7）审核企业的定员编制、工资总额、经营管理者的薪酬分配。

（8）负责拟订企业的岗位设置、人员编制及工资分配方案。

（9）负责员工培训费用的计划与监控。

（10）检查人力资源规划和有关制度的贯彻落实情况。

（11）办理企业员工人事关系的转移、职称评定及因公出国人员的审批手续。

（12）负责企业员工的工资发放、社会保险的缴纳、劳动合同的签续订和人事档案的管理工作。

4. 财务部的职责

（1）严格遵守国家的财务工作规定和企业的规章制度。

（2）组织编制企业年度、季度成本、利润、资金、费用等财务指标计划。定期检查、监督、考核计划的执行情况，结合经营实际，及时调整和控制计划的实施。

（3）负责制定企业财务、会计核算管理制度。

（4）负责按规定进行成本核算，定期编制年度、季度、月度财务报表，做好年度会计决算工作。

（5）负责编写财务分析及经济活动分析报告。

（6）负责固定资产及专项基金的管理。

（7）负责流动资金的管理。

（8）负责盘点核对企业低值易耗品。

（9）负责企业产品成本的核算工作，制定规范的成本核算方法，正确分摊成本费用。

（10）负责企业资金缴、拨，按时缴纳税款。

（11）负责企业财务审计和会计稽核工作。

（12）负责进销物资款项把关。

三、工作说明书设计

工作说明书是描述工作性质的文件，是职工工作的说明。其表示方法是对企业的每一个工作岗位，编制一份详细的说明，用来反映担任对应职位的人应该履行的职责。工作说明书应包括：岗位名称、岗位要求、工作内容、薪酬标准、工作条件等。

四、方针和程序手册设计

方针和程序手册，主要是指以书面形式来表达管理层的指令及同类业务处理方法的形式，也可以说是以书面形式详细描绘业务处理的方针与程序。下面以销售和收款业务为例，说明如何设计方针和程序手册。

1. 企业接受订单，同时编制销售计划

销售部门承接客户订单，根据订单和生产计划、库存等情况，编制产品销售计划，并经部门领导审核签字，将该计划传递给企业负责人审定批准。

2. 编制、审定销售实施方案和信用政策

销售部门根据经过审定的销售计划及企业有关产品价格管理等规定和产品生产、库存、销售情况，提出销售产品的品种、规格、型号、数量、价格、货款支付方式等具体销售实施方案。信用管理部门要对拟采用赊销方式的客户进行信用审核，重大赊销方案需要报总经理审批。

3. 签订销售合同

法律部门、财会部门根据本部门职责对销售合同进行审核，企业负责人、总会计师依据审核部门的意见审定销售合同，并按内部授权流程交由授权人员签订。销售部门将签订的合同分别送交财会、仓储等部门。若销售合同需要变更或提前终止，应获得企业负责人、总会计师的同意。

4. 组织销售与收款

销售部门根据已签销售合同、销售订单向仓储部门传送发货通知单，仓储部门组织发货。财会部门向销售部门开具收款通知单。采用赊销方式销售的产品，销售部门及其主管人员应负责货款的按时回收。

5. 开发票及记账

财会部门依据销售合同、核准的发货单等相关单据开出销售发票，并加盖印章。财会部门据此编制、录入相应会计凭证，经复核后过账。

6. 销售折让及退货处理

销售部门受理客户提出的折让或退货申请，根据折让或退货理由组织相关部门检查、核实，提出处理意见，交由企业领导及总会计师审定，并将审核意见分别传递给财会部门及仓储部门。仓储部门审核退货通知单后，将退回货物验收入库，财会部门审核销售折让通知单或退货通知单及退货产品入库单，编制、录入

折让或退货会计凭证，经复核后过账。

7. 盘点对账

销售、财会、仓储等部门定期对产品销售及存货情况等进行对账和实物盘点，核实产品库存，对差异情况应及时查明原因并进行处理。财会部门应及时结清赊销货款，未按合同结清的，及时通知销售部门采取措施。期末，财会部门应对应收账款进行账龄分析，合理计提坏账准备，并提出催收措施及建议，报企业负责人及总会计师审核同意后实施。

8. 关闭合同

合同执行完毕，销售部门应对合同执行情况进行清理、关闭，并建立客户信用档案。

五、业务流程图设计

业务流程图是利用图解形式描述各经营环节业务处理程序的一种图。它通过显示凭证和记录资料的产生、传递、处理、保存及其相互关系，从而直观地表达内部控制的实际情况。对于无法在图中表示的问题，可用简要的文字进行说明，将其作为流程图附件。图 1-2 是产品销售业务流程。

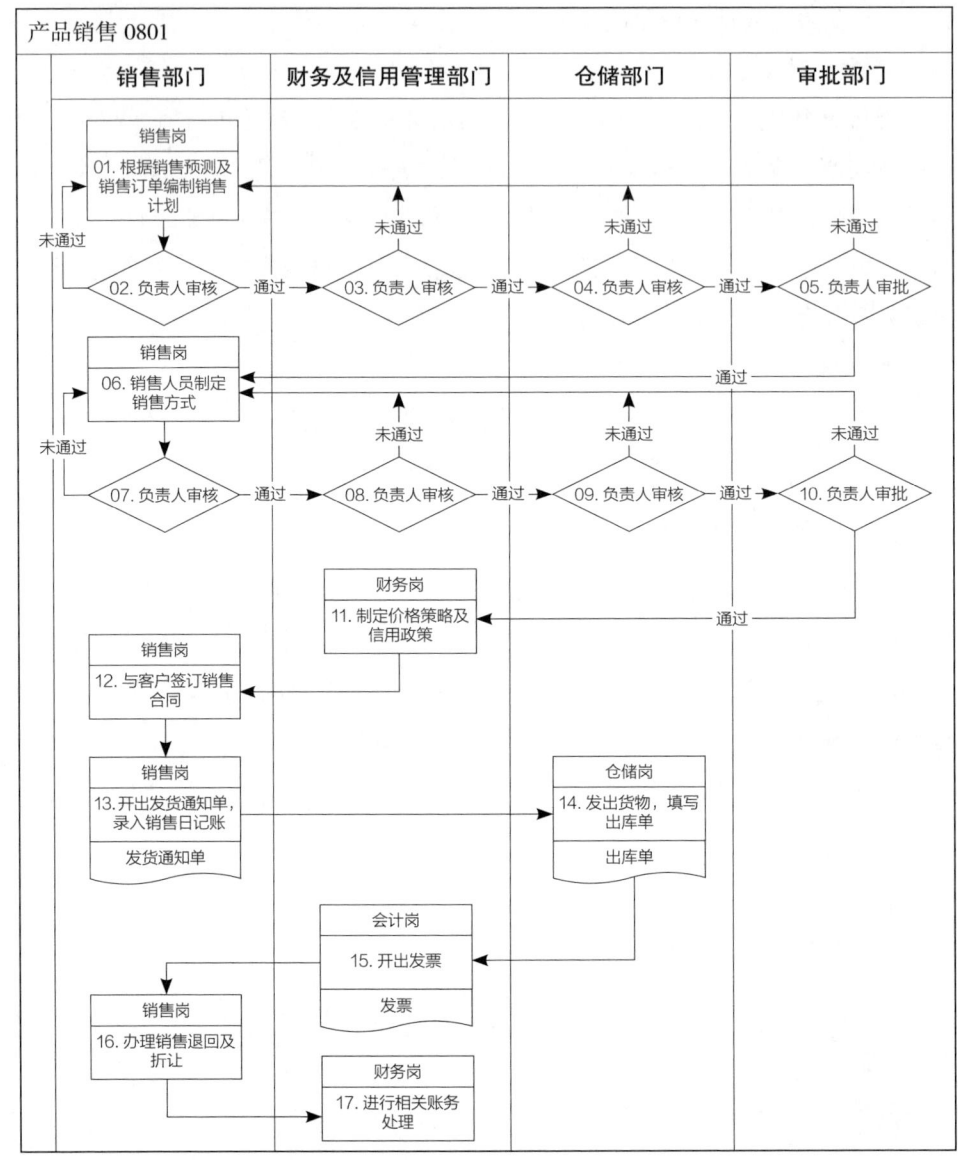

图 1-2　产品销售业务流程

所谓流程，是指企业经营过程的一个阶段，由若干项作业组成，而作业由若干项任务组成。典型的制造企业的经营过程包括研究开发、设计、制造、营销、配送和售后服务等多项流程。每项流程都包括若干项作业，如制造流程，包括材料入库、材料存储、材料搬运和加工、半成品搬运和加工、成品入库存储、成品包装发运等多项作业。每项作业都包括若干项任务，如材料入库，包括卸载、验收、盘点、移动、摆放、记录等多项任务。特别重要的是，任务是由组织成员经由授权完成的，授权和责任在这里可以体现出来。任务还可以细分为若干步骤。在流程设计中，就是要遵循这种相对的"流程—作业—任务—步骤"四个因素的顺序进行。

流程设计所要解决的是如何做的问题，即既定的治理主体、内部单位和岗位如何完成各自的任务。只有企业把流程理顺，才能更有效地完成任务。按照内部控制的观点，任何业务的处理必须经过申请、授权、批准、执行、记录、检查等控制程序，而这些程序都应经由不同部门或人员去完成，任何一个人都不能独揽业务处理的全过程。衡量一个企业的业务流程控制是否有效，主要在于考核其是否实施了严密的内部牵制，而其前提条件是要有完善的流程设计。因此，内部控制制度的设计要注重流程设计，以防止混乱及错弊的发生。

（一）业务流程图设计标准

每个流程的设计要符合一定的标准，以便在企业内部达成一致，有利于内部控制的实施。下面简要介绍流程设计的基本顺序及标准。

第一步，编制流程目录。流程目录可分为几级，编制顺序为一级流程、二级流程、三级流程……企业可根据实际需要选择流程级数，新增的一级流程或二级流程添加在原有流程目录的最后，并顺延编号。

第二步，选定流程图符号。本书流程图描述采用纵向垂直方式，自上而下表示流程发展的时间或逻辑等顺序，职能带区设置为纵向。流程图的命名规则为：子流程编号加子流程名称，当一个流程图需要多页才能绘制完成时，则以 -1、-2 等区分。流程图符号是流程图的语言，它由一系列几何图形符号组成。目前，我国还没有统一的流程图符号，世界各国的流程图符号也不一致。

在步骤内容描述中，负责人员应尽量将其细化到岗位，企业也可以根据实际情况进行调整。步骤描述格式为"步骤编号（从 01 开始）+文字描述"；如果多个步骤同时开始，并且内容相同或类似，可以出现重复的步骤编号；如果出现多个文件或表单，无须使用多个文档符号，只需在一个文档符号中顺序填列，但是每个文档名称前要加编号；在判断框后如果出现两个以上分支流程，编号规则为，从左边的分支流程开始，对其中的每个步骤按顺序编号，然后对第二个分支流程中的每个步骤按顺序编号，依此类推；文字描述体现岗位人员实行的动作和结果。

判断框至少有两个出处：通过、未通过；是、否。如果判断框的内容是审批、审核等，则内容描述和编号规则与步骤的内容描述和编号规则相同。

若一个步骤中出现多个风险控制点，应该在一个图形框中体现，无须增加图形框。

第三步，编制风险控制文档。鉴于在流程图中难以显示各控制点的控制措施，应另行编制文字说明表，以使流程图更容易理解。该文字说明表，应主要反映各控制点的控制措施以及对应的控制目标。

以上流程图的绘制标准并不是一成不变的，企业可根据自身的实际需要，选择合适的流程图符号、模板。最重要的一点是，企业要统一采用的符号，并使员工理解控制流程，达到绘制流程图的最终目的。

（二）业务流程目录

企业在划分业务流程时，遵循从下至上、逐层汇总的原则，即从业务流程的最低级作业层开始编制流程图，较低层级的流程图汇总形成上一层级的流程图，直至形成一级流程图。确定最低级作业层的标准是：在一张流程图中能够清晰地显示业务处理涉及的部门、关键控制点及相关文档。所有业务流程汇总后即形成业务流程目录。

1.5　内部控制设计流程及层次内容

1.5.1　内部控制设计的主要流程

内部控制设计的主要流程大体可以分为以下几个步骤。

一、确立内部控制建设组织结构

《企业内部控制基本规范》中明确指出内部控制需由企业董事会、监事会、经理层和全体员工共同实施，明确规定建立健全和有效实施内部控制、评价内部控制的有效性是企业董事会的责任，因此企业董事会在负责内部控制建立健全和有效实施的同时，还应当对内部控制评价报告的真实性负责。监事会则必须对董事会实施内部控制的工作进行监督。作为董事会下属的专业委员会，审计委员会在内部控制建设中起着非常重要的作用，审计委员会需要审查企业的内部控制，并监督内部控制执行的有效性和内部控制的自我评估情况。企业应当成立专门机构或指定适当的机构具体负责组织协调内部控制的建立、实施及日常工作，在企业进行内部控制建设时可以由财会部门具体负责建立和实施、由内部审计部门具体负责建立和实施、建立专门的风险管理部门具体负责建立和实施或成立内部控制专门机构具体负责建立和实施。

二、拟定控制目标

内部控制设计应当围绕一定的目标进行，这样才能做到有的放矢。控制目标既是评价企业内部控制的最高环节，又是企业内部控制实施的最终目标，也是管理经济活动的基本要求。我国《企业内部控制基本规范》中包括五个内部控制的目标，即合理保证企业的经营管理合法合规、资产安全、财务报告及相关信息真实完整，提高经营效率和效果，促进企业实现发展战略。在实务中，企业不仅要将《企业内部控制基本规范》中规定的目标作为企业内部控制目标，还要根据实际情况和管理上的要求，确定内部控制的具体目标。企业可以依据各类业务的主要业绩指标和考核指标进行细化和分解，从而得到内部控制流程梳理的具体目标。目标的制定要适应企业所处的特定经营环境、行业和经济环境，针对每个重要业务活动有效配置资源，并与企业业务活动保持一致。

此外，企业还要根据设定的目标合理确定企业整体风险承受能力和具体业务层次上的可接受的风险水平。企业确定整体风险承受能力后，应按照系统、科学的方法，将其逐级分解，从而得到业务部门或业务单元的最大风险承受能力。

三、搭建内部控制流程梳理框架

首先，了解内部控制现状，将企业的实际情况与内部控制的实施恰当地结合起来，了解企业的实际组织架构；分析企业业务类型及管理层目前对内部控制的看法和思路等。

其次，确定流程，梳理项目范围。项目范围包括业务单位和流程。前者一般包括把哪些主要的业务运营单位或经营场所纳入范围；后者是指将哪些重要的业务或流程纳入范围。

最后，搭建企业内部控制流程梳理框架。这需要根据企业内部控制建设的整体规划和目标确定，结合行业、企业特点来搭建企业的业务流程框架并确定纳入内部控制建设范围的业务流程。美国生产力与质量中心通过整理全美各行业的业务，梳理了适用于各行业的流程清单模板，即流程分类框架，从中进一步归类、整合，形成了可用于各种类别企业业务流程的通用参考版本，给众多的企业进行流程管理提供了指导。企业在参考此框架时，关键要理解内涵并灵活应用，不要生搬硬套。

四、识别企业业务流程风险

所有企业无论其规模、结构、行业性质如何，都会面临各种风险，而这些风险很大一部分体现在企业业务流程中。在进行内部控制流程梳理时，企业应当准确地确认风险所在，分析与预测企业所面临的危机，进而制定对策以控制风险，实现企业控制目标。企业风险一般可以分为战略风险、财务风险、市场风险、运营风险、法律风险等。那么，如何识别企业中存在的这些风险呢？对风险的识别要通过感性认识和经验进行判断，更重要的是必须依靠对各种客观统计资料和风险记录的分析、归纳和整理，从而发现各种风险的特征及规律。风险识别的方法主要有风险清单分析法、财务报表分析法、访谈法、问卷调查法、流程图法、因果图法、事故树法和实地调研法等。识别风险的方法还有很多，任何一种方法都不可能揭示出风险企业面临的全部风险，因此必须根据风险企业的性质、规模及每种方法的用途结合使用多种方法。

五、评估内部控制流程风险

风险评估是在风险识别的基础上更深入地了解风险，风险评估的目的在于精确地估计和测算风险损失，并将其作为选择应对措施的基础。风险评估包括考虑风险的来源，评估现有控制措施的有效性、风险发生的概率及影响，并分析指明导致风险发生和影响风险发生概率的各种因素。目前比较常用的方法是风险坐标图法，风险坐标图是把风险发生可能性、风险对目标的影响程度作为两个维度绘制在同一个平面上（即绘制成直角坐标系）形成的图示。对风险发生的可能性、风险对目标的影响程度的评估有定性、定量等方法。定性方法是直接用文字描述风险发生的可能性、风险对目标的影响程度，如"极低""低""中等""高""极高"等。定量方法是用具有实际意义的数量描述风险发生的可能性、风险对目标的影响程度，如用概率来表示风险发生可能性，损失金额来表示风险对目标的影响程度。比较常见的评估风险的方法还有蒙特卡洛方法、层次分析法、沃尔评分法、风险价值法、模糊综合评价法等方法。

六、确定适当的控制措施

控制活动是企业根据风险评估结果，运用相应的控制措施，将风险控制在可承受度内。控制点是企业在实现控制目标时最容易发生偏差的业务环节，这些业务环节发生错弊的可能性较大，因而需要特别控制，以减小企业的风险。

企业应当结合风险评估结果，通过手工控制与自动控制、预防性控制与发现性控制相结合的方法来采取相应的控制措施。目前企业普遍采用的控制活动有授权审批控制、不相容职务分离控制、会计系统控制、财产保护控制、预算控制、运营分析控制、绩效考评控制等。

七、编制内部控制流程文档

在确定与风险有关的控制措施之后，就要建立内部控制流程文档。流程文档是内部控制体系中的基础文档，也是核心文档，流程文档可以包含以下内容：流程名称、流程责任部门与责任岗位、流程目标、流程适用范围、流程相关制度、流程图、流程描述、风险控制矩阵等文档资料。其中风险控制矩阵和流程描述（或流程图）构成内部控制流程手册的主要内容。

在内部控制流程梳理过程中还可能形成其他文档记录，比如内部控制调查问卷、测试底稿、制度清单、发现问题汇总等，这些过程文件是内部控制流程文档记录的重要组成部分，企业应该制定内部控制流程文档记录管理办法或类似制度，建立完善的文档记录索引和存档制度。

1.5.2　内部控制设计的层次内容

关于内部控制设计内容，国内外权威的观点是把内部控制设计内容简单地理解为内部控制的内容，并简单地把内部控制设计分为总体设计、具体设计两个方面或整体层面设计、业务活动层面设计两个方面。不可否认，内部控制内容是内部控制设计的重点，但内部控制设计内容不仅仅是内部控制内容，不能把两者等同。内部控制设计的内容就是内部控制需要设计什么。

内部控制需要设计什么包括的内容很多，至少包括内部控制整体框架设计、内部控制组织体系设计、内部控制内容设计、内部控制方式设计、内部控制方法设计、内部控制评价设计等。

1. 内部控制整体框架设计

内部会计控制制度重点内容设计最突出的特征表现在它是以国家法规和制度

为保证、用一整套科学的管理手段和独立的核算形成、能够渗透企业各个方位的管理控制工具。我国企业内部控制整体框架设计应该以《企业内部控制基本规范》为依据。

2. 内部控制组织体系设计

企业内部控制是由人实施的，需要建立健全内部控制组织体系。企业实施有效内部控制需要组织和人员的保障，但现实中人们还是不重视内部控制组织体系的设计，大多数内部控制手册没有将内部控制组织体系作为独立内容，已经实施内部控制的企业中，内部控制工作有的由审计部门管，有的由法律部门管，有的由财务部门管，有的由人力资源部门管等。这不仅混乱，而且也是长期以来内部控制无法落地的根本原因。内部控制由谁负责实施、由谁负责评价、由谁负责审计，是否需要设置专门的内部控制机构，内部控制机构及其人员的职责是什么，内部控制与业务管理工作如何融合等，这些都需要依据《企业内部控制基本规范》的要求，结合企业的实际情况进行系统设计。

3. 内部控制内容设计

由于人们对内部控制内容是什么、包括哪些内容有不同的认识，在内部控制实践中一般根据业务流程或管理流程来设计内部控制内容，完全把内部控制嵌入业务或管理流程中。从控制的效果看，内部控制设计主要是对末级流程，也就是具体流程风险控制进行设计。至于内部控制要涉及哪些流程，因企业的不同而不同。《企业内部控制应用指引》高度概括了企业的主要经营管理活动，是企业内部控制业务活动层面内部控制内容设计的主要依据。

根据《企业内部控制基本规范》，会计控制内容具体包括货币资金、实物资产、对外投资、工程项目、债权债务、成本费用、采购、销售、担保、涉税等经济业务。财务控制的内容则是对企业各个层次上的财务活动进行的约束和监督，包括企业筹资、投资、资金运营及收益分配。就财务控制而言，无论哪一项都以资金为核心，最终以资金形式体现，结果都会形成客观的会计记录。但它的特殊性又表现在它的主要控制涉及预测、分析、决策等经营管理性行为，其控制对象中人的比重大大增加，因此财务控制的主观能动性整体上比会计控制要强，应居于内部会计控制的核心地位。

2.1　组织架构内部控制应用指引

企业内部控制应用指引第 1 号——组织架构

第一章　总则

第一条　为了促进企业实现发展战略，优化治理结构、管理体制和运行机制，建立现代企业制度，根据《中华人民共和国公司法》等有关法律法规和《企业内部控制基本规范》，制定本指引。

第二条　本指引所称组织架构，是指企业按照国家有关法律法规、股东（大）会决议和企业章程，结合本企业实际，明确股东（大）会、董事会、监事会、经理层和企业内部各层级机构设置、职责权限、人员编制、工作程序和相关要求的制度安排。

第三条　企业至少应当关注组织架构设计与运行中的下列风险：

（一）治理结构形同虚设，缺乏科学决策、良性运行机制和执行力，可能导致企业经营失败，难以实现发展战略。

（二）内部机构设计不科学，权责分配不合理，可能导致机构重叠、职能交叉或缺失、推诿扯皮，运行效率低下。

第二章　组织架构的设计

第四条　企业应当根据国家有关法律法规的规定，明确董事会、监事会和经理层的职责权限、任职条件、议事规则和工作程序，确保决策、执行和监督相互分离，形成制衡。

董事会对股东（大）会负责，依法行使企业的经营决策权。可按照股东（大）会的有关决议，设立战略、审计、提名、薪酬与考核等专门委员会，明确各专门委员会的职责权限、任职资格、议事规则和工作程序，为董事会科学决策提供支持。

监事会对股东（大）会负责，监督企业董事、经理和其他高级管理人员依法履行职责。

经理层对董事会负责，主持企业的生产经营管理工作。经理和其他高级管理人员的职责分工应当明确。

董事会、监事会和经理层的产生程序应当合法合规，其人员构成、知识结构、能力素质应当满足履行职责的要求。

第五条 企业的重大决策、重大事项、重要人事任免及大额资金支付业务等，应当按照规定的权限和程序实行集体决策审批或者联签制度。任何个人不得单独进行决策或者擅自改变集体决策意见。

重大决策、重大事项、重要人事任免及大额资金支付业务的具体标准由企业自行确定。

第六条 企业应当按照科学、精简、高效、透明、制衡的原则，综合考虑企业性质、发展战略、文化理念和管理要求等因素，合理设置内部职能机构，明确各机构的职责权限，避免职能交叉、缺失或权责过于集中，形成各司其职、各负其责、相互制约、相互协调的工作机制。

第七条 企业应当对各机构的职能进行科学合理的分解，确定具体岗位的名称、职责和工作要求等，明确各个岗位的权限和相互关系。

企业在确定职权和岗位分工过程中，应当体现不相容职务相互分离的要求。不相容职务通常包括：可行性研究与决策审批；决策审批与执行；执行与监督检查等。

第八条 企业应当制定组织结构图、业务流程图、岗（职）位说明书和权限指引等内部管理制度或相关文件，使员工了解和掌握组织架构设计及权责分配情况，正确履行职责。

第三章　组织架构的运行

第九条 企业应当根据组织架构的设计规范，对现有治理结构和内部机构设置进行全面梳理，确保本企业治理结构、内部机构设置和运行机制等符合现代企业制度要求。

企业梳理治理结构，应当重点关注董事、监事、经理及其他高级管理人员的任职资格和履职情况，以及董事会、监事会和经理层的运行效果。治理结构存在问题的，应当采取有效措施加以改进。

企业梳理内部机构设置，应当重点关注内部机构设置的合理性和运行的高效性等。内部机构设置和运行中存在职能交叉、缺失或运行效率低下的，应当及时解决。

第十条　企业拥有子公司的，应当建立科学的投资管控制度，通过合法有效的形式履行出资人职责、维护出资人权益，重点关注子公司特别是异地、境外子公司的发展战略、年度财务预决算、重大投融资、重大担保、大额资金使用、主要资产处置、重要人事任免、内部控制体系建设等重要事项。

第十一条　企业应当定期对组织架构设计与运行的效率和效果进行全面评估，发现组织架构设计与运行中存在缺陷的，应当进行优化调整。

企业组织架构调整应当充分听取董事、监事、高级管理人员和其他员工的意见，按照规定的权限和程序进行决策审批。

2.2　组织架构内部控制目标及风险点

2.2.1　组织架构设计与运行的目标

组织架构内部控制方面的目标主要包括企业治理的规范框架、重要事项的科学决策、职能机构的配置效率、赋予组织准确细化的定位、组织运行的明确清晰与便于认知五个方面，具体的内容如表 2-1 所示。

表 2-1　组织架构设计与运行的目标

目标	实现目标方式
企业治理的规范框架	明确董事会、监事会、经理层的职责、形成制衡关系
重要事项的科学决策	"三重一大"的决策
职能机构的配置效率	科学、精简、高效、透明、制衡的原则
赋予组织准确细化的定位	确定具体岗位名称、职责和工作要求
组织运行的明确清晰与便于认知	制定组织结构图、业务流程图、岗（职）位说明书和权限指引等

（1）企业治理的规范框架。企业应当根据国家有关法律法规的规定，明确董事会、监事会和经理层的职责权限、任职条件、议事规则和工作程序，确保决策、执行和监督相互分离，形成以下制衡关系。

①董事会对股东大会负责，行使经营决策权。

②监事会对股东大会负责，行使监督权。

③经理层对董事会负责，主持生产经营管理工作。

（2）重要事项的科学决策。企业的重大决策、重大事项、重要人事任免及大额资金支付业务等（即通常所说的"三重一大"问题），应当按照规定的权限和程序实行集体决策审批或者联签制度。任何个人不得单独进行决策或擅自改变集体决策意见。

（3）职能机构的配置效率。企业应当按照科学、精简、高效、透明、制衡的原则，综合考虑企业性质、发展战略、文化理念和管理要求等因素，合理设置内部职能机构，明确各机构的职责权限，避免职能交叉、缺失或权责过于集中，形成各司其职、各负其责、相互制约、相互协调的工作机制。

（4）赋予组织准确细化的定位。企业应当对各机构的职能进行科学合理的分解，确定具体岗位名称、职责和工作要求等，明确各个岗位的权限和相互关系。企业在确定职权和岗位分工过程中，应当体现不相容职务相互分离的要求。不相容职务通常包括：可行性研究与决策审批；决策审批与执行；执行与监督检查。

（5）组织运行的明确清晰与便于认知。企业应当制定组织结构图、业务流程图、岗（职）位说明书和权限指引等内部管理制度或相关文件，使员工了解和掌握组织架构设计及权限分配情况，正确履行职责。

2.2.2 组织架构设计与运行的风险点

关于组织架构设计和运行的主要风险，可以从企业治理结构和内部机构两个层面进行分析，见表2-2及详细描述。

表2-2 组织架构设计与运行的风险点

	股东大会是否有效召开
	企业与控股股东的关联交易是否合规
	控股股东信息披露是否完整
治理结构层面	中小股东利益是否得到保护
	董事会的独立性、胜任能力、履责情况
	监事会的独立性和履责能力
	经理层的权力是否受到约束和限制

内部机构层面	内部组织机构是否考虑经营的性质
	职责分离、组织机构设置、岗位职能说明
	内部信息沟通是否及时、顺畅
	关键岗位人员的胜任能力
	权限设置

从治理结构层面看，主要风险在于：治理结构形同虚设，缺乏科学决策、良性运行机制和执行力，可能导致企业经营失败，难以实现发展战略。具体表现：一是股东大会是否规范而有效地召开，股东是否可以通过股东大会行使自己的权利；二是企业与控股股东是否在资产、财务、人员方面实现相互独立，企业与控股股东的关联交易是否贯彻平等、公开、自愿的原则；三是对与控股股东相关的信息是否根据规定及时完整地披露；四是企业是否对中小股东权益采取了必要的保护措施，使中小股东能够和大股东在同等条件下参加股东大会，获得与大股东一致的信息，并行使相应的权利；五是董事会是否独立于经理层和大股东，董事会及其审计委员会中是否有适当数量的独立董事存在且能有效发挥作用；六是董事对自身的权力和责任是否有明确的认知，并且是否有足够的知识、经验和时间来勤勉、诚信、尽责地履行职责；七是董事会是否能够保证企业建立并实施有效的内部控制，审批企业发展战略和重大决策并定期检查、评价其执行情况，明确设立企业可接受的风险承受度，并督促经理层对内部控制有效性进行监督和评价；八是监事会的构成是否能够保证其独立性，监事能力是否与相关领域相匹配；九是监事会是否能够规范而有效地运行，监督董事会、经理层正确履行职责并纠正损害企业利益的行为；十是对经理层的权力是否存在必要的监督和约束机制。

从内部机构层面看，主要风险在于：内部机构设计不科学，权责分配不合理，可能导致机构重叠、职能交叉或缺失、推诿扯皮、运行效率低下。具体表现：一是企业内部组织机构是否考虑经营业务的性质，按照适当集中或分散的管理方式设置；二是企业是否对内部组织机构设置、各职能部门的职责权限、组织的运行流程等有明确的书面说明和规定，是否存在关键职能缺位或职能交叉的现象；三是企业内部组织机构是否支持发展战略的实施，并根据环境变化及时作出调整；四是企业内部组织机构的设计与运行是否适应信息沟通的要求，有利于信息的上传、下达和在各层级、各业务活动间的传递，有利于为员工提供履行职权所需的信息；五是关键岗位人员是否对自身权责有明确的认识，有足够的胜任能力以履行权责，是否建立了关键岗位人员轮换制度和强制休假制度；六是企业是否对董事、监事、高级管理人员及全体员工的权限有明确的制度规定，对授权情况是否有正式的记录；七是企业是否对岗位职责进行了恰当的描述和说明，是否存在不相容职务未分离的情况；八是企业是否对权限的设置和履行情况进行了审核和监督，对于越权或权限缺位的行为是否及时予以处理。

2.3　组织架构内部控制方法及控制关键点

2.3.1　组织架构内部控制方法

组织架构内部控制的主要方法包括职责分工控制、授权控制、内部报告控制等方法。具体内容如表2-3所示。

表2-3　组织架构内部控制的主要方法

主要方法	具体内容
职责分工控制	不相容职务的分离
授权控制	组织结构图、业务流程图、岗（职）位说明书和权限指引
内部报告控制	合理确定治理层及内部各部门之间的权力与责任，建立恰当的报告关系

一、职责分工控制

在内部机构设计过程中，应当体现不相容职务相分离原则，努力识别出不相容职务，并根据相关的风险评估结果设立内部牵制机制，特别是在涉及重大或高风险业务处理程序时，必须考虑建立各层级、各部门、各岗位之间的分离和牵制制度，因机构人员较少且业务简单而无法分离处理某些不相容职务时，企业应当制定切实可行的替代控制措施。

二、授权控制

企业应当制定组织结构图、业务流程图、岗（职）位说明书和权限指引等内部管理制度或相关文件，使员工了解和掌握组织架构设计及权责分配情况，正确履行职责。值得特别指出的是，就内部机构设计而言，建立权限指引和授权机制是非常重要的。有了权限指引，不同层级的员工就知道该如何行使权力并承担相应责任，这利于事后考核评价。授权表明的是，企业各项决策和业务必须由具备适当权限的人员办理，这一权限通过企业章程约定或其他适当方式授予。

企业内部各级员工必须获得相应的授权，才能实施决策或执行业务，严禁越权办理。按照授权对象和形式的不同，授权分为常规授权和特别授权。常规授权一般针对企业日常经营管理过程中发生的程序性和重复性工作，可以在由企业正式颁布的岗（职）位说明书中予以明确，或通过制定专门的权限指引予以明确。特别授权一般是由董事会给经理层或经理层给内部机构及其员工授予处理某一突发事件（如法律纠纷）、作出某项重大决策、代替上级处理日常工作的临时性权力。

三、内部报告控制

企业在设计组织架构时，必须考虑内部控制的要求，合理确定治理层及内部各部门之间的权力和责任，并建立恰当的报告关系，既要能够保证企业高效运营，又要能够使企业适应内部控制环境的需要进行相应的调整和变革。

2.3.2　组织架构内部控制关键点

1. 全面梳理治理结构和内部机构

企业应当根据组织架构的设计规范，对现有治理结构和内部机构设置进行全面梳理，确保本企业治理结构、内部机构设置和运行机制等符合现代企业制度的要求。

（1）在梳理治理结构的过程中，应当重点关注董事、监事、经理及其他高级管理人员的任职资格和履职情况，以及董事会、监事会和经理层的运行效果。治理结构存在问题的，应当采取有效措施加以改进。

（2）在梳理内部机构设置过程中，应当重点关注内部机构设置的合理性和运行的高效性等。内部机构设置和运行中存在职能交叉、缺失或运行效率低下的，应当及时解决。

2. 监控子公司

企业若拥有子公司，应当建立科学的投资管控制度，通过合法有效的形式履行出资人职责、维护出资人的权益，重点关注子公司特别是异地、境外子公司的发展战略、年度财务预算、重大投融资、重大担保、大额资金使用、主要资产处置、重要人事任免、内部控制体系建设等重要事项。

3. 及时全面评估组织架构

企业应当定期对组织架构设计与运行的效率和效果进行全面评估,若发现组织架构设计与运行中存在缺陷,应当进行优化调整。企业在调整组织架构时应当充分听取董事、监事、高级管理人员和其他员工的意见,按照规定的权限和程序进行决策审批。

组织架构的设置风险。组织架构设置的考虑因素有以下几个:一是以市场和客户需求为出发点,建立充分适应市场和客户需求的组织架构,提高对市场和客户的响应速度;二是落实企业战略,企业战略最终要落实到组织去执行,要以组织为基础进行分工;三是把握内部控制需求,防止组织架构偏离企业战略轨道和组织运行中出现的操作风险。那么相应地,组织架构设置中就存在以下风险,一是组织架构不能很好地承接企业战略,权责不清,分工不明确,组织间配合不力;二是组织架构过分考虑内部控制,运行效率降低;三是组织架构不能很好地响应市场和客户需求,主要体现在企业整体的市场和客户导向意识。

组织架构的运行风险。组织在日常运行中,通常存在以下风险,一是运行效率低下的风险,这可能是由于组织设置不科学、权责不清晰、职能交叉、跨部门协调不畅等,这样就会增加组织的运行成本;二是存在岗位操作风险,操作风险是在日常操作中,由于缺乏监管或员工故意作弊、违规操作给企业带来的;三是运行中不能很好地通过组织或职能调整优化企业的管控方式,导致管控不力或管控过度,出现失控、员工积极性受损等现象。

组织架构的监控风险。组织架构设立后,需要根据市场和企业管控要求,不断优化,这就需要有一套很好的监控和评价机制,当然有的企业出于管理者个人的感觉调整,有的根据外部建议调整。监控风险主要有监控过度和监控不力两个方面的风险,这就需要控制好监控力度。

2.4　组织架构内部控制流程

2.4.1　组织架构设计的内部控制流程

设计组织架构方面内部控制的注意事项

1. 企业治理结构设计一般要求

治理结构涉及股东（大）会、董事会、监事会和经理层。企业应当根据国家有关法律法规的规定，按照决策机构、执行机构和监督机构相互独立、权责明确、相互制衡的原则，明确董事会、监事会和经理层的职责权限、任职条件、议事规则和工作程序等。

从内部控制建设角度看，新设企业或转制企业如果一开始就在治理结构设计方面存在缺陷，必然会对以后企业的长远发展造成严重损害。比如，在《企业内部控制应用指引第1号——组织架构》起草调研过程中发现，部分上市公司在董事会下没有设立真正意义上的审计委员会，其成员只是形式上符合有关法律法规的要求，难以胜任工作，甚至也不愿去履行职能。比如，部分上市公司监事会成员，或多或少地与董事长存在某种关系，在后续工作中难以秉公办事，直接或间接损害了股东尤其是小股东的合法权益。

再比如，有些上市公司因为在上市改制时组织架构设计不合理，出于照顾等方面因素让某人担任董事长，而实际上公司总经理才是真正的董事长。这些都值得引起企业关注，应当在组织架构设计时尽力避免。也正因为如此，《企业内部控制应用指引第1号——组织架构》明确，董事会、监事会和经理层的产生程序应当合法合规，其人员构成、知识结构、能力素质应当满足履行职责的要求。

2. 上市公司治理结构设计的特殊要求

上市公司治理结构的设计，应当充分反映公众性。其特殊之处主要表现在以下几个方面。

一是建立独立董事制度。上市公司董事会应当设立独立董事，独立董事应独立于所受聘的公司及其主要股东。独立董事不得在上市公司担任除独立董事外的任何职务。独立董事应按照有关法律法规和公司章程的规定，认真履行职责，维护公司整体利益，尤其要关注中小股东的合法权益，使之不受损害。独立董事应独立履行职责，不受公司主要股东、实际控制人及其他与上市公司存在利害关系的单位或个人的影响。

二是董事会专门委员会的特殊要求。上市公司董事会下设的审计委员会、薪酬与考核委员会中，独立董事应当占多数并担任负责人，审计委员会中至少还应有一名独立董事是会计专业人士。在董事会各专业委员会中，审计委员会尤其对内部控制的建立健全和有效实施发挥着重要作用。审计委员会对董事会负责并代表董事会对经理层进行监督，侧重加强对经理层提供的财务报告和内部控制评价报告的监督，同时通过指导和监督内部审计和外部审计工作，提高内部审计和外部审计的独立性，在信息披露、内部审计和外部审计之间建立起独立的监督和控制机制。

三是设立董事会秘书。上市公司应当设立董事会秘书，董事会秘书为上市公司的高级管理人员，直接对董事会负责，并由董事长提名、董事会负责任免。在上市公司实务中，董事会秘书是一个重要的角色，其负责公司股东（大）会和董事会会议的筹备、文件保管及公司股东资料的管理、信息披露事务办理等事宜。

3. 国有独资企业治理结构设计的特殊要求

国有独资企业是我国比较独特的企业群体，其治理结构设计应充分反映其特色。主要表现在以下方面。

一是国有资产监督管理委员会代行股东（大）会职权。国有独资企业不设股东（大）会，由国有资产监督管理委员会行使股东（大）会职权。

国有独资企业董事会可以根据授权部分行使股东（大）会的职权，决定公司的重大事项，但公司的合并、分立、解散、增加或者减少注册资本和发行公司债券等事项，必须由国有资产监督管理委员会决定。

二是国有独资企业董事会成员中应当包括公司职工代表。董事会成员由国有资产监督管理委员会委派；但是，董事会成员中的职工代表由公司职工代表大会选举产生。国有独资企业董事长、副董事长由国有资产监督管理委员会从董事会成员中指定产生。

三是国有独资企业监事会成员由国有资产监督管理委员会委派；但是监事会成员中的职工代表由公司职工代表大会选举产生。监事会主席由国有资产监督管理委员会从监事会成员中指定产生。

四是外部董事由国有资产监督管理委员会提名推荐，由任职公司以外的人员担任。外部董事在任期内，不得在任职企业担任其他职务。外部董事制度对规范国有独资企业治理结构、提高决策科学性、防范重大风险具有重要意义。

4. 内部机构的设计

内部机构的设计是组织架构设计的关键环节。只有切合企业经营业务特点和内部控制要求的内部机构，才能为实现企业发展目标发挥积极促进作用。具体分析如下。

一是企业应当按照科学、精简、高效、透明、制衡的原则，综合考虑企业性质、发展战略、文化理念和管理要求等因素，合理设置内部职能机构，明确各机构的职责权限，避免职能交叉、缺失或权责过于集中，形成各司其职、各负其责、相互制约、相互协调的工作机制。

二是企业应当对各机构的职能进行科学合理的分解，确定具体岗位的名称、职责和工作要求等，明确各个岗位的权限和相互关系。

在内部机构设计过程中，应当体现不相容岗位相分离原则，企业应努力识别出不相容职务，并根据相关的风险评估结果设立内部牵制机制，特别是在涉及重大或高风险业务处理程序时，必须考虑建立各层级、各部门、各岗位之间的分离和牵制制度，因机构人员较少且业务简单而无法分离处理某些不相容职务时，企业应当制定切实可行的替代控制措施。

三是企业应当制定组织结构图、业务流程图、岗（职）位说明书和权限指引等内部管理制度或相关文件，使员工了解和掌握组织架构设计及权责分配情况，正确履行职责。值得特别指出的是，就内部机构设计而言，建立权限指引和授权机制是非常重要的。有了权限指引，不同层级的员工就知道该如何行使权力并承担相应责任，也利于事后考核评价。授权表明的是，企业各项决策和业务必须由具备适当权限的人员办理，这一权限通过企业章程约定或其他适当方式授予。

企业内部各级员工必须获得相应的授权，才能实施决策或执行业务，严禁越权办理。按照授权对象和形式的不同，授权分为常规授权和特别授权。常规授权一般针对企业日常经营管理过程中发生的程序性和重复性工作，可以在由企业正式颁布的岗（职）位说明书中予以明确，或通过制定专门的权限指引予以明确。特别授权一般是由董事会给经理层或经理层给内部机构及其员工授予处理某一突发事件（如法律纠纷）、作出某项重大决策、代替上级处理日常工作的临时性权力。

5. 对"三重一大"的特殊考虑

在实务中，无论是上市公司还是其他企业发生的重大经济案件中，不少都牵涉"三重一大"问题，即重大决策、重大事项、重要人事任免及大额资金使用问题。

为此，《企业内部控制应用指引第 1 号——组织架构》明确要求，企业的重大决策、重大事项、重要人事任免及大额资金支付业务等，应当按照规定的权限和程序实行集体决策审批或联签制度。任何个人不得单独进行决策或擅自改变集体决策意见。此项要求是我国部分企业优秀管理经验的总结，可以有效避免"一言堂""一支笔"现象。特别是，"三重一大"实行集体决策和联签制度有利于促进国有企业完善治理结构和健全现代企业制度。

与组织架构设计流程相关的内容如图 2-1、表 2-4 所示。

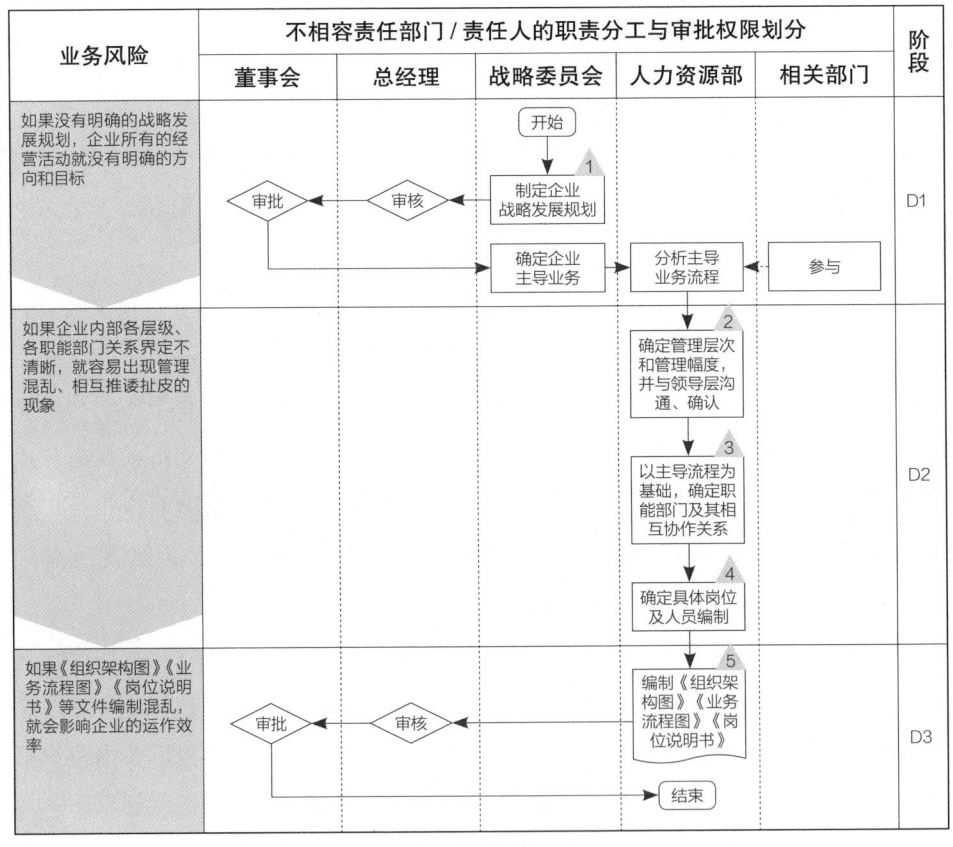

图 2-1　组织架构设计流程与风险控制

表 2–4　组织架构设计流程控制

控制事项		详细描述及说明
阶段控制	D1	1. 战略委员会在制定企业发展战略时，要考虑内、外部环境对企业发展战略的影响与制约；企业发展战略规划和目标应经过企业总经理和董事会的集体讨论、审核和审批
阶段控制	D2	2. 每一个部门、每一位管理者都要有合理的管理幅度。管理幅度太大，可能导致管理者无暇顾及一些重要事务；管理幅度太小，可能导致管理者不能完全发挥作用。所以，人力资源部在设计组织结构时，要确定合理、恰当的管理幅度 3. 人力资源部应当按照科学、精简、高效、透明、制衡的原则，综合考虑企业性质、发展战略、文化理念和管理要求等因素，合理设置内部职能机构，明确各机构、各部门的职能和权限，形成各司其职、各负其责、相互制约、相互协调的工作关系；避免职能交叉、缺失或权责过于集中 4. 人力资源部应当对各机构、各部门的职能进行科学合理的分解，确定具体岗位的名称、职责和工作要求等，明确各个岗位的权限和相互关系；在确保实现企业战略目标的前提下，力求部门数量最少、人员编制最精，以达到节省沟通成本、缩短业务流程、提高运营效率的目的
	D3	5. 按照统一的规范编写《组织架构图》《业务流程图》《岗位说明书》等文件资料
相关规范	应建规范	● 《组织架构设计规范》 ● 《岗位说明书编写规范》
	参照规范	● 《企业内部控制应用指引》 ● 《中华人民共和国公司法》
文件资料		● 《组织架构图》 ● 《业务流程图》 ● 《岗位说明书》
责任部门及责任人		● 战略委员会、人力资源部、相关部门 ● 总经理、副总经理、人力资源总监

2.4.2　组织架构调整的内部控制流程

一、组织架构方面内部控制运行的注意事项

组织机构运行涉及新企业治理结构和内部机构的运行，也涉及对存续企业组织架构的全面梳理。

为此，《企业内部控制应用指引第 1 号——组织架构》明确提出，企业应当根据组织架构的设计规范，对现有治理结构和内部机构设置进行全面梳理，确保

本企业治理结构、内部机构设置和运行机制等符合现代企业制度要求。

对于梳理运行层面内部控制的流程，从治理结构层面看，企业应着力从两个方面入手。

一是关注董事、监事、经理及其他高级管理人员的任职资格和履职情况。就任职资格而言，重点关注行为能力、道德诚信、经营管理素质、任职程序等方面。就履职情况而言，着重关注合规、业绩及履行忠实、勤勉义务等方面。

二是关注董事会、监事会和经理层的运行效果。这方面要着重关注以下内容。董事会是否按时定期或不定期召集股东大会并向股东大会报告；是否严格认真地执行了股东大会的所有决议；是否合理地聘任或解聘经理及其他高级管理人员等。监事会是否按照规定对董事、高级管理人员行为进行监督；在发现违反相关法律法规或损害企业利益时，是否能够对其提出罢免建议或制止、纠正其行为等。经理层是否认真有效地组织实施董事会决议，是否认真有效地组织实施董事会制定的年度生产经营计划和投资方案，是否能够完成董事会确定的生产经营计划和绩效目标等。

从内部机构层面看，企业应着力关注内部机构设置的合理性和运行的高效性。从合理性角度梳理，企业应重点关注：内部机构设置是否适应内外部环境的变化；是否以发展目标为导向；是否满足专业化的分工和协作；是否有助于企业提高劳动生产率；是否明确界定各机构和岗位的权力和责任，不存在权责交叉重叠，不存在只有权力而没有相对应的责任的情况等。从运行的高效性角度梳理，企业应重点关注：内部各机构的职责分工是否针对市场环境的变化作出及时调整。特别是当企业面临重要事件或重大危机时，各机构间表现出的职责分工协调性，可以较好地检验内部机构运行的效率。此外，企业还应关注权力制衡的效率评估，包括机构权力是否过大并存在监督漏洞；机构权力是否被架空；机构内部或各机构之间是否存在权力失衡等。对于梳理内部机构的高效性，企业还应关注内部机构运行是否有利于保证信息的及时顺畅流通，在各机构间达到快捷沟通的目的。评估内部机构运行中的信息沟通效率时，一般评估：信息在内部机构间的流通是否通畅，是否存在信息阻塞；信息在现有组织架构下流通是否及时，是否存在信息滞后；信息在组织架构中的流通是否有助于提高效率，是否存在沟通舍近求远。

当企业发展壮大为集团公司时，对组织架构进行梳理应给予足够重视。为此，《企业内部控制应用指引第 1 号——组织架构》强调：企业拥有子公司的，应当建立科学的投资管控制度，通过合法有效的形式履行出资人职责、维护出资人权益，重点关注子公司特别是异地、境外子公司的发展战略、年度财务预决算、重大投融资、重大担保、大额资金使用、主要资产处置、重要人事任免、内部控制体系建设等重要事项。这一方面是呼应组织架构设计的要求，另一方面是现行企业实务中特别值得注意的问题。

企业在对治理结构和内部机构进行全面梳理的基础上，还应当定期对组织架构设计和运行的效率与效果进行综合评价，其目的在于发现可能存在的缺陷，及时优化调整，使组织架构始终处于高效运行状态。

总之，只有不断健全企业治理结构，持续优化内部机构设置，才能为风险管理奠定扎实基础，才能提升经营管理效能，才能在当今激烈的国内外市场经济竞争中保持健康可持续发展。

二、公司运行机构设置

公司按照有关规定，设有股东大会、董事会、监事会、经理层和各职能部门，具体组织架构如图 2-2 所示。

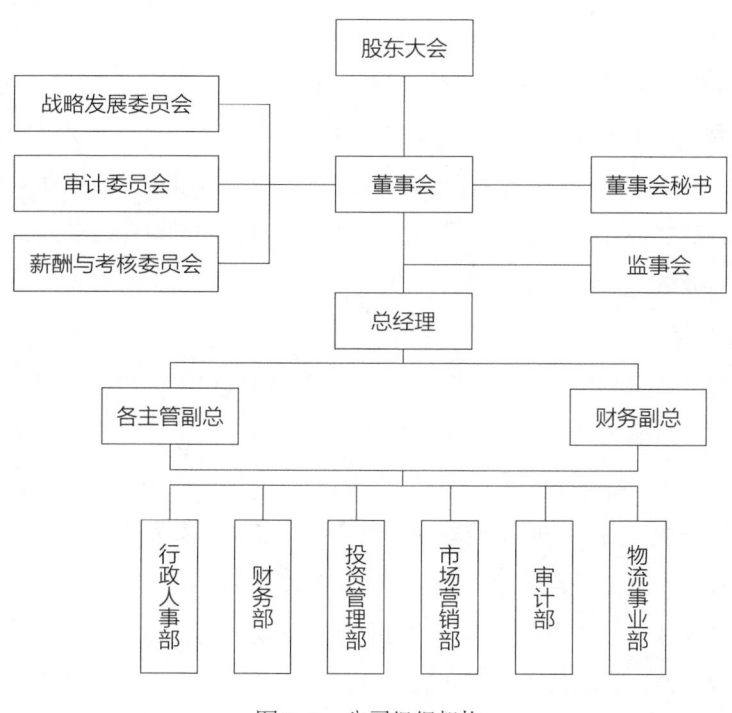

图 2-2　公司组织架构

1. 股东大会

股东大会由全体股东组成，是公司的权力机构，按照公司章程的有关规定履行相关权限。股东大会会议分为年度股东大会和临时股东大会。召开临时股东大会情形说明如表 2-5 所示。

表 2-5　召开临时股东大会情形说明

序号	具体情形说明
1	董事人数不足《中华人民共和国公司法》规定人数或本公司章程所定人数的 2/3 时
2	公司未弥补的亏损达实收股本总额的 1/3 时
3	单独或合计持有公司 10% 以上股份的股东请求时
4	董事会认为必要时，监事会提议召开时
5	法律、行政法规、部门规章或公司章程规定的其他情形

（1）年度股东大会，每年召开一次，应当于上一会计年度结束后的六个月内举行。

（2）临时股东大会，有表 2-5 所示情形之一的，公司在事实发生之日起两个月以内召开。

2. 董事会

对股东大会负责，按公司章程的有关规定行使公司的经营决策权。公司董事长、董事的产生和任期按公司章程规定。董事会的议事方式和表决程序，除《中华人民共和国公司法》有规定的外，由公司章程和《董事会议事规则》规定。董事会会议由董事长召集和主持。董事长不能履行职务或不履行职务的，由半数以上董事共同推举一名董事履行职务。

3. 监事会

监事会包括职工代表，监事会中的职工代表由公司职工通过职工代表大会、职工大会或其他形式民主选举产生。监事会设主席一人，监事会主席由全体监事过半数选举产生。监事会主席召集和主持监事会会议；监事会主席不能履行职务或不履行职务的，由半数以上监事共同推举一名监事召集和主持监事会会议。董事、高级管理人员不得兼任监事。监事可以列席董事会会议，并对董事会决议事项提出质询或建议。监事会每六个月至少召开一次会议，监事可以提议召开临时监事会会议。监事会的议事方式和表决程序，除《中华人民共和国公司法》有规定的外，由公司章程规定。

4. 经理层

公司总经理由董事会决定聘任或者解聘，副总经理、财务副总由总经理提请董事会聘任或解聘。总经理对董事会负责，按公司章程的有关规定行使职权。总经理列席董事会会议。

5. 董事会下设职位和机构

公司董事会下设董事会秘书、战略发展委员会、审计委员会、薪酬与考核委员会。

董事会秘书和各委员会主任委员由董事会决定和聘任。董事会秘书主要负责公司股东大会和董事会会议的筹备、文件保管及公司股东资料的管理、信息披露事务办理等事宜。

战略发展委员会主要负责对公司长期发展战略和重大投资决策进行研究并提出建议。

审计委员会主要负责公司内外部审计的沟通、监督和核查工作。

薪酬与考核委员会主要负责制定公司董事及经理人员的考核标准并进行考核，制定、审查公司董事及经理人员的薪酬政策与方案。

战略发展委员会、审计委员会、薪酬与考核委员会的实施细则参照公司董事会颁布的《战略发展委员会工作细则》《审计委员会工作细则》《薪酬与考核委员会工作细则》等相关规定制定。

6. 经理层下设职能部门

公司目前下设的内部职能部门包括：行政人事部、财务部、投资管理部、市场营销部、审计部、物流事业部等，其具体职能见表 2-6。

表 2-6　职能部门职责

部门名称	部门职责
行政人事部	作为行政协调、人力资源管理和办公保障中心，主要承担公司内部及与外部相关组织的沟通协调、人力资源规划管理、综合服务保障、外事管理等职能，以确保公司人力资源高效率配置和内部管理体系完整、平稳运作
财务部	作为对公司的经济活动进行业务核算及财务管理的核心部门，按照国家有关财务会计制度，真实、完整地反映公司的财务状况和经营成果；同时，通过有效的财务管理，使公司降低经营成本、提高劳动生产率，实现公司资本的保值增值
投资管理部	作为公司投资规划中心和下属控股公司董事会常设的日常管理机构，主要承担投资计划论证、实施及投资项目股权经营管理、资产管理、法律事务等职能

部门名称	部门职责
市场营销部	承担公司的业务开发和项目策划、销售管理、客户管理、业务协调和商务事务，参与、配合、协调、指导下属公司的市场营销和客户管理等工作
审计部	在董事会审计委员会的指导下独立开展工作，主要负责对公司及所属成员企业的内部控制、风险管理、经济效益、财务收支及其有关的经营活动进行审计监督，并向公司经营层或审计委员会及监事会报告
物流事业部	承担物流项目开发，对内按市场化原则组织各物流板块资源落实项目实施，通过项目带动和业务创新推动公司的物流资源整合和现代物流业发展

2.5　组织架构内部控制调整流程

一、组织架构内部控制调整原则

组织架构内部控制调整应当适应企业中长期发展战略，紧密结合企业发展战略，有针对性地解决目前管理工作中存在的突出问题和薄弱环节，坚持责、权、利的一致原则。

组织架构内部控制调整应适合企业的特点，精简高效，简便易行，尽量避免调整的负面影响。组织架构内部控制调整的步骤应服从人力资源的状况，保证业务不断不乱、稳中有升。

二、组织架构内部控制调整的主要任务

根据企业组织架构内部控制调整的目标、管理定位和主要管理职能，以及目前企业组织管理上存在的突出问题和薄弱环节，组织架构内部控制调整主要有以下任务。

（1）促进企业决策体系的科学化、民主化和规范化。

（2）加强企业的科学管理、集中协调、系统控制和风险防范。

（3）帮助企业发展战略的实施和资源整合与合理配置。

三、组织架构内部控制调整流程与风险控制

组织架构内部控制调整流程与风险控制如图 2-3 所示，组织架构内部控制

调整流程控制如表 2-7 所示。

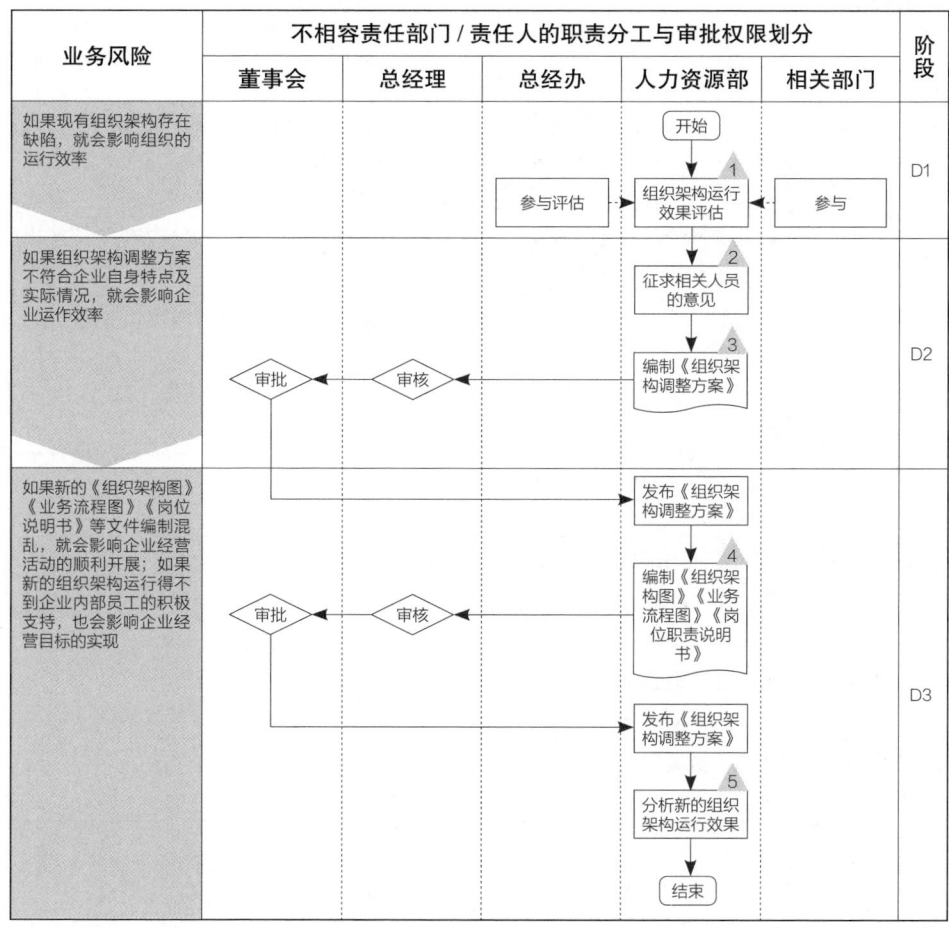

图 2-3　组织架构内部控制调整流程与风险控制

表 2-7　组织架构内部控制调整流程控制

控制事项		详细描述及说明
阶段控制	D1	1. 人力资源部应当定期对组织架构设计与运行的效率及效果进行全面评估。组织架构运行效果评估的内容主要包括：现有组织架构是否有利于企业战略目标的实现、是否与企业内部主导业务流程相符、是否满足企业内部高效管理的要求

控制事项		详细描述及说明
阶段控制	D2	2. 组织架构在调整之前应广泛征求董事、监事、高级管理人员和其他员工的意见 3. 企业应根据组织架构设计规范对现有治理结构和内部机构设置进行全面梳理，确保其符合现代企业制度要求；企业设置内部机构，应当重点关注内部机构设置的合理性和运行的高效性等，一旦发现内部机构设置和运行中存在职能交叉或运行低效现象，应及时解决；企业《组织架构调整方案》应按规定权限和程序进行决策审批
	D3	4. 按照统一的规范编写《组织架构图》《业务流程图》和《岗位职责说明书》等文件资料 5. 新的组织架构运行时，应及时查找运行中存在的问题和缺陷，以便进一步解决
相关规范	应建规范	● 《组织架构设计规范》 ● 《岗位职责说明书编写规范》
	参照规范	● 《企业内部控制应用指引》 ● 《中华人民共和国公司法》
文件资料		● 《组织架构图》 ● 《业务流程图》 ● 《岗位职责说明书》
责任部门及责任人		● 人力资源部、相关部门 ● 总经理、人力资源部经理、相关部门负责人

2.6　组织架构内部控制制度示范

2.6.1　组织架构设计流程

为了明确企业管理层及各部门、各岗位的职责权限、任职条件和工作程序，确保形成决策、执行和监督相互分离，制衡的内部控制机制，中小企业应根据国家有关法律、法规的规定，在综合考虑企业性质、发展战略、文化理念和管理要求等因素后，合理设计组织架构，明确各机构、各部门及各岗位的职责权限。表2-8是某公司制定的组织架构设计规范，供读者参考。

表 2-8　组织架构设计规范

制度名称	公司组织架构设计规范	编号	
		受控状态	
执行部门		监督部门		编修部门	

第 1 章　总则

第 1 条　目的。

本着下列四个目的，根据国家《企业内部控制基本规范》等相关规定，特制定本规范。

1.适应不断变化的外部环境，保证战略发展的需要。

2.规范公司人力资源部的组织架构设计作业。

3.确保设计出来的组织架构拥有防范和化解各种舞弊风险的能力。

4.加强对部门内部结构调整及部门内部人员的管理。

第 2 条　适用范围。

本规范适用于公司及所属分支机构的组织架构设计工作。

第 3 条　职责划分。

1.总经理负责组织高层管理者对组织架构进行分析，并审批最终的组织架构设计方案。

2.人力资源部经理指导人力资源部员工根据公司的发展战略与现状对组织构架设计方案进行分析、编制与修订。

3.各部门积极配合人力资源部进行组织构架设计工作，明确职责分工、新的管理流程、业务流程，更新并执行相关规章制度等。

第 2 章　组织架构设计工作规划

第 4 条　组织架构设计的提出。

公司一般会在出现下列四种情况时提出组织架构设计事宜，并于每年 12 月发布下一年的组织架构。

1.公司创立时。

2.公司经过一段时间的高速发展，需进行规范管理时。

3.公司经营环境发生较大变化时。

4.公司业务发生重大转型时。

第 5 条　组织架构设计工作事项。

对公司的各要素进行有效排列、组合，明确各管理层次，增强公司协调性，发挥整体大于部分之和的优势，达到人力资源有效利用的最佳效果，主要包括以下两方面的事项。

1.组织架构设计，确定公司发展目标与主营业务，分析公司主导业务流程，确定管理层次与管理幅度，划分职能部门及其协作关系。

2.进行工作分析，设置各部门的岗位，编写岗位说明书。

第 6 条　组织架构设计工作原则。

公司组织构架设计工作原则如下表所示。

公司组织架构设计工作原则	
原则	简单描述
有效性原则	◆ 组织架构设计要为公司实现服务目标和较好的管理效果,组织架构设计的工作过程要有效率
分工与协作原则	◆ 适度分工与恰当协作是实现公司目标的必然要求,在部门划分和岗位设置上要体现分工的要求和协作的需要
责权利对等原则	◆ 保证部门或岗位权力与承担责任相对等,提高工作效率,降低成本,激励员工发挥和提升自己的才能
协调原则	◆ 组织架构设计是一个有机整体,保证公司内各部门之间的有机联系及相互协调配合
弹性结构原则	◆ 公司各部门、人员的职责和职位都应适应环境的变化而作相应的变动,它要求各部门和职位都具有弹性
合理管理幅度原则	◆ 每一个部门、每一位管理者都要有合理的管理幅度,避免下级过多、横向兼职、纵向兼职、交叉兼职

第7条 影响组织架构设计的因素。

在组织构架设计的过程中,必须考虑到各种因素的影响,综合考虑这些因素才能产生良好的绩效。

1.战略因素。战略是关于公司长远目标、发展方向、资源配置的设想与筹划,组织架构必须服从公司所选择的战略需要。

2.环境因素。任何公司都是在一定的环境中生存和发展的,组织架构设计必须响应环境变化,才能和环境动态匹配,在环境中生存和发展。

3.技术因素。技术不仅影响公司活动的效果和效率,而且影响组织架构的设定。

4.规模因素。随着公司的逐步壮大,规模变化,与之相适应的组织架构形式也应作调整。

第8条 组织架构设计的权限。

1.公司整体组织架构应根据公司整体战略和市场状况设计,经公司总经理审批后实施。

2.公司管理层组织架构的设立,应由公司人力资源部根据公司实际运营状况和组织架构设计原则,研究后提出报公司主管副总审定,并经总经理批准后实施。

3.公司下属分支机构组织架构的设立,应经分支机构负责人批准后,上报公司人力资源部核定,经主管副总审定、总经理批准后实施。

第3章 组织架构设计程序

第9条 职能设计。

公司管理决策层需确定本公司的管理职能及其机构,将其层层分解到各项管理业务工作中。

1.职能分解的基本原则主要包括业务活动的独立性、业务活动的可操作性以及避免重复和脱节。

2.组织架构设计人员根据公司生产经营管理的实际情况,运用组织理论基本知识,采取逐级分解的方法,完成职能分解的任务。

3. 组织架构设计需围绕核心业务和关键职能进行。

第 10 条　职权与授权设计。

1. 职权设计的要点在于公司及其每一个部门必须也只能确定一个岗位或人员总体负责并实行全权指挥，保证责权一致，发挥参谋机构的作用。

2. 授权的基本原则主要包括逐级授权、职权明确、权责对称、例外授权等相关原则。

第 11 条　核算事务工作总量和分量。

组织架构设计人员应对公司为达成所确立的目标所要完成的事务工作进行全面的清理和核算，从总量和分量上进行计量，并详细列出。

第 12 条　界定公司员工相互间的事务工作关系。

1. 界定公司员工相互间的事务工作关系，即选择组织架构的基础模式。

2. 组织架构设计人员根据公司的规模、公司内部主要事务工作的性质等客观实际，分析、界定公司员工相互之间的事务工作关系，以便最大限度地保证公司运行的效率。

员工相互间的事务工作关系主要有三种，如下图所示。

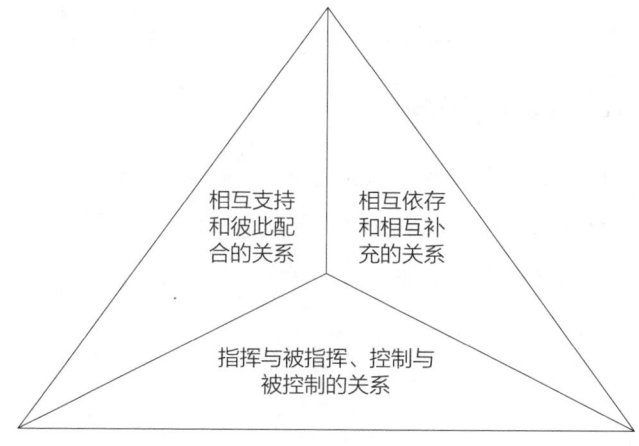

员工相互间的三种事务工作关系

第 13 条　人员编制。

1. 公司各部门应在每年 12 月确定次年组织架构及相应人员编制，并在报人力资源部批准后执行。

2. 在下一年应严格执行确定后的组织架构与人员编制计划，确因业务发展需要调整的，需经人力资源部上报总经理审批后执行。

第 14 条　设置单位、部门和岗位。

组织架构设计人员根据不同事务工作之间的性质，及不同事务工作量的大小，确定具体承担的单位、部门和岗位。

第 15 条　绘制组织结构图。

组织架构设计人员绘制出整个公司的组织结构图，提交总经理办公会审核后，提交董事会审批。

第 16 条　界定单位、部门和岗位的工作标准。

组织架构设计人员在对公司内部单位、部门和岗位之间的关系进行界定的基础上，明确界定其各自的工作标准，使各单位、部门和岗位角色明确自己的工作职责、标准要求和履职条件，从而确保在公司整体目标要求的时间、质量、数量、标准的范围之内，完成相应的工作。

第 17 条　管理规范设计。

组织架构设计人员需根据本公司的管理流程、工作程序、工作标准和工作规范等，设计公司全体员工的行为、操作规范，从而实现管理的规范化、标准化。

第 18 条　相关文件与记录。

1. 组织架构手册、岗位说明书。

2. 公司各项规章制度汇编。

第 4 章　附则

第 19 条　本制度的拟定和修改由人力资源部负责，经总经理办公会审批后执行。

第 20 条　本制度由人力资源部负责解释，自批准之日起实施。

编制日期		修改标记		审核日期	
修改处数		批准日期		修改日期	

2.6.2　岗位说明书编制示范

岗位说明书也称工作说明书、职位说明书，是对一个岗位的设置目的、工作范围、职责与考核要求、任职资格等进行描述的文件。下面以内部控制总监为例进行说明，内控总监岗位说明书如表 2-9 所示。

表 2-9 内控总监岗位说明书

岗位名称	内部控制总监	岗位编号	
所在部门	内部控制部	岗位定员	1 人
直接上级	董事长	所辖人数	6 人（暂定）
直接下级	审计经理、工程经理、内部控制经理、审计专员、工程监察专员、内控专员	岗位分析时间	2011 年 10 月
职责概述：根据集团总体发展规划，建立健全与之相适应的内部控制体系，落实内部控制体系运行责任并监督，评价其运行情况			
内部控制管理职责与工作任务		工作记录	
职责一	职责表述：负责根据集团总体发展规划起草内部控制审计发展规划和年度计划，包括内部控制体系建设规划（年度计划）、能力发展规划（年度计划）、团队发展规划（年度计划）等，提交总经理审批；执行经批准的各项规划和年度计划		
	工作任务	了解集团总体发展规划，掌握各部门和各分子公司内部控制管理需求和主要运营风险，针对性制定相应的内部控制发展规划草案	内部控制体系建设规划草案、能力发展规划草案、团队发展规划草案
		分解内部控制各项发展规划，制定对应的年度计划草案	内部控制体系建设规划草案、能力发展规划草案、团队发展规划草案
		征求集团各部门和各分子公司意见，汇总意见，并上报总经理审批	文件审批单
		根据修改意见修改规划和年度计划并上报总经理审批	修改后的各项规划和年度计划、审批单
		下发并执行经批准的内部控制总体规划和年度工作计划	经批准的各项规划和计划、部门联络通知单和处理意见

	职责表述：组织各部门、分子公司起草各项内部控制制度及标准体系，掌握内部控制要点，分析集团及各分子公司业务发展、对比差距、内部控制制度建设和管理现状，有针对性地组织、协调或提请各单位按照确定的内控控制要点，制定各自业务范围内的内部控制制度及标准，汇总形成制度和标准体系		了解集团及各部门、分子公司起草各项内部控制制度及标准体系，不断完善内部控制制度及标准体系
职责三	工作任务	负责内控部起草的各项制度标准的征求意见，报批、下发执行和归档	1. 集团层面。①组织架构图、总体战略目标和年度计划、分解完成的配套组织架构图、业务发展计划、业务计划和预算、人力资源计划。②权限划分办法；决策、审批制度和流程；预算管理、投融资管理、分子公司管理、财务管理（含资金与资产管理）及核算、行政（含内部报告、法律事务、对外关系）、人力资源管理、内部控制监察审计制度和流程。
		根据集团培训制度和计划，直接组织实施或监督各项制度、流程、标准的培训、考试，对培训掌握情况进行评价	2. 分子公司层面。①分子公司组织架构图、年度目标和计划、配套固定资产新增和处置计划、资金计划、费用计划和预算、人力资源计划。②分子公司权限划分、决策、审批制度和流程；预算管理、资金资产管理、销售（业务、客户、风险）管理、投融资管理、财务管理（含资金与资产管理）及核算、行政（含内部报告、法律事务、对外关系）、人力资源管理制度和流程。
		制订各项标准的监督、检查计划，上报经理批准后下发执行检查计划	3. 内控部审核标准和流程。①工程建设流程：与工程建设相关的法规；内部管理制度和流程，包括项目比选和可行性分析、立项审批、规划、初步设计和概算、招投标（供应商确定）、合同审批、施工进度质量控制与结果处理，工程保修等制度。②财务审计：审计工作计划、审计工作机构选择和流程、审计工作规范、工作底稿编制、审计结论形成、征求意见和审批。③内控控制制度检查：除工程、财务以外的各项内部控制制度的定期检查计划、工作规范、工作底稿编制、审计结论形成、征求意见和审批，实施办法和标准、非财务指标监控与分析的制度、实施办法和标准
		对检查结果汇总、分析、评价，出具检查结果报告，上报总经理审批	
		结合业务发展需要和实际执行情况直接或提请相关部门调整、修改既有的制度、标准，不断完善各项制度、流程、标准	
		负责组织起草工程财务以外的制度、标准、流程，以及审计监察工作的制度、标准、流程	
		审计监察工作的制度、标准、流程在部门内讨论征求意见，形成初稿	
		审计监察工作的制度、标准、流程初稿由集团、各分子公司、执行部门征求意见，并上报经理审阅	
		根据征求意见结果修改完善工作制度、标准、流程，并上报总经理审批	
		经批准的审计监察工作制度、标准、流程下发执行，内控部内部组织培训	
		实施经批准的审计监察的审计制度、标准、流程，控制审计监察工作质量，降低审计监察工作风险	

续表

	职责表述：负责起草公司整体内部控制独立检查、评价和报告体系的建立设计计划，报总经理批准，并协调推动计划的实施，组织集团层面、各板块、各业务流程内部控制的年度风险自我评估工作	
职责三	工作任务	了解集团及各分子公司目标、预算、财务、人员、资产、组织架构，对比差距，掌握内部控制制度建设和管理现状，确定内部控制检查要点、流程节点，分析集团及各分子公司业务发展，确定内部控制检查要点、流程节点	内部控制检查重点、流程节点说明
		根据确定的业务流程、控制要点、节点，直接或组织、提请各部门、分子公司设计内部控制方案、流程节点，制定并下发执行内部控制评价范围、要点、频率、要求，报告标准模式和报送要求	内部控制设计方案、评价报告和配套表格模板、报送要求
		根据确定的业务流程、节点、控制要点，组织设计审计监察工作方法，审计制定审计监察工作程序，工作频率和报告模式	审计监察工作方案、审计工作底稿模板、财务审计工作报告；财务比率分析、预算执行对比、资产盘点报告；工程项目预算、合同、造价对比模板、商品房销售进度报告；门店业绩分析、存货周转分析、商品价格对比分析；对外担保客户分析、法律诉讼资料；人力资源结构分析、离职率分析等
		协调、制订内部控制培训计划，并组织协调集团各部门、各分子公司实施内部控制自我评价培训	培训计划、培训记录
		组织实施内部控制各单位自我评价，搜集、汇总各单位内部控制自我评价报告。结合审计监察工作结果和各单位评价报告，形成分析报告，提出改善建议，提交总经理批准	各单位内部控制自我评价报告、分析报告、审批单
		下发执行经批准的内部控制改善方案，并监督改善方案的实施情况	内部控制改善方案、实施情况报告

续表

职责表述		审批单	各单位部门提交的执行情况报告、包括财务分析、预算执行情况分析、工程项目进度、质量、造价分析、商品房销售进度报告、存货周转情况分析、商品价格分析、对外租赁报告、对外担保客户分析、贷款结构分析、离报告、风控会议报告、法律诉讼资料；人力资源结构分析、离职率分析等。工作联系函、专项调查报告
	参与研究、制定集团总体发展规划、年度计划、季度和月度计划、预算等，了解、掌握、监督经批准的各类规划、计划、预算执行情况		
	按照管理权限和程序审批各项计划、预算、支出		
职责四	工作任务	组织工程建设审计计划。组织工程组按照审计计划要求参与项目可行性研究、立项审批、规划、初步设计和概算、扩大设计和预算、招投标（供应商确定）、合同审批、施工进度质量造价管理、结算、竣工验收与决算、外部审计机构选择与结果处理、工程变更质量存在任何异议或违反法律纠纷的每个环节，审核实施情况并形成报告、审核跟踪报告	项目立项审批意见、概预算审核意见、合同审核报告、结算审核意见、验收报告及意见、造价审核意见、异常情况（包括异常施工方法、异常房地产销售价格、异常结算、异常合同等）审核意见、审批单、工作联系函
		组织实施财务审计。组织财务审计组按照审计计划实施集团及各分子公司财务审计、资产清查、预算执行情况审计，根据上级审计需求和预算，并履行报各项专项审计，编制审计底稿，形成审计意见，出具审计报告，根据审计意见监督审计结果的实施情况	外出派遣单、审计底稿、工作联系函、审批单、会签表、正式审计报告、审计结果实施监督检查报告
		组织实施内部控制检查计划。组织内部控制检查组按照各自分工，分别检查集团行政、人事、财务、业务各项制度落实情况，工程建设各项制度落实情况，超市、门店管理各项制度落实情况，形成检查报告，监督检查结果实施情况；奖惩措施落实情况，上报审批准后，监督检查结果实施情况	外出派遣单、工作联系函、监督检查报告、处理决定执行情况检查报告

续表

职责	工作任务	职责表述	相关文档
职责四	工作任务	按程序做好与相关部门的横向联系、协调，安排上级和有关部门的监督检查，及时对部门间的争议提出界定要求	工作联系函
职责五	工作任务	负责内部控制审计团队的建设，包括制订人员需求计划、人员内外部培训计划、日常业务考核方案，并组织、跟踪计划实施情况	人员内外部培训计划、日常业务考核方案，并组织，跟踪计划实施情况
		培养和发现人才，根据审计监察工作总体规划，年度计划提出内控部岗位设置方案、人员需求、任职要求，并编写该岗位的岗位职责和任职资格，提交总经理批准后，参与人力资源部执行。参与内控部应聘人员面试	内控部岗位设置方案、人员需求、任职要求
		提出直接下级的聘用或解聘意见，报总经理批准。按权限审批本部门员工聘用、解聘、离职、辞退、除名、开除等事项，超出权限的签署意见后报相关领导审批。决定直接下级以下的人员的聘用或解聘	审批单
		采用多种形式对下属人员进行培训，包括但不限于人职业务流程培训，每月定期内部培训，财务工程造价等外部业主管部门组织的法定培训，以案例分析作为主会的专项培训等，可以采用外聘专家、内部讲师、内部分享。直接组织或协调培训计划实施工作，实施培训后实施。制订内控部人员培训计划，组织经理对培训内容分享，考核。外出培训、自学等作业等培训方式，培训范围包括岗位职责、业务流程、内部控制、流程管理、财务、审计、工程造价管理、卖场管理、营销管理、报总经理批准后实施	内控部人员培训计划、培训费用计划、审批单。培训执行记录、考核结果记录
		组织制定内控部各岗位职责、考核指标、考核办法，报批准后实施。实施经批准的岗位的职责、考核指标、考核办法	岗位职责、考核指标、考核办法
		审批本部门外出单、请假单、支出单据，审核下级上报的月度、周工作计划总结	外出单、请假单、报销单

职责五	工作任务	定期将自己的各项工作及下级部门的工作以书面形式向总经理述职。听取直接下级述职，对直接下级进行绩效考评，并进行考评沟通。根据管理权限提出人员奖惩、升迁、任免方案，报批准后执行。监督检查，批准直接下级的绩效考评结果，视情况填写过失单或奖励单，按程序向下级授权	述职报告、绩效考评结果、过失单、奖励单
		在必要的情况下向下级授权	书面或口头授权
	领导责任	开展内部民主管理活动，调动和发挥员工工作的积极性、主动性、创造性，向上级或有关部门提供合理化建议。受理下级上报的合理化建议，并按程序处理。关心本部门员工的思想、生活和待遇 1. 按权限对本公司中长期发展目标、年度经营目标、经营计划、预算的顺利实施负监督检查责任 2. 按权限对本公司内部控制制度、流程建立、健全和有效实施负监督检查责任 3. 按权限对本公司审计监督，工程质量进度造价管理的有效性负监督检查责任 4. 对本部门人员纪律、工作秩序、工作效率、整体精神面貌负责 5. 依管理权限对本部门的一切法律行为负责	
	主要权力	1. 预算编制参与权、调整建议权、本部门预算执行权 2. 预算内经费支出签批权，超预算经费开支的签批权，本部门预算内经费开支的审批权 3. 本公司中长期发展规划，投资计划和方案，经营计划参与制定权，签批权 4. 本公司组织机构设置，人力资源政策，定岗定员与制定权，调整建议权 5. 按管理权限对本公司的基本管理制度，内部控制制度，流程控制制度，流程的组织制定权，签批权 6. 对本公司内部控制制度，流程执行情况的监督检查权和各级员工工作的检查权 7. 按管理权限对本公司对内审计，监察，工程项目管理报告的审批权 8. 按管理权限对本公司违反内部控制行为，流程行为的处罚建议权	

主要权力	9. 按管理权限对本公司内部控制制度、流程的解释权 10. 对本部门审计、造价、内控经理、主管聘任或解聘建议权、奖惩建议权；对除本部门审计、造价、内控经理、主管以外人员的聘任、解聘、奖惩决定权 11. 对本部门各级员工在工作中的争议的裁判权 12. 对本部门各级员工违反纪律、工作秩序情况的批评、奖惩权或奖惩建议权 13. 向集团总经理报告权
管辖范围	1. 本部门所有员工及下属分子公司直接管辖内部控制专员 2. 本部门办公场所、办公设施、设备 3. 本部门审计、监察业务、人员涉及的范围

2.6.3　组织架构运行管理办法

组织架构运行管理办法

第一节　总则

第一条　本制度依据 ×× 集团有限公司（以下简称公司）章程的相关条款制定，其目的在于建立健全公司组织机构，明确规定集团公司及其下属单位的组织机构、业务分工及职能权限与责任，规范集团公司及其下属各单位组织结构的设置与调整，以确保公司高效运作，提高公司经营效率，促进公司健康快速发展。

第二节　组织建立和运行的基本原则

第二条　组织设立的原则：

（1）必须支持公司的整体发展战略；

（2）应扁平、紧凑、高效，并相对稳定；

（3）机构职能应清晰、精简、有利于强化责任，确保公司各项经营目标的实现；

（4）应以市场为导向，同时考虑机构自身的成长与发展；

（5）有利于经营活动的开展，使资源配置得到优化；

（6）应有利于部门、业务单元之间的高效沟通与协作，降低管理成本；

（7）有利于信息的交流，促进经营管理活动的良性运行。

第三条　组织机构设置原则：

（1）管理幅度适宜的原则；

（2）统一领导，分级管理的原则；

（3）业务单位之间便于协调、沟通的原则；

（4）精干、节约、高效的原则；

（5）职能明确，管理层之间便于授权的原则；

（6）目标一致性原则。

第四条　职务的设立原则：

（1）直接上级唯一的原则；

（2）逐级指挥和逐级负责的原则；

（3）职权与职责对等的原则；

（4）监督职能与业务职能分设的原则。

第五条　企业内部管理控制原则。

（1）越级检查原则：上级可对直接下级进行检查，也可对下级的下级进行检查，并对存在的问题进行处理，但不能越级指挥。

（2）例外管理原则：在特殊情况下，可以由上级来处理意外出现的问题，凡是有重复性质的例行性工作，要制定制度、流程和规范，授权下级处理。

（3）目标分解控制原则：依据集团公司下达的战略规划和年度目标，将公司需要完成的主要经营指标层层分解，从总经理到分管副总经理（总监）到部门经理到员工层层签订目标责任书，并对其进行考核和控制。

（4）成果导向原则：管理控制应使各项工作能够按企业利益最大化的要求进行。

（5）目标一致性原则：公司鼓励员工和各级管理人员，按照公司的目标要求，主动采取积极的措施和行动。

（6）越级上告原则：下级对直接上级的工作失误进行劝阻，但其不听者，可越级上告。

第三节　组织沟通和协调的机制

第六条　集团各组织沟通和协调的原则。

（1）按照指挥系统指示与命令，自上而下，逐级下达。

（2）各部门在明确界定的业务范围内，严格执行上级下达的指示与命令，顺利地完成各项业务。

（3）对涉及跨部门的业务，相关部门必须积极主动联系，有效地协调解决；不允许存在任何妨碍业务工作顺利完成的言行。

（4）执行的情况与结果，必须及时、准确和全面地逐级上报。

第七条　权限行使必须按下列原则进行。

（1）权限行使者行使权限，原则上由直线指挥系统的各级管理者行使；但是，在必要的情况下，可以把一部分权限委让给非直线管理者行使，但必须规定代行或委让截止日期。

（2）权限行使的基准。

权限行使者只能在权限行使规定范围和规定期限内行使权限。

（3）权限的委让与代行。

在权限行使者不能行使权限的情况下，原则上其权限由直线管理的上级代行或授权给其下级中职务级别最高者，一旦权限委让给他人，或由他人代行，该管理者不得行使权限。

（4）对权限行使的干涉。

直线管理的上级不得干涉其下级行使权限；下级不得妨碍上级指挥、监督和控制。

（5）直线管理者间的协商。

在直线管理者之间发生分歧、出现意见和纠纷时，按下列程序解决：

①通过共同的上级主管解决；

②通过各自的上级主管协商解决；

③提交经营分析会议或总经理办公会议协商解决。

第四节 集团及下属单位组织机构管理

第八条 ××集团包括集团公司及其下属各分公司、子公司，各办事机构、派出机构。

第九条 集团组织机构。集团公司的组织结构形式为职能－事业部制，实行四大总部、六大产业群事业部的基本组织格局，由财务管理中心、运营管理中心、市场营销管理中心、技术研发管理中心等四大职能总部在其职能范围内积极发挥策划、监督、管理、控制、服务等功能，通过包括教育咨询服务产业群、建筑工程产业群、投资及房地产产业群、科技及制造产业群、渠道运营及贸易产业群、动漫影视产业群等在内的六大事业部进行具体业务运作。

第十条 集团公司实行董事会领导下的总裁负责制。总裁在集团董事会和董事长的监督下全权负责集团公司全盘业务及公司发展事务，向董事会与董事长负责。集团各下属单位实行总裁领导下的总经理负责制，总经理在董事长、总裁的监督下负责所属单位全面经营管理工作，向董事长及总裁负责。公司在董事会之下设总裁1人，副总裁2~4人，四大职能总部、子公司各设置总经理1人、副总经理1~2人，必要时经董事长批准可聘请顾问及特约人员。

第十一条 集团业务原则上由各职能总部分工负责，但在下列情况下可召开总裁办公会议。

（1）当各职能总部总经理或各子公司总经理在履行职务中遇到重大事项或涉及领域范围广的重大事宜时。

（2）当遇到事关整个集团，需要进行决策、综合协调、控制的事项时。

（3）当遇到需要总裁办公会议讨论和审查的事项时。

总裁办公会议，由总裁办主持并负责召集、组织。

第十二条 集团公司及其下属单位所有员工一律实行合同聘用制。总裁由集团董事会聘任；各职能总部、子公司总经理、副总经理由总裁提名，集团董事会聘任，各职能总部、子公司总监级及以下人员，部门经理及以上人员由所在单位总经理提名，报集团总裁批准，由集团人力资源部发文任命，但涉及人力资源部、财务部负责人或关键部门负责人由集团人力资源部报集团总裁批准后直接委派；部门副经理及以下管理人员由人力资源部招选，报所属单位总经理决定聘用；一线工人由人力资源部招用。

第十三条 顾问及特约人员依其专业知识、技术，向公司提供治理、发展、改革意见，接受董事长、总经理和各部门的业务咨询，协助总裁、总经理处理专门业务或特别业务。

第五节 集团及下属单位组织机构的设立与调整

第十四条 组织机构设立与调整权限。

（1）集团整体组织机构的调整应根据集团整体战略和内外部情况，经集团董事会研究、通过后实施。

（2）集团管理总部组织机构的设立和调整，应由集团人力资源部会同战略发展委员会，根据公司实际运营状况和组织机构设计原则，共同研究后提出，报集团董事会审定、董事长批准后实施。

（3）集团下属各单位内组织机构的设立和调整，应由各单位总经理批准后，其人力资源部上报集团公司人力资源部核定，经董事会审定、董事长批准后实施。

第十五条 组织机构设立和调整的提出。

（1）每年 12 月 10 日左右集团公司根据公司整体发展需要发布下一年度集团组织机构设置情况信息。集团下属各单位于每年 12 月 20 日左右根据集团公司下一年度组织机构设置情况及本单位发展需要发布下一年度组织机构设置情况信息。

（2）相关单位在提出组织机构的设立和调整时，应对设立和调整的目的、隶属关系、人员编制、岗位职责、关键业绩指标及关键岗位任职资格作出明确、成文的规定。

第十六条 人员编制。

（1）集团公司及其下属各单位应在每年 12 月 25 日前确定次年组织机构及相应人员编制，报集团人力资源部审核，董事会审定，董事长批准后执行。确定后的组织结构与人员编制计划在下一年应严格执行，确因业务发展需要调整的，需经集团人力资源部上报总裁审核，董事长批准后执行。

（2）集团公司及其下属各单位的人员编制依各单位的业务和发展需要设置职位，坚持精简、高效、满负荷工作的原则，实行和鼓励一人兼数职。

第十七条　组织机构设立与调整中涉及干部变动的，应按集团公司《人力资源管理制度》中干部任免的有关规定执行。

第六节　附则

第十八条　本制度未尽事宜由各单位在有关管理细则中予以规定和补充。本制度中有关部门职能及岗位说明书部分将随着公司的发展而适时加以修订。

第十九条　本制度的解释权、修订权属集团董事会，本制度经集团董事长批准后公布实施。

第 3 章
发展战略方面的内部控制

3.1 发展战略内部控制应用指引

企业内部控制应用指引第 2 号——发展战略

第一章 总则

第一条 为了促进企业增强核心竞争力和可持续发展能力，根据有关法律法规和《企业内部控制基本规范》，制定本指引。

第二条 本指引所称发展战略，是指企业在对现实状况和未来趋势进行综合分析和科学预测的基础上，制定并实施的长远发展目标与战略规划。

第三条 企业制定与实施发展战略至少应当关注下列风险：

（一）缺乏明确的发展战略或发展战略实施不到位，可能导致企业盲目发展，难以形成竞争优势，丧失发展机遇和动力。

（二）发展战略过于激进，脱离企业实际能力或偏离主业，可能导致企业过度扩张，甚至经营失败。

（三）发展战略因主观原因频繁变动，可能导致资源浪费，甚至危及企业的生存和持续发展。

第二章 发展战略的制定

第四条 企业应当在充分调查研究、科学分析预测和广泛征求意见的基础上制定发展目标。

企业在制定发展目标过程中，应当综合考虑宏观经济政策、国内外市场需求变化、技术发展趋势、行业及竞争对手状况、可利用资源水平和自身优势与劣势等影响因素。

第五条 企业应当根据发展目标制定战略规划。战略规划应当明确发展的阶段性和发展程度，确定每个发展阶段的具体目标、工作任务和实施路径。

第六条　企业应当在董事会下设立战略委员会，或指定相关机构负责发展战略管理工作，履行相应职责。

企业应当明确战略委员会的职责和议事规则，对战略委员会会议的召开程序、表决方式、提案审议、保密要求和会议记录等作出规定，确保议事过程规范透明、决策程序科学民主。

战略委员会应当组织有关部门对发展目标和战略规划进行可行性研究和科学论证，形成发展战略建议方案；必要时，可借助中介机构和外部专家的力量为其履行职责提供专业咨询意见。

战略委员会成员应当具有较强的综合素质和实践经验，其任职资格和选任程序应当符合有关法律法规和企业章程的规定。

第七条　董事会应当严格审议战略委员会提交的发展战略方案，重点关注其全局性、长期性和可行性。董事会在审议方案中如果发现重大问题，应当责成战略委员会对方案作出调整。

企业的发展战略方案经董事会审议通过后，报经股东（大）会批准实施。

第三章　发展战略的实施

第八条　企业应当根据发展战略，制定年度工作计划，编制全面预算，将年度目标分解、落实；同时完善发展战略管理制度，确保发展战略有效实施。

第九条　企业应当重视发展战略的宣传工作，通过内部各层级会议和教育培训等有效方式，将发展战略及其分解落实情况传递到内部各管理层级和全体员工。

第十条　战略委员会应当加强对发展战略实施情况的监控，定期收集和分析相关信息，对于明显偏离发展战略的情况，应当及时报告。

第十一条　由于经济形势、产业政策、技术进步、行业状况以及不可抗力等因素发生重大变化，确需对发展战略作出调整的，应当按照规定权限和程序调整发展战略。

3.2 发展战略内部控制目标及风险点

3.2.1 发展战略制定与实施的目标

一、发展战略制定目标

发展战略是指企业在对现实状况和未来趋势进行综合分析和科学预测的基础上，制定并实施的长远发展目标与规划。

发展战略制定目标主要是指企业在制定发展战略过程中应达到的基本目标，具体内容如图 3-1 所示。

目标 1	企业应当在充分调查研究、科学分析预测和广泛征求意见的基础上制定发展目标
目标 2	企业应当根据发展目标制定战略规划，确定每个发展阶段的具体目标、工作任务和实施路径
目标 3	企业在制定发展目标过程中，应当综合考虑宏观经济政策、国内外市场需求变化、技术发展趋势、行业及竞争对手状况、可利用资源水平和自身优势与劣势等影响因素

图 3-1 发展战略制定目标

二、发展战略实施目标

发展战略实施目标主要是指企业在实施发展战略过程中应满足的目标，具体内容如图 3-2 所示。

目标 1	制订年度工作计划，编制全面预算，将年度目标分解、落实
目标 2	完善企业发展战略管理制度，确保发展战略有效实施
目标 3	确保将发展战略及其分解落实情况传递到内部各管理层级和全体员工
目标 4	加强对发展战略实施情况的监控，对于明显偏离发展战略的情况，应当及时报告
目标 5	据经济形势、产业政策、技术进步、行业状况以及不可抗力等因素发生的重大变化，按照规定的权限和程序调整发展战略

图 3-2 发展战略实施目标

3.2.2 发展战略制定与实施的风险点

一、发展战略制定风险

企业在制定发展战略时，应当关注的风险如图 3-3 所示。

1	企业缺乏发展战略，可能导致企业盲目发展，难以形成核心竞争力和可持续发展能力
2	企业发展战略不明确，可能导致企业发展方向错误，难以形成竞争优势，丧失发展机遇和动力
3	企业发展战略过于激进，脱离企业实际能力或偏离主业，可能导致企业过度扩张，甚至经营失败

图 3-3　发展战略制定风险

二、发展战略实施风险

企业在实施发展战略时，应当关注的风险如图 3-4 所示。

1	企业发展战略宣传不到位，可能导致发展战略流于纸面形式，无法执行
2	企业发展战略调整不及时，可能导致企业的经济效益受损，甚至影响企业的长远发展
3	企业发展战略因主观原因频繁变动，可能导致企业资源浪费，甚至危及企业的生存和持续发展

图 3-4　发展战略实施风险

3.3　发展战略内部控制方法及控制关键点

3.3.1 发展战略内部控制方法

一、制定发展战略

制定发展战略是企业实现健康、可持续发展的起点。企业应将企业前途与国家命运紧密地联系起来，立足当前，面向未来，针对发展战略的风险评估结果，设置关键控制点，科学地制定既切合自身实际又符合市场经济发展规律的发展战略。

（一）建立和健全发展战略制定机构

发展战略关系到企业的现在和未来，企业各层级都应给予高度重视和大力支持，要在人力资源配置、组织机构设置等方面提供必要的保证。企业应在董事会下设立战略委员会，或者指定相关机构负责发展战略的管理工作，履行相应的职责。此外，企业还应在内部机构中设置专门的部门或指定相关部门承担战略委员会下达的相关工作任务。

（1）企业应明确战略委员会的职责和议事规则，对战略委员会会议的召开程序、表决方式、提案审议、保密要求和会议记录等作出规定，确保议事过程规范透明、决策程序科学民主。

（2）战略委员会应组织有关部门对发展目标和战略规划进行可行性研究与科学论证，形成发展战略建议方案；必要时，可借助中介机构和外部专家的力量为其履行职责提供专业咨询意见。战略委员会成员应具有较高的综合素质和较丰富的实践经验，其任职资格和选任程序应符合有关法律法规与企业章程的规定。

（二）综合分析评价发展战略的内外部影响因素

企业外部环境、内部资源等因素，是影响发展战略制定的关键因素。企业在制定发展目标的过程中，应综合考虑宏观经济政策、国内外市场需求变化、技术发展趋势、行业环境及竞争对手状况、可利用资源水平和自身优势与劣势等影响因素，在充分调查研究、科学分析预测和广泛征求意见的基础上制定发展目标。

（1）外部环境是制定发展战略的重要影响因素，包括企业所处的宏观环境、行业环境及竞争对手状况、经营环境等。分析企业面临的外部环境，应着重分析环境的变化和发展趋势及其对企业战略的重要影响，同时评估有哪些机会可以挖掘，以及企业可能面临哪些威胁。

（2）内部资源是企业发展战略的重要制约条件，包括企业资源、企业能力、核心竞争力等各种有形和无形资源。只有对企业所处的外部环境和拥有的内部资源展开深度分析，才能制定出科学合理的发展战略。分析企业拥有的内部资源和能力，应着重分析这些资源和能力使企业在同行业中处于何种地位，与竞争对手相比有哪些优势和劣势。

（三）科学制定发展战略

发展战略可以分为发展目标和战略规划两个层次。

（1）制定发展目标。企业发展目标作为指导企业生产经营活动的准绳，通常包括盈利能力、生产效率、市场竞争地位、技术领先程度、生产规模、组织结构、人力资源、用户服务、社会责任等方面的目标。企业在制定发展目标时应突出主业，既不能过于激进，也不能过于保守，更不能脱离实际，否则可能会导致过度扩张或经营失败。

（2）编制战略规划。企业应根据发展目标编制战略规划。战略规划应明确企业发展的阶段性和发展程度，确定每个发展阶段的具体目标和工作任务，以及达到发展目标必经的实施路径。具体包括：

①发展战略是否符合国家行业发展规划和产业政策；

②发展战略是否符合国家经济结构战略性调整方向；

③发展战略是否突出主业，是否有助于提升企业核心竞争力；

④发展战略是否具有可操作性；

⑤发展战略是否客观全面地对未来商业机会和风险进行分析预测；

⑥发展战略是否有相应的人力、财力、信息等资源保障等。

（3）严格审议和批准发展战略。发展战略方案拟订后，应按规定的权限和程序对发展战略方案进行审议与批准。审议战略委员会提交的发展战略方案是董事会的重要职责。在审议的过程中，董事会应着力关注发展战略的全局性、长期性和可行性。在审议方案的过程中，董事会如果发现重大问题，就应责成战略委员会对方案作出调整。企业发展战略方案经董事会审议通过后，应报经股东（大）会批准后付诸实施。

二、实施发展战略

科学制定发展战略是一个复杂的过程，实施发展战略更是一个系统工程。企业只有重视和加强发展战略的实施，在所有相关目标领域全力推进，才有可能将发展战略描绘的蓝图转变为现实，铸就核心竞争力。为此，企业应加强对发展战略实施的统一领导，制订详细的年度工作计划，编制全面预算，对年度目标进行分解、落实，确保企业发展目标的实现。此外，还要加强对发展战略的宣传，通过组织结构调整、人员安排、薪酬调整、财务安排、管理变革等配套措施，保证发展战略的顺利实施。

（一）加强对发展战略实施的领导

要确保发展战略得到有效实施，加强组织领导是关键。企业经理层作为发展战略制定的直接参与者，往往比一般员工掌握着更多战略信息，对企业发展目标、战略规划和战略实施路径的理解与体会也更加全面深刻，应担任发展战略实施的领导者。企业应本着"统一领导、统一指挥"的原则，围绕发展战略的有效实施，发挥企业经理层在资源分配、内部机构优化、文化培育、信息沟通、考核激励相关制度建设等方面的协调、平衡和决策作用，确保发展战略的有效实施。

（二）分解并落实发展战略

发展战略制定后，企业经理层应着手对发展战略进行逐步细化，确保发展战略得到有效实施，具体内容如下。

（1）要根据战略规划，制订年度工作计划。

（2）要按上下结合、分级编制、逐级汇总的原则编制全面预算，将发展目标分解并落实到产销水平、资产负债规模、收入及利润增长幅度、投资回报、风险管控、技术创新、品牌建设、人力资源建设、制度建设、企业文化、社会责任等可操作层面，确保发展战略能够真正有效地指导企业各项生产经营管理活动。

（3）要进一步将年度预算细分为季度、月度预算，通过实施分期预算控制，促进年度预算目标的实现。

（4）要通过建立发展战略实施的激励约束机制，将各责任单位年度预算目标完成情况纳入绩效考评体系，切实做到有奖有惩、奖惩分明，促进发展战略的有效实施。

（三）保障发展战略有效实施

战略实施过程是一个系统的有机整体，需要研发、生产、营销、财务、人力资源等各个职能部门间的密切配合。目前复杂动态的市场环境和激烈的市场竞争，对企业内部不同部门之间的协同运作提出了越来越高的要求。为此，企业应采取切实有效的保障措施，确保发展战略顺利地得到贯彻实施。

（1）培育与发展和战略相匹配的企业文化。企业文化是发展战略有效实施的重要支持。发展战略制定后，企业要充分利用企业文化所具有的导向、约束、凝聚、激励等作用，统一全体员工的观念行为，共同为发展战略的有效实施而努力奋斗。

（2）调整及优化组织结构。发展战略决定着企业组织结构模式的设计与选择；反过来，发展战略的实施过程及效果又受到组织结构模式的制约。要解决好发展战略前导性和组织结构滞后性之间的矛盾，企业必须在制定发展战略后，尽快调整及优化企业组织结构、业务流程、权责关系等，以适应发展战略的要求。

（3）整合内外部资源。企业能够利用的资源是有限的，如何调动和分配企业不同领域的人力、财力、物力和信息等资源以适应发展战略，是促进企业发展战略顺利实施的关键所在。企业在战略实施的过程中，只有对拥有的资源进行优化配置，达到战略与资源的匹配，才能充分保证战略的实现。

（4）相应调整管理方式。企业在战略实施的过程中，往往要克服各种阻力，改变企业惯例，在管理体制、机制及管理模式等方面实施变革，由粗放、层级制管理向集约、扁平化管理转变，为发展战略的有效实施提供强有力的支持。

（四）做好发展战略的宣传工作

企业应重视发展战略的宣传工作，为推进发展战略的实施提供强有力的思想支撑和清晰的行为导向。

（1）在企业董事、监事和高级管理人员中树立战略意识与战略思维，充分发挥其在战略制定与实施过程中的模范带头作用。

（2）采取内部会议、培训、讲座、知识竞赛等多种行之有效的方式，把发展战略及其分解落实情况传递到内部各管理层级和全体员工，营造战略宣传的强大舆论氛围。

（3）企业高级管理层要加强与广大员工的沟通，使全体员工充分认清企业的发展思路、战略目标和具体举措，自觉将发展战略与自己的具体工作结合起来，促进发展战略的有效实施。

三、调整发展战略

因经济形势、产业政策、技术进步、行业状况以及不可抗力等因素发生变化，确需对发展战略作出调整优化甚至转型的，企业应当按照规定权限和程序调整发展战略或实现战略转型。

（一）加强对发展战略实施的监控

企业应建立发展战略评估制度，加强对战略制定与实施的事前、事中和事后评估。在评估的过程中，企业应采取定性与定量相结合、财务指标与非财务指标相结合的方法。对于发展战略制定与实施过程中存在的问题和偏差，企业应及时进行内部报告，并采取措施予以纠正。

1. 实施中评估

实施中评估是对实施中发展战略的效果进行评估，是战略调整的重要依据。企业应当结合战略期内每一年度工作计划和经营预算完成情况，侧重对战略执行能力和执行效果进行分析评价。

2. 实施后评估

实施后评估是对发展战略实施后效果的评估，企业应结合战略期末发展目标实现情况，侧重对发展战略的整体实施效果进行概括性的分析评价，总结经验教训，并为制定新一轮的发展战略提供信息、数据和经验。

（二）根据监控情况持续优化发展战略

发展战略明确了企业的长期发展目标，在一定时期内应保持相对稳定。但是，企业在开展战略监控和评估的过程中，如果经济形势、产业政策、技术进步、行业竞争态势及不可抗力等因素发生较大变化，对企业发展战略的实现就有较大的影响。企业内部经营管理发生较大变化，确有必要对发展战略作出调整时，企业应按规定的权限和程序调整、优化发展战略，以促进企业内部资源能力和外部环境条件保持动态平衡。发展战略调整的程序如图 3-5 所示。

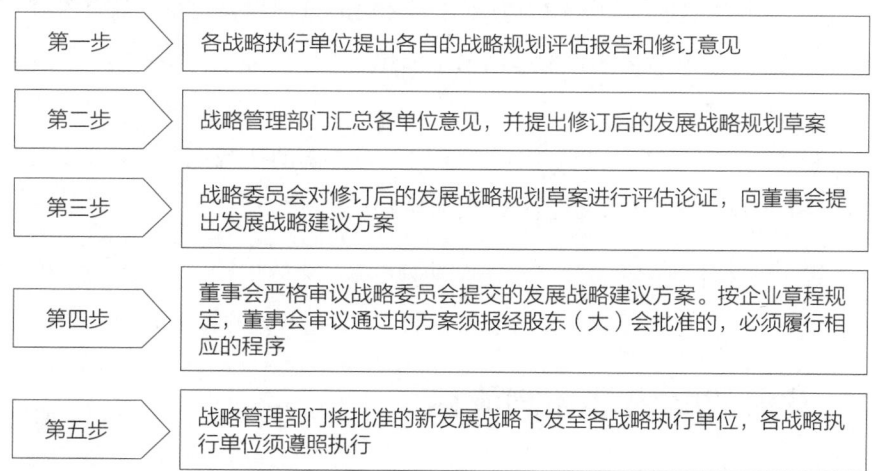

图 3-5　发展战略调整的程序

（三）抢抓机遇顺利实现战略转型

当企业外部环境尤其是所处行业的竞争状况发生重大变化时，或者当企业步入新的成长阶段需要对生产经营与管理模式进行战略调整时，企业必须选择新的生存与发展模式，即战略转型。例如：海尔从产品制造型企业向高端制造服务型企业的战略转型；吉利汽车从低端汽车产品向中端汽车产品的战略转型等。

3.3.2 发展战略内部控制关键点

发展战略内部控制包括战略控制、战术控制、作业控制。其中战略控制着眼于企业发展与内外部环境条件的适应性；战术控制主要处理战略规划实施过程中的局部、短期性问题，着重关注短期（1年以下）业绩；作业控制是对企业内部各项业务进展情况的控制，通常有财务控制、生产控制、销售规模控制、质量控制和成本控制等方式。

发展战略内部控制关键点的五点具体内容。

（1）设定绩效标准：根据企业战略目标，结合企业内部人力、物力、财力及信息等具体条件，确定企业绩效标准，将其作为战略控制的参照系。

（2）绩效监控与偏差评估：通过一定的测量方式、手段、方法，监测企业的实际绩效，并将企业的实际绩效与标准绩效对比，进行偏差分析与评估。

（3）设计并采取纠正偏差的措施：以顺应变化着的条件，保证企业战略的圆满实施。

（4）监控外部环境的关键因素：外部环境的关键因素是企业战略赖以存在的基础，这些外部环境的关键因素的变化意味着战略前提条件的变动，企业必须给予充分的注意。

（5）激励战略控制的执行主体：激励战略控制的执行主体，以调动其自控制与自评价的积极性，以保证企业战略实施的切实有效。

3.4 发展战略内部控制流程

3.4.1 发展战略制定的内部控制流程

一、企业发展战略制定流程与风险控制图

企业发展战略制定流程与控制如图3-6所示。

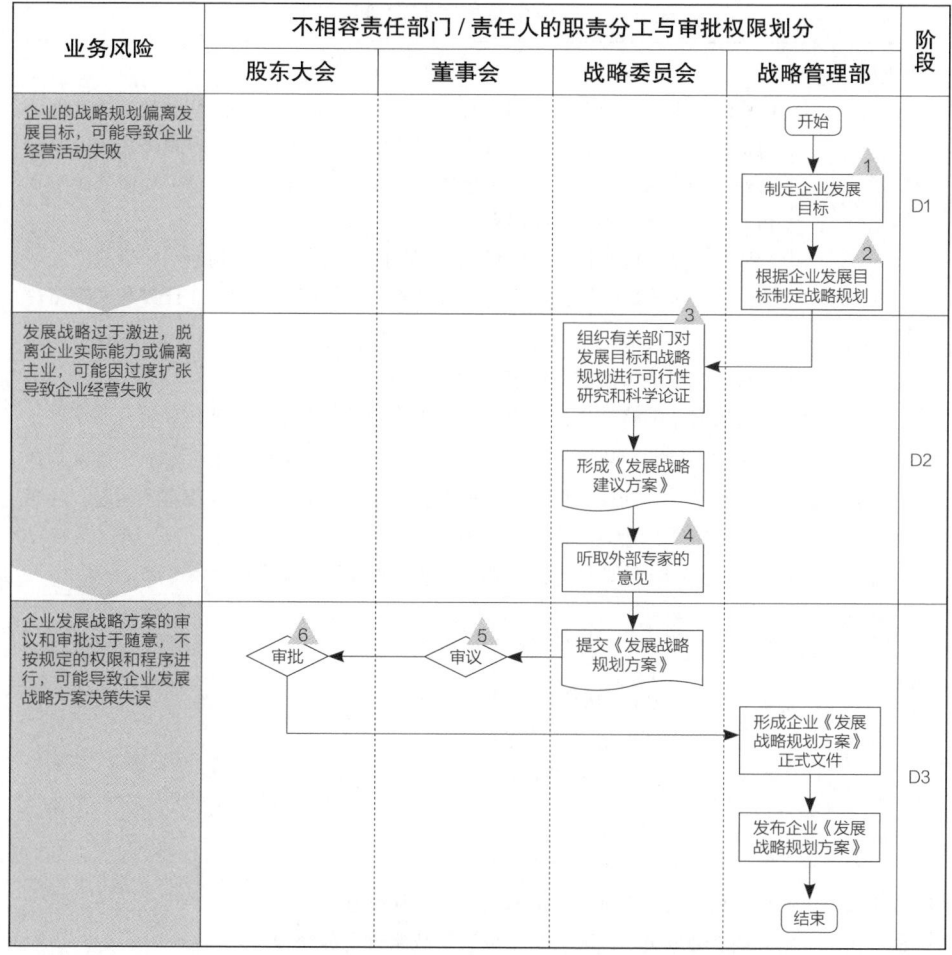

业务风险	不相容责任部门/责任人的职责分工与审批权限划分				阶段
	股东大会	董事会	战略委员会	战略管理部	
企业的战略规划偏离发展目标，可能导致企业经营活动失败				开始 →① 制定企业发展目标 → ② 根据企业发展目标制定战略规划	D1
发展战略过于激进，脱离企业实际能力或偏离主业，可能因过度扩张导致企业经营失败			③ 组织有关部门对发展目标和战略规划进行可行性研究和科学论证 → 形成《发展战略建议方案》 → ④ 听取外部专家的意见		D2
企业发展战略方案的审议和审批过于随意，不按规定的权限和程序进行，可能导致企业发展战略方案决策失误	⑥ 审批 ←	⑤ 审议 ←	提交《发展战略规划方案》	形成企业《发展战略规划方案》正式文件 → 发布企业《发展战略规划方案》 → 结束	D3

图 3-6　企业发展战略制定流程与风险控制

二、企业发展战略制定流程控制表

企业发展战略制定流程控制如表 3-1 所示。

表 3-1　企业发展战略制定流程控制

控制事项		详细描述及说明
阶段控制	D1	1. 战略管理部应当在充分调查研究、科学分析预测和广泛征求意见的基础上制定发展目标。在制定发展目标的过程中，应当综合考虑宏观经济政策、国内外市场需求变化、技术发展趋势、行业及竞争对手状况、可利用资源水平和自身优势与劣势等影响因素 2. 战略管理部应当根据发展目标制定战略规划。战略规划应当明确战略发展的阶段性和发展程序，确定每个发展阶段的具体目标、工作任务和实施路径
	D2	3. 战略委员会应当组织有关部门对发展目标和战略规划进行可行性研究和科学论证，形成《发展战略建议方案》 4. 必要时，战略委员会可借助中介机构和外部专家的力量，寻求专业意见
	D3	5. 董事会应当严格审议战略委员会提交的《发展战略建议方案》，重点关注其全局性、长期性和可行性；董事会在审议方案中如果发现重大问题，应当责成战略委员会对方案作出调整 6.《发展战略规划方案》经董事会审议通过后，报股东大会审批
相关规范	应建规范	● 《战略委员会工作规范》
	参照规范	● 《企业内部控制应用指引》 ● 《企业内部控制基本规范》 ● 《中华人民共和国公司法》
文件资料		● 《发展战略建议方案》 ● 《发展战略规划方案》
责任部门及责任人		● 股东大会、董事会、战略委员会、战略管理部 ● 董事会成员、战略委员会成员、战略管理部经理

三、发展战略方案审议流程与风险控制图

发展战略方案审议流程与风险控制如图 3-7 所示。

业务风险	不相容责任部门 / 责任人的职责分工与审批权限划分				阶段
	股东大会	董事会	战略委员会	战略管理部	

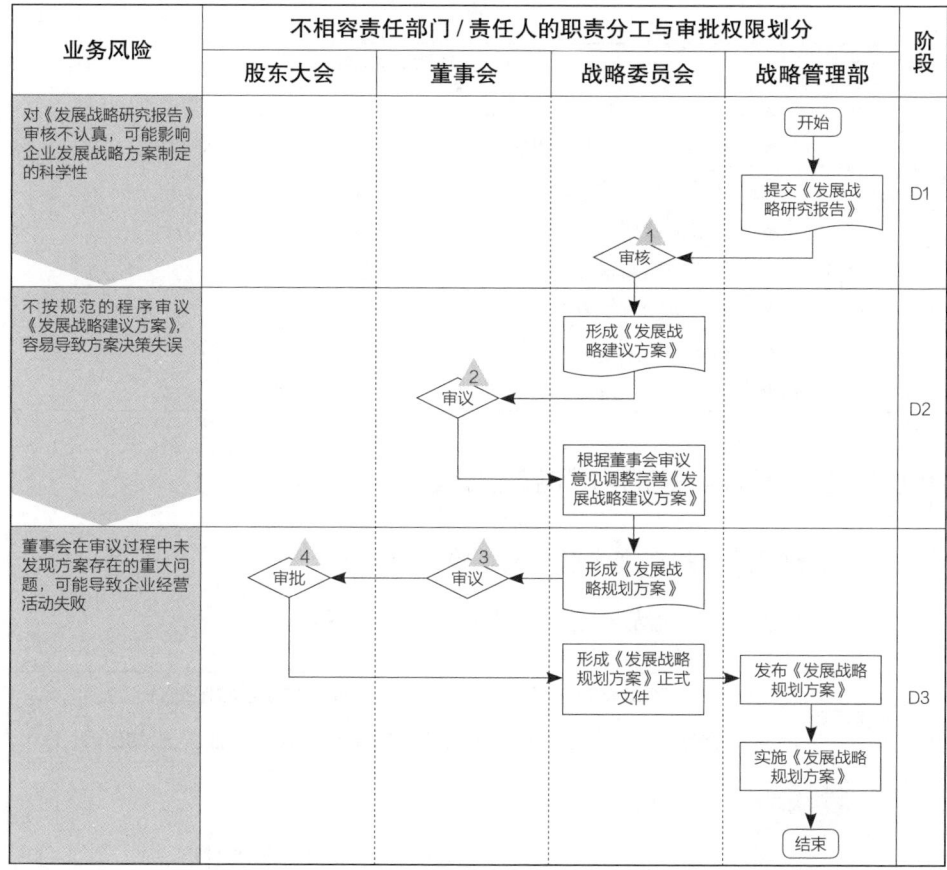

图 3-7　发展战略方案审议流程与风险控制

四、发展战略方案审议流程控制表

企业发展战略方案审议流程控制内容如表 3-2 所示。

表 3-2　发展战略方案审议流程控制

控制事项		详细描述及说明
阶段控制	D1	1.战略委员会应认真分析战略管理部提交的《发展战略研究报告》，综合考虑宏观经济政策、国内外市场需求变化、技术发展趋势、行业及竞争对手状况、可利用资源水平和自身优势与劣势等因素对企业战略规划的影响
	D2	2.董事会应当严格审议战略委员会提交的《发展战略建议方案》，重点关注其全局性、长期性和可行性
	D3	3.董事会若发现方案中的重大问题，应当责成战略委员会对方案作出调整 4.《发展战略规划方案》经董事会审议通过后，报股东大会审批
相关规范	应建规范	●《战略委员会工作规范》

续表

控制事项		详细描述及说明
相关规范	参照规范	● 《企业内部控制应用指引》 ● 《企业内部控制基本规范》 ● 《中华人民共和国公司法》
文件资料		● 《发展战略研究报告》 ● 《发展战略建议方案》 ● 《发展战略规划方案》
责任部门及责任人		● 股东大会、董事会、战略委员会、战略管理部 ● 董事会成员、战略委员会成员、战略管理部经理

3.4.2　发展战略实施的内部控制流程

一、企业发展战略实施流程与风险控制图

企业发展战略实施流程与风险控制如图 3-8 所示。

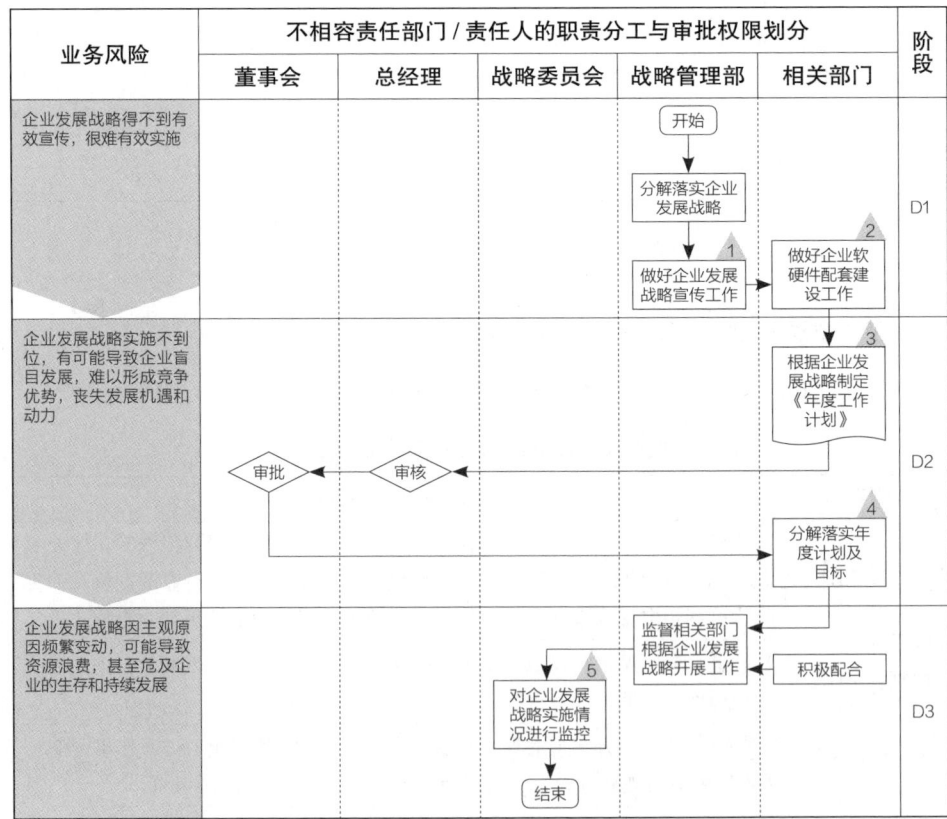

图 3-8　企业发展战略实施流程与风险控制

二、企业发展战略实施流程控制表

企业发展战略实施流程控制如表 3-3 所示。

表 3-3　企业发展战略实施流程控制表

阶段	涉及部门	详细描述及说明
D1	战略管理部	分解落实企业发展战略、做好企业发展战略宣传工作
	具体相关部门	做好企业软硬件配套建设工作
D2	具体相关部门	根据企业发展战略制定《年度工作计划》
	总经理	审核
	董事会	审批
	具体相关部门	分解落实年度计划及目标
D3	战略管理部	监督相关部门根据企业发展战略开展工作
	战略委员会	对企业发展战略实施情况进行监督
	具体相关部门	积极配合

3.4.3　发展战略调整的内部控制流程

企业发展战略调整的内部控制流程如表 3-4 所示。

表 3-4　企业发展战略调整的内部控制流程

控制事项		详细描述及说明
阶段控制	D1	1. 在企业发展战略的执行过程中，战略管理部应客观评估战略执行情况与战略目标之间的差异。如果企业发展战略不能为企业带来预期的经济效益，就要重新考虑这种战略的可行性 2. 战略管理部应定期考察外部环境，判断经济形势、产业政策、技术进步、行业状况以及不可抗力等因素发生重大变化时，企业发展战略是否需要作出调整
	D2	3. 战略委员会在研究讨论企业《发展战略调整方案》时，应对新的发展目标和战略规划进行可行性研究和科学论证；必要时，战略委员会可借助中介机构和外部专家的力量，寻求专业意见 4. 战略委员会应提交《发展战略调整方案》，报董事会审核、股东大会审批，审批通过后方可下发执行
	D3	5. 各相关部门应积极执行调整后的企业发展战略，战略管理部对其执行情况进行跟踪监督，战略委员会对其实施情况进行动态监控
相关规范	应建规范	● 《战略委员会工作规范》 ● 《发展战略管理制度》
	参照规范	● 《企业内部控制应用指引》 ● 《企业内部控制基本规范》 ● 《中华人民共和国公司法》

续表

控制事项	详细描述及说明
文件资料	● 《发展战略调整建议》 ● 《发展战略调整方案》
责任部门 及责任人	● 股东大会、董事会、战略委员会、战略管理部、相关部门 ● 董事会成员、总经理、战略委员会成员、战略管理部经理、相关部门负责人

3.5 发展战略内部控制制度示范

3.5.1 发展战略的实施办法

发展战略管理是依据中小企业的发展目标、发展阶段、发展程度等制定发展战略规划，并予以实施的过程。在这一过程中，企业需确定每个发展阶段的具体目标、工作任务，以及达成每一阶段发展目标的实现途径。

某公司制定的发展战略管理制度如表 3-5 所示，供读者参考。

表 3-5 公司发展战略管理制度

制度名称	公司发展战略管理制度		编号	
			受控状态	
执行部门		监督部门	编修部门	

第 1 章 总则

第 1 条 本着下列两个目的，结合本公司实际情况，特制定本制度。

1. 规范战略规划的制定，使制定的公司战略规划更符合公司发展的实际情况。

2. 更好地优化配置与利用公司优势资源，确保公司能够快速发展，有计划地实现公司发展战略。

第 2 条 本制度适用于本公司及所属分支机构。

第 2 章 战略管理权责划分

第 3 条 战略管理机构包括公司股东大会、董事会和战略委员会。

第 4 条 股东大会是公司战略管理的最高决策机构，其职责主要包括以下三项内容。

1. 提出公司经营宗旨，确定公司中长期发展方向和发展目标。

2. 审批战略委员会拟定的公司战略规划方案。

3. 决定公司战略规划过程中的各项重大事项。

第 5 条　董事会是公司发展战略的审核机构，其主要职责包括以下三项内容。

1. 审核战略委员会所制定的公司战略规划，提出意见。

2. 审议各子公司所制定的战略规划，形成决议。

3. 对公司和各子公司战略规划过程中的各项重大事项进行讨论，提出意见。董事会在审议公司战略时，各子公司相关负责人应列席并参加讨论。

第 6 条　公司战略规划部是公司战略工作的归口管理机构，其职责如下。

1. 组织制定公司战略规划。

2. 建议并审核各子公司所制定的战略。

3. 组织进行对公司和子公司战略制定相关重要问题的研究。

第 3 章　战略规划制定程序

第 7 条　战略委员会应该在充分调查研究和信息收集、科学分析预测和广泛征求意见的基础上制定发展目标，制定分为短期三年、中期五年和长期十年的滚动的战略目标。在制定发展目标时，其应当综合考虑宏观经济政策、国内外市场需求变化、技术发展趋势、行业及竞争对手状况、可利用资源水平和自身优劣势等影响因素。

第 8 条　战略委员会应当根据发展目标制定短、中、长期滚动的战略规划。战略规划应当明确发展的阶段性和发展程度，确定每个发展阶段的具体目标、工作任务和实施途径。

第 9 条　战略委员会应组织有关部门和外部咨询委员进行科学论证，必要时可以聘请专业中介机构，以形成战略规划方案。战略规划方案一般包括五方面内容，如下图所示。

1. 公司经营环境分析	包括宏观环境、国内外市场形势、技术发展趋势、主业市场分析等
2. 公司竞争能力分析	包括公司经营状况、基本发展条件、主要技术经济状况和核心竞争力分析
3. 总体发展战略	包括战略优势和劣势分析、战略机会和威胁分析、备选战略分析和战略方针的界定
4. 战略目标体系	包括公司愿景规划、未来三年关键目标、当年关键指标的界定
5. 关键职能战略行动	包括业务、技术、产品、财务、人才等方面的策略和关键行动

战略规划方案内容

第 10 条　董事会审议战略委员会提出的战略发展规划方案时，应重点关注其全局性、长期性和可行性。

第 11 条　战略规划方案经过董事会审议后，报股东大会批准实施。

第 4 章　战略规划分解管理

第 12 条　战略规划部组织公司相关部门，根据公司战略规划，制定公司阶段性经营目标、年度经营计划，建立全面预算管理体系，确保经营战略分解，落实到产销水平、资产规模、利润增长幅度、投资回报要求、技术创新、品牌建设、人才建设、体系建设、企业文化、社会责任等方面。

第13条　制订年度经营计划是本公司适合的战略规划分解方式，其应按照下列基本过程实施。

1. 销售预测。

（1）营销部应根据第四季度合同和订单情况，预测当年和次年全年的产品销售量、销售收入，提出市场销售预测和目标计划草案。

（2）营销部确定次年全年的销售目标、达成目标的关键措施和所需的财务费用、人员编制和人工成本等资源需求，提出市场营销年度行动计划和绩效管理办法草案（不含绩效管理部分）。

2. 财务预测。

财务部根据营销部的预测，测算当年公司销售收入、成本和利润，并预先列出各项成本的基础数据，提出当年年度关键财务指标预测报告。

3. 研发计划。

研发部根据销售需求和市场情报，确定研发产品线、关键措施、所需的财务费用、人员配置和人工成本等资源需求，提出产品研发年度行动计划和绩效管理方案草案（不含绩效管理部分）。

4. 供应计划。

每年11月10日前，根据销售计划和研发计划，采购部和生产部研究确定实现销售目标的关键目标、关键措施和所需财务费用、人员编制和人工成本的资源需求，提出采购管理年度行动计划和绩效管理办法草案（不含绩效管理部分）。

5. 人力资源计划。

每年11月15日前，人力资源部根据各部门的人员编制和人工成本需求，汇总、确定年度经营目标的标准人员配置、人工成本控制总量，提出年度人力标准配置计划草案、年度人工成本总量计划草案。

6. 财务预算。

每年11月20日前，财务部在上述各项计划和财务费用需求的基础上，进行财务需求的预先审查，编制达成经营目标的三套财务预算方案（盈亏平衡、责任目标值和争取目标值），提出年度财务预算计划草案。

7. 总体方案。

每年11月25日前，总经办根据战略方针和各专项行动计划，汇总编制并提交年度经营计划书草案、经营团队目标管理责任书草案。

8. 团队初审。

每年11月底，战略委员会工作组组织首次会审会议，主要审查专项行动计划和公司财务预算的一致性、可行性，同时审查年度经营计划书草案、经营团队目标管理责任书草案的整体性和可行性。

9. 方案完善。

每年12月5日前，各公司或部门根据战略委员会的意见，按照分工，修改完善各项草案，补充专项行动计划的绩效管理部分，以与年度经营计划书、年度财务预算计划和经营团队目标管理责任书保持协调。同时，人力资源部编制综合性、与年度经营计划相衔接的员工薪酬管理基本规则。

10. 方案审定。

每年 12 月 10 日前, 战略委员会工作组进行终审, 主要审查总体方案、配套方案之间的一致性、协调性和各项方案的可行性。

11. 发布执行。

所有方案经过再修订后, 提交董事会审批, 经审批通过后, 立即发布, 次年一月一日起开始执行。

第 14 条　编制全面预算。

公司推行全面预算管理, 强化预算管理对战略目标和经营计划的约束, 明确预算编制、执行、考核等环节的主要风险点, 采取相应措施, 实施有效控制。预算的编制、执行与考核执行下列规定。

1. 公司根据战略目标和年度经营目标, 综合考虑预算期内市场环境变化等因素, 按照上下结合、分级编制、逐级汇总的程序, 编制年度全面预算。预算编制应当科学合理、符合实际, 避免预算指标过高或过低。

2. 公司在预算年度开始前编制完成全面预算, 按照规定的权限和程序审核批准后, 以文件形式下达执行。公司将预算指标层层分解, 落实到各部门、各环节和各岗位, 确保预算刚性, 严格预算执行。

3. 公司建立预算执行情况的预警机制和报告制度, 确定预警和报告指标体系, 密切跟踪预算实施进度和完成情况, 采取有效方式对预算执行情况进行分析和监控, 发现预算执行差异, 及时采取改进措施。

4. 公司批准下达的预算应当保持稳定, 不得随意调整。由于市场环境、国家政策或不可抗力等客观因素, 导致预算执行发生重大差异确需调整预算的, 应当履行严格的审批程序。

5. 公司建立严格的预算执行考核奖惩制度, 坚持公开、公正、透明的原则, 对所有预算执行单位和个人进行考核, 切实做到有奖有惩、奖惩分明, 促进企业实现全面预算管理目标。

第 5 章　战略规划执行管理

第 15 条　战略目标和年度经营计划一经确定, 各部门必须严格贯彻执行, 不得以任何理由和借口拖延或变相拖延。

第 16 条　公司总经理与各部门签订部门目标经营责任书, 对战略目标和年度经营目标与各职能部门的目标、责任、实施效果和团队收入实施捆绑。

第 17 条　总经办定期召集经营绩效检讨会议, 分析战略规划和经营计划的执行情况, 检讨问题, 分析原因, 确定对策。

第 18 条　在战略目标和经营计划的实施过程中, 各部门应高度关注管理流程和体系对战略实施的保障作用, 建立和健全基于流程的管理体系, 并在实施过程中, 将成功经验和失败教训融入管理体系的标准化之中。

第 19 条　为增强公司对内外部环境变化的敏感度和判断力, 公司建立经营绩效监测系统, 用以监测经营战略和年度经营计划的实施进程和效果。其中, 战略委员会工作组是公司经营绩效监测中心, 履行以下四项职责。

1. 确定影响公司经营战略和经营计划的关键测量领域、关键测量项目和关键测量指标, 并确定信息提供单位(信息源)、方式、频率, 发布经营绩效监测的相关规定。

2. 定期收集、筛选、校准、整合各部门提交的进展、效果信息。

3. 在编报年度绩效报告的基础上，编报战略目标和经营计划执行季报。

4. 确定战略目标和经营计划的预警指标，适时提出预警信息。

第 6 章　附则

第 20 条　本制度由公司战略委员会拟定，其解释权和修订权亦归战略委员会所有。

第 21 条　本制度如与国家日后颁布的法律、法规或经合法程序修改后的公司章程相抵触，按国家有关法律、法规和公司章程的规定执行，并立即修订，报董事会审议。

第 22 条　本制度未尽事宜，执行国家有关法律、法规和公司的有关规定。

第 23 条　本制度经公司董事会审议通过后生效实施。

编制日期		审核日期		批准日期	
修改标记		修改处数		修改日期	

3.5.2　发展战略的评估调整制度

发展战略在实施过程中需要根据企业的发展阶段、发展情况及内外部环境的变化而予以适当的调整，而调整的前提是对前一阶段发展战略实施效果进行合理的评估。因此，科学地进行发展战略实施效果评估，并在此基础上做好科学的战略调整决策，对企业而言是一个不小的挑战。

某公司制定的发展战略评估调整办法如表 3-6 所示，供读者参考。

表 3-6　发展战略评估调整办法

制度名称	发展战略评估调整办法		编号	
			受控状态	
执行部门		监督部门	编修部门	

第 1 章　总则

第 1 条　目的。

为了规范公司发展战略的实施评估和调整管理，实现公司战略的持续优化，特制定本办法。

第 2 条　适用范围。

本办法适用于本公司发展战略实施评估、调整等相关事项的管理。

第 3 条　战略评估与调整实施周期。

实施评估至少应当每三年进行一次，最好是每年一小评，三年一大评。每年一小评重点关注战略实施绩效、战略实施障碍及其处理手段，三年一大评重点关注战略成败总结、战略环境变化与战略调整。

第 2 章　战略评估管理

第 4 条　战略评估的层次。

在实际操作中，战略评估一般分为事前评估、事中评估和事后评估三个层次，具体内容如下表所示。

战略评估层次		
评估层次	评估层次说明	评估要点
事前评估	◆ 事前评估即战略分析评估，是对公司所处现状环境的评估，其目的是发现最佳机遇	◆ 事前评估应结合成本效益原则，侧重对经营战略的科学性和可行性进行评价
事中评估	◆ 事中评估即战略选择评估，在战略的执行过程中进行，是对战略执行情况与战略目标差异的及时获取和及时处理，是一种动态评估，属于事中控制。事中评估是战略调整的基础，其侧重点在于判断战略执行的有效性	◆ 事中评估应结合战略周期内每一年度经营计划和经营预算完成情况，侧重对战略执行能力和执行效果进行评价
事后评估	◆ 事后评估即战略绩效评估，在期末对战略目标完成情况的分析、评价和预测，是一种综合评估	◆ 事后评估应结合期末战略目标的实现情况进行，侧重对经营战略的整体实施效果进行概括性的分析评价，总结经验教训，并为制定新一轮的经营战略提供信息、数据和经验

第 5 条　战略评估实施程序。

公司的战略评估主要采用内部研讨的形式进行，其主要程序如下。

1.战略委员会工作组收集战略实施评估所需的资料、信息、数据，通过整理、汇总，作出初步分析。

2.战略委员会工作组拟定战略评估大纲，确定战略实施评估的主要议题，发送给公司中高层管理人员与各业务部门经理，广泛地征求意见、寻求观点、补充信息。

3.战略委员会工作组组织召开若干次战略实施评估研讨会，主要有中高层管理人员、职能部门经理、各个部门的业务精英、外部专家参加，他们就战略实施评估的核心议题各抒己见，充分研讨。

4.由战略委员会工作组对研讨结果进行汇总总结，撰写战略实施评估报告，并提交战略委员会进行审定。

第 3 章　战略调整管理

第 6 条　战略调整时机。

公司在战略评估过程中，发现下列情况之一的，可以按规定程序进行战略调整，促进公司内部资源能力和外部环境条件的动态平衡。

1.经济形势、产业政策、行业状况、竞争格局等外部环境发生重大变化，对公司经营战略实现产生重大影响的。

2.公司经营方向、经营管理内部条件发生重大变化，确需对经营战略作出调整的。

3.董事会或总经理基于对经营形势的判断认为有必要进行调整战略的。

第7条　战略调整责权划分。

1. 由于经济形势、产业政策、技术进步、行业状况以及不可抗力等因素发展重大变化，确实需要对发展战略进行调整和修正时，一般性的滚动修正由战略委员会进行，报董事会审批；出现需要对战略发展作出重大调整情况时，除报董事会审议外，还要报股东大会审批。

2. 各职能部门负责人与相关人员要积极提出战略调整建议。

第8条　战略调整实施程序。

1. 战略委员会工作组根据战略评估结果发出战略调整通知。

2. 各部门负责人与相关人员提供战略调整意见。

3. 战略委员会工作组根据战略调整意见，制定战略调整方案。

4. 战略委员会审核战略调整方案，并提出审核意见。

5. 战略委员会工作组根据战略委员会审核意见，对战略调整方案进行修改。

6. 战略委员会工作组将修改后的战略调整方案，提交战略董事会和股东大会审批。

7. 战略委员会工作组将审批通过后的战略调整方案下发执行。

第4章　附则

第9条　本办法由董事会负责制定，其解释权和修订权亦归董事会所有。

第10条　本办法经公司董事会批准后施行，修改时亦同。

第11条　凡与本办法内容类似的办法自行终止，与本办法有抵触的规定，以本办法为准。

编制日期		审核日期		批准日期	
修改标记		修改处数		修改日期	

4.1 人力资源内部控制应用指引

企业内部控制应用指引第 3 号——人力资源

第一章 总则

第一条 为了促进企业加强人力资源建设，充分发挥人力资源对实现企业发展战略的重要作用，根据有关法律法规和《企业内部控制基本规范》，制定本指引。

第二条 本指引所称人力资源，是指企业组织生产经营活动而录（任）用的各种人员，包括董事、监事、高级管理人员和全体员工。

第三条 企业人力资源管理至少应当关注下列风险。

（一）人力资源缺乏或过剩、结构不合理、开发机制不健全，可能导致企业发展战略难以实现。

（二）人力资源激励约束制度不合理、关键岗位人员管理不完善，可能导致人才流失、经营效率低下或关键技术、商业秘密和国家机密泄露。

（三）人力资源退出机制不当，可能导致法律诉讼或企业声誉受损。

第四条 企业应当重视人力资源建设，根据发展战略，结合人力资源现状和未来需求预测，建立人力资源发展目标，制定人力资源总体规划和能力框架体系，优化人力资源整体布局，明确人力资源的引进、开发、使用、培养、考核、激励、退出等管理要求，实现人力资源的合理配置，全面提升企业核心竞争力。

第二章 人力资源的引进与开发

第五条 企业应当根据人力资源总体规划，结合生产经营实际需要，制定年度人力资源需求计划，完善人力资源引进制度，规范工作流程，按照计划、制度和程序组织人力资源引进工作。

第六条 企业应当根据人力资源能力框架要求,明确各岗位的职责权限、任职条件和工作要求,遵循德才兼备、以德为先和公开、公平、公正的原则,通过公开招聘、竞争上岗等多种方式选聘优秀人才,重点关注选聘对象的价值取向和责任意识。

企业选拔高级管理人员和聘用中层及以下员工,应当切实做到因事设岗、以岗选人,避免因人设事或设岗,确保选聘人员能够胜任岗位职责要求。

企业选聘人员应当实行岗位回避制度。

第七条 企业确定选聘人员后,应当依法签订劳动合同,建立劳动用工关系。

企业对于在产品技术、市场、管理等方面掌握或涉及关键技术、知识产权、商业秘密或国家机密的工作岗位,应当与该岗位员工签订有关岗位保密协议,明确保密义务。

第八条 企业应当建立选聘人员试用期和岗前培训制度,对试用人员进行严格考察,促进选聘员工全面了解岗位职责,掌握岗位基本技能,适应工作要求。试用期满考核合格后,方可正式上岗;试用期满考核不合格者,应当及时解除劳动关系。

第九条 企业应当重视人力资源开发工作,建立员工培训长效机制,营造尊重知识、尊重人才和关心员工职业发展的文化氛围,加强后备人才队伍建设,促进全体员工的知识、技能持续更新,不断提升员工的服务效能。

第三章 人力资源的使用与退出

第十条 企业应当建立和完善人力资源的激励约束机制,设置科学的业绩考核指标体系,对各级管理人员和全体员工进行严格考核与评价,以此作为确定员工薪酬、职级调整和解除劳动合同等的重要依据,确保员工队伍处于持续优化状态。

第十一条 企业应当制定与业绩考核挂钩的薪酬制度,切实做到薪酬安排与员工贡献相协调,体现效率优先,兼顾公平。

第十二条 企业应当制定各级管理人员和关键岗位员工定期轮岗制度,明确轮岗范围、轮岗周期、轮岗方式等,形成相关岗位员工的有序持续流动,全面提升员工素质。

第十三条 企业应当按照有关法律法规规定,结合企业实际,建立健全员工退出(辞职、解除劳动合同、退休等)机制,明确退出的条件和程序,确保员工退出机制得到有效实施。

企业对考核不能胜任岗位要求的员工，应当及时暂停其工作，安排再培训，或调整工作岗位，安排转岗培训；仍不能满足岗位职责要求的，应当按照规定的权限和程序解除劳动合同。

企业应当与退出员工依法约定保守关键技术、商业秘密、国家机密和竞业限制的期限，确保知识产权、商业秘密和国家机密的安全。

企业关键岗位人员离职前，应当根据有关法律法规的规定进行工作交接或离任审计。

第十四条　企业应当定期对年度人力资源计划执行情况进行评估，总结人力资源管理经验，分析存在的主要缺陷和不足，完善人力资源政策，促进企业整体团队充满生机和活力。

4.2　人力资源内部控制目标及风险点

4.2.1　人力资源内部控制的目标

一、人力资源业务目标

人力资源业务目标是指企业在岗位职责和人力资源计划、招聘、培训、离职、考核、薪酬等一系列有关人事的活动和程序中应达到的标准，具体如图 4-1 所示。

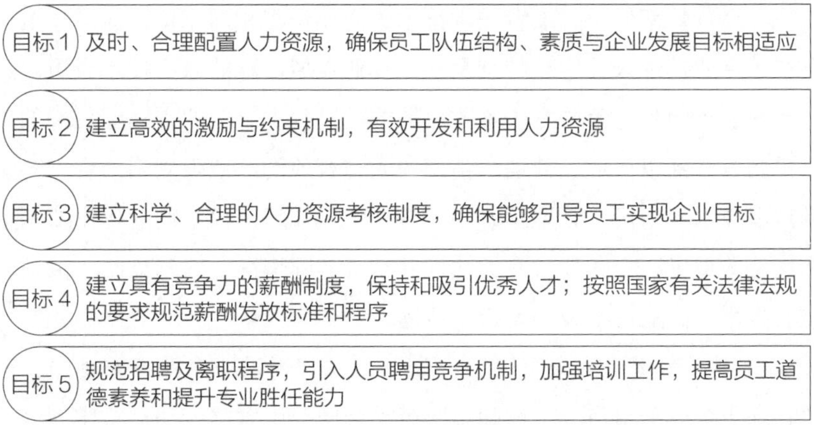

目标 1　及时、合理配置人力资源，确保员工队伍结构、素质与企业发展目标相适应

目标 2　建立高效的激励与约束机制，有效开发和利用人力资源

目标 3　建立科学、合理的人力资源考核制度，确保能够引导员工实现企业目标

目标 4　建立具有竞争力的薪酬制度，保持和吸引优秀人才；按照国家有关法律法规的要求规范薪酬发放标准和程序

目标 5　规范招聘及离职程序，引入人员聘用竞争机制，加强培训工作，提高员工道德素养和提升专业胜任能力

图 4-1　人力资源业务目标

二、人力资源财务目标

企业在人力资源管理过程中需达到的财务目标如图 4-2 所示。

目标1 真实、准确、完整核算人力资本，确保人力资本核算无误

目标2 合理有效地控制人力资本，提高人力资本的使用效率

图 4-2　人力资源财务目标

4.2.2　人力资源内部控制的风险点

人力资源风险是企业人力资源政策及实践中对企业目标实现可能产生影响的不确定因素，包括机会和损失两方面的不确定性。如果人力资源政策或实践不当，就会给企业发展带来隐患。人力资源风险来自人力资源管理的各个环节，企业在人力资源管理的过程中至少应关注以下风险。

（1）人力资源缺乏或过剩、结构不合理、开发机制不健全，可能导致企业发展战略难以实现。这一风险主要存在于企业决策层和执行层的高级管理人员中。在现代企业中，决策层和执行层对实现企业发展战略具有重要的作用。在对决策层和执行层高管团队评估考核的过程中，如果发现有不胜任岗位工作的，就应通过有效方式及早加以解决。当然，这一风险也不完全限于高级管理人员，其他人员缺乏和过剩、结构不合理等，也可能影响企业实现发展战略。

（2）人力资源激励约束制度不合理、关键岗位人员管理不完善，可能导致人才流失、经营效率低下，或者关键技术、商业秘密和国家机密泄露。这一风险主要存在于专业技术人员中，特别是掌握企业发展命脉的核心技术人员。这些专业人才是企业在激烈竞争中立于不败之地的关键资本。企业应建立良好的人才激励约束机制，做到以事业、待遇、情感留人与有效的约束限制相结合。对于掌握或涉及产品技术、市场、管理等方面关键技术、知识产权、商业秘密或国家机密的工作岗位的员工，企业要按有关法规并结合实际情况，建章立制，加强管理，防止核心技术、商业秘密或国家机密泄露。

（3）人力资源退出机制不当，可能导致法律诉讼或企业声誉受损。这一风险主要存在于企业辞退员工、解除员工劳动合同等引发的劳动纠纷中。为了避免和减少此类风险，企业应根据发展战略，在遵循国家有关法律法规的基础上，建

立健全良好的人力资源退出机制，采取渐进措施执行退出计划。

具体来讲，人力资源风险分为以下两方面风险。

一、人力资源运营风险

人力资源运营风险是指企业在人力资源管理控制过程中，在岗位职责和人力资源计划、招聘、培训、离职、考核、薪酬等方面存在的风险，具体如图 4-3 所示。

1　岗位设置不合理、岗位职责不清晰，不相容岗位未按规定实施分离，影响企业的整体发展

2　人力资源配置不及时、不合理，敏感、关键、涉密等岗位人员配置不适当，影响企业正常经营

3　员工队伍的专业技能、职业道德、综合素质等与企业业务发展目标不相适应，影响企业长远发展

4　激励和约束机制不健全，人力资本使用效率低，骨干员工的凝聚力不强，影响员工积极性的发挥

5　人力资源考核政策和薪酬制度不合理，可能导致企业员工流失或者业绩低下

6　员工业务能力或者道德素养无法满足所属岗位要求，可能导致企业目标无法实现或者发生欺诈、舞弊等损害企业利益的行为

图 4-3　人力资源运营风险

二、人力资源财务风险

企业人力资源管理中的财务风险如图 4-4 所示。

1　人力资本未按规定核算，导致财务信息失真

2　工资、福利、保险等核算违反国家或企业相关规章制度，导致赔偿、遭受处罚等，影响企业声誉

图 4-4　人力资源财务风险

4.3 人力资源内部控制方法及控制关键点

4.3.1 人力资源内部控制的方法

一、人力资源引进与开发的风险控制

（一）建立和完善人力资源引进的相关制度

1.完善人力资源引进制度

企业应根据人力资源的总体规划，结合生产经营的实际需要，制定年度人力资源需求计划；完善人力资源引进制度，规范工作流程，按计划、制度和程序组织人力资源引进工作。

2.优化选聘和选拔人才制度

企业应根据人力资源能力框架的要求，明确各岗位的职责权限、任职条件和工作要求，遵循德才兼备、以德为先，以及公开、公平、公正的原则，通过公开招聘、竞争上岗等多种方式来选聘优秀人才，重点关注选聘对象的价值取向和责任意识。企业选拔高级管理人员和聘用中层及以下员工，应切实做到因事设岗、以岗选人，避免因人设事或设岗，确保选聘人员能够符合职责要求。

3.建立选聘人员试用期和岗前培训制度

企业确认选聘人员后，应依法签订劳动合同，建立选聘人员试用期和岗前培训制度，对试用人员进行严格考查，促进选聘员工全面了解岗位职责、掌握岗位基本技能、适应工作要求。试用期满考核合格后，选聘员工方可正式上岗；试用期满考核不合格者，企业应及时解除劳动关系。

（二）加强人力资源开发过程的管控

企业应重视人力资源开发工作，建立员工培训长效机制，营造尊重知识、尊重人才和关心员工职业发展的文化氛围。做好后备人才队伍的建设，促进全体员工的知识、技能持续地更新，不断提升员工的服务效能。

（三）分门别类地管理各类人员的引进与开发

1.高级管理人员的引进与开发

高级管理人员的引进与开发应处于首要位置。企业应制定高级管理人员引进计划，并提交董事会，经审议通过后实施。董事会在审议高级管理人员引进计划时，应关注高级管理人员的引进是否符合企业的发展战略，是否符合企业当前和

长远的需要，是否有明确的岗位设定和能力要求，是否设定了公平、公正、公开的引进方式。通常情况下，高级管理人员必须对企业所处行业及其在行业中的发展定位、优势等有足够的认知，对企业文化和价值观有充分的认同；具有全局性思维，具备对重大事项进行谋划的能力；具有解决复杂问题的能力；具有综合分析能力和敏锐的洞察力，有广阔的思路和前瞻性，有宽广的胸怀等；精明强干并具备奉献精神。在引进高级管理人员的过程中，企业还要坚持重真才实学，不只关注学历和文凭。在高级管理人员开发的过程中，企业要注重激励和约束相结合，创造干事业的良好环境，让他们的聪明才智得到充分显现，使其真正成为企业的核心领导者。高级管理人员引进流程如图 4-5 所示。

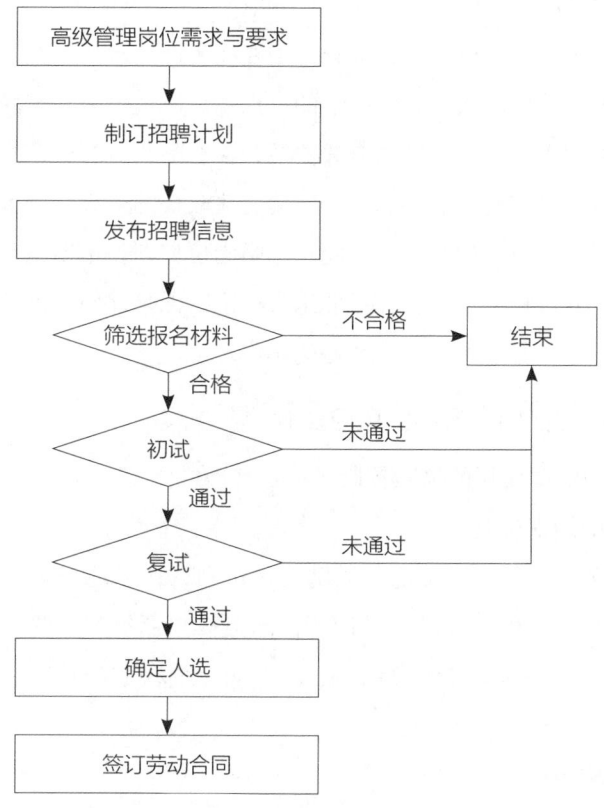

图 4-5　高级管理人才引进流程

2. 专业技术人员的引进与开发

专业技术人员是企业发展的动力，企业发展离不开专业技术人员的创新和研发。企业必须开展自主创新，推进技术升级，走低碳可持续发展道路。在现有技术人员不能满足发展战略所要求达到的条件的情形下，企业要注重通过各种方式引进专业技术人员。企业引进专业技术人员既要满足企业当前生产经营的需要，又要有一定的前瞻性，适量地储备人才以备不时之需；既要注重专业人才的技术素质、科研能力，也应注重其道德素质、协作精神及对企业价值观和文化的认同感，关注其事业心、责任感和使命感。对于专业技术人员的开发，企业应注重知识的持续更新，紧密结合企业技术攻关及新技术、新工艺和新产品开发来开展各种专题培训等继续教育，帮助专业技术人员不断补充、拓宽、深化和更新知识；同时，要建立良好的专业人才激励约束机制，努力做到以事业、待遇、情感留人。

具体专业技术人员引进一般流程同上文高管人才引进流程。

3. 一般员工的引进与开发

一般员工占企业人力资源的大部分，主要在生产经营的一线。一般员工流动性强，往往成为企业年度人力资源引进的重点，可以通过公开招聘的方式引进。在招聘的过程中，企业应严格遵循有关法规，注意招收具有一定技能、能独立承担工作任务的员工。在经济发展迅速、环境变化较快的今天，企业要根据生产经营的需要，不断丰富员工的知识和技能；加强岗位培训，不断提升员工的技能和水平。同时，企业应善待员工，在最低工资标准、保险保障标准等方面严格按国家或地区要求办理，努力营造一种宽松的工作环境。

二、人力资源使用与退出的风险控制

（一）人力资源使用的风险控制

1. 建立激励约束机制

企业应建立和完善人力资源的激励约束机制，科学地设置业绩考核指标体系，对各级管理人员和一般员工进行严格的考核与评价，以此作为确定员工薪酬、职级调整和解除劳动合同等的重要依据，确保员工队伍处于持续优化的状态。

2. 完善薪酬制度

企业应制定与业绩考核挂钩的薪酬制度，切实做到薪酬安排与员工贡献相协调，体现效率优先，兼顾公平。

3. 建立轮岗制度

企业应制定各级管理人员和关键岗位员工的轮岗制度，明确轮岗范围、轮岗周期、轮岗方式等，使相关岗位员工有序、持续地流动，全面提高员工素质。

（二）人力资源退出的风险控制

1. 建立退出机制

企业应按有关法律法规的规定，结合企业实际，建立健全员工退出（辞职、解除劳动合同、退休等）机制，明确退出的条件和程序，确保员工退出机制得到有效实施。人力资源只进不出就会严重影响企业的有效运行。实施员工退出机制，可以保证企业人力资源团队的精干、高效和富有活力。企业通过自愿离职、再次创业、待命停职、提前退休、离岗转岗等途径，可实现不适宜员工的直接或间接退出，让更优秀的人员充实到相应的岗位上，真正做到能上能下、能进能出，实现人力资源的优化配置。

2. 解除劳动合同

企业对不能胜任工作的员工，应及时暂停其工作，安排再培训或调整其工作岗位；转岗培训后仍不能满足岗位职责要求的，应按规定的权限和程序解除劳动合同。

3. 保守企业秘密

企业应与退出员工依法约定保守关键技术、商业秘密、国家安全机密和竞业限制的期限，确保与知识产权、商业秘密和国家机密有关的企业关键岗位人员离职前，根据有关法律法规的规定进行工作交接或离任审计。

为了确保实现发展战略，企业应注重人力资源管理，定期对人力资源管理情况进行评估，总结人力资源管理经验，分析存在的主要缺陷和不足，及时改进和完善人力资源政策与实践，促进企业整体团队充满生机和活力，为企业长远战略发展和价值提升提供人力资源保障。

4.3.2　人力资源内部控制的关键点

企业在建立与实施人力资源政策内部控制中，至少应强化对下列关键事项或者关键环节的控制，以有效防范上述重要风险。

（1）岗位职责和任职要求明确规范，人力资源需求计划科学合理。

（2）招聘及离职程序规范，人员聘用引入竞争机制，培训工作能够提高员工道德素养和提升专业胜任能力。

（3）人力资源考核制度科学合理，能够引导员工实现企业目标。

（4）薪酬制度能保持和吸引优秀人才，并符合国家有关法律法规的要求，薪酬发放标准和程序科学规范。

4.4　人力资源内部控制流程

4.4.1　外部招聘的内部控制流程

外部招聘的内部控制流程如表 4-1 所示。

表 4-1　外部招聘控制流程

业务流程	序号	责任部门/人	配合/支持部门	不相容职责	监督检查内容	相关制度
1. 分析人员需求，确定公司招聘需求	1	人力资源部	各部门		检查招聘人数是否控制在核定范围之内	《招聘制度》
2. 进行职位分析，确定招聘对象职权和任职资格	2	人力资源部	各部门		检查招聘对象职权和任职资格文件是否符合企业规定	《职位分析管理制度》《招聘制度》
3. 根据招聘的实际需要，选择招聘方式和渠道	3	人力资源部	各部门	审核审批	检查招聘方式和渠道是否为最优	《招聘制度》
4. 根据人力资源规划和年度招聘计划确定招聘费用	4	人力资源部	财务部	审核审批	检查招聘费用是否在预算内	《招聘制度》
5. 确定招聘信息	5	人力资源部	各部门	审核审批	检查招聘信息是否真实、全面、完整	《招聘制度》
6. 确认招聘财务预算信息	6	人力资源部	财务部	审核审批	检查下达主要财务预算指标的相关文件	《招聘制度》
7. 筛选简历并通知求职者面试	7	人力资源部			检查简历是否符合招聘要求	《招聘制度》
8. 组织求职者进行面试	8	人力资源部	各部门		检查面试结果是否关注求职者的职业道德和专业胜任能力，检查面试记录是否齐全、规范	《招聘制度》
9. 作出录用决策	9	人力资源总监	人力资源部		检查招聘人员是否符合规定要求	《招聘制度》
10. 发出录用通知书	10	人力资源部			检查是否通过有效方式履行告知义务，是否做好相关记录	《招聘制度》

4.4.2 员工培训与绩效考核的内部控制流程

一、员工培训控制流程

员工培训控制流程如表 4-2 所示。

表 4-2 员工培训控制流程

业务流程	序号	责任部门/人	配合/支持部门	不相容职责	监督检查内容	相关制度
1. 根据业务发展提出人员培训需求	1	各部门	人力资源部	审核	检查提交的培训需求是否合理、全面	《培训管理制度》
2. 汇总培训需求并进行培训需求分析	2	人力资源部	各部门		检查培训需求分析是否充分、合理，培训需求分析方法是否有效	《培训管理制度》
3. 确定培训人员、培训方式、培训内容和培训时间等	3	各部门	人力资源部	审核	检查培训方式和培训内容是否符合培训对象的需求	《培训管理制度》
4. 制订培训预算	4	人力资源部	各部门	审批	检查培训预算是否合理，是否经过科学的计算	《培训管理制度》
5. 编制培训计划书	5	人力资源部	各部门	审批	检查培训计划书是否合理、全面	《培训管理制度》
6. 根据规定程序和权限进行审批	6	人力资源总监、总经理			检查培训预算和培训计划是否经过规范的审核审批程序	《培训管理制度》
7. 组织对不同人员进行相应的培训	7	人力资源部	各部门		检查进行的培训是否严格按照培训计划书进行	《培训管理制度》
8. 进行培训效果评估，并编制培训效果评估报告	8	人力资源部	相关部门	审核	检查培训效果评估过程是否规范、评估结果是否准确	《培训管理制度》

二、员工绩效考核内部控制流程

员工绩效考核内部控制流程如表 4-3 所示。

表 4-3　员工绩效考核内部控制流程

业务流程	序号	责任部门/人	配合/支持部门	不相容职责	监督检查内容	相关制度
1. 制订企业绩效考核计划	1	人力资源部	各部门	审批	检查绩效考核计划是否按规定程序进行报批	《考核细则》
2. 将绩效考核计划下发到各部门	2	人力资源部			检查绩效考核计划是否在规定范围内执行	《考核细则》
3. 进行绩效考核并上报考核结果	3	各部门	人力资源部	审批	检查绩效考核结果是否准确	《考核细则》
4. 整理、汇总各部门绩效考核结果	4	人力资源部	各部门	审批	检查汇总绩效考核结果是否全面、完整	《考核细则》
5. 组织进行沟通和评估，修订考核结果	5	人力资源部	各部门	审批	检查绩效考核过程是否公正、合理	《考核细则》
6. 编制绩效考核报告	6	人力资源部		审核审批	检查绩效考核报告是否按规定进行报批	《考核细则》
7. 公布绩效考核结果	7	人力资源部	各部门		检查绩效考核结果是否合理、公平	《考核细则》

4.4.3　职工薪酬的内部控制流程

职工薪酬内部控制流程如表 4-4 所示。

表 4-4　职工薪酬内部控制流程

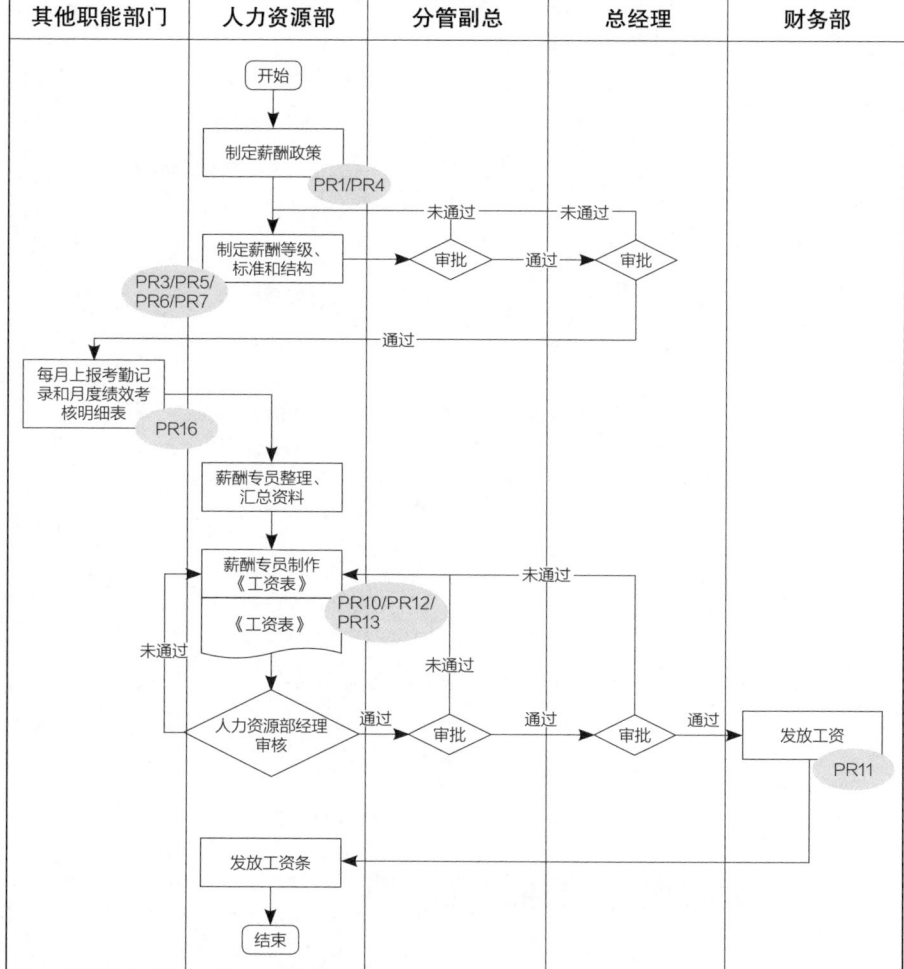

4.4.4　员工晋升的内部控制流程

员工晋升的内部控制流程如图 4-6 所示。

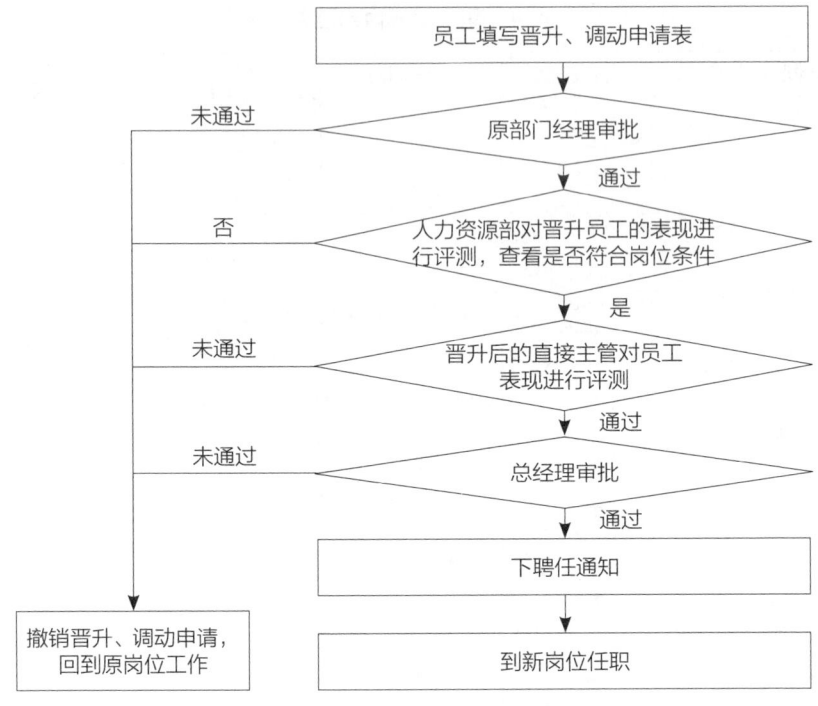

图 4-6　员工晋升内部控制流程

4.5　人力资源内部控制制度示范

4.5.1　高管及专业技术人员引进管理办法

某公司高管及专业技术人员引进管理办法如表 4-5 所示。

表 4-5　高管及专业技术人员引进管理办法

制度名称	高管及专业技术人员引进管理办法		制度编号	
			受控状态	
执行部门		监督部门	生效日期	
第 1 章　总则				
第 1 条　目的。 为规范员工招聘录用程序，充分体现公开、公平、公正的原则，保证公司各部门、各岗位能及时有效地补充所需要的人才，促进公司更快发展，特制定本办法。				

第2条 适用对象。

所有招聘相关工作。

第3条 权责单位。

人力资源部负责公司员工的招聘工作。

第4条 招聘录用的原则。

公司招聘坚持公开招聘、平等竞争、因岗择人、择优录用、人尽其才、才尽其用的原则。

第2章 制定招聘计划

第5条 公司成立招聘组负责筛选人员,招聘组至少由3人组成,分别来自人力资源部、用人部门,或公司领导、聘请的外部人力资源专家。招聘不同的人员,其面试考官的人员构成是不一样的,具体内容如下表所示。

招聘不同人员时面试考官的人员构成

职位	初试	复试	核定
普通员工	人力资源部人员	人力资源部人员和用人部门主管	用人单位主管
基层管理人员	人力资源部主管和用人部门主管	部门经理和人力资源部经理	部门经理

第6条 中高层管理人员及公司所需的特殊人员的面试考官一般由人力资源部经理、总经理、外聘专家组成,总经理拥有对其录用决策的最终决定权。

第3章 招聘需求

第7条 招聘工作一般是从招聘需求的提出开始的,招聘需求由各用人部门提出,其主要内容包括需要多少人、需要什么样的人、将在什么时候需要人等。

第8条 各部门、下属子公司根据业务发展、工作需要和人员使用状况,向人力资源部提出员工招聘要求,并填写人员需求申请表,报人力资源部审批。

第9条 突发的人员需求。公司因新增业务导致缺乏相关工种人才时,业务部应及时将人员需求上报人力资源部。

第10条 储备人才。为了促进公司目标的实现,公司需储备一定数量的各类专门人才。

第4章 招聘渠道

第11条 公司招聘分为内部招聘和外部招聘。内部招聘是指公司内部员工在获知内部招聘信息后,按规定程序前来应聘,公司对应聘员工进行选拔并对合适的员工予以录用的过程。外部招聘是指在出现职位空缺而内部招聘无法满足需要时,公司从社会中选拔人才的过程。

第12条 内部招聘。所有公司正式员工都可以提出应聘申请,且公司鼓励员工积极推荐优秀人才或提供优秀人才的信息,对内部推荐的人才可以在同等条件下优先录取,但不降低录用的标准。

第13条 外部招聘。外部招聘的方式主要有通过招聘媒体(报纸、电视、电台)发布招聘信息、参加人才招聘会、求助于职业介绍所等。

第5章 人员甄选

第14条 简历的筛选。招聘信息发布后,公司会收到大量应聘者的相关资料,人力资源部人员对收集到的相关资料进行初步审核,对初步挑选出的合格应聘者,以电话或信函的方式(面试通知书)告知他们前来公司参加下一环节的甄选。

第 15 条　笔试。根据招聘情况的实际需要，公司可在面试之前对应聘者先进行笔试，笔试一般包括以下内容：一般智力测验，专业知识技能、领导能力测验（适用于管理人员），综合能力测验和个性特征测验。

第 16 条　面试。面试一般分为初试、复试两个环节，根据招聘职位的不同，也会有第三轮甚至第四轮的面试环节，这种情况一般适用于公司中高层人员的招聘或公司所需的特殊人才的招聘。

1. 初试，主要是对应聘者基本素质、基本专业技能、价值取向等方面作出的一个基本判断。

2. 复试，根据第一轮面试结果，人力资源部对符合空缺职位要求的应聘者安排复试，主要是对应聘者与岗位的契合度进行考查，如应聘者对岗位所需技能的掌握程度、胜任该岗位所需具备的综合能力等方面。

第 6 章　背景调查

第 17 条　背景调查是就应聘者与工作有关的一些背景信息进行查证，以进一步确定应聘者任职资格。

第 18 条　对经过公司甄选合格的人员，公司在决定录用之前，视情况可对其进行相关的背景调查，调查的主要内容包括学历水平、工作经历、综合素质等，这样可以在一定程度上降低公司的用人风险。

第 7 章　人员录用

第 19 条　员工录用通知。对通过笔试、面试环节的选拔，经公司考核合格的应聘者，公司在作出录用决策后的三个工作日内向其发出录用通知；对未被公司录用的人员，人力资源部也应礼貌地以电话、邮件或者信函的形式告知对方。

第 20 条　员工报到、试用与转正。

1. 报到。被录用员工在接到公司的录用通知后，必须在规定的时间内到公司报到。若被录用员工在收到录用通知的 15 日内不能按时报到，公司有权取消其录用资格，特殊情况经批准后可延期报到。

2. 试用与转正。

（1）公司新进人员到人力资源部办理完相关报到手续后，进入试用期阶段，试用期为 1 ~ 6 个月不等。若用人部门负责人认为有必要时，也可报请公司相关领导批准，将试用期酌情缩短。

（2）用人部门和人力资源部对试用期内员工的表现进行考核鉴定，考核主要从其工作态度、工作能力、工作业绩三个方面进行。

（3）员工试用期即将结束时，需填写员工转正申请表，公司根据员工试用期的表现作出相应人事决策。

（4）办理转正手续，用人部门和人力资源部要做好为转正员工定岗定级、提供相应待遇、员工职业发展规划等工作。

第 8 章　附则

第 21 条　招聘工作的总结与评估主要包括以下三项工作。

1. 招聘工作的及时性与有效性。

2. 招聘成本评估。

3. 录用人员评估。

续表

第 22 条 本办法解释权归公司人力资源部，自颁布之日起实施。

第 23 条 本办法由人力资源部制定，经总经理核准后实施，修改时亦同。

编制日期		审核日期		批准日期	
修改标记		修改处数		修改日期	

4.5.2 员工培训管理制度

某公司员工培训管理制度如表 4-6 所示。

表 4-6 员工培训管理制度

制度名称	员工培训管理制度		制度编号	
			受控状态	
执行部门		监督部门	生效日期	

<table>
<tr><td colspan="5" align="center">第 1 章 总则</td></tr>
</table>

第 1 条 目的。

1. 规范公司的培训工作，提高公司员工业务水平和职业素养。

2. 使员工掌握最新的专业技术和技能，更新管理理念，不断提升公司核心竞争力。

3. 为公司员工提供学习和深造机会，促成员工个人发展与公司战略经营目标的共同实现。

第 2 条 培训体系构成。

1. 职业道德、素质修养与企业文化教育培训体系。

2. 新员工入职培训体系。

3. 基层员工工作技能、技巧培训体系。

4. 高、中、基层管理者管理技能培训体系。

5. 脱产教育与员工自我开发体系。

第 2 章 入职培训

第 3 条 公司统一培训。

1. 新员工入职后一周内，公司统一组织培训，内容主要包括公司发展历史与愿景、组织结构、发展战略、主要业务，薪酬福利、绩效考核等人力资源政策。

2. 人力资源部首先对新员工进行为期 15 天的集中培训，帮助其熟悉公司的整体情况。完成整体培训后，新员工需参加培训考核，不合格者需进行为期 15 天的强化训练，直到合格为止。

第 4 条 部门工作引导。

1. 新员工经过公司统一培训合格后，由公司各部门相关负责人对其进行部门内部工作引导。

2. 部门工作引导包括部门结构与职能、新员工工作岗位描述及业务技能等内容。

3. 工作引导培训完成后，由部门组织对新员工进行培训考核，不合格者需进行 15 天针对性训练，如果经过 15 天培训之后仍未合格，则考虑延期转正或辞退。

第 5 条 部门交叉引导。

对新员工进行部门内部工作引导时，各部门相关负责人应结合新员工所担任的工作性质和岗位职责，带领新员工到相关部门，对其进行部门交叉引导，使其熟悉公司各部门间的相互工作关系。

第 3 章　脱产培训

第 6 条　制定培训计划。

1. 人力资源部根据公司经营发展目标，结合培训需求调查，制定年度培训计划，报总经理批准后组织实施。

2. 各部门根据业务发展需要，制定所属部门员工的培训发展计划，并报人力资源部批准后实施。

第 7 条　公司总经理、副总经理、总监级人员的培训。

1. 培训方式主要包括外出学习考察、外出进修、聘请有关专家培训等。

2. 培训内容主要涉及公司所属行业的先进管理经验及先进技术、知名企业的先进管理经验、职业经理人进修培训内容等。

3. 总经理、副总经理、总监级人员的培训由人力资源部每年至少组织一次。

4. 总经理、副总经理、总监级人员参加培训的，须与公司签订培训协议，并于培训结束后，将培训学习材料整理交至人力资源部，作为人力资源部培训教材。

第 8 条　部门经理和主管级以上人员的培训。

1. 培训方式主要包括公司内部讲师或外聘有关专家培训等。

2. 培训内容主要涉及公司不断发展的文化、新运营模式的建立与运行、最新的管理理论和经营理念、管理者晋级课程等。

3. 部门经理和主管级人员的培训由人力资源部每半年至少组织一次。

4. 部门经理和主管级人员的培训考核结果将由人力资源部纳入绩效考核评估记录。

第 9 条　基层员工培训。

1. 原则上，公司内部讲师或各部门相关人员负责对基层员工进行培训。

2. 培训内容主要涉及《员工手册》、公司规章制度、工作流程与规范、技术改进与推广等。

3. 基层员工的培训根据各部门工作需要，由人力资源部和各部门共同组织实施。

4. 基层员工的培训考核结果将由人力资源部统一纳入绩效考核评估记录。

第 4 章　岗位轮换

第 10 条　岗位轮换适用范围。

1. 在公司重要岗位如财会、采购、仓库等工作满年的员工。

2. 大学本科及以上学历，有一定的专业特长、技术知识和管理经验，有较强的事业心和进取心的员工。

第 11 条　部门内部岗位轮换。

1. 人力资源部于每年年末统计各部门员工岗位轮换安排，并制定公司下年度的员工岗位轮换计划。

2. 各部门安排本部门所属员工的岗位工作轮换，或者由员工个人提出轮换申请，必须经部门经理、人力资源部经理、人力资源总监审核，总经理审批。

3. 人力资源部与各部门负责人拟定参加岗位轮换的人员名单。

4. 人力资源部为参加岗位轮换的员工建立《岗位轮换记录卡》，记录员工的基本情况、优缺点、轮换工作、培训情况等。

5. 员工岗位轮换的具体操作按公司内部调动程序执行。

第 12 条　部门之间工作轮换。

1．人力资源部根据公司实际情况，统一安排部门之间的员工工作轮换。
2．向管理方面发展的员工，以安排行政、企划、营销、科技、生产管理等工作岗位轮换为主。
3．向技术方向发展的员工，以安排产品研发、品质管理、设备及工艺管理等工作岗位轮换为主。
4．公司各部门应密切配合轮换工作，指定专人对轮换员工进行工作指导及考核。

第 5 章　培训评估与档案管理

第 13 条　培训效果评估。

公司每开展一次培训项目，人力资源部应及时对培训效果进行评估，形成培训评估报告，以不断改进和提升以后的培训工作质量。

第 14 条　培训档案管理。

1．人力资源部为每位受训员工建立和保管培训及岗位轮换档案，记录其培训及岗位轮换具体情况。

2．人力资源部负责将每次培训的资料、教材、录像、记录整理存档，不断完善公司的员工培训体系。

第 6 章　附则

第 15 条　各项培训所花费用由培训项目负责人申请，报人力资源部经理、财务部经理、总经理审核，培训结束后凭各种财务凭证报销，多退少补。

第 16 条　本制度未尽事宜，可进行修改和增补，并呈报总经理审批后颁布实施。

第 17 条　公司人力资源部负责本制度的解释和执行监督。

编制日期		审核日期		批准日期	
修改标记		修改处数		修改日期	

4.5.3　绩效考核实施办法

× 房地产公司绩效考核办法

第 1 章　总则

第 1 条　考核目的。

为全面客观地考核评价公司员工的业绩，帮助员工提升素质能力和提高工作绩效，全面贯彻落实本公司战略以及各项管理制度和工作计划，特制定本办法。

第 2 条　考核的原则。

1．以提高员工绩效为导向的原则。

2．定性与定量相结合的原则。

3．多角度展开的原则。

4．公正、公平、公开的原则。

第 3 条　适用范围。

本办法适用于房地产公司所有员工，但下列人员除外。

1.兼职、特约人员。

2.试用期员工。

3.公司临时岗员工。

第 2 章　考评体制

第 4 条　考评分类。

根据员工的工作性质，可以将员工分成三类，分别采取不同的考核方式，如表 4-7 所示。

表 4-7　员工等级划分

类型	适用范围	考核特征	考核方式	考核周期
高层管理者	总经理 副总经理 各总监	以岗位特征为基础，基于公司战略目标实现的考核	平衡计分卡与述职报告	半年
中层管理者	各部门经理 项目经理	以岗位职责履行的KPI考核	KPI考核与述职报告	季度
基层工作人员	管理服务人员 专业技术人员 销售业务人员等	基于工作职责、工作行为的考核	综合考核表	月度

第 5 条　考评职责。

1.公司考核管理委员会职责。

公司考核管理委员会由公司总经理、副总经理、各总监、财务部经理、人力资源部经理组成。其职责包括以下内容。

（1）负责制定高层管理者的考核细则。

（2）负责中层管理者业绩评价。

（3）审阅公司中层以下员工的年度考核结果。

（4）负责员工考核申诉的最终裁决。

2.公司人力资源部职责。

作为公司考核工作具体组织执行机构，公司人力资源部主要承担以下职责。

（1）制定员工考核管理实施细则。

（2）就各考核实施的各项工作对相关人员进行培训与指导，并为各部门提供相关咨询。

（3）对考核过程进行监督与检查，对考核过程中不规范行为进行纠正与处罚。

（4）协调、处理考核申诉的具体工作。

（5）组织实施考核，统计汇总各部门员工考核评分结果，并形成绩效考核评估报告。

（6）建立员工考核档案。

3. 各部门经理的职责。

（1）负责本部门考核工作的组织及实施管理。

（2）负责处理本部门关于考核工作的申诉。

（3）负责与人力资源部协商制定本部门员工的考核指标。

（4）负责本部门员工的考核评分。

（5）负责对本部门员工的考核结果进行反馈，帮助其制订改进计划，并对考核工作情况进行通报。

第 6 条　考评流程。

1. 由考评者和被考评者在考核期初共同确认考核目标和要求。

2. 在被考评者工作过程中，由考评者对被考评者的工作进行指导。

3. 考评者在考评期内收集各类考评资料，以作为考核的依据。

4. 考评者对照考评指导书和考评量表，对被考评者进行评价。

5. 考评者在对被考评者评定后，要与被考评者进行考核沟通，确认考评结果。

6. 人力资源部对考评结果进行汇总并记入员工绩效档案。

第 7 条　绩效申诉。

1. 各类考评结束后，被考评者有权了解自己的考评结果，考评者有向被考评者通知和说明考评结果的义务。

2. 被考评者如对考评结果存有异议，应首先通过沟通方式解决。解决不了时，有权向二次考评者申诉；如果被考评者对二次考评者的考评结果仍有异议，可以向人力资源部提出申诉。

3. 人力资源部通过调查和协调，在 10 日内向申诉者答复最终结果。

第 3 章　考核实施

第 8 条　高层管理者考核内容。

对高层管理者的考核实际上就是对各系统经营与管理状况进行的全面系统的检讨，因此，对高层管理者的考评采取平衡计分卡与述职报告相结合的形式。高层管理者述职报告如表 4-8 所示。

表 4-8　高层管理者述职报告

姓名		职务		考核时间	
本期主要 工作回顾					
关键事件 处理					
经验或不足					
调整或改进 计划					
特殊说明					

经营目标完成的考核重点集中在基于策略重点落实而制定财务指标、内部运营指标、客户指标和学习成长指标的完成情况。其考核内容如表 4-9 所示。

表 4-9　高层管理者绩效考核表

姓名		职务		考核时间		
指标类别	指标名称		目标值		权重	得分
财务类						
内部运营类						
客户类						
学习成长类						
合计得分						
绩效评价						
考评人签字		被考评人签字		复核人签字		

第 9 条　中层管理者考核内容。

部门目标的达成作为中层管理者的主要考核点，其主要考核形式是员工述职报告（形式同高层管理者述职报告）配合以 KPI 为核心的绩效考核。中层管理者绩效考核如表 4-10 所示。

表 4-10　中层管理者绩效考核表

被考核人姓名		职位		部门	
考核人姓名		职位		部门	
序号	KPI	权重	绩效目标值		考核得分
1					
2					
3					
4					
5					
6					
7					
8					
本次考核总得分					
绩效评价	考核人（签字）：				
下期改进计划	被考核人（签字）：				
被考核人		考核人		复核人	
签字：　日期：		签字：　日期：		签字：　日期：	

第 10 条　基层工作人员绩效考核内容。

对基层工作人员的考核主要是考核其本职工作完成程度以及在工作完成过程中的工作行为表现。具体考核内容如表 4-11 所示。

表 4-11　基层工作人员绩效考核表

被考核人姓名		职位		部门	
考核人姓名		职位		部门	
指标类别	指标名称	权重	达成情况		
			被考核人自述	考核人评价	得分
KPI					

行为指标					
本次考核总得分					

项目	自我评价	考核人评语
绩效评价		考核人（签字）：
绩效改进计划		被考核人（签字）：

被考核人	考核人	复核人
签字：　　日期：	签字：　　日期：	签字：　　日期：

第 4 章　考核结果的运用

第 11 条　作为员工奖惩、调迁、薪酬、晋升、退职管理的依据。

第 12 条　了解、评估员工工作态度与能力。

第 13 条　作为员工培训与发展的参考。

第 5 章　附则

第 14 条　本办法由人力资源部负责制定、解释及修改。

第 15 条　本办法未尽事宜及相关实施细则，由公司人力资源部与各部门负责补充。

第 16 条　本办法自 ×××× 年 ×× 月 ×× 日起执行。

4.5.4　薪酬福利管理制度

× 公司薪酬福利管理制度

第一章　总则

第一条　为了进一步规范公司的薪酬管理体系，将员工工资与公司总体经济效益相挂钩，体现按劳取酬的分配原则，结合本公司实际情况，特拟定本制度。

第二条　工资结构。

（1）正式员工的工资结构为：工资总额 = 基本工资 + 职务津贴 + 加班工资 +

各项保险＋绩效工资＋各类补贴。

（2）试用期员工的工资结构为：工资总额＝基本工资＋学历工资＋技能绩效工资。

第二章　基本工资

第三条　本制度适用范围：公司全体员工。

第四条　公司所有员工的基本工资根据核定的职位等级来确定。

第五条　基本工资与职位等级直接挂钩，随着职位等级的变化而变化，财务核算部每月核算工资时依据每位员工最新核定的职位等级，并对照《工资与职位等级对应表》来确定员工的基本工资额。

第六条　试用期员工基本工资统一定为 800 元。

学历工资标准：中专生（含中技、高中）400 元；大专生 600 元；本科生 700 元；研究生 1 000 元。

技能绩效工资按试用期员工以前从业经历及所具备的从业技能，双方协商约定。

新入职公司的大专以上学历员工，自愿选择进入一线生产车间工作，可享受每月的一线津贴。

第七条　员工双休日及法定节假日的加班工资以基本工资作为核算基数。

第三章　人员职别范围

第八条　结合公司生产、经营、管理特点，公司全体员工按职别范围划分为管理人员、特聘专业人员、试用期人员、计件工、临时工五大类。

管理人员包括总经理、副总经理、总工程师、副总工程师、部门经理、工程师、高级技工、车间主任、部门副经理、车间副主任、主要技工及公司所属部门经公司核定的普通办事人员。

特聘专业人员是指公司为满足发展需要，需特别聘请的专业人员。

试用期人员指进入本公司的初次就业或者再就业人员。

计件工主要是指车间和安装部门的技工和普工，其工资核算按其实际完成的工作量据实结算。

临时工指公司招聘的临时性用工及季节性用工人员，包括勤杂工、门卫等生产辅助人员。

第四章　人员等级及工资等级对应关系

第九条　人员等级划分。

一级：总经理、总工程师（具有高级工程师职称）。

二级：副总经理、副总工程师（具有高级工程师职称）。

三级：部门经理、车间主任、工程师、高级技工。

四级：部门副经理、车间副主任、主要技工。

五级：各部门主办科员、会计、助理工程师。

六级：普通办事员、技术员、一般技工。

七级：试用人员、代培人员。

八级：临时工。

第十条 工资等级划分：

一级：年薪 10 万元，每月发 5 000 元。

二级：年薪 7 万 ~9 万元，每月发 4 000 元。

三级：年薪 5 万 ~8 万元。

四级：年薪 4 万 ~6 万元。

五级：年薪 3 万 ~4 万元。

六级：年薪 2 万 ~3 万元。

七级：800~3 000 元（按学历及职业技能划分）。

八级：1 000~1 500 元（无福利）。

以上各级人员工资额度均包括以现金形式支付的社保统筹费。

第十一条 工资的发放时间和方式。

1. 一、二、三级管理人员工资采用年薪制，薪资额度由董事会与拟聘用人员面谈确定；每月工资按一定额度发放，余额年底一次性结清。福利待遇按公司规定享受。

2. 对其余管理人员，公司按其转正定级表对应的工资级别和额度，按月发放工资，其福利待遇按公司规定享受。

3. 所有技工均采用计件工资制，福利待遇部分均按公司规定享受。

4. 特聘人员的工资支付由董事会另行决定。

5. 工资发放时间：工资发放月的次月十五日，节假日顺延。

6. 工资发放形式：以银行转账的方式支付。

7. 年终奖金发放时间为春节放假前一星期。

第十二条 工资晋级晋档规定。

第三、四级、五级、六级人员的工资每级分为三档，工作满两年晋一档。

第七级人员按人事制度规定，试用期或培训期满后，根据考核结果按岗位定级。

第十三条　奖金。

公司各等级人员按等级年薪与年度实际发放工资总额的差额作为年终奖发放基数，由公司年终按其工作绩效考核发放，另设优秀员工奖和特别贡献奖。

优秀员工奖：根据公司人事考核结果，凡经公司考核得 95 分（含 95 分）以上的人员，奖金为一至三个月的月基本工资。

特别贡献奖：由总经理提名，经董事会认可的可获董事长发放的特别贡献奖；奖金根据公司当年效益确定。

第五章　职工福利

第十四条　凡公司在岗的全体员工均可按其职别对应范围享受公司的职工福利及相关补贴。

1. 传统节日：每人按端午、中秋、春节分别发放 50 元、100 元、300 元；计件工、临时工每人按端午、中秋、春节分别发 50 元、50 元、150 元。

2. 公司纪念日：所有员工每人发 100 元。纪念日以公司发文为准。

3. 学历、职称补贴：凡在公司中专升大专、大专升本科、本科升研究生且被评定与本人工作相对应职称的、在公司服务满 2 年的，可分别享受公司给予的 1 000 元、1 500 元、2 500 元的一次性补贴。

4. 婚、生育、丧等喜事丧事：凡在公司服务满 3 年的（不含计件工和临时工），如遇其本人或子女结婚、生育等喜事及直系亲属去世等丧事时，可分别享受 1 000 元的福利补贴。

5. 住房补贴：凡公司管理层五级以上人员，且在公司工作 5 年以上（含 5 年），按照行政级别可分别享受每年 8 000 元、5 000 元、3 000 元、2 000 元、1 500 元的住房补贴。满 5 年时一次性支付。以后按年发放，每超过 1 年，到年终一次发放。超过 8 年（含 8 年）的，每年可享受上述标准的 1.2 倍。

6. 用车补贴：凡达到三级（含三级）以上的人员，且服务满 5 年的可分别享受每年 8 000 元、5 000 元、3 000 元的补贴。满 5 年时，车贴开始一次发放。以后按年发放，每超过 1 年，到年终一次发放（车贴只用于补助一、二、三级管理层员工购车，不发现金；对未购车者可记在账上，对已购车者可发现金）。

7. 上述福利待服务期满后，按服务年限内的级别分别计算享受。

8. 本福利中第 3、4、5、6 条只适用于管理层员工。

第六章　假期工资及加班工资核算

第十五条　假期工资核算。

1. 公司各级人员因事、因病请假，请假期间不享受职务补贴及绩效奖，连续请假三天以上取消当月绩效奖，病、事假请假期间基本工资扣款标准如下。

基本工资部分：基本工资 ÷（26 天 × 8 小时）× 请假时数。

2. 婚假、产假、哺乳假、护理假及丧假期间，公司支付个人基本工资。

第十六条　加班工资核算。

1. 公司各级人员日常延时加班及周六上班的加班工资纳入月度工资总额合并计算。

2. 法定节假日的加班工资：一、二、三、四级人员每天按 200 元发放，其余人员每天按 100 元发放。

第七章　员工职位等级评定管理办法

第十七条　职位等级的评定。

1. 职位等级的初评。

（1）在刚实行本制度时需对全体员工进行职位等级的初评。

（2）在员工试用期结束转正时需进行职位等级的初评。

（3）进行职位等级初评时需填写《员工职位等级评定表》，职位等级的初评需经过部门主管评定、部门分管经理审核以及公司决策层和经理执行层联席会议最终核定等环节。

（4）《员工职位等级评定表》由人事行政部和财务核算部负责登记备案，作为核算基本工资的依据。

2. 职位等级的复评。

（1）对已初评过的员工，人事行政部将定期组织职位等级的重新评定，每半年组织一次复评。

（2）对于绩效非常突出或者对公司作出突出贡献的员工，经特殊核准程序可对其直接进行职位等级的晋升。

（3）对于绩效很差或出现较为严重的违规违纪的员工，经特殊核准程序可对其直接进行职位等级的下降。

第十八条　职位等级的评定要求。

1. 组织评定部门：人事行政部。

2.实施评定部门：各职能部门。

3.核准评定结果：公司决策层和经理执行层联席会议讨论通过。

4.评定周期：正常情况下每半年组织评定一次。

<h2 style="text-align:center">第八章　附则</h2>

第十九条　其他。

1.本制度未尽事宜后续讨论决定。

2.本制度由公司人事行政部、财务核算部负责制定、解释和修改。

3.本制度经公司决策层和经理执行层评审及总经理签发后，准予实施。

综上十九条规定，员工工资与职位等级对应如表4-12所示。

表 4-12　工资与职位等级对应表

单位：元

级别	结构		档次		
			一档	二档	三档
一级		年薪	100 000		
		月发	5 000		
	其中	基本工资	2 000		
		职务补贴	800		
		加班工资	1 060		
		社会保险	540		
		绩效奖	600		
		绩效工资与年终奖	40 000		
二级		年薪	70 000~90 000		
		月发	4 000		
	其中	基本工资	1 600		
		职务补贴	600		
		加班工资	760		
		社会保险	540		
		绩效奖	500		
		绩效工资与年终奖	22 000~42 000		

级别	结构		档次		
			一档	二档	三档
三级	月发		3 400	3 600	3 800
	其中	基本工资	1 100	1 100	1 100
		职务补贴	350	400	450
		加班工资	400	400	400
		社会保险	540	540	540
		绩效奖	1 010	1 160	1 310
四级	月发		2 800	3 000	3 200
	其中	基本工资	1 000	1 000	1 000
		职务补贴	200	250	300
		加班工资	370	370	370
		社会保险	540	540	540
		绩效奖	690	840	990
五级	月发		2 200	2 400	2 600
	其中	基本工资	900	900	900
		职务补贴	—	100	150
		加班工资	330	330	330
		社会保险	540	540	540
		绩效奖	430	530	680
六级	月发		1 680	1 800	2 000
	其中	基本工资	800	800	800
		加班工资	290	290	290
		社会保险	540	540	540
		绩效奖	50	170	370

4.5.5 员工离职管理办法

× 公司员工离职管理办法

第一条 目的。

为建立、健全正常的人才流动秩序，保持公司员工相对稳定，有效地进行员工异动管理，特制定本办法。

第二条 范围。

公司各部门员工的调动、离职、退职、晋升、降职及因之产生的工作交接等问题均参照本办法执行。

第三条　员工调动。

1. 公司根据工作需要，可随时调整员工的职务或工作地点，被调动的员工应服从公司安排，不应延迟或推诿。

2. 各部门负责人应充分了解下属员工的个性、学识和能力，力求人尽其才，以达到人与岗相互匹配，但必要时亦可申请调动其他部门员工到本部门工作或申请从本部门调出某员工。

3. 公司内员工在一个岗位上工作满一年以上，或因其他原因不便在原岗位工作，只要工作能力强，敬业爱岗，没有重大违规、违纪事件的，亦可用书面报告的形式申请调动。

4. 公司决策性调动，由总经理办公会或董事会讨论决定，形成人事调动决议，人事行政部依据决议精神，开具《人事调动审批表》，主管级以下人员由副总经理核准，主管级、经理级人员由总经理核准，副总级人员由董事长核准。

第四条　员工辞职。

1. 在试用期内的员工，辞职时须提前三天提出书面申请，填写好《员工离职申请表》，并报部门主管、分管部门领导，人事行政部及副总经理审批后，三天内办理好交接手续后可以辞职。

2. 正式员工，辞职时须提前一个月提出书面申请，填写好《员工离职申请表》，并报部门主管、分管部门领导、人事行政部、分管人事行政副总及总经理审批后，十天内办理好交接手续后可以辞职。

3. 未按规定提前递交书面离职申请表而要求立即解除聘用合同者，需提出特别申请，交总经理核准后方可提前离职。

4. 公司员工要求辞职，如果违反了劳资双方签订协议的赔偿条款，需作出相应的赔偿。

5. 辞职处理程序。

（1）员工填写《员工离职申请表》。

（2）在收到《员工离职申请表》后一个工作日内，由员工所在部门、人事行政部就辞职原因、对公司的看法与希望等与辞职人谈话。如果员工最终决定辞职，由其所在部门和员工本人确定最后离职日期并通知人事行政部。

（3）员工在最后工作日办理完交接工作和其他离职手续后，填写《员工离职交接单》，完成所有工作交接手续。

6.辞职审批权限。

（1）主管级以下人员：由部门主管、分管部门领导，人事行政经理、行政副总及总经理签审。

（2）主管级人员：由分管部门领导，行政副总经理及总经理签审。

（3）经理级人员：由总经理、董事长签审。

（4）副总级人员：由总经理、董事会签审。

7.员工辞职工资结算。

按正常的工资发放时间和程序支付辞职员工工资。

第五条 员工退休。

根据有关规定达到退休年龄的员工应办理退休手续。

1.男性员工年满60周岁，女性员工年满55周岁均应办理退休手续，不得延期。

2.对某些特殊人员，因工作需要，身体健康，确能坚持正常工作的，经本人提出申请，用人部门同意并报总经理审批后，可以延聘，延聘合同每年签一次。

3.凡到退休年龄的员工，由人事行政部提前三个月书面通知本人和用人部门，用人部门接到通知后应妥善安排工作交接以保证按时办理退休手续，符合延聘条件的按要求办理延聘手续。凡未按要求办理延聘手续的做自动退休处理。

4.由退休员工所在部门和员工本人确定最后工作日并通知人事行政部。退职员工在最后工作日办理交接工作和其他离职手续，并填写《员工离职交接单》。

第六条 员工辞退。

1.出现下列情况之一，公司有权立即解除劳动合同，对被辞退的员工公司不给予任何补偿。

（1）员工被依法追究刑事责任或劳动教养的。

（2）在试用期内，不符合录用条件的。

（3）严重违反劳动纪律或公司规章制度的。

（4）严重失职、营私舞弊，对公司利益造成重大损害的。

（5）入职时提供虚假个人情况资料的。

（6）员工在本公司任职期间，在其他与本公司相关行业公司兼职的。

（7）在工作业绩上弄虚作假的。

（8）连续旷工 3 天（含 3 天）以上或 1 年累计旷工超过 6 天（含 6 天）的。

2. 出现下列情况之一，公司可解除劳动合同，但原则上需提前十天书面通知员工，并根据国家有关规定给予一定的补偿金。

（1）因病或非因工负伤医疗期满后，不能从事原工作也不能从事公司另行安排的工作的。

（2）不能胜任工作，经培训或调整工作岗位，仍不能胜任工作的。

（3）公司经营状况或技术设备条件发生变化，致使员工富余的。

3. 员工辞退程序。

（1）用人部门提出解除劳动合同请求，报部门主管、副总经理、总经理等批准后，作出辞退决定。

（2）人事行政部根据解聘原因，与被解聘人就解聘方案达成一致意见。

（3）一个工作日内，人事行政部向被解聘人出具书面解聘通知。

（4）被解聘人在最后一个工作日前，办理交接手续并填写《员工离职交接单》。

（5）经公司派出培训或进修者，如工作期限未满合同规定期限，则须按合同规定交还或赔偿有关费用。

4. 员工辞退的审批权限。

（1）主管级以下人员：由部门主管、分管部门领导，人事行政经理、行政副总经理签审。

（2）主管级人员：由副总经理及总经理签审。

（3）经理级人员：由总经理、董事长签审。

（4）副总级人员：由总经理、董事会签审。

5. 员工辞退的工资结算。

办理完交接手续后公司将工资结算完毕，并以现金的方式支付给被辞退的员工。

第七条　自动离职。

自动离职的程序如下。

1. 不按照规定的程序办理离职手续而离职者做自动离职处理，其他不按时到岗的情况做迟到、早退或旷工处理。

2. 部门提报，人事行政部对其作出自动离职的处理决定，并予以公布。

3. 人事行政部停发其所有未发工资和各类补贴。

第八条 公司员工无论是被辞退还是辞职、退职，均必须填写《员工离职交接单》，经确认办妥各项手续，财务核算部得到人事行政部的通知后方可结算工资，未经公司批准而不到公司上班视为自动离职，停发工资。若给公司造成经济损失者，公司有权追究当事人的经济责任，情况严重者追究其法律责任。员工离职审批表和员工离职交接单分别如表 4-13、表 4-14 所示。

第九条 其他。

1. 本办法未尽事宜后续讨论决定。

2. 本办法由公司人事行政部负责制定、解释和修改。

3. 本办法经公司决策层和经理执行层评审及总经理签发后，准予实施。

表 4-13　员工离职审批表

表单编号：

工号		姓名		申请人	
部门		职务		代理人	
申请日期			拟离职日期		
离职类别	主动□　　辞退□				
离职缘由					
对本公司之意见					
申请人签字 / 日期：					
部门意见（一级审核）	签字 / 日期：				
分管部门领导意见（二级审核）	签字 / 日期：				
人事行政部备案意见	签字 / 日期：				
分管人事副总意见	签字 / 日期：				
总经理意见	签字 / 日期：				

注：离职时凭此表单到相关部门办理工作交接手续、物品移交手续以及财务结算手续；本表单一式两联，一联人事备案用，一联结算工资用。

表 4-14 员工离职交接单

表单编号：

工号		姓名		离职人	
部门		职位		核准离职日期	
交接及结算事项					
部门	交接及结算事项		接收人确认	主管确认	备注
所属部门	1. 工作是否交接完毕　是□ 否□ 2. 办公设备及用品是否交接　是□ 否□ 3. 各种文件资料是否交接　是□ 否□ 4. 钥匙是否交接　是□ 否□ 5. 其他事项　是□ 否□				
仓库	1. 所借工具是否归还　是□ 否□ 2. 劳保用品是否归还　是□ 否□ 3. 工作服是否归还　是□ 否□				
后勤总务部	1. 宿舍物品是否归还　是□ 否□ 2. 宿舍钥匙是否归还　是□ 否□ 3. 宿舍财产是否有损坏　是□ 否□				
财务核算部	相关费用及借款是否结算清楚　是□ 否□				
人事行政部	1. IC 是否归还　是□ 否□ 2. 员工手册是否归还　是□ 否□ 3. 计算机是否移交　是□ 否□ 4. 工资结算方式　马上结算□ 按正常程序发放□				
离职本人签字 确认	本人已与公司解除劳动关系，各项交接手续均已办理完毕。 签字／日期：				
核准意见	 签字／日期：				

注：本表单一式两联，一联人事备案用，一联结算工资用。

第 5 章
社会责任方面的内部控制

　　有观点认为，企业就是创造利润的，利润最大化或股东财富最大化是企业发展的唯一目标，社会责任是政府的事情，与己无关。这种观点有失偏颇。企业创造利润或实现股东财富最大化固然重要，但在经济社会高速发展的当下，尤其是我国作为发展中国家，大力发展社会主义市场经济的情况下，企业作为重要的市场主体，如果不顾一切地追逐利润而不履行社会责任，显然不符合科学发展观与建设和谐社会的要求。不仅如此，企业创造利润或财富与履行社会责任是统一的有机整体。企业履行社会责任是提高发展质量的重要标志，也是实现可持续长期发展的根本所在。企业履行社会责任是打造和提升企业形象的重要举措，因此，履行社会责任是企业应尽的义务，也是企业的光荣使命。

　　社会责任与内部控制各方独立运作，又相互影响和相互制约，共同推进企业有效运行。离开社会责任研究内部控制不会产生具有根本变革意义的结果，从两者有机结合的角度研究内部控制的失效问题十分必要。首先，企业社会责任是促进企业内部控制发展的动力。企业只有在真正地履行社会责任后，才可以减少企业在当今激烈市场竞争中的风险。如果只是将履行社会责任作为公关的幌子，只会增加风险，因为欺诈行为随时会暴露。其次，内部控制的有效性是企业履行社会责任的保证。内部控制的有效性使得企业在生产领域内更加谨慎地规范生产，从而使得生产环境有安全保证。内部控制的规制不仅仅集中在生产领域，不仅要求对生产过程中的污染进行防治，而且要求对使用后的产品和包装的回收利用及处置责任进行干预。在产品生产前期以及产品消费后期，生产者都要承担责任，保证将其对产品的责任贯穿于整个产品生命周期，将企业追求利润的动机与社会绩效进行整合，减少对资源的浪费，从而实现企业全面社会责任。

　　在我国，企业社会责任突出表现在以下几个方面。（1）产品质量，《中华人民共和国产品质量法》规定，生产者应当对其生产的产品质量负责，产品质量应当符合不存在危及人身、财产安全的不合理的危险的要求；《中华人民共和国消费者权益保护法》规定，经营者应当保证其提供的商品或者服务符合保障人身、财产安全的要求。质量安全对企业来说，不仅是社会责任，而且是首要责任，是职业道德的底线。（2）员工权益，员工是企业生存发展的内在动力，不断提高员工的素质，维护员工的合法权益，既是社会和谐稳定的需要，也是企业长远发展的需要。（3）安全问题，安全问题涉及许多行业，如煤矿、烟花爆竹、建筑施工等。（4）环境污染，环境污染事故造成的损失、危害和影响触目惊心，通常会引起社会高度关注，造成恶劣影响。

5.1　社会责任内部控制应用指引

企业内部控制应用指引第4号——社会责任

第一章　总则

第一条　为了促进企业履行社会责任，实现企业与社会的协调发展，根据国家有关法律法规和《企业内部控制基本规范》，制定本指引。

第二条　本指引所称社会责任，是指企业在经营发展过程中应当履行的社会职责和义务，主要包括安全生产、产品质量（含服务，下同）、环境保护、资源节约、促进就业、员工权益保护等。

第三条　企业至少应当关注在履行社会责任方面的下列风险：

（一）安全生产措施不到位，责任不落实，可能导致企业发生安全事故。

（二）产品质量低劣，侵害消费者利益，可能导致企业巨额赔偿、形象受损，甚至破产。

（三）环境保护投入不足，资源耗费大，造成环境污染或资源枯竭，可能导致企业巨额赔偿、缺乏发展后劲，甚至停业。

（四）促进就业和员工权益保护不够，可能导致员工积极性受挫，影响企业发展和社会稳定。

第四条　企业应当重视履行社会责任，切实做到经济效益与社会效益、短期利益与长远利益、自身发展与社会发展相互协调，实现企业与员工、企业与社会、企业与环境的健康和谐发展。

第二章　安全生产

第五条　企业应当根据国家有关安全生产的规定，结合本企业实际情况，建立严格的安全生产管理体系、操作规范和应急预案，强化安全生产责任追究制度，切实做到安全生产。

企业应当设立安全管理部门和安全监督机构，负责企业安全生产的日常监督管理工作。

第六条　企业应当重视安全生产投入，在人力、物力、资金、技术等方面提供必要的保障，健全检查监督机制，确保各项安全措施落实到位，不得随意降低保障标准和要求。

第七条　企业应当贯彻预防为主的原则，采用多种形式增强员工安全意识，重视岗位培训，对于特殊岗位实行资格认证制度。

企业应当加强生产设备的经常性维护管理，及时排除安全隐患。

第八条　企业如果发生生产安全事故，应当按照安全生产管理制度妥善处理，排除故障，减轻损失，追究责任。

重大生产安全事故应当启动应急预案，同时按照国家有关规定及时报告，严禁迟报、谎报和瞒报。

第三章　产品质量

第九条　企业应当根据国家和行业相关产品质量的要求，从事生产经营活动，切实提高产品质量和服务水平，努力为社会提供优质安全健康的产品和服务，最大限度地满足消费者的需求，对社会和公众负责，接受社会监督，承担社会责任。

第十条　企业应当规范生产流程，建立严格的产品质量控制和检验制度，严把质量关，禁止缺乏质量保障、危害人民生命健康的产品流向社会。

第十一条　企业应当加强产品的售后服务。售后发现存在严重质量缺陷、隐患的产品，应当及时召回或采取其他有效措施，最大限度地降低或消除缺陷、隐患产品的社会危害。

企业应当妥善处理消费者提出的投诉和建议，切实保护消费者权益。

第四章　环境保护与资源节约

第十二条　企业应当按照国家有关环境保护与资源节约的规定，结合本企业实际情况，建立环境保护与资源节约制度，认真落实节能减排责任，积极开发和使用节能产品，发展循环经济，降低污染物排放，提高资源综合利用效率。

　　企业应当通过宣传教育等有效形式，不断提高员工的环境保护和资源节约意识。

　　第十三条　企业应当重视生态保护，加大对环保工作的人力、物力、财力的投入和技术支持，不断改进工艺流程，降低能耗和污染物排放水平，实现清洁生产。

　　企业应当加强对废气、废水、废渣的综合治理，建立废料回收和循环利用制度。

　　第十四条　企业应当重视资源节约和资源保护，着力开发利用可再生资源，防止对不可再生资源进行掠夺性或毁灭性开发。

　　企业应当重视国家产业结构相关政策，特别关注产业结构调整的发展要求，加快高新技术开发和传统产业改造，切实转变发展方式，实现低投入、低消耗、低排放和高效率。

　　第十五条　企业应当建立环境保护和资源节约的监控制度，定期开展监督检查，发现问题，及时采取措施予以纠正。污染物排放超过国家有关规定的，企业应当承担治理或相关法律责任。

　　发生紧急、重大环境污染事件时，应当启动应急机制，及时报告和处理，并依法追究相关责任人的责任。

第五章　促进就业与员工权益保护

　　第十六条　企业应当依法保护员工的合法权益，贯彻人力资源政策，保护员工依法享有劳动权利和履行劳动义务，保持工作岗位相对稳定，积极促进充分就业，切实履行社会责任。

　　企业应当避免在正常经营情况下批量辞退员工，增加社会负担。

　　第十七条　企业应当与员工签订并履行劳动合同，遵循按劳分配、同工同酬的原则，建立科学的员工薪酬制度和激励机制，不得克扣或无故拖欠员工薪酬。

　　企业应当建立高级管理人员与员工薪酬的正常增长机制，切实保持合理水平，维护社会公平。

　　第十八条　企业应当及时办理员工社会保险，足额缴纳社会保险费，保障员工依法享受社会保险待遇。

　　企业应当按照有关规定做好健康管理工作，预防、控制和消除职业危害；按期对员工进行非职业性健康监护，对从事有职业危害作业的员工进行职业性健康监护。

企业应当遵守法定的劳动时间和休息休假制度，确保员工的休息休假权利。

第十九条 企业应当加强职工代表大会和工会组织建设，维护员工合法权益，积极开展员工职业教育培训，创造平等发展机会。

企业应当尊重员工人格，维护员工尊严，杜绝性别、民族、宗教、年龄等各种歧视，保障员工身心健康。

第二十条 企业应当按照产学研用相结合的社会需求，积极创建实习基地，大力支持社会有关方面培养、锻炼社会需要的应用型人才。

第二十一条 企业应当积极履行社会公益方面的责任和义务，关心帮助社会弱势群体，支持慈善事业。

5.2　社会责任内部控制目标及风险点

5.2.1　社会责任内部控制的目标

企业社会责任贯穿企业经营和管理的全过程，既涉及企业治理层面，也涉及内部机构和业务层面。根据企业所要履行的社会责任，其内部控制目标可细化为以下四个方面。

安全生产内部控制目标，如表 5-1 所示。

表 5-1　安全生产内部控制目标

安全生产内部控制目标
机构完备，建立安全生产管理机构
提高员工安全生产水平
更新技术和设备，排除安全隐患
建立安全事故应急预警和报告机制，不断提高事故应对水平

产品质量内部控制目标，如表 5-2 所示。

表 5-2　产品质量内部控制目标

产品质量内部控制目标
制定严格的产品质量标准，防止不合格产品进入市场
加强产品质量检验，防止不合格产品进入市场
提高产品售后服务水平，以不断提高产品质量

环境保护与资源节约内部控制目标，如表 5-3 所示。

表 5-3　环境保护与资源节约内部控制目标

环境保护与资源节约内部控制目标
转变生产方式，节能减排，降低能耗和减少污染物排放
坚持低碳环保和循环经济理念
提高技术水平，开发、利用可再生资源
建立环境保护和资源节约考核体系

促进就业与员工权益保护内部控制目标，如表 5-4 所示。

表 5-4　促进就业与员工权益保护内部控制目标

促进就业与员工权益保护内部控制目标
建立公平、合理的员工选拔机制
建立完善、透明的晋升机制
建立完善的薪酬增长机制
保障员工健康，维护员工权益

5.2.2　社会责任内部控制的风险点

《企业内部控制应用指引第 4 号——社会责任》中指出，企业至少应当关注在履行社会责任方面的下列风险。

一、安全生产方面

员工违规作业，可能导致生产安全事故或生态环境灾难；企业安全生产措施不到位，责任不落实，可能导致企业发生生产安全事故；企业生产安全事故频繁，可能导致企业经济利益受损，危害企业持久经营，使企业倒闭。

二、产品质量方面

产品质量低劣，长此以往，会造成产品份额降低，影响企业运营；还会侵害消费者利益，可能导致企业巨额赔偿、形象受损，甚至破产。

三、环境保护与资源节约方面

未坚持清洁生产，能耗超标或废弃物排放超标，可能形成环境责任事故；环境保护投入不足，资源耗费大，造成环境污染或资源枯竭，可能导致企业巨额赔偿、缺乏发展后劲，甚至停业。

四、促进就业与员工权益保护方面

对员工健康管理不到位，可能损害员工权益；促进就业和员工权益保护不够，可能导致员工积极性受挫，影响企业发展和社会稳定。

上述风险如果控制不好，可能导致企业形象受损、面临巨额赔偿、缺乏发展后劲、停业，甚至破产，从而影响企业的可持续发展，甚至影响社会稳定或形成生态灾难。

5.3 社会责任内部控制方法及控制关键点

5.3.1 社会责任内部控制的方法

社会责任方面内部控制的主要方法包括组织规划控制、人力资源控制、风险防范控制和内部审计控制等方法，具体内容如表 5-5 所示。

表 5-5 社会责任内部控制方法

社会责任内部控制方法	主要内容
组织规划控制	组织规划控制是指在社会责任内部控制建设过程中，对企业组织机构设置、职务分工的合理性和有效性进行的控制。具体而言是指在内部控制中应体现职务分工，明确每个人的权利和义务，加强责任落实；实现不相容职务相分离，将可能发生错误和舞弊又可掩盖其错误和舞弊的职务分配给不同人员以实现内部牵制，降低员工舞弊风险，维护企业形象。管理层应高度重视社会责任内部控制体系建设。强化企业履行社会责任，很大程度上取决于企业负责人的意识和态度。企业负责人应当高度重视这项工作，树立社会责任意识，把履行社会责任提上企业重要议事日程，经常研究和部署社会责任工作，加大社会责任全员培训和普及教育的力度，不断创新管理理念和工作方式，努力形成履行社会责任的企业价值观和企业文化

社会责任内部控制方法	主要内容
人力资源控制	人力资源控制应包括：积极开展员工职业教育培训，创造平等发展机会；加大考核和奖惩力度，定期对员工业绩进行考核，做到奖惩分明。此外，企业应对重要岗位员工（如销售、采购、出纳）建立职业信用保险机制，如签订信用承诺书、保荐人推荐或办理商业信用保险；提高工资与福利待遇，加强员工之间的沟通，以此保护员工权益，促使员工稳定就业，维护社会稳定
风险防范控制	企业社会责任贯穿企业经营和管理的全过程，既涉及企业治理层面，也涉及内部机构和业务层面。企业不承担社会责任或社会责任管理不当可能引发包括战略风险、经营风险和操作风险在内的多种风险。风险防范控制要求企业树立风险意识，定期调查和评估社会责任管理现状，针对各个风险控制点，建立有效的风险管理系统，通过风险预警、风险识别和评估、列示风险清单，建立风险数据库，针对风险清单，制定并实施风险应对方案、风险报告等措施，对风险进行全面防范和控制，以保证企业社会责任内部控制目标的实现。企业还可实行岗位责任制，由岗位员工对操作风险负责
内部审计控制	内审计部门是一个企业内部经济活动和管理制度是否合规、合理和有效的独立评价机构，它可以实现对企业社会责任内部控制的再控制。内部审计部门对各种经营活动制度设计和执行是否有效进行监督检查，若发现问题及时予以纠正，保证企业社会责任履行到位。关注董事、监事、经理和其他高级管理人员在社会责任内部控制建设的责任履行情况，重视对企业社会责任内部控制制度履行情况的评估，这对企业长远发展具有重要意义

5.3.2　社会责任内部控制的关键点

企业重视并切实履行社会责任，既是对企业前途、命运负责，也是对社会、国家负责。企业应高度重视履行社会责任，在培育企业价值观和企业文化的过程中融入社会责任理念，积极采取措施促进社会责任的履行。企业应建立履行社会责任的机制，把履行社会责任融入企业的发展战略，落实到生产经营的各个环节，明确归口管理部门，建立健全预算安排，逐步建立和完善企业社会责任指标统计与考核体系，为企业履行社会责任提供坚实的基础与保障。

一、安全生产的风险控制

（1）建立健全安全生产管理体系。企业应根据国家有关安全生产的规定，结合本企业的实际情况，建立严格的安全生产管理体系、操作规范和应急预案，强化安全生产责任追究制度，切实做好安全生产。企业应设立安全管理部门和安全监督机构，负责企业安全生产的日常监督管理工作。

（2）加大安全生产投入和经常性管理。企业应重视安全生产投入，在人力、物力、资金、技术等方面提供必要的保障，健全检查监督机制，确保各项安全措施落实到位，不得随意降低保障标准和要求。

（3）预防为主，实行特殊岗位资格认证制度。企业应贯彻预防为主的原则，采取多种形式增强员工的安全意识，重视岗位培训，对特殊岗位实行资格认证制度。企业应加强生产设备的经常性维护管理，及时排除安全隐患。

（4）建立生产安全事故应急预案和报告机制。企业如果发生生产安全事故，应按安全生产管理制度妥善处理、排除故障、减小损失、追究责任。重大生产安全事故应启动应急预案，同时按国家有关规定及时报告，严禁迟报、谎报和瞒报。对于社会责任活动中的安全生产活动的风险控制，拟定的生产安全事故上报与处置流程如图 5-1 所示，企业安全生产风险控制流程如表 5-6 所示。

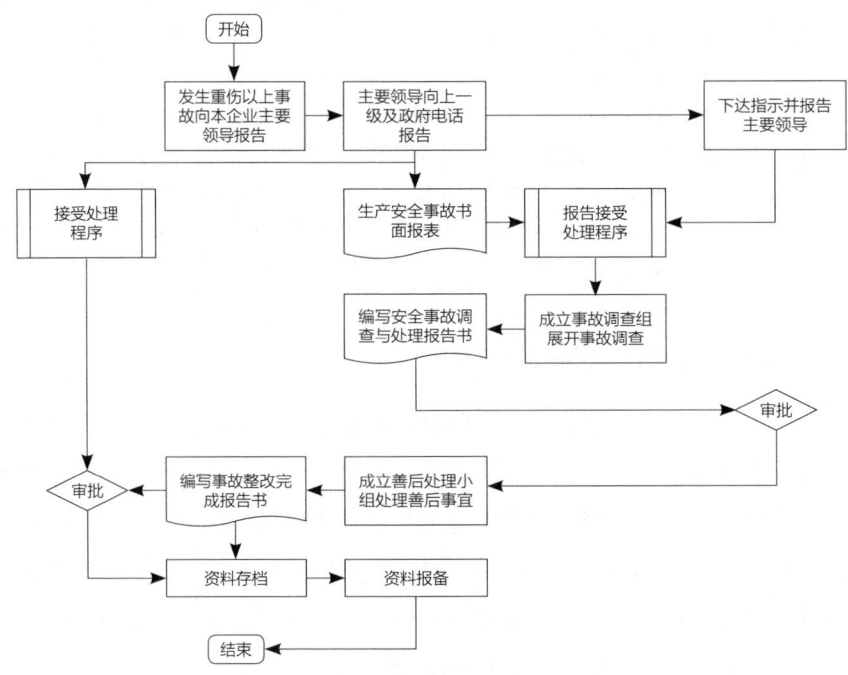

图 5-1　生产安全事故上报与处置流程

表 5-6　企业安全生产风险控制流程

业务风险	控制项目	文件清单
安全生产措施不到位，未能定期或不定期进行设施、装置的安全检查监督工作，可能无法排查安全生产隐患	安全生产管理部门每月组织安全生产大检查和事故隐患整改活动，每年编制安全技术措施计划并检查实施情况。工程管理部门监督检查施工措施执行情况，对违章冒险作业危险部位实行指令书，并有权停止施工、运行和操作	《安全生产责任制度》《月度安全生产费用计划》
安全生产资金投入不到位及费用使用不当，可能导致安全隐患得不到及时有效的控制和排除	财务部门在编制企业财务费用长远发展规划和年度计划时，纳入安全生产计划费用，保障安全生产投入的资金得以落实	《年度安全生产费用计划》
安全事故未形成书面总结记录，并整改落实，可能导致事故原因未得到排查，影响后续的事故防范	安全生产管理部门负责安全事故的调查、处理、统计和上报等，对生产安全事故应形成书面总结记录，并追踪整改落实情况，形成整改报告	《事故整改完成报告》

二、产品质量的风险控制

（1）建立健全产品质量标准体系。企业应根据国家和行业相关产品质量的要求从事生产经营活动，切实提高产品质量和服务水平，努力为社会提供优质、安全、健康的产品和服务，最大限度地满足消费者的需求，对社会负责，接受社会监督，承担社会责任。

（2）严格质量控制和检验制度。企业应规范生产流程，建立严格的产品质量控制和检验制度，严把质量关，禁止缺乏质量保障、危害人民生命健康的产品流向社会。

（3）加强产品售后服务。企业应加强产品售后服务，售后发现存在严重质量缺陷、隐患的产品，应及时召回或采取其他有效措施，最大限度地降低或消除缺陷、隐患产品对社会的危害。企业应妥善处理消费者提出的投诉和建议，切实保护消费者的权益。

三、环境保护与资源节约的风险控制

（1）转变发展方式，实现清洁生产和循环经济。企业应按照国家有关环境保护与资源节约的规定，结合本企业的实际情况，建立环境保护与资源节约制度，认真落实节能减排责任，积极开发和使用节能产品，发展循环经济，减少污染物排放，提高资源综合利用效率。企业可以通过宣传教育等有效形式，不断增强员工的环境保护和资源节约意识。

（2）依靠科技进步和技术创新，着力开发利用可再生资源。企业应重视生态保护，加大对环境保护工作人力、物力、财力的投入和技术支持，不断改进工艺流程，降低能耗和污染物排放水平，实现清洁生产。企业应加强对废气、废水、废渣的综合治理，建立废料回收和循环利用制度。

（3）关注资源节约和资源保护。企业应重视资源节约和资源保护，着力开发利用可再生资源，防止对不可再生资源进行掠夺性或毁灭性的开发。企业应重视国家产业结构的相关政策，特别关注产业结构调整的发展要求，加快高新技术开发和传统产业改造，切实转变发展方式，实现低收入、低消耗、低排放和高效率。

（4）建立监测考核体系，强化日常监控。企业应建立环境保护和资源节约的监控制度，定期开展监督检查，发现问题应及时采取措施予以纠正。污染物排放超过国家有关规定的，企业应承担治理或相关的法律责任。发生紧急、重大环境污染事件时，企业应启动应急机制，及时报告和处理，并依法追究相关责任人的责任。

四、促进就业与员工权益保护的风险控制

（1）企业应当依法保护员工的合法权益，贯彻人力资源政策，保证员工依法享有劳动权利和履行劳动义务，保持工作岗位相对稳定，积极促进充分就业，切实履行社会责任。企业应避免在正常经营情形下批量辞退员工，增加社会负担。

（2）企业应当与员工签订并依法履行劳动合同，遵循按劳分配、同工同酬的原则，建立科学的员工薪酬制度和激励机制，不得克扣或无故拖欠员工薪酬。企业应建立完善的高级管理人员与员工薪酬的正常增长机制，切实保持合理水平，维护公平。

（3）企业应当及时办理员工社会保险，足额缴纳社会保险费，保障员工依法享受社会保险待遇。企业应依照有关规定做好健康管理工作，预防、控制和消除职业危害；按期对员工进行非职业性健康监护，对从事具有职业危害性作业的员工进行职业性健康监护。企业应遵守法定的劳动时间和休息休假制度，确保员工的休息休假权利。

（4）企业应当加强职工代表大会和工会组织建设，维护员工合法权益，积极开展员工职业教育培训，创造平等发展机会。企业应尊重员工人格，维护员工尊严，杜绝性别、民族、宗教、年龄等各种歧视，保障员工的身心健康。

（5）企业应当按照产、学、研、用相结合的社会需求，积极创建实习基地，大力支持社会有关方面培养、锻炼社会需求的应用型人才。

（6）企业应当积极履行社会公益方面的责任和义务，关心帮助社会弱势群体，支持慈善事业。

5.4　社会责任内部控制流程

5.4.1　安全生产的内部控制流程

安全生产管理流程的相关内容如图 5-2、表 5-7 所示。

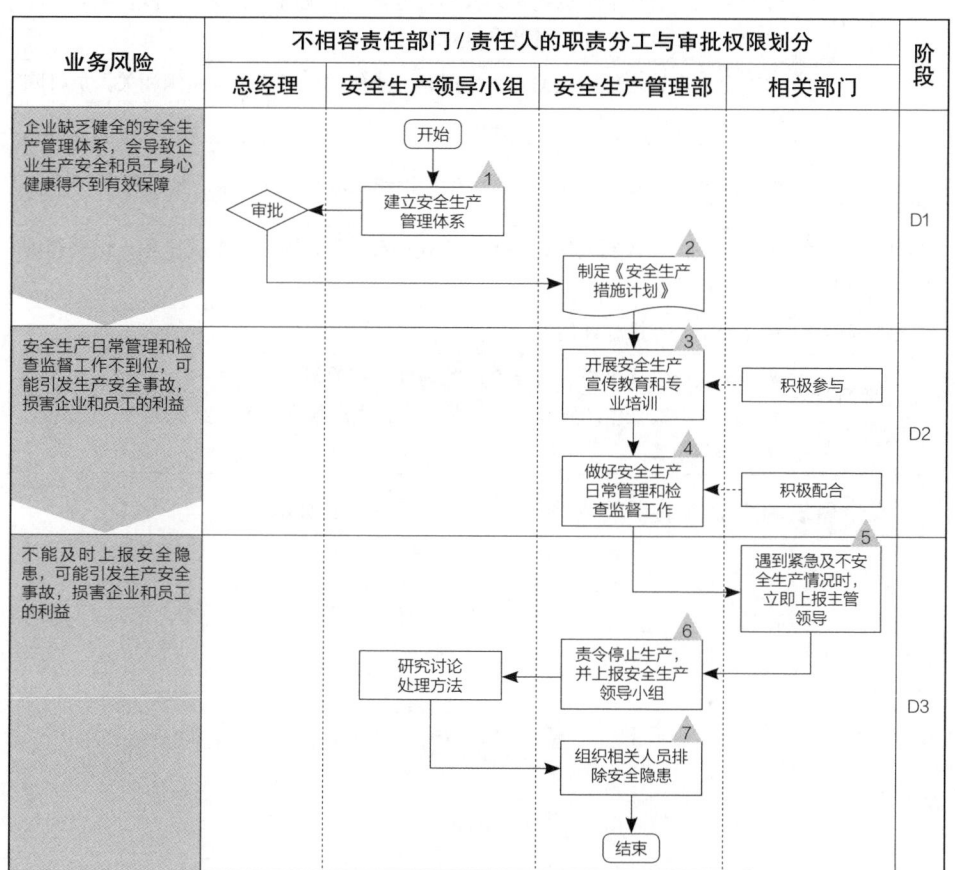

图 5-2　安全生产管理流程与风险控制

表 5-7　安全生产管理流程控制

控制事项		详细描述及说明
阶段控制	D1	1. 企业安全生产领导小组应当根据国家有关安全生产的规定，结合本企业实际情况，建立严格的安全生产管理体系
		2. 企业安全生产管理部应制定具体的《安全生产措施计划》，确保企业的生产安全
	D2	3. 企业安全生产管理部应不断总结和推广安全生产的先进经验，做好安全生产的宣传教育和专业培训工作，相关部门及一线生产人员应积极学习安全生产的相关知识和技能
		4. 企业安全生产管理部要积极贯彻执行劳动保护法和安全生产管理制度，处理本企业安全生产日常事务和安全生产检查监督工作；定期组织开展安全生产大检查，经常深入现场指导生产中的劳动保护工作
	D3	5. 相关部门及安全生产一线人员遇到紧急及不安全生产情况时，应立即上报主管领导
		6. 安全生产管理部在遇到紧急及不安全生产情况时，有权责令停止生产，并立即报告安全生产领导小组作出处理
		7. 安全生产管理部应根据安全生产领导小组的处理意见，组织相关人员排除安全隐患
相关规范	应建规范	●《安全生产实施细则》《安全生产操作规范》《安全生产检查制度》
	参照规范	●《企业内部控制应用指引》《企业内部控制基本规范》《中华人民共和国安全生产法》
文件资料		●《安全生产措施计划》
责任部门及责任人		● 安全生产领导小组、安全生产管理部、相关部门 ● 总经理、安全生产领导小组成员、安全生产管理人员、安全生产一线人员、相关部门负责人

安全事故调查流程的相关内容如图 5-3、表 5-8 所示。

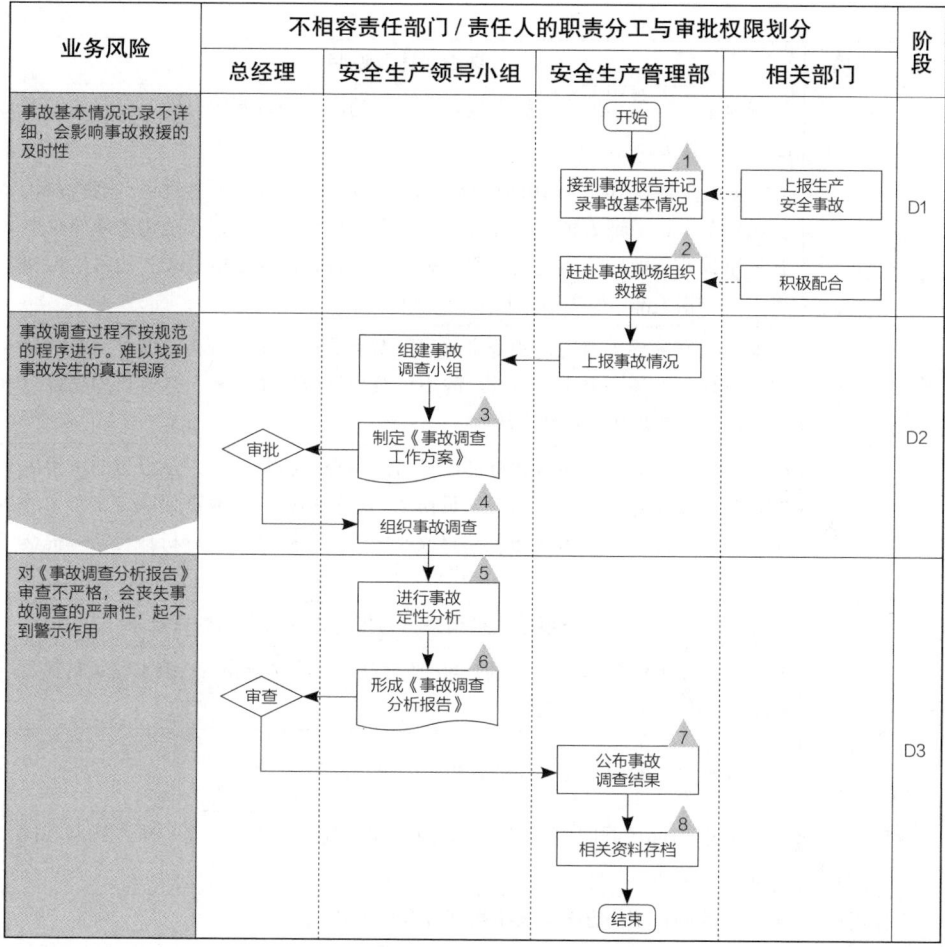

图 5-3　安全事故调查流程与风险控制

表 5-8　安全事故调查流程控制

控制事项		详细描述及说明
阶段控制	D1	1.企业安全生产管理部在接到事故报告后，应详细记录事故单位、事故类别、事故时间、事故地点、事故伤亡情况等信息
		2.安全生产管理部组织有关人员在第一时间赶赴事故现场进行救援

控制事项		详细描述及说明
阶段控制	D2	3.安全生产领导小组应根据事故调查小组的法定职责制定科学、可行的《事故调查工作方案》
		4.安全生产领导小组应组织相关人员进行事故调查，包括勘查现场、收集资料、提取物证、记录证人证言、计算损失、进行技术鉴定等；安全生产领导小组开展事故调查时应按照规范的程序和职权进行，以保证事故调查的科学性和严肃性，相关部门及人员应积极配合调查
	D3	5.安全生产领导小组通过调查事故原因对事故进行定性分析，即界定事故是属于责任事故还是非责任事故。除不可抗力导致的事故外，具有可预见性、能预防的事故均属于责任事故
		6.安全生产领导小组通过调查形成《事故调查分析报告》，该报告的主要内容包括事故发生概况、原因、人员伤亡、经济损失，事故责任认定、对事故负责人的处理建议及事故防范和整改措施等。《事故调查分析报告》应提交总经理审查
		7.安全生产管理部公布事故调查结果，通报对责任人员的处理结果
		8.事故调查工作全部结束后，安全生产管理部应将调查报告、技术鉴定材料、相关证据等资料进行存档
相关规范	应建规范	●《安全事故管理制度》《事故调查工作规范》
	参照规范	●《企业内部控制应用指引》《企业内部控制基本规范》《中华人民共和国安全生产法》
文件资料		●《事故调查工作方案》《事故调查分析报告》
责任部门及责任人		●安全生产领导小组、安全生产管理部、相关部门 ●总经理、安全生产领导小组成员、安全生产管理人员、安全生产一线人员、相关部门负责人

安全事故处理流程相关内容如图5-4、表5-9所示。

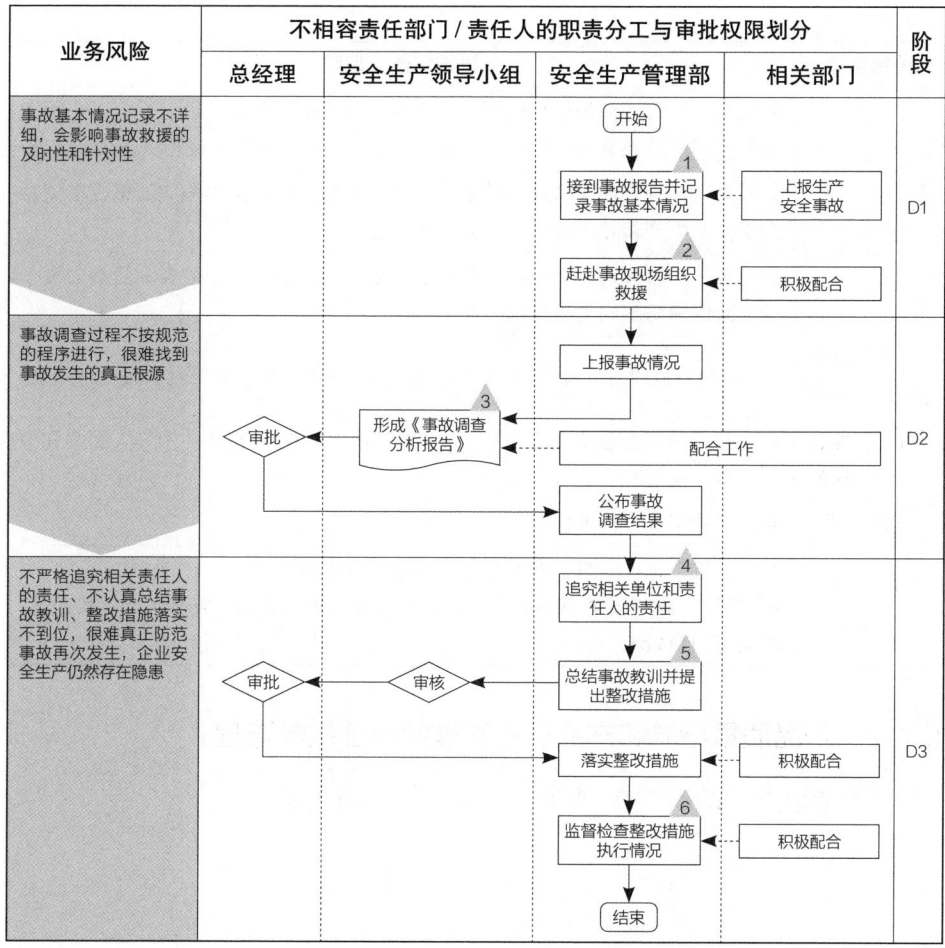

图 5-4　安全事故处理流程与风险控制

表 5-9　安全事故处理流程控制

控制事项		详细描述及说明
阶段控制	D1	1. 安全生产管理部在接到事故报告后，应详细记录事故单位、事故类别、事故时间、事故地点、事故伤亡情况等信息
		2. 安全生产管理部组织有关人员在第一时间赶赴事故现场进行救援
	D2	3. 安全生产领导小组应进行事故调查，在开展事故调查时应按照规范的程序和职权进行，保证事故调查的科学性和严肃性，相关部门及人员应积极配合调查；安全生产领导小组根据调查结果编制《事故调查分析报告》，该报告的主要内容包括事故发生概况、原因、人员伤亡情况、经济损失、处理建议及整改措施等。《事故调查分析报告》应提交总经理审批

控制事项		详细描述及说明
阶段控制	D3	4. 安全生产管理部根据事故原因分析确定责任单位和责任人，界定责任程度并罗列违法违规事实，按相关程序和处理建议追究相关单位和责任人的责任
		5. 安全生产管理部应认真总结事故教训及处理经验，提出相应的整改措施并提交安全生产领导小组审核、总经理审批
		6. 安全生产管理部应积极组织和落实整改措施，加大安全监督和检查力度，最大限度地防范同类事故再次发生
相关规范	应建规范	● 《安全事故管理制度》《安全生产责任追究制度》《重大安全事故应急预案》
	参照规范	● 《企业内部控制应用指引》《企业内部控制基本规范》《中华人民共和国安全生产法》
文件资料		● 《事故调查分析报告》
责任部门及责任人		● 安全生产领导小组、安全生产管理部、相关部门 ● 总经理、安全生产领导小组成员、安全生产管理人员、安全生产一线人员、相关部门负责人

5.4.2　产品质量检验和产品召回管理的内部控制流程

产品质量检验流程相关内容如图 5-5、表 5-10 所示。

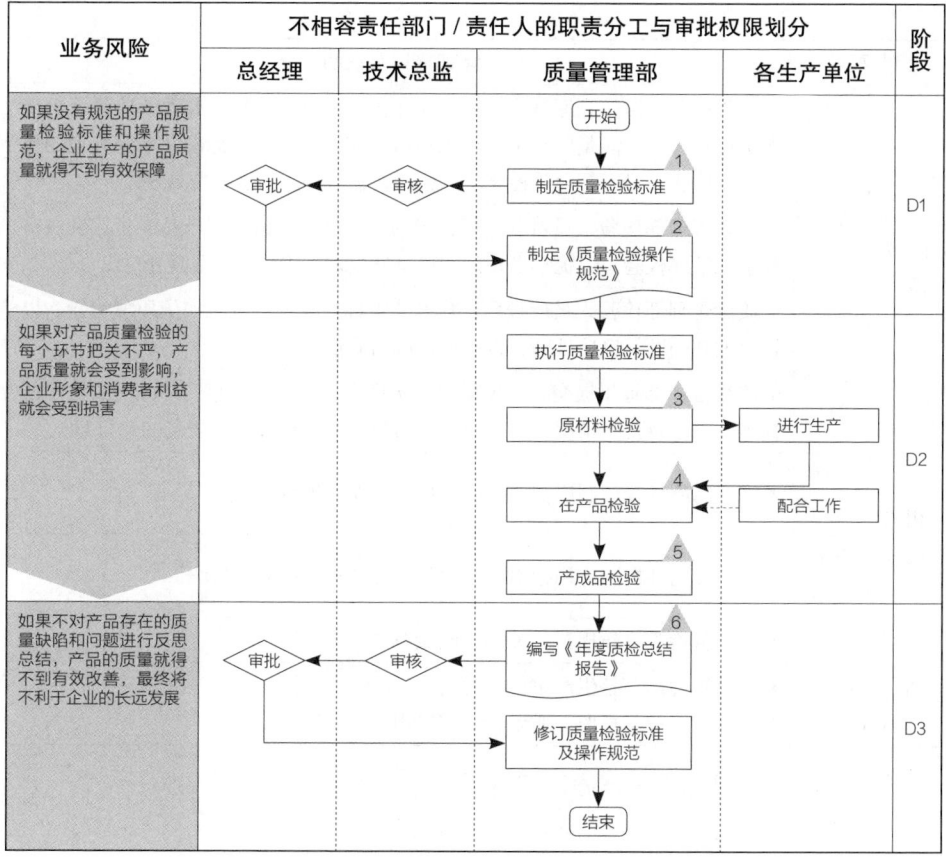

图 5-5　产品质量检验流程与风险控制

表 5-10　产品质量检验流程控制

控制事项		详细描述及说明
阶段控制	D1	1. 质量管理部会同相关部门及专业人员参考国家标准、行业标准、国外标准、客户需求及本身制造能力等，严格制定产品质量检验标准，并报技术总监审核、总经理审批
		2. 质量管理部应制定《质量检验操作规范》，对原材料、在产品、产成品的检查项目、质量标准、检验频率、检验方法及使用仪器设备等进行详细说明

控制事项		详细描述及说明
阶段控制	D2	3. 原材料购入时，仓库管理部应依据相关规定办理收料，并通知质量管理部人员进行检验，质量管理部检验人员应按照原材料质量标准及检验规范的规定完成检验，对不符合质检要求的原材料进行相应的退换货处理
		4. 质量管理部检验人员对制造过程中的在产品均应按照在产品质量标准及检验规范实施检验，以提早发现问题并迅速处理，确保在产品质量
		5. 质量管理部检验人员应按照产成品质量标准及检验规范实施质量检验，以提早发现问题并迅速处理，以确保产成品质量
	D3	6. 质量管理部每年提交《年度质检总结报告》，总结本年度产品质量检验的标准、规范及执行情况，并提出产品质量检验标准及检验规范的修订意见
相关规范	应建规范	● 《产品质量管理制度》《产品质量检验操作规范》
	参照规范	● 《企业内部控制应用指引》《中华人民共和国产品质量法》
文件资料		● 《质量检验操作规范》《年度质检总结报告》
责任部门及责任人		● 质量管理部、各生产单位 ● 总经理、技术总监、质量管理部经理

产品召回管理流程相关内容如图 5-6、表 5-11 所示。

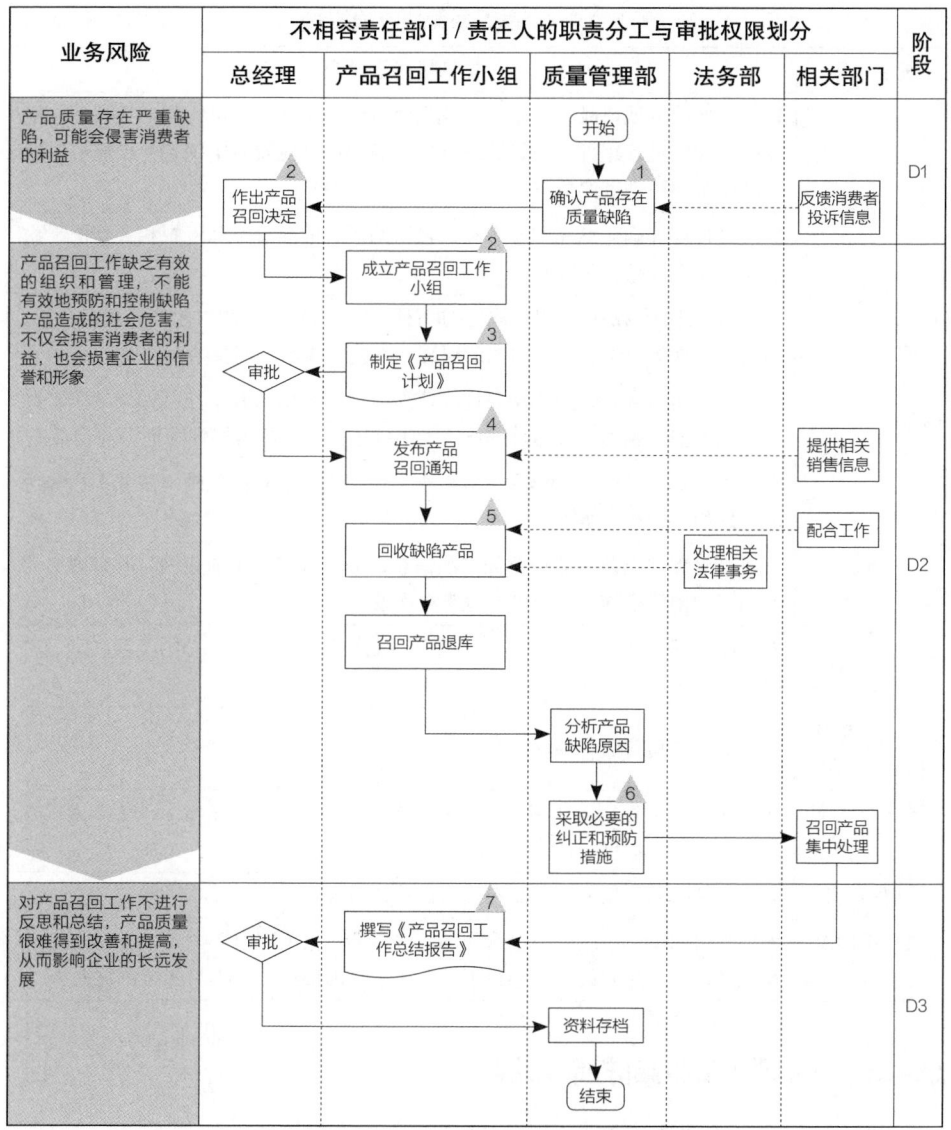

业务风险	不相容责任部门 / 责任人的职责分工与审批权限划分					阶段
	总经理	产品召回工作小组	质量管理部	法务部	相关部门	
产品质量存在严重缺陷，可能会侵害消费者的利益	2 作出产品召回决定		开始 1 确认产品存在质量缺陷		反馈消费者投诉信息	D1
产品召回工作缺乏有效的组织和管理，不能有效地预防和控制缺陷产品造成的社会危害，不仅会损害消费者的利益，也会损害企业的信誉和形象	审批	2 成立产品召回工作小组　3 制定《产品召回计划》　4 发布产品召回通知　5 回收缺陷产品　召回产品退库	分析产品缺陷原因	处理相关法律事务	提供相关销售信息　配合工作	D2
		6 采取必要的纠正和预防措施			召回产品集中处理	
对产品召回工作不进行反思和总结，产品质量很难得到改善和提高，从而影响企业的长远发展	审批	7 撰写《产品召回工作总结报告》　资料存档　结束				D3

图 5-6　产品召回管理流程与风险控制

表 5-11　产品召回管理流程控制

控制事项		详细描述及说明
阶段控制	D1	1. 相关部门发现产品存在缺陷或收到消费者关于产品质量问题的投诉后，应及时通知质量管理部；质量管理部接到通知后，应及时组织专业检验人员对产品质量问题进行评估与确认
		2. 质量管理部确认产品的确存在质量缺陷后，应向总经理汇报相关情况，由总经理作出产品召回决定
	D2	3.《产品召回计划》包括以下内容：拟召回产品的名称、批次、生产日期及代码，拟召回产品的数量，产品召回的原因、方式、起始日期及结束日期
		4. 从计划实施开始，应在两日内完成所有消费者的通知工作；如果缺陷产品存在重大安全隐患，应通过媒体等发出警示公告，尽力将社会危害降到最低
		5. 回收缺陷产品时，工作人员应审查产品是否属于召回范围，法务部应协调处理好相关的法律事务
		6. 质量管理部应及时验证召回产品信息，分析缺陷产生的原因，并采取必要的纠正和预防措施，防止潜在危害再次发生
	D3	7. 产品召回工作小组应撰写《产品召回工作总结报告》，总结经验教训，并报总经理审批
相关规范	应建规范	●《缺陷产品召回管理规定》
	参照规范	●《企业内部控制应用指引》《中华人民共和国产品质量法》《中华人民共和国消费者权益保护法》
文件资料		●《产品召回计划》《产品召回工作总结报告》
责任部门及责任人		●产品召回工作小组、质量管理部、法务部、相关部门 ●总经理、产品召回工作小组组长、质量管理部经理、相关部门负责人

5.4.3　环境保护的内部控制流程

"三废"综合治理流程相关内容如图 5-7、表 5-12 所示。

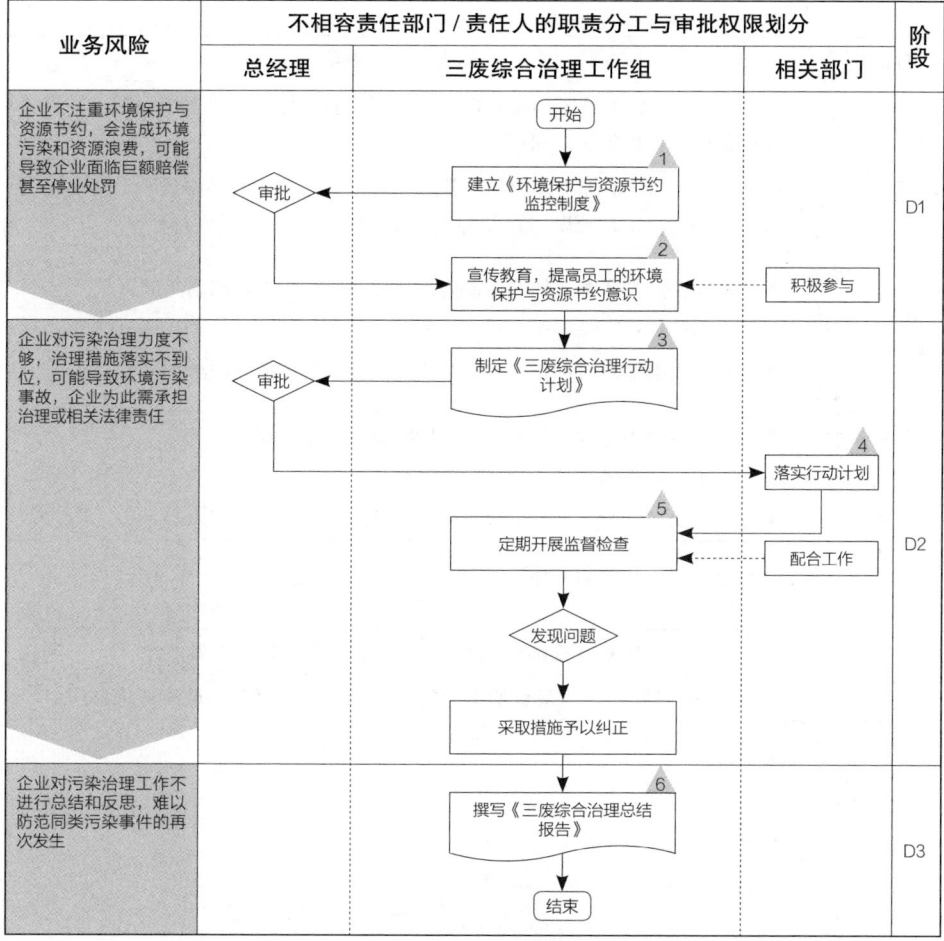

图 5-7 "三废"综合治理流程与风险控制

表 5-12 "三废"综合治理流程控制

控制事项		详细描述及说明
阶段控制	D1	1.企业应当按照国家有关环境保护与资源节约的规定,结合本企业实际情况,建立《环境保护与资源节约监控制度》
		2.企业应通过宣传教育等方式不断提高员工的环境保护和资源节约意识
	D2	3."三废"综合治理工作组应根据国家有关环境保护和资源节约的规定,结合本企业实际情况,制定《三废综合治理行动计划》。《三废综合治理行动计划》应具有可行性
		4.企业在落实环境保护行动计划时应注意:符合相关环境保护的法律法规和规章要求;减少包括原料、燃料在内的各种资源消耗;减少废料的产生,尽量减小企业发展对环境造成的负面影响

控制事项		详细描述及说明
阶段控制	D2	5."三废"综合治理工作组定期开展监督检查工作，及时发现问题，并责令相关部门采取措施予以纠正
	D3	6."三废"综合治理工作组负责撰写《三废综合治理总结报告》，对污染治理工作进行总结与反思，并提出工作改进意见
相关规范	应建规范	● 《环境保护与资源节约监控制度》《废品回收与综合利用制度》
	参照规范	● 《企业内部控制应用指引》《中华人民共和国环境保护法》
文件资料		● 《三废综合治理行动计划》《三废综合治理总结报告》
责任部门及责任人		● "三废"综合治理工作组、相关部门 ● 总经理、"三废"综合治理工作组组长、相关部门负责人

污染事故处理流程相关内容如图 5-8、表 5-13 所示。

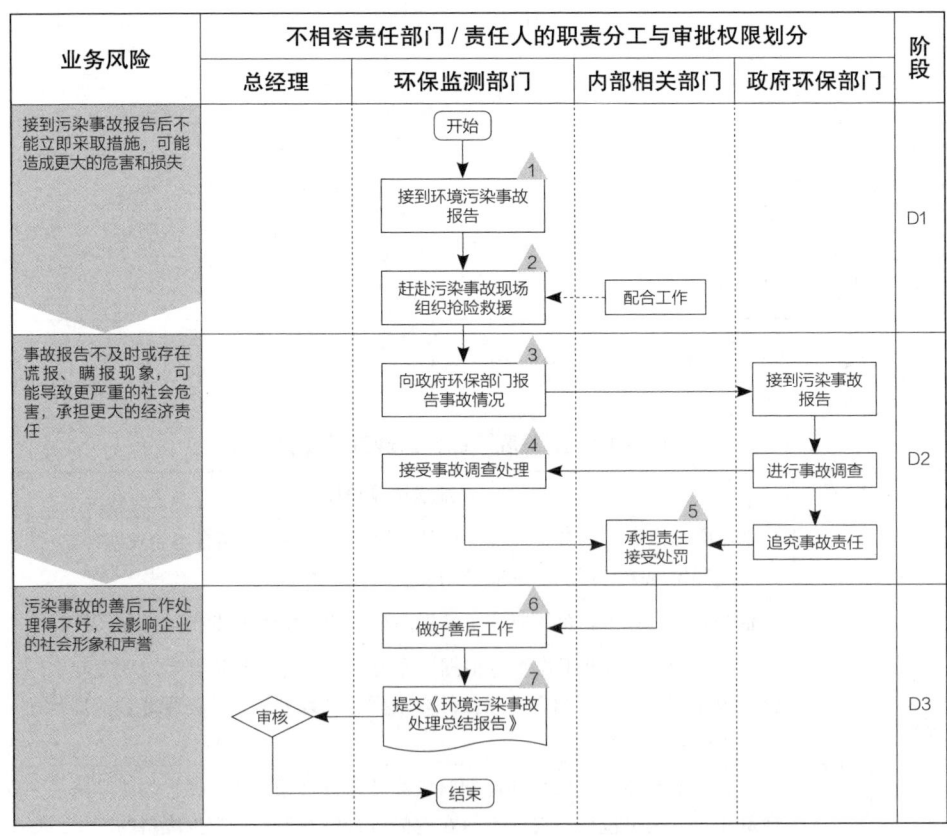

图 5-8 污染事故处理流程与风险控制

表 5-13　污染事故处理流程控制

控制事项		详细描述及说明
阶段控制	D1	1. 接到环境污染事故报告，接收人员应简要、准确地记录环境污染事故发生的时间、地点、主要污染物、污染程度、人员伤害等情况
		2. 企业相关人员到达事故现场后，应立即对受伤人员进行抢救，并采取措施保护现场、切断污染源、隔离污染区、控制污染和防止事故的扩大。若事故处理需要外部单位的参与支持，应及时向当地政府或有关部门报告，寻求帮助
	D2	3. 污染事故发生后，企业应立即向当地政府环保部门报告事故情况，报告必须及时准确，不得谎报、瞒报
		4. 企业应积极配合相关环境执法部门开展污染事故调查工作。事故查清后应将事故发生的原因、过程、危害、采取的措施、处理结果以及遗留问题等情况形成书面报告
		5. 政府环保部门应根据环境污染与破坏事故发生的情节、后果（刑事责任除外），对造成环境污染及破坏事故的单位或个人进行行政处罚，并提出杜绝类似事故再次发生的措施和要求
	D3	6. 企业应组织人员清除事故现场遗留的污染物质，并制定相应的防范措施
		7. 企业环保监测部门应总结事故教训和处理经验，撰写《环境污染事故处理总结报告》，并提交总经理审核
相关规范	应建规范	● 《环境保护与资源节约监控制度》《重大环境污染事件应急预案》
	参照规范	● 《企业内部控制应用指引》《中华人民共和国环境保护法》《中华人民共和国环境保护标准管理办法》
文件资料		● 《环境污染事故处理总结报告》
责任部门及责任人		● 环保监测部门、相关部门 ● 总经理、环保监测部门领导、相关部门负责人

5.4.4　员工职业健康监护的内部控制流程

员工职业健康监护流程相关内容如图 5-9、表 5-14 所示。

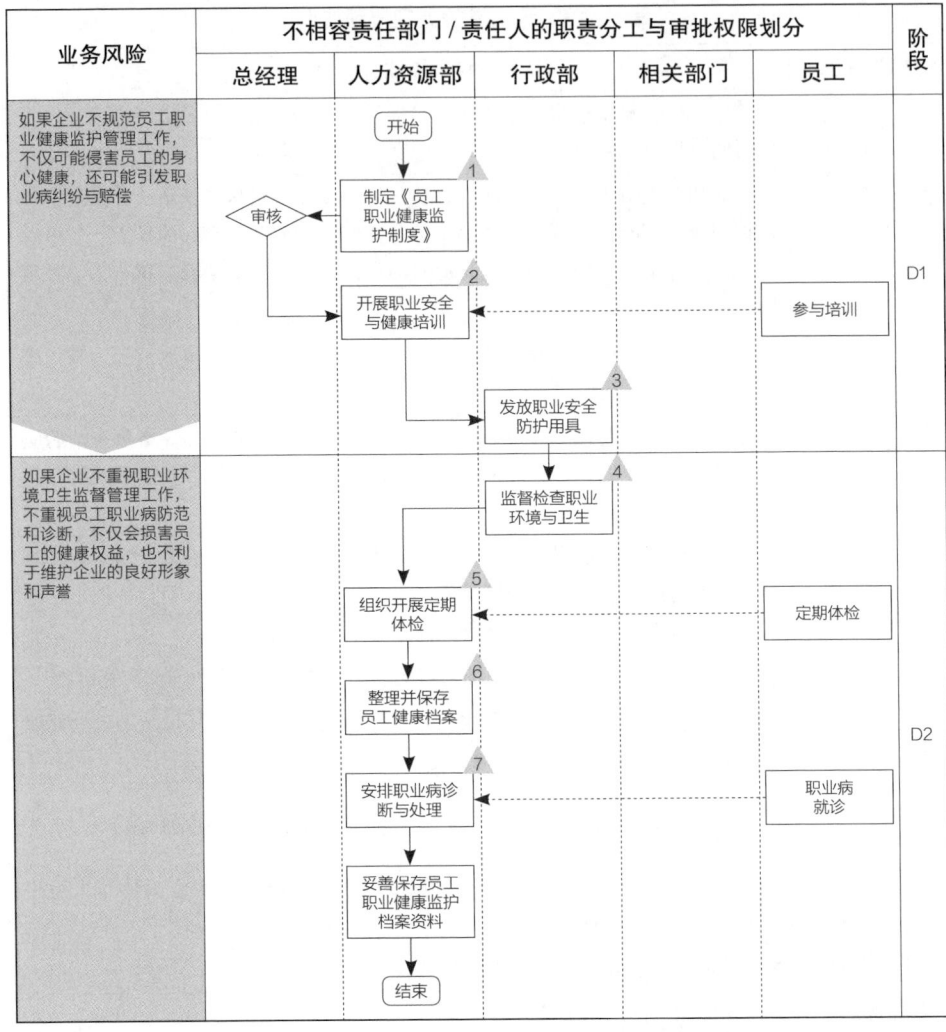

图 5-9　员工职业健康监护的内部控制流程与风险控制

表 5-14　员工职业健康监护流程控制

控制事项		详细描述及说明
阶段控制	D1	1. 企业应根据《中华人民共和国职业病防治法》和《职业健康监护技术规范》等相关文件、制定《员工职业健康监护制度》，加强员工的职业健康保护
		2. 企业人力资源部应组织相关部门开展职业安全与健康培训，宣传职业健康保护相关知识，不断加强员工的职业危害防范意识
		3. 对于接触职业病危害因素的员工，行政部应定期发放相关防护用具，并做好登记工作，以利于后续追踪查询，企业应确保分发的防护用具在有效期限内

控制事项		详细描述及说明
阶段控制	D2	4. 企业行政部应不定期对作业场所环境卫生标准进行监督检查，对于不符合标准的相关单位提出批评和建议；对员工宿舍环境及餐饮标准进行监督管理，定期处理生活垃圾
		5. 企业人力资源部应定期组织接触职业病危害因素的员工进行职业健康检查，接受职业健康检查的员工应当视同正常出勤
		6. 企业人力资源部应对员工职业健康监护档案材料进行分类整理，并妥善保存
		7. 对于疑似有职业病的员工应安排就诊或医学观察，对经确诊有职业病的人员应按相关规定及标准的要求，提供治疗康复及转岗等待遇
相关规范	应建规范	●《员工职业健康监护制度》
	参照规范	●《企业内部控制应用指引》《中华人民共和国劳动者权益保护法》《中华人民共和国劳动合同法》《中华人民共和国职业病防治法》《职业健康监护技术规范》
文件资料		● 员工职业健康监护档案
责任部门及责任人		● 人力资源部、行政部、相关部门 ● 总经理、人力资源部经理、行政部经理、相关部门负责人

5.5　社会责任内部控制制度示范

5.5.1　安全生产管理制度

以下安全生产管理制度适用于物业公司。

安全生产管理制度

第一章　总则

第一条　为加强公司安全生产管理，防止和减少事故发生，保障职工的生命和财产安全，促进公司发展，根据国家相关法规，制定本制度。

第二条　凡在本公司管理范围内从事与安全生产活动有关的部门和个人，必须遵守本制度。

第三条　安全生产贯穿于设备、设施运行、维护、维修、改造的全过程，必须贯彻"安全第一，预防为主"的方针，坚持以部门、项目部、管理处为中心，实行属地化管理，坚持"谁主管，谁负责""谁审批，谁负责"的原则。

第四条 各部门、项目部、管理处必须严格遵守国家有关安全生产的法律、法规，正确处理安全与效益、安全与生产、安全与发展、安全与稳定的关系，努力改善劳动条件，确保安全生产。

第五条 公司法定代表人对安全生产负直接领导责任，各部门主管对管辖区域负全面领导责任，是本部门、管理处安全生产的第一责任人。

第六条 各部门所属的从业人员有依法获得安全生产保障的权利，并应依法履行安全生产方面的义务。

第七条 各部门应当加强对安全生产工作的领导，督促各有关班组或个人认真履行安全生产监督管理职责，对安全生产监督管理中存在的重大问题及时予以协调解决。

第八条 各部门应采取各种形式，加强对有关安全生产的法律、法规和安全生产知识的宣传，增强员工的安全生产意识。

第二章　安全生产管理制度的建立

第九条 本制度的建立应确保安全生产体系具有可操作性。各部门日常安全生产工作除按本制度运行外还必须严格遵守国家、行业及地方性安全生产法规。

第十条 公司成立以公司法定代表人为组长，负责安全生产工作的公司经理为副组长，各部门主管为成员的安全生产领导小组，下设安全管理机构，成立安全生产办公室，配备与安全生产工作相适应的专（兼）职管理人员，对公司内部的安全生产工作进行指导、监督、管理和检查。

第三章　安全生产责任制

第十一条 公司施行安全生产第一责任人（公司法定代表人）安全生产责任制、分管安全生产管理工作经理（安全生产直接责任人）的安全生产责任制、部门安全生产责任制、班组长安全生产责任制和公司员工安全生产责任制。

第十二条 安全生产第一责任人（公司法定代表人）安全生产责任制具体内容。

1.建立健全并落实以安全生产责任制为核心的安全生产规章制度和操作规程、制定并实施生产安全事故应急救援预案。

2.建立健全与本公司经济活动相适应的安全生产管理机构，配备安全生产管理人员，按照有关规定足额提取安全生产费用，落实安全生产经费。

3. 督促、检查本公司的安全生产工作，按照有关规定开展安全生产标准化建设，组织开展安全生产监督检查、安全隐患排查整治和安全宣传教育培训工作。

4. 负责配备符合国家标准或者行业标准的劳动防护用品。

5. 发生生产安全事故后，应当赶赴现场，组织抢救，保护现场，做好善后工作，执行事故处理决定。

第十三条　分管安全生产管理工作经理（安全生产直接责任人）的安全生产责任制具体内容。

1. 负责安全生产日常监督管理工作，督促落实安全生产责任制。

2. 监督检查安全生产标准化建设和安全隐患排查整治工作。

3. 监督检查公司负责人、管理人员和从业人员的安全生产宣传教育培训工作。

4. 督促做好作业场所的劳动保护工作，预防和消除职业危害。

5. 发生生产安全事故后，应当赶赴现场，组织抢救，保护现场，做好善后工作，督促执行事故处理决定。

第十四条　部门安全生产责任制具体内容。

1. 在公司经理的带领下开展安全生产工作。

2. 开展管辖区域的消防安全管理工作，做好日常防火安全检查工作，建立健全管辖区域的安全生产档案及各项安检记录，并及时更新完善与安全生产有关的资料。

3. 积极配合公司对内对外的消防安全宣传教育，搞好群防群治工作。

4. 负责部门员工的消防安全知识宣传教育，协助管理处负责人制定灭火作战计划，参与每半年组织实施一次的应急救援演练。

第十五条　班组长安全生产责任制具体内容。

公司所属的维修部长、保安班长，为其班组的安全生产责任人，其职责如下。

1. 对本班组安全生产和员工人身安全、健康负责。

2. 发现事故苗头和事故隐患及时处理和上报，并采取积极有效措施，制止事故扩大，组织员工分析事故原因。

3. 组织安全检查活动，坚持班前讲安全、防火工作，班中检查安全、防火工作，班后总结安全、防火工作。

4.有权停止从事有明显危险或严重违反操作规程的员工的操作，并安排好岗位操作人员，报告上级领导。

5.做好安全和消防设施、设备的检查和维护保养工作，检查员工是否合理使用劳保用品和正确使用各种消防器材。

第十六条 公司员工安全生产责任制。公司所有在职员工为所在岗位的安全生产责任人，其职责如下。

1.认真学习上级有关安全生产的指示、规定和安全规程，熟练掌握本岗位操作规程。

2.上岗操作时必须按规定穿戴好劳动保护用品，正确使用和妥善保管各种防护用品和消防器材。

3.上班要集中精力做好安全生产，平稳操作，严格遵守劳动纪律和工作流程，认真做好各种记录，不得串岗、脱岗，严禁在岗位上睡觉、打闹和做其他违反纪律的事情，对他人违章操作要加以劝阻和制止。

4.认真执行岗位责任制，有权拒绝一切违章作业指令。

5.严格执行交接班制度，发生事故时要及时处理，保护好现场，及时如实向领导汇报。

6.加强巡回检查，及时发现和消除事故隐患，自己不能处理的应立即报告。

7.积极参加安全活动，提出有关安全生产的合理化建议。

8.保护事故现场，协助调查事故原因。

第四章 安全生产工作例会制度

第十七条 为充分发挥公司及管理处安全生产管理的监督管理作用，做好对管理处安全生产状况的研究分析及重大安全生产问题的对策制定，公司实行安全生产工作例会制度。

第十八条 公司每半年组织召开一次安全生产工作会议，对公司半年来的安全生产工作进行总结，对下半年度的安全生产规划及安全生产工作进行部署。

第十九条 公司安全生产办公室每季度组织召开一次安全生产会议，对公司本季度的安全生产形势进行分析，研究、统筹、协调、指导重大安全生产问题。

第二十条 公司必须坚持使安全生产工作例会制度化，并认真做好会议记录，确保每次会议都有一定的实质内容，都能解决一定的实质问题。

第五章 安全生产检查制度

第二十一条 为增强员工的安全意识，及时消除事故隐患，确保安全生产，必须加强管理处安全生产检查。安全生产检查的依据是国家有关安全生产的法律、法规、标准、规范、规程及政府、上级部门和公司有关安全生产的各项规定、制度等。

第二十二条　各级安全生产检查应以查思想、查制度、查措施、查隐患、查教育培训、查安全防护等为主要内容。

第二十三条　公司安全生产检查应以定期安全生产检查为主，以查处安全生产隐患为主要内容，每月至少组织进行一次；公司及所属各单位每季度组织对安全问题进行专项、重点检查；各部门应根据生产实际及综合气候变化组织季节性安全生产检查。

第二十四条　部门安全生产检查结束后，要认真、全面、系统地进行分析、总结和评价，要针对检查中发现的问题，制定整改措施，落实整改，并将整改、复查情况及时反馈到公司安全生产办公室。

第六章　安全知识教育、培训制度

第二十五条　公司每年以创办安全知识宣传栏、开展知识竞赛等多种形式，增强全体员工的消防安全意识；各部门每月组织员工学习消防法规和各项规章制度，做到依法管理；各部门应针对岗位特点进行消防安全教育培训，对消防设施维护保养和使用人员应进行实地演示和培训。

第二十六条　公司对新员工进行岗前安全知识培训，新员工经考试合格后方可上岗；因工作需要，员工换岗前必须接受再教育培训。如消控中心等部门的特殊岗位上的员工要进行专业培训，经考试合格，持证上岗。

第七章　安全日常巡查制度

第二十七条　公司落实逐级消防安全责任制和岗位消防安全责任制，落实巡查检查制度。

第二十八条　安全生产管理职能部门每周对公司进行安全巡查，每月对部门进行一次防火检查并复查、追踪改善。检查中发现火灾隐患，检查人员应填写防火检查记录，并按照规定，要求有关人员在记录上签名；检查部门应将检查情况及时通知受检部门，受检部门主管应每日就消防安全检查情况发出通知，若发现本部门存在火灾隐患，应及时整改。受检部门对检查部门发现的火灾隐患未按规定时间及时整改的，根据奖惩制度给予处罚。

第八章　安全设施管理维护制度

第二十九条　公司应保持疏散通道、安全出口畅通，严禁占用疏散通道。公司负责设置符合国家规定的消防安全疏散指示标志和应急照明设施；保持防火门，消防安全疏散指示标志，应急照明、机械排烟送风、火灾事故广播等设施处于正常状态，并定期组织检查、测试、维护和保养。严禁在办公期间锁住安全出口。严禁在办公期间关闭、遮挡或覆盖安全疏散指示标志。

第三十条 消防设施日常使用管理由专职管理员负责，专职管理员每日检查消防设施的使用状况，保持设施整洁、卫生、完好。消防设施及消防设备的技术性能的维修保养和定期技术检测由消防工作管理部门负责，设专职管理员每日按时检查了解消防设备的运行情况，查看运行记录，听取值班人员意见，发现异常及时安排维修，使设备保持完好的技术状态。

第三十一条 消防设施和消防设备定期测试。

（1）烟、温感报警系统的测试由消防工作管理部门负责组织实施，保安部参与，每个烟、温感探头至少每年轮测一次。

（2）消防水泵、喷淋水泵、水幕水泵每月试开泵一次，检查其是否完整好用。

（3）正压送风、防排烟系统每半年检测一次。

（4）室内消火栓、喷淋系统每季度测试一次。

（5）其他消防设备的测试，根据不同情况决定测试周期。

第九章 安全事故报告制度

第三十二条 秩序维护部制定 24 小时值班制度，客户服务部张贴物业公司 24 小时值班电话告知业主；现场值班人员严格执行安全事故报告制度，发现事故及时如实上报，安全生产负责人、经理、部门主管第一时间赶到现场协调指挥，避免事态激化，并积极做好善后处理工作，尽快消除事故后遗症；若小区发生生产安全事故，无论物业服务企业是否有责任，第一时间向辖区房管局及辖区街镇如实报告情况。

第三十三条 在防火安全检查中，应对所发现的火灾隐患进行逐项登记，并将隐患情况书面下发各班组限期整改，同时要做好隐患整改情况记录。在火灾隐患未消除前，各班组应当落实防范措施，确保隐患整改期间的消防安全，对确无能力解决的重大火灾隐患应当提出解决方案，及时向公司消防安全责任人报告，并向公司上级主管部门或当地政府报告。对公安消防机构责令限期消除的火灾隐患，公司应当在规定的期限内消除并写出隐患整改的复函，报送公安消防机构。

第三十四条 易燃易爆危险物品应有专用的库房，仓管人员必须由消防安全培训合格的人员担任。易燃易爆危险物品应分类、分项储存。易燃易爆危险物品入库前应经检验部门检验，出入库应进行登记。易燃易爆危险物品的存取应按安全操作规程执行，仓管人员应坚守岗位，非工作人员不得随意进入库房。易燃易爆场所应根据消防规范要求采取防火防爆措施并做好防火防爆设施的维护保养工作。

第三十五条　义务消防员应在消防工作管理部门领导下开展业务学习和灭火技能训练，各项技术考核应达到规定的指标。公司要结合对消防设施、设备、器材维护检查，有计划地对每个义务消防员进行轮训，使每个人都具有实际操作技能。按照灭火和应急疏散预案每半年进行一次演练，并结合实际不断完善预案。公司每年举行一次防火、灭火知识考核，对考核优秀者给予表彰，促使义务消防员不断总结经验，提升防火灭火自救能力。

第三十六条　应按规定正确安装、使用电器设备，相关人员必须经必要的培训，获得相关部门核发的有效证书后方可操作。各类设备均需具备法律、法规规定的有效合格证明并经维修部确认后方可投入使用。电气设备应由持证人员定期进行检查（至少每月一次）。防雷、防静电设施应由持证人员定期检查、检测，每季度至少检查一次，每年至少检测一次并记录。电器设备负荷应严格按照标准执行，接头牢固，绝缘良好，保险装置合格、正常并具备良好的接地，接地电阻应严格按照电气施工要求测试。各类线路均应以套管加以隔绝，特殊情况下，亦应使用绝缘良好的硅橡胶或胶皮电缆线。各类电器设备及线路均应定期检修，随时排除绝缘、损坏可能引起的消防安全隐患。未经批准，严禁擅自加长电线。各部门应积极配合安全小组、维修部人员检查加长电线是否仅供紧急使用、外壳是否完好、是否经维修部人员检测后投入使用。

第十章　安全生产工作考评和奖惩制度

第三十七条　对安全生产工作作出成绩的，予以通报表扬或物质奖励。

第三十八条　对造成生产安全事故的责任人，将依据所造成后果的严重性予以不同的处理，除已达到《中华人民共和国治安管理处罚条例》标准或已够追究刑事责任的事故责任人将依法移送国家有关部门处理外，根据本公司的规定，对下列行为予以处罚。

（1）有下列情形之一的，视损失情况与认识态度除责令赔偿全部或部分损失外，予以口头告诫。

①使用易燃危险品未严格按照操作程序进行或保管不当而造成火警、火灾，

损失不大的。

②在禁烟场所吸烟或处置烟头不当而引起火警、火灾，损失不大的。

③未及时清理区域内易燃物品，而造成火灾隐患的。

④未经批准，违规使用加长电线、用电未使用安全保险装置的或擅自增加小负荷电器的。

⑤谎报火警。

⑥未经批准，玩弄消防设施、器材，未造成不良后果的。

⑦对安全小组提出的消防隐患未予以及时整改而无法说明原因的部门管理人员。

⑧阻塞消防通道、遮挡安全疏散指示标志等未造成严重后果的。

（2）有下列情形之一的，视情节轻重和认识态度，除责令赔偿全部或部分损失外，予以通报批评。

①擅自使用易燃、易爆物品的。

②擅自挪用消防设施、器材的位置或改为他用的。

③违反安全管理和操作规程、擅离职守从而导致火警、火灾，损失轻微的。

④强迫其他员工违规操作的管理人员。

⑤发现火警，未及时依照紧急情况处理程序处理的。

⑥对安全小组的检查未予以配合、拒绝整改的管理人员。

（3）对任何事故隐瞒事实，不处理、不追究的或提供虚假信息的，予以解聘。

（4）对违反消防安全管理规定导致事故发生（损失轻微的），但能主动坦白并积极协助相关部门处理事故、挽回损失的肇事者或责任人可视情况予以减轻或免予处罚。

第十一章　生产安全预警制度

第三十九条　小区内关键位置（特别是涉及人身安全处）设立明显的警示标志和提示标语，各部门巡查时对涉及业主专有部分的安全隐患要尽到提示义务，尽可能避免意外事故的发生。

第四十条　对于重大节假日，各部门在节假日前一周进行节前安全自查，发现安全隐患进行整改；公司在节假日前三天组织统一的节前安全检查、整改。

第四十一条　汛期或高温等特殊时期或遇恶劣天气，集中装修期间或其他地区突发重大事故时，根据主管部门、辖区街镇、气象预报或者其他地区事故的教育启示，视情况采取内部开会、小区内张贴通知、天气预报等合适方式，及时发出安全生产的预警提示，并跟踪监督预警提示的落实情况。

第十二章　室内停车场安全管理制度

第四十二条　建立消防管理机构，确定防火负责人，配备兼职安全管理人，按规定组建义务消防队，定期进行业务培训，开展自防自救工作。

第四十三条　凡新、改、扩建车场，应将设计图纸报消防监督部门审批，经审核同意后方可施工；工程竣工后，经消防监督部门验收合格后方可使用。

第四十四条　对入库车辆应确定专人进行仔细检查，消除安全隐患，车辆应在确定地点存放，不得堵塞通道和影响消防设施的使用。入库车辆严禁装运易燃易爆物品。

第四十五条　车库的电气装置必须由正式电工按规定安装，电线外须有金属导管或不燃材料管保护，接线处应装设接线盒。车库内不得设置移动照明灯具和碘钨灯，不准使用电炉等家用电器。

第四十六条　车库内严禁动用明火，在醒目的地点应设防火标志。确需动用明火时（含电焊、氧焊），必须办理动火证，经公司防火负责人批准，并采取严格的安全措施确保安全；车库内严禁进行车辆维修作业以及其他作业，严禁在通道上停车，严禁超量停车，不得存放其他物品。

第四十七条　车库内应按规定配备消防设施、设备和灭火器材及报警电话，并确定专人负责管理维护，使之完好有效；开展经常性的防火检查，发现安全隐患和事故必须立即报告，并采取相应的措施，不得隐瞒不报或擅自逃离现场。

5.5.2　产品质量检验管理细则

产品质量检验管理细则

第一章　总则

第一条　为推行本公司质量管理制度，并能提前发现产品质量问题，并予以迅速处理，来确保及提高产品质量使之符合管理及市场需要，特制定本细则。

第二条　本细则包括：1. 质量检验标准；2. 不合格品的监审；3. 仪器管理；4. 制程质量管理；5. 成品质量管理；6. 质量异常反映及处理；7. 产品质量确认；8. 质量管理教育培训；9. 质量异常分析及改善。

第二章　各项质量标准及检验规范的制定

第三条　制定质量标准、检验规范的目的是使检验人员有依据，了解如何进行检验工作，以确保产品质量。

第四条 检验规范的内容应包括下列各项：1.适用范围；2.检验项目；3.质量基准；4.检验方法；5.抽样计划；6.取样方法；7.群体批经过检验后的处置；8.其他应注意的事项。

第五条 质量标准、检验规范的制定与修正。

1.各项质量标准、检验规范若因设备更新、技术改进、制程改善、市场需要、加工条件变更等因素变化，可以予以修正。

2.修订质量标准及检验规范时，总经理室生产管理组应填写质量标准及检验规范制定（修订）表，说明修订原因，并交有关单位会签意见，呈总经理批示后，方可凭此执行。

第六条 检验内容的说明如表5-15所示。

表5-15　检验内容说明

适用范围	列明适用于何种进料（含加工品）或成品的检验
检验项目	列出全部实施检验时应检验的项目
质量基准	明确规定各检验项目的质量基准，将其作为检验时判定的依据，如无法以文字述明，则用限度样本来表示
检验方法	说明在检验各检验项目时，分别使用何种检验仪器或借助感官来检验（例如目视），如某些检验项目须委托其他机构代为检验，亦应注明
取样方法	抽取样本，必须由群体批中无偏倚地随机抽取，可利用乱数来取样。但群体批各制品无法编号时，取样时必须从群体批各部位平均抽取样本
群体批经过检验后的处置	属进料（含加工品）者，则依进料检验规定有关要点办理（合格批，则通知仓储人员办理入库手续；不合格批，则将检验情况通知采购单位，由其依实际情况决定是否需要特采） 属成品者，则依成品质量管理作业办法有关要点办理（合格批，则入库或出货；不合格批，则退回生产单位检修）

第三章　不合格品的监审

第七条 适时处理不合格品，监审其是否能转用或必须报废，使物尽其用，并节省不合格品的管理费用及储存空间。

第八条 由质量管理单位负责召集工程、生产、物料等有关单位组成监审小组负责监审。

第九条 实施要点。

（一）发现不合格品，由发生单位填写不合格品监审单（填写不合格品的品名、规格、料号、数量、不良情况等）送交监审。

（二）监审时需慎重考虑，并考虑多方面的因素，主要有以下几点。

1. 是否能维修或必须报废。

2. 检修是否符合经济效益。

3. 是否为生产的急需品。

4. 是否能转用于另一等级产品。

5. 是否有些部分可继续使用，有些部分可维修，有些部分必须报废。

（三）监审小组将监审情况及判定填入不合格品监审单内，并经厂长核准后，由有关单位执行。

（四）监审小组应于三日内完成监审工作。

第四章　仪器管理

第十条　仪器校正、维护计划。

1. 周期设定。

仪器使用单位应依仪器购入时的设备资料、操作说明书等资料，填制仪器校正、维护基准表，设定定期校正维护周期，作为仪器年度校正、维护计划的拟订及执行的依据。

2. 年度校正计划及维护计划。

仪器使用单位应于每年年底依据所设定的校正、维护周期，填制仪器校正计划实施表、仪器维护计划实施表，将其作为年度校正及维护计划实施的依据。

第十一条　校正计划的实施。

1. 为使员工确实了解仪器正确的使用方法，以及维护保养与校正工作的实施，有关人员均需参加讲习，由质量管理单位负责排定课程并讲授，如新进人员未参加讲习前就需要使用检验仪器，则由所在各单位派人先行讲解。

2. 检验仪器应放置于适宜的环境（避免阳光直接照射，保持适宜的温度），且使用人员应依正确的使用方法实施检验，使用后，如其有附件，应将附件归复原位，以及尽量将仪器存放于适当盒内。

3. 仪器校正人员应依据年度校正计划执行日常校正，精确校正，并将校正结果记录于仪器校正卡内，一式两份存于使用单位。

第十二条　仪器的维护与保养。

1. 由使用人负责实施。

2. 在使用前后应保持清洁且切忌碰撞。

3. 在维护保养周期实施定期维护保养并进行记录。

4. 检验仪器，如发生功能失效或损坏等异常现象，应立即送请专门技术人员修复。

5. 久不使用的电子仪器，宜定期插电开动。

6. 一切维护保养工作以本公司现有人员实施为原则，若限于技术或特殊方法而无法自行实施时，则委托设备完善的其他机构协助，但要其提供维护保养证明书，或相应的凭证。

7. 特殊精密仪器，使用单位主管应指定专人操作与管理，非指定操作人员不得任意使用（经主管核准者除外）。

8. 使用单位主管应负责检核各使用者操作正确性，令其日常维护与保养，如有不当的使用与操作应予以纠正教导并列入作业检核扣罚。

9. 各生产单位使用的仪器设备（如量规）由使用单位自行校正与保养，由质量管理单位不定期抽检。

第五章　制程质量管理

第十三条　制程质量异常的定义。

（一）不良率高或存在大量缺点。

（二）管理图不合理地使用连串的因果关系、连续上升或下降趋势及周期时。

（三）进料不良，前工程不良品纳入本工程中。

第十四条　制程质量检验。

1. 质检单位对各制程在制品均应依在制品质量标准及检验规范的规定实施质量检验，以提早发现异常，迅速处理，确保在制品质量。

2. 在制品质量检验依制程区分，由质量管理单位 IPQC 负责检验。

3. 质量管理工程科于制程质量管理中配合在制品的加工程序，负责加工条件的测试。

（1）钻头研磨后规范检验并记录于钻头研磨检验报告上。

（2）切片检验分 PIH、一次钢、二次铜及喷锡镀铜，分别依检验规范检验并记录于相关检验报告。

4. 在制造过程中发现异常时，组长应立即追查原因，加以处理后，记录异常原因、处理过程及改善对策等并开立异常处理单呈（副）经理，经指示后送质量管理单位，判定责任后送有关单位会签后再送总经理室复核。

5. 质检人员于抽验中发现异常时，应反映单位主管处理并开立异常处理单，呈（副）经理核签后送有关单位处理。

6. 各生产单位自主检查及顺次点检发现质量异常时，如属其他单位导致的，以异常处理单反映处理。

7. 制程间半成品移转，如发现异常时以异常处理单反映处理。

第十五条　实施要点。

1. 单位于制程中发现质量异常，立即采取临时措施并填写异常处理单，通知质量管理单位。

2. 填写异常处理单的注意事项。

（1）非量产者不得填写。

（2）同一异常已填单，在 24 小时内不得再填单。

（3）详细填写各项内容，尤其是异常内容和临时措施。

（4）如本单位就是责任单位，则先确认。

3. 质量管理单位设立管理簿登记，并判定责任单位，通知其妥善处理，质量管理单位无法判定时，则会同有关单位判定。

4. 责任单位确认后立即调查原因（如无法查明原因则会同有关单位研究、商讨）并拟订改善对策，经厂长核准后实施。

5. 质量管理单位稽核改善对策的实施情况，了解现状，如仍发现异常，则再请责任单位调查，重新拟订改善对策，如已改善则向厂长报告并归档。

第十六条　制程自主检查。

1. 制程中每一位作业人员均应对所生产的制品实施自主检查，遇质量异常时应挑出，如系重大或特殊异常应立即报告科长或组长，并开立异常处理单，填写异常说明、原因分析及处理对策，送质量管理单位判定异常原因及责任单位后，依实际需要交有关单位会签，再送总经理室拟定责任归属及奖惩，跨单位或责任不明确时送总经理批示。

2. 现场各级主管均有督促实施自主检查的责任，随时抽验所属各制品质量，一旦发现有不良或质量异常应立即处理，并追究相关人员疏忽的责任，以确保产品质量水准，减少异常重复发生次数。

3. 制程自主检查规定依制程自主检查实施办法实施。

第六章　成品质量管理

第十七条　成品质量检验。

成品检验人员应依成品质量标准及检验规范的规定实施质量检验，提早发现问题，迅速处理以确保成品质量。

第十八条 出货检验。

每批产品出货前，品检单位应依出货检验标示的规定进行检验，并将质量与包装检验结果填报出货检验记录表呈主管批示后依综合判定执行。

第七章 质量异常反映及处理

第十九条 原物料质量异常反映。

1. 原物料进厂检验，在各项检验项目中，只要有一项以上异常时，无论其检验结果被判定为合格或不合格，检验部门的主管均须于说明栏内加以说明，并依据资材管理办法的规定呈核与处理。

2. 对于检验异常的原物料经核决主管核决使用时，质量管理单位应依异常项目开立异常处理单送制造单位经理室生产管理人员，安排生产时通知现场注意使用，并由现场主管填报使用状况、成本影响及意见，经经理核签呈总经理批示后，送采购单位与提供厂商交涉。

第二十条 在制品与成品质量异常反映及处理。

1. 在制品与成品在各项质量检验的执行过程中或生产过程中有异常时，应提报异常处理单，并应立即向有关人员反映质量异常情况，使能迅速采取措施，处理解决，以确保质量。

2. 制造单位在制程中发现不良品时，除应依正常程序追踪原因外，还应当即剔除不良品，以杜绝不良品流入下一制程（以废品报告单提报，并经质量管理单位复核才可报废）。

第八章 产品质量确认

第二十一条 质量确认时机。

经理室生产管理人员于安排生产进度表或制作规范生产中遇下列情况时，应将制作规范或经理批示送确认的异常处理单由质量管理单位人员取样确认，并将供确认项目及内容填立于质量确认表，连同确认样品送营业单位转交客户确认。

1. 客户附样的印刷线路非本公司要求或要求不同者。

2. 批量生产前的质量确认。

3. 客户附样与制品材质不同者。

4. 客户要求质量确认。

5. 生产或质量异常致产品发生规格、物性或其他差异者。

第二十二条　确认样品的生产、取样与制作。

1. 确认样品的生产。

（1）若客户要求确认底片，由研发单位制作供确认。

（2）若客户要求确认印刷线路，经理室生产管理组应制作以供确认。

2. 确认样品的取样。

质量管理人员应取样两份，一份存质量管理单位，另一份连同质量确认表交由业务单位客户确认。

第二十三条　质量确认书的开立作业。

1. 质量确认书的开立。

质量管理人员在取样后应立即填质量确认表，此表一式两份，编号连同样品呈经理核签，并于质量确认表上加盖质量确认专用章，将其转交研发单位及生产管理人员，且在生产进度表上注明确认日期后转交业务单位。

2. 客户进厂确认的作业方式。

客户进厂确认需开立质量确认表，质量管理人员应要求客户于确认书上签认，并呈经理核签后通知生产管理人员排制；客户确认不合格拒收时，由质量管理人员填报异常处理单呈经理批示，并依批示办理。

第二十四条　质量确认处理期限、追踪及结案。

1. 处理期限。

营业单位接到质量管理单位或研发单位送来确认的样品后，应于 2 日内转送客户，质量确认日数规定为国内客户 5 日、国外客户 10 日，但客户如需装配试验，其确认日数为 50 日，设定日数以出厂日为基准。

2. 质量确认追踪。

质量管理人员对未如期完成确认，且已逾 2 天以上者，应以便函反映给营业单位，以掌握确认动态及订单生产情况。

3. 质量确认的结案。

质量管理人员接到营业单位送回经客户确认的质量确认表后，经理室生产管理人员于生产进度表上注明确认完成，并安排生产；如客户认为不合格时应检查是否补（试）制。

第九章　质量管理教育训练

第二十五条　质量管理教育训练的目的。

增强员工的质量意识、丰富其质量知识及提升其质量管理技能，使员工充分了解质量管理作业内容及方法，以保证产品的质量，并使质量管理人员对质量管理理论与实施技巧有良好基础，以发挥质量管理的最大效果，以及协助厂商建立质量管理制度。

第二十六条 由质量管理单位负责策划与执行，并由管理单位协办。

第二十七条 实施要点。

（一）依教育训练的内容，分为以下三类。

1. 质量管理基本教育：参加对象为本公司所有员工。

2. 质量管理专门教育：参加对象为质量管理人员、检查站人员、生产单位及工程单位的各级工程师与主管。

3. 协作厂商质量管理：参加对象为协作厂商。

（二）依训练的方式，分为以下两类。

1. 厂内训练：本公司内部自行训练，由本公司讲授或外聘讲师至厂内讲授。

2. 厂外训练：选派员工参加外界举办的质量管理讲座。

（三）由质量管理单位先拟订质量管理教育训练长期计划，列出各阶层人员应接受的训练，经核准后，依据长期计划，拟订质量管理教育训练年度计划，列出各单位应受训人数，经核准后实施，并将计划送管理单位转知各单位。

（四）质量管理单位应建立每位员工的质量管理教育训练记录卡，记录员工已受训的课程名称、时数、日期等。

第十章　质量异常分析及改善

第二十八条 质量异常统计分析。

1. 质量管理单位每日 IPQC（制程中质量控制）抽查记录统计异常料号、项目及数量汇总情况并编制总物料、料号不良分析日报表送经理核实后，送制造单位一份以使其了解每日质量异常情况，从而拟定改善措施。

2. 质量管理单位每周依据每日抽检编制的各物料、料号不良分析日报表，将异常项目汇总编制抽检异常周报送总经理室、制造单位品保组，并由制造科召集各物料针对主要异常项目、发生原因及应对措施进行检查。

第二十九条 制程质量异常改善。

异常处理单中经经理列入改善的，由经理室品保组登记，交由改善执行单位依异常处理单所拟的改善对策切实执行，并定期提出报告，会同有关单位检查改善结果。

第三十条 质量管理圈活动。

为提升全体员工的工作能力，增强员工与群体的合作，创造明朗愉快的工作氛围，提高管理活动水平，实现目标经营管理，公司内各单位共同组成质量管理圈，以推动改善工作。

第三十一条 实施与修订。

本细则呈总经理核准后实施，增补修改亦同。

5.5.3 节能减排管理办法

以工程建设公司为例，节能减排管理办法如下。

节能减排管理办法

第一章 总则

第一条 为加强节能减排管理工作，坚持开发和节约并举，节约优先、效率为本的基本原则，自发、自觉开展节能减排工作，减少能源消耗，依据相关制度制定本办法。

第二条 本办法适用于公司及所属项目节能减排管理工作。

第三条 各项目应积极调整企业结构、产品结构、能源消费结构，推动企业降低项目产值能耗，淘汰落后的生产能力，积极推广采用节能减排新技术、新产品、新工艺，提高能源利用效率。

第二章 组织机构和职责

第四条 建立并落实节能减排分级责任制，建立健全从公司到项目的多层次节能减排组织管理体系，通过分级控制、分级把关，提高节能减排的统一性、科学性和实效性。

第五条 各项目应成立以项目经理为组长的节能减排工作领导小组，负责节能减排领导工作，并制定相应的工作办法。

第六条 公司节能减排管理职责：贯彻落实国家、行业节能减排法律法规，制定公司节能减排规章制度；全面协调、指导、监督各项目节能减排工作；组织节能减排工作经验交流、推广；建立和完善节能减排的指标体系和考核奖罚体系，下达节能减排控制指标，考核和评价项目节能减排工作。

第七条 各项目节能减排管理职责：建立健全节能减排工作管理体系，严格落实责任制，完善考核制度，有效开展节能减排各项活动，确保节能减排目标的实现；履行各自节能减排管理职责，定期向公司技术质量部汇报节能减排工作情况。

第三章　节能减排活动

第八条　严格执行国家有关节能减排标准，建立本项目高能耗、排放量大的重点控制点，制定淘汰落后生产能力工作的计划和方案。

第九条　新开工项目的前期策划要有节能方面的内容，制定行之有效的节能减排实施方案，确保节能减排工作的顺利开展。

第十条　积极推广节能材料的应用，依靠科技进步，加快节能减排技术开发，不断优化施工技术方案，积极推广节能减排新技术、新产品、新工艺；高度重视节能减排宣传工作。

第十一条　加强节能减排培训工作和节能减排技术人才队伍的培养，增强员工节能减排意识、提高业务水平和提升操作技能，使节能减排逐渐成为自觉行为。

第四章　能源计量器具和能源因素识别

第十二条　项目应按要求配置能源计量器具，并按自有、外租和协作队自带设备统一登记台账。

第十三条　分类统计能源计量器具，关注器具的检验状态和有效期限，及时进行检验校准。

第十四条　项目应按照生活区、办公区、施工区来建立能源因素消耗识别台账，根据不同部位的能源因素制定相应的控制措施。

第五章　统计报告

第十五条　各项目每月25日前在办公自动化系统中填报节能减排统计报表；公司每月汇总各项目填报的节能减排统计报表，每季度筛选节能效果显著的节能减排技改项目报公司；公司每年12月底向公司报送节能减排工作报告及下一年度工作计划。

第六章　监督检查

第十六条　建立健全节能减排监督检查制度，采用中长期的监督检查方法，及时总结纠正违规行为；监督检查结果纳入公司对各项目节能减排的考核。

第十七条　各项目应接受、配合上级的节能减排监督检查，不得拒绝或者阻碍。

第十八条　责任单位对监督检查中发现的各类问题及缺陷应及时制定整改方案，限期落实，并报送整改情况。同一问题不得在同一个项目中前后反复出现。

第七章 考核与奖惩

第十九条 公司对各项目的考核每年为一个考核期。如果项目发生节能减排重大违法违规事件，对公司和公司业绩、名誉等造成较大损害或对生产经营造成较大负面影响的，其考核结果由公司总经理办公会议研究确定。公司按照《节能减排考核表》进行年度评价。

第二十条 在《节能减排考核表》年度评价的基础上进行加分、扣分，具体标准如下。

（1）项目申报了节能减排示范项目，每个加 5 分。

（2）项目被评选为中国交建节能减排示范项目，则评价得分加 10 分；被评选为更高层次节能减排示范项目，评价得分加 20 分。

（3）各种工作总结未按时上报，一次扣 10 分。

（4）每月报表上报不及时、数据不正确，一次扣 5 分。

（5）发生节能减排违法违规事件被通报，一次扣 20 分。

对获得中国交建或更高层次节能减排示范项目的突出贡献人员进行奖励，奖金由公司列支，奖金数额见《技术创新评审奖励办法》的规定；对未完成节能减排指标和考核不合格的项目，给予通报批评。

5.5.4 员工职业健康管理办法

以采矿业为例，员工职业健康管理办法如下。

员工职业健康管理办法

第一条 为了预防、控制和消除职业病危害，防治职业病，保护员工健康及其相关权益，促进企业稳定发展，参照《中华人民共和国职业病防治法》的规定，结合公司实际，制定员工职业健康管理办法。

第二条 本办法所称职业病，是指企业劳动者在职业活动中，接触粉尘、放射性物质和其他有毒、有害物质等因素而引起的疾病。

第三条 职业病防治工作坚持"预防为主、防治结合"的方针。

第四条 公司成立职业病防治领导小组，由公司总经理任组长，分管职业安全健康的副总经理任副组长，成员由安全环保部、财务部、行政部和各车间负责人组成。

领导小组办公室设在公司安全环保部，由安全环保部负责人担任办公室主任，具体负责日常管理工作。

第五条 各车间要落实专兼职人员从事职业病预防控制工作。

第六条 领导小组职责如下。

1.负责把职业病防治工作纳入公司发展规划中。

2.负责建立和完善与本公司工作相适应的职业安全健康管理机构，保障必要的工作条件。

3.负责在发生重大职业危害事故时，组织抢救和事故调查处理。

4.负责对职业病防治工作中有重大贡献人员进行奖励和对酿成重大事故责任者进行处罚。

第七条 其他各部门职责划分如表5-16所示。

表 5-16　各部门职责划分

部门	职责
安全环保部	1.负责牵头宣传、贯彻和执行职业安全健康的法规和各种规章制度,同时计划、布置、检查、总结和评比职业安全健康工作 2.负责制定职业病防治计划和实施方案 3.负责健全职业卫生管理制度和操作规程，并督促实施 4.负责组织定期或不定期的职业卫生检查，督促有关单位做好作业现场和危险作业点控制，消除事故隐患。对有可能造成重大职业危害的危险环境和危险作业，有权责令停止作业 5.负责牵头开展职业病防治的宣传教育，会同有关单位做好新入职员工三级安全教育、特种作业人员及其他人员的安全技术培训与考核，负责签收安全操作证 6.负责在技术改造、挖潜措施及大中修工程项目中，督促并协助施工单位制定职业病防治措施 7.负责审查员工劳动保护用品、保健食品和清凉饮料的发放计划，对发放质量和正确使用进行监督检查 8.负责调查研究生产中的不安全因素,提出改进意见,会同有关单位及时解决。改善员工劳动条件，防止职业病、职业中毒和各类事故的发生 9.负责建立、健全职业病危害事故应急救援预案

部门	职责
行政部	1. 负责在制定组织机构方案和人员编制时，设置职业病防治机构（岗位），配备专（兼）职人员 2. 负责牵头开展劳动纪律监督、检查，严格控制加班加点 3. 负责新员工入职体检，牵头组织员工在岗期和离岗时的健康检查，建立健全职业卫生档案和劳动者健康监护档案 4. 负责统计从事接触职业病危害因素作业的人员和患职业病的人数 5. 负责牵头组织新员工入职教育，配合安全环保部做好员工三级安全教育、特种作业人员及其他人员的安全技术培训 6. 负责做好劳动保护、劳动保险、女工保护工作 7. 负责监督、检查和督促有关单位改善劳动条件，防止职业中毒和职业病的发生，做好患职业病员工的疗养工作 8. 负责在发生职业病危害事故时，做好员工及家属的思想工作和慰问工作
财务部	1. 负责按需支付已经审定的年、季、月度劳动保护方面的经费 2. 负责确保职业病防治的技术措施项目费用专款专用，设立专款独立账目 3. 负责在进行经济活动分析时，同时分析职业安全健康情况 4. 负责保证和监督劳动保护用品、保健食品和清凉饮料经费的使用 5. 负责及时安排已审定的重大危险项目的整改资金与职业病、职业中毒和各类事故的处置资金
车间	1. 负责贯彻执行公司制定的职业病防治计划和实施方案 2. 负责制定公司职业病防治实施细则 3. 负责做好现场工作场所的卫生防护工作 4. 负责在发现职业病危害的事故隐患时，积极组织力量予以解决或采取防范措施，及时将重大问题报告主管部门和职业病防治的安全监察、监督机构 5. 负责在发生职业病危害事故时，及时上报，组织抢救，做好善后工作

第八条　公司依法为员工创造符合国家职业卫生标准和卫生要求的工作环境和条件，积极推广、应用有利于职业病防治和保护劳动者健康的新技术、新工艺、新材料，限制使用或淘汰职业病危害严重的技术、工艺、材料，加大职业病防治投入，保障员工获得相应的职业卫生保护。

第九条　公司建立健全工作场所职业病危害因素监测及评价制度，在可能发生急性职业病损伤的有毒、有害工作场所设置警示标志，在施工现场配置急救用品、冲洗设备、应急撤离通道、应急救援设施和个人使用的职业病防护用品。

第十条　公司按三级教育的原则对员工进行上岗前的职业卫生培训和在岗期间的定期职业卫生培训，普及职业卫生知识，督促员工遵守职业病防治法律、法规、规章和操作规程，指导员工正确使用职业病防护设备和个人使用的职业病防护用品。

第十一条 行政部与员工订立劳动合同时，将工作过程中可能产生的职业病危害及其后果、职业病防护措施和待遇等如实告知员工，并在劳动合同中写明，不隐瞒或欺骗。

第十二条 行政部对从事接触职业病危害作业的员工，按照有关规定组织上岗前、在岗期间和离岗位时的职业健康检查，并将检查结果如实告知劳动者。

第十三条 行政部要建立、健全职业卫生档案和职业健康监护档案。职业健康监护档案应包括以下内容。

1.劳动者职业史、既往史和职业病危害接触史。

2.相应作业场所职业病危害因素监测结果。

3.职业健康检查结果及处理情况。

4.职业病诊疗资料等劳动者健康资料。

第十四条 各车间要建立健全职业卫生管理制度、操作规程、职业病危害事故应急救援预案，安排相应的人员进行生产过程防护与管理。

第十五条 各车间应加强对员工职业病防治的宣传教育，在员工必经之地或者工厂醒目位置设立宣传栏，公布职业病防治的规章制度、操作规程、职业病危害事故应急救援措施和工作场所职业病危害因素检测结果，普及职业病防治的知识，增强员工的自我健康保护意识。

第十六条 各车间要经常开展职业安全卫生检查，对职业病防护设备进行经常性的维护、检修，定期检测其性能和效果，确保其处于正常状态，使用期间不得擅自拆除或者停止使用。

第十七条 发现员工工作场所职业病危害因素不符合国家职业卫生标准和卫生要求时，公司要及时采取相应治理措施。职业病危害因素经治理后，符合国家职业卫生标准和卫生要求的，方可重新作业。

第十八条 根据国务院卫生行政部门和劳动保障行政部门规定的职业病的分类和目录，结合公司实际工作条件和环境，确定属于职业病范围的工种。

第十九条 接触各种粉尘危害的工种：掘进机司机、连采机司机、梭车司机、锚杆机司机及辅助人员、主运输胶带操作工、给材料破碎操作工、连采队（跟班队长、安全员、技术员、钳工、电工）、充填队（队长、安全员及工人）、通风工；锅炉运行工、锅炉维修钳工、筑炉工、输煤工、铲车司机、输煤行车工、除渣工、皮运工、尾盐填埋工、焊工、放灰放渣工、破碎工、搬运工、成品包装工。

第二十条　接触化学物质危害的工种：配药工、油漆工、皮带粘接工、化验工。

第二十一条　接触物理类［作业场所噪声强度＞85dB（A）］危害的工种：蒸汽操作工、离心机操作工、司泵工、破碎机操作工。

第二十二条　根据职业病工种工作环境和条件的变化，对工种范围作相应调整。

第二十三条　职业病健康体检应由公司统一组织到卫生行政部门指定的医疗机构进行。

第二十四条　根据危害程度确定体检周期，接触各种粉尘危害的工种、接触化学物质危害的工种、接触苯及化合物危害的工种的体检周期为 2 年，接触物理类［作业场所噪声强度＞85dB（A）］危害的工种的体检周期为 2 年。

第二十五条　接触各种粉尘，引起的尘肺病预防控制措施如下。

1. 作业场所防护措施：加强盐、煤等易扬粉尘的材料的存放处、使用处的粉尘防护，任何人不得随意拆除，在易扬粉尘部位设置警示标志。

2. 个人防护措施：落实相关岗位的持证上岗制度，给作业人员提供粉尘防护口罩，杜绝施工操作人员超时工作。

3. 检查措施：在检查生产安全的同时，检查工人作业场所的粉尘防护措施的落实，检查个人粉尘防护措施的落实，每月不少于一次，并指导作业人员采用减少粉尘的操作方法和技巧。

第二十六条　电焊工尘肺病、眼病的预防控制措施如下。

1. 作业场所防护措施：为电焊工提供通风良好的操作空间。

2. 个人防护措施：电焊工必须持证上岗，作业时佩戴有害气体防护口罩、眼睛防护罩，杜绝违章作业，采取轮流作业，杜绝施工操作人员超时工作。

3. 检查措施：在检查项目工程安全的同时，检查落实工人作业场所的通风情况、个人防护用品的佩戴情况，落实 8 小时工作制，及时制止违章作业。

第二十七条　配药工、化验工、蒸汽操作工、掘进机司机、皮带粘接工等接触不良气体引起的中毒预防控制措施如下。

1. 作业场所防护措施：加强作业区的通风排气措施。

2. 个人防护措施：给作业人员提供防护口罩，采取轮流作业，杜绝作业人员超时工作。

3.检查措施：在检查生产安全的同时，检查落实作业场所的良好通风，监督工人佩戴口罩，保证工人不超时工作，并指导提升中毒事故中工人救人与自救的能力。

第二十八条 接触噪声引起的职业性耳聋的预防控制措施如下。

1.作业场所防护措施：在作业区设置防职业病警示标志，设置隔音操作室，对噪声大的机械加强日常保养和维护，减少噪声污染。

2.个人防护措施：为施工操作人员提供劳动防护耳塞，采取轮流作业，杜绝施工操作人员超时工作。

3.检查措施：在检查生产安全的同时，检查落实作业场所的降噪声措施，检查工人佩戴的防护耳塞，保证工人不超时工作。

第二十九条 长期超时、超强度地工作，精神长期过度紧张造成相应职业病的预防控制措施如下。

1.作业场所防护措施：提高机械化施工程度，降低工人劳动强度，为工人提供良好的生活、休息、娱乐场所，加强施工现场的文明施工。

2.个人防护措施：不盲目安排工人加班，即使抢时间也必须安排充足的工人，使工人能够按时换班作业，采取8小时作业换班制度，及时发放工人工资，稳定工人情绪。

3.检查措施：检查工人劳动强度是否适宜、是否文明施工、工作是否超时以及工人工资发放情况。

第三十条 高温中暑的预防控制措施如下。

1.作业场所防护措施：室内高温作业点尽量配置空调等降温设施，在高温期间，为工人备足饮用水或绿豆汤、防中暑药品、器材。

2.个人防护措施：减少工人工作时间，尤其是延长中午休息时间。

3.检查措施：夏季施工，在检查生产安全的同时，检查落实饮水、防中暑物品的配备，检查工人是否劳逸适宜，并通过指导提升中暑情况发生时工人救人与自救的能力。

第 6 章
企业文化方面的内部控制

    企业文化是指企业在生产经营实践中逐步形成的、为整体团队所认同并遵守的价值观、经营理念和企业精神，以及在此基础上形成的行为规范的总称。企业有了积极向上的优秀文化，就会重视创新、尊重知识、尊重人才、赢得客户、打响品牌；反之，企业缺乏优秀文化，就像一个没有个性和创业激情的人，终将在市场竞争中失去竞争力，被市场放弃。内部控制作为一项复杂的企业运作保障机制，其有效性直接关系到企业经济效益的提高、会计信息质量的提高和企业资产的安全完整性等大问题。内部控制制度是企业中最高的规范制度，企业内部的任何人都无权凌驾于内部控制制度之上，制度执行中应有特殊群体和个人。执行中的一视同仁、公平合理是内部控制制度得以贯彻执行的生命线。企业的内部控制制度是企业经营运转的基本规矩，是检查管理者、各部门员工工作质量的尺度，也是衡量企业经济效益和管理水平的标准。

    企业内部控制制度的建设和执行与企业文化建设密切相关。企业文化是一种企业的经营理念、经营制度，依存于企业而存在的共同价值观念的组合。企业内部控制制度的贯彻执行有赖于企业文化建设的支持和维护。企业文化将企业员工的思想观念、思维方式、行为方式进行统一和融合，使员工自身价值的体现和企业发展目标的实现达到有机结合的效果。在良好的企业文化基础上所建立的内部控制制度，必然会成为员工的行为规范，得到很好的贯彻执行，会有效地解决企业治理和会计信息失真的问题。所以，内部控制制度是企业正常运营的行为标准，而企业文化则是统一员工思想、价值观念的黏合剂。二者的有效结合，能够从根本上解决企业经营中的不协调、不统一的问题，能够有效地提高企业的管理水平，提高企业的经营效益和效率。

6.1 企业文化内部控制应用指引

企业内部控制应用指引第 5 号——企业文化

第一章 总则

第一条 为了加强企业文化建设，发挥企业文化在企业发展中的重要作用，根据《企业内部控制基本规范》，制定本指引。

第二条 本指引所称企业文化，是指企业在生产经营实践中逐步形成的、为整体团队所认同并遵守的价值观、经营理念和企业精神，以及在此基础上形成的行为规范的总称。

第三条 加强企业文化建设至少应当关注下列风险：

（一）缺乏积极向上的企业文化，可能导致员工丧失对企业的信心和认同感，企业缺乏凝聚力和竞争力。

（二）缺乏开拓创新、团队协作和风险意识，可能导致企业发展目标难以实现，影响可持续发展。

（三）缺乏诚实守信的经营理念，可能导致舞弊事件的发生，造成企业损失，影响企业信誉。

（四）忽视企业间的文化差异和理念冲突，可能导致并购重组失败。

第二章 企业文化的建设

第四条 企业应当采取切实有效的措施，积极培育具有自身特色的企业文化，引导和规范员工行为，打造以主业为核心的企业品牌，形成整体团队的向心力，促进企业长远发展。

第五条 企业应当培育体现企业特色的发展愿景、积极向上的价值观、诚实守信的经营理念、履行社会责任和开拓创新的企业精神，以及团队协作和风险防范意识。

企业应当重视并购重组后的企业文化建设，平等对待被并购方的员工，促进并购双方的文化融合。

第六条 企业应当根据发展战略和实际情况，总结优良传统，挖掘文化底蕴，提炼核心价值，确定文化建设的目标和内容，形成企业文化规范，使其构成员工行为守则的重要组成部分。

第七条 董事、监事、经理和其他高级管理人员应当在企业文化建设中发挥主导和垂范作用，以自身的优秀品格和脚踏实地的工作作风，带动影响整个团队，共同营造积极向上的企业文化环境。

企业应当促进文化建设在内部各层级的有效沟通，加强企业文化的宣传贯彻，确保全体员工共同遵守。

第八条　企业文化建设应当融入生产经营全过程，切实做到文化建设与发展战略的有机结合，增强员工的责任感和使命感，规范员工行为方式，使员工自身价值在企业发展中得到充分体现。

企业应当加强对员工的文化教育和熏陶，全面提升员工的文化修养和内在素质。

第三章　企业文化的评估

第九条　企业应当建立企业文化评估制度，明确评估的内容、程序和方法，落实评估责任制，避免企业文化建设流于形式。

第十条　企业文化评估，应当重点关注董事、监事、经理和其他高级管理人员在企业文化建设中的责任履行情况、全体员工对企业核心价值观的认同感、企业经营管理行为与企业文化的一致性、企业品牌的社会影响力、参与企业并购重组各方文化的融合度，以及员工对企业未来发展的信心。

第十一条　企业应当重视企业文化的评估结果，巩固和发扬文化建设成果，针对评估过程中发现的问题，研究影响企业文化建设的不利因素，分析深层次的原因，及时采取措施加以改进。

6.2　企业文化内部控制目标及风险点

6.2.1　企业文化内部控制的目标

企业文化应帮助企业培养健康的价值观和企业精神、树立正确的经营理念和管理风格、培养员工良好的职业操守和高素质的员工队伍。企业应根据内部控制与风险管理的五大目标，确定内部环境要素应达到的目标，并将目标分解落实，确定企业文化应达到的具体目标。具体来说，企业文化内部控制目标可以细化为企业文化建设内部控制目标和企业文化评估内部控制目标。

企业文化建设内部控制目标如表 6-1 所示。

表 6-1　企业文化建设内部控制目标

企业文化建设内部控制目标
培育健康向上的核心价值观和企业精神，建立符合企业特点的企业文化
提高企业文化建设水平，加大重视力度，建立保障机制
将企业文化建设融入企业日常经营中，建立一种团结和凝聚员工的文化力量
避免企业文化建设流于形式

企业文化评估内部控制目标如表 6-2 所示。

表 6-2　企业文化评估内部控制目标

企业文化评估内部控制目标
完善企业文化评估机制，避免企业文化建设流于形式
确保企业经营管理行为符合企业文化要求
提高员工对企业文化的认同感、责任感

6.2.2　企业文化内部控制的风险点

一、企业文化建设方面

越来越多的企业广泛开展跨国、跨地区的经济合作及并购活动，使组织内部的价值观、经营理念、企业精神面临冲击、更新与交替，时常引发文化风险。在加强企业文化建设时，至少应关注以下风险。

（1）企业缺乏积极向上的企业文化，未能明确积极向上的企业价值观和为社会创造财富并积极履行社会责任的企业文化精神的经营理念，可能导致员工丧失对企业的信心和认同感，企业缺乏凝聚力和竞争力。

（2）缺乏开拓创新、团队协作和风险意识可能导致企业发展目标难以实现，影响可持续发展。

（3）缺乏诚实守信的经营理念，可能导致舞弊事件的发生，造成企业损失，影响企业信誉。

（4）忽视企业间的文化差异和理念冲突，可能导致并购重组失败。

二、企业文化评估方面

在企业文化评估方面，至少应关注以下风险。

（1）企业文化评估不到位，可能导致企业文化建设流于形式。

（2）企业文化评估体系不完备、缺乏企业文化年度目标与标准及审批程序、缺乏企业文化活动年度计划及审批程序，可能导致企业文化建设偏离企业价值观。

（3）企业未对企业文化进行有效宣传、沟通，可能影响对企业文化和价值观的认知和个人价值的实现。

6.3　企业文化内部控制方法及控制关键点

6.3.1　企业文化内部控制的方法

企业文化建设全流程如图 6-1 所示。其内部控制的主要方法包括组织规划控制、人力资源控制、风险防范控制和内部审计控制等方法，具体内容如表 6-3 所示。

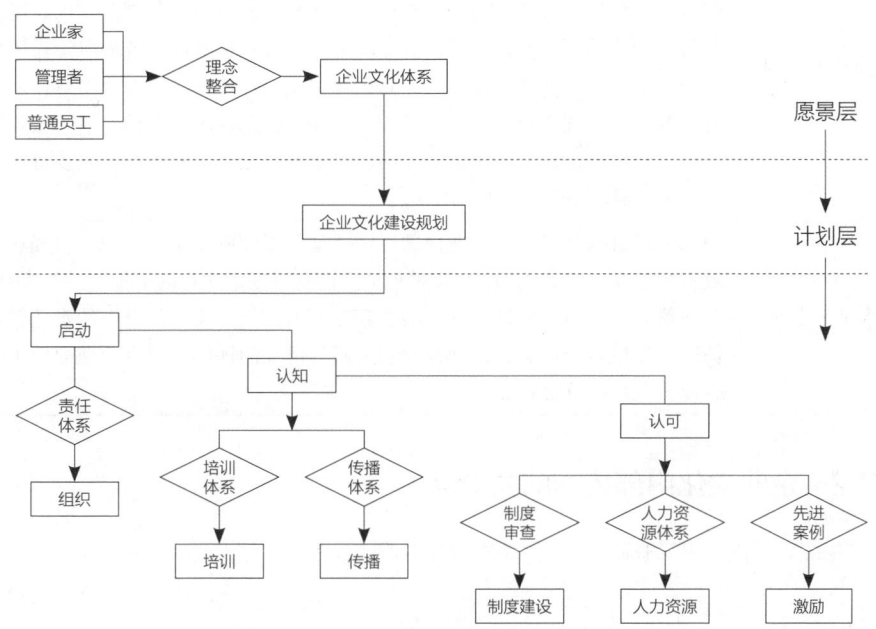

图 6-1　企业文化建设全流程

表 6-3　内部控制方法

内部控制方法	主要内容
组织规划控制	在企业文化内部控制建设过程中，企业应当对组织机构设置、职务分工的合理性和有效性进行控制。具体而言是指在内部控制中应体现职务分工，明确每个人的权利和义务；实现不相容职务相分离，将可能发生错误和舞弊又可掩盖其错误和舞弊的职务分配给不同人员以实现内部牵制，降低员工舞弊风险，维护企业信誉。对管理层来说，应高度重视企业文化建设，切实履行第一责任人的职责，确定本企业文化建设的目标和内容，提出正确的经营管理理念，以自身的优秀品格和脚踏实地的工作作风，带动并影响整个团队，共同营造积极向上的企业文化环境
人力资源控制	对于作为经济运行的微观基础的企业而言，人力资源对企业文化的维护、延续和发展有着重要作用。人力资源要素的数量和质量状况，人力资源所具有的忠诚、向心力和创造力，是塑造企业文化兴旺发达的活力和强大推动力所在。因此，如何充分调动企业人力资源的积极性、主动性、创造性，发挥人力资源的潜能，已成为企业文化内部控制的中心任务。企业可通过规范员工工作定期对员工进行业务培训和素质教育，提高员工企业文化认可度、增强员工对企业的信心和归属感、提升企业凝聚力
风险防范控制	企业文化建设应融合在生产经营过程中，切实做到文化建设与发展战略的有机结合，着力将核心价值观转化为企业文化规范，梳理完善相关的管理制度，细化员工日常行为和工作行为，逐步形成企业文化规范，以制度规范员工的行为。企业在市场经济环境中，不可避免会遇到各种风险。风险控制要求企业树立风险意识，针对企业文化内部控制的主要风险点，建立有效的风险管理系统，通过风险预警、风险识别、风险评估、风险报告等措施，对风险进行全面防范和控制，以实现企业文化内部控制主要目标和正常生产经营活动的开展
内部审计控制	内部审计机构是对一个企业内部经济活动和管理制度是否合规、合理和有效进行独立评价的机构，在某种意义上讲是对企业文化内部控制的再控制。关注董事、监事、经理和其他高级管理人员在企业文化建设中的责任履行情况，重视对企业文化内部控制制度履行情况的评估，对企业施行健康的企业文化具有重要意义

6.3.2　企业文化内部控制的关键点

企业文化内部控制流程如图 6-2 所示，风险控制清单如表 6-4 所示。

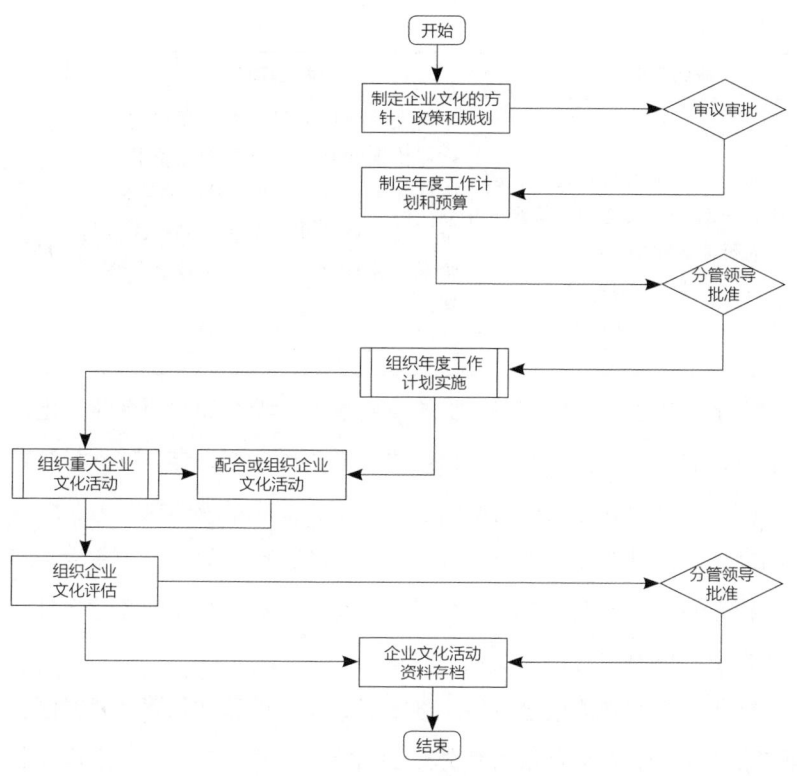

图 6-2 企业文化内部控制流程

表 6-4 风险控制清单

业务风险	控制项目	文件
企业缺乏企业文化管理制度，未能明确积极向上的企业价值观和为社会创造财富并积极履行社会责任的企业文化精神的经营理念，可能导致员工丧失对企业的信心和认同感，缺乏凝聚力和竞争力，影响企业整体发展和高效管理	根据企业发展战略、企业文化发展战略及企业文化理念体系，制定企业文化管理制度	《企业文化管理制度》
企业缺乏企业文化年度目标与标准及审批程序，缺乏企业文化活动年度计划及审批程序，可能导致企业文化建设偏离企业价值观	制订并实施年度企业文化工作计划，编制和执行企业文化建设费用预算，年度企业文化工作计划与企业文化建设费用预算经管理部门负责人审核，交由分管领导审批后执行	《年度企业文化工作计划》

业务风险	控制项目	文件
企业未对企业文化进行有效宣传、沟通，可能影响对企业文化和价值观的认知和个人价值的实现	企业文化建设委员会制定积极向上的企业价值观和为社会创造财富并积极履行社会责任的企业精神的经营理念，编制《企业文化手册》，向员工宣传企业文化理念，并策划企业文化相关活动	《年度企业文化工作开展记录》
……	……	……

企业文化是建立和完善内部控制的重要基础。没有优秀的企业文化，就不可能统一董事、监事、高级管理团队和全体员工的思想与意志，就不能激发其潜力和热情，就不能培育其对企业的认同感，就不能形成卓越的执行力。企业文化不是抽象的理论，而是存在于生产经营和管理活动各环节的无形约束力，不但影响着员工的行为规范、心理状态、思维习惯，而且影响着企业的经营方针、经营风格、管理哲学、形象和可持续发展。

企业文化内部控制体系建设的关键在于文化建设和文化评估两方面。文化建设方面包括：（1）企业应当培育体现企业特色的发展愿景、积极向上的价值观、诚实守信的经营理念、履行社会责任和开拓创新的企业精神，以及团队协作和风险防范意识；（2）企业应当重视并购重组后的企业文化建设，平等对待被并购方的员工，促进并购双方的文化融合；（3）企业应当根据发展战略和实际情况，总结优良传统，挖掘文化底蕴，提炼核心价值，确定文化建设的目标和内容，形成企业文化规范，使其构成员工行为守则的重要组成部分；（4）企业应当促进文化建设在内部各层级的有效沟通，加强企业文化的宣传贯彻，确保全体员工共同遵守。企业文化评估方面的建设是指企业应建立企业文化评估制度，明确评估的内容、程序和方法，落实评估责任制，避免企业文化建设流于形式。企业文化内部控制的具体措施如下。

一、塑造企业核心价值观

核心价值观是企业在经营过程中坚持不懈、努力使全体员工都必须信奉的观念，体现了企业核心团队的精神，往往也是企业家身体力行并坚守的理念。它明确了提倡什么、反对什么，哪种行为是企业所推崇的、鼓励大家去做的，哪种行为是企业所反对的、大家不应去做的。正如一个人的所有行为都是由他的价值观所决定的那样，一个企业的行为也是由企业的价值观所决定的。这种价值观和理念是一个企业的文化核心，凝聚着董事、监事、高级管理人员和全体员工的思想观念，从而使大家的行为朝着一个方向努力，反映出一个企业的行为和价值取向。企业文化建设始于核心价值观的精心培育，终于核心价值观的维护、延续和创新，这是成功企业不变的法则。为此，企业应注重以下方面。

（1）着力挖掘自身文化。企业要注意从企业特定的外部环境和内部条件出发，把共性和个性、一般和个别有机地结合起来，总结出本企业的优良传统和经营风格，挖掘整理出本企业长期形成的宝贵的文化资源，在企业精神提炼、理念概括、实践方式上体现出鲜明的特色，形成既具有时代特征又独具魅力的企业文化。

（2）着力博采众长。企业要紧紧把握先进文化的前进方向，以开放、学习、兼容、整合的态度，坚持以我为主、博采众长、融合创新、自成一家的方针，广泛借鉴先进企业的优秀文化成果，大胆吸取世界新文化、新思想、新观念中的先进内容，取其精华，去其糟粕。

（3）根据塑造形成的核心价值观指导企业的实际行动。正如前文所述：核心价值观明确提倡什么、反对什么，哪一种行为是企业所推崇的、鼓励大家去做的，哪一种行为是企业所反对的、大家不应去做的。企业应根据塑造形成的核心价值观指导实际行动。

二、打造以主业为核心的品牌

品牌通常是指能够给企业带来溢价、产生增值的一种无形资产，其载体是用以和其他竞争者的产品或服务相区分的名称、术语、象征、标志或设计及其组合。企业产品或服务的品牌与企业的整体形象联系在一起，是企业的脸面或标志。品牌之所以能够增值，主要是因为消费者心智所形成的关于其载体的印象。在市场竞争中，企业无不重视其产品或劳务品牌的建设。打造以主业为核心的品牌，是企业文化建设的重要内容。企业应将核心价值观贯穿于自主创新、产品质量、生产安全、市场营销、售后服务等方面的文化建设中，着力打造源于主业且能够让消费者长久认可、在国内外市场上彰显其强大竞争优势的品牌。

三、充分体现以人为本的理念

以人为本是企业文化建设应信守的重要原则。企业应在企业文化建设的过程中牢固树立以人为本的思想，坚持全心全意依靠全体员工办企业的方针，尊重劳动、尊重知识、尊重人才、尊重创造，用美好的愿景鼓舞人、用宏伟的事业凝聚人、用科学的机制激励人、用优美的环境熏陶人。企业应努力为全体员工搭建发展平台，提供发展机会，挖掘创造潜能，增强其主人翁意识和社会责任感，激发其积极性、创造性和团队精神；尊重全体员工的首创精神，在统一领导下，有步骤地发动全体员工广泛参与，从基层文化抓起，集思广益、群策群力、全员共建；努力使全体员工在主动参与中了解企业文化建设的内容，认同企业的核心理念，形成上下同心、共谋发展的良好氛围。

四、强化企业文化建设的领导责任

在建设优秀企业文化的过程中，领导是关键。要建设好企业文化，领导必须高度重视、认真规划、狠抓落实，这样才能取得实效。企业主要负责人应站在促进企业长远发展的战略高度重视企业文化建设，切实履行第一责任人的职责，对企业文化建设进行系统思考，出思想、谋思路、定对策，确定本企业文化建设的目标和内容，提出正确的经营管理理念。董事、监事、经理和其他高级管理人员应在企业文化建设中发挥主导与垂范作用，培养清廉的操守，提高文化素养，以自身的优秀品格和脚踏实地的工作作风，带动并影响整个团队，共同营造积极向上的企业文化环境。企业文化建设的领导体制要与现代企业制度和法人治理结构相适应，要明确企业文化建设的主管部门，安排专（兼）职人员负责此项工作，形成企业文化主管部门负责组织、各职能部门分工落实、员工广泛参与的工作体系。

五、将企业文化融入生产经营全过程

企业文化建设应融入生产经营全过程，切实做到文化建设与发展战略的有机结合，增强员工的主人翁意识、责任感和使命感，使其做到与企业同呼吸、共命运、同成长，真正实现"人企合一"，充分发挥核心价值观对企业发展的强大推动作用。在生产经营过程中，企业要深入调研、制定规划，认真梳理整合各项工作任务，分清轻重缓急，扎实推进。企业要着力将核心价值观转化为企业文化规范，通过梳理完善相关管理制度，对员工日常行为和工作行为进行细化，逐步形成企业文化规范，以理念引导员工的思维，以制度规范员工的行为，使员工自身价值在企业的发展中得到充分体现。

六、注重文化整合

企业完成并购后，要注重文化整合。一要在组织架构设计环节考虑文化整合因素。如果企业并购采用的是吸收合并方式，则必然会遇到各参与并购企业员工合并工作的情况。为防止文化冲突，企业既要在治理结构层面上强调融合，也要在内部机构设置层级上体现"一家人"的思想，务必防止出现吸收合并方员工与被吸收合并方员工分拨现象。如果企业并购采用的是控股合并方式，则应在根据《中华人民共和国公司法》组建企业集团时体现文化整合。企业要在坚持共性的前提下体现个性化，要以统一的企业精神、核心理念、价值观念和企业标志规范集团文化，保持集团内部文化的统一性，增强集团的凝聚力、向心力，树立集团的整体形象；同时允许子公司在统一性指导下培育和创造特色文化，为下属企业留出展示个性的空间。二要在企业运行中进行深度的文化整合。企业可以考虑以下三种整合方式：以并购方的文化进行整合；以并购方的文化为主体，吸收被并购方文化中优秀的一面进行整合；以并购双方的文化为基础创建全新的优秀文化。无论采用哪种方式，其过程相对都会较长。境外并购尤其如此。不变的原则是，应当采取多种有效措施，促进文化融合，减少文化冲突，求同存异，做到优势互补，实现企业文化的有效对接，促进企业文化的整合与再造，确保企业真正并购成功。

七、加强企业文化评估

企业应当建立企业文化评估制度，明确评估的内容、程序和方法，落实评估责任制，避免企业文化建设流于形式。企业开展文化评估，重点关注董事、监事、经理和其他高级管理人员在企业文化建设中的责任履行情况，全体员工对企业核心价值观的认同感，企业经营管理行为与企业文化的一致性，企业品牌的社会影响力，参与企业并购重组各方文化的融合度，以及员工对企业未来发展的信心等。在此过程中，应当把握以下原则：一是全面评估与重点评估相结合，注重评估指标的导向性，要突出关键指标，确保评估指标的可操作性；二是定性与定量相结合，注重评估方法的科学性，要根据评估内容和指标功能，量身定制不同的评估标准；三是内部评价与外部评价相结合，注重评估结果的有效性，既要引导企业通过对照评估标准，自我改进、自我完善，不断激发企业的积极性、主动性和创造性，又要兼顾社会公众以及企业利益相关者，借助专业机构力量，提升文化评估专业水平和公信力。企业还应当重视对企业文化的评估结果的利用，巩固和发扬文化建设成果，针对评估过程中发现的问题，研究影响企业文化建设的不利因素，分析深层次的原因，及时采取措施加以改进。在此基础上，企业还要结合企业发展战略调整以及企业内外部政治、经济、技术、资源等因素的变化，着力在价值观、经营理念、管理制度、品牌建设、企业形象等方面持续推动企业文化创新。其中，要特别注意通过不断打造以主业为核心的企业品牌，实现企业文化的创新和跨越。

企业的软环境，不仅关乎企业形象，而且与员工息息相关；不仅关乎当前，而且关乎长远。在复杂多变的后危机时代，挑战前所未有，机遇也同时存在。为紧抓这一重要机遇，企业尤其应当重视企业文化内部控制体系的建设，让持续优秀的企业文化促进企业走健康可持续发展之路。

6.4 企业文化内部控制流程

6.4.1 企业文化建设的内部控制流程

企业文化建设流程相关内容如图 6-3、表 6-5 所示。

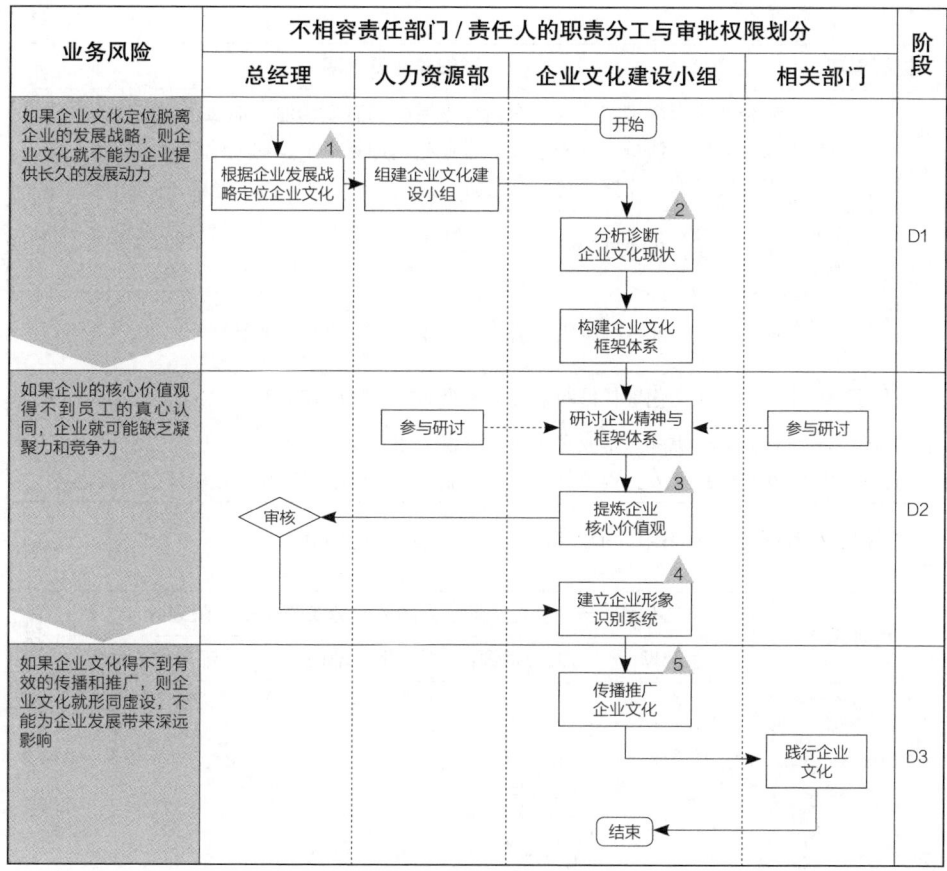

图 6-3 企业文化建设流程与风险控制

表 6-5 企业文化建设流程控制

控制事项		详细描述及说明
阶段控制	D1	1. 企业要获得长久稳定的发展,就必须根据自身的发展战略定位企业文化,让员工明确企业的战略目标、经营方针、管理技能等,自觉地把自我价值和企业价值、个人命运与企业命运紧密联系在一起
		2. 企业文化建设小组通过研究企业文化的发展,对企业文化现状进行分析诊断,总结存在的问题,从而更好地构建具有自身特色、有利于企业长远发展的新的企业文化体系
	D2	3. 企业应当根据发展战略和实际情况总结优良传统,挖掘文化底蕴,提炼积极向上、诚实守信、开拓创新的核心价值观,以确定文化建设的目标和内容,形成企业文化规范,使其成为员工行为守则的重要组成部分
		4. 企业文化建设小组通过建立企业形象识别系统,将企业的核心价值观延伸到企业的软硬件设施及器物层面,使企业精神融入员工的日常工作和生活中

续表

控制事项		详细描述及说明
阶段控制	D3	5. 企业应当促进文化建设在内部各层级的有效沟通，加强企业文化的宣传贯彻，确保全体员工共同遵守，企业应当加强对员工的文化教育和熏陶，全面提升员工的文化修养和内在素质
相关规范	应建规范	● 《企业文化建设制度》
	参照规范	● 《企业内部控制应用指引》《企业内部控制基本规范》
文件资料		● 《企业文化现状诊断报告》《企业文化建设方案》
责任部门及责任人		● 人力资源部、企业文化建设小组、相关部门 ● 总经理、人力资源部经理、企业文化建设小组组长、相关部门负责人

企业文化宣传流程相关内容如图 6-4、表 6-6 所示。

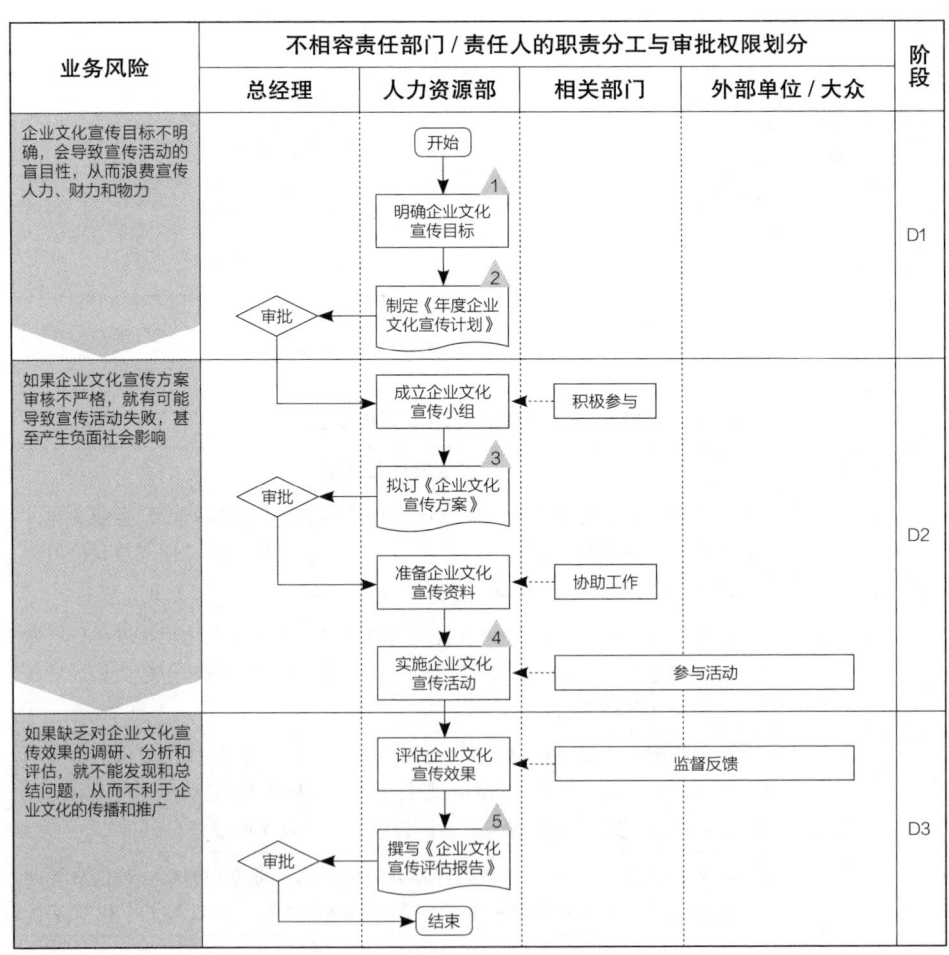

图 6-4　企业文化宣传流程与风险控制

表 6-6　企业文化宣传流程控制

控制事项		详细描述及说明
阶段 控制	D1	1. 企业文化宣传的目标应紧紧围绕企业的核心价值观，根据企业发展战略和自身特点，宣传企业的优良传统和文化底蕴，向员工和社会大众传播积极向上的企业文化
		2.《年度企业文化宣传计划》应根据企业文化的宣传目标制定，并考虑企业可以承受的人力、财力和物力
	D2	3.《企业文化宣传方案》应包括宣传的时间、场所、人员、方式、材料等，方案应具有可操作性
		4. 企业文化宣传活动开展过程中应综合运用各种手段，调动企业内部员工和社会大众的参与热情，并注意维持大型活动现场的秩序，做好意外事故的防范工作
	D3	5. 企业文化宣传小组应对宣传活动的效果进行总结分析，并撰写《企业文化宣传评估报告》，提出活动的改进建议，提交总经理审批
相关 规范	应建 规范	●《企业文化宣传管理规定》
	参照 规范	●《企业内部控制应用指引》《企业内部控制基本规范》
文件资料		●《年度企业文化宣传计划》《企业文化宣传方案》《企业文化宣传评估报告》
责任部门及 责任人		● 人力资源部、企业文化宣传小组、相关部门 ● 总经理、人力资源部经理、企业文化宣传小组组长、相关部门负责人

6.4.2　企业文化评估的内部控制流程

企业文化评估流程相关内容如图 6-5、表 6-7 所示。

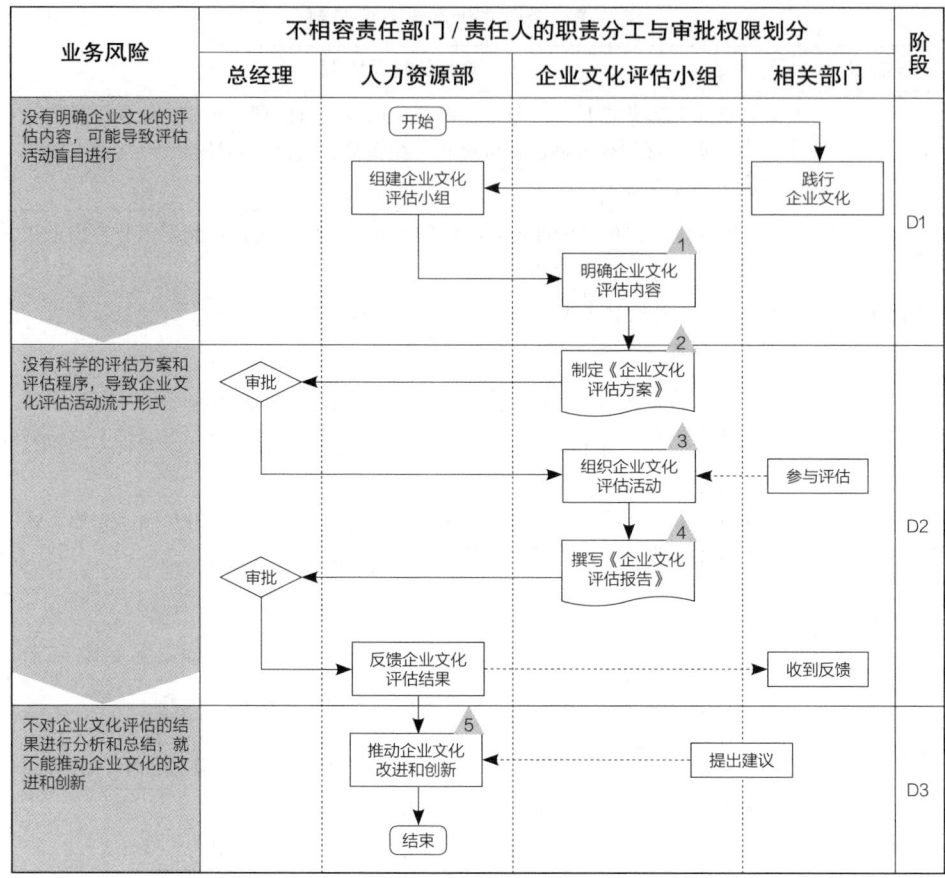

图 6-5　企业文化评估流程与风险控制

表 6-7　企业文化评估流程控制

控制事项		详细描述及说明
阶段控制	D1	1. 企业文化评估应重点关注董事、监事、经理和其他高级管理人员在企业文化建设中责任履行的情况，全体员工对企业核心价值观的认同感，企业经营管理行为与企业文化的一致性，企业品牌的社会影响力，参与企业并购重组各方文化的融合度，以及员工对企业未来发展的信心等内容
	D2	2.《企业文化评估方案》应明确文化评估的目的、内容、参与人员、评估方法、评估程序等具体事项
		3. 企业文化评估小组负责组织企业文化评估活动，按照评估方案规范和监督评估过程，并落实评估责任制，避免企业文化评估活动流于形式
		4. 企业文化评估活动结束后，企业文化评估小组应撰写《企业文化评估报告》，对评估活动的过程和结果进行总结，并提交总经理审批

控制事项		详细描述及说明
阶段 控制	D3	5. 企业应当重视企业文化的评估结果，巩固和发扬文化建设成果，针对评估过程中发现的问题，研究影响企业文化建设的不利因素，分析深层次的原因，及时采取措施加以改进，不断推进企业文化创新
相关 规范	应建 规范	● 《企业文化评估制度》
	参照 规范	● 《企业内部控制应用指引》《企业内部控制基本规范》
文件资料		● 《企业文化评估方案》《企业文化评估报告》
责任部门及 责任人		● 人力资源部、企业文化评估小组、相关部门 ● 总经理、人力资源部经理、企业文化评估小组组长、相关部门负责人

企业文化创新流程相关内容如图 6-6、表 6-8 所示。

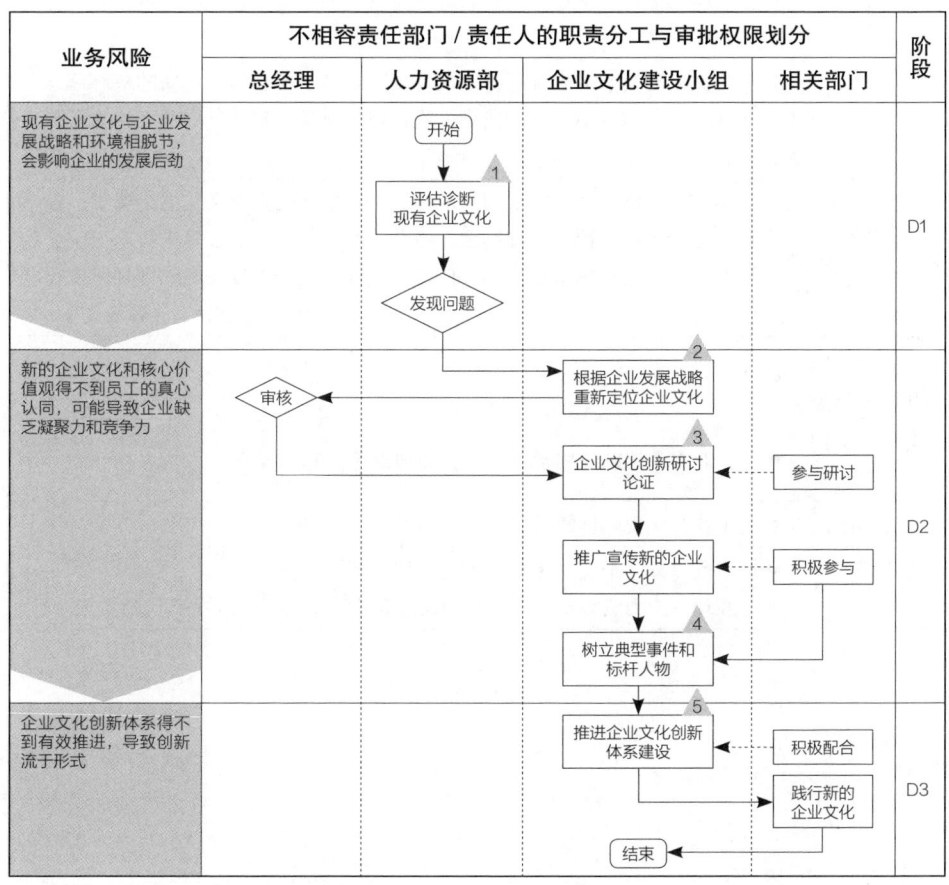

图 6-6 企业文化创新流程与风险控制

表 6-8 企业文化创新流程控制

控制事项		详细描述及说明
阶段控制	D1	1.企业文化评估是对企业文化现状、过程和效果进行评价。企业文化审核（审计）是在企业文化评估的基础上，对企业文化特点、要素、类型、过程和效果等进行审查。企业组织管理链是由各级主管所形成的，是企业文化的主导线。企业文化的形成和发展，是各级主管通过自己的言行和管理行为，逐渐形成自己团队的小文化，各个团队的文化最终汇集形成企业文化。实际上，评价企业文化，最终还是评价各个单位的文化。所以，应把企业文化的过程和效果作为考核各级主管的主要文化指标
	D2	2.企业必须根据自身的发展战略重新定位企业文化，让员工明确企业的战略目标、经营方针、管理规范等，自觉地把自我价值和企业价值、个人命运与企业命运紧密联系在一起，从而构建具有自身特色、有利于企业长远发展的新的企业文化体系
		3.企业文化建设小组应通过各种形式，如会议讨论、有奖征文、网络讨论等，动员全体员工参与企业文化创新研讨论证，群策群力、畅所欲言，提出自己的主张和建议
		4.企业文化建设小组应有意识地去发现、培养和树立与企业新的核心理念和价值观相吻合的典型事件和典型人物，保持科学的宣传导向性，树立标杆，影响和引导员工
	D3	5.企业要以对传统文化的批判为前提，对构成新的企业文化的诸要素，包括经营理念、企业宗旨、管理制度、经营流程、仪式、语言等进行全方位、系统性的弘扬、重建或重新表述，使之与企业的生产力发展和外部环境变化相适应
相关规范	应建规范	●《企业文化建设制度》
	参照规范	●《企业内部控制应用指引》《企业内部控制基本规范》
文件资料		●《企业文化现状诊断报告》
责任部门及责任人		●人力资源部、企业文化建设小组、相关部门 ●总经理、人力资源部经理、企业文化建设小组组长、相关部门负责人

6.5　企业文化内部控制制度示范

6.5.1　企业文化建设管理制度

某基金管理公司企业文化建设管理制度如下。

企业文化建设管理制度

第一章　总则

第一条　为加强公司企业文化建设，实现企业文化与生产经营的深度融合，促进公司健康持续发展，按照证监会行业文化建设要求，结合公司实际情况制定本制度。

第二条　本制度适用于公司各部门包括子公司和分公司的企业文化建设工作。

第三条　企业文化是公司在发展中长期形成的共同理想、基本价值观、管理哲学、作风、生活习惯和行为规范的总称，是公司在经营管理过程中创造的具有本公司特色的精神财富的总和。

第四条　公司设立企业文化建设领导委员会和执行委员会，企业文化建设工作由公司企业文化建设领导委员会安排部署，执行委员会负责具体落实。

第二章　原则

第五条　参与性原则。全体员工要积极行动，踊跃参与、积极支持企业文化建设工作。

第六条　导向性原则。在企业文化建设实践中，必须始终围绕"合规、诚信、专业、稳健"八字核心，营造正确的企业文化舆论氛围，奉行并宣扬公司所倡导的理念和行为。

第七条　关联性原则。要创造性地把企业文化建设与日常工作管理结合起来，理论联系实际，采取灵活多样的形式推进企业文化建设。

第八条　持久性原则。文化建设属于基础工程，必须要真认同、有耐心，切实将企业文化工作纳入公司总体发展战略中，贯彻落实文化建设。

第九条　效能性原则。要从实际出发，统筹人力、物力、财力等诸多因素，加强成本意识和成本管理，通过灵活多样的渠道，以最小的投入获取最大的效益。

第十条 协调性原则。企业文化建设是个系统工程，公司员工应牢固树立全局意识，互相支持、密切配合，在企业文化推进过程中听从指挥、服从调配，发挥企业文化的最佳效应。

第十一条 合法性原则。企业文化传播渠道的建设和宣传必须结合行业实际，按照国家法律法规的有关规定进行。

第三章 组织

第十二条 公司紧紧围绕"合规、诚信、专业、稳健"这一行业文化建设核心，设立企业文化建设领导委员会，其中公司总经理担任主任，主持企业文化建设全面工作；督察长重点负责合规文化建设；分管销售的公司领导重点负责诚信文化建设；分管投资的公司领导重点负责专业文化建设；分管综合运营的公司领导重点负责稳健文化建设；董事会秘书根据公司部署具体协调推进相关工作。

第十三条 公司设立企业文化建设执行委员会，由董事会秘书担任主任，负责执行领导委员会的各项战略部署。企业文化建设执行委员会全体人员职责分工如表6-9所示。

表6-9 企业文化建设执行委员会全体人员职责分工

人员	职责
主任：董事会秘书	领导执行委员会及时、全面贯彻企业文化建设委员会作出的各项决议；提升执行委员会的执行能力和执行效率，推动各项决策有效落实；全力攻坚重大部署组织力量
委员：品牌宣传部门负责人	及时掌握和有效处置监管机构重大紧急信息，高效传达各类企业文化学习文件，做好企业文化宣贯的同时，深入探索与企业文化学习文件建设相适应的学习方法和形式，建立起长效学习机制
委员：人力资源部门负责人	建立行之有效的企业文化奖惩机制，明确奖惩的依据、标准和程序，针对各相关人员工作执行各环节进行评价，以此作为年度考核的依据
委员：监察稽核部门负责人	构建领先的合规风控体系，积极倡导合规管理文化，持续强化主动合规管理和风险处置能力，为长期发展夯实根基
委员：董事会办公室负责人	围绕委员会重大决策和重要工作部署执行情况进行跟踪督办；加强公司与股东之间的信息沟通，创造更加有利的投资环境和通力合作的融洽气氛；及时完成委员会交办的其他工作任务
委员：行政办公室负责人	助力领导层提炼和完善企业文化，构建企业人文关怀机制，增强公司的凝聚力、号召力和向心力，促进企业文化总目标实现
列席委员：子公司相关负责人	具体对接落实全资子公司的企业文化建设工作

第十四条　企业文化建设执行委员会工作机制。

（一）例会机制：企业文化建设执行委员会定期召开工作例会，由董事会秘书主持。

（二）工作联动机制：坚持共同研究讨论、密切配合、通力协作、快速准确，共促联动机制健康、有序运行。

（三）内部学习机制：形成学习培训制度、培训计划，严格实施各项培训制度与计划并及时兑现奖罚，形成相互之间交流分享的习惯。

（四）应急响应机制：建立监测和预警机制，防患于未然；构建企业应急和维稳机制，针对突发事件能够作出正确反应并及时控制局势。

第四章　内容

第十五条　公司企业文化建设包含以下内容。

（一）企业文化理念：秉承专业勤勉、平等包容、务实创新的合伙人创业理念，致力于创建业内一流的投研、风控和运营平台，以及强有力的销售支持体系，努力以专业稳健的企业形象，忠于投资者最佳利益。

（二）企业使命：为客户持续创造财富，助员工提升自我价值。

（三）企业核心价值观：为客户创造价值，为员工打造平台，为股东实现回报，为社会履行责任。

（四）企业愿景：成为具有强大竞争力的财富管理机构。

第五章　实施途径

第十六条　公司以"合规、诚信、专业、稳健"八字核心为抓手，开展企业文化建设工作。

（一）进一步加强公司企业文化基本制度保障，强化新形势下的企业文化建设，有计划、分步骤持续推进，保持管理团队稳定，注重公司长期发展。

（二）开展年度自查自纠活动。结合监管机构制定的各项监管制度，特别是结合新近出台的规定和要求，对公司合规工作进行全面清理和优化，查找漏洞、弥补短板、强化执行，确保各项工作符合监管规定和要求，筑牢合规风险管理的基石。

（三）建设学习型组织。围绕公司健康持续发展主线，以快乐、价值为取向，以学习与反思、专业与管理、系统思考等三项能力为重点，以自我超越、改善心智模式、建立共同愿景、团队学习、系统思考等五项修炼为途径，大力营造和形成重视学习、崇尚学习、坚持学习的浓厚氛围，牢固确立全员学习、团队学习、终身学习的理念，激发员工学习潜能，显著提升公司上下学习、创新和破解难题的能力，做到以学促干、学干结合，努力推动各项工作上台阶。

（四）加强企业文化宣传，坚持内宣外宣并重，通过张贴标语、宣传画报，树立先进人物，推广典型事迹等形式，有力促进企业文化深入人心；加快建设高水平企业文化对外传播平台，创新传播方式，提高公司的知名度，积极为公司发展营造良好舆论环境，加强视觉识别系统的管理，积极打造公司外部形象表层文化。

（五）建立合理的奖惩制度和激励机制，促进员工树立职业意识、责任意识、发展意识，牢固树立为持有人创造长期价值的目标，共铸资管业务长远目标。与此同时，公司主动承担社会责任，参与爱心助力，鼓励员工参加公益活动，视情况予以嘉奖。

第六章　保障措施

第十七条　加强组织领导。把企业文化建设摆在突出位置，列入重要议事日程，完善组织机构，制定实施方案，明确工作重点，突出自身特色，分层分类推进，确保工作落到实处。

第十八条　深入宣传发动。认真做好思想发动工作，加强宣传，提高认识，提高广大干部员工对企业文化建设的支持度；采取多种方式，建立学习交流平台，加强工作经验和学习成果的交流；及时总结经验，善于发现和树立先进典型，充分发挥示范引领作用。

第十九条　健全考核机制。细化分解工作任务，落实到具体责任人；根据监管机构对企业文化建设的要求，组织开展建设情况的督查和考核，对表现突出的部门或公司予以表扬。

第二十条　注重有机结合。各项活动要与推动公司各项工作相结合，坚持理论联系实际，实现活动与工作两手抓、两不误、两促进。

第七章　附则

第二十一条　本制度由企业文化建设委员会制定并解释，经公司管委会审核通过后实施。

第二十二条　本制度自颁发之日起执行。

6.5.2　企业文化评估管理办法

以下企业文化评估管理办法适用于佐餐开胃菜行业。

企业文化评估管理办法

第一章 范围

第一条 本办法规定了企业文化评估的职能职责分配、内容、要求及方式方法。

第二章 术语和定义

第二条 企业文化是企业在生产经营实践中逐步形成的、为整体团队所认同并遵守的价值观、经营理念和企业精神，以及在此基础上形成的各种行为规范的总和。企业文化包括精神文化、行为文化、制度文化、物质文化。

第三条 企业文化评估是对企业中高层管理人员在企业文化建设中的履行情况、全体员工对企业核心价值观的认同感、企业经营管理行为与企业文化的一致性、企业品牌的影响力，以及员工对企业未来发展的信心进行的全面的综合性评价。

第四条 视觉识别系统是企业个性和身份的识别系统。视觉识别系统将企业的经营理念、文化精神等透过独特的视觉符号传递给社会大众，对内征得员工的认同感、归属感，增强企业凝聚力，对外为企业在公众中建立起鲜明统一的认知。

第三章 职责

第五条 企业党委负责企业文化的建设和评估，制定和修改完善本办法。

第六条 企业党办牵头，各单位部门参加企业文化的内部评估，以推动企业精神文化、行为文化、制度文化、物质文化的协同建设和发展。

第七条 企业董事长根据企业文化建设和发展的需要，在必要时可聘请专业机构进行内外部统一评估。

第八条 企业董事、监事、其他高级管理人员和各级主管是企业文化建设的实践者，是企业文化建设的主导者，须以自身的优秀品格和脚踏实地的工作作风率先垂范，营造积极向上的团队氛围，完成企业目标任务。

第九条 企业员工是企业文化建设和评估的践行者、参与者，应爱岗敬业、忠于职守、回报社会，以积极健康向上的精神风貌维护企业形象。

第四章 评估内容

第十条 精神文化评估从企业理念、企业理念传播两个维度进行。

第十一条 企业理念评估维度有内部评估和外部评估两方面。

企业理念内部评估内容如表6-10所示。

表 6-10　企业理念内部评估内容

认知	企业员工知晓企业理念内容，并能说、能讲、能用
认同	企业员工在思想上接受企业理念，并在行为上予以体现
接受	企业员工自觉维护企业形象，有自豪感、荣誉感、归属感

第十二条　企业理念外部评估内容如表 6-11 所示。

表 6-11　企业理念外部评估内容

先进性	企业理念与社会、国家所倡导的基本价值观一致，充分结合行业发展趋势和企业发展方向，具有前瞻性和引领性
指导性	企业理念能体现企业发展的方向与目标，能为企业文化发展战略的制定与重大管理决策提供支持依据，能指导、统领企业的行为文化、制度文化、物质文化的建设，其内涵解读有助于宣贯实施，能指导企业内各部门的团队文化建设，能指导员工职业观和工作观的形成，并能引导员工按企业的价值观行动
特色性	主业突出，行业领先

第十三条　企业理念传播维度评估内容如表 6-12 所示。

表 6-12　企业理念传播维度评估内容

传播度	管理层能正确、清晰地理解企业的文化，能自觉地推进企业价值观和企业核心理念的传播。员工熟知企业价值观、愿景、使命和企业精神等核心理念，并具有深入理解
认同度	员工认同企业价值观、愿景、使命和企业精神等理念，并将之深植自己的内心，作为自身行为的准则
特色性	主业突出，行业领先

第十四条　行为文化从员工行为、领导行为、团队行为、队伍建设、社会责任五个维度进行评估。

第十五条　员工行为维度评估内容如表 6-13 所示。

表 6-13　员工行为维度评估内容

工作主动性	员工对工作积极主动，关注企业发展，具有强烈的主动提升意识
责任感	员工具有责任意识，爱岗敬业
纪律性	员工严格遵守、自觉维护企业的各种纪律与制度
行为规范执行	员工正确认知并认同企业行为识别体系（如行为规范、礼仪规范、文明用语规范等），在工作中能正确依照各种行为规范办事

第十六条　领导行为维度评估内容如表 6-14 所示。

表 6-14　领导行为维度评估内容

授权	管理者对下属合理授权，在明确责权利的情况下，下属在职责或授权范围内可充分决断
管理方式	在日常管理中，规范运行，下属犯错时不只是处罚，还应及时纠正并给予帮助
沟通与倾听	管理者领导下属完成工作时善于沟通和倾听，准确掌握任务进度、员工状态等重要信息，能有效管理工作过程，及时调整工作目标和任务

第十七条　团队行为维度评估内容如表 6-15 所示。

表 6-15　团队行为维度评估内容

团队意识	员工的团队荣辱感和合作意识较强，对本部门、其他部门和周围同事的工作比较了解
团队协作	企业的沟通、分享和合作机制比较健全，便于以团队的方式开展工作，通过群策群力有效促进团队目标实现
团队氛围	团队中倡导公平、鼓励、信任与开放，致力于营造团结和谐的氛围

第十八条　队伍建设维度评估内容如表 6-16 所示。

表 6-16　队伍建设维度评估内容

思想教育	开展员工思想道德教育，提高员工综合素质，培养有理想、有道德、有文化、有纪律的高素质"四有"员工。党员领导干部民主生活会：联系发展、批评深入、发扬民主、促进团结。中心组学习：理论主导、讨论交流、定期开展、形成系列
学习培训	有计划、有组织地开展员工业务知识、业务技能、管理能力的培训与提升活动
任用晋升	员工有平等晋升或任用的机制
职业规划	企业帮助员工确定自己的职业发展目标，制定个人发展与企业发展相结合的职业生涯规划，并结合企业情况提供公平的岗位机会与竞争环境，帮助员工编制相应的教育和培训等行动计划
权益保障制度	企业构建了完善的职业安全健康管理体系，薪酬、福利等制度制定科学合理，并能严格执行保障员工权益的制度
主题实践活动	企业开展内容健康、主题鲜明、积极向上、推动发展的主题实践活动

第十九条　社会责任维度评估内容如表 6-17 所示。

表 6-17 社会责任维度评估内容

遵纪守法	企业遵守国家法律法规，履行社会责任，发挥表率作用
社区义务	企业对所在社区尽到义务，为社区建设作出贡献
公益事业	企业积极回报社会，热心公益事业，在助学帮困、救灾抢险等方面积极承担责任
环境保护	企业将环境保护纳入经营活动，为环境保护制定具体措施，并认真履行

第二十条 制度文化从组织架构、目标管理、规章制度、绩效管理、激励机制五个维度进行评估。

第二十一条 组织架构维度评估内容如表 6-18 所示。

表 6-18 组织架构维度评估内容

机构设置合理性	围绕工作任务来建立机构，因事设岗，授权清晰明确，是为了完成目标而设立的多个相互作用组成的分工与合作系统
应变能力	企业具备根据市场需求变化快速灵活响应的能力

第二十二条 目标管理维度评估内容如表 6-19 所示。

表 6-19 目标管理维度评估内容

绩效指标	根据战略目标设立关键绩效指标（Key Performance Indicator，KPI），指标客观且可以考评
经济指标	指标具体，可分解、可量化和定性
目标范围	目标建立覆盖企业、单位部门、个人
目标考评	目标有完成的时间、责任、奖惩和考评方法

第二十三条 规章制度维度评估内容如表 6-20 所示。

表 6-20 规章制度维度评估内容

管理标准	制定覆盖企业经营管理的规章制度，职能清晰、管理内容明确
工作标准	制定覆盖所有工作岗位履职所需的能力、资格和条件的制度，职责清楚、工作具体
技术标准	制定覆盖标准化领域中需要协调统一的技术事项，并为此而形成产品技术标准、工艺技术标准、设备技术标准、检验检测标准等
持续改进	每年对各种规章制度进行清理、修订和完善，不断改进

第二十四条 绩效管理维度评估内容如表 6-21 所示。

表6-21　绩效管理维度评估内容

绩效考核	根据所设立的KPI，形成对指标执行的评价与考评机制
绩效运用	按照考核结果实行奖罚
绩效反馈	进行内部沟通，不断地修正执行效果以使其按既定方向前进

第二十五条　根据KPI的评价考核结果，建立有效的奖惩激励机制，发挥员工积极性、主动性、能动性。

激励机制维度评估内容如表6-22所示。

表6-22　激励机制维度评估内容

晋级晋职	员工年度考核考评，行政职务有晋级淘汰机制，技术职务有晋职淘汰机制
评先评优	组织先进单位、先进工作者等评比、评选，树立标杆、塑造典型和模范
技术攻关	根据生产过程中的技术、质量、设备问题，选择攻关课题，制定规划和目标完成进度
项目奖励	新品开发和推广、重大项目研发和攻关、新材料与新技术运用、管理创新和管理工作水平提升、重大事件处置等
质量奖励	按照产品质量标准实施奖惩激励机制
成本节约	根据消耗量，以成本节约为核心实行奖惩制度
合理化建议	质量控制成果转化、技术改革、管理建议的奖励制度

第二十六条　物质文化从品牌建设、企业形象标志、硬件设施、文化产品四个维度进行评估。

第二十七条　品牌建设维度评估内容如表6-23所示。

表6-23　品牌建设维度评估内容

品牌战略	企业树立了自己的品牌，对品牌的建设、维护制定规划与计划，在实施过程中企业内部形成全员参与品牌建设的格局
质量管理	全员质量意识深入人心，员工把自己的工作情况视为决定产品质量的重要环节，主动自觉地维护产品品质。企业将全员质量意识贯彻在生产经营的全过程，建立规范的质量管理制度，并有相应的评价激励机制
产品创新	企业鼓励产品研发与流程持续创新，建立了技术创新促进体系，并完善技术创新的各项制度。企业提升自主创新能力和新产品技术的后续开发能力，并且技术专利的申请数和实际运用的专利数较多
品牌价值	企业的品牌有鲜明的、能体现产品品质的内涵。企业的品牌能够与消费者产生共鸣，对消费者形成强大的感召力，拥有较高知名度和美誉度。企业产品市场占有率高，成为行业重点品牌

第二十八条　企业形象标志维度评估内容如表6-24所示。

表6-24 企业形象标志维度评估内容

视觉识别系统认同	企业员工对企业的形象标志具有统一的认识和深入的理解，能自觉维护企业形象，并在工作中体现出这种形象
视觉识别系统应用规范	企业有视觉识别系统应用规范，在对内、对外需要使用企业名称、标志等的地方，保持与企业形象识别具有一致性和传承性的要求和规定
视觉识别系统维护机构	企业有专门的机构和人员对企业形象标志进行建设和维护

第二十九条 硬件设施维度评估内容如表6-25所示。

表6-25 硬件设施维度评估内容

沟通平台	企业建立网站、内部交流等多种上下及内外互动交流平台，能有效促进企业整体的沟通与反馈
共享平台	企业建立各种有效的知识沉淀与共享的信息化平台，在各种知识沉淀和办公效率提升等方面发挥实际作用
学习、娱乐、休闲场所	企业环境整洁、各种设施齐备，充分满足员工学习、生活、休闲的需要，切实发挥作用
文化宣传设施	企业有文化宣传设施，并定期进行维护和更新

第三十条 文化产品维度评估内容如表6-26所示。

表6-26 文化产品维度评估内容

文化产品多样性	企业的精神文化形成多载体记录、多渠道传播的格局
文化产品延续性	文化产品不仅有内容的汇编，反映一个时期的企业文化，还系统地整理、提炼、记录企业文化的发展，发挥企业文化的传承作用

第五章 企业文化评估的方式方法

第三十一条 采取问卷法、座谈法、总结法对企业文化进行评估。

第三十二条 问卷指标以企业人员书面答卷或计算机在线答题的方式进行。企业文化问卷指标评价样本量如表6-27所示。

表6-27 企业文化问卷指标评价样本量

参与人员		样本量占总量的比例
高层管理人员		100%
中层管理人员	经理或经理级	40% ~ 60%
	科长（科级）	
基层员工		10% ~ 30%

第三十三条 加减分指标。

加减分指标评估是企业文化评估的补充方式，加减分指标得分最高分为 20 分，最低分为 -20 分。加分项目包括获得市级及以上科研成果、奖励，专利核准（专利证书）。减分项目是指班子成员受到党纪政纪处分、高层违法犯罪、安全生产发生死亡事故、重大危机处置不当使企业形象损毁严重。

第三十四条　企业文化实行综合评估和单项评估。综合评估是对企业文化的总体评价，单项评估是对企业文化某个方面的评价。

第三十五条　综合评估。

综合评估：基础指标、问卷指标和加减分指标分数的算术和为综合得分。

综合得分大于或等于 90 分为优秀；大于或等于 80 分且小于 90 分为良好；大于或等于 70 分且小于 80 分为一般；大于或等于 60 分且小于 70 分为合格；小于 60 分为不合格。

第三十六条　单项评估。

单项评估分为精神文化、行为文化、制度文化、物质文化四个单项，采取 100 分制进行评估，分别计算出四个单项的得分。

单项得分大于或等于 90 分为好；大于或等于 80 分且小于 90 分为较好；大于或等于 70 分且小于 80 分为一般；小于 70 分为需要加强和改进。

第三十七条　企业文化评估的运用。

企业文化评估的运用是指根据企业文化评估的结果，巩固和发扬文化建设成果，研究和分析影响企业文化建设的深层原因，采取积极措施消除企业文化建设的不利因素。

按照在企业文化建设中贡献的大小，企业对参与单位部门和个人予以奖励，以促进企业文化建设广泛深入地开展，推动企业各项工作更上一层楼，圆满完成目标任务。

第 7 章
资金活动内部控制

7.1 资金活动内部控制应用指引

企业内部控制应用指引第 6 号——资金活动
第一章 总则

第一条 为了促进企业正常组织资金活动，防范和控制资金风险，保证资金安全，提高资金使用效益，根据有关法律法规和《企业内部控制基本规范》，制定本指引。

第二条 本指引所称资金活动，是指企业筹资、投资和资金营运等活动的总称。

第三条 企业资金活动至少应当关注下列风险：

（一）筹资决策不当，引发资本结构不合理或无效融资，可能导致企业筹资成本过高或债务危机。

（二）投资决策失误，引发盲目扩张或丧失发展机遇，可能导致资金链断裂或资金使用效益低下。

（三）资金调度不合理、营运不畅，可能导致企业陷入财务困境或资金冗余。

（四）资金活动管控不严，可能导致资金被挪用、侵占、抽逃或遭受欺诈。

第四条 企业应当根据自身发展战略，科学确定投融资目标和规划，完善严格的资金授权、批准、审验等相关管理制度，加强资金活动的集中归口管理，明确筹资、投资、营运等各环节的职责权限和岗位分离要求，定期或不定期检查和评价资金活动情况，落实责任追究制度，确保资金安全和有效运行。

企业财会部门负责资金活动的日常管理，参与投融资方案等可行性研究。总会计师或分管会计工作的负责人应当参与投融资决策过程。

企业有子公司的，应当采取合法有效措施，强化对子公司资金业务的统一监控。有条件的企业集团，应当探索财务公司、资金结算中心等资金集中管控模式。

第二章　筹资

第五条　企业应当根据筹资目标和规划，结合年度全面预算，拟订筹资方案，明确筹资用途、规模、结构和方式等相关内容，对筹资成本和潜在风险作出充分估计。

境外筹资还应考虑所在地的政治、经济、法律、市场等因素。

第六条　企业应当对筹资方案进行科学论证，不得依据未经论证的方案开展筹资活动。重大筹资方案应当形成可行性研究报告，全面反映风险评估情况。

企业可以根据实际需要，聘请具有相应资质的专业机构进行可行性研究。

第七条　企业应当对筹资方案进行严格审批，重点关注筹资用途的可行性和相应的偿债能力。重大筹资方案，应当按照规定的权限和程序实行集体决策或者联签制度。

筹资方案需经有关部门批准的，应当履行相应的报批程序。筹资方案发生重大变更的，应当重新进行可行性研究并履行相应审批程序。

第八条　企业应当根据批准的筹资方案，严格按照规定权限和程序筹集资金。银行借款或发行债券，应当重点关注利率风险、筹资成本、偿还能力以及流动性风险等；发行股票应当重点关注发行风险、市场风险、政策风险以及公司控制权风险等。

企业通过银行借款方式筹资的，应当与有关金融机构进行洽谈，明确借款规模、利率、期限、担保、还款安排、相关的权利义务和违约责任等内容。双方达成一致意见后签署借款合同，据此办理相关借款业务。

企业通过发行债券方式筹资的，应当合理选择债券种类，对还本付息方案作出系统安排，确保按期、足额偿还到期本金和利息。

企业通过发行股票方式筹资的，应当依照《中华人民共和国证券法》等有关法律法规和证券监管部门的规定，优化企业组织架构，进行业务整合，并选择具备相应资质的中介机构协助企业做好相关工作，确保符合股票发行条件和要求。

第九条　企业应当严格按照筹资方案确定的用途使用资金。筹资用于投资的，应当分别按照本指引第三章和《企业内部控制应用指引第 11 号——工程项目》规定，防范和控制资金使用的风险。

由于市场环境变化等确需改变资金用途的，应当履行相应的审批程序。严禁擅自改变资金用途。

第十条 企业应当加强债务偿还和股利支付环节的管理，对偿还本息和支付股利等作出适当安排。

企业应当按照筹资方案或合同约定的本金、利率、期限、汇率及币种，准确计算应付利息，与债权人核对无误后按期支付。

企业应当选择合理的股利分配政策，兼顾投资者近期和长远利益，避免分配过度或不足。股利分配方案应当经过股东（大）会批准，并按规定履行披露义务。

第十一条 企业应当加强筹资业务的会计系统控制，建立筹资业务的记录、凭证和账簿，按照国家统一会计准则制度，正确核算和监督资金筹集、本息偿还、股利支付等相关业务，妥善保管筹资合同或协议、收款凭证、入库凭证等资料，定期与资金提供方进行账务核对，确保筹资活动符合筹资方案的要求。

第三章 投资

第十二条 企业应当根据投资目标和规划，合理安排资金投放结构，科学确定投资项目，拟订投资方案，重点关注投资项目的收益和风险。企业选择投资项目应当突出主业，谨慎从事股票投资或衍生金融产品等高风险投资。

境外投资还应考虑政治、经济、法律、市场等因素的影响。

企业采用并购方式进行投资的，应当严格控制并购风险，重点关注并购对象的隐性债务、承诺事项、可持续发展能力、员工状况及其与本企业治理层及管理层的关联关系，合理确定支付对价，确保实现并购目标。

第十三条 企业应当加强对投资方案的可行性研究，重点对投资目标、规模、方式、资金来源、风险与收益等作出客观评价。

企业根据实际需要，可以委托具备相应资质的专业机构进行可行性研究，提供独立的可行性研究报告。

第十四条 企业应当按照规定的权限和程序对投资项目进行决策审批，重点审查投资方案是否可行、投资项目是否符合国家产业政策及相关法律法规的规定、是否符合企业投资战略目标和规划、是否具有相应的资金能力、投入资金能否按时收回、预期收益能否实现，以及投资和并购风险是否可控等。重大投资项目，应当按照规定的权限和程序实行集体决策或者联签制度。

投资方案需经有关管理部门批准的，应当履行相应的报批程序。投资方案发生重大变更的，应当重新进行可行性研究并履行相应审批程序。

第十五条　企业应当根据批准的投资方案，与被投资方签订投资合同或协议，明确出资时间、金额、方式、双方权利义务和违约责任等内容，按规定的权限和程序审批后履行投资合同或协议。

企业应当指定专门机构或人员对投资项目进行跟踪管理，及时收集被投资方经审计的财务报告等相关资料，定期组织投资效益分析，关注被投资方的财务状况、经营成果、现金流量以及投资合同履行情况，发现异常情况，应当及时报告并妥善处理。

第十六条　企业应当加强对投资项目的会计系统控制，根据对被投资方的影响程度，合理确定投资会计政策，建立投资管理台账，详细记录投资对象、金额、持股比例、期限、收益等事项，妥善保管投资合同或协议、出资证明等资料。

企业财会部门对于被投资方出现财务状况恶化、市价当期大幅下跌等情形的，应当根据国家统一的会计准则制度规定，合理计提减值准备、确认减值损失。

第十七条　企业应当加强投资收回和处置环节的控制，对投资收回、转让、核销等决策和审批程序作出明确规定。

企业应当重视投资到期本金的回收。转让投资应当由相关机构或人员合理确定转让价格，报授权批准部门批准，必要时可委托具有相应资质的专门机构进行评估。核销投资应当取得不能收回投资的法律文书和相关证明文件。

企业对于到期无法收回的投资，应当建立责任追究制度。

第四章　营运

第十八条　企业应当加强资金营运全过程的管理，统筹协调内部各机构在生产经营过程中的资金需求，切实做好资金在采购、生产、销售等各环节的综合平衡，全面提升资金营运效率。

第十九条　企业应当充分发挥全面预算管理在资金综合平衡中的作用，严格按照预算要求组织协调资金调度，确保资金及时收付，实现资金的合理占用和营运良性循环。

企业应当严禁资金的体外循环，切实防范资金营运中的风险。

第二十条　企业应当定期组织召开资金调度会或资金安全检查，对资金预算执行情况进行综合分析，发现异常情况，及时采取措施妥善处理，避免资金冗余或资金链断裂。

企业在营运过程中出现临时性资金短缺的，可以通过短期融资等方式获取资金。资金出现短期闲置的，在保证安全性和流动性的前提下，可以通过购买国债等多种方式，提高资金效益。

第二十一条 企业应当加强对营运资金的会计系统控制，严格规范资金的收支条件、程序和审批权限。

企业在生产经营及其他业务活动中取得的资金收入应当及时入账，不得账外设账，严禁收款不入账、设立"小金库"。

企业办理资金支付业务，应当明确支出款项的用途、金额、预算、限额、支付方式等内容，并附原始单据或相关证明，履行严格的授权审批程序后，方可安排资金支出。

企业办理资金收付业务，应当遵守现金和银行存款管理的有关规定，不得由一人办理货币资金全过程业务，严禁将办理资金支付业务的相关印章和票据集中一人保管。

7.2　筹资业务内部控制

筹资活动是企业资金活动的起点，也是企业整个经营活动的基础。企业应当根据经营和发展战略的资金需要，确定筹资战略目标和规划，结合年度经营计划和预算安排，拟订筹资方案，明确筹资用途、规模、结构和方式等相关内容，对筹资成本和潜在风险作出充分估计。如果是境外筹资，还必须考虑所在地的政治、经济、法律和市场等因素。

筹资活动的内部控制，不仅决定着企业能不能顺利筹集生产经营和未来发展所需资金，而且决定着企业能以什么样的筹资成本筹集资金、筹集所需资金需承担什么样的筹资风险，以及企业所筹集资金最终的使用效益。较低的筹资成本、合理的资本结构和较低的筹资风险，能够使企业应付裕如、进退有据，不至于背负沉重的压力，可以从容地追求长期目标，实现可持续发展；而较高的筹资成本、不合理的资本结构和较高的筹资风险，常常使企业经营压力倍增。企业一方面要保持更高的资金流动性以应付不合理资本结构带来的财务风险，一方面要追求更高的投资收益以补偿高额的筹资成本。

7.2.1 筹资业务内部控制的目标

企业筹资业务内部控制的目标就是防范筹资过程中的差错与舞弊、控制筹资风险、降低筹资成本。具体目标如表 7-1 所示。

表 7-1 筹资业务内部控制的目标

序号	目标
1	筹资活动符合企业的长期筹资计划,并事先得到审批
2	保证筹资业务符合相关法律规范的要求
3	保证筹集到的资金能够完整地取得并进行了充分恰当的记录及披露
4	保证债券折价、溢价的合理记录并进行了恰当的摊销处理
5	保证利息和股利的正确计提和适当的支付

7.2.2 筹资业务内部控制的风险点

筹资活动作为企业资金活动的起点,筹集企业投资和日常生产经营活动所需的资金。筹资活动的内部控制,不仅决定着企业是否能够筹集到投资、生产经营以及未来发展所需的资金,还决定着筹资成本和筹资风险,进而影响企业的发展状况。

筹资活动的关键风险点及控制措施包括以下几方面内容。

1. 筹资方案拟订

该环节的主要风险有缺乏经营战略规划、对企业资金现状认识不清、筹资方案内容不完整、考虑不够周密、测算不准确等。

企业首先应该制定经营发展战略,这样才能有效地指导企业的各项活动。企业筹资应当根据经营发展战略,确立筹资目标和规划,结合年度全面预算与资金现状等因素,拟订筹资方案,明确筹资用途、规模、结构、方式和期限等相关内容,对筹资成本和潜在风险作出充分估计。境外筹资还应考虑所在地的政治、经济、法律、市场等因素。一个完整的筹资方案应包括筹资金额、筹资形式、利率、筹资期限、资金用途等内容。

2. 筹资方案论证

该环节的主要风险有对筹资方案论证不科学、不全面等。

企业应当对筹资方案进行科学论证、可行性研究,防范筹资风险。筹资方案论证应从以下几个方面进行。

（1）筹资方案的战略评估：主要评估筹资方案是否符合企业经营发展战略，筹资规模是否适当等。筹资的目的是满足企业经营发展需要，因此筹资方案要符合企业整体发展战略。不可盲目筹集过多资金，因为资金都是有成本的，资金闲置会增加企业财务负担；也应避免筹资不足，以免影响投资和生产经营活动的开展。

（2）筹资方案的经济性评估：主要分析筹资方案是否经济，是否以最低的筹资成本获得所需资金。因此，应合理地选择股票、债券等筹资方式以及筹资期限。在风险相同的情况下，应尽可能地降低筹资成本。选择筹资期限时应考虑实施战略过程中资金的流入量和流出量，避免筹资期限过长或过短，导致资金闲置或多次筹资。

（3）筹资方案的风险评估：对筹资方案面临的风险，如利率、汇率、宏观经济形势、货币政策等因素进行预测分析，如采取债权方式带来的到期还本付息压力以及采取股权方式带来的控制权转移或稀释的风险等，并对可能出现的风险采取有效的防范措施。

重大筹资方案应当形成可行性研究报告，全面反映风险评估情况。企业可以根据实际需要，聘请具有相应资质的专业机构进行可行性研究。

3. 筹资方案审批

该环节的主要风险有缺乏完善的授权审批制度、审批不严等。

主要控制措施如下。第一，企业应当按照分级授权审批的原则对筹资方案进行严格审批，重点关注筹资用途的可行性和相应的偿债能力。对重大筹资方案，应当按照规定的权限和程序，实行集体决策或联签制度。筹资方案需经有关部门批准的，应当履行相应的报批程序。第二，筹资方案发生重大变更的，应当重新进行可行性研究并履行相应的审批程序。

4. 筹资计划的编制与实施

该环节的主要风险有筹资计划不完整、筹资成本支付不利、缺乏对筹资活动的严密跟踪管理等。

主要控制措施如下。

第一，财务部门应根据经批准的筹资方案制定严密的筹资计划。企业严格按照规定权限和筹资计划筹集资金。企业通过银行借款方式筹资的，应当与有关金融机构进行洽谈，明确借款规模、利率、期限、担保、还款安排、相关的权利义务和违约责任等内容。双方达成一致意见后，签署借款合同，并据此办理相关借款业务。企业通过发行债券方式筹资的，应合理选择债券种类，对还本付息方案作出系统安排，确保按期、足额偿还到期本金和利息。企业通过发行股票方式筹资的，应当依照《中华人民共和国证券法》等有关法律、法规和证券监管部门的规定，优化企业组织架构，进行业务整合，并选择具备相应资质的中介机构协助企业做好相关工作，以确保符合股票发行条件和要求。

第二，企业应当加强债务偿还和股利支付环节的管理，对偿还本息和支付股利等作出适当安排。企业应当按照筹资方案或合同约定的本金、利率、期限、汇率及币种，准确计算应付利息，与债权人核对无误后按期支付。企业应当选择合理的股利分配政策，兼顾投资者近期和长远利益，避免分配过度或不足。股利分配方案应当经过股东（大）会批准，并按规定履行披露义务。

5. 会计系统控制

该环节的主要风险有缺乏有效的筹资会计系统控制、会计记录和处理不准确等，导致未能如实反映筹资状况。

主要控制措施如下。第一，企业应当加强筹资业务的会计系统控制，建立筹资业务的资金筹集、本息偿还记录、凭证和账簿，按照国家统一会计准则和制度，正确核算和监督资金筹集、本息偿还、股利支付等相关业务。第二，妥善保管筹资合同或协议、收款凭证、入库凭证等资料，确保筹资活动符合筹资方案的要求。

筹资业务内部控制风险点见表 7-2。

表 7-2　筹资业务内部控制风险点

控制点	控制目标	控制措施
审批	保证负债筹资在授权下进行	借款筹资经授权的业务主管批准或经有关委员会批准。企业发行债券经股东（大）会批准；债券的偿还和回购根据董事会授权办理
签约	保证协议双方的权利和义务	银行借款需签订借款合同；发行债券需签订债券契约和相应的承销或包销合同；若为担保贷款，需签订相应的担保合同
记账	保证负债筹资业务的记录真实完整	建立严密完善的账簿体系和记录制度；核算方法符合会计准则和会计制度；筹资业务明细账与总账分离
核对	保证账账相符、账证相符，会计核算正确	定期对筹资业务的原始凭证、明细账与总账进行核对
保管	保证记录安全	指定专人保管有关负债筹资业务明细账；保管好企业债券存根簿

7.2.3 筹资业务内部控制的方法

筹资业务内部控制的方法包括职责分工控制、授权控制、审核批准控制、预算控制、财产保护控制，如表 7-3 所示。

表 7-3 筹资业务内部控制的方法

序号	方法
1	职责分工控制
2	授权控制
3	审核批准控制
4	预算控制
5	财产保护控制

（1）职责分工控制要求根据企业目标和职能任务，按照科学、精简、高效的原则，合理设置职能部门和工作岗位，明确各部门、各岗位的职责权限，形成各司其职、各负其责、便于考核、相互制约的工作机制。

企业在确定职责分工过程中，应当充分考虑不相容职务相互分离的制衡要求。不相容职务通常包括：授权批准、业务经办、会计记录、财产保管、稽核检查等。

（2）授权控制要求企业根据职责分工，明确各部门、各岗位办理经济业务与事项的权限范围、审批程序和相应责任等内容。企业内部各级管理人员必须在授权范围内行使职权和承担责任，业务经办人员必须在授权范围内办理业务。

（3）审核批准控制要求企业各部门、各岗位按照规定的授权和程序，对相关经济业务和事项的真实性、合规性、合理性以及有关资料的完整性进行复核与审查，通过签署意见并签字或者盖章，作出批准、不予批准或者其他处理的决定。

（4）预算控制要求企业加强预算编制、执行、分析、考核等各环节的管理，明确预算项目，建立预算标准，规范预算的编制、审定、下达和执行程序，及时分析和控制预算差异，采取改进措施，确保预算的执行。

（5）财产保护控制要求企业限制未经授权的人员对财产的直接接触和处置，采取财产记录、实物保管、定期盘点、账实核对、财产保险等措施，确保财产的安全完整。

7.2.4　筹资业务内部控制的关键点

一、筹资循环的职务分离

职责分工、明确责任是筹资循环内部控制的重要手段，筹资业务中应分离的职务如下。

（1）筹资计划编制人与审批人适当分离，以利于审批人员从独立的立场来评判计划的优劣。

（2）经办人员不能接触会计记录，筹资时通常由外部独立的机构代理发行债券和股票。

（3）会计记录人员同负责收、付款的人员相分离，有条件的应聘请外部独立的机构负责支付业务。

（4）证券保管人员同会计记录人员分离。

二、筹资收入控制

筹资金额大时，企业最好委托独立的代理机构代为发行债券和股票。因为代理机构本身所负有的法律责任、客观立场，既从外部协助了企业内部控制的有效执行，也从客观、公正的角度证实了企业会计记录的可信性，防止以筹资为名进行不正当活动或以伪造会计记录来掩盖不正当活动的事项发生。

三、会计记录控制

企业必须保证及时按正确的金额、合理的方法，在适当的账户和合理的会计期间正确记录。对股票、债券的溢价、折价应当选用适当的摊销方法，对发行在外的股票要设置股东明细账加以控制，利息、股利的支付必须计算正确后记入相应账户，对未领利息、股利也必须全面反映、单独列示。

四、偿还款项控制

无论是何种筹资，都面临偿还款项的问题，主要包括两方面：一是利息支付或股利发放，二是本金偿还。

利息支付方面，由于企业付息对象社会化的特征，企业可开出单张支票，委托代理机构代发，从而减少支票签发次数，减小舞弊可能。除此之外，企业应定期核对利息支付清单和开出支票总额。股利发放要以董事会有关决议文件为依据，对于无法及时递交的支付利息或股利的支票要及时注销或加盖作废标记。另外，对于由此产生的各种手续费，企业要核查金额是否正确、依据是否真实有效，尽量避免支付不合理的费用。

本金偿还方面，除了股票不存在该业务，无须考虑外，其他筹资均应考虑。企业应当定期编制还款计划（包括长期借款、到期债券等）合理安排筹资期，避免大笔款项集中在某月偿还造成现金短缺，对于已偿还的款项的有关凭证应当及时核销。

五、筹资授权审批控制

一般股董事会都事先授权财务经理编制筹资计划，由董事会审批。适当授权审批能明显地提高筹资活动效率，降低筹资风险，防止由于缺乏授权、审批而出现的一系列舞弊现象。对于债务筹资，无论是贷款、交易往来还是结算发生的业务，经济业务根据协议、合同、凭证或有关文件，只有经过有关主管人员批准后，才能据以执行。对于权益性筹资，无论是最初的资本投入或者以后的增资、减资、转让等业务，还是企业在经营结束或破产清算时的结算、分配、归还资本金等业务，或是形成资本公积、提取盈余公积及分配股利等业务，都必须经过企业最高权力机构审批授权，通过后方可办理。

六、筹资担保控制

筹资担保是贷款方减少风险的一种措施，也造成了企业为求降低风险而常与对方寻求对等担保，即我担保你，你也要担保我。接受担保初期，企业要对担保方进行整体信用评价，包括对报表等资料的审查等。担保期内，企业要对对方企业跟踪评估，及时了解其信用变化情况。发现给对方企业担保的风险加大时，企业可要求对方企业另寻一方对我方实行反担保，即我担保你，你再找一个人担保我所担保的这笔债务。可以看到，对等担保和反担保有很大的不同：对等担保涉及两方，担保的是不同债务；而反担保涉及三方，担保的是同笔债务。另外降低企业担保风险的措施还有为对方担保的同时要求以对方的股权作抵押，该股权可以是企业对外投资的股权。

上述内容如表 7-4 所示。

表 7-4　筹资业务内部控制的关键点

关键点	内容
1	筹资循环的职务分离
2	筹资收入控制
3	会计记录控制
4	偿还款项控制

关键点	内容
5	筹资授权审批控制
6	筹资担保控制

7.2.5　筹资业务控制流程

企业筹资活动的内部控制，应该根据筹资活动的业务流程，区分不同筹资方式，按照业务流程中不同环节体现出来的风险，结合资金成本与资金使用效益情况，采用不同措施进行控制。

筹资业务控制流程：提出筹资方案；论证筹资方案；审批筹资方案；筹资计划编制与执行；筹资活动的监督、评价与责任追究。

一般由财务部门根据企业经营战略、预算情况与资金现状等因素，提出筹资方案，一个完整的筹资方案应包括筹资金额、筹资形式、利率、筹资期限、资金用途等内容，提出筹资方案的同时还应与其他生产经营相关业务部门沟通协调，在此基础上才能形成初始筹资方案。

初始筹资方案还应经过充分的可行性论证。可行性论证是筹资业务内部控制的重要环节。一般可以从下列几个方面进行分析论证。

一是筹资方案的战略评估。这方面主要评估筹资方案是否符合企业整体发展战略。企业应对筹资方案是否符合企业整体战略方向进行严格审核，只有符合企业发展需要的筹资方案才具有可行性。另外，企业在筹资规模上，也不可过于求大。资金充裕是企业发展的重要保障。

二是筹资方案的经济性评估。这方面主要分析筹资方案是否符合经济性要求，是否以最低的筹资成本获得了所需的资金，是否还有降低筹资成本的空间以及更好的筹资方式，筹资期限等是否经济合理，利息、股息等水平是否在企业可承受的范围之内。

三是筹资方案的风险评估。这方面主要对筹资方案面临的风险进行分析，特别是对利率、汇率、货币政策、宏观经济走势等重要条件进行预测分析，对筹资方案面临的风险作出全面评估，并有效地应对可能出现的风险。

通过可行性论证的筹资方案，需要在企业内部按照分级授权审批的原则进行审批，重点关注筹资用途的可行性。重大筹资方案应当提交股东（大）会审议，筹资方案需经有关管理部门批准的，应当履行相应的报批程序。审批人员与筹资方案编制人员应适当分离。

　　企业应根据审核批准的筹资方案，编制较为详细的筹资计划，经过财务部门批准后，严格按照相关程序筹集资金。通过银行借款方式筹资的，明确借款规模、利率、期限、担保、还款安排、相关的权利义务和违约责任等内容。采取发行债券方式筹资的，应当合理选择债券种类，并对还本付息方案作出系统安排，确保按期、足额偿还到期本金和利息。采取发行股票方式筹资的，应当依照国家的规定，优化企业组织架构，进行业务整合，并选择具备相应资质的中介机构，确保符合股票发行条件和要求。同时，企业应当选择合理的股利支付方式，兼顾投资者的近期与长远利益，调动投资者的积极性，避免分配不足或过度。

　　严格按照筹资方案确定的用途使用资金，确保款项的收支、股息和利息的支付、股票和债券的保管等符合有关规定。

一、筹资业务决策的控制流程

　　筹资业务决策的控制流程详见表7-5。

表7-5　筹资业务决策的控制流程

业务流程	序号	责任部门/责任人	配合部门/配合人	不相容职责	监督检查内容	相关制度
1.编制筹资计划	1	财务部	相关部门	审核审批	核实在资金需求分析过程中是否分析全面、详细，是否参考上期资金需求情况	《筹资决策控制制度》
2.执行筹资计划	2	财务部	财务总监	审核审批	检查编制筹资预算时是否依据上期筹资预算的完成情况、编制程序是否合理	《筹资决策控制制度》
3.整理账务处理的凭证	3	财务部		审核	检查所确定的筹资预算方案的内容是否全面、合理	《筹资决策控制制度》
4.编制筹资分析报告	4	财务部		审核	审查所给出的筹资方案是否都具有可行性和实际操作性	《筹资决策控制制度》
5.提出筹资业务管理建议	5	财务总监	财务部	审核	审核选择最优方案的标准是否符合相关规定	《筹资决策控制制度》
6.进行筹资考核	6	总经理	财务部		检查是否及时审议所筹资方案	《筹资决策控制制度》

二、筹资业务执行的控制流程

筹资业务执行的控制流程详见表 7-6。

表 7-6　筹资业务执行的控制流程

业务流程	序号	责任部门/责任人	配合部门/配合人	不相容职责	监督检查内容	相关制度
1. 制定投资项目实施方案	1	财务部	相关部门	审核审批	检查投资项目实施方案是否按照规定编制	《投资管理制度》《投资执行管理细则》
2. 对投资项目派驻人员，进行跟踪管理	2	总经理			检查派驻人员是否具备规定资质，是否按相关程序进行跟踪管理	《投资执行管理细则》
3. 定期组织人员进行投资质量分析	3	投资部	财务部		检查投资质量分析是否合理	《投资执行管理细则》
4. 定期与被投资企业核对账目，计算收益	4	财务部	投资部		检查是否按时与被投资企业进行账目核对，账目是否清晰、准确	《投资执行管理细则》
5. 以股票形式对被投资企业发放股利	5	投资部		审核	检查发放股利是否按照程序进行审批	《投资执行管理细则》
6. 进行账务处理，及时更新账面股份数量	6	财务部	投资部	审核	检查账务处理的及时性、准确性	《投资执行管理细则》
7. 出现异常情况及时上报	7	投资部		审核	检查异常情况是否及时上报相关人员	《投资执行管理细则》
8. 召集相关人员商议解决方案	8	总经理	投资部财务部		检查解决方案是否可行，是否按权限范围进行审批	《投资执行管理细则》
9. 按照解决方案处理和解决问题	9	投资部			检查是否按照解决方案及时处理相关问题	《投资执行管理细则》

7.2.6　筹资业务内部控制制度示范

一、筹资业务风险评估规定

筹资业务风险评估规定如表 7-7 所示。

表 7-7 筹资业务风险评估规定

制度名称	筹资业务风险评估规定		受控状态	
			文件编号	
执行部门		监督部门	考证部门	

第一章 总则

第一条 目的。

为加强公司筹资风险的管理，有效地控制筹资风险，降低筹资成本，提高筹资业务的效率，根据公司自身的发展情况和国家有关法律法规的规定特制定本规定。

第二条 适用范围。

本规定适用于公司总部、控股子公司、全资子公司。

第三条 相关概念的界定。

本规定所指的筹资风险主要包括以下 4 个方面的内容。

1. 筹集资金不能落实的可能性。

2. 筹集成本过大的可能性。

3. 筹集资金达不到预期效益的可能性。

4. 使公司偿债能力下降或丧失的可能性。

第四条 筹资风险的评估准则。

1. 以公司固定资产投资和流动资金的需要决定投资的时机、规模和组合。

2. 筹资时应充分考虑公司的偿债能力，全面衡量收益情况和偿债能力，做到量力而行。

3. 对筹集来的资金、资产、技术具有吸收和消化的能力。

4. 筹资的期限要适当。

5. 负债率和还债率要控制在一定范围内。

6. 筹资要考虑税款减免及社会条件的制约。

第二章 筹资风险评估程序

第五条 成立筹资风险评估小组。

公司对重大筹资方案应当进行风险评估。财务部组织成立评估小组，评估小组成员包括财务总监、财务部经理、筹资主管、筹资专员、财务会计、法律顾问、审计部相关人员，必要时还应从外部聘请有关专家协助评估小组进行评估。

第六条 拟定风险评估实施方案。

风险评估小组拟定风险评估实施方案，方案应包括以下内容。

1. 进行风险评估的时间安排。

2. 风险评估小组成员分工。

3. 风险评估具体执行规定。

第七条 确定风险评估标准及评估方法。

公司一般采取下列筹资风险测评方法。

1. 财务两平点法。

2. 平衡点汇率法。

3. 指标体系法。

第八条 进行风险分析。

风险分析的主要内容是风险成因分析，风险成因分析包括内因分析和外因分析。

续表

1. 筹资风险的内因分析。 （1）公司的负债规模分析。 （2）资本结构分析。 （3）筹资方式分析。 （4）负债利息率分析。 （5）信用交易策略分析。 （6）负债期限结构分析。 （7）筹资顺序安排分析。 2. 筹资风险的外因分析。 （1）经营风险分析。 （2）预期现金流入量和资产的流动性分析。 （3）金融市场风险分析。 第九条　编写《风险分析评估报告》。 《风险分析评估报告》主要包括以下三个方面的内容。 1. 评估背景分析。 2. 主要风险分析。 3. 根据风险类型及成因列举相应的风险控制措施。 第三章　附则 第十条　本规定自 ×××× 年 ×× 月 ×× 日起执行。 第十一条　本规定由财务部负责制定、解释和修改。

编制日期		审核日期		批准日期	
修改标记		修改处数		修改日期	

二、筹资偿付管理制度

筹资偿付管理制度如表 7-8 所示。

表 7-8　筹资偿付管理制度

制度名称	筹资偿付管理制度			受控状态	
				文件编号	
执行部门		监督部门		考证部门	
第一章　总则 第一条　为了加强对 ××× 及下属子集团的筹资业务的内部控制，防范筹资过程中的差错与舞弊，控制筹资风险，降低筹资成本，根据《中华人民共和国会计法》和《内部会计控制规范——基本规范（试行）》等法律法规和 ××× 实际情况，制定本制度。 第二条　本制度适用于 ××× 及所有下属子集团（以下简称各子集团）。 第三条　××× 总部完全掌握筹资决策权，各子集团仅仅提出筹资需求并配合筹资工作的实施。 第四条　××× 总部及各子集团的筹资业务均需经总裁审批决定。					

第五条　×××各子集团应当根据国家有关法律法规和本制度，建立适合本单位的业务特点和管理要求的筹资业务内部控制程序，并组织实施。总裁对筹资业务内部控制的建立健全和有效实施负责。

第二章　岗位分工与审批权限

第六条　×××各子集团应当建立筹资业务的岗位职责任制，明确相关部门和岗位的职责、权限，并制约和监督，筹资业务的不相容岗位至少包括以下内容。

1. 筹资方案的拟订与决策岗位。

2. 筹资合同或协议的订立与审核岗位。

3. 与筹资有关的各种款项偿付的审核与执行岗位。

4. 筹资业务的执行与相关会计记录岗位。

5. 筹资业务全过程不得由同一部门或个人办理。

第七条　×××各子集团应当配备人员办理筹资业务。办理筹资业务的人员应当熟悉国家有关法律法规、相关国际惯例及资本市场情况，具备良好的职业道德和业务素质。

第八条　×××各子集团财务管理部负责编制资金收支计划，提出资金需求，×××财务管理中心负责平衡整体资金收支情况，提出筹资初步方案，集团总裁为×××筹资业务的最终审批人。

第九条　严禁未经授权的单位或人员办理筹资业务。

第十条　经办人对未经总裁审批的筹资业务，有权拒绝办理，并及时向总部报告。

第十一条　×××各子集团应当制定筹资流程，明确筹资决策、执行等环节的内部控制要求，并设置相应的记录或凭证，如实记载各环节业务的开展情况，确保筹资全过程得到有效控制。

第十二条　×××筹资业务操作程序如下。

1. 总部或各子集团提出资金需求和资金收支计划。

2. 总部平衡公司整体资金收支情况，由集团总裁作出筹资决策并确定投资主体。

3. 总部确定筹资担保主体。

4. 总部授权部门或人员负责筹资工作的实施。

5. 融资到位后，业务部门监督资金使用情况，未经总部批准，不得改变资金用途。

6. 总部监督用款单位还款计划的制定和执行，必要时提供帮助。

第三章　筹资决策控制

第十三条　×××各子集团应当建立筹资业务决策环节的控制制度，对筹资预算的编制和审批、筹资方案的拟订、筹资决策程序等作出明确规定，确保筹资决策科学、合理。

第十四条　×××筹资业务应当纳入预算管理范畴。各子集团编制和调整筹资预算，应当符合×××预算管理的有关规定。

第十五条　筹资预算制定应当符合单位发展战略要求、筹资计划和资金需求决策。筹资规模、结构和方式应当适当、可行。

第十六条　筹资预算一经批准，应当严格执行。

第十七条　×××财务管理中心负责对各子集团融资需求进行分析研究，平衡公司总体资金收支状况后，拟订筹资方案。

第十八条　筹资方案应当符合国家有关法规、政策和单位筹资预算要求，明确筹资规模、筹资结构和筹资方式，并对筹资时机选择、预算筹资成本、潜在筹资风险和具体应对措施等作出安排和说明。

第十九条　×××应当建立筹资方案的评审制度，由公司相关职能部门对筹资方案进行评审，然后由集团总裁最终审批决定。决策过程应该有完整的书面记录。

第二十条　×××各子集团应当按照公平、公正、公开的原则慎重选择筹资对象。筹资业务涉及中介机构的，应对其资信状况和资质条件进行充分调查和了解。

第二十一条　×××各子集团应当建立筹资决策责任追究制度，明确相关部门及人员责任，定期或不定期地进行检查。

第四章　决策执行控制

第二十二条　×××各子集团应当建立筹资决策执行环节的控制制度，对筹资合同的订立与审核、资产的收取以及相关会计制度记录等作出明确规定。

第二十三条　×××各子集团财务管理部应当严格按照确定的筹资方案办理筹资业务。

第二十四条　×××各子集团应当根据经批准的筹资方案，按照规定程序与筹资对象、中介机构订立筹资合同或协议。变更筹资合同或协议，应按照原授权审批程序进行。以贷款方式筹资的业务合同签订程序一般如下。以发行股票、债券方式，以及吸收直接股权投资方式筹资的业务处理程序应遵循国家相关法律规定，并参照下列程序办理。

1. 贷款申请：由×××财务管理中心根据筹资计划拟定借款申请书，借款申请书应包括借款金额、借款用途、偿债能力及还款方式等主要内容。

2. 提交申请：由筹资业务经办人员向贷款行递交贷款申请书并提供以下材料，即借款人及保证人基本情况；会计师事务所核准的上年度财务会计报告，以及申请借款前一期财务会计报告；抵押物、质物清单，同意抵押、质押的证明，以及保证人同意保证的有关证明文件；项目建议书和可行性研究报告；贷款人认为需要提供的其他资料等。

3. 贷款调查：接受贷款行对本企业的信用等级的合法性、安全性、盈利性等情况进行调查，接受贷款人对抵押物、质物、保证人情况的核实。

4. 签订借款合同。

第二十五条　筹资合同或协议的订立应符合《中华人民共和国民法典》及其他相关法律法规的规定，并经集团总裁批准。×××应当组织相关部门或人员对筹资合同或协议的合法性、合理性、完整性进行审核，审核情况和意见应有完整的书面记录。重大筹资合同或协议的订立应当征询法律顾问或专家的意见。

第二十六条　×××各子集团应当按照筹资合同或协议的约定及时取得相关资产。

×××各子集团取得的资产都是货币资金的，应当以货币资金的实有数额及时入账。

×××各子集团取得的资产为非货币资金，且需要对该资产进行验货、评估的，应按规定在验资、评估后合理确定其价值，进行会计记录，并办理有关产权转移、工商变更手续。

第二十七条　×××各子集团对已核准但尚未对外发行的有价证券应妥善保管，或委托专门机构代为保管，建立相应的保管制度，明确保管责任，定期或不定期进行检查。

第二十八条　×××各子集团应当加强对筹资费用的计算、核算工作，确保筹资费用符合筹资合同或协议的规定。

第二十九条　×××各子集团支付筹资费用应当符合相关规定。

第三十条　×××各子集团应当按照筹资方案所规定的用途使用对外筹集的资产。由于市场环境变化等特殊情况导致确需改变资产用途的，应当履行审批手续，经集团总裁审批后方可实施，并对审批过程进行完整的书面记录。

第五章　筹资偿付控制

第三十一条　×××各子集团应当建立筹资业务偿付环节的控制制度，对利息、租金、股利（利润）及本金等的计算、核对、支付作出明确规定，确保各项款项偿付符合筹资合同或协议的规定。

第三十二条　×××各子集团应当指定专人严格按照合同或协议规定的本金、利率及币种计算利息和租金，经各子集团财务管理部经理审核、确认后，与债权人进行核对。

第三十三条　利息、租金及本金的支付也应该纳入×××预算管理体系，经总经理审批后执行。支付利息、租金时，应当履行审核手续，经授权人员批准后方可支付。

第三十四条　×××各子集团应当按照集团董事会决议的股利（利润）分配方案发放股利（利润）。发放股利（利润），应当履行审批手续，经授权人员批准后方可发放。

第三十五条　×××各子集团财务管理部在办理筹资业务款项偿付过程中，发现已审批拟偿付的各种款项的支付方式、金额或币种等与有关合同或协议不符的，应当及时向总裁报告，总裁应授权相关部门或人员查明原因并作出处理。

第三十六条　×××各子集团财务管理部应当加强对与筹资业务有关的各种文件和凭据的管理，应当建立筹资决策、审批过程的书面记录制度以及有关合同或协议、收款凭证、验收证明、入库凭证、支付凭证等的存档、保管和调用制度，并对有关文件和凭证进行定期核对和检查。

第六章　监督检查

第三十七条　×××总部应当建立对筹资业务内部控制的监督检查制度，明确监督检查机构或人员的职责权限，定期或不定期地进行检查。

第三十八条　筹资业务内部控制监督检查的内容主要如下。

1. 筹资业务相关岗位及人员的设置情况。重点检查是否存在不相容职务未分离现象。

2. 筹资业务授权批准制度的执行情况。重点检查筹资业务的授权批准手续是否健全、是否存在越权审批的行为。

3. 筹资决策制度的执行情况。重点检查筹资决策是否按照规定程序进行、决策责任制度是否落实到位。

4. 决策执行及资产的收取情况。重点检查是否严格按照经批准的筹资方案、有关合同或协议办理筹资业务，以及是否及时、足额收取资产。

5. 各项款项的支付情况。重点检查筹资费用、本金、利息、租金、股利（利润）等的支付是否符合合同或协议的规定，是否履行审批手续。

6. 会计处理和信息披露情况。重点检查会计处理是否真实、正确，信息披露是否及时、完整。

第三十九条　对监督检查过程中发现的筹资内部控制中的薄弱环节，审计部门应当告知有关部门，有关部门应当及时查明原因，采取措施加以纠正和完善。审计部门应当定期或不定期向总裁报告筹资内部控制监督检查情况和有关部门的整改情况。

第七章　附则

第四十条　本制度由×××财务管理中心负责解释和修订。

第四十一条　本制度自发布之日起施行。

编制日期		审核日期		批准日期	
修改标记		修改处数		修改日期	

7.3　投资业务内部控制

7.3.1　投资业务内部控制的目标

投资业务内部控制的目标如表 7-9 所示。

表 7-9　投资业务内部控制的目标

序号	目标
1	确保投资业务归入公司中长期发展的规划范畴，符合公司的战略推进方向，服务于公司长远发展目标
2	确保投资业务发生的合理性、计划性、有效性，避免盲目投资
3	确保投资业务的决策和信息反馈经由公司高级管理层和权力机构的审批，有效控制投资风险

7.3.2　投资业务内部控制的风险点

第一，投资活动与企业战略不符带来的风险。企业发展战略是企业投资活动、生产经营活动的指南和方向。企业开展投资活动应该以企业发展战略为导向，正确选择投资项目，合理确定投资规模，恰当权衡收益与风险。企业投资要突出主业，妥善选择并购目标，控制并购风险。企业要避免盲目投资、贪大贪快、乱铺摊子，不可认为投资无所不能。

第二，投资与筹资在资金数量、期限、成本与收益上不匹配的风险。投资活动的资金需求，需要通过筹资予以满足。不同的筹资方式，可筹集资金的数量、偿还期限、筹资成本不一样，这就要求企业投资应量力而为，不可贪大求全，超过企业资金实力和筹资能力。投资产生的现金流量在数量和时间上要与筹资产生的现金流量保持一致，以避免财务危机发生。投资收益要与筹资成本相匹配，保证足额补偿筹资成本和投资盈利性。

第三，投资活动忽略资产结构与流动性的风险。企业的投资活动会形成特定资产，并由此影响企业的资产结构与资产流动性。对企业而言，资产流动性和盈利性是矛盾的，这就要求企业投资中恰当处理资产流动性和盈利性的关系，通过投资保持合理的资产结构，在保证企业资产适度流动性的前提下追求最大盈利性，这也就是投资风险与收益均衡问题。

第四，缺乏严密的授权审批制度和不相容职务分离制度的风险。授权审批制度是保证投资活动合法性和有效性的重要手段，不相容职务分离制度则通过相互监督与牵制，保证投资活动在严格控制下进行，这是堵塞漏洞、防止舞弊的重要手段。没有严格的授权审批制度和不相容职务分离制度，企业投资就会呈现出随意、无序、无效的状况，导致投资失误和企业生产经营失败。因此，授权审批制度和不相容职务分离制度是投资内部控制、防范风险的重要手段。同时，与投资责任制度相适应，企业还应建立严密的责任追究制度，使责权利得到统一。

第五，缺乏严密的投资资产保管制度与会计控制制度的风险。投资是直接使用资金的行为，也是形成企业资产的过程，容易发生各种舞弊行为。在严密的授权审批制度和不相容职务分离制度以外，严密的投资资产保管制度和会计控制制度，也是避免投资风险、促进投资成功的重要因素。企业应建立严密的投资资产保管制度，明确保管责任，建立健全账簿体系，严格账簿记录，通过账簿记录对投资资产进行详细、动态的反映和控制。

以上内容总结见表 7-10。

表 7-10　投资业务风险点

序号	风险点
1	投资活动与企业战略不符带来的风险
2	投资与筹资在资金数量、期限、成本与收益上不匹配的风险
3	投资活动忽略资产结构与流动性的风险
4	缺乏严密的授权审批制度和不相容职务分离制度的风险
5	缺乏严密的投资资产保管制度与会计控制制度的风险

7.3.3　投资业务内部控制的方法

投资业务内部控制的方法包括职责分工控制、授权控制、经济活动分析控制、信息技术控制。

（1）职责分工控制要求根据企业目标和职能任务，按照科学、精简、高效的原则，合理设置职能部门和工作岗位，明确各部门、各岗位的职责权限，形成各司其职、各负其责、便于考核、相互制约的工作机制。

企业在确定职责分工过程中，应当充分考虑不相容职务相互分离的制衡要求。不相容职务通常包括：授权批准、业务经办、会计记录、财产保管、稽核检查等。

（2）授权控制要求企业根据职责分工，明确各部门、各岗位办理经济业务与事项的权限范围、审批程序和相应责任等内容。企业内部各级管理人员必须在授权范围内行使职权和承担责任，业务经办人员必须在授权范围内办理业务。

（3）经济活动分析控制要求企业综合利用生产、供销、购销、财务等方面的信息，利用因素分析、对比分析、趋势分析等方法，定期对企业经营管理活动进行分析，发现存在问题的原因，并提出改进意见和应对措施。

（4）信息技术控制要求企业结合实际情况和计算机信息技术应用程度，建立与本企业经营管理业务相适应的信息化控制流程，提高业务处理效率，减少和消除人为操纵因素，同时加强对计算机信息系统的开发与维护、访问与变更、数据输入与输出、文件储存与保管、网络安全等方面的控制，保证信息系统安全有效运行。

投资业务内部控制的方法如表 7-11 所示。

表 7-11　投资业务内部控制的方法

序号	方法
1	职责分工控制
2	授权控制
3	经济活动分析控制
4	信息技术控制

7.3.4　投资业务内部控制的关键点

投资活动是企业的一种重要的营利活动，它的开展情况对筹资成本的补偿、企业利润的创造和企业发展战略的实现等具有重要意义。

投资活动的关键风险点及控制措施包括以下几方面内容。

1. 拟订投资方案

该环节的主要风险有投资方案与企业发展战略不符、风险与收益不匹配、投资项目未突出主业等。

主要控制措施如下。第一，企业应当根据发展战略、投资目标和规划，合理安排资金投放结构，科学确定投资项目，拟订投资方案，合理确定投资规模，权衡投资项目的收益和风险。第二，企业选择投资项目应当突出主业，谨慎从事股票投资或衍生金融产品等高风险投资。企业选择境外投资还应考虑政治、经济、法律、市场等因素的影响。第三，企业采用并购方式进行投资的，应当严格控制并购风险，重点关注并购对象的隐性债务、承诺事项、可持续发展能力、员工状况及其与本企业治理层及管理层的关联关系，合理确定支付对价，确保实现并购目标。

2. 投资方案可行性论证

该环节的主要风险有论证不全面、不科学，如未对投资目标、规模、方式、资金来源、风险与收益等作出客观评价。

主要控制措施如下。第一，企业应当加强对投资方案的可行性研究，重点评价投资方案是否符合企业发展战略、投资规模是否合适、投资方式是否恰当、资金来源是否可靠、风险是否处于可承担范围内以及收益是否稳定可观等，保证筹资成本的足额补偿和投资的盈利性。第二，对于重大投资项目，企业应该委托具备相应资质的专业机构进行可行性研究并提供独立的可行性研究报告。

3. 投资方案决策审批

该环节的主要风险有缺乏严密的授权审批制度、审批不严等。

主要控制措施如下。第一，企业应当按照职责分工、审批权限以及规定的程序对投资项目进行决策审批，重点审查投资方案是否可行，投资项目是否符合国家产业政策及相关法律、法规的规定，是否符合企业投资战略目标和规划，是否具有充足的资金支持，投入资金能否按时收回，预期收益能否实现，以及投资和并购风险是否可控等。第二，重大投资项目，应当按照规定的权限和程序实行集体决策或者联签制度。投资方案需经有关管理部门批准的，应当履行相应的报批程序。

4. 投资计划的编制与实施

该环节的主要风险有投资计划不科学、缺乏对项目的跟踪管理。

主要控制措施包括以下两种。

第一，企业应根据审批通过的投资方案编制详细的投资计划，确定不同阶段的资金投入数量、项目进度、完成时间、质量要求等，并报经有关部门批准。投资活动需与被投资方签订投资合同（或协议）的，应签订合同并在合同中明确出资时间、金额、方式、双方权利义务和违约责任等内容。

第二，企业应当指定专门机构或人员对投资项目进行跟踪管理，做好投资项目的会计记录和处理，及时收集被投资方经审计的财务报告等相关资料，定期组织投资效益分析，关注被投资方的财务状况、经营成果、现金流量以及投资合同的履行情况；发现异常情况，应当及时报告并妥善处理。

5. 投资项目的到期处置

该环节的主要风险有处理有损企业利益、缺乏责任追究制度等。

主要控制措施包括以下内容。企业应当加强投资收回和处置环节的控制，对投资收回、转让、核销等决策和审批程序作出明确规定。企业应重视投资到期本金的回收。转让投资应当由相关机构或人员合理确定转让价格，报授权批准部门批准，必要时可委托具有相应资质的专门机构进行评估。核销投资应当取得不能收回投资的法律文书和相关证明文件。对于到期无法收回的投资，企业应当建立责任追究制度。

6. 会计系统控制

该环节的主要风险有缺乏有效的投资会计系统控制，会计记录和处理不及时、不准确等。

主要控制措施包括以下两种。第一，企业应当加强对被投资对象的影响程度，合理确定投资会计政策，对投资项目的会计系统控制，根据对被投资对象建立投资管理台账持股比例、时限、收益等事项，妥善保管投资管理台账，详细记录被投资对象、金额、财会部门对被投资对象出现财务状况恶化协议、出资证明等资料。第二，遵守会计准则和制度规定，合理计提减值准备。当期大面价当期大幅下跌等情形的，应当根据国家统一的会计准则和制度规定，合理计提减值准备、确认减值损失。

投资业务关键控制点见表7-12。

表7-12 投资业务关键控制点

控制点	控制目标	控制程序
立项	降低投资失败的概率	重大投资决策之前，进行可行性研究；对被投资对象进行评估；向专家咨询等
审批	保证投资发生经过授权	投资业务经过高层管理机构或股东大会授权；投资减值准备经过被授权的业务主管审批
取得	保证投资业务的安全完整	取得相应证券；获得相应的投资协议
保管	保证投资业务的安全	有价证券由金融机构托管或企业自行保管
记账	保证投资业务的记录真实完整	建立详尽的会计核算制度，按每一种证券分别设立明细账，详细记录相关资料；核算方法符合会计准则的规定；正确记录投资跌价准备
核对	保证账账相符，账证相符，会计核算正确	定期对有价证券进行盘点，定期核对投资业务的原始凭证、明细账与总账
负责	降低投资决策失误的概率	对重大投资决策的失误，追究相关人员的责任

7.3.5 投资业务控制流程

一、投资业务决策的控制流程

投资业务决策的控制流程如表 7-13 所示。

表 7-13 投资业务决策的控制流程

业务流程	序号	责任部门/责任人	配合部门/配合人	不相容职责	监督检查内容	相关制度
1.制定投资项目实施方案	1	投资部		审核 审批	检查投资项目实施方案是否按照规定编制	《投资管理制度》《投资执行管理细则》
2.对投资项目派驻人员,进行跟踪管理	2	投资部			检查派驻人员是否具备规定资质,是否按相关程序进行跟踪管理	《投资执行管理细则》
3.定期组织人员进行投资质量分析	3	投资部	财务部		检查投资质量分析是否合理	《投资执行管理细则》
4.定期与被投资企业核对账目,计算收益	4	财务部	投资部		检查是否按时与被投资企业进行账目核对,账目是否清晰、准确	《投资执行管理细则》
5.以股票形式对被投资企业发放股利	5	投资部		审核	检查发放股利是否按照程序进行审批	《投资执行管理细则》
6.进行账务处理,及时更新账面股份数量	6	财务部	投资部	审核	检查账务处理的及时性、准确性	《投资执行管理细则》
7.出现异常情况及时上报	7	投资部		审核	检查异常情况是否及时上报相关人员	《投资执行管理细则》
8.召集相关人员商议解决方案	8	总经理	投资部 财务部		检查解决方案是否可行,是否按权限范围进行审批	《投资执行管理细则》
9.按照解决方案处理和解决问题	9	投资部			检查是否按照解决方案及时处理相关问题	《投资执行管理细则》

二、衍生工具交易的控制流程

衍生工具交易的控制流程如表 7-14 所示。

表 7-14　衍生工具交易的控制流程

业务风险	不相容责任部门 / 责任人的职责分工与审批权限划分						阶段
	总经理	财务总监	审计人员	出纳	交易专员	证券投资专员	
企业文化宣传目标不明确，会导致宣传活动的盲目性，从而浪费宣传人力、财力和物力	审批	审核			开始 ①编制《交易预算》 ②选择交易品种 编制《可行性研究报告》		D1
如果企业文化宣传方案审核不严格，就有可能导致宣传活动失败，甚至产生负面社会影响				缴纳保证金	建立交易头寸 ③制定业务计划 进行交易		D2
如果缺乏对企业文化宣传效果的调研、分析和评估，就不能总结和发现问题，不利于企业文化的传播和推广	审核		审查业务交易记录	资料存档 结束	④从代理商处取得交易原始单据 进行业务交易记录		D3

7.3.6　投资业务内部控制制度示范

一、投资业务风险评估规定

投资业务风险评估规定如表 7-15 所示。

表 7-15　投资业务风险评估规定

制度名称	投资业务风险评估规定		受控状态	
			文件编号	
执行部门		监督部门	考证部门	

<table>
<tr><td colspan="5" align="center">第一章　总则</td></tr>
</table>

第一条　为促进公司规范经营，防范和化解经营风险，保证公司各项业务和公司整体经营的持续、稳定、健康发展，参考《中华人民共和国公司法》《中华人民共和国商业银行法》，结合公司实际情况，制定本规定。

第二条　本规定适用于公司及控股子公司的业务风险管理工作。

第三条　本规定所称业务风险，是指在公司未来发展过程中，各种不确定性对公司实现其业务目标的影响。

1.市场风险，指由于利率、汇率、股票价格和商品价格等市场价格的不利变动而造成损失的风险。

2.信用风险，指由于债务人或交易对手未能履行合同所规定的义务或信用质量发生变化，影响金融产品价值，从而给债权人或金融产品持有人造成损失的风险。

3.流动性风险，指公司虽然有清偿能力，但无法及时获得充足资金或无法以合理成本及时获得充足资金以应对资产增长或支付到期债务的风险。

4.操作风险，指由于人员、系统、流程、外部事件等原因导致经济损失、人身伤亡或其他负面影响的风险。

5.声誉风险，指由于经营、管理及其他行为或外部事件导致利益相关方对公司产生负面评价的风险。

6.战略风险，是指由于战略制定实施的流程无效或经营环境的变化，而导致战略与市场环境和自身能力不匹配的风险。

7.法律风险，指因没有遵循法律、法规、监管政策或因违约、侵权及其他事由而可能遭受制裁、处罚、诉讼、重大财物损失和声誉损失的风险。

8.其他风险，指前七类风险未包括的其他风险类别，如国家风险、金融产品在设计过程中因对各种因素估计错误带来的风险等。

第四条　本规定中所称业务风险管理是指公司围绕战略目标，通过在管理的各环节和经营过程中执行业务风险管理的基本流程，培育良好的风险管理文化，建立健全企业业务风险管理体系，包括业务风险管理制度体系、业务风险管理组织体系和业务风险管理系统，为实现业务风险管理的总体目标提供保证的过程和方法。

第五条　公司业务风险管理基本流程主要包括以下几个方面。

1.风险控制策略的制定与实施。

2.风险管理制度的制定与实施。

3.风险评估。

4.风险监控报告与预警。

5.风险管理的监督与考核。

第二章　业务风险管理的目标与原则

第六条　公司业务风险管理的总体目标如下。

1.保证经营的合法合规及公司内部规章制度的贯彻执行。

2. 防范经营风险和道德风险。

3. 保障公司资产的安全、完整。

4. 保证公司业务记录、财务信息和其他信息的可靠、完整、及时。

5. 形成良好的风险管理文化，强化全体员工的风险管理意识。

第七条　公司业务风险管理应当遵循健全、合理、制衡、独立的原则，确保业务风险管理的有效性。

1. 健全性：业务风险管理应当做到事前、事中、事后控制相统一，覆盖公司的所有业务、部门和人员，渗透决策、执行、监督、反馈等各个环节，确保不存在风险管理的空白或漏洞。

2. 合理性：业务风险管理应当符合国家有关法律法规和规定，与公司经营规模、业务范围、风险状况及公司所处的环境相适应，以合理的成本实现风险管理目标。

3. 制衡性：公司部门和岗位的设置应当权责分明、相互牵制，前台业务运作与后台管理支持适当分离。

4. 独立性：承担业务风险管理监督检查职能的部门应当独立于公司其他部门。

第三章　业务风险管理的组织体系与职责分工

第八条　公司业务风险管理的组织体系由公司审计与风险管理委员会、各职能部室及业务子公司构成。

第九条　审计与风险管理委员会由董事会设立，是董事会的咨询机构，依照《董事会议事规则》开展工作，基本职责是根据董事会的安排对以下事项进行审议并提出咨询意见。

1. 公司年度风险控制策略。

2. 公司关联交易事项。

3. 公司年度内部审计计划。

4. 年度财务决算报告。

5. 公司经营管理层问责事项。

6. 公司董事会委托的其他事项。

第十条　风险管理部全面负责公司的业务风险管理，建立健全公司业务风险防范、监控体系，负责公司业务风险管理制度建设，并监督执行情况；负责公司各业务风险的日常管理，对公司经营管理活动中的各类风险实施有效的事前评估和过程监控，有效化解和降低公司运营风险；承担公司的政策法律事务，为领导决策和公司业务开展提供法律参考意见；审核相关法律文书及合同，防范法律风险；负责牵头处理公司诉讼事务和经济纠纷事务，代表公司对外处理相关法律事务，维护公司的合法权益。

第十一条　财务审计部独立于公司各业务部门和各子公司，负责独立识别和评价重大风险问题，帮助公司改进业务风险管理与控制系统；通过评价控制的效率与效果、促进其持续改善等工作，帮助公司维持有效的控制系统；评价公司治理过程并提出改进公司治理的恰当建议，履行检查与评价、咨询与服务的职能；在审计职能上对董事会报告工作，在行政上对总经理报告工作。

第十二条　公司各业务子公司为业务风险控制的直接责任人，履行一线风控职能，执行具体的业务风险管理制度，建立部门内权责明确、相互制衡的岗位职责。

第四章　风险控制策略的制定与实施

第十三条　风险控制策略是指公司根据公司内、外部环境及董事会制定的公司发展战略，结合相关制度所确定的公司风险管理总体方针准则。

第十四条　风险控制策略由审计与管理委员会制定，经董事会评估后确定。风险管理部负责将公司风险控制策略落实、完善到公司制度及流程管理中。财务审计部对风险控制策略的实施情况和效果进行检查和评价。

第十五条　现有风险控制策略、制度、流程的可行性或有效性如因内外部环境发生变化而受到严重影响，应及时进行修订和调整。

第十六条　公司在实施风险控制策略的过程中，要建立和不断完善授权体系，公司及控股子公司必须在公司授权范围内开展工作。公司在各项规章制度中要明确报告路径，使风险信息能够及时传递到相关的部门和公司领导。

第五章　风险评估

第十七条　风险评估是指根据公司内外部环境的变化，对公司所面临的风险进行风险辨识、风险分析、风险评价，包括对公司各项业务管理制度、各项业务计划、各项业务方案的事前风险评估。

第十八条　公司各项业务管理制度，应按规定程序征求意见。其中涉及风险管理的部分是否符合公司风险控制策略，要经风险管理部会签。

第十九条　公司各部门可以根据本规定，针对本部门业务的特点，制定本部门业务的风险管理实施细则，经风险管理部会签确认后，按规定程序纳入公司规章制度体系。

第二十条　公司要建立风险管理综合信息的收集与积累机制。风险管理综合信息包括与风险相关的宏观经济、政策法规、市场状况、技术革新、公司资源、财务状况、人力配置、管理措施、工具应用、信息报告等方面的信息。公司及各部门、各子公司应广泛地、持续不断地收集与公司风险管理相关的信息，并送交业务管理部对相关信息进行整理和修订，以建设和更新公司的风险管理综合信息库。

编制日期		审核日期		批准日期	
修改标记		修改处数		修改日期	

二、违规经营投资责任管理制度

违规经营投资责任管理制度如表 7-16 所示。

表 7-16　违规经营投资责任管理制度

制度名称	违规经营投资责任管理制度		受控状态	
			文件编号	
执行部门		监督部门	考证部门	

第一章　总则

第一条　为进一步贯彻执行《国务院办公厅关于加强和改进企业国有资产监督防止国有资产流失的意见》，构建权责清晰、约束有效的经营投资责任体系，落实国有资本保值增值责任，完善国有资产监管，防止国有资产流失，结合企业实际，特制定本制度。

第二条　基本原则。

（一）依法合规、违规必究。以国家法律法规为准绳，严格执行企业内部管理规定，对违反规定、未履行或未正确履行职责造成国有资产损失以及其他严重不良后果的经营管理有关人员，严格界定违规经营投资责任，严肃追究问责，实行重大决策终身责任追究制度。

（二）分级组织、分类处理。按照国有资产分级管理要求和干部管理权限，分别组织开展责任追究工作。对违纪违法行为，严格依纪依法处理。

（三）客观公正、责罚适当。在充分调查核实和责任认定的基础上，既考虑量的标准也考虑质的不同，实事求是地确定资产损失程度和责任追究范围，恰当公正地处理相关责任人。

（四）惩教结合、纠建并举。在严肃追究违规经营投资责任的同时，加强案例总结和警示教育，不断完善规章制度，及时堵塞经营管理漏洞，建立问责长效机制，提高经营管理水平。

第三条　集团管控方面。子公司发生重大违纪违法问题，造成重大资产损失，影响其持续经营能力或造成严重不良后果；未履行或未正确履行职责致使企业发生较大资产损失，对生产经营、财务状况产生重大影响；对企业重大风险隐患、内部控制缺陷等问题失察，或虽发现但没有及时报告、处理，造成重大风险等。

第四条　购销管理方面。未按照规定订立、履行合同，未履行或未正确履行职责致使合同标的价格明显不公允；交易行为虚假或违规开展"空转"贸易；利用关联交易输送利益；未按照规定进行招标或未执行招标结果；违反规定提供赊销信用、资质、担保（含抵押、质押等）或预付款项，利用业务预付或物资交易等方式变相融资或投资；违规开展商品期货、期权等衍生业务；未按规定对应收款项及时追索或采取有效保全措施等。

第五条　工程承包建设方面。未按规定对合同标的进行调查论证，未经授权或超越授权投标，中标价格严重低于成本，造成企业资产损失；违反规定擅自签订或变更合同，合同约定未经严格审查，存在重大疏漏；工程物资未按规定招标；违反规定转包、分包；工程组织管理混乱，致使工程质量不达标、工程成本严重超支；违反合同约定超计价、超进度付款等。

第六条　转让企业产权、股权和资产方面。未按规定履行决策和审批程序或超越授权范围转让；财务审计和资产评估违反相关规定；组织提供和披露虚假信息，操纵中介机构出具虚假财务审计、资产评估鉴证结果；未按相关规定执行回避制度，造成资产损失；违反相关规定和公开公平交易原则，低价转让企业产权、股权和资产等。

第七条　固定资产投资方面。未按规定进行可行性研究或风险分析；项目概算未经严格审查，严重偏离实际；未按规定履行决策和审批程序擅自投资，造成资产损失；购建项目未按规定招标，干预或操纵招标；外部环境发生重大变化，未按规定及时调整投资方案并采取止损措施；擅自变更工程设计、建设内容；项目管理混乱，致使建设严重拖期、成本明显高于同类项目等。

第八条　投资并购方面。投资并购未按规定开展尽职调查，或尽职调查未进行风险分析等，存在重大疏漏；财务审计、资产评估或估值违反相关规定，或投资并购过程中授意、指使中介机构或有关单位出具虚假报告；未按规定履行决策和审批程序，决策未充分考虑重大风险因素，未制定风险防范预案；违规以各种形式为其他合资合作方提供垫资，或通过高溢价并购等手段向关联方输送利益；投资合同、协议及标的企业的企业章程中国有权益保护条款缺失，对标的企业管理失控；投资参股后未行使股东权利，发生重大变化未及时采取止损措施；违反合同约定提前支付并购价款等。

第九条　改组改制方面。未按规定履行决策和审批程序；未按规定组织开展清产核资、财务审计和资产评估；故意转移、隐匿国有资产或向中介机构提供虚假信息，操纵中介机构出具虚假清产核资、财务审计与资产评估鉴证结果；将国有资产以明显不公允低价折股、出售或无偿分给其他单位或个人；在发展混合所有制经济、实施员工持股计划等改组改制过程中变相套取、私分国有股权；未按规定收取国有资产转让价款；改制后的公司章程中国有权益保护条款缺失等。

第十条　资金管理方面。违反决策和审批程序或超越权限批准资金支出；设立"小金库"；违规集资、发行股票（债券）、捐赠、担保、委托理财、拆借资金或开立信用证、办理银行票据；虚列支出套取资金；违规以个人名义留存资金、收支结算、开立银行账户；违规超发、滥发职工薪酬福利；因财务内部控制缺失，发生侵占、盗取、欺诈等。

第十一条　风险管理方面。内部控制及风险管理制度缺失，内部控制流程存在重大缺陷或内部控制执行不力；对经营投资重大风险未能及时分析、识别、评估、预警和应对；对企业规章制度、经济合同和重要决策的法律审核不到位；过度负债危及企业持续经营，恶意逃废金融债务；瞒报、漏报重大风险及风险损失事件，指使他人编制虚假财务报告，企业账实严重不符等。

第十二条　其他违反规定，应当追究责任的情形。

第二章　资产损失认定

第十三条　对国有企业经营投资发生的资产损失，应当在调查核实的基础上，依据有关规定认定损失金额及影响。

第十四条　资产损失包括直接损失和间接损失。直接损失是与相关人员行为有直接因果关系的损失金额及影响。间接损失是由相关人员行为引发或导致的，除直接损失外、能够确认计量的其他损失金额及影响。

第十五条　资产损失分为一般资产损失、较大资产损失和重大资产损失。涉及违纪违法和犯罪行为查处的损失标准，遵照相关党内法规和国家法律法规的规定执行；涉及其他责任追究处理的，由履行出资人职责的机构和国有企业根据实际情况制定资产损失程度划分标准。

第十六条　资产损失的金额及影响，可根据司法、行政机关出具的书面文件，具有相应资质的会计师事务所、资产评估机构、律师事务所等中介机构出具的专项审计、评估或鉴证报告，以及企业内部证明材料等进行综合认定。相关经营投资虽尚未形成事实损失，经中介机构评估在可预见未来将发生的损失，可以认定为或有资产损失。

第三章　经营投资责任认定

第十七条　国有企业经营管理有关人员任职期间违反规定，未履行或未正确履行职责造成国有资产损失以及其他严重不良后果的，应当追究其相应责任；已调任其他岗位或退休的，应当纳入责任追究范围，实行重大决策终身责任追究制度。经营投资责任根据工作职责划分为直接责任、主管责任和领导责任。

第十八条　直接责任是指相关人员在其工作职责范围内，违反规定，未履行或未正确履行职责，对造成的资产损失或其他不良后果起决定性直接作用时应当承担的责任。

企业负责人存在以下情形的，应当承担直接责任：本人或与他人共同违反国家法律法规和企业内部管理规定；授意、指使、强令、纵容、包庇下属人员违反国家法律法规和企业内部管理规定；未经民主决策、相关会议讨论或文件传签、报审等规定程序，直接决定、批准、组织实施重大经济事项，并造成重大资产损失或其他严重不良后果；主持相关会议讨论或以文件传签等其他方式研究时，在多数人不同意的情况下，直接决定、批准、组织实施重大经济事项，造成重大资产损失或其他严重不良后果；将按有关法律法规制度应作为第一责任人（总负责人）的事项、签订的有关目标责任事项或应当履行的其他重要职责，授权（委托）其他领导干部决策且决策不当或决策失误造成重大资产损失或其他严重不良后果；其他失职、渎职和应当承担直接责任的行为。

第十九条　主管责任是指相关人员在其直接主管（分管）工作职责范围内，违反规定，未履行或未正确履行职责，对造成的资产损失或不良后果应当承担的责任。

第二十条　领导责任是指主要负责人在其工作职责范围内，违反规定，未履行或未正确履行职责，对造成的资产损失或不良后果应当承担的责任。

第四章　责任追究处理

第二十一条　根据资产损失程度、问题性质等，对相关责任人采取组织处理、扣减薪酬、禁入限制、纪律处分、移送司法机关等方式处理。

（一）组织处理：包括批评教育、责令书面检查、通报批评、诫勉、停职、调离工作岗位、降职、改任非领导职务、责令辞职、免职等。

（二）扣减薪酬：扣减和追索绩效年薪或任期激励收入，终止或收回中长期激励收益，取消参加中长期激励资格等。

（三）禁入限制：五年内直至终身不得担任国有企业董事、监事、高级管理人员。

（四）纪律处分：由相应的纪检监察机关依法依规查处。

（五）移送司法机关：依据国家有关法律规定，移送司法机关依法查处。

以上处理方式可以单独使用，也可以合并使用。

第二十二条　企业发生资产损失，经过查证核实和责任认定后，除依据有关规定移送司法机关处理外，应当按以下方式处理。

（一）发生较大资产损失的，对直接责任人和主管责任人给予通报批评、诫勉、停职、调离工作岗位、降职等处理，同时按照以下标准扣减薪酬：扣减和追索责任认定年度50%~100%的绩效年薪、扣减和追索责任认定年度（含）前三年50%~100%的任期激励收入并延期支付绩效年薪，终止尚未行使的中长期激励权益、上缴责任认定年度及前一年度的全部中长期激励收益、五年内不得参加企业新的中长期激励。

对领导责任人给予通报批评、诫勉、停职、调离工作岗位等处理，同时按照以下标准扣减薪酬：扣减和追索责任认定年度30%~70%的绩效年薪、扣减和追索责任认定年度（含）前三年30%~70%的任期激励收入并延期支付绩效年薪，终止尚未行使的中长期激励权益、三年内不得参加企业新的中长期激励。

（二）发生重大资产损失的，对直接责任人和主管责任人给予降职、改任非领导职务、责令辞职、免职和禁入限制等处理，同时按照以下标准扣减薪酬：扣减和追索责任认定年度100%的绩效年薪、扣减和追索责任认定年度（含）前三年100%的任期激励收入并延期支付绩效年薪，终止尚未行使的中长期激励权益、上缴责任认定年度（含）前三年的全部中长期激励收益、不得参加企业新的中长期激励分配。

对领导责任人给予调离工作岗位、降职、改任非领导职务、责令辞职、免职和禁入限制等处理，同时按照以下标准扣减薪酬：扣减和追索责任认定年度70%~100%的绩效年薪、扣减和追索责任认定年度（含）前三年70%~100%的任期激励收入并延期支付绩效年薪，终止尚未行使的中长期激励权益、上缴责任认定年度（含）前三年的全部中长期激励收益、五年内不得参加企业新的中长期激励分配。

（三）责任人在责任认定年度已不在本企业领取绩效年薪的，按离职前一年度全部绩效年薪及前三年任期激励收入总和计算，参照上述标准追索扣回其薪酬。

（四）对同一事件、同一责任人的薪酬扣减和追索，按照党纪政纪处分、责任追究等扣减薪酬处理的最高标准执行，但不合并使用。

第二十三条　对资产损失频繁发生、金额巨大、后果严重、影响恶劣的，未及时采取措施或措施不力导致资产损失扩大的，以及瞒报、谎报资产损失的，应当从重处理。对及时采取措施减少、挽回损失并消除不良影响的，可以适当从轻处理。

第二十四条　国有企业违规经营投资责任追究处理的具体标准，由各级履行出资人职责的机构根据资产损失程度、应当承担责任等情况，依照本意见制定。

第五章　责任追究工作的组织实施

第二十五条　开展违规经营投资责任追究工作，应当遵循以下程序。

（一）受理。资产损失一经发现，应当立即按管辖规定及相关程序报告。受理部门应当对掌握的资产损失线索进行初步核实，属于责任追究范围的，应当及时启动责任追究工作。

（二）调查。受理部门应当按照职责权限及时组织开展调查，核查资产损失及相关业务情况、核实损失金额和损失情形、查清损失原因、认定相应责任、提出整改措施等，必要时可经批准组成联合调查组进行核查，并出具资产损失情况调查报告。

（三）处理。根据调查事实，依照管辖规定移送有关部门，按照管理权限和相关程序对相关责任人追究责任。相关责任人对处理决定有异议的，有权提出申诉，但申诉期间不停止原处理决定的执行。责任追究调查情况及处理结果在一定范围内公开。

（四）整改。发生资产损失的国有企业应当认真总结吸取教训，落实整改措施，堵塞管理漏洞，建立健全防范损失的长效机制。

第二十六条　责任追究工作原则上按照干部管理权限组织开展，一般资产损失由本企业依据相关规定自行开展责任追究工作，上级企业或履行出资人职责的机构认为有必要的，可直接组织开展；达到较大或重大资产损失标准的，应当由上级企业或履行出资人职责的机构开展责任追究工作；多次发生重大资产损失或造成其他严重不良影响、资产损失金额特别巨大且危及企业生存发展的，应当由履行出资人职责的机构开展责任追究工作。

第二十七条　对违反规定，未履行或未正确履行职责造成国有资产损失的董事，除依法要求其承担赔偿责任外，应当依照公司法、企业章程及本制度对其进行处理。对重大资产损失负有直接责任的董事，应及时调整或解聘。

第二十八条　经营投资责任调查期间，对相关责任人未支付或兑现的绩效年薪、任期激励收入、中长期激励收益等均应暂停支付或兑现；对有可能影响调查工作顺利开展的相关责任人，可视情况采取停职、调离工作岗位、免职等措施。

第二十九条　对发生安全生产、环境污染责任事故和重大不稳定事件的，按照国家有关规定另行处理。

第六章　附则

第三十条　企业要依据公司法规定完善企业章程，建立健全重大决策评估、决策事项履职记录、决策过错认定等配套制度，细化各类经营投资责任清单，明确岗位职责和履职程序，不断提高经营投资责任管理的规范化、科学化水平。企业应在有关外聘董事、职业经理人聘任合同中，明确违规经营投资责任追究的原则要求。

第三十一条　企业要充分发挥党组织、审计、财务、法律、人力资源、巡视、纪检监察等部门的监督作用，形成联合实施、协同联动、规范有序的责任追究工作机制，发现重要情况和问题及时向履行出资人职责的机构报告。

编制日期		审核日期		批准日期	
修改标记		修改处数		修改日期	

三、并购交易授权审批流程

并购交易授权审批流程如表 7-17 所示。

表 7-17　并购交易授权审批流程

制度名称	并购交易授权审批流程		受控状态	
			文件编号	
执行部门		监督部门	考证部门	

第一章　总则

第一条　为规范企业在并购中的行为，减小并购成本，防范并购风险，特制定本制度。

第二条　本制度适用于所有参与并购行为的相关人员。

第三条　企业并购是指将两个或两个以上单独的企业合并形成一个报告主体的交易或事项。

第二章　授权与批准内容

第四条　并购授权方式。

企业对并购行为的授权采取书面通知、逐级授权通知的形式，口头授权视为无效。

1. 对董事会的授权：由企业章程和股东大会决议作出规定。

2. 对总裁的授权：由企业章程规定和股东大会决议作出规定。

3. 总裁对其他人员的授权：以授权文件方式明确。

4. 对经办部门的授权：在部门职能描述中规定或临时授权。

第五条　授权人的审批权限。

授权人的审批权限根据其职位说明书与授权书综合确定，一般如下表所示。

续表

项目	授权人	审批权限
		授权人的审批权限
并购	股东大会	根据企业章程关于对外投资的权限，批准限额以上的并购计划
	董事会	批准除股东大会权限范围内的其他并购计划 审批企业并购预算 审批企业并购方案 授权总裁及其他相关人员审批并购相关权限
	总裁	根据董事会决议或授权，组织执行并购方案

第六条　并购业务的授权程序示意图如下。

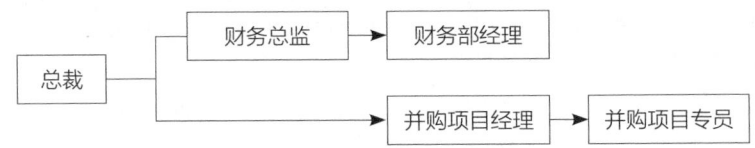

并购业务的授权程序示意图

第七条　并购项目部有关并购文件的审批程序。

1. 并购项目经理编制好有关并购的各种文件后交财务总监审核签字。

2. 财务总监批阅后交总裁审批。

3. 总裁审批后，并购项目经理负责执行。

4. 并购意向书、并购交易项目草案，以及并购合同应首先由法律顾问审核，审核完签字后再交财务总监审核，最后交予总裁审批。

第八条　企业所有的并购项目指定由并购项目部与财务部共同负责，其他人员在没有得到授权的情况下一律不得参与。

第九条　凡未经授权私自采取并购行动的，所造成的后果由当事人自己承担。

第三章　批准和越权批准处理

第十条　审批人根据上述并购业务审批权限的规定，在授权范围内进行审批，不得超越审批权限。

1. 相关并购文件必须逐级审核签字，并做好书面记录。

2. 越级审核所造成的后果由当事人自己承担。

第十一条　经办人在职责范围内，按照审批意见办理并购业务。

第十二条　对于审批人超越授权范围审批的并购业务，经办人有权拒绝并应拒绝办理，并及时向审批人的上一级授权部门报告。

第四章　附则

第十三条　本制度由总裁办公室制定，解释权、修改权归属总裁办公室。

第十四条　本制度自总裁审批之日起实施，修改时亦同。

编制日期		审核日期		批准日期	
修改标记		修改处数		修改日期	

四、衍生工具交易管理办法

衍生工具交易管理办法如表 7-18 所示。

表 7-18　衍生工具交易管理办法

制度名称	衍生工具交易管理办法		受控状态	
			文件编号	
执行部门		监督部门	考证部门	

<table>
<tr><td colspan="5" align="center">第一章　总则</td></tr>
</table>

第一条　为规范 ×× 股份有限公司（以下简称公司）衍生品交易行为，建立有效的风险防范机制，确保公司资产安全，维护公司合法权益，根据国家法律法规，结合本公司实际情况，特制定本办法。

第二条　本办法适用于公司本部，全资、控股子公司及其顺延分支机构（以下简称子公司）。

第三条　本办法所称衍生品，是指以各种货币作为基础工具的金融衍生工具，其合约主要包括远期外汇合约、货币期权合约、货币互换合约以及上述合约的混合交易合约。

第二章　基本投资原则

第一条　在风险可控范围内，以套期保值为目的，审慎开展衍生品业务，选择结构简单、流动性强、风险可控的衍生品开展保值业务，不得从事风险及定价难以认知的复杂业务，不得从事投机业务。

第二条　公司进行衍生品交易应控制资金规模，不得影响公司的正常生产经营。

第三章　职责分工

第一条　财金部是公司衍生品业务的综合管理部门，负责制定、修订公司衍生品业务管理办法和相关制度；负责拟订公司衍生品业务操作计划；负责实施公司的衍生品业务的具体方案；负责衍生品交易的账务处理，对衍生品交易建立台账，并根据管理的要求及时提供损益分析数据及风险分析；协助董事会办公室对货币类衍生品业务进行信息披露。

第二条　董事会办公室负责根据有关法律法规确定衍生品业务的董事会及股东大会审批程序、确定交易事项向证券监督管理部门及证券交易所的报批程序、组织提交议案、组织信息披露管理。

第三条　审计部是衍生品业务的监督部门，负责对衍生品交易的规范性、内部控制机制的有效性、信息披露的真实性等方面进行审计监督。

第四条　董事会负责审议衍生品业务年度开展和调整计划。

第五条　股东大会负责对超过董事会审批权限的衍生品交易业务进行审批。

第四章　衍生品业务审批流程

第一条　总体管理要求：公司及各子公司开展衍生品业务前，应依照相关管理要求建立、健全衍生品业务管理流程，明确决策机制、授权审批制度和审批程序，规范业务操作，制定相应管理制度，并严格执行。

第二条　公司开展衍生品业务审批流程。按照责任分工，财金部负责金融衍生品业务的报审和实施。

一、财金部汇总衍生品业务年度开展计划，报公司总经理办公会审议。

二、公司总经理办公会审议通过后，由董事会办公室组织报公司董事会/股东大会审议，并组织进行信息披露。

三、公司开展衍生品业务前，由财金部在多个市场与多种产品之间进行比较，必要时可聘请专业的咨询机构对待选的衍生品进行分析比较。

四、财金部负责评估、论证公司衍生品业务的交易风险，分析金融衍生品业务的可行性与必要性，制定具体的衍生品交易方案，提出开展金融衍生品交易申请，按公司衍生品交易审批流程进行审批后实施。

五、在年度衍生品交易计划内的交易不论金额大小，由财金部主任审批后报财务总监审批；超出年度计划的衍生品交易需按年度交易计划审批流程进行审批。

六、审批手续完成后，财金部应及时向中介机构办理操作手续，与各中介机构签订衍生品交易合同文本后，将合同提交董事会办公室，并协助完成相关交易对外公告。

第五章　衍生品投资的后续管理

第一条　公司财金部负责跟踪衍生品公开市场价格或公允价值的变化，及时评估已交易衍生品的风险敞口变化情况，定期提供风险评估分析报告。

第二条　公司财金部负责跟踪交易变动状态，妥善安排交割资金，保证按期交割；特殊情况若需通过掉期交易提前交割、展期或采取其他交易对手可接受的方式等，应按衍生品交易的规定办理相关手续。

第三条　公司已投资衍生品的公允价值减值与用于风险对冲的资产（如有）价值变动加总，导致合计亏损或浮动亏损金额达到公司最近一期经审计净资产的10%且绝对金额超过1 000万元人民币时，公司应以临时公告及时披露。

第四条　财金部应将衍生品交易的审批情况和执行情况及时向董事会办公室通报，董事会办公室负责审核衍生品交易的决策程序的合法合规性并根据证监会、深圳证券交易所等证券监督管理部门的相关要求实施必要的信息披露。

第五条　公司应在定期报告中对已经开展的衍生品投资相关信息予以披露。

第六条　公司内参与衍生品交易的所有人员应遵守公司的保密制度，未经允许不得泄露交易情况、结算情况、资金状况等相关信息。

第六章　附则

第一条　本办法未尽事宜，依照国家有关法律、法规、规范性文件以及本公司章程的有关规定执行。本办法与有关法律、法规、规范性文件以及本公司章程的有关规定不一致的，以有关法律、法规、规范性文件以及本公司章程的规定为准。

第二条　子公司应根据有关法律、法规、规范性文件的规定及本办法的规定制定相应衍生品业务管理办法或制度。

第三条　本办法由公司财金部负责解释和修订。

第四条　本办法自颁发之日起实施。

编制日期		审核日期		批准日期	
修改标记		修改处数		修改日期	

7.4　资金营运内部控制

7.4.1　资金营运内部控制的目标

1. 保持生产经营各环节资金供求的动态平衡

企业应当将资金合理安排到采购、生产、销售等各环节，做到实物流和资金流的互相协调、资金收支在数量及时间上的互相协调。

2. 促进资金合理循环和周转，提高资金使用效率

资金只有在不断流动的过程中才能带来价值增值。加强资金营运的内部控制，就是要努力促使资金正常周转，为短期资金寻找适当的投资机会，避免出现资金闲置和沉淀低效等问题。

3. 确保资金安全

企业的资金营运活动大多与流动资金，尤其是货币资金有关，由于这些资金流动性更强，出现错误、舞弊的可能性更大，保护资金的要求更迫切。

资金营运内部控制的目标如表 7-19 所示。

表 7-19　资金营运内部控制的目标

序号	目标
1	保持生产经营各环节资金供求的动态平衡
2	促进资金合理循环和周转，提高资金使用效率
3	确保资金安全

7.4.2　资金营运内部控制的风险点

资金营运活动中的主要风险有资金调度不合理、营运不畅（可能导致企业陷入财务困境或资金冗余）、资金活动管控不严（可能导致资金被挪用、企业遭受欺诈）。资金营运活动内部控制应注意以下几点。

1. 资金平衡

企业应当加强对资金营运全过程的管理，统筹协调内部各机构在生产经营过程中的资金需求，切实做好资金在采购、生产、销售等各环节的综合平衡，注意资金流在数量和时间上的合理配置，全面提高资金营运效率。

2. 预算管理

企业应该充分发挥全面预算管理在资金营运中的作用，严格按照年度全面预

算的要求组织协调资金，确保资金及时收付，实现资金的合理占用和营运良性循环。企业应当严禁资金的体外循环，切实防范资金营运中的风险。

3. 有效调度

内部资金的有效调度，可以调剂余缺，提高资金使用效率。企业应当定期组织召开资金调度会或资金安全检查，对资金预算的执行情况进行综合分析，发现异常情况，应及时采取措施妥善处理，避免资金冗余或资金链断裂。企业在营运过程中出现临时性资金短缺，可以通过短期融资等方式获取资金；出现短期闲置资金，在保证安全性和流动性的前提下，可以通过购买国债等多种方式来提高资金效益。

资金营运内部控制风险点汇总如表 7-20 所示。

表 7-20　资金营运内部控制风险点

序号	风险点	控制措施
1	资金平衡	企业应当加强对资金营运全过程的管理，统筹协调内部各机构在生产经营过程中的资金需求，切实做好资金在采购、生产、销售等各环节的综合平衡，注意资金流在数量和时间上的合理配置，全面提高资金营运效率
2	预算管理	企业应该充分发挥全面预算管理在资金营运中的作用，严格按照年度全面预算的要求组织协调资金，确保资金及时收付，实现资金的合理占用和营运良性循环
3	有效调度	内部资金的有效调度，可以调剂余缺，提高资金使用效率。企业应当定期组织召开资金调度会或资金安全检查，对资金预算的执行情况进行综合分析

7.4.3　资金营运内部控制的方法

一、不相容职务分离控制

单位应当建立货币资金业务的岗位责任制，明确相关部门和岗位的职责权限，确保办理货币资金的不相容岗位相互分离、相互制约和监督。

单位不得由一人办理货币资金业务全过程。

不相容岗位分离的基本要求是实行钱账分管，使负责货币资金收付业务的岗位和人员与记录货币资金收付业务的岗位和人员相分离。出纳人员不得兼任稽核、会计档案保管和收入、支出、费用、债权债务账目的登记工作。

二、授权批准控制

审批人应当根据货币资金授权批准制度的规定，在授权范围内进行审批，不得超越审批权限。经办人应当在职责范围内，按照审批人的批准意见办理货币资金业务。对于审批人超越授权范围审批的货币资金业务，经办人有权拒绝办理，并及时向审批人的上级授权部门报告。

三、会计系统控制

（1）原始凭证审核：审核发票、收据等原始凭证是否符合国家票证管理要求，有无监制章、单位财务专用章或发票专用章；数量、单价、金额是否正确；大小写金额是否相符；经办人、验收人、批准人手续是否齐全。

（2）记账凭证审核：审核记账凭证金额是否正确，与原始凭证金额是否相符；会计科目使用是否正确，填制内容是否完整，签章是否齐全。

（3）会计账簿审核：现金日记账是否每日记账并结出余额，与总账余额是否相符；账实是否相符，现金库存数是否超出库存限额。银行存款日记账与总账余额是否相符；银行存款日记账是否定期与银行对账单核对相符；银行存款余额调节表是否由专人复核。

资金营运内部控制的方法如表 7-21 所示。

表 7-21　资金营运内部控制的方法

序号	方法	具体要点
1	不相容职务分离控制	1. 货币资金收付及保管只能由经过授权的出纳人员负责办理 2. 现金总账不得由出纳人员登记，必须由其他会计人员登记 3. 负责应收款项账目的人员不能同时负责现金收入及支出账目的工作 4. 保管支票簿的人员不能同时负责现金支出账目和银行存款账目的调节 5. 负责银行存款账目调节的人员与负责银行存款账目、现金账目、应收款项账目及应付款项账目的人员应当相互分离 6. 货币资金支出的审批人员与出纳人员，支票保管人员和银行存款账目、现金账目的记录人员应当相互分离 7. 支票保管职务与支票印章保管职务应当相互分离
2	授权批准控制	1. 支付申请 2. 支付审批 3. 支付复核 4. 支付办理
3	会计系统控制	1. 原始凭证审核 2. 记账凭证审核 3. 会计账簿审核

7.4.4 资金营运内部控制的关键点

资金营运内部控制的关键点如表 7-22 所示。

表 7-22 资金营运内部控制的关键点

关键点	控制目标	控制措施
货币资金环节	合理确定货币资金持有量；防止错弊，保证货币资金安全完整	编制现金预算，对货币资金需要量、收付时间和金额、支付标准等进行严密控制； 使用最佳现金持有量模型进行最佳现金持有量决策； 加强货币资金日常管理； 建立货币资金收支两条线制度，集团公司还应该同时建立货币资金集中管理制度，严格对资金的管控； 建立严格的货币资金收支授权审批制度和职务分离制度，防止发生错弊的风险
储备资金环节	合理确定储备资金占用数量；保证储备资金安全完整	编制各种储备资金预算，对储备资金占用进行严密控制； 使用经济订货量模型进行储备资金采购决策； 采用 ABC 法、ERP 系统、准时生产制度等进行存货控制； 建立严密的存货收发保管制度，防范存货收发储存环节的错弊，保证存货安全完整
生产资金环节	合理组织生产、有效控制成本	编制生产预算，有计划地组织生产； 按生产通知单领料，严格履行领料手续； 制定产品目标成本和消耗定额，严格控制成本发生； 建立生产台账，编制生产进度表，对产品生产和交接进行严格控制； 建立质量检验制度和责任成本制度，开展成本差异分析，落实责任制，促进产品质量和生产效率提高； 建立完善的成本核算制度和会计账簿体系，准确核算产品成本
新的储备资金环节	确定储备资金的合理占用数量，保证储备资金安全完整	与前述储备资金环节的风险控制措施相同
新的货币资金环节	准确进行成本补偿，合理进行利润分配；建立商品销售和货款回收制度	准确进行收入费用分配，足额补偿成本； 遵守利润分配规定和程序，及时、恰当分配利润，妥善处理各方利益关系； 加强应收账款管理，减少坏账损失，及时回收货款； 建立严密的资金收入控制程序，严格控制资金收入，保证收入货币资金的安全完整

7.4.5 资金营运控制流程

一、现金管理的控制流程

现金管理的控制流程如表 7-23 所示。

表 7-23 现金管理的控制流程

业务流程	序号	责任部门/责任人	配合部门/配合人	不相容职责	监督检查内容	相关制度
1.制定《现金管理办法》	1	财务部		审核审批	检查《现金管理办法》是否全面、准确、合理	《现金管理办法》《现金管理暂行条例》
2.拟订《现金需求计划》	2	各部门	财务部		检查《现金需求计划》是否准确、合理、合规	《现金管理办法》《现金管理暂行条例》
3.汇总《现金需求计划》	3	财务部	各部门		检查《现金需求计划》汇总是否合理、及时	《现金管理办法》《现金管理暂行条例》
4.传达《现金需求计划》	4	财务部			检查《现金需求计划》是否及时、准确下达	《现金管理办法》《现金管理暂行条例》
5.提出用款申请	5	各部门		审核审批	检查用款申请的填写是否项目齐全、无遗漏	
6.提交用款申请	6	各部门	财务部	审核	检查用款申请的提交是否及时，是否已经经过必要的部门内部审核	《现金管理办法》《现金管理暂行条例》
7.核实用款申请	7	财务部			检查用款申请是否得到及时、准确的核实	《现金管理办法》《现金管理暂行条例》
8.出纳付款	8	财务部		审核	检查付款方式是否合规	《现金管理办法》《现金管理暂行条例》
9.按要求合理使用现金	9	各部门			检查是否按要求使用现金	《现金管理办法》《现金管理暂行条例》
10.整理单据、归档凭证	10	财务部			检查是否及时、完整地归档	《现金管理办法》《现金管理暂行条例》

二、银行存款管理的控制流程

银行存款管理的控制流程如表 7-24 所示。

表 7-24　银行存款管理的控制流程

业务流程	序号	责任部门/责任人	配合部门/配合人	不相容职责	监督检查内容	相关制度
1. 申请开设新账户	1	财务部		审批	检查是否需要开设新账户	《银行存款制度》
2. 开设银行账户	2	财务部			检查开设的银行账户是否合法，开设手续是否完整	《银行存款制度》
3. 商讨《结算协议》	3	财务部	财务总监	审批	检查商讨的人员和流程是否符合企业相关规定	《银行存款制度》
4. 签订《结算协议》	4	财务部			检查《结算协议》签订代表是否得到合理授权	《银行存款制度》
5. 填制原始凭证并提交审签	5	各部门		审核	检查原始凭证是否真实、完整	《银行存款制度》《票据管理规范》
6. 办理结算业务	6	财务部			检查结算业务办理是否合法、合规	《银行存款制度》
7. 填制或取得结算凭证	7	财务部		审核	检查填制或取得结算凭证是否完整、合法	《票据管理规范》
8. 编制记账凭证	8	财务部			检查是否按规定编制记账凭证	《银行存款制度》
9. 登记相关日记账明细账及总账	9	财务部		审核	定期核对账单	《银行存款制度》
10. 编制银行存款余额调节表	10	财务部		盘点清查	检查银行存款余额调节表是否准确、按时编制	《银行存款制度》
11. 按照企业规定及时核对账目	11	财务部		审计	检查账目是否明确、完整	《银行存款制度》

7.4.6 资金营运内部控制制度示范

一、现金及银行存款管理制度

现金及银行存款管理制度如表 7-25 所示。

表 7-25 现金及银行存款管理制度

制度名称	现金及银行存款管理制度		受控状态	
			文件编号	
执行部门		监督部门	考证部门	

一、现金管理制度

为加强现金管理，规范公司的现金收付业务，促进生产经营活动的顺利进行，根据国务院颁布的《现金管理暂行条例》，结合本公司实际，特制定本制度。

（一）现金使用范围

1. 支付给职工个人的工资、奖金及其他劳动报酬。

2. 支付给职工个人的各种津贴、福利费补助。

3. 支付给职工个人的各种社会保险和社会救济以及向职工个人支付的利息、股利等。

4. 向非集体转账结算账户支付的劳务费用。

5. 出差人员必须随身携带的差旅费及零星采购费用。

6. 转账结算起点：1 000 元以上的个人采购用款及零星支出和个人要求转账的费用、支付给公司的支出。

7. 中国人民银行确定的可以用现金支付的其他支出等。

（二）日常现金管理规定

1. 认真执行现金开支范围的规定，不得随意扩大现金开支范围。

2. 认真执行规定的库存现金限额。财务部现金收入应于当日送存银行。严禁出纳将公款携带至自己家中存放保管，若因违反库存现金限额规定造成损失的，由责任人承担全部责任。

3. 从银行提取现金必须由出纳本人取款，取款后必须当日及时入账。出纳必须保证日现金余额不超过 10 000 元整。

4. 不准用不符合制度的凭证顶替库存现金，即不得白条顶库。不准替其他单位和个人在企业套取现金。不准私人借用公款。员工因工借款必须遵守借款定额管理规定。

5. 认真鉴别收取的现金，防止收取假币，对发现的假币应按银行的有关规定进行处理。由此造成的损失由现金出纳承担。

6. 财务部必须做到日清月结，及时核对，确保账实相符，不得跨期跨月处理账务。对于现金清查中发现的长短款，要认真核实，及时向副总汇报，经批准后处理，不得隐瞒或自行处理。

7. 各种报销单证必须取得正式单据，报销单证首先须经经办人、部门主管和领导签字，然后递交财务会计审核，之后现金出纳方可办理付款，否则不得支付。

8. 一切现金的支付，必须经有关人员审核，在确认手续齐全、内容真实、金额正确、符合财务制度规定后方可支付。

9. 现金出纳因故变更工作岗位或者长期请假时必须办理交接手续，有正式交接单，并由双方签字。

（三）现金收付业务核算规定

1. 坚持做到收有凭、付有据，堵塞由于现金收付不清、手续不全而出现的一切漏洞。对原始凭证进行认真的审核，审核的内容包括：业务的性质、内容是否合法、合理，是否属于现金的收支范围，金额是否正确、大小写金额是否相符，填制日期是否正确，有无填制单位，有无经办人、部门负责人以及领导的签字，发票是否真实、发票金额是否等于或大于报销金额等。

2. 现金出纳接受现金收付凭证及原始单据，要进行认真的复核。对不符合规定要求的收支，应拒绝办理，并将现金收付凭证及原始单据交给有关人员重新审核。对在现金结算中发现的重大问题，要及时向副总汇报。

3. 付款凭证必须由有关领导签字批准，报销人员加盖个人印章并签字，经稽核审核无误、出纳复核无误后，办理现金付款。

4. 现金出纳要根据已办理完毕收付结算的现金收付记账凭证和其他与现金收付有关的记账凭证及时登记现金账。在系统录入现金账时，要按照先收后付的顺序逐笔登记，同时要认真填写简明的摘要。每日结出现金账户余额，并与实际库存现金核对，月末与总账余额相核对，严禁出现现金贷方余额。

二、银行存款管理制度

为保证公司日常资金正常安全使用，促进业务活动正常进行，结合本公司的实际情况，特制定日常银行存款使用规定。

（一）日常使用规定

1. 不得套取银行信用，签发空头支票、印章与预留印鉴不符支票以及没有资金保证的票据。

2. 不准无理拒付任何经审批后的单据、任意占用他人资金。

3. 不准违反规定开立和使用账户，申请新开立账户和销户都必须得到领导的批准。

（二）资金使用审批制度

公司日常业务一般都使用银行存款支付。日常资金的使用都必须由领导审批后再由出纳付款，未经授权的部门和人员一律不得办理资金业务。

1. 支付申请。对于放贷资金，业务经理填写贷款、其他各项业务的审批表，对于日常业务费用，报销人员填写领款单或者将需要报销的发票粘贴在费用报销单中。

2. 支付审批。业务经理将业务审批表提交业务部经理、风控部经理和领导审批，日常备用金的申请或者费用的报销需经部门经理和领导审批。

3. 支付复核。会计对批准后的货币资金支付申请进行复核，复核货币资金支付申请的批准程序是否正确、手续及相关单证是否齐备、金额计算是否准确、支付方式是否妥当等。复核无误后，交由出纳办理支付手续。对经复核有误的支付申请，复核人有权要求审批人重新进行审批。出纳不得办理未经复核的支付申请或复核人不同意的支付申请。

4. 办理支付。出纳应当根据经审批、复核无误的支付申请办理货币资金支付手续，以支票形式进行付款，出纳填写支票，行政人员根据资金审批单据对支票进行盖章。对自行至银行办理支付手续的，出纳必须负责支票的签收登记；对以网银转账方式支付的，由出纳录入支付信息，会计根据审批单据进行复核。

（三）支票使用规定

1. 日常支票由出纳进行保管。

2.签发的支票一律使用黑色水笔填写，或者用支票打印机开具，不得更改，不得签发空头支票，由于特殊原因在签发支票时不能填写实际金额时，应写明支票用途，签发的支票数额必须与存根联相符。

3.持票人应妥善保管支票，对支票丢失需重新开具的，出纳至银行办理挂失并重新审批后方可支付。

编制日期		审核日期		批准日期	
修改标记		修改处数		修改日期	

二、票据及印章管理制度

票据及印章管理制度如表 7-26 所示。

表 7-26　票据及印章管理制度

制度名称	票据及印章管理制度		受控状态	
			文件编号	
执行部门		监督部门	考证部门	

一、票据管理制度

第一章　总则

第一条　为提高企业票据的规范化管理水平，加强对票据的传递和保管，控制票据的有效使用，根据《中华人民共和国票据法》（以下简称《票据法》）的相关规定，结合本企业的实际情况，特制定本制度。

第二条　本制度所称票据是指与企业日常经营相关的各种有价证券和凭证，包括发票、支票、汇票等。

第三条　企业各部门在开展与票据相关的各项业务时，均应遵守本制度的相关规定。

第二章　发票管理

第四条　发票领购。

1.企业财务部指定专人向当地税务机关领购发票，本企业的发票指税务机关监制印刷的增值税专用发票和普通发票。

2.申请领购发票时，财务部指定人员应当提前准备经办人身份证明、税务登记证以及财务印章或者发票专用章的印模，以备主管税务机关审核。

3.主管税务机关审核相关资料和证件后，财务部指定人员领取发票领购簿，按照税务机关核准的发票种类、发票数量从主管税务机关处领购发票。

第五条　发票开具。

1.企业开具发票必须按发票号码顺序填开，应确保填写项目齐全、内容真实、数字准确、字迹清楚，全部联次一次性开具，并加盖企业财务印章或发票专用章。

2.企业严禁涂改、挖补或撕毁发票；发票不得转借、转让、倒买倒卖，不得为其他单位或个人代开。

3.如发票开具后发现错误，要取得发票联，加盖"作废"章整份保存，已整本填开的发票必须及时收回并妥善保管。

4. 如发现遗失发票或有违反发票管理行为的情况要及时报告企业财务部及税务机关，以便及时处理，使企业免遭损失。

第六条　企业销售商品或从事其他经营活动，对外发生经营业务支付款项时应向收款方索取发票；取得发票时，不得要求变更品名和金额。

第七条　发票登记。

企业须建立发票使用登记制度，通过发票登记簿对发票的使用情况进行登记，并定期向主管税务机关报告发票使用情况。

第八条　发票保管。

企业按照税务机关的规定存放和保管发票，不得损毁。已开具的发票存根联和发票登记簿应当保存 5 年。

第九条　发票使用检查。

财务部应当定期对其从税务机关领购的发票和从其他机构获得的发票进行检查。

第十条　企业要建立健全发票（收据）登记制度，领购、使用、核销发票（收据）要严格按照税务机关的规定，在发票领购簿、发票登记簿上进行详细登记。

第十一条　企业财务部指定专人保管发票，发票需存放在保险箱内，妥善保管，不得丢失。发生发票丢失的，将追究有关人员的责任。

第三章　支票管理

第十二条　企业各部门需要领用支票时，必须填写支票使用申请单，经所在部门经理审核、总经理审批后，方可向财务部领取。

第十三条　领用支票必须填写支票领用登记表，并经主管该业务的财务人员签字后方可到出纳处领取，经财务部部长批准签字，加盖印章，填写日期、用途、登记号码，领用人在支票领用登记表上签字备查。

第十四条　企业财务部办理支票领用手续时，按照支票号进行逐笔登记和签收，并负责填妥支票签发日期、用途、金额等；金额难以确定时需在用途栏加盖限额章，并确定最高限额加以控制。

第十五条　企业的支票和印鉴由两人分开保管，实行票章分离。支票填妥后由印鉴保管者加盖印鉴。对领取的所有支票，需在支票上注明"不允许转让"的字样。

第十六条　支票的使用。

1. 外出采购物品携带的支票，确实无法确定具体受票单位的，受票单位空白，但必须注明日期、用途、金额。

2. 支票在使用后按期报账，逾期不报不得领用新支票。

第十七条　支票付款后，支票领用人将支票存根和付款发票交会计核对，并报分管副总经理审批，审批后交出纳，出纳统一编制凭证号，按规定登记银行账号。

第十八条　支票管理的注意事项。

1. 签发支票必须在银行账户余额范围内按规定向收款人签发，严禁签发空头、远期支票，严禁出租支票或将支票转让给其他单位或个人使用，严禁将支票交收款单位代签。

2. 不准携带空白支票外出，确需带空白支票外出的，经主管领导和财务主管批准，并登记清楚用途及限额后，方可携带外出。

3. 支票领用人发生支票遗失时应及时与财务部联系，由财务部相关人员到开户银行办理挂失，如果发生无法挽回的损失，则由领用人负责全额赔偿。

4.已签发支票的存根连同原始发票均需附在记账凭证上作为记账依据。

第十九条 支票的收取。

收取外单位支票时，出纳要认真审核有效期及各项内容的填写是否符合银行要求。有银行密码的支票不得遗漏密码，及时送存银行。

第四章 汇票管理

第二十条 汇票包括银行汇票和商业汇票。

第二十一条 汇票的签发和审核。

1.企业各部门在业务开展过程中需对外使用汇票时，必须填写汇票付款申请书，注明款项用途、金额、收款单位、付款内容及所需票据种类等内容，经所在部门经理签字确认后，报请总经理审批，总经理审批通过后到财务部办理。

2.财务部收到汇票付款申请书后，必须对申请书的内容进行复核，无误后及时办理汇票签发手续。要严格按照票据的格式签发，不得缺项或漏项，防止票据无效或作废。在签发汇票时，需要重点检查汇票的金额、付款人名称、付款日期、收款人名称、出票日期是否齐全及出票人是否在票据上签章。

3.汇票签章的规定。

（1）银行汇票出票人的签章，为该银行的汇票专用章加本企业法定代表人（或者其授权的代理人）的签名或者盖章。

（2）商业汇票出票人的签章，可以是该企业的财务专用章（或公章）加法定代表人（或其授权的代理人）的签名或者盖章。

第二十二条 已经签发并交付收款方的汇票，出纳必须及时登记于应付票据登记簿，详细记录汇票的种类、收款单位、金额、签发日期、到期时间等信息。

第二十三条 所收汇票的管理。

1.各业务部门在经济活动过程中所收取的汇票，必须及时交财务部的银行出纳。

2.出纳必须对所收票据的真实性、合法性、有效性进行审核；对金额较大或有疑问的票据，应向签发单位开户行进行核实，确认无误后向对方开具收款数据。

3.出纳将所收票据进行复印，并将复印件及收据交由会计处理，会计复核无误后制单入账。

4.出纳需在应收票据登记簿上对所收汇票进行登记，详细记录所收汇票的种类、金额、到期日、付款单位等内容，同时将收到的汇票存放到保险柜中妥善保管。

5.所收汇票如不慎遗失，必须按照《票据法》的有关规定及时办理挂失止付及公示催告等手续，因遗失而造成的损失由相关责任人承担。

第二十四条 汇票的背书。

1.企业相关部门和人员可以根据业务需要，经总经理审批后对汇票进行背书，转让汇票权力，支付款项。

2.汇票的背书，一定要严格按照《票据法》的规定进行，防止背书无效。背书（或接受背书）时应检查背书人签章、背书日期，被背书人名称是否齐全。

3.被拒绝承兑的汇票、拒绝付款的汇票和超过付款提示期限的汇票不得背书。

4.汇票背书后，应及时在应收票据登记簿中进行登记。

第二十五条　汇票的贴现。

1. 根据企业资金周转状况和对流动资金的需求量，经审批后可以按照《票据法》的有关规定向银行申请对所收汇票进行贴现。

2. 对已贴现的汇票必须及时在应收票据登记簿中进行登记。

第五章　附则

第二十六条　本制度自××××年××月××日起实行。

第二十七条　本制度由企业财务部负责解释，修改权归企业财务部。

第二十八条　相关文件表单。

1.《票据法》、发票领购簿、发票登记簿。

2. 支票使用申请单、支票领用登记表。

3. 汇票付款申请书、应付票据登记簿。

二、印章管理办法

第一章　总则

第一条　为规范企业财务印章管理，减少因印章使用不当给企业带来的损失，特制定本办法。

第二条　本办法适用于涉及印章使用的所有人员。

第二章　印章的制作、保管、废止

第三条　企业财务方面的印章由企业指定的部门统一制作，相关人员严禁私自制作印章。

第四条　经相关管理人员授权后由综合部负责制作财务方面的印章，具体分为公章、财务专用章、合同专用章、法人章与财务出纳章5类。

第五条　企业财务方面的印章由财务部指定专人进行保管，法人章由章上所刻的人员自己保管或由本人授权他人保管，财务专用章由财务总监负责保管。未经授权的人员一律不得接触、使用印章。

第六条　各印章保管人一律不得将印章转借他人，否则所造成的后果由印章保管人负责。

第七条　印章保管人若管理不慎使印章遗失、被盗或损毁，需立即上报综合部，由综合部登记后申明作废并制作新的印章。

第八条　财务部须制定财务方面的印章登记簿，说明印章制作时间、内容、发放时间、保管人等。

第九条　出纳要将财务的有关印章登记簿交给银行，当印章变动时要及时与银行联系，更新印鉴簿。

第三章　印章的使用

第十条　使用印章时，使用人必须填写印章使用申请单，说明使用印章的理由、起止时间，印章的种类、材质及申请人等。

第十一条　印章使用申请单经有关领导审批后，连同需盖印章的文件一同交由印章保管人盖章。

第十二条　印章保管人要仔细审核印章使用申请单的事项和相关管理人员的批示，若认为不符合相关规定，可拒绝盖章。

第十三条　经授权的印章代理人使用完印章后，要将盖章依据与印章使用申请单交由印章管理人进行审核。

第十四条　企业财务方面的印章原则上不允许带出，确需带出企业使用时，必须在印章使用申请单上说明事由，经企业总经理批准后方可带出。

第十五条　印章使用申请单由各盖章人员保存，每月月底汇总后交予企业指定部门存档。

第十六条　印章保管人应及时填写印章领用登记簿，说明印章使用事由、使用对象、盖章时间等，并由申请人签字确认。

第四章　印章使用的其他规定

第十七条　印章保管人离职或调动时，必须将所保管的印章及相关文件交割，否则不允许离职或调动。

第十八条　企业中任何涉及财务方面印章的使用事项均需按本办法规定的程序执行，严禁擅自使用印章。

第十九条　未经授权擅自使用企业财务方面印章所造成的后果，由使用者与印章保管人共同承担，后果严重者移交司法机关处理。

第五章　附则

第二十条　本办法由财务部会同企业其他有关部门解释。

第二十一条　本办法自××××年××月××日起开始实施。

第二十二条　相关文件表单。

1. 印章使用申请单。

2. 印章领用登记簿。

编制日期		审核日期		批准日期	
修改标记		修改处数		修改日期	

8.1　采购业务内部控制应用指引

企业内部控制应用指引第 7 号——采购业务

第一章　总则

第一条　为了促进企业合理采购，满足生产经营需要，规范采购行为，防范采购风险，根据有关法律法规和《企业内部控制基本规范》，制定本指引。

第二条　本指引所称采购，是指购买物资（或接受劳务）及支付款项等相关活动。

第三条　企业采购业务至少应当关注下列风险：

（一）采购计划安排不合理，市场变化趋势预测不准确，造成库存短缺或积压，可能导致企业生产停滞或资源浪费。

（二）供应商选择不当，采购方式不合理，招投标或定价机制不科学，授权审批不规范，可能导致采购物资质次价高，出现舞弊或遭受欺诈。

（三）采购验收不规范，付款审核不严，可能导致采购物资、资金损失或信用受损。

第四条　企业应当结合实际情况，全面梳理采购业务流程，完善采购业务相关管理制度，统筹安排采购计划，明确请购、审批、购买、验收、付款、采购后评估等环节的职责和审批权限，按照规定的审批权限和程序办理采购业务，建立价格监督机制，定期检查和评价采购过程中的薄弱环节，采取有效控制措施，确保物资采购满足企业生产经营需要。

第二章　购买

第五条　企业的采购业务应当集中，避免多头采购或分散采购，以提高采购业务效率，降低采购成本，堵塞管理漏洞。企业应当对办理采购业务的人员定期进行岗位轮换。重要和技术性较强的采购业务，应当组织相关专家进行论证，实行集体决策和审批。

企业除小额零星物资或服务外，不得安排同一机构办理采购业务全过程。

第六条　企业应当建立采购申请制度，依据购买物资或接受劳务的类型，确定归口管理部门，授予相应的请购权，明确相关部门或人员的职责权限及相应的请购和审批程序。

企业可以根据实际需要设置专门的请购部门，对需求部门提出的采购需求进行审核，并进行归类汇总，统筹安排企业的采购计划。

具有请购权的部门对于预算内采购项目，应当严格按照预算执行进度办理请购手续，并根据市场变化提出合理采购申请。对于超预算和预算外采购项目，应先履行预算调整程序，由具备相应审批权限的部门或人员审批后，再行办理请购手续。

第七条　企业应当建立科学的供应商评估和准入制度，确定合格供应商清单，与选定的供应商签订质量保证协议，建立供应商管理信息系统，对供应商提供物资或劳务的质量、价格、交货及时性、供货条件及其资信、经营状况等进行实时管理和综合评价，根据评价结果对供应商进行合理选择和调整。

企业可委托具有相应资质的中介机构对供应商进行资信调查。

第八条　企业应当根据市场情况和采购计划合理选择采购方式。大宗采购应当采用招标方式，合理确定招投标的范围、标准、实施程序和评标规则；一般物资或劳务等的采购可以采用询价或定向采购的方式并签订合同协议；小额零星物资或劳务等的采购可以采用直接购买等方式。

第九条　企业应当建立采购物资定价机制，采取协议采购、招标采购、谈判采购、询比价采购等多种方式合理确定采购价格，最大限度地减小市场变化对企业采购价格的影响。

大宗采购等应当采用招投标方式确定采购价格，其他商品或劳务的采购，应当根据市场行情制定最高采购限价，并对最高采购限价适时调整。

第十条　企业应当根据确定的供应商、采购方式、采购价格等情况拟订采购合同，准确描述合同条款，明确双方权利、义务和违约责任，按照规定权限签订采购合同。

企业应当根据生产建设进度和采购物资特性，选择合理的运输工具和运输方式，办理运输、投保等事宜。

第十一条 企业应当建立严格的采购验收制度，确定检验方式，由专门的验收机构或验收人员对采购项目的品种、规格、数量、质量等相关内容进行验收，出具验收证明。涉及大宗和新、特物资采购的，还应进行专业测试。

验收过程中发现的异常情况，负责验收的机构或人员应当立即向企业有权管理的相关机构报告，相关机构应当查明原因并及时处理。

第十二条 企业应当加强物资采购供应过程的管理，依据采购合同中确定的主要条款跟踪合同履行情况，对有可能影响生产或工程进度的异常情况，应出具书面报告并及时提出解决方案。

企业应当做好采购业务各环节的记录，实行全过程的采购登记制度或信息化管理，确保采购过程的可追溯性。

第三章　付款

第十三条 企业应当加强采购付款的管理，完善付款流程，明确付款审核人的责任和权力，严格审核采购预算、合同、相关单据凭证、审批程序等相关内容，审核无误后按照合同规定及时办理付款。

企业在付款过程中，应当严格审查采购发票的真实性、合法性和有效性。发现虚假发票的，应查明原因，及时报告处理。

企业应当重视采购付款的过程控制和跟踪管理，发现异常情况的，应当拒绝付款，避免出现资金损失和信用受损。

企业应当合理选择付款方式，并严格遵循合同规定，防范付款方式不当带来的法律风险，保证资金安全。

第十四条 企业应当加强预付账款和定金的管理。涉及大额或长期的预付款项，应当定期进行追踪核查，综合分析预付账款的期限、占用款项的合理性、不可收回风险等情况，发现有疑问的预付款项，应当及时采取措施。

第十五条 企业应当加强对购买、验收、付款业务的会计系统控制，详细记录供应商情况、请购申请、采购合同、采购通知、验收证明、入库凭证、商业票据、款项支付等情况，确保会计记录、采购记录与仓储记录核对一致。

企业应当指定专人通过函证等方式，定期与供应商核对应付账款、应付票据、预付账款等往来款项。

第十六条 企业应当建立退货管理制度，对退货条件、退货手续、货物出库、退货货款回收等作出明确规定，并在与供应商的合同中明确退货事宜，及时收回退货货款。涉及符合索赔条件的退货，应在索赔期内及时办理索赔。

8.2　采购业务内部控制目标及风险点

采购，是指企业为了满足物品（原材料、固定资产、办公用品等）或劳务（技术、服务等）等需要进行的各项经济业务活动。在社会化大生产的环境下，任何企业要维持正常的生产或经营，都必须进行采购经济业务活动，可以说，采购是各企业经济活动中最频繁的、最常见的表现形式之一。采购与付款业务是企业经营活动的首要环节，它与生产、销售计划密切联系，业务发生频繁，工作量大，运行环节多，直接导致货币资金的支出或对外负债的增加，容易产生管理漏洞。建立完善的采购业务内部控制制度，可以保证采购付款业务循环有效运行，确保采购事项的真实性、合理性、合法性，发现并纠正错误，防止欺诈和舞弊行为，及时准确提供采购业务的会计信息，使企业在采购、付款环节获得最大经济效益。设计采购业务的内部控制制度，就是依据企业的生产经营特点，针对采购业务的工作特性，设计出规范整个业务流程和每个关键控制点的规定、方法、措施等，并规范执行，严格监督。

8.2.1　采购业务内部控制的目标

一、采购业务内部控制的总体目标

（1）促进企业合理采购，满足企业经营需要，规范采购行为，防范采购风险。

（2）确保采购活动以及供应商的管理方法和程序符合国家法律法规和企业内部规章制度的要求。

（3）保证供应商的资料数据保存完整，记录真实、准确，易于管理，便于追踪，同时合理设置供应商审核程序与审核权限，提高企业的决策效益与效率。

（4）维护和发展良好的、长期且稳定的供应商合作关系，开发有潜质的供应商，促进企业的长远发展。

（5）确保授权合理，与采购相关的关键岗位、职责相分离，保证采购资料

及数据记录的真实性、准确性与完整性。

（6）加快资金周转，降低采购成本，防止资金占用，提高经营效率。

二、采购的业务控制目标

采购的业务控制目标主要是指企业在一定条件下购买生产、经营所需物资过程中应达到的目标。具体内容如图 8-1 所示。

目标 1　按质按量按时完成采购任务，经济高效地满足企业运营发展的物资需求，确保供应稳定

目标 2　建立"统一管理、统一采购、统一储备、统一结算"的物资采购供应管理体制

目标 3　在全球范围内搜索资源，追求物资采购性能价格比最优和供应总成本最低

目标 4　采用协议采购、招标采购和询比价采购三者结合的方法，提高物资供应效率

目标 5　争取获得有利付款条件与付款方式，保证按照合同结算条款履行资金支付责任

目标 6　及时组织资金，严格审查付款手续，降低付款风险

目标 7　强化物资供应过程控制，增强物资供应工作主动权

目标 8　物资采购过程公开、规范有序、合规合法

目标 9　物资采购合同或协议符合国家法律法规、外贸政策和企业内部规章制度

图 8-1　采购的业务控制目标

三、采购的财务控制目标

采购的财务控制目标是指企业通过对采购活动进行内部控制，确保资金安全以及最大化利用。具体内容如图 8-2 所示。

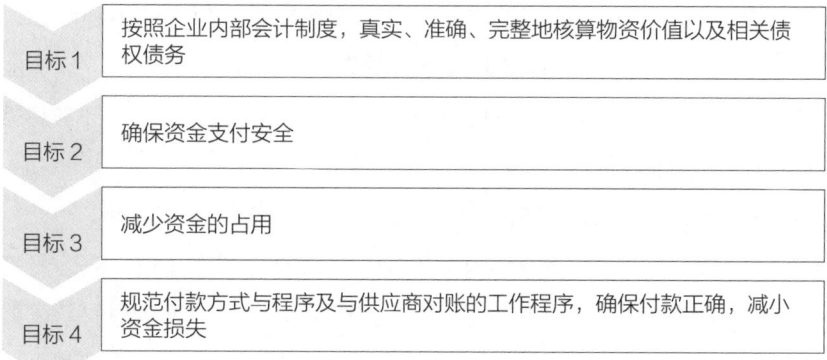

目标 1　按照企业内部会计制度，真实、准确、完整地核算物资价值以及相关债权债务

目标 2　确保资金支付安全

目标 3　减少资金的占用

目标 4　规范付款方式与程序及与供应商对账的工作程序，确保付款正确，减小资金损失

图 8-2　采购的财务控制目标

8.2.2　采购业务内部控制的风险点

一、采购合同的风险及对策

（一）采购合同方面的风险

材料采购合同是以材料、设备等为标的的支出性经济合同。材料采购合同无论在数量上还是金额上都占经济合同的较大比例，其签订是否合理合法、履行是否到位，在一定程度上会引起企业成本与资金的波动，从而影响企业的经济效益。目前一些企业材料采购合同在签订、履行、结算等方面存在着一定的漏洞，主要表现在以下几个方面。

（1）签订虚假经济合同，套取资金。材料采购合同主要是由企业的计划和物资等相关部门负责签订的，如果缺乏监管，有些企业内部的合同经办人员为了谋求私利可能会与合同的对方当事人相互串通，签订虚假的经济合同，套取企业资金，给企业造成不必要的损失。

（2）价格虚高。合同条款表述不清，很多企业在签订合同时缺乏必要的市场调研，对市场信息掌握不够，未按市场行情及时调整价格，未进行招标，对价款组成部分的包装费、运输费缺乏明确约定等。此外，合同条款内容未按规范进行表述，容易使合同双方在供货时间、标的物规范及费用的负担上产生不必要的纠纷。

（3）合同条款执行不严，未能有效追究违约责任。有些企业材料采购合同条款中违约责任的规定形同虚设，不能严格予以执行，有些企业由于计划、仓储与验收、生产部门脱节，导致合同履行不力，甚至出现对方单位没能完全履约或者在货未到全的情况下全额付款的情况，给企业造成经济损失。

（4）合同行为不正当。对方单位为了改变在市场竞争中的不利地位，可能会采取一些不正当手段，如对采购人员行贿以套取企业采购标底，给予虚假优惠，以某些好处为诱饵公开兜售假冒伪劣产品等，以此损害企业的经济利益。

（二）采购合同风险的对策

针对采购合同中存在的问题，企业可以采取下列措施加以应对。

（1）对采购合同进行全方位内部审计。在采购合同审计中，应运用签约审计、结算审计与消耗审计策略应对合同风险。签约审计重点是针对材料采购合同中盲目采购、虚假采购和扩大消耗、虚增成本等问题。为防止不合理的采购造成库存积压和损失浪费现象，按照先平库、后采购的原则，审查采购计划的真实性、合理性，提高资金使用效率。另外，贯彻订货选厂、产品选型、质量选优、价格选廉、供货选快、服务选佳的宗旨，做好合同条款和价格的审计。结算审计是材料采购合同价款支付之前的最后一关，针对经常容易出现的高于合同约定结算、不按合同条款履行、结算手续不完善、结算多付款等问题，应该以合同约定为依据，做到物资验收单、运货单、发货单与合同书约定相符，入库产品的品种、规格、质量、价格与合同约定相符。消耗审计作为一种跟踪审计手段，主要目的是监督真实消耗，通过核实计划用量与实际用量之间的差异，防止实物短缺、物资散失及变卖行为，并提出相关的管理建议。

（2）审查采购合同价格。为确保采购合同价格审定的科学、合理与公平，企业可以根据实际情况，采取以下价格审查方法。一是价格咨询法。对于价格变动频繁且市场用量较大的通用材料，以及价格相对公开的产品，利用上网咨询、电话咨询等方式，掌握当期价格的升降幅度以及变动因素，从而提供合理的市场参考价格。二是中标价格法。按照《中华人民共和国招标投标法》的规定，对大宗物资、大宗材料，采取货比三家的招标采购方式，落实中标价格和中标品种。三是最高限价法。对政府定价的产品和价格相对稳定且价值较低的物资，根据历史资料，直接实行最高限价。四是价格库应用法。在建立管理信息系统的企业，凡是已经签约过的价格全部存放在价格库中，随时调阅、修正，实行自动比价。五是成本测算法。对新产品和特殊加工制作产品实施成本测算，依据产品的科技含量和技术标准，测算人工、材料、机械费用，科学确定产品价格。

二、采购成本方面的风险及对策

（一）采购成本方面的风险

影响材料采购成本的风险因素具体包括以下几个方面。

（1）采购前期费用。一般来说，材料供应计划确定以后，供应部门就会着手开始采购活动。采购的前期工作包括市场调查、质量评审、信用评估、供需洽谈及派出人员现场调查等。这个方面如果控制不好，就会出现信息失真、欺上瞒下、差旅费用过高等问题。

（2）采购价格。采购价格直接决定原材料的采购成本。一定量的产品最终所需的原材料的数量是一定的，因此采购价格会极大影响产品制造成本。采购活动中经常出现的价格差，就是供应者和采购者的市场信息不对称所致。供应者凭借较为充分的相关信息，常常占据较大的优势。

（3）采购批量。企业生产宏观的连续性和微观的周期性，决定了企业持续而且批量采购，采购次数越多，储备资金越少，资金周转率越高，但采购前期费用和采购价格就会越高。

（4）质量特性。不同产品所用的原材料质量等级不同，同一产品不同部位使用的原材料质量等级也不同，因此，应按质量特性划分不同等级进行。

（二）采购成本风险的对策

控制采购成本应从两个方面入手，即从技术方面提升业务的执行能力和从系统建设方面创建采购环境，即 COSO（美国反虚假财务报告委员会下属的发起人委员会）报告中所说的控制环境和控制活动，并不断从这两个方面持续改进。

（1）充分进行采购市场的调查和信息收集。一个企业的采购管理要达到一定水平，应充分注意对采购市场的调查和信息的收集整理。只有这样，才能充分了解市场的状况和价格走势，使自己处于有利地位，如有条件，企业可设专人从事这方面工作，定期形成调研报告。

（2）建立严格的采购制度。建立严格、完善的采购制度，不仅能规范企业的采购活动，提高效率，杜绝部门之间扯皮，还能预防采购人员的不良行为。采购制度规定物料采购的申请、授权人的批准权限、物料采购的流程、相关部门（特别是财务部门）的责任和关系、各种材料采购的规定和方式、报价和价格审批等。比如，可在采购制度中规定采购的材料要向供应商询价、列表比较、议价，然后选择供应商，并把所选的供应商及其报价填在请购单上；还可规定超过一定金额的采购须附上三个以上的书面报价等，以供财务部门或内部审计部门稽核。

（3）建立供应商档案和准入制度。对企业的正式供应商要建立档案。供应商档案除有编号、详细联系方式和地址外，还应有付款条款、交货条款、交货期限、品质评级、银行账号等，每一个供应商档案都应经过严格审核才能归档。企业的采购必须在已归档的供应商中进行。供应商档案应定期或不定期地更新，并有专人管理。同时企业要建立供应商准入制度。重点材料的供应商须经质检、物料、财务等部门联合考核后才能进入，如有可能，要到供应商生产地实地考核。企业要制定严格的考核程序和指标，要对考核的问题逐一评分，只有达到或超过评分标准者才能成为归档供应商。

（4）建立价格档案和价格评价体系。企业采购部门要对所有采购材料建立价格档案。对每一批采购材料的报价，应首先与归档的材料价格进行比较，分析价格差异原因，如无特殊原因，原则上采购价格不能超过档案中的价格水平，否则要作出详细说明。对于重点材料的价格，要建立价格评价体系，由企业有关部门组成价格评价组，定期收集有关的供应价格信息，以此分析、评价现有的价格水平，并对归档的价格档案进行评价和更新，可以一季度或半年进行一次。

（5）选择有利的付款条件。如果企业资金充裕，或者银行利率较低，可采用现金交易或货到付款的方式，这样往往能带来较大的价格折扣。此外，对于进口材料、外汇币种的选择和汇率走势也要格外注意。

（6）把握价格变动的时机。材料价格会经常随着季节、市场供求情况而变动。因此，采购人员应注意价格变动规律，把握采购时机。如当企业所用的主要原材料价格不断上升，采购部门若能把握好时机和采购数量，就会给企业带来很大的经济效益。

（7）以竞争招标的方式牵制供应商。对于大宗物料采购，一个有效的方法是实行竞争招标。此举往往能通过供应商的相互比价，最终触及价格底线。此外，对同一种材料，企业应多找几个供应商，通过对不同供应商的选择和比较使其互相牵制，从而使企业在谈判中处于有利地位。

（8）向制造商直接采购或结成同盟联合订购。向制造商直接订购，可以减少中间环节，降低采购成本，同时制造商的技术服务、售后服务会更好，另外，有条件的几个同类厂家可结成同盟联合订购，以解决单个厂家订购数量少而得不到更多优惠的矛盾。

三、采购业务各环节的风险点及管控措施

1. 编制需求计划和采购计划

采购业务从计划（或预算）开始，包括需求计划和采购计划。企业实务中，需求部门一般根据生产经营需要向采购部门提出物资需求计划，采购部门根据该

需求计划归类、汇总、平衡现有库存物资后，统筹安排采购计划，并按规定的权限和程序审批后执行。

该环节的主要风险与管控措施如图 8-3 所示。

主要风险	需求或采购计划不合理、不按实际需求安排采购或随意超计划采购，甚至与企业生产经营计划不协调等
管控措施	（1）生产、经营、项目建设等部门应当根据实际需求准确、及时编制需求计划。需求部门提出需求计划时，不能指定或变相指定供应商。对独家代理、专有、专利等特殊产品应提供相应的独家、专有资料，经专业技术部门研讨后，由具备相应审批权限的部门或人员审批 （2）采购计划是企业年度生产经营计划的一部分，在制定年度生产经营计划的过程中，企业应当根据发展目标实际需要，结合库存和在途情况，科学安排采购计划，防止采购过多或过少 （3）采购计划应纳入采购预算管理，经相关负责人审批后，作为企业刚性指令严格执行

图 8-3　编制需求计划和采购计划的主要风险与管控措施

2. 请购

请购是指企业生产经营部门根据采购计划和实际需要提出的采购申请。该环节的主要风险与管控措施如图 8-4 所示。

主要风险	缺乏采购申请制度、请购未经适当审批或超越授权审批，可能导致采购物资过量或短缺，影响企业正常生产经营
管控措施	（1）建立采购申请制度，依据购买物资或接受劳务的类型确定归口管理部门，授予相应的请购权，明确相关部门或人员的职责权限及相应的请购程序。企业可以根据实际需要设置专门的请购部门，对需求部门提出的采购需求进行审核，并归类汇总，统筹安排企业的采购计划 （2）具有请购权的部门对预算内采购项目，应当严格按照预算执行进度办理请购手续，并根据市场变化提出合理采购申请。对于超预算和预算外采购项目，应先履行预算调整程序，由具备相应审批权限的部门或人员审批后，再行办理请购手续 （3）具备相应审批权限的部门或人员审批采购申请时，应重点关注采购申请内容是否准确、完整，是否符合生产经营需要，是否符合采购计划，是否在采购预算范围内等。对不符合规定的采购申请，应要求请购部门调整请购内容或拒绝批准

图 8-4　请购的主要风险与管控措施

3. 选择供应商

选择供应商也就是确定采购渠道。它是企业采购业务流程中非常重要的环节。该环节的主要风险与管控措施如图 8-5 所示。

主要风险	供应商选择不当，可能导致采购物资质次价高，甚至出现舞弊行为
管控措施	（1）建立科学的供应商评估和准入制度，对供应商资质信誉情况的真实性和合法性进行审查，确定合格的供应商清单，健全企业统一的供应商网络。企业新增供应商的市场准入制度、供应商服务关系以及调整供应商物资目录，都要由采购部门根据需要提出申请，并按规定的权限和程序审核批准后，纳入供应商网络。企业可委托具有相应资质的中介机构对供应商进行资信调查 （2）采购部门应当按照公平、公正和竞争的原则，择优确定供应商，在切实防范舞弊风险的基础上，与供应商签订质量保证协议 （3）建立供应商管理信息系统和供应商淘汰制度，对供应商提供物资或劳务的质量、价格、交货及时性、供货条件及其资信、经营状况等进行实时管理和考核评价。企业应根据考核评价结果，提出供应商淘汰和更换名单，经审批后对供应商进行合理选择和调整，并在供应商管理系统中作出相应记录

图 8-5　选择供应商的主要风险与管控措施

4. 确定采购价格

如何以最优性价比采购到符合需求的物资，是采购部门永恒的主题。该环节的主要风险与管控措施如图 8-6 所示。

主要风险	采购定价机制不科学，采购定价方式选择不当，缺乏对重要物资品种价格的跟踪监控，引起采购价格不合理，可能造成企业资金损失
管控措施	（1）健全采购定价机制，采取协议采购、招标采购、询比价采购、动态竞价采购等多种方式，科学合理地确定采购价格。对标准化程度高、需求计划性强、价格相对稳定的物资，通过招标、联合谈判等公开、竞争方式签订框架协议 （2）采购部门应当定期研究大宗通用重要物资的成本构成与市场价格变动趋势，确定重要物资品种的采购执行价格或参考价格。建立采购价格数据库，定期开展重要物资的市场供求形势及价格走势商情分析并合理利用

图 8-6　确定采购价格的主要风险与管控措施

5. 订立框架协议或采购合同

框架协议是企业与供应商之间为建立长期物资购销关系而作出的一种约定。采购合同是指企业根据采购需要、确定的供应商、采购方式、采购价格等情况与供应商签订的具有法律约束力的协议。该协议对双方的权利、义务和违约责任等情况作出了明确规定（企业采取约定的结算方式支付合同规定的金额给供应商，供应商按照约定时间、期限、数量与质量、规格交付物资给企业）。该环节的主要风险与管控措施如图 8-7 所示。

主要风险	框架协议签订不当，可能导致物资采购不顺畅；未经授权对外订立采购合同，合同对方主体资格、履约能力等未达要求，合同内容存在重大疏漏和欺诈，可能导致企业合法权益受到侵害
管控措施	（1）对拟签订框架协议的供应商的主体资格、信用状况等进行风险评估；框架协议的签订应引入竞争机制，确保供应商具备履约能力 （2）根据确定的供应商、采购方式、采购价格等情况，拟订采购合同，准确描述合同条款，明确双方权利、义务和违约责任，按照规定权限签署采购合同。对于影响重大、涉及较强专业技术或法律关系复杂的合同，应当组织法律、技术、财务等专业人员参与谈判，必要时可聘请外部专家参与相关工作 （3）对重要物资验收量与合同量之间允许的差异，应当作出统一规定

图 8-7 订立框架协议或采购合同的主要风险与管控措施

6. 管理供应过程

管理供应过程主要是指企业建立严格的采购合同跟踪制度，科学评价供应商的供货情况，并根据合理选择的运输工具和运输方式，办理运输、投保等事宜，实时掌握物资采购供应过程的情况。该环节的主要风险与管控措施如图 8-8 所示。

主要风险	缺乏对采购合同履行情况的有效跟踪、运输方式选择不合理、忽视运输过程保险风险，可能导致采购物资损失或无法保证供应
管控措施	（1）依据采购合同中确定的主要条款跟踪合同履行情况，对有可能影响生产或工程进度的异常情况，应出具书面报告并及时提出解决方案，采取必要措施，保证需求物资的及时供应 （2）对重要物资建立并执行合同履约过程中的巡视、点检和监造制度。对需要监造的物资，择优确定监造单位，签订监造合同，落实监造责任人，审核确认监造大纲，审定监造报告，并及时向技术等部门通报 （3）根据生产建设进度和采购物资特性等因素，选择合理的运输工具和运输方式，办理运输、投保等事宜 （4）实行全过程的采购登记制度或信息化管理，确保采购过程的可追溯性

图 8-8 管理供应过程的主要风险与管控措施

7. 验收

验收是指企业对采购物资和劳务的检验接收，以确保其符合合同相关规定或产品质量要求。该环节的主要风险与管控措施如图 8-9 所示。

主要风险	验收标准不明确、验收程序不规范、对验收中存在的异常情况不作处理，可能造成账实不符、采购物资损失
管控措施	（1）企业应制定明确的采购验收标准，结合物资特性确定必检物资目录，规定此类物资出具质量检验报告后方可入库 （2）验收机构或人员应当根据采购合同及质量检验部门出具的质量检验证明，重点关注采购合同、发票等原始单据与采购物资的数量、质量、规格型号等是否核对一致 （3）对验收合格的物资，填制入库凭证，加盖物资收讫章，登记实物账，及时将入库凭证传递给财务部门 （4）物资入库前，采购部门须检查质量保证书、商检证书或合格证等证明文件 （5）验收时涉及技术性强的、大宗的和新、特物资，还应进行专业测试，必要时可委托具有检验资质的机构或聘请外部专家协助验收 （6）对于验收过程中发现的异常情况，比如无采购合同或大额超采购合同的物资、超采购预算及毁损的物资等，验收机构或人员应当立即向企业有权管理的相关机构报告，相关机构应当查明原因并及时处理 （7）对于不合格物资，采购部门依据检验结果办理让步接收、退货、索赔等事宜 （8）对延迟交货造成生产建设损失的，采购部门要按照合同约定索赔事项

图 8-9　验收的主要风险与管控措施

8. 付款

付款是指企业在对采购预算、合同、相关单据凭证、审批程序等内容审核无误后，按照采购合同规定及时向供应商办理支付款项的过程。该环节的主要风险与管控措施如图 8-10 所示。

主要风险	付款审核不严格、付款方式不恰当、付款金额控制不严，可能导致企业资金损失或信用受损
管控措施	企业应当加强采购付款的管理，完善付款流程，明确付款审核人的责任和权力，严格审核采购预算、合同、相关单据凭证、审批程序等相关内容，审核无误后按照合同规定，合理选择付款方式，及时办理付款。企业要着力关注以下方面。 （1）严格审查采购发票等票据的真实性、合法性和有效性，判断采购款项是否应予支付。如审查发票填制的内容是否与发票各类相符合、发票加盖的印章是否与票据的种类相符合等。企业应当重视采购付款的过程控制和跟踪管理，如果发现异常情况，应当拒绝向供应商付款，避免出现资金损失和信用受损的情况 （2）根据国家有关支付结算的相关规定和企业生产经营的实际，合理选择付款方式，并严格遵循合同规定，防范付款方式不当带来的法律风险，保证资金安全。除了不足转账起点金额的采购可以支付现金外，采购价款应通过银行办理转账 （3）加强预付款和定金的管理，涉及大额或长期的预付款项，应当定期追踪核查，综合分析预付账款的期限、占用款项的合理性、不可收回风险等情况；发现有疑问的预付款项时，要及时采取措施，尽快收回款项

图 8-10　付款的主要风险与管控措施

9. 会计控制

会计控制主要指采购业务会计系统控制。该环节的主要风险与管控措施如图 8-11 所示。

图 8-11 会计控制的主要风险和管控措施

8.3 采购业务内部控制方法及关键点

8.3.1 采购业务内部控制办法

根据财政部《企业内部控制应用指引第 7 号》——采购业务规定，采购业务内部控制在购买、付款等过程中应当注重以下基本原则：

第一章 总则

第一条 为了促进企业合理采购，满足生产经营需要，规范采购行为，防范采购风险，根据有关法律法规和《企业内部控制基本规范》，制定本指引。

第二条 本指引所称采购，是指购买物资（或接受劳务）及支付款项等相关活动。

第三条 企业采购业务至少应当关注下列风险：

（一）采购计划安排不合理，市场变化趋势预测不准确，造成库存短缺或积压，可能导致企业生产停滞或资源浪费。

（二）供应商选择不当，采购方式不合理，招投标或定价机制不科学，授权审批不规范，可能导致采购物资质次价高，出现舞弊或遭受欺诈。

（三）采购验收不规范，付款审核不严，可能导致采购物资、资金损失或信用受损。

第四条 企业应当结合实际情况，全面梳理采购业务流程，完善采购业务相关管理制度，统筹安排采购计划，明确请购、审批、购买、验收、付款、采购后评估等环节的职责和审批权限，按照规定的审批权限和程序办理采购业务，建立价格监督机制，定期检查和评价采购过程中的薄弱环节，采取有效控制措施，确保物资采购满足企业生产经营需要。

第二章 购买

第五条 企业的采购业务应当集中，避免多头采购或分散采购，以提高采购业务效率，降低采购成本，堵塞管理漏洞。企业应当对办理采购业务的人员定期进行岗位轮换。重要和技术性较强的采购业务，应当组织相关专家进行论证，实行集体决策和审批。

企业除小额零星物资或服务外，不得安排同一机构办理采购业务全过程。

第六条 企业应当建立采购申请制度，依据购买物资或接受劳务的类型，确定归口管理部门，授予相应的请购权，明确相关部门或人员的职责权限及相应的请购和审批程序。

企业可以根据实际需要设置专门的请购部门，对需求部门提出的采购需求进行审核，并进行归类汇总，统筹安排企业的采购计划。

具有请购权的部门对于预算内采购项目，应当严格按照预算执行进度办理请购手续，并根据市场变化提出合理采购申请。对于超预算和预算外采购项目，应先履行预算调整程序，由具备相应审批权限的部门或人员审批后，再行办理请购手续。

第七条 企业应当建立科学的供应商评估和准入制度，确定合格供应商清单，与选定的供应商签订质量保证协议，建立供应商管理信息系统，对供应商提供物资或劳务的质量、价格、交货及时性、供货条件及其资信、经营状况等进行实时管理和综合评价，根据评价结果对供应商进行合理选择和调整。

企业可委托具有相应资质的中介机构对供应商进行资信调查。

第八条 企业应当根据市场情况和采购计划合理选择采购方式。大宗采购应当采用招标方式，合理确定招投标的范围、标准、实施程序和评标规则；一般物资或劳务等的采购可以采用询价或定向采购的方式并签订合同协议；小额零星物资或劳务等的采购可以采用直接购买等方式。

第九条　企业应当建立采购物资定价机制，采取协议采购、招标采购、谈判采购、询比价采购等多种方式合理确定采购价格，最大限度地减小市场变化对企业采购价格的影响。

大宗采购等应当采用招投标方式确定采购价格，其他商品或劳务的采购，应当根据市场行情制定最高采购限价，并对最高采购限价适时调整。

第十条　企业应当根据确定的供应商、采购方式、采购价格等情况拟订采购合同，准确描述合同条款，明确双方权利、义务和违约责任，按照规定权限签订采购合同。

企业应当根据生产建设进度和采购物资特性，选择合理的运输工具和运输方式，办理运输、投保等事宜。

第十一条　企业应当建立严格的采购验收制度，确定检验方式，由专门的验收机构或验收人员对采购项目的品种、规格、数量、质量等相关内容进行验收，出具验收证明。涉及大宗和新、特物资采购的，还应进行专业测试。

验收过程中发现的异常情况，负责验收的机构或人员应当立即向企业有权管理的相关机构报告，相关机构应当查明原因并及时处理。

第十二条　企业应当加强物资采购供应过程的管理，依据采购合同中确定的主要条款跟踪合同履行情况，对有可能影响生产或工程进度的异常情况，应出具书面报告并及时提出解决方案。

企业应当做好采购业务各环节的记录，实行全过程的采购登记制度或信息化管理，确保采购过程的可追溯性。

第三章　付款

第十三条　企业应当加强采购付款的管理，完善付款流程，明确付款审核人的责任和权力，严格审核采购预算、合同、相关单据凭证、审批程序等相关内容，审核无误后按照合同规定及时办理付款。

企业在付款过程中，应当严格审查采购发票的真实性、合法性和有效性。发现虚假发票的，应查明原因，及时报告处理。

企业应当重视采购付款的过程控制和跟踪管理，发现异常情况的，应当拒绝付款，避免出现资金损失和信用受损。

企业应当合理选择付款方式，并严格遵循合同规定，防范付款方式不当带来的法律风险，保证资金安全。

第十四条 企业应当加强预付账款和定金的管理。涉及大额或长期的预付款项，应当定期进行追踪核查，综合分析预付账款的期限、占用款项的合理性、不可收回风险等情况，发现有疑问的预付款项，应当及时采取措施。

第十五条 企业应当加强对购买、验收、付款业务的会计系统控制，详细记录供应商情况、请购申请、采购合同、采购通知、验收证明、入库凭证、商业票据、款项支付等情况，确保会计记录、采购记录与仓储记录核对一致。

企业应当指定专人通过函证等方式，定期与供应商核对应付账款、应付票据、预付账款等往来款项。

第十六条 企业应当建立退货管理制度，对退货条件、退货手续、货物出库、退货货款回收等作出明确规定，并在与供应商的合同中明确退货事宜，及时收回退货货款。涉及符合索赔条件的退货，应在索赔期内及时办理索赔。

8.3.2 采购业务内部控制的关键点

一、采购业务中重要的职务分离

采购业务内部控制的一项主要工作就是对一些重要业务的处理进行职务分离，如表8-1所示。

表8-1 采购业务中重要的职务分离

序号	业务环节	职务分离
1	请购与审批	企业采购业务应由使用部门根据需要提出申请，并经分管采购工作的负责人审批
2	供应商的选择与审批	采购部门和相关部门共同参与询价并确定供应商，但是决定供应商的人员不能同时负责审批
3	采购合同或协议的拟订、审核与审批	采购部门负责下订单或起草购货合同，并经授权部门或人员审核、审批后执行
4	采购、验收与相关记录	企业采购、验收与会计记录工作应当相分离，以保证采购数量的真实性，采购价格、质量的合规性，采购记录和会计核算的正确性
5	付款的申请、审批与执行	企业付款审批人与执行人的职务应当相分离；付款方式不恰当、执行有偏差，可能导致企业资金损失或信用受损

二、采购业务内部控制的关键控制点

1. 采购计划环节关键控制点

采购计划是指企业根据需要运用科学的方法对采购活动进行提前安排与部

署。在此环节，企业首先要对各个需求部门的购买需要进行严格的审批，明确相关人员的审批权限，防止越级审批、审批手续不完善或未经审批即进行采购的行为的发生。其次，严格执行采购预算是采购计划环节内部控制的重要一环。具有请购权的部门对预算内的采购项目，应当严格按照预算执行进度办理相关的请购手续。对一些预算外的、根据市场变化适时调整的采购申请，企业应当及时调整采购计划，经过严格的审批后，再行办理请购手续。在采购计划环节，不相容岗位应当分离，如绝对不能由一人兼任采购请购与审批两个岗位，以防止内部控制失效。

2. 供应商管理环节关键控制点

供应商管理是指企业建立供应商准入机制以及供应商信息管理系统，对供应商资信状况、供货条件等进行实时的管理和监督。供应商管理的科学性在很大程度上影响着企业采购的成本和质量。对于一些大型的钢铁企业，供应商的管理问题甚至涉及国外的供应商。可以说，该环节是采购业务的关键所在，同时也是舞弊风险的高发环节。在供应商的准入环节，企业应当建立完善的供应商选择及管理机制。如果供应商的选择程序不规范、选择标准不科学，则可能会造成所选的供应商不符合企业的要求，产品的质量、价格、交货及时性等得不到保障，采购物资质次价高，采购环节发生舞弊等一系列问题。所以，企业应当对供应商的准入实施严格的审批，建立科学的评估和准入制度，确定合格的供应商清单。此外，需要及时地沟通供应商的信息，企业要建立供应商信息管理系统，对供应商交货及时性、产品质量和价格、供应商资信情况进行实时的管理和评价。同时，企业还需要严格遵守不相容岗位的职责分离原则，比如应当分离调查和最终确定供应商这两个岗位的职责，以保障不同岗位的人员可以相互制约和监督，从而控制企业风险。

3. 采购实施过程环节关键控制点

采购实施过程环节包括企业根据市场情况及采购计划选择采购方式、确定采购价格、签订采购合同、进行检验入库这几个环节。采购实施过程环节涉及的风险较多，也涉及多个关键控制点。首先，在采购方式的选择方面，所选择的采购方式不科学、采购的招投标机制不合理、采购过程没有经过恰当的授权与审批等问题都可能导致不合理、不科学的采购活动的发生。其次，与供应商签订的框架协议或者合同出现问题可能会导致采购不畅。若签订的合同没有经过严格的逐级审批或者授权，合同对方的主体资格、履约能力未达到企业要求，合同的内容出现重大的错误、疏忽或欺诈，都会导致企业的合法权益遭受侵害，并进一步对企业的正常生产经营造成影响。最后，若采购的验收不规范，采购物资未达到企业要求就验收入库，会影响企业的正常生产，给企业带来采购物资损失、信用损失和资金损失。如果相关采购物资不能够及时地收取或入库，会对企业的生产进度造成影响。面对这些风险，企业首先应当严格执行审批程序，必须使采购活动在授权下执行。其次，不相容岗位要做到职责分离，如验收与入库岗位分离、采购合同的拟订与审批岗位分离等。最后，企业还要对采购活动进行相应的监督和评价。

4. 采购付款环节关键控制点

采购付款环节是指企业将货款支付给供应商并且在财务系统上进行记录的过程。付款会出现货已到款后付、款已收货未收等情况。该环节的风险点有：企业付款审核流程不合规、所采用的支付方式不合理、对付款金额的控制不到位和没有与供应商及时对账等。这些都可能导致企业资金损失或者信用受损。预付账款未能真实、准确、完整记录在恰当的会计期间可能导致企业采购成本不能及时如实反映，给企业带来物资和资金损失。在采购付款的过程中，如果相关的经济活动不能及时入账，会影响到企业会计信息的完整准确。若不能够及时科学地支付应付供应商的款项，可能会对企业的信用和形象造成影响，导致企业无法享受相关的信用红利。

企业应当采取相应的控制措施以有效防范这些风险，如：建立复核程序，对相关凭证进行复核查验；建立对账程序，定期与供应商进行及时对账；在付款时执行严格的审批，付款时由相应层级权限的领导进行签字等。

8.4 采购业务内部控制流程

采购业务内部控制主要包括计划编制、请购、选择供应商等步骤，其流程如图 8-12 所示。材料使用部门根据自身需要制订需求计划，采购部门根据库存情况和需求计划制定采购计划。采购部门根据收到的采购申请和采购计划进行物资采购活动，对一些大额、重要的采购项目采取招标方式确定供应商。接着，采购部门需要确定并订立采购合同。货物送达后，验收部门根据订购单对数量、质量等进行验收核对。若验收不合格，则申请退货并办理索赔手续；若验收合格，采购部门和物流部门取得相应发票，办理入库手续。采购部门根据合同约定的付款时间提出付款申请，经相关人员复核后将付款凭单交财务部门。财务部门对供应商提供的发票及相关凭证进行核对，确认无误后支付款项。采购部门将请购单、订购单和其他相关凭证送交财务部门，验收部门将验收单、入库单送交财务部门，会计人员核对后交财务经理复核和审核，之后进行账务处理并登记相关账簿。每月月底由会计人员进行对账，核对数量和金额。

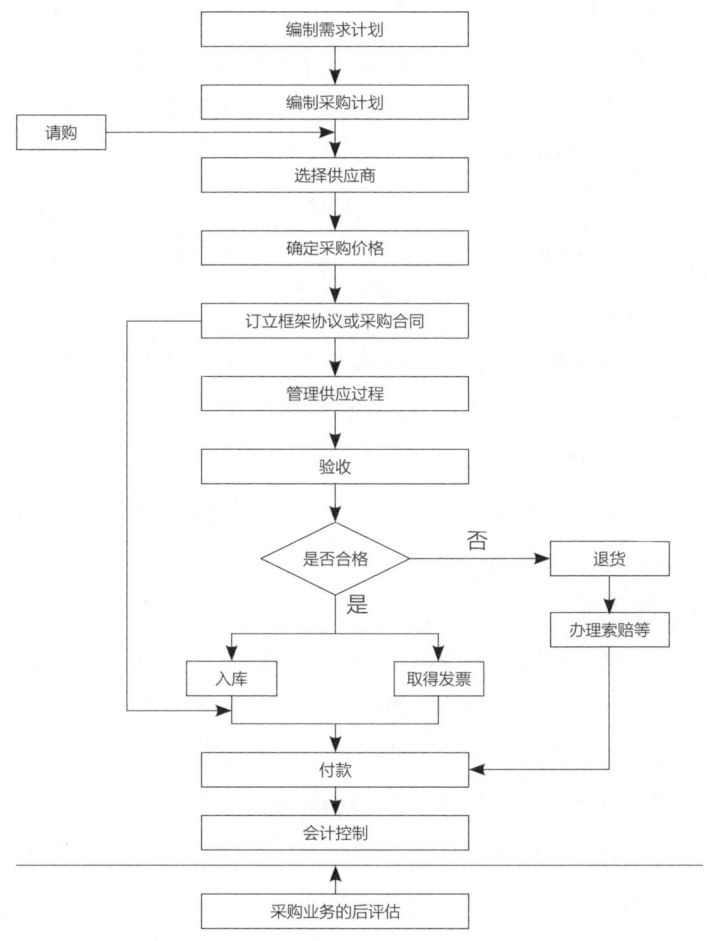

图 8-12　采购业务内部控制流程

1. 采购申请和采购计划

（1）使用单位根据生产经营、建设需要和预算，提出采购申请，注明所需物资的名称、规格、数量、技术质量标准与要求等，经单位、部门领导审核后报仓储部门审核。

（2）仓储部门根据物资储备定额，对符合储备定额的办理发货手续；对定额不足的编制采购计划，经部门领导审核后报采购部门。

（3）采购部门根据采购计划编制物资采购实施方案，报部门领导签字后再报主管领导审批。

2. 编制、审定采购实施方案

（1）经审批的采购计划，交财务部门申请资金计划。采购计划需按照货币资金内部控制制度的规定进行审批。

（2）采购部门依据经审定的采购实施方案和资金计划制订相关采购计划，包括选择确定采购价格、供应商、采购合同、采购物资的技术指标等。

3. 选择确定采购价格及供应商

（1）采购部门依据经批准的物资采购实施订单和资金计划，通过询比价、招标、网上采购和公开采购信息等公平、透明的方式，按照公司物资采购的有关规定提出选择和确定采购价格和供应商的方案，经部门领导审核后确定。

（2）需与供应商就价格、付款方式或供货质量及要求等进行谈判确定的，由采购、财务及相关技术部门等人员组成谈判组，提出初步意见，报授权领导审定后由采购部门牵头谈判。

（3）对公司要求实施统一采购的大宗或进口物资，应按公司的相关规定办理。属招标采购范围的，应组织招标采购。

4. 签订采购合同

（1）大宗、批量或比较重要的物资采购必须签订采购合同。合同文本由采购部门拟订，传送财务、法律或技术等有关部门或岗位审核。

（2）财务、法律或技术等部门或岗位依据职责权限对合同有关条款进行认真审核，提出修改意见后交拟订部门修改合同文本。

（3）分管业务的领导和财务总监审定合同，交授权人员签订合同。合同需报财务、检验、法律等部门备案。原件留采购部门。

（4）采购合同需要变更或提前终止时，应报原审批领导同意。重大合同变更需报公司总经理办公会研究同意。

5. 跟踪并监督合同的执行

（1）采购部门的采购人员、合同管理人员及有关部门在合同签订后，应当跟踪并监督合同的执行。

（2）采购、技术、设计等部门和需用部门应对长周期运行的关键重要设备、材料实行过程监造，确定监造方式，编制监造大纲，签订监造协议，落实监造责任人。

（3）采购人员按照采购合同中确定的制造周期、交货时间、工程项目进度计划落实催交、催运措施，监督合同按期执行。

6. 采购物资验收入库

（1）质检部门对到货物资进行质量检验，出具质量检验报告书并传送给采购部门、仓储部门、财务部门。

（2）采购部门编制物资入库单或系统自动生成入库单（入库单应连续编号），仓储部门对到货物资进行外观和数量检验并审核入库单，对符合合同要求的合格物资办理验收入库手续，并将入库验收单传送给财务部门和采购部门分别审核编制入账，经会计主管复核后过账。对检验不符合合同要求的物资，仓储部门不得办理入库手续。

（3）不合格物资由采购部门办理退货索赔事宜或提出折让方案，报授权部门或人员审批后进行处理。

7. 发票校验、货款支付及核算记账

（1）财务部门对购货增值税发票进行校验认证，未能通过发票认证的必须退回并重新开具。将校验审核后的发票、采购合同、货物入库验收单等信息录入系统中生成会计凭证或编制会计凭证，经会计主管复核后过账。

（2）采购部门根据采购合同规定的货款支付方式及合同执行情况，提出采购资金支付申请，填制付款申请单并附采购合同、验收单据等付款依据，经采购部门领导审核签字后传送到财务部门办理货款支付和结算手续。

（3）财务部门收到采购部门的货款支付申请，首先要对采购合同、购货发票、货物入库验收单等进行审核，其次要对应付账款、预付账款和分期付款等付款约定，以及采购享有的折扣和折让等进行审核，在审核确认无违反合同、程序和其他问题的情况下，编制付款会计凭证和填制银行付款单据，经会计主管复核、财务部门负责人审核签字后付款入账。若需提前付款、更改合同约定条件及金额较大的，按规定权限报批。

（4）月末财务部门与采购部门对采购预付款、备用金及未结算的货款进行核对，发现问题及时报告并查明原因和处理。享有采购折扣或折让的，应在会计报表中恰当披露。

（5）季末或半年末，仓储部门和有关资产管理部门必须对存货等实物资产进行盘点。财务部门应当派人监督盘点。

（6）公司财务部门和采购部门应定期与客户核对确认应付、预付账款，发现问题及时查明原因和处理。

8. 清理、终止合同

（1）合同执行完毕后，采购部门应对合同执行情况进行清理、终止，并建立客户信用档案。

（2）采购部门将合同清理和客户信用情况反馈给财务部门。

8.4.1　采购申请与审批的内部控制流程

1. 采购计划管理内部控制的流程

（1）运营部采购专员应不迟于销售方案评审阶段即参与到项目中，依据项目需求进行售前支持、采购询价，协助项目取得厂商授权、制定采购方案，包括供应商的前期联系与选择、初期谈判等工作。业务部有义务提前将项目采购相关信息主动提供给运营部，共同进行项目采购方案的筹划与制定。

（2）采购专员在收到审批完成的采购申请单后，需根据采购申请中的产品、数量、品牌、保修要求、货期、安装服务、项目执行进度等各种需求执行采购，且随时与项目负责人沟通实际需求，如有不能满足项目需求或超过成本预算的，须及时通知到项目负责人及商务负责人，调整采购方案。

（3）如因项目需求不能透露用户信息的，采购专员需按照项目要求做好保密工作。执行涉密项目，因项目需求不能透露用户信息的，采购人员需按照项目要求做好保密工作，需遵守公司保密管理规则。

2. 请购与审批管理内部控制的流程

采购申请由运营部发起，采购部所执行的所有采购业务必须以审批完成的采购申请单作为发起依据。采购申请单内容如发生产品大类变更，必须退回申请人与销售合同复核后，方可重新提交，避免购买产品与销售产品不一致的问题发生。运营部应严格控制项目备货和产品备货，避免造成库存积压和资金占用。

采购申请单审批流程如图8-13所示。

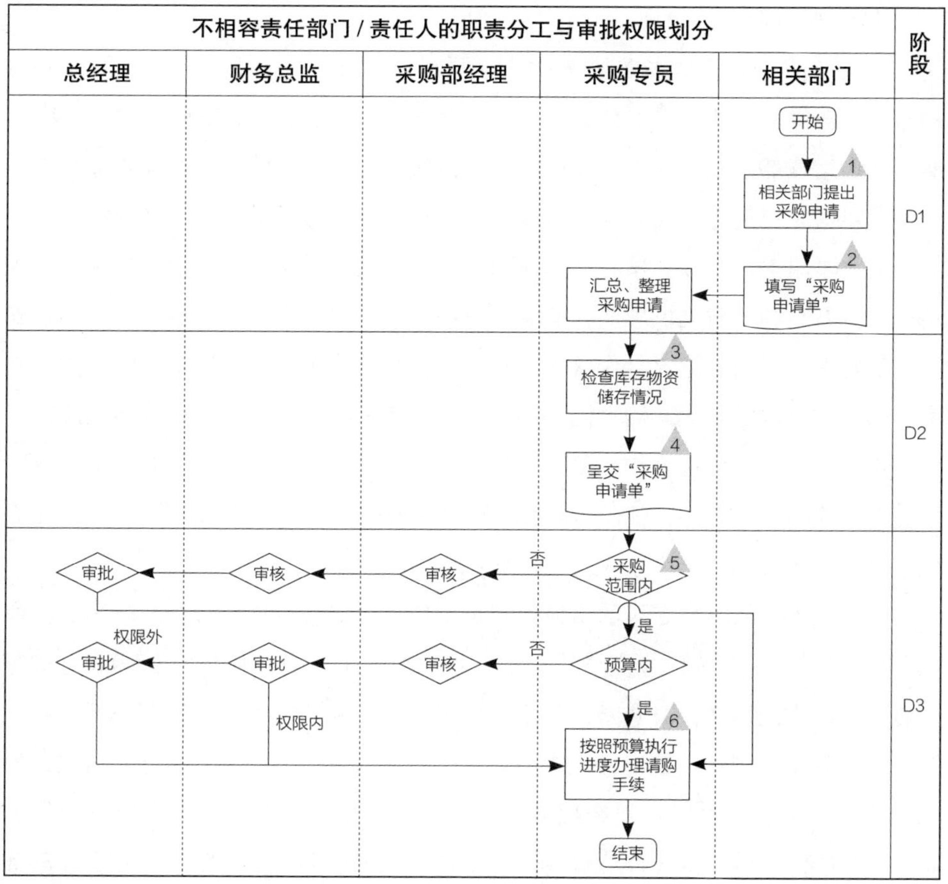

不相容责任部门 / 责任人的职责分工与审批权限划分					阶段
总经理	财务总监	采购部经理	采购专员	相关部门	
				开始 ① 相关部门提出采购申请 ② 填写"采购申请单"	D1
			汇总、整理采购申请 ③ 检查库存物资储存情况 ④ 呈交"采购申请单"		D2
审批 ◄ 权限外 审批	审核 ◄ 审批	审核 ◄ 权限内 审核	⑤ 否 采购范围内 是 ⑥ 否 预算内 是 按照预算执行进度办理请购手续 结束		D3

图 8-13　采购申请单审批流程

3. 供应商管理内部控制的流程

（1）新增供应商准入审核。

新供应商开发按照规定流程进行申请和审核。首先由运营部负责供应商开发主导工作，其他部门任何人员如有推荐，均可提出供应商开发申请，进入公司审核流程。新供应商开发流程如图 8-14 所示。

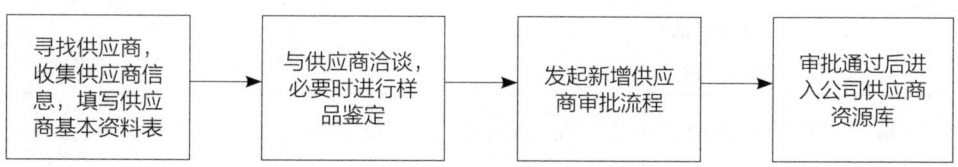

寻找供应商，收集供应商信息，填写供应商基本资料表　→　与供应商洽谈，必要时进行样品鉴定　→　发起新增供应商审批流程　→　审批通过后进入公司供应商资源库

图 8-14　新供应商开发流程

（2）供应商考核管理。

①供应商管理的基本准则是 QCDS 原则，即质量、成本、交付与服务并重的原则，对供应商评估采取公开、公平、合理、时效、持续、有效的原则。供应商管理由运营部设立专人进行专项管理，应做到合作前评估，把握源头筛选。

②对供应商进行分级管理。供应商分为 3 类：核心类供应商、常用类供应商和普通、零星类供应商。核心类供应商即与公司签署过年度战略合作协议、来源单一、具有金牌资质类供应商，此类供应商的采购成本高，需要着眼长远，培养长期稳定关系，与其建立合作伙伴关系，降低采购成本和供应风险。常用类供应商即年度交易次数为 10 次以上的供应商或年度总采购额 100 万元以上供应商，此类供应商可享受优选合作政策和锁定共同发展合作量。普通、零星类供应商即年度交易次数为 10 次以下的供应商或年度总采购额 100 万元以下供应商，此类供应商数量多且类似，处于完全竞争状态。

③对列入合格供方名录的供应商根据供应商分级进行抽样考核。公司供应商的评估范围为以 BSS 供应商模块审批通过的全部供应商，每年度 9—10 月进行年度考核。供应商考核方式是用纸质文档填写供应商评价表，为保证公平、公正及考虑项目型公司特殊情况，供应商评价表需不同部门的相关人员打分签字，即采购人员和销售人员或项目经理双方考核后方可生效。对核心类供应商应做到 100% 考核，常用类供应商应做到 80% 考核，普通、零星类供应商应做到 30% 考核。

④对供应商进行考评等级划分及处理，具体考核项目和分数如表 8-2 所示（各项得分以 0 分为最低分）。

表 8-2　供应商评估项目及分数

评估项目	分数
品质评估	50 分
供货评估	25 分
返修评估	15 分
其他评估	10 分

⑤针对供应商品质、成本、交付、技术支持及售后服务、经营体系管理五个方面进行打分，然后按照分数确定评定等级以及相应的评估处理，具体如表 8-3 所示。

表 8-3　供应商评定等级及评估处理

评估分数	评定等级	评估处理
≥ 90 分	A	优秀厂商，予以优先合作的优惠奖励
80~90 分	B	良好厂商，由运营部提请供应商改善不足
65~80 分	C	合格厂商，由运营部等部门予以必要的辅导
< 65 分	D	辅导厂商，由运营部予以辅导，连续三个月没能达到 C 等级即列入公司供应商合作黑名单进行淘汰

4. 定价管理内部控制的流程

（1）供应商的选取。供应商的选择需从 BSS 审批通过的合格供应商名单中选取，采购专员询价议价时先从供应商资源库中已有的供应商进行选择，优先选择长时间固定的供应商，按照原厂商或制造商、总代理、资质较好的二、三级代理商、其他供应商优先级别顺序选择。如果能直接从原厂商采购，优先选择原厂商供货。如供应商资源库中没有满足要求的供应商，应按照新供应商开发流程在资源库中新增供应商。

（2）A 公司主要采用询价议价方式进行定价管理。采购专员根据市场变化把握降价时机，采购非垄断性产品时，需要遵循向两家或两家以上供应商询价的原则；要做好询价记录，保证其真实完整性，建立总成本意识，做好项目成本核算分析。采购专员在询价议价时应该获取价格、服务、货期、交易条款、发票种类等多项信息，以便判断综合成本；在与多家供应商议价时要注重商品质量、付款方式、售后服务等要素，以便选择条件最优的供应商，同时应做好询价记录，以便内部检查及审计需要。采购启动应尽量做到采购前置，及时进行采购支持，做到货比三家，询价结果应及时通知事业部，以便事业部进行选择确认。

（3）对于技术要求比较专业的专项采购，经公司相关领导批准，事业部只可单方面和供应商商定技术条款，采购价格及付款方式等商务条款必须由运营部采购人员和相关业务部门人员共同商定。

5. 采购合同管理内部控制的流程

（1）采购合同的签订。

因为 A 公司日常多为小批量、多批次的采购，所以采购频率比较高。公司的采购合同由采购专员发起，运营主管审批，然后交由财务部审批，再由事业部经理、运营部经理审批，最后由总经理审核确认。在与供应商商谈合同支付条款时，尽可能避免支付预付款的状况；如果最终确定的合同条款必须涉及预付款，须在合同后期执行中避免可能产生的到货、履约等风险。公司应避免签约金额超过该供应商注册资金的情况，如果该供应商不可更换，须在合同审批时特殊注明，提示风险。在采购执行过程中，尽量先收到货物或确认劳务已完成，再支付货款，避免对方履约能力不足或违约给公司带来的损失。采购合同的审批，由采购专员发起，要严格按照流程进行，具体流程如图 8-15 所示。

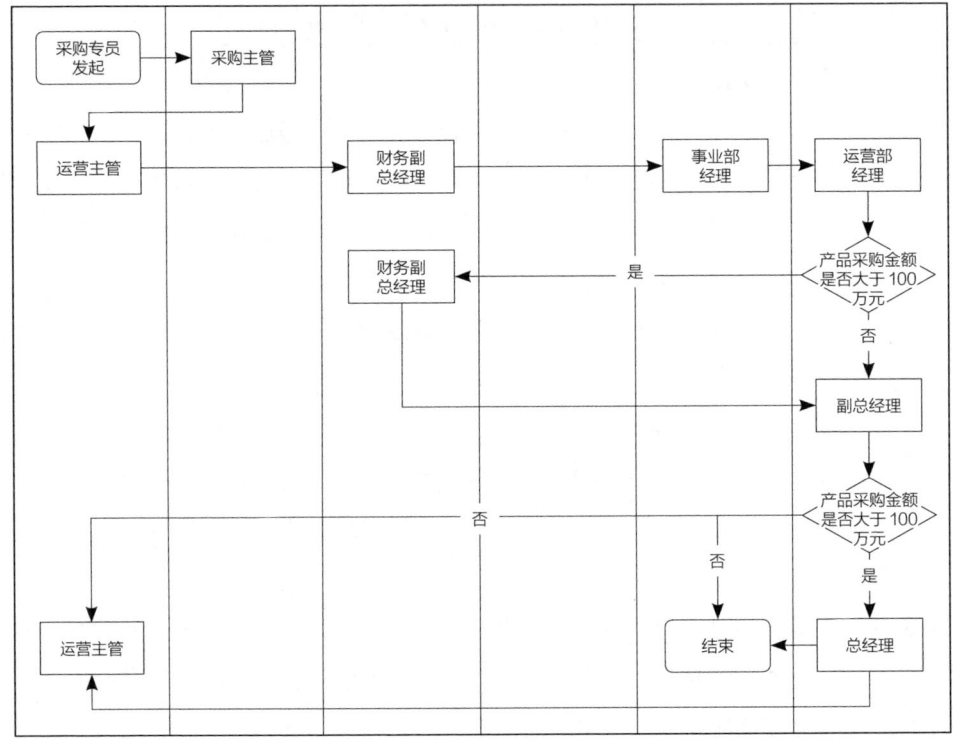

图 8-15　A 公司采购合同审批流程

（2）采购合同的后续管理。

采购人员应及时收集与合同的签订和执行过程有关的一切材料，包括但不限于往来的传真、邮件、经双方签字盖章的合同文本、合同执行过程中的相关附属文件、签收单、入库单、付款审批单以及合同会签过程中形成的相关资料等，并整理成卷，交由办公室档案管理员进行原件存档。所有采购部签订的采购合同或采购方向的协议，必须取得至少一份原件。涉密项目相关的采购合同文档以及执行中的文档均由保密专员按照《涉密载体管理规则》《打印和复印保密管理规则》有关规定进行管理。采购档案管理纳入采购部门的月度工作目标考核中，强调对重大项目采购档案资料收集、整理、归档的考核要求。采购档案移交前要进行过程监督，采购合同的存档上交原则是采购合同签订人负责整理移交，直接交予办公室档案管理员。若采购人员轮岗或离职，需将签署的采购合同移交办公室档案管理员，采购人员签署的采购合同原件不作为交接内容移交。采购合同的借阅，依照行政部颁布的《档案管理规则》执行。

8.4.2　采购验收与付款的内部控制流程

为保证采购业务的合理性和及时性，确保接收、检验和付款的准确性，A 公司针对采购验收与付款环节采取了两方面的风险控制措施，分别为验收控制和付款流程控制。A 公司的采购验收与付款环节控制流程主要为：供应部组织采购物资进厂，机动部和技术质量部分别对其进行计量验收和质量验收，验收通过后办理入库及线上扣款处理，生产厂领取采购物料并进行二次把关，通过即可使用。供应部根据入库及线上扣款情况办理结算，对线上产生的加扣款项，供应部应出具书面说明将相关信息传递给财务部和审计部，由财务部和审计部分别进行付款和备案处理。A 公司采购验收与付款流程如图 8-16 所示。

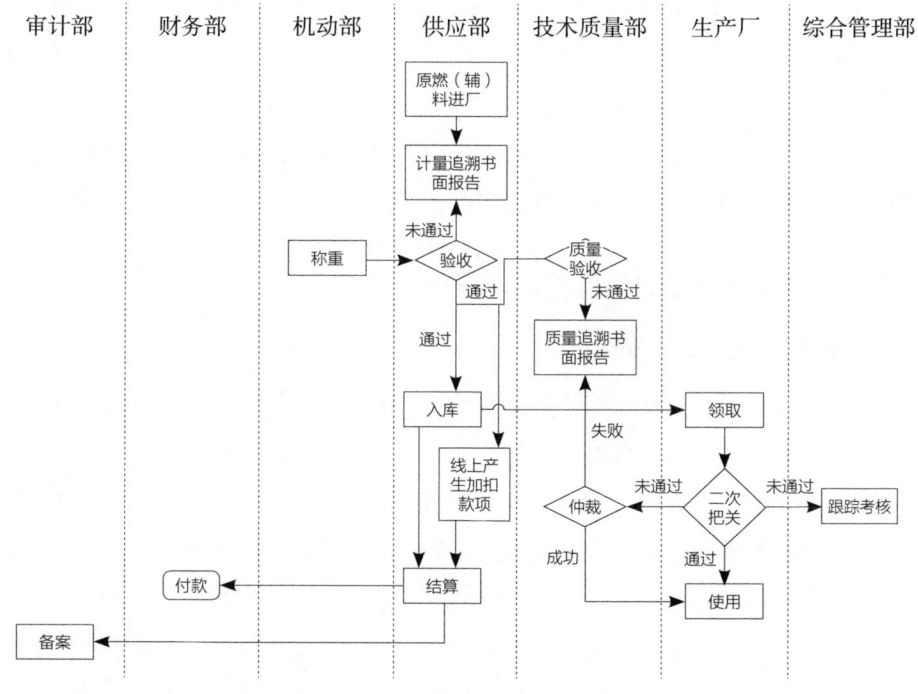

图 8-16　A 公司采购验收与付款流程

A 公司针对采购业务制定了相关的材料验收标准，采购部业务员将招标及材料采购合同确定的要求上传至 ERP 系统中供物流部查阅，验收人员按合同约定查验相关质量凭证。对于直达仓库的材料，供应商将送货至材料仓库，由仓库保管员进行验收。对于直达现场的材料，则由采购部收集审核各事业部意见后下发材料清单，使用单位指定专人自行验收。

A 公司为了保证生产的钢铁产品质量，对采购材料的质量和数量要求较高，因此在实际验收时分别实施了质量验收和计量验收。质量验收方面，采购材料是否具备检化验条件是区分质量验收流程是否通过的关键点。具备检化验条件的材料由物流部、收货单位按照取样标准取样后，送至技术质量部进行样品检验，技术质量部出具验收通知单并盖章后传递至采购部和收货单位。不具备检化验条件的材料由物流部和使用单位材料验收人员进行验收。计量验收方面，合同约定需过磅的物资需经制造部过磅并将过磅重量输入 ERP 系统，出具过磅码单给采购部。按合同约定不需过磅的材料由物流部的验收人员进行数量验收。材料到达生产现场后，使用单位验收员安排进行二次计量并与制造部过磅码单进行对比，对重量超出规定范围的发起计量异议处理申请。

采购部接收到计量、质量异议处理申请后，牵头对计量、质量异议进行处理。为防止出现采购物资存在计量、质量异议却已提前结算的情况，A 公司设计开发了 ERP 异议报警程序，对超合同异议启动参数的线上报警并锁定，暂时不进行结算。在处理质量、计量异议时，采购部组织技术质量部与炼铁事业部一起与供应商进行沟通、分析，确定异议原因，协商办理让步接收或退货手续。

8.4.3 采购与付款的内部控制流程

1. 付款管理内部控制的流程

（1）采购部在与供应商商谈合同支付条款时，会尽可能避免支付预付款的状况，减少交易风险。一般通用类产品，除非供货来源被垄断，公司不允许有预付款。其他采购，凡有预付款比例超过 30% 的，须在 BSS 采购合同审批时写明原因。在日常的采购中，一般都是采用货到付款的方式，一般在商品验收完成后两个月内向供应商付清款项。在商品验收入库后，采购人员要依据核对没有错误的商品入库单编制申请付款的单据，在合同管理员和运营主管确认后再提交到事业部。事业部确认采购金额是否在 100 万元的额度内，100 万元以内的付款可以直接提交到财务部，财务部在收到付款申请单后进行审核，没有错误后由财务副总经理审批，审批通过后由出纳进行付款。超过 100 万元的采购付款申请，还要交由事业部总经理审核，审核无误后再交由副总经理、总经理审核，再交由财务部审核付款。公司正常业务经由运营部执行签订合同，未在运营部备案过的合同，运营部不负责申请支付。采购款支付应严格控制，申请人在提交付款申请时，须写明并附上针对此次支付的合同、签收、发票、历史支付情况等数据作为审批依据，各个审批环节严格进行审核审批。每次付款前，须取得不低于此次支付金额的相应发票。固定合作伙伴如厂商、总代理商，可以在收货之后再收取发票。

具体的采购付款审批流程如图 8-17 所示。

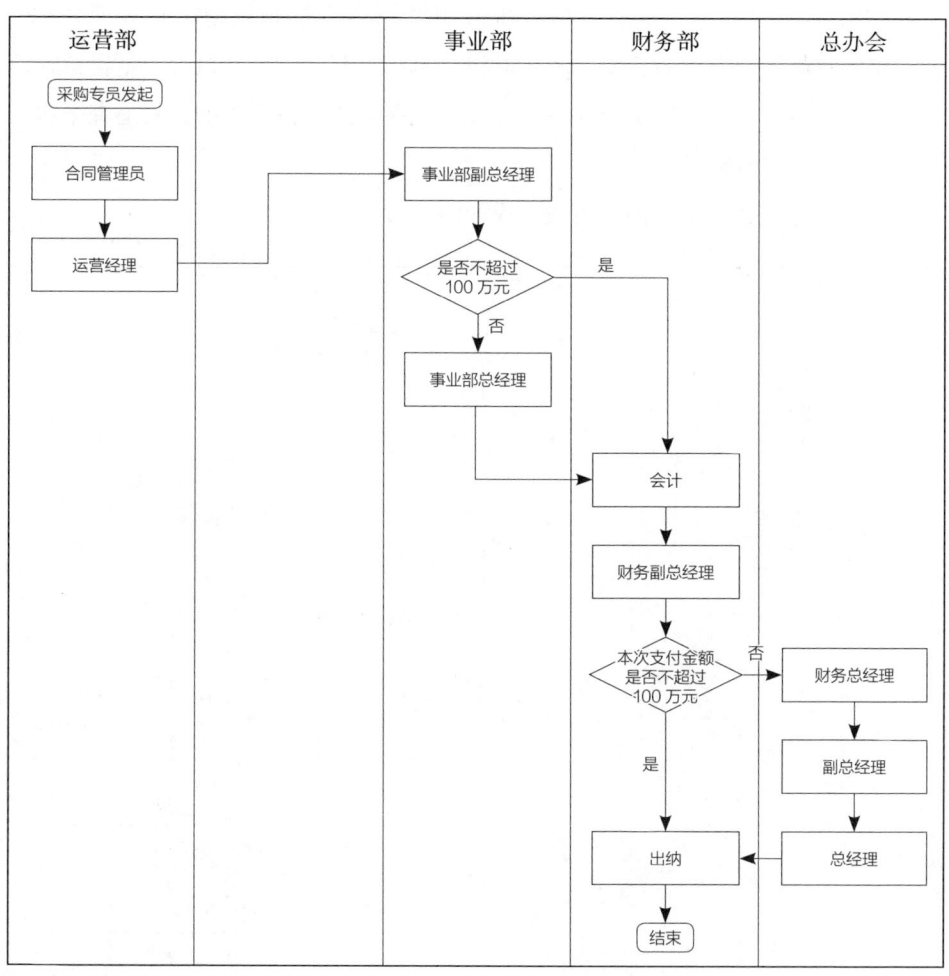

图 8-17　A 公司采购付款流程

（2）采购部采购人员根据与供应商的合同约定，及时催收采购合同对应发票。采购人员接收的发票，发票内容需与采购合同内容一致，开具要素不齐全或内容不真实的发票，一律不予接收，对不符合公司或者公司主管税务局规定的发票要及时退回及更换，采购人员收取发票后，需通过网络查询或电话查询复核发票的真假，如两种途径无法辨别真假可提交财务部进行疑难真假发票的辨别确认，未经任何查询并且未经财务部确认即收取并提交假发票的采购人员将追究个人责任。采购部采购人员对所签订采购合同中对应的发票取得负有责任，如不能及时回收，采购人员需要及时上报部门负责人，说明原因并讨论确定追缴措施，如追缴措施无效，需及时转法务部通过法律途径追缴。采购部采购人员在收到供应商的各类发票后妥善保管，增值税专用发票为可抵扣发票，有效期为180天，采购专员取得发票后应以"本周取得，本周上交"的原则执行，不得留存，如因采购人员个人未及时上交发票导致发票过期造成经济损失的，将追究采购人员个人责任及要求赔偿。

发票的开具、退票、换票申请流程如图8-18所示。

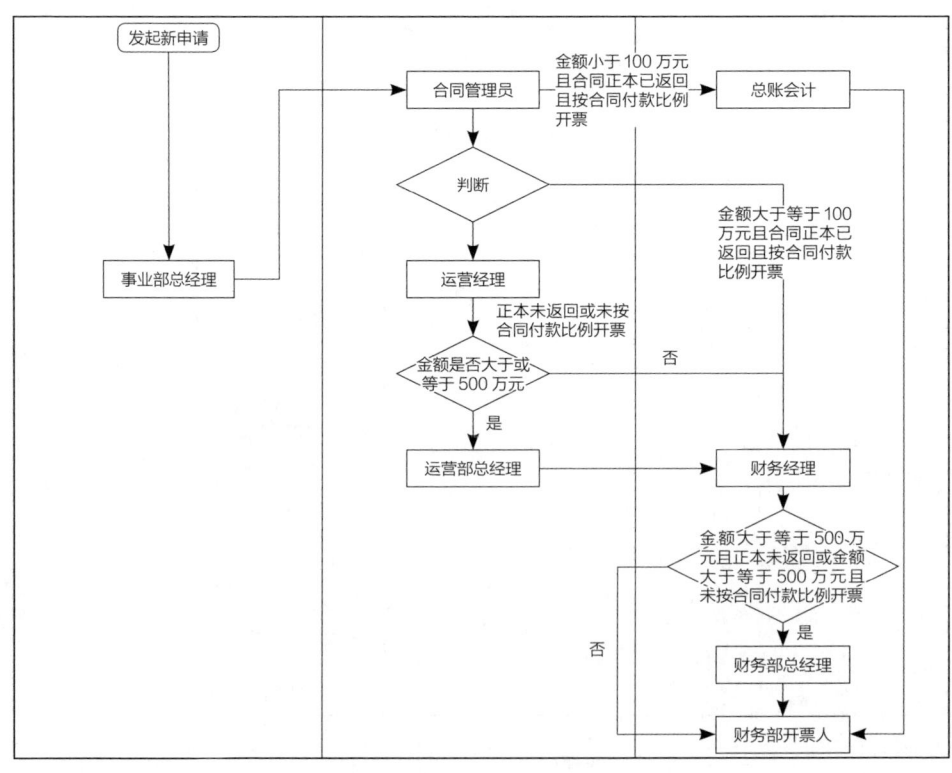

图8-18　A公司发票的开具、退票、换票申请流程

2. 会计控制管理内部控制的流程

（1）运营部需要不定期抽查所辖采购专员的发票回收情况。运营部采购专员在收到供应商的各类发票后妥善保管，每周五前整理自己手中发票，填写发票交接明细表。若对应的采购订单已入库应附上入库单。各采购专员将整理完的发票提交给采购部发票接口人，同时提交电子版发票交接明细表。由该接口人负责检查核对所有采购专员提交的发票及对应的明细表是否正确，包括发票是否过期，明细表中增值税税率、票面金额填写是否正确等问题，并将最终信息汇总。运营部发票接口人将核对后的发票交接明细表打印三份，由各采购专员签字，将发票交接明细表连同发票一起在每周五与财务部发票接口人进行工作交接。财务部发票接口人核对发票及发票交接明细表后在明细表下方签字认可。发票交接明细表财务部留存一份，运营部接口人留存一份，采购专员留存一份。

（2）在与供应商商谈合同支付条款时，尽可能避免支付预付款的状况；如果最终确定的合同条款必须涉及预付款，须在合同后期执行中避免可能产生的到货、履约等风险。避免出现预付款，须在货到验收合格之后再行支付货款，降低交易风险。一般通用类产品，除非供货来源被垄断，不允许有预付款。其他采购凡有预付款比例超过 30% 的，须在合同审批时写明原因。采购部会不定期抽查所辖采购专员的发票回收情况，通过预付账款、应付账款、应付暂估等月度报表核查，如发现周期较长未收回应收账款会追究成因，同时追究采购人员个人责任。

3. 退货管理内部控制的流程

（1）公司建立了具体的退货管理制度，对于退货条件、如何退货以及退货款项如何收回都作出了具体的规定，明确各方责任事宜。对因为供应商产品质量问题造成的退货，要及时与供应商确认，及时收回货款。因为公司内部人员管理原因造成的退货要追究到个人的责任。如果退货涉及赔偿条件，运营部要与法务部及时沟通，共同处理，符合索赔条件的退货，应在索赔期内及时办理索赔。

（2）退货时要修改原订单，订单修改原则是原路返回。在公司信息系统中录入退货信息时，实际退货数量不能大于采购订单的入库数量。如有退货部分的订单已进行发票匹配的情况，退货后需要通知应付会计取消发票匹配。退货（折让）引起的退票，需由采购经理报请运营部总经理批准后，由税务会计办理《开具红字增值税专用发票申请单》，并进行进项税额转出。

8.5 采购业务内部控制制度示范

8.5.1 供应商评估管理办法

供应商评估管理办法

一、目的

为合理选择企业物资采购的供应商，对供应商的供货能力及资信进行评价，确保供应商提供商品的质量、价格、交付能力等满足企业的采购要求，特制定本办法。

二、适用范围

本办法适用于对已有供应商及新开发供应商的评估管理。

三、职责

1. 供应商评估小组负责制定供应商评估指标及标准，定期对供应商实施现场评估。

2. 采购部负责供应商评估系统的日常维护、评估活动的组织协调等。

3. 各相关部门应积极参与、配合供应商的评估工作。

四、考核内容及指标

企业对供应商的评估，主要从供应商提供商品的质量、价格等方面来考核，具体内容如表 8-4 所示。

表 8-4 供应商评估考核

考核项目	考核内容
基本情况	企业知名度
	市场地位
	生产能力
	技术及设备
	员工素质
	质量体系认证情况
价格	价格合理性
	价格稳定性

考核项目	考核内容
交期	交货及时性
	紧急订单处理情况
服务	售前服务
	售后服务

五、考核结果管理

依据供应商的考核结果，企业对其进行分级管理，具体内容如下。

1. 得分为 90 分 ~100 分的供应商为 A 类供应商，评定为优秀。企业可增加采购量或给予一定的奖励。

2. 得分为 80 分 ~89 分的供应商为 B 类供应商，评定为良好。根据供应商的意愿，企业可协助其发展为 A 类供应商。

3. 得分为 60 分 ~79 分的供应商为 C 类供应商，评定为合格。企业应要求供应商整改，供应商评估小组依据其整改情况进行确认，并决定是否与其合作或减少采购量。

4. 得分为 60 分以下的供应商为不合格供应商，不予考虑。

六、附则

本办法由采购部制定、修订和解释。

8.5.2　采购验收管理办法

采购验收管理办法

一、总则

1. 目的。

为规范企业采购与验收作业，明确采购及验收人员的工作职责，加强采购过程控制与采购质量控制，特制定本办法。

2. 适用范围。

企业的采购活动以及采购物资验收活动均遵照本办法办理。

3. 职责。

（1）采购部负责采购的计划、组织与实施工作。

（2）仓储部收货人员负责物资的清点、登记以及按照实际数量填报验收单等工作。

（3）质检部人员根据标准严格执行质量检查验收，不合格品不予通过。

4. 控制原则。

（1）结合生产经营需要开展物资采购工作，保障原材料和各项物资连续供应。

（2）在保障供应的前提下，选择优质物资，确保采购物资的质量合格。

（3）开拓货源基地，优化供应渠道，降低采购成本。

（4）验收工作严格执行企业验收标准，杜绝违规、违法及暗箱操作。

二、采购申请与审批

1. 物资需求部门填写物资需求单，详细注明需求物资的品名、型号、技术标准、数量、预计价格、需求原因、要求到位时间等，并提交部门经理审批。

2. 物资需求部门将经部门经理审批通过后的物资需求单提交至采购部，采购部汇总并结合年度采购计划和库存情况编制企业的采购申请单，按权限范围规定，报相关领导审批。

3. 采购部将审批通过的采购申请单交财务部，财务部根据本期预算及财务总监的意见审核批准并盖章。

4. 对于无法于需用日期办妥的采购申请单，必须及时通知请购部门。

5. 物资需求部门若需要变更申请采购物资规格或数量时，必须立即通知采购部，及时根据实际情况更改采购计划。

6. 紧急采购应填写紧急采购申请表，由部门经理审批后、企业采购总监核准后才能列入采购范围。

7. 紧急采购时，由请购部门于备注栏注明原因，并加盖"紧急采购"章，以急件卷宗递送。

8. 材料检验须试车方能实施者，物资需求部门应于备注栏注明"试车检验"及"预定试车期限"字样。

9. 免开采购申请单事项的规定。企业规定零星采购及小额零星采购物资项目、招待用品采购项目免开采购申请单，由行政部负责采购。

三、采购方式与供应商管理

1. 采购方式及适用范围。

采购方式及适用范围如表8-5所示。

表 8-5　采购方式及适用范围

采购方式	采购说明	适用范围
招标采购	1. 将物资采购的所有条件，包括物资名称、规格、数量、交货日期、付款条件、罚则以及投标押金等信息详细列出，登报公告 2. 在规定时限内收齐投标供应商的标书，准备开标工作 3. 根据供应商报价、服务等进行评标，确定中标单位 4. 招标过程出现舞弊或结果高于底价的，采购人员有权废标，以议价处理	大宗、贵重和批量性采购
询价议价采购	1. 选择三家以上符合采购条件的供应商作为询价对象 2. 供应商提供报价的物资规格与请购规格不同时，采购人员应送需求部门确认 3. 已核定的材料，采购部必须经常分析或收集资料，作为降低成本的依据 4. 针对品质、交期、服务等方面进行谈判	对于市场供应充足的材料、用品或项目物资，可采用询价议价方式获得最优价格
定价采购	确认定价以现款收购	采购物资数量巨大，无法由一两家供应商全部提供，或市面上该物资匮乏
公开市场采购	采购人员在公开交易或拍卖场所进行的随机式的采购，价格变动较为频繁	一般适用于大宗物料的采购

2. 供应商选择程序。

（1）采购人员应不定期收集供应商信息，收集内容包括供应商的资质、经营范围、服务质量等。

（2）采购人员应从生产需求、价格、质量、服务、数量、供货周期、合作历史记录等角度考查供应商，根据考查结果编写供应商情况分析表，详细登记供应商的各方面情况。

（3）采购部经理根据供应商情况分析表，初步筛选符合条件的供应商，分析各供应商优劣，确定两家以上备选合作供应商。

（4）采购部相关人员与备选供应商谈判，主要以产品规格、交货期、采购价格和后期服务为重点谈判项目，其中采购价格要符合企业底价制定要求。

（5）采购部相关人员根据谈判结果拟定供应商选定方案，报主管副总经理与总经理审核。

（6）采购部根据审批结果选定供应商，并拟订采购合同。

3. 采购部协同生产部经理、质检部经理、财务部经理、法务人员等召开采购合同评审会，根据供应商情况分析表等对采购合同进行评审，提出评审意见，并确定供应商的采购份额。

4. 采购合同金额在总经理审批权限内，由总经理批准执行；若采购合同金额超出总经理审批权限，采购合同需上报董事会审批，同时递交评审会。

5. 采购部代表企业签署采购合同，采购部人员执行采购，并将采购申请表和采购合同转交财务部进行付款结算工作。

6. 采购部人员负责跟进供应商履约情况，填写采购工作日报并上报相关部门，确保按进度完成采购工作。

四、采购物资验收

1. 采购验收时必须有采购人员、质检员、收货员三方同时在场，如指定的第一验收人员验收时不在，可让替补验收员验收，但必须有指定的三方人员验收。

2. 采购人员、质检员、收货员三方在验收结束后应当在验收单上签字，财务部根据验收单作出账务处理。

3. 内购物资核单点收。

（1）物资运达后，收货员应检查供应商所提供的发票、送货单、出厂检验报告等资料是否齐全，并核查送货单上的物资名称、编码、规格、订单编号等内容是否填写完备。

（2）收货员点收时，应先核对送货单内容与订购单有无错误或是否出现交货数量超过订购数量的现象，并核对实物。

（3）收货员如发现数量、品种、规格有异，应通知采购部处理，对于数量短缺的，应由供应商在送货单上注明，并由供方送货人员签名确认。

4. 外购物资核单点收。

（1）物资送达后，收货员依照装箱单以及订购单开箱核查物资的名称、规格、数量等。

（2）开箱后，若发现所装物资与装箱单、订购单所记载的内容不一致，收货员应及时通知采购部经办人进行处理。

5. 物资质量检验。

（1）质检员应按照供应商提供的各项技术指标或按照招标文件中承诺的技术指标、功能和检测方法进行物资验收。

（2）验收过程中，发现物资有倾覆、破损、变质、受潮等异常情况而且达到一定程度时，质检员应及时通知采购人员联系供应商前来处理或联络公证处前来公证，并尽可能维持其状态，以利于公证作业。

（3）供应商或公证单位确认后，采购部开立索赔单呈部门负责人核实。

（4）质检部应对验收情况详细记录并出具验收报告，严格按照合同的品名、规格、型号等逐项验收，对所有不合格项进行记录，以便及时、分别与供应商或公证单位索赔或交涉。

（5）验收完毕后，质检部对验收合格的物资应当编制一式多联、预先编号的验收报告，内容包括供应商名称、收货日期、货物名称、数量、批次和质量以及运货人名称、原购货订单编号等，将其作为验收商品或服务的依据，并及时报告采购部和财务部。

6. 验收结果处理。

（1）交货数量超过订购数量的部分应退回供应商，属于自然溢余的，在验收单备注栏注明自然溢余的数量或重量，经采购部经理同意后收货，并告知采购人员。

（2）交货数量未达到订购数量，以要求补足为原则，由采购人员联络供应商进行处理。

（3）对验收合格的物资，检验人员于外包装上贴上合格标签，仓库人员再将合格品入库定位。

（4）对验收不合格的物资，检验人员应贴上不合格标签，并于验收报告上注明不合格原因，经负责人核实后通知采购部送回货物，办理退货。

7. 退换货作业。

（1）检验不合格的物资退换货时，采购人员应开立退换货处理单并附有关货物检验报告单，呈采购部经理签字确认后办理退换货。

（2）对于已付款但物资在保修期或保质期出现质量问题的，企业需负责联系维修或索赔，并将赔偿收入、赔偿物资清单及赔偿原因说明等全部上报财务部。

五、附则

1. 本办法的拟定和修改由企业采购部负责，经企业总经理审核后批准执行。

2. 本办法自公布之日起实施。

8.5.3 采购付款管理细则

采购付款管理细则

1. 目的。

为加强企业采购、付款管理控制，确保按合同付款，维护企业利益，特制定本细则。

2. 适用范围。

本企业采购付款作业，除另有规定外，均需参照本细则办理。

3. 职责。

（1）采购部负责采购、确定付款方式等相关工作。

（2）财务部负责按合同付款及进行相关账务处理。

4. 企业国内采购一般采用一次性付款方式，即对供应商的物资验收合格后，一次性付清该订单的货款，特殊情况需由总经理核准。

5. 国外采购一般采用信用证付款方式，特殊情况需由总经理核准。

6. 采购款项需按采购合同规定的或订购单上约定的时间由采购部向财务部申请付款，统一支付。

7. 采购部和财务部应根据每天的入库单或收货清单分别建立应付账款台账。

8. 采购部应在每批物资收货后一周内及每月月底与供应商核对账务，防止出现差错。

9. 采购部将收货清单、结算单与订货合同、应付账款核对无误后，制定结算计划。

10. 结算计划由结算人员根据订购合同的时间要求、供应商的重要性、采购物资的时间、企业现有资金情况等合理制定。结算计划经采购部经理审核后，由主管副总审批。

11. 在向供应商或配送方支付货款时，结算人员需对照合同、收货清单等仔细复核，并同预付货款及应付账款等全部债权一起清理结算，防止重复付款。

12. 支付货款时，财务部一般应采用银行划账的支付办法，结算人员必须在付款后五日内向供应商索要发票等有关票据或证明文件。

13. 如部分物资紧张或供应商坚持要求先款后货，所需货款需由采购部、财务部审核，总经理严格审批后办理。

14. 采购结算人员需归档保管相关的采购合同、提货凭证、收付款凭据，并设置备查登记簿，逐笔记录预付款、已付款、余款等情况。

15. 本细则由采购部负责制定、修订和解释。

16. 本细则自公布之日起执行。

8.5.4　预付款与定金制度

预付款与定金制度

一、总则

1. 目的。

为加强企业物资采购预付款和定金的结算与管理，保证各项款项使用合理、结算及时，有效控制坏账风险，特制定本制度。

2. 职责。

（1）采购部负责采购预付款和定金的申请，并对其安全性和及时性负责。

（2）财务部负责按照生效合同办理预付款和定金的支付、财务核算以及监控跟踪预付账款的清理工作。

3. 预付款是企业采购的支付手段之一，预付金额比例应在采购合同中作明确规定。

4. 定金指企业为保证采购合同的履行，经由财务部审批预先向供应商交纳的一定数额的钱款。定金具有担保性质。

二、预付款与定金的申请与审批

1. 采购部应严格依照企业预付款和定金管理的限制条件进行采购谈判和支付。

2. 原材料采购原则上不得支付预付款或定金，确需支付预付款或定金的，应经总经理审批，账期不得超过 ×× 天并且金额不得超过总价的 ××%。

3. 大型设备购置，原则上预付款总额不得超过 ××%，支付时应严格按照采购总值审批，在设备未试用验收之前，预付款总额不得超过采购总价的××%。

4.签订采购合同时，企业供应商应对各类预付款和定金的数额以及偿付方法作出明确的规定。

5.采购部申请预付款时需持审批后的有效合同办妥预付款业务初审手续，经财务部复审后，报总经理审批后方可支付。

6.因资金调度原因，间隔30日以上已批未支付的预付款申请，支付时需经财务部重新签字确认。

7.采购部经办人需按采购合同规定的时间组织收货、验收入库，并办理结算。

三、预付款和定金的财务处理

1.预付款或定金自支付之日起由财务部负责登记台账，跟踪预付款的预付、结算过程。

2.每月月初各财务部根据预付款台账信息，书面督促采购部经办人员及时结算、冲报。

3.财务部每月对预付款和定金进行分析，并向采购部提供未清理明细报告，督促其及时清理。

4.每年年终，企业全面清查预付款和定金的使用情况，并与供应商核对无误后书面签章确认。

5.企业将逾期未核销预付款对应的供应商列入禁止交易黑名单，取消其参与企业采购招标或竞选资格。

6.对确实无法收回或核销的款项，企业应详细分析原因后及时处理，不得长期挂账。

（1）由于工作人员失误造成的无法收回或核销的款项，要追究有关部门和经办人的责任。

（2）对因供应商原因造成的预付款或定金无法收回或核销，并已尽追索义务的，应按照企业审批权限报批后以坏账处理方式核销。

四、附则

1.本制度由企业财务部拟定，自下发之日起执行，如与前期规定相抵触，以本制度为准。

2. 本制度未尽事宜，参照有关规定执行。

8.5.5　采购退货管理办法

采购退货管理办法

1. 目的。

为规范不合格品和超交量采购物资的退货处理工作，加强采购质量控制，避免和减少企业损失，特制定本办法。

2. 适用范围。

本办法适用于企业对所有质量不合格采购物资及超交量采购物资的处理工作。

3. 职责范围。

（1）采购部负责与供应商联系、协调，确定不合格品的处理方案。

（2）质量管理部负责对不合格品进行判定、标识，并跟踪监督处理过程。

（3）仓储部负责所退物料的出库及发运工作。

4. 术语解释。

本办法涉及的不合格品是指质量管理部对照物资质量要求、工艺文件、技术标准对采购物资进行检验和试验筛选出的一个或多个质量指标不符合采购合同规定要求的物资。

5. 确定可退货范围。

不符合企业验收标准且尚未办理入库手续的物资，或办理验收入库手续后三天内发现不符合企业验收标准的物资均可视为不合格品，不合格品应申请办理退货。可办理退货的物资包括以下几类。

（1）经质量管理部验收未达到本企业所需物料质量要求的，进行退货处理。

（2）供应商在运输过程中因保护不善造成物资受损。

（3）其他可以申请办理退货的情形。

6. 退货确认。

（1）对于尚未入库且判定退货的不合格品，验收人员应在物资上用红色标明"退货"字样，并在采购物资检验报告单上注明退货。

（2）退货物资属于已入库物资的，仓储部应及时清点、统计、封存、贴上退货标签，进行出库登记，并录入企业库存管理信息系统。

（3）验收人员开立不合格品退货单，注明拟退物资的名称、规格、型号、数量、金额、批号、订货单编号、原因、供应商、生产厂家等信息。

（4）不合格品退货单应经质量管理部主管、物资请购部门主管以及采购部主管共同签字确认，特殊情况或者退货金额超过一定限额的，应报总经理审批。

7. 办理退货事宜。

（1）供应商不按照采购合同履行退货手续的，采购专员应及时上报采购主管、采购部经理，并由采购部经理作出调解、诉讼或仲裁的决定。

（2）采购专员与供应商协商一致后，采购专员通知仓储部做好退货安排。

（3）供应商对退货有异议的，应由采购部会同请购部门依照采购合同（或相关协议）与供应商进行协调，并将协商解决办法以及处理意见报企业总经理审批。

（4）采购部应及时要求供应商重新提供物资或寻找其他供应商补充相应数量的物资，以减小退货给企业的正常经营带来的不良影响。

第 9 章
资产管理内部控制

9.1 资产管理内部控制应用指引

企业内部控制应用指引第 8 号——资产管理

第一章 总则

第一条 为了提高资产使用效能，保证资产安全，根据有关法律法规和《企业内部控制基本规范》，制定本指引。

第二条 本指引所称资产，是指企业拥有或控制的存货、固定资产和无形资产。

第三条 企业资产管理至少应当关注下列风险：

（一）存货积压或短缺，可能导致流动资金占用过量、存货价值贬损或生产中断。

（二）固定资产更新改造不够、使用效能低下、维护不当、产能过剩，可能导致企业缺乏竞争力、资产价值贬损、安全事故频发或资源浪费。

（三）无形资产缺乏核心技术、权属不清、技术落后、存在重大技术安全隐患，可能导致企业法律纠纷、缺乏可持续发展能力。

第四条 企业应当加强各项资产管理，全面梳理资产管理流程，及时发现资产管理中的薄弱环节，切实采取有效措施加以改进，并关注资产减值迹象，合理确认资产减值损失，不断提高企业资产管理水平。

企业应当重视和加强各项资产的投保工作，采用招标等方式确定保险人，降低资产损失风险，防范资产投保舞弊。

第二章 存货

第五条 企业应当采用先进的存货管理技术和方法，规范存货管理流程，明确存货取得、验收入库、原料加工、仓储保管、领用发出、盘点处置等环节的管理要求，充分利用信息系统，强化会计、出入库等相关记录，确保存货管理全过程的风险得到有效控制。

第六条 企业应当建立存货管理岗位责任制，明确内部相关部门和岗位的职责权限，切实做到不相容岗位相互分离、制约和监督。

企业内部除存货管理、监督部门及仓储人员外，其他部门和人员接触存货，应当经过相关部门特别授权。

第七条 企业应当重视存货验收工作，规范存货验收程序和方法，对入库存货的数量、质量、技术规格等方面进行查验，验收无误方可入库。

外购存货的验收，应当重点关注合同、发票等原始单据与存货的数量、质量、规格等核对一致。涉及技术含量较高的货物，必要时可委托具有检验资质的机构或聘请外部专家协助验收。

自制存货的验收，应当重点关注产品质量，通过检验合格的半成品、产成品才能办理入库手续，不合格品应及时查明原因、落实责任、报告处理。

其他方式取得存货的验收，应当重点关注存货来源、质量状况、实际价值是否符合有关合同或协议的约定。

第八条 企业应当建立存货保管制度，定期对存货进行检查，重点关注下列事项：

（一）存货在不同仓库之间流动时应当办理出入库手续。

（二）应当按仓储物资所要求的储存条件贮存，并健全防火、防洪、防盗、防潮、防病虫害和防变质等管理规范。

（三）加强生产现场的材料、周转材料、半成品等物资的管理，防止浪费、被盗和流失。

（四）对代管、代销、暂存、受托加工的存货，应单独存放和记录，避免与本单位存货混淆。

（五）结合企业实际情况，加强存货的保险投保，保证存货安全，合理降低存货意外损失风险。

第九条 企业应当明确存货发出和领用的审批权限，大批存货、贵重商品或危险品的发出应当实行特别授权。仓储部门应当根据经审批的销售（出库）通知单发出货物。

第十条　企业仓储部门应当详细记录存货入库、出库及库存情况，做到存货记录与实际库存相符，并定期与财会部门、存货管理部门进行核对。

第十一条　企业应当根据各种存货采购间隔期和当前库存，综合考虑企业生产经营计划、市场供求等因素，充分利用信息系统，合理确定存货采购日期和数量，确保存货处于最佳库存状态。

第十二条　企业应当建立存货盘点清查制度，结合本企业实际情况确定盘点周期、盘点流程等相关内容，核查存货数量，及时发现存货减值迹象。企业至少应当于每年年度终了开展全面盘点清查，盘点清查结果应当形成书面报告。

盘点清查中发现的存货盘盈、盘亏、毁损、闲置以及需要报废的存货，应当查明原因、落实并追究责任，按照规定权限批准后处置。

第三章　固定资产

第十三条　企业应当加强房屋建筑物、机器设备等各类固定资产的管理，重视固定资产维护和更新改造，不断提升固定资产的使用效能，积极促进固定资产处于良好运行状态。

第十四条　企业应当制定固定资产目录，对每项固定资产进行编号，按照单项资产建立固定资产卡片，详细记录各项固定资产的来源、验收、使用地点、责任单位和责任人、运转、维修、改造、折旧、盘点等相关内容。

企业应当严格执行固定资产日常维修和大修理计划，定期对固定资产进行维护保养，切实消除安全隐患。

企业应当强化对生产线等关键设备运转的监控，严格操作流程，实行岗前培训和岗位许可制度，确保设备安全运转。

第十五条　企业应当根据发展战略，充分利用国家有关自主创新政策，加大技改投入，不断促进固定资产技术升级，淘汰落后设备，切实做到保持本企业固定资产技术的先进性和企业发展的可持续性。

第十六条　企业应当严格执行固定资产投保政策，对应投保的固定资产项目按规定程序进行审批，及时办理投保手续。

第十七条　企业应当规范固定资产抵押管理，确定固定资产抵押程序和审批权限等。

企业将固定资产用作抵押的，应由相关部门提出申请，经企业授权部门或人员批准后，由资产管理部门办理抵押手续。

企业应当加强对接收的抵押资产的管理，编制专门的资产目录，合理评估抵押资产的价值。

第十八条　企业应当建立固定资产清查制度，至少每年进行全面清查。对固定资产清查中发现的问题，应当查明原因，追究责任，妥善处理。

企业应当加强固定资产处置的控制，关注固定资产处置中的关联交易和处置定价，防范资产流失。

第四章　无形资产

第十九条　企业应当加强对品牌、商标、专利、专有技术、土地使用权等无形资产的管理，分类制定无形资产管理办法，落实无形资产管理责任制，促进无形资产有效利用，充分发挥无形资产对提升企业核心竞争力的作用。

第二十条　企业应当全面梳理外购、自行开发以及其他方式取得的各类无形资产的权属关系，加强无形资产权益保护，防范侵权行为和法律风险。无形资产具有保密性质的，应当采取严格保密措施，严防泄露商业秘密。

企业购入或者以支付土地出让金等方式取得的土地使用权，应当取得土地使用权有效证明文件。

第二十一条　企业应当定期对专利、专有技术等无形资产的先进性进行评估，淘汰落后技术，加大研发投入，促进技术更新换代，不断提升自主创新能力，努力做到核心技术处于同行业领先水平。

第二十二条　企业应当重视品牌建设，加强商誉管理，通过提供高质量产品和优质服务等多种方式，不断打造和培育主业品牌，切实维护和提升企业品牌的社会认可度。

9.2　存货管理内部控制

9.2.1　存货内部控制的目标

存货是指企业在生产和运营过程中的各类原材料、产品、半成品、周转材料等，同时也包括企业客户委托保管的加工产品或托管的产品等。存货易于变化，品种、数量众多，具有很强的流动性。

表 9-1 主要罗列了一些存货内部控制环节，以及相应的控制目标。

表 9-1　存货内部控制环节和目标

控制环节	控制目标
物料入库	物料验收程序规范、标准明确，确保物料按确定的标准及程序验收入库
成品入库	验收程序规范、标准明确，确保成品按确定的标准及程序验收入库
仓储保管	确保存货实物及记录的接触经过有效授权
	保证仓库的有效安全管理，确保存货安全
	确保物料出入库记录完整
物料出库	防止物料未经审批领用发出
销售出库	防止成品未经审批领用发出
盘点清查	确保盘点组织机构健全、规章制度完善
	确保盘点工作程序有效、结果真实准确
	盘点过程各部门相互制衡
	确保及时处理盘点结果
存货报废处置	存货处置程序和审批合规
会计控制	保证存货账账、账实相符

存货的内部控制是十分重要的，其控制目标主要总结为以下几点。

（1）保证存货取得的合理性。

存货是企业产品正常生产输出、企业正常运营的最基本的保证。存货的内部控制第一步就是采购入库。存货的采购入库业务最主要的环节有货物请购、上级审批、选择供应商、订立采购合同、验收货物和支付货款等。这个过程将涉及生产、采购、财务、仓储等非常多的部门。对于这个复杂的过程，企业应对采购计划进行细致合理的安排，并将采购业务授权给合适的人员，在保证存货数量能够满足企业需要的同时，又不至于造成存货积压。企业要根据内部需求，选择专人负责存货的接收、管理、监察以及数量记录。

（2）保护存货的安全性与完整性。

由于存货是流动资产，其具有变化与流动的特点，因此保障存货的安全和完整是非常重要的。为确保存货的安全和完整，企业必须建立规范的内部控制条例和规定，对存货流动的各环节进行严格的检查监控。企业应从存货的收入、发出、结存等各环节进行严格管理和监察，限制无关人员对存货的接触，还可通过定期盘点，核查账目等确保存货的安全性和完整性。

（3）确保存货计价的合理性与准确性。

一般从三个方面来确定存货价值：一是存货的发出计价，二是存货的初始计量，三是存货的期末计量。对于这些方法的选择，企业财务人员应综合考虑，多角度、多方位对各个方法进行评判。与此同时，在确定好计价方法后，必要时要建立审核机制，以保证存货计价在运用时的合理性与准确性。

（4）保持存货最佳存储量，既满足预期需求，又防止浪费。

存货管理可能存在的风险主要包括数量风险和价值风险。其中数量风险指由于预测错误导致的存货的缺少或积压，从而造成缺货成本或资金占用增加；价值风险主要由存货的特性所引起，例如变质腐坏、产品积压、财务人员核算失误等形成的风险。

（5）合理投保，避免存货在存储和流转过程中丢失和损坏。

存货品种繁多，物质形态多样且不断变化，收发频繁，保持存货的安全和完整是存货内部控制的目标之一。

9.2.2　存货内部控制的风险点

存货在各个控制环节的主要风险及风险类别总结如表9-2所示。

表9-2　存货内部控制风险总结

控制环节	主要风险	主要风险类别				
		法律风险	资产安全风险	报告风险	经营风险	战略风险
物料入库	外购物料验收程序不规范、标准不明确，可能导致数量克扣、以次充好、账实不符		√	√	√	
成品入库	生产的产品验收程序不规范、标准不明确，可能导致质量不合格、账实不符，给企业造成损失		√	√	√	
仓储保管	存货实物及记录的接触未经授权		√			
	仓库缺乏有效的安全管理，导致存货安全受到威胁		√			
	出入库未完整如实记录，导致存货仓储管理失控		√	√		

控制环节	主要风险	主要风险类别				
		法律风险	资产安全风险	报告风险	经营风险	战略风险
物料出库	物料领用发出审核不严格、手续不完备，可能导致物料损失		√	√	√	
销售出库	产品发出审核不严格、手续不完备，可能导致货物流失		√	√	√	
盘点清查	存货盘点清查制度不完善，可能导致资产流失		√		√	
	存货盘点计划不可行，可能导致工作流于形式，无法查清存货真实状况		√			
	盘点过程未相互监督，导致盘点工作流于形式，无法查清存货真实状况		√			
	盘点结果处理不及时，导致财务报表错报风险			√		
存货报废处置	存货报废处置责任不明确、审批不到位，可能导致企业利益受损		√		√	
会计控制	存货财务账不能准确记录，可能导致存货信息失真、账实不符			√		

存货各个环节的控制风险主要如下。

①存货取得环节，由于没有编制适合企业实际的、科学的存货预算或采购计划不合理，可能导致存货积压或者短缺。

②存货验收入库环节，可能验收程序不规范、标准不明确，导致克扣存货、以次充好、账实不符。

③存货仓储保管环节，保管方法不适当、监管不严密，可能导致存货损坏变质、存货减值、浪费。

④存货领用发出环节，审核不严格、手续不完备，可能导致货物流失。

⑤存货盘点清查环节，制度不完善、计划不可行，可能导致无法查清存货真实情况，使盘点清查工作流于形式。

⑥存货处置环节，报废处置责任不明确、审批不到位，可能导致企业利益受损。

9.2.3 存货内部控制的方法

确保存货内部控制达到目标主要应当从以下几个方面入手。

（1）明确存货内部控制目标。

存货内部控制作为企业内部控制的关键环节，其基本目标应当与企业内部控制目标保持一致，即从对国家法律法规的遵循、企业发展战略目标的实现，到企业经营的高效率和良好效果、财务报告的真实可靠、资产的安全完整等都应一致。

由于存货具有自身的特点，涉及企业中业务部门较多，风险分布也较广泛，故控制点比较分散。存货内部控制具体的目标主要包括以下几个方面：保证存货取得的经济合理；保证存货的存在性及安全完整，防止存货毁损变质；保证存货计价的准确性，合理确定和列示企业的生产成本。

（2）分析整合存货控制流程。

企业存货控制流程如图 9-1 所示。

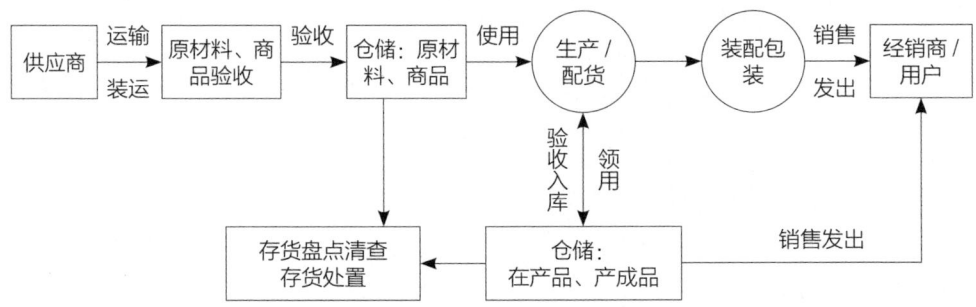

图 9-1　企业存货控制流程

企业要建立存货内部控制，确保存货资产安全和提高运营效率，应首先分析存货流转的各个环节，全面了解存货各关键控制点存在的风险。

（3）鉴别关键的存货控制。

对于存货，关键的控制主要包括以下方面。

①不相容职务分离控制。存货内部控制职责分离矩阵如表 9-3 所示。

表 9-3 存货内部控制职责分离矩阵

职责	A	B	C	D	E	F	G	H
A	—	×	×	×	×	×	×	×
B	×	—		×				
C	×		—	×	×	×		×
D	×	×	×	—	×	×	×	×
E	×		×	×	—	×		×
F	×	×	×	×	×	—	×	×
G	×			×		×	—	
H	×	×	×	×	×	×	×	—

注：× 表示需分离的职务；A 表示采购执行；B 表示存货验收；C 表示存货领用申请；D 表示存货领用审批；E 表示存货保管；F 表示存货记账；G 表示存货处置申请；H 表示存货处置审批。

资产盘查工作不能只由使用、保管人员或只由负责记账的人员来进行，应由独立于这些人员的第三者共同参加。

②授权审批控制，主要内容有：建立健全存货内部控制相关制度和流程，明确常规授权和特别授权；按规定程序审批年度存货管理计划；存货报废处置按照权限逐级报批；存货转移应明确权限。

③会计系统控制，包括：按照国家规定的《企业会计准则》对存货进行核算，合理选择存货计价方法；仓储部门设置存货明细账，要定期与财务核对；年度终了聘请外部审计师对存货进行监盘等。

④财产保护控制，主要指企业应定期盘点清查存货，做到账实相符，确保财产安全；妥善保管涉及存货的各种文件资料；限制无关人员对存货的接触等。

⑤预算控制，内容包括：按程序审批年度存货管理预算；定期分析预算执行情况；建立追加预算审批制度等。

⑥运营分析控制，建立运营情况分析制度。

⑦绩效考核控制，制定考核指标，将考评结果与绩效挂钩。

（4）确定存货控制措施。

根据存货的关键控制点，企业应在存货管理的各具体环节，制定存货的相关控制制度，并把各项制度落实到存货管理相关的每个人员和岗位上。

9.2.4 存货内部控制的关键点

一般生产企业的存货业务流程可分为五个阶段，分别为存货取得、验收、仓储保管、生产加工、盘点处置阶段，经过的主要环节包括取得存货、验收入库、仓储保管、领用发出、生产加工、装配包装、盘点清查、销售处置等。至于具体的某个生产企业，存货业务流程可能更为复杂，除了上述所有环节外，可能有更多、更细的业务流程，在企业内部的存货可能要循环多次。也有一些生产经营活动比较简单的生产企业，其存货业务流程可能仅包括上述阶段中的某些环节。

一般商品流通企业中，批发商的存货业务流程，主要有取得、验收入库、仓储保管和销售发出等环节。零售商的存货业务流程则较为简单，其通常从生产企业或者批发商（经销商）处取得商品、经验收后入库保管、销售发出或直接放置在经营场所对外销售。

概括地讲，生产企业和商品流通企业存货共有的环节包括存货取得、验收入库、仓储保管、领用发出、盘点清查、销售处置等。根据存货的这些环节，存货的内部控制可分为两大类：一类属于存货实物流转程序控制，主要包括采购、验收、仓储、领用、加工、销售出库等方面，还包括存货数量的盘存；另一类属于存货价值流转记录程序控制，主要指企业财务部门根据本企业存货的特性对其价值进行及时、准确记录和核算的过程。具体而言，存货内部控制的关键点包括以下方面。

（1）存货岗位不相容职务分离控制。

所谓不相容职务，是指那些职务，如果由一个人担任既可能发生错误和舞弊行为，同时又可能掩盖其错误和舞弊行为。通常情况下，不相容职务包括授权批准与业务经办、业务经办与稽核检查、业务经办与会计记录、会计记录与财产保管等。为了避免发生错误、舞弊等行为，企业应当对不相容职务实行相互分离的措施。内部牵制是不相容职务分离的核心。因此，企业在进行内部控制系统设计时，应首先确定不相容的职务有哪些；其次要明确规定各个机构和职务的职责权限，做到不相容职务之间能够相互监督、相互制约，形成有效的制衡机制。不相容主要职务如图 9-2 所示。

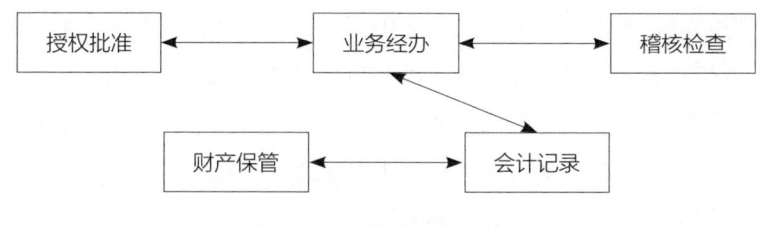

图 9-2　不相容主要职务

企业存货管理中涉及的不相容职务主要包括：存货经办、会计记录职责相分离；存货采购、验收与付款职责相分离；存货入库、保管职责相分离；存货出库、保管职责相分离；存货盘点、保管职责相分离；存货销售与收款职责相分离；存货处置的经办、审批职责相分离。

（2）存货预算控制。

企业应当对存货进行预算控制，根据企业自身实际情况建立预算管理制度，存货预算至少应包括存货采购、生产、销售的年度、季度和月度预算。年度存货管理预算应按程序报批，企业要定期分析预算执行情况，并建立追加预算审批制度。

在实际工作中，预算编制主要采用自上而下或自下而上的方法，但无论采用哪种方法，最后都应由内部管理的最高层进行决策、指挥和协调。预算确定后，由各预算单位组织实施，要有对等的责、权、利关系，监督预算的执行由内部审计等部门负责。预算控制的主要环节可分解为：确定预算的项目、标准和程序；编制和审定预算；下达预算指标并落实责任人；预算执行授权；监控预算执行过程；分析和调整预算差异；考核预算业绩并进行奖惩。

（3）存货采购环节内部控制。

企业应根据内部控制相关制度进行采购，做到采购过程尽量规范化和透明化。采购部门根据企业生产经营预算编制适当的采购预算，并经过审批。同时，采购合同的签订需经相关人员在规定权限内对合同内容进行授权，严禁签订授权内容以外的合同，合同单独归口管理。

在实务中，企业应根据各存货采购间隔期和当前库存，综合考虑生产经营计划、市场供求等因素，合理确定存货采购数量、采购日期，确保存货处于最佳库存状态。

（4）存货仓储保管环节内部控制。

存货仓储期间要按照各类存货所要求的储存条件分类妥善存放。存货在不同仓库之间移动时，应当及时办理出入库手续。在生产现场生产加工时，要按照有助于提高生产效率的方式摆放存货，同时防止浪费、被盗和丢失。应单独存放和记录代管、代销、暂存、受托加工的存货，避免与本企业存货相混。对存货应进行保险投保。企业应每日巡查和定期盘点及不定期抽检存货。

（5）存货领用发出环节内部控制。

企业应确定合适的发出存货管理模式，制定严格的存货准出制度，健全存货出库手续，存货发出和领用应得到适当授权审批，应当根据经审批的销售（出库）通知单发出货物。强化存货领用记录。

（6）存货盘点清查控制。

企业应当建立存货盘点清查制度，确定盘点周期、流程和方法等相关内容时要结合本企业实际情况，做到定期盘点和不定期抽查相结合。应当每年至少于年度终了开展全面的存货盘点清查。

（7）存货处置环节内部控制。

为了及时和充分了解存货的存储状态，企业应定期对存货进行检查，处理存货变质、毁损、报废或丢失问题，要分析原因、分清责任、及时处理。

（8）存货会计信息控制。

存货会计信息控制要求企业财务部门应按照我国《企业会计准则》规定的方法，根据自身存货的特性，合理设置存货总分类账和明细分类账，根据存货流转过程进行核算。财务部门应做到存货日常核算真实准确，仔细核对各相关部门报送的原始单据，以防止舞弊。同时，企业应每年对库存存货的数量、品种等进行定期和不定期的实物盘点，并与账面数核对，保证存货的账实相符。同时，企业应对存货的品质进行检查，判断是否应该计提存货减值准备，以保证存货会计记录的真实可靠。

9.2.5 存货控制流程

一、存货采购的控制流程

存货采购的控制流程如图 9-3 所示。

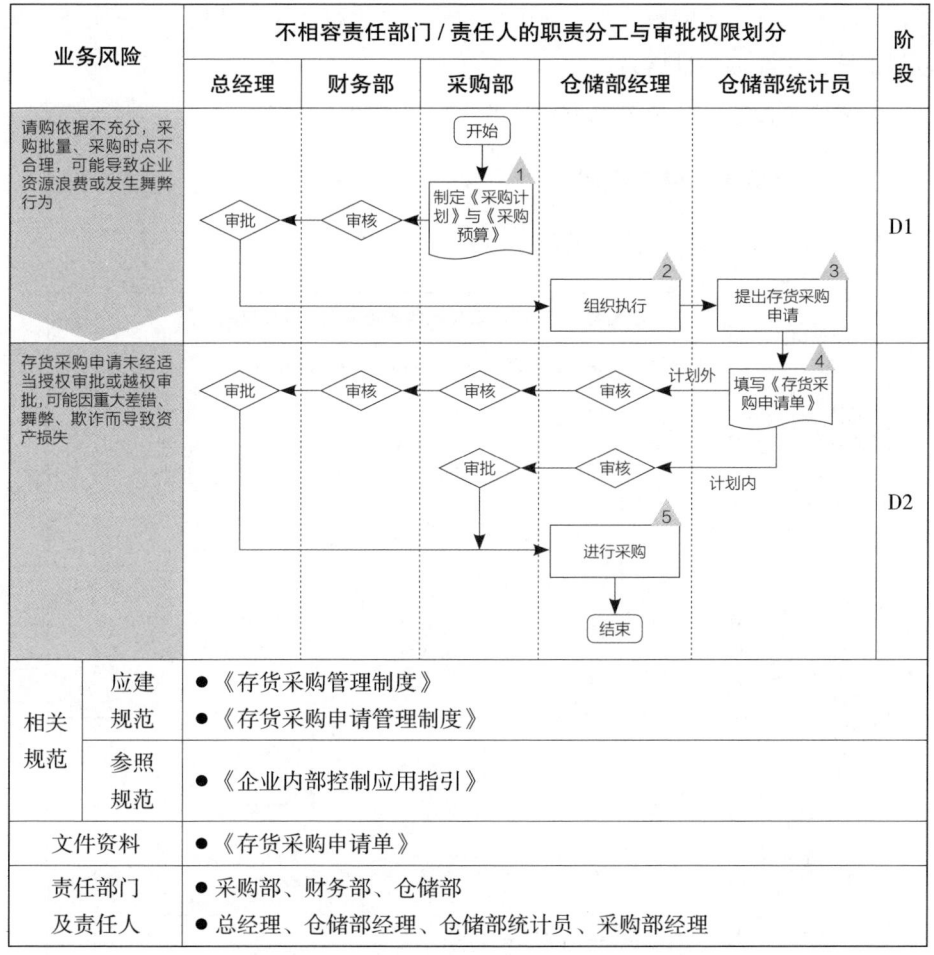

图 9-3 存货采购的控制流程

在各个阶段，企业应当注意以下控制。

D1：①采购部应当根据仓储计划、资金筹措计划、生产计划、销售计划等制定《采购计划》，对存货采购制定《采购预算》，合理确定材料、在产品、产成品等存货的比例；

②仓储部经理应组织仓储部统计员严格执行《采购预算》；

③仓储部统计员应逐日根据各种材料的采购间隔期和当日材料的库存量分析确定应采购材料的日期和数量，或者通过计算机管理系统重新预测材料需要量，以及重新计算安全存货水平和经济采购批量，据此提出存货采购申请。

D2：④仓储部统计员根据生产实际情况以及仓储情况填写《存货采购申请单》。计划内《存货采购申请单》须由仓储部经理审核、采购部经理审批后采购，计划外《存货采购申请单》须由仓储部经理审核签字确认后，交采购部和财务部审核，总经理审批后采购；

⑤采购部按照企业相关规定及时进行存货采购。

二、存货验收的控制流程

企业存货验收的控制流程见图9-4。

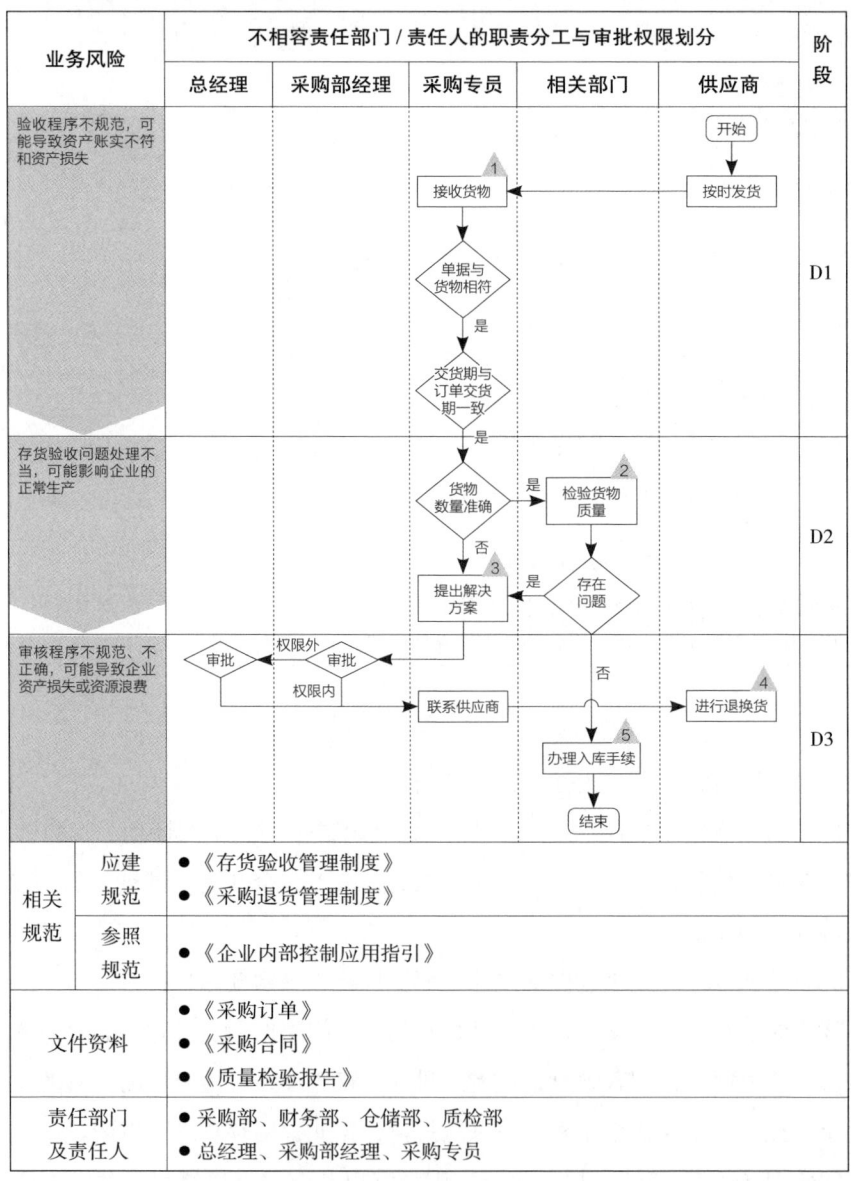

图9-4 企业存货验收的控制流程

在各个阶段，企业应当注意以下控制。

D1：①采购专员接到货物后，按照《采购订单》上的内容与供应商提供的货物一一核对，核对完毕后清点货物数量，无误后通知质检部进行质量检验。

D2：②质检部根据《存货验收管理制度》，参照货物的实际特点，进行质量检验；

③货物存在质量问题的，质检部出具《质量检验报告》，提交采购专员处理，采购专员根据企业规定及货物的实际情况提出具体的解决方案，提交采购部经理和总经理审批，采购专员在清点核对货物时发现问题，应提出具体解决方案，报采购部经理和总经理审批。

D3：④采购专员与供应商就具体问题协商后进行退换货处理；

⑤验收合格的货物直接由仓储部办理入库手续。

9.2.6　存货内部控制制度示范

一、存货领用与发放管理办法

存货领用管理制度及存货发放管理制度分别如表 9-4、表 9-5 所示。

表 9-4　存货领用管理制度

制度名称	存货领用管理制度		受控状态	
			文件编号	
执行部门		监督部门	考证部门	
第 1 条　为了对存货领用过程进行规范和控制，特制定本制度。				
第 2 条　本制度适用于企业各类原材料和辅助材料仓库存货的领用管理。				
第 3 条　企业材料使用部门负责本部门所需材料的领用。				
第 4 条　生产部等材料使用部门领用材料，须填写领料申请单并办理相应的审批手续，并凭借经过审批的领料申请单到仓库领料。超出存货领料限额的，应当经过特别授权。				
第 5 条　领料申请单应填明材料名称、规格、型号、领料数量、图号、零件名称或材料用途，并经车间负责人签字。属计划内的材料应有材料计划，属限额供料的材料应符合限额供料制度，属于必须审批的材料应有审批人签字。				
第 6 条　仓库工作人员对领料申请单进行审核，审核内容包括材料的用途、领用部门、数量以及相关的审批签字信息等，审核无误后，才能发料。				
第 7 条　领用材料时，领料人必须同发料仓库工作人员办理交接手续，当面点交清楚，并在领料申请单上签字。				
第 8 条　材料仓库按"先进先出，按规定供应"的原则发放材料。发料应坚持核对单据、监督领料、汇总剩余材料库存量的原则。对由于违规发放材料造成材料失效、霉变、大料小用、优料劣用以及差错等损失，仓库工作人员除承担全部经济损失外，还要接受行政处分。				

第9条 仓库工作人员根据材料领用情况，编制材料出库单，并在出库单上加盖"材料发讫"印章，同时需由仓库库管员、统计员签章。

第10条 仓库工作人员应妥善保管所有发料凭证，避免丢失。

第11条 仓库工作人员应及时将材料领用的单据交财务部，财务部会计根据加盖"材料发讫"后的材料出库单登记库存材料明细账，并在材料出库单上签字。

第12条 领用原材料的核算，根据领料材料汇总表借记"生产成本""管理费用""制造费用"等科目，贷记"原材料""周转材料"等科目。

编制日期		审核日期		批准日期	
修改标记		修改处数		修改日期	

表 9-5 存货发放管理制度

制度名称	存货发放管理制度		受控状态	
			文件编号	
执行部门		监督部门	考证部门	

第1条 为了规范存货发放管理，确保存货发放秩序和授权审批流程的执行，特制定本制度。

第2条 本制度适用于企业成品仓库存货的发放管理。

第3条 成品仓库工作人员在接到销售部列、财务部确认并加盖财务印章的出货单或调拨单后，首先明确产品规格、型号、等级、数量等客户对产品的要求，凭出货单或调拨单到仓库核对产品是否齐全、是否符合发货要求，确认无误后方可组织发货。

第4条 成品仓库工作人员根据调拨单、领料单等发货指令发出存货之前，必须填制出库单，出库单是报告仓库已按发货指令将存货发出，并办妥交接签字手续的程序性凭据。对未办理出库单手续者，一律不予发货。

第5条 出库单的运作程序。

1. 本单一式四份。

2. 完成出库单全部内容，确属不必填的内容，需盖章确认。

3. 发货并经清点完毕，应及时加盖"存货已全部发出"章。

4. 仓库内所有存货，没有调拨指令，均不准出库，禁止以白条抵库。

第6条 数量不确定产品的发放。

1. 若客户要求出货数量以实际装车数量为准，由销售部开具无产品数量项目的出货通知单，并由销售部经理签字确认，仓库工作人员收到出货通知单后组织发货。

2. 产品全部装车完毕后，仓库工作人员签字确认并填写装车数目，交由销售部开发货单。

第7条 成品仓库工作人员需现场跟踪存货的发放过程，严格按照出货单或调拨单发货，严禁仓库工作人员随意改变产品的型号、编号、等级等信息，严禁不符合质量、包装等要求的产品装车发出。

第8条 产品装车时，成品仓库工作人员必须协同客户对产品数目、质量清点确认，核准后应经两名发货人员与客户同时签字确认。

第9条 成品仓库工作人员在装车过程中应尽力避免人为原因造成的产品损失，对于确已发生的损失，由责任人按出厂价照价赔偿。

续表

第 10 条　由于客户领货人员工作不当造成的产品损失，由仓库工作人员通知销售部由责任人或客户照价赔偿。		
第 11 条　在产品发货过程中，若因破损数量多，需要生产车间补充产品数量时，必须由成品车间主任签字后予以补损。		
第 12 条　若客户因特殊原因先开单，后提货，提货有效期为 7 个工作日。但提货不得跨月进行。每月 26 日结账日成品仓库工作人员应及时与销售部联系，并提请客户注意发货单的时效。		
第 13 条　禁止非成品仓库工作人员在未经许可的情况下进入成品仓库翻拿成品，成品仓库内所有在库成品需办理出库手续后发出，否则，所造成的一切后果由责任人自行负担。		
第 14 条　成品仓库工作人员对存货发放过程进行记录，及时将出库单等表单送交财务部，并于每月 28 日汇总交到财务部，并抄送销售部。		
编制日期		审核日期		批准日期	
修改标记		修改处数		修改日期	

二、存货盘点与处置管理办法

存货盘点管理制度与废损存货管理制度分别见表 9-6、表 9-7。

表 9-6　存货盘点管理制度

制度名称	存货盘点管理制度		受控状态	
			文件编号	
执行部门		监督部门		考证部门	

第 1 章　总则

第 1 条　目的。

为加强企业内部管理，及时掌握企业存货的准确数量，保证企业各项资产的安全、完整，同时也使盘点工作规范化，特制定本制度。

第 2 条　原则。

1. 真实：盘点所涉及的数目、资料必须是真实的，不允许作弊或弄虚作假，掩盖漏洞和失误。

2. 准确：盘点的过程要求准确无误，无论是资料的输入、陈列的核查、盘点的数目，都必须准确。

3. 完整：所有盘点过程的流程，包括区域的规划、盘点的原始资料、盘点数目等，都必须完整，不要遗漏区域、存货。

4. 清楚：盘点过程属于流水作业，不同的人员负责不同的工作，所以所有资料必须清楚，人员的书写必须清楚，货物的整理必须清楚，才能使盘点顺利进行。

5. 团队精神：盘点是企业全体人员都参加的核查货物的过程，为缩短盘点时间，企业各个部门都必须有良好的协调配合意识，保证盘点工作的顺利进行。

第 3 条　职责划分。

1. 总盘人：由总裁或仓储部门经理担任，负责盘点工作的统一领导和督查盘点工作的有效进行及盘点异常事项的处理。

2. 主盘人：由仓储部门经理或主管担任，负责盘点工作的推动及实施。

3. 盘点人：由仓储部门人员担任，负责盘点工作。

4. 会点人：由财务部门指派专人担任，负责盘点记录工作。

5. 协点人：由经营部门担任，负责盘点材料、物品的搬运及整理工作。

6. 监点人：由总裁室派人担任，亦可根据实际情况由总点人授权专人担任，监督盘点工作。

7. 协调人：为配合盘点工作的有效进行，各有关部门应指派专人负责盘点工作，盘点工作结束后，其职责自然消失。

第 4 条 存货盘点。

存货盘点主要指原材料、辅助材料、燃料、低值易耗品、包装物、在制品、半成品、产成品的清查核点。

第 2 章 盘点方式及时间

第 5 条 盘点方式。

存货盘点一般包括四种盘点方式，具体如下表所示。

盘点方式

盘点方式		相关说明
从时间上划分	定期盘点	主要是指在月末、年中、年底的固定日期盘点，它能够对库存的货物进行全面的盘点，盘点准确性高，但是盘点时必须停止仓库作业。根据所采用的盘点工具不同，可以分为：盘点单盘点法、盘点签盘点法、货架签盘点法等
	临时盘点	可以根据企业的需要随时进行
从工作需要上划分	全面盘点	对柜组全部商品逐一盘点
	部分盘点	对有关商品的库存进行盘点

第 6 条 年中、年终盘点。

1. 年中、年终盘点原则上应采取全面盘点方式，如因特殊原因无法全面盘点时，呈报总裁核准后，可改用其他方式进行。

2. 盘点期间原则上暂停收发物料，对于各生产单位在盘点期间所需用料的领料，经相关领导批准后，可以作特殊处理。

3. 盘点应按顺序进行，采取科学的计量方法，每项财物数量应于确认后再进行下一项盘点，盘点后不得更改。

4. 盘点物品时，会点人应依据盘点实际数量作翔实记录。盘点人应按事先确定的方法进行盘点，协点人应大力配合盘点工作，监点人要做好监察工作。

5. 盘点结果必须经各有关人员签名确认，一经确认不得更改。

6. 盘点完毕，盘点人应将盘点统计表汇总并编制盘存表，盘存表一式两联，第一联由经管部门自存，第二联送财务部门，供其核算盘点盈亏金额。

第 7 条 月末盘点。

月末的存货，由经管部门及财务部门实施盘点。

第 8 条 临时盘点。

1. 临时盘点由总裁视实际需要，随时指派人员抽点。

2.临时盘点原则上不应事先通知经营部门，组织工作可适当简化。

3.盘点的技术要求同年中、年终盘点。

4.抽查盘点工作结束后，盘点小组应出具抽查盘点报告，同时对盘点中注意事项的内容和库存管理中存在的其他问题及隐患进行文字阐述。

5.盘点小组的报告经分部财务部门审阅后，根据盘点报告反映问题的重要程度分别上报总部领导审批、自行组织调整或账务处理。

第 3 章　盘点实施

第 9 条　盘点时应将相应的记录填在盘点单据上。

第 10 条　盘点票面不得随意更改涂写，更改需用红笔在更改处签名。

第 11 条　初盘完成后，初盘人员将初盘数量记录于盘点表上，将盘点表转交给复盘人员。

第 12 条　复盘时由初盘人员带复盘人员到盘点地点，复盘人员不应受到初盘的影响。

第 13 条　复盘与初盘有差异者，复盘人员应与初盘人员一起寻找差异原因，确认后记入盘点表。

第 14 条　抽盘时可根据盘点表随机抽盘或随地抽盘。

第 4 章　盘点要求

第 15 条　盘点工作必须统一领导，事先制定计划，做好组织工作。

第 16 条　负责盘点的有关人员在进行盘点前要明确自己的职责及工作任务，事先做好准备。

第 17 条　盘点工作要连续进行，原则上负责盘点各有关人员不准请假，若有事需离开，应事先请假，获准后方可离开，各有关人员不得擅自离开岗位。

第 18 条　所有盘点事项都以静态盘点为原则。

第 19 条　盘点应精确计量，避免用主观的目测方式，应于确定每种商品的数量后再继续进行下一项，盘点后不得随意更改。

第 20 条　盘点使用报表内所有栏目若有修改处，须经盘点有关人员签字确认后生效，否则应追究相关责任。

第 21 条　盘点数据必须真实、可靠，盘点方法必须科学，程序必须规范。

第 22 条　盘点开始至工作结束期间，各组盘点人均受盘点负责人指挥监督。

第 23 条　盘点过程中发现问题或遇到困难，需及时汇报。

第 24 条　盘点时，会点人均应依据盘点人实际盘点数，翔实记录于盘点统计表，并于该表上各自签名确认无误，对于差异较大的商品必须进行复盘；盘点完毕，盘点人应将盘点统计表录入系统。

第 25 条　盘点结束后由各组负责人向主盘人报告，经核准后才能离开岗位。

第 26 条　盘点报告必须及时完成。

第 27 条　在盘点各项工作结束后，相关部门需打印出盘点盈亏报告表，该表一式三联，并填写数额差异原因的说明及对策后，呈报总裁签核，第一联送财务部门，第二联呈报总裁室，第三联相关部门自存作为库存调整的依据。

第 5 章　盘点奖惩

第 28 条　在盘点过程中，盘点人应忠于职守，切实履行严格的盘点程序，表现优秀者予以奖励。

第 29 条　在盘点过程中，对玩忽职守、隐瞒事实、不遵从盘点程序、表现恶劣者予以惩罚。

第 6 章　盘点资料管理和账务处理				

第 30 条　资料整理：将盘点表全部收回，并加以汇总。

第 31 条　计算盘点结果：报表中应计算出盘盈、盘亏数量。

第 32 条　根据盘点结果找出问题点，并提出解决对策。

第 33 条　财务部门会计参与每年不少于两次的实地盘点，并做好记录。对于盘盈的存货及盘亏或毁损的存货应分清责任，及时向企业财务部门作出书面请示，批复后按规定进行账务处理。

第 34 条　仓库负责人根据批准处理的盘点报表进行调账，实现账物一致。

第 7 章　附则

第 35 条　本制度制定后，呈总裁批准后实施，修改时亦同。

第 36 条　本制度自颁布之日起执行。

编制日期		审核日期		批准日期	
修改标记		修改处数		修改日期	

表 9-7　废损存货管理制度

制度名称	废损存货管理制度		受控状态	
			文件编号	
执行部门		监督部门	考证部门	

第 1 章　总则

第 1 条　目的。

1. 及时处理废损存货。

2. 有效降低存货成本。

3. 优化废损存货处理流程。

第 2 条　使用范围。

1. 在库废损存货的处理。

2. 生产现场或其他存货使用现场废损存货的处理。

第 2 章　在库废损存货处理

第 3 条　存货在库保管期间，由于各种原因发生存货毁损、变质、霉烂造成损失时，必须及时填制废损报告单，上报审批。

第 4 条　仓储部经理和总裁根据各自的审批权限对废损报告单进行审批，出具审批意见，仓库根据审批意见对在库废损存货进行处理。

第 5 条　仓库及时将废损存货的报表报告报送财务部，财务部在授权范围内进行账务处理。

第 3 章　生产现场报废存货处理

第 6 条　生产辅助品报废处理。

1. 生产辅助品的报废分正常报废与人为报废。正常报废按以旧换新原则给予更换，人为原因报废按物品价值给予相关责任人适当处罚。

2. 生产辅助品的报废由使用人提出申请，经所属车间工段长确认后，由车间主任签字。

3. 车间技术人员对拟报废的生产辅助品进行复核，确定其是否确已没有使用价值。

4. 将报废生产辅助品送企业废品仓存放，废品仓工作人员履行入仓手续。

第 7 条　生产半成品报废处理。

1. 生产半成品的报废由车间工段长填写报废单，车间主任对拟报废品和报废单进行审核。

2. 车间技术人员对拟报废的生产辅助品进行复核，确定其是否确已没有使用价值。

3. 确定已报废的半成品，须同其他半成品进行分类存放，严禁混放。

4. 将报废生产半成品送企业废品仓存放，废品仓工作人员履行入仓手续。

5. 对于人为原因造成的半成品报废，要追究责任人的经济责任和行政责任。

第 4 章　其他存货的报废处理

第 8 条　其他存货报废申请由存货使用部门或存放部门提出，并由部门负责人签字确认。

第 9 条　财务部对拟报废的存货申请单进行财务审核和折价计算。

第 10 条　需要对拟报废的存货进行检测或复核以确认其是否确实需要报废时，由质量管理部组织专业人员或外请人员对存货进行检测或复查。

第 11 条　根据授权审批制度需要由总裁进行签字确认的，应及时送总裁进行审批。

第 5 章　附则

第 12 条　本制度自总裁审批签字后生效。

第 13 条　本制度自 ×××× 年 ×× 月 ×× 日起执行。

编制日期		审核日期		批准日期	
修改标记		修改处数		修改日期	

9.3　固定资产管理内部控制

9.3.1　固定资产内部控制的目标

表 9-8 主要罗列了一些固定资产内部控制环节，以及相应的控制目标。

表 9-8　固定资产内部控制环节和目标

控制环节	控制目标
固定资产取得	固定资产的购建计划符合企业实际生产经营需要
固定资产验收	验收程序明确清晰，固定资产符合标准和要求，确保购置资产质量
	取得合法权属证书
固定资产登记造册	制定适合公司的固定资产目录
固定资产投保	定期对固定资产进行投保，防范和控制固定资产的意外风险

控制环节	控制目标
固定资产使用与维护	固定资产维修、保养及时、有效，确保固定资产处于良好运行状态
	固定资产调拨、内部转移应当提出申请并经审核批准后办理转移手续
固定资产更新改造	及时对固定资产进行更新改造，以保持产品的市场竞争力
固定资产清查盘点	保证固定资产账实相符及资产安全，固定资产处置经过适当审批
固定资产抵押	规范固定资产抵押管理，确保抵押经授权审批及适当程序
固定资产处置	固定资产处置经过适当审批

固定资产内部控制的目标主要可以总结为以下几点。

（1）保证固定资产管理活动合法合规。

这是指通过各部门的协调合作保证固定资产在配置、验收、处置等环节进行的活动符合国家制度的规定，按照要求开展管理活动。

（2）保证固定资产的安全以及使用有效。

这是指通过授权审批、归口管理等控制方法保证固定资产不遭受损害、使用资产的动机合理，提高资产使用的有效性，更好地履行单位职责。

（3）财务信息真实完整反映固定资产价值。

这是指账面上的固定资产情况与实际的固定资产情况一致，包括账面上的固定资产实际上存在，固定资产的账面价值与实际价值相符合，实际存在的固定资产在账面上登记完整，确保固定资产信息的存在、准确以及完整。

（4）有效防范舞弊和预防腐败。

这是指通过实施授权审批、设置监督部门等措施，预防工作人员通过自身关系侵占、挪用甚至盗取固定资产，确定固定资产的使用以及购置都是实际需要的，防范舞弊以及腐败现象的发生。

（5）提高固定资产管理效率。

这是指通过完善固定资产内部控制流程，实施内部控制保障措施，规范化处理固定资产从配置到处置的各个环节的活动，从而节省人力、物力，提高固定资产管理效率。

9.3.2　固定资产内部控制的风险点

固定资产在各个控制环节的主要风险及风险类别总结如表9-9所示。

表 9-9　固定资产内部控制风险点

控制环节	主要风险	主要风险类别				
		法律风险	资产安全风险	报告风险	经营风险	战略风险
固定资产取得	盲目购建导致产能过剩、闲置或购建、改造不足无法满足生产经营需求				√	√
固定资产验收	新增固定资产验收程序不规范,可能导致资产质量不符合要求,进而影响资产运行效果	√	√	√		
	未取得合法的权属证明,导致购置资产权属不清	√				
固定资产登记造册	固定资产登记内容不完整,可能导致资产流失、资产信息失真、账实不符	√	√			
固定资产投保	固定资产投保制度不健全,可能导致应投保资产未投保、索赔不力,不能有效防范资产损失风险	√			√	
固定资产使用与维护	固定资产操作不当、失修或维护过剩,可能造成资产使用效率低下、产品残次率高,甚至发生生产事故或资源浪费	√			√	
	固定资产管理混乱,责任不清,可能导致资产丢失、浪费、账实不符				√	
固定资产更新改造	固定资产更新改造不够,可能导致企业产品线老化、缺乏市场竞争力	√			√	
固定资产清查盘点	固定资产丢失、毁损等造成账实不符,影响资产安全。固定资产损失的处置不合理导致企业经济损失	√	√			
固定资产抵押	固定资产抵押制度不完善,可能导致低估抵押资产价值和资产流失	√			√	
固定资产处置	固定资产处置不合理导致企业经济损失	√			√	

9.3.3　固定资产内部控制的方法

固定资产内部控制的方法主要分为以下六种。

（1）固定资产支出的预算控制。

在内部控制过程中,许多学者主张内部控制前移,因此固定资产的控制也应当从预算的编制开始加以谋划。使用部门即责任部门提出购置建议与价格，再经采购人员核实价格，最后报预算编制部门，经预算编制部门综合考量发展及生产计划、盈利目标、成本控制标准等多项指标后报董事会最后决议。审批通过后，再按照计划合理考虑相关项目资金投入量。

（2）岗位职责与授权审批。

明确并规范固定资产管理的权力、责任，保证不相容职务相分离，不得从头至尾由同一个部门或者同一个人来办理整个资产业务。同时，对于资产的购置、转移、报废应当设计严格的授权审批制度，并且应当明确审批人的授权范围和审批权限，不允许未经授权审批的资产提前进行采购。

（3）不相容岗位相互分离。

固定资产从预算编制到最后使用报废之间会有很多流程，这些流程中的岗位的设置应当相互分离，这当中主要包括：预算的编制与审批；采购与验收；处置的审批和执行。企业应当明确授权的标准、具体的程序和措施。固定资产职责分离矩阵如表9-10所示。

表9-10　固定资产职责分离矩阵

职责	A	B	C	D	E	F	G	H
A	—	×	×	×			×	×
B	×	—		×				×
C	×		—	×				
D	×	×	×	—	×	×	×	×
E				×	—	×		
F				×	×	—		
G	×			×			—	×
H	×	×		×			×	—

注：× 表示需分离的职务；A 表示购置执行；B 表示验收；C 表示使用或保管；D 表示财务记账；E 表示投保申请；F 表示投保审批；G 表示处置申请及执行；H 表示处置审批。

（4）取得与验收控制。

对于需要外购的固定资产，在获得审批允许购买的前提下，应当由采购部门依据询价比价的原则，进行采购；重大金额或者项目的采购还应当按照招标方式进行。此外，对于取得的固定资产还应当区分是融资租赁还是经营租赁，同时在明确风险点的情况下制定相应的审批流程。最后，取得时要依据合同、对账单、产品说明书等的情况仔细核对固定资产的信息，比如数量、质量等，并编制固定资产卡片，出具验收报告，办理验收手续。

（5）使用过程中的维护。

在固定资产的日常使用与维护过程中，固定资产的直接使用者及相关管理部门的人应当对固定资产的保养和维修负责。同时，财会部门应当依据企业固定资产分类要求对固定资产进行分类核算，确定折旧年限、使用何种折旧方法、净残值率等会计核算问题。此外，对于固定资产的投保范围，应由相关部门根据企业保险的范围和细则对需要投保的项目，按照固定期限，提出投保申请，办理财产保险的手续。固定资产应当定时盘点，盘点时需要固定资产管理部门牵头，财会部门监察，使用部门进行账簿与实物资产核对，如果出现账实不符的情况，由该项资产的使用部门与管理部门共同协调查明原因，并编写差错报告，纠正后由财会部门与固定资产管理部门调整账簿，保证账实相符。

（6）处置。

企业对不同的固定资产应当采取不同的处置方式，对于净残值为零，已到使用期的固定资产属于正常报废，应当由使用部门提出申请，注明报废资产的编号、使用时间、净残值、目前情况、报废原因等，提交财会部门和固定资产管理部门，信息经审核无误后方可报废。如若是使用期未满，仍可以正常使用的固定资产，应由使用部门注明原因后提交固定资产管理部门，固定资产管理部门可通过第三方核实状况确定是否可以报废，如若情况属实，则进入报废流程，审批核实后予以转让或出售。

固定资产报废、转让及出售过程中产生的费用或者收入，应当及时入账，保证所有过程有据可查、账实相符。

9.3.4　固定资产内部控制的关键点

固定资产内部控制在各个环节的关键点如下。

1. 固定资产取得

固定资产的取得方式有投资者投入、外购、自行建造、非货币性资产交换以及接受捐赠等。该环节的主要风险有固定资产预算不科学、审批不严等，造成固定资产构建不符合企业发展战略、利用率不高等问题。

主要控制措施如下。第一，企业应建立固定资产预算制度，固定资产的构建应符合企业发展战略和投资计划。第二，对于固定资产建造项目应开展可行性研究，提出项目方案，报经批准后确定工程立项。

2. 固定资产验收

不同取得方式以及不同类型的固定资产，其验收程序和技术要求不同。该环节的主要风险是固定资产验收程序不规范，可能造成固定资产质量不符合要求，影响固定资产正常运作。企业应当建立严格的固定资产交付验收制度，确保固定资产数量、质量、规格等符合使用要求。固定资产交付验收工作应由固定资产管理部门、使用部门及建造部门共同实施。

主要控制措施如下。第一，外购固定资产验收时重点关注固定资产的品种、数量、规格、质量等是否与合同、供应商的发货单一致，并出具验收单或验收报告。第二，自行建造固定资产应由建造部门、固定资产管理部门和使用部门联合验收，编制书面验收报告，并在验收合格后填制固定资产移交使用单，之后移交使用部门投入使用。第三，对于需要安装的固定资产，收到固定资产经初步验收后要进行安装调试，安装完成后须进行第二次验收。第四，对于未通过验收的固定资产，不得接收，应按照合同等有关规定办理退货等弥补措施。对验收合格的固定资产应及时办理入库、编号、建卡、调配等手续。第五，对于具有权属证明的固定资产，取得时必须有合法的权属证书。

3. 固定资产登记造册

企业取得资产后应编制固定资产目录，建立固定资产卡片。该环节的主要风险是固定资产登记内容不完整，造成固定资产流失、信息失真等问题。

主要控制措施包括：企业应当制定固定资产目录，对每项固定资产进行编号，按照单项固定资产建立固定资产卡片，详细记录各项固定资产的来源、验收、使用地点、责任单位和责任人、运转、维修、改造、折旧、盘点等相关内容。

4. 固定资产投保

该环节的主要风险是固定资产投保制度不健全，造成应投保资产未投保、投保舞弊、索赔不力等问题。

主要控制措施如下。第一，企业应健全固定资产投保制度，根据固定资产的性质和特点，确定固定资产投保范围和政策。投保范围和政策应足以应对固定资产因各种原因发生损失的风险。第二，严格执行固定资产投保政策和投保范围，对应投保的固定资产项目按规定程序进行审批，及时办理投保手续。第三，对重大投保项目，应考虑采取招标方式确定保险人，防范投保舞弊。第四，已投保资产发生损失的，应及时调查原因，办理相关索赔手续。

5. 固定资产使用与维护

该环节的主要风险有固定资产操作不当、维修保养不到位，造成固定资产运作不良、使用效率低下、产品残次率高、生产停顿，甚至出现生产事故等。

主要控制措施如下。第一，企业应对固定资产实行归口管理和分级管理，坚持"谁使用，谁管理，谁负责"的原则。第二，企业应当强化对关键设备运转的监控，严格管理操作流程，实行岗前培训和岗位许可制度，确保设备安全运转。第三，严格执行固定资产日常维修和大修理计划，定期对固定资产进行维护保养，切实消除安全隐患。

6. 固定资产更新改造

该环节的主要风险有固定资产更新改造不及时、技术落后，造成设备落后、市场竞争力下降。主要控制措施如下。第一，根据发展的需要，提出技改方案，并经审核批准后执行。第二，根据发展战略，充分利用国家有关自主创新政策，加大技改投入，不断促进固定资产技术升级，淘汰落后设备，切实做到保持本企业固定资产技术的先进性和企业发展的可持续性。第三，管理部门需对技改方案实施过程适时监督，加强管理，有条件的企业可以建立技改专项资金并进行定期或不定期审计。

7. 固定资产清查盘点

该环节的主要风险是清查制度不完善，造成固定资产流失、毁损等账实不符与资产贬值等问题。

主要控制措施如下。第一，企业应当建立固定资产清查制度，至少每年进行一次全面清查。第二，清查结束后应编制清查报告，对清查中发现的问题，应当查明原因，追究责任，妥善处理。

8. 固定资产抵押

该环节的主要风险是固定资产抵押制度不完善，可能导致低估抵押资产价值和资产流失。

主要控制措施如下。加强固定资产抵押的管理，明晰固定资产抵押流程，规定固定资产抵押的程序和审批权限等，确保固定资产抵押经过授权审批及适当程序。同时，应做好相应记录，保障企业资产安全。财务部门办理资产抵押时，如需要委托专业中介机构鉴定评估固定资产的实际价值，应当会同金融机构有关人员、固定资产管理部门、固定资产使用部门现场勘验抵押品，对抵押资产的价值进行评估。对于抵押资产，应编制专门的抵押资产目录。

9. 固定资产处置

该环节的主要风险有处置制度不完善、处置方式不合理、处置定价不恰当等，可能给企业造成损失。

主要控制措施如下。企业应建立健全固定资产处置制度，加强固定资产处置的控制，按规定程序对处置申请进行严格审批，关注固定资产处置中的关联交易和处置定价，防范资产流失。第一，对使用期满、正常报废的固定资产，应由固定资产使用部门或管理部门填制固定资产报废单，经本企业授权部门或人员批准后对该固定资产进行报废清理。第二，对使用期限未满、非正常报废的固定资产，应由固定资产使用部门提出报废申请，注明报废理由、估计清理费用以及可回收残值、预计出售价值等。企业应组织有关部门进行技术鉴定，按规定程序审批后进行报废清理。第三，对拟出售或投资转出的固定资产由有关部门或人员提出处置申请，对固定资产价值进行评估，并出具固定资产评估报告，报经企业授权部门或人员批准后予以出售或转让。企业应特别关注固定资产处置中的关联交易和处置定价。

企业的固定资产在未经批准前不得擅自处理。首先，企业应编制固定资产报废单。其次，按报废性质和金额，由不同层次管理人员审批。同资产取得一样，资产报废或清理需要由不同级别的管理人员批准，通常是以资产的金额作为标准。金额较小的资产报废，须经部门经理或其他被授权人批准；而对于金额较大的资产报废，如一个经营工厂、主要生产线报废等，则需要通过董事会批准。最后，会计部门收到经过批准的废弃工作通知单后，应审查废弃工作通知单是否经过执行部门主管的签字认可，并及时注销设备的账面记录。表9-11所示为固定资产报损（废）单。

表 9-11　固定资产报损（废）单

年　月　日

资产名称		规格		厂牌		使用单位	
						管理单位	
设计耐用年限		报损（废）原因					
已使用年数							
购置日期							
数量							
已获价值							
账面价值							
估计废品价值							
处理使用							
实际损失额							
使用、填报人							
估计废品价值		处理意见					
处理使用							
实际损失额							
使用、填报人							
总经理	财务单位	使用单位			管理单位		
		经理（厂长）	主管		主管	主办	

9.3.5　固定资产控制流程

一、固定资产取得与验收的控制流程

固定资产请购流程与外购固定资产验收流程分别如图 9-5 和图 9-6 所示。

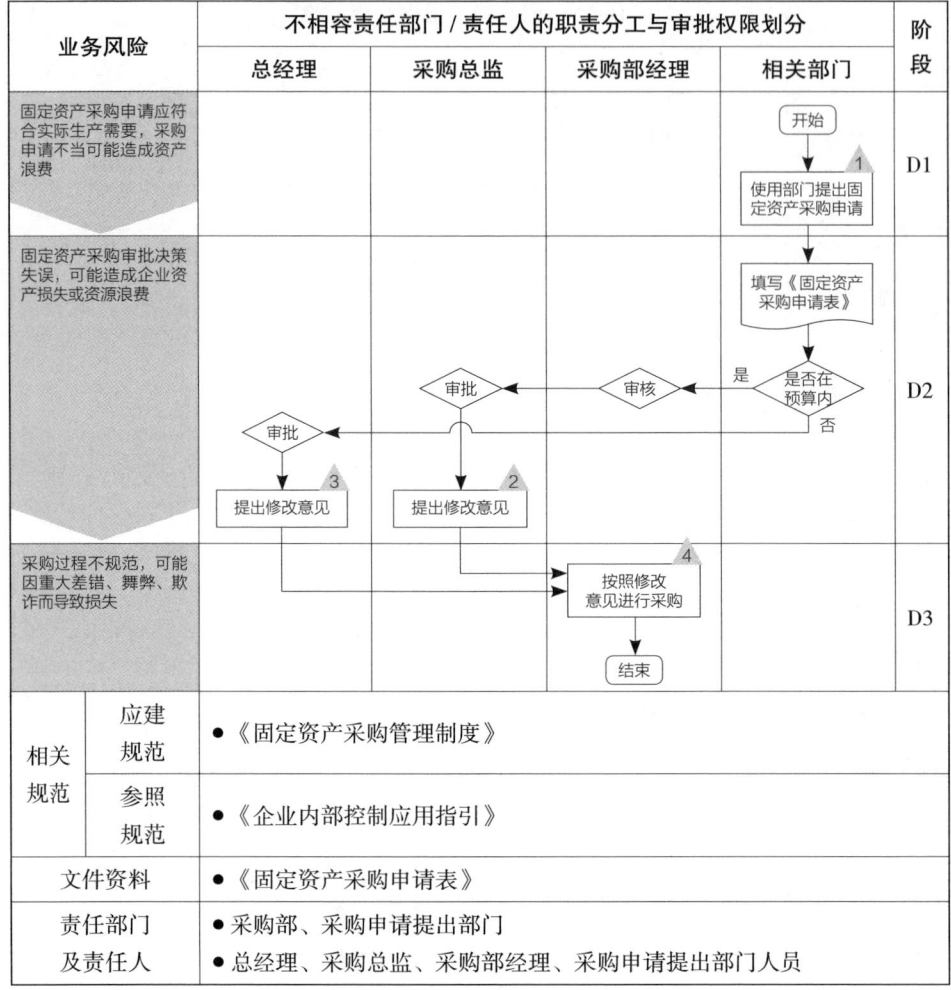

业务风险	不相容责任部门／责任人的职责分工与审批权限划分				阶段
	总经理	采购总监	采购部经理	相关部门	
固定资产采购申请应符合实际生产需要，采购申请不当可能造成资产浪费				开始 ↓ 1 使用部门提出固定资产采购申请	D1
固定资产采购审批决策失误，可能造成企业资产损失或资源浪费	审批 ↙ 审批 3 提出修改意见	审批 ↙ 2 提出修改意见 审核		填写《固定资产采购申请表》 ↓ 是否在预算内 是／否	D2
采购过程不规范，可能因重大差错、舞弊、欺诈而导致损失			4 按照修改意见进行采购 ↓ 结束		D3

相关规范	应建规范	●《固定资产采购管理制度》
	参照规范	●《企业内部控制应用指引》
文件资料		●《固定资产采购申请表》
责任部门及责任人		●采购部、采购申请提出部门 ●总经理、采购总监、采购部经理、采购申请提出部门人员

图9-5　固定资产请购流程

在请购阶段，企业应当注意以下控制。

D1：①由固定资产的使用部门根据业务发展目标，固定资产的新旧程度、使用频率、运行状况等因素提出固定资产采购申请。

D2：②预算内的固定资产采购由采购部经理审核、采购总监审批，采购总监根据固定资产预算、业务发展方向、实际生产需要等因素提出修改意见；

③预算外的固定资产采购由总经理审批，总经理根据固定资产预算、企业发展战略、市场发展前景等因素提出修改意见。

D3：④采购部经理根据采购总监或总经理提出的采购申请修改意见确定采购的时间、内容、供应商等，组织采购部经理进行采购。

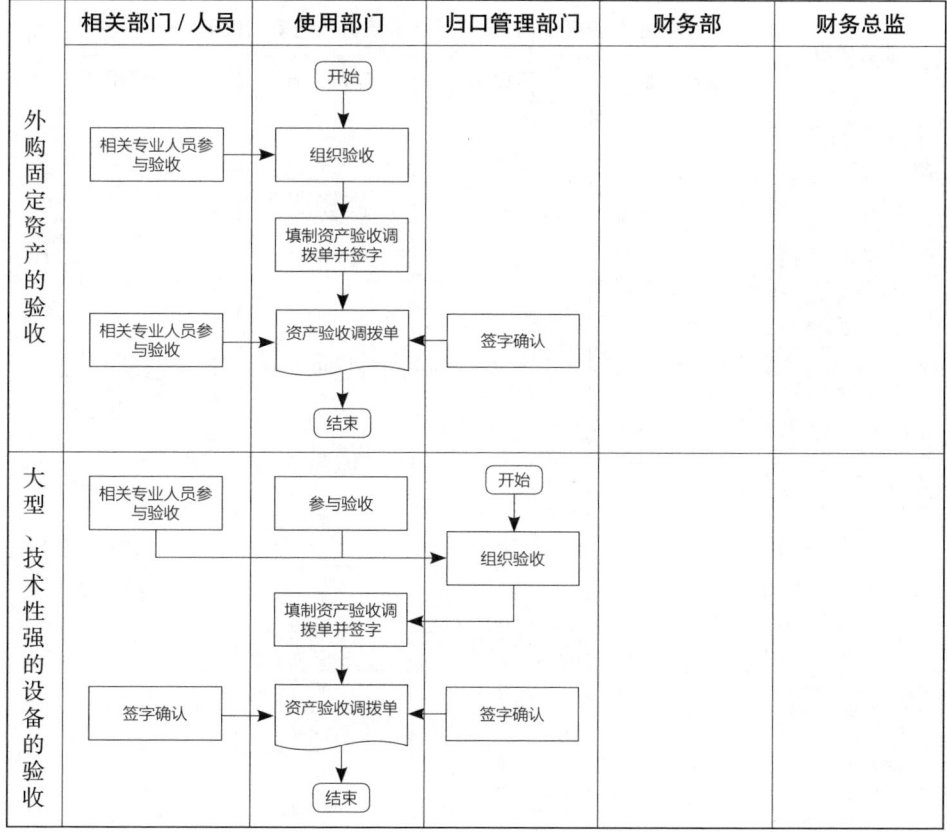

<table>
<tr><td></td><td>相关部门 / 人员</td><td>使用部门</td><td>归口管理部门</td><td>财务部</td><td>财务总监</td></tr>
</table>

图 9-6　外购固定资产验收流程

二、固定资产使用与维护的控制流程

图 9-7 所示为固定资产使用与维护（大修）流程。

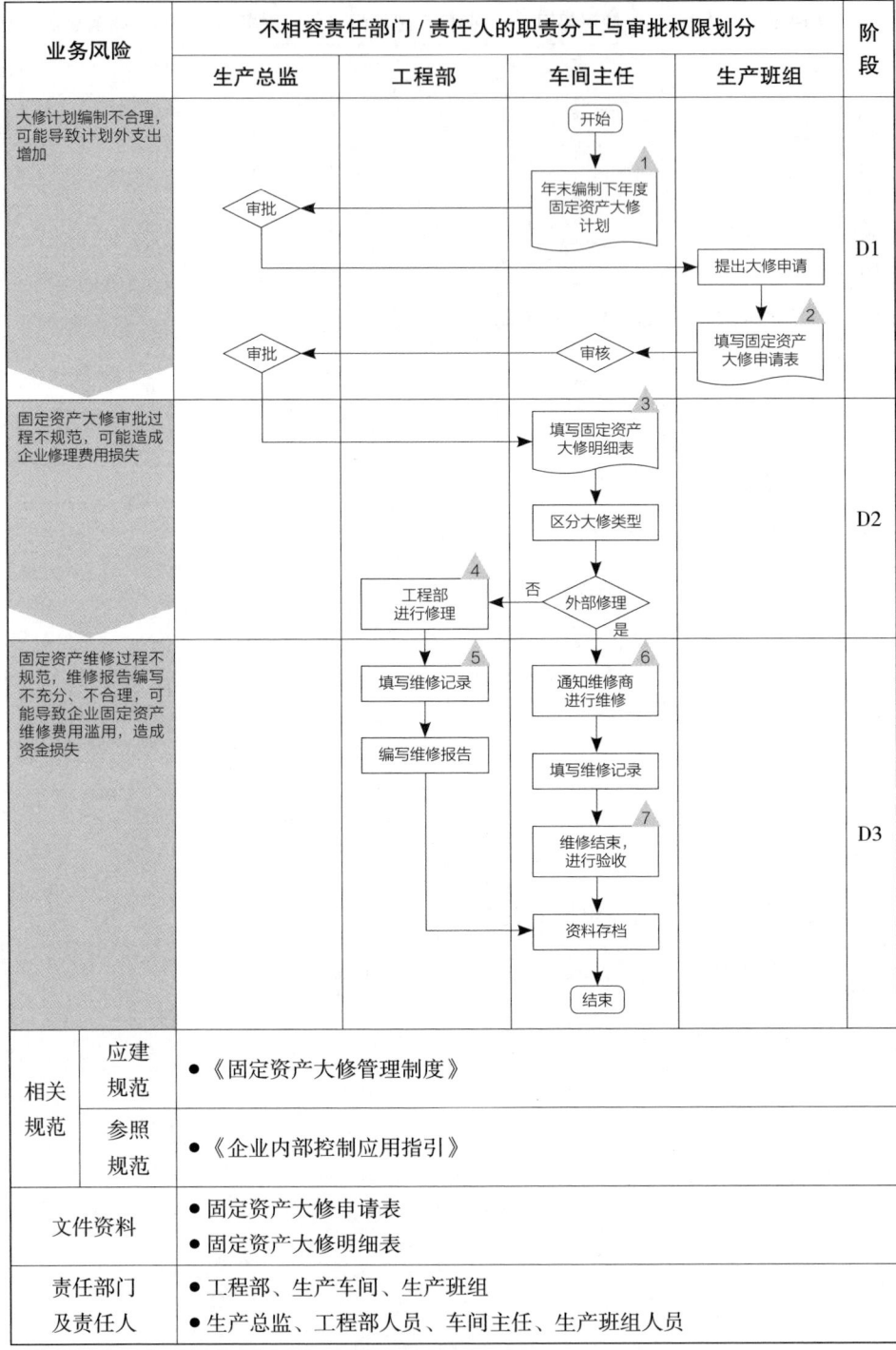

业务风险	不相容责任部门/责任人的职责分工与审批权限划分				阶段
	生产总监	工程部	车间主任	生产班组	
大修计划编制不合理,可能导致计划外支出增加	审批		开始 ① 年末编制下年度固定资产大修计划	提出大修申请 ② 填写固定资产大修申请表	D1
	审批		审核		
固定资产大修审批过程不规范,可能造成企业修理费用损失		④ 工程部进行修理	③ 填写固定资产大修明细表 区分大修类型 否 外部修理 是		D2
固定资产维修过程不规范,维修报告编写不充分、不合理,可能导致企业固定资产维修费用滥用,造成资金损失		⑤ 填写维修记录 编写维修报告	⑥ 通知维修商进行维修 填写维修记录 ⑦ 维修结束,进行验收 资料存档 结束		D3
相关规范	应建规范	● 《固定资产大修管理制度》			
	参照规范	● 《企业内部控制应用指引》			
文件资料		● 固定资产大修申请表 ● 固定资产大修明细表			
责任部门及责任人		● 工程部、生产车间、生产班组 ● 生产总监、工程部人员、车间主任、生产班组人员			

图9-7 固定资产使用与维护（大修）流程

在此阶段，企业应当注意以下控制。

D1：①由车间主任根据固定资产的运行状况和维修次数，在每年年末编制下一年度固定资产大修计划，送交生产总监审批后备案；

②由生产班组填写固定资产大修申请表，应明确需维修设备的规格型号、产地、厂牌、单价、故障表现、故障原因、维修方式、预计维修费用等内容。

D2：③车间主任根据生产总监的审批意见填写固定资产大修明细表，明确大修时间、地点、维修方式、参与人员、大修费用等内容；

④不需要外部修理的固定资产由工程部负责修理。

D3：⑤工程部在维修期间应做好维修记录；

⑥需要外部修理的固定资产由车间主任通知维修商进行维修；

⑦维修结束，由车间主任进行维修验收。

三、固定资产报废的控制流程

固定资产报废流程如图 9-8 所示。

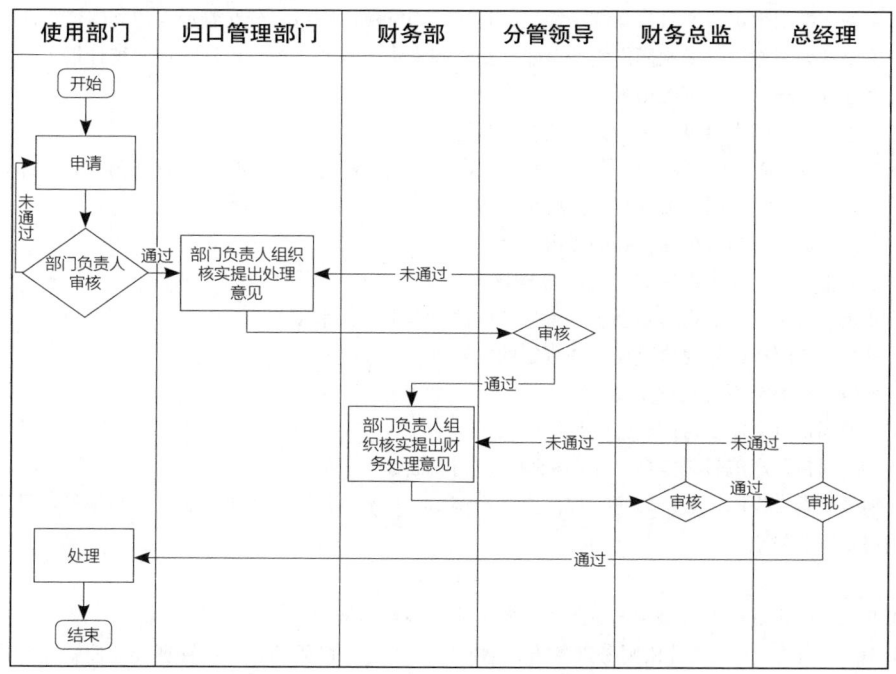

图 9-8　固定资产报废流程

9.3.6 固定资产内部控制制度示范

一、固定资产保管制度

固定资产保管制度如表 9-12 所示。

表 9-12 固定资产保管制度

制度名称	固定资产保管制度		受控状态	
			文件编号	
执行部门		监督部门	考证部门	

第 1 章 总则

第 1 条 为规范固定资产的使用和保管，提高固定资产的使用率，特制定本制度。

第 2 条 固定资产的保管以"谁使用，谁保管"为原则，使用部门或使用人是第一保管部门（人）和日常保养部门（人）。在使用部门或使用人发生更替时，应及时办理固定资产移交手续。

第 3 条 管理权限。

1. 资产管理部负责建立固定资产卡片和台账。

2. 财务部负责登记固定资产总账，并协助资产管理部进行固定资产清查。

第 2 章 编制固定资产目录

第 4 条 编制固定资产目录及统一编号，是实行固定资产归口、分级管理与建立岗位责任制的重要基础工作，是编制固定资产台账、建立固定资产卡片、进行维修、编制统计报表及进行固定资产核算与管理的依据。

第 5 条 固定资产目录按每一固定资产项目进行编制。

第 6 条 固定资产项目是指一个完整的独立物体，或者连同其必不可少的附属配套的综合体。

第 7 条 编制目录时，要注意划清两个界限。

1. 划清固定资产与低值易耗品的界限。

2. 划清生产用和非生产用固定资产的界限。

第 8 条 编制固定资产目录及统一编号时应注意以下 5 个事项。

1. 进行固定资产编号时应遵循统一规定的编号方法。

2. 号码一经编定不能随意变动。

3. 新增固定资产应从现有编号依次续编。

4. 每一固定资产编号确定后，实物标牌号应与账面编号一致。

5. 编号只有发生固定资产处置，如固定资产调出、报废等情况时才能注销，并且编号一经注销通常不能补空。

第 3 章 建立固定资产卡片

第 9 条 固定资产卡片是用于进行固定资产明细核算的依据。

第 10 条 固定资产卡片由财务部签发，通常一式三份，财务部、资产管理部和使用部门各一份。

第 11 条 固定资产卡片应按每一独立登记对象登记，一个独立登记对象设一张卡片。独立登记对象的确定方法如下。

1. 房屋：以每所房屋（连同附属建筑物及设备）作为一个独立登记对象。

2. 建筑物：以每一独立建筑物（连同附属装置）作为一个独立登记对象。

3. 动力设备：以每一动力机器（连同机座和附属设备）作为一个独立登记对象。

4. 传导设备：以在技术上能够构成一个完整的传导系统的设备作为一个独立登记对象。

5. 工作机器及设备：以每一独立机器（连同基座、附属设备和工具、仪器等）作为一个独立登记对象。

6. 工具、仪器及生产用具：以每一具有独立用途的各种工作用具、仪器和生产用具（连同便于操纵控制的各种附具）作为一个独立登记对象。

7. 运输设备：以每一独立的运输工具（如一辆汽车、一艘船、一架飞机等）作为一个独立登记对象。

8. 管理用具：以每件管理用具作为一个独立登记对象。

第 12 条　在每一张卡片中，应记载该项固定资产的编号、名称、规格、技术特征、技术资料编号、附属物、使用单位、所在地点、建造年份、开始使用日期、中间停用日期、原价、使用期限、购建的资金来源、折旧率、大修理基金提存率、大修理次数和日期、转移调拨情况、报废清理情况等详细资料。

第 13 条　固定资产卡片应根据交接凭据和有关折旧、大修理、报废清理等凭证进行登记。

第 4 章　建立固定资产登记簿

第 14 条　为了汇总反映各类固定资产的增减变动和结存情况，使固定资产卡片适应固定资产增减变动的要求，资产管理部应按固定资产类别建立固定资产增减登记簿。

第 15 条　增减登记簿的两种登记核算形式。

1. 按固定资产使用部门开设账页，登记固定资产的增减变动及余额。

2. 按固定资产类别开设账页，登记固定资产的增减变动及余额。

第 16 条　增减登记簿以固定资产调拨（增减变动）通知单作为增减登记的依据，对固定资产的增减进行序时核算，每月结出余额。

第 5 章　附则

第 17 条　本制度自颁布之日起执行。

第 18 条　本制度的解释权归资产管理部所有。

编制日期		审核日期		批准日期	
修改标记		修改处数		修改日期	

二、固定资产转移制度

固定资产转移制度如表 9-13 所示。

表 9-13　固定资产转移制度

制度名称	固定资产转移制度		受控状态	
			文件编号	
执行部门		监督部门	考证部门	

第 1 章　总则

第 1 条　目的。

为了合理调配资源，确保固定资产利用的经济性和有效性，特制定本制度。

第2条　固定资产转移包括以下三个方面的内容。

1. 固定资产内部调拨。

2. 固定资产出租。

3. 固定资产出借。

第 2 章　固定资产内部调拨

第3条　企业内部调拨固定资产范围。

1. 土地和房屋等建筑物。

2. 运输设备、机械设备、机电设备等。

第4条　固定资产内部调拨申请。

固定资产使用部门根据实际需要，提出固定资产调拨申请，填写固定资产内部调拨单，调拨单的内容包括调拨原因、固定资产调出入双方、调拨价格等。固定资产内部调拨单的样式如下表所示。

固定资产内部调拨单

序号	固定资产编号	固定资产名称	规格型号	购置时间	数量	单价	调拨价格	调拨原因

调出部门	保管人		调入部门	保管人	
	部门经理			部门经理	

资产管理部审核意见	负责人签字：
财务部审核意见	负责人签字：
财务总监审批意见	财务总监签字：
总裁审批意见	总裁签字：

注：本单一式四联，一联存调出部门，一联存调入部门，一联交财务部进行账务处理，一联交资产管理部保存。

第5条　固定资产内部调拨的审核和批准。

1. 固定资产调拨单经使用部门经理审核签字后报资产管理部。

2. 资产管理部对使用部门提出的调拨单进行审核，并核对年度固定资产购置预算，对预算外采购须在调拨单上注明，资产管理部经理在调拨单上签字批准。

3. 资产管理部审核批准后交财务部，财务部审核调拨单，监督预算，同时审核调拨固定资产的价值。

4. 经审核的调拨单呈报财务总监审批，财务总监在权限范围内进行审批，无最终审批权的，财务总监应附上审核意见，报总裁批准。

第 6 条　如固定资产出入厂区应另填固定资产调拨交运单，一式六联。

1. 第一联托运部自存。

2. 第二联托运部转送财务部暂存，凭以核对第三联。

3. 第三联至六联出厂时经门卫签注时间、车重后，第三联由门卫暂存，于第二日转送托运部所属的财务部，经与第二联核对无误，于一日内转送固定资产接收部门所属的财务部进行核对。

4. 第四、五、六联由承运商随同交运的固定资产出厂、入厂时经门卫签注入厂时间、车重后，经点收后第四联由固定资产接收部门存查。

5. 第五、六联经门卫签注出厂时间、车重后，第五联由承运商暂存，凭以申请运费，第六联由门卫暂存，于第二日转送固定资产接收部门所属的财务部与第三联核对。

第 7 条　移出部门收到经批准的固定资产调拨单后，资产移出方负责人办理固定资产交接手续。

第 8 条　资产管理部收到审批后的资产调拨单后办理相关固定资产调拨手续。

第 9 条　财务部固定资产会计对固定资产的内部调拨进行账务处理。

第 10 条　资产管理部固定资产管理员及时更新固定资产管理台账。

第 3 章　固定资产出租

第 11 条　固定资产出租方式。

1. 融资租赁。融资租赁的期限应达到租赁资产使用期限的 75% 以上。

2. 经营租赁。

第 12 条　固定资产出租审批。

1. 相关部门就出租事项向资产管理部提出申请，提交承租方的有关资料及相应的分析报告。

2. 企业资产管理部会同财务部对固定资产的出租事项进行审核评估，对待租固定资产的价值进行分析，并提出审核意见，报财务总监审核。

3. 财务总监对资产管理部、财务部的意见进行分析判断，并填写审核意见，报总裁签字。

4. 总裁审阅各级部门审核意见后，进行最终批复，总裁认为出租事宜存有疑问的，资产管理部、财务部及相关部门需作出解释。

第 13 条　企业资产管理部作为出租固定资产的管理部门，代表企业同承租方签订相关合同或协议，对固定资产的出租期限以及出租期间的保养、完整、损毁等事项作出详细规定。

第 14 条　待租固定资产的清点。

1. 待租固定资产在出租前的主管部门即为固定资产的清点部门，同时财务部、资产管理部参与清点。

2. 清点部门和人员登记清点过程，记录出租固定资产的规格、库存数量、使用情况以及出租期限等。

3. 清点完毕后应在备查登记簿上记录相应资产租赁的详细情况。

第 15 条　所有出租的固定资产在租出之前，资产管理部应进行汇总归集，将原分散在各个部门的资产通过内部调拨汇总集中到同一个仓库，减少相应部门的固定资产台账、卡片记录。

第 16 条　固定资产出库。

1. 固定资产出库时，仓库管理人员应该按照规定的出库程序办理出库手续，对接近固定资产的人员进行监督，防止舞弊行为的发生。

2. 仓库管理人员办理固定资产出库手续之后，还应协同固定资产管理员修改固定资产的文件资料，保证记录和实际相符。

第 17 条　固定资产出租到期处理。

1. 如果承租方不购买，企业应及时收回固定资产，履行规定的入库手续，恢复有关记录。

2. 如果承租方决定购买，企业应该作销售处理，并注销出租固定资产的所有记录，各部门要保持一致，防止出现虚列资产的现象。

第 4 章　固定资产出借

第 18 条　固定资产出借由借用人提出书面要求或申请，说明相关情况，送总裁或其授权人员核准。

第 19 条　固定资产出借事项经核准后，由资产管理部会同财务部等拟订方案，与借用人签订固定资产出借合同。

第 20 条　出借合同内容。

1. 合同应详细说明固定资产的型号、规格、数量、用途、借用期限、租金和押金的金额及支付方式等事项。

2. 合同应明确固定资产出借期间的修缮保养、税赋缴纳、运杂费支付、损害赔偿等事宜。

第 21 条　出借合同签订之后，要经过总裁或其授权人员审批。

第 22 条　资产管理部根据经过审批的出借合同办理财产移出手续，并会同财务部根据合同修改固定资产卡片及财产目录。

第 23 条　固定资产出借到期，资产管理部应及时催促借用人归还固定资产。对于借用到期迟迟不还的，资产管理部应当及时向管理高层报告，必要时以书面方式催还，并依合同约定要求赔偿。

第 5 章　附则

第 24 条　本制度经总裁审批后自颁布之日起执行。

第 25 条　资产管理部负责本制度的制定、解释、修改、废除等工作。

编制日期		审核日期		批准日期	
修改标记		修改处数		修改日期	

9.4　无形资产管理内部控制

9.4.1　无形资产内部控制的目标

表 9-14 主要罗列了一些无形资产内部控制环节，以及相应的控制目标。

表 9-14　无形资产内部控制环节和目标

控制环节	控制目标
无形资产取得	无形资产的购置计划符合企业实际生产经营需要
	资产购置前进行请购与审批
无形资产验收	建立严格的无形资产交付使用验收制度
无形资产使用和保全	分类管理无形资产，促进有效利用
	确保权属清晰和侵权行为及时得到处理
	加强无形资产权益保护，防范技术泄露
无形资产技术升级及更新换代	定期评估核心技术的先进性，并采取相应措施
无形资产会计系统控制	保证无形资产账实相符及资产安全
商标权的特殊管理	确保商标权的设计、使用等得到有效的监控管理
无形资产抵押	无形资产抵押经严格的审批程序
无形资产处置	无形资产转让或对外投资程序规范并经适当审批

总的来说，无形资产的内部控制应当实现以下目标：保证与无形资产相关的业务活动按照适当的授权进行；保证所有无形资产交易和事项以正确的金额，在恰当的会计期间及时记录于适当的账户，使财务报表的编制符合会计准则的相关要求；保证对无形资产和记录的接触、处理均经过适当的授权；保证账面无形资产与实存无形资产定期核对相符。

9.4.2　无形资产内部控制的风险点

无形资产在各个控制环节的主要风险及风险类别总结为表 9-15。

表 9-15　无形资产内部控制风险点

控制环节	主要风险	主要风险类别				
		法律风险	资产安全风险	报告风险	经营风险	战略风险
无形资产取得	无形资产购置决策失误，导致资金浪费				√	√
	无形资产的购置未经审批，导致不必要的成本支出				√	
无形资产验收	取得的无形资产不具先进性或权属不清，可能导致企业资源浪费或引发法律诉讼	√	√		√	

控制环节	主要风险	主要风险类别				
		法律风险	资产安全风险	报告风险	经营风险	战略风险
无形资产使用和保全	无形资产使用效率低下，效能发挥不到位				√	
	无形资产权属及商标疏于管理，导致权属不清及其他企业侵权，严重损害企业利益		√		√	
	缺乏严格的保密制度，致使体现在无形资产中的商业秘密泄露				√	
无形资产技术升级及更新换代	无形资产内含的技术未能及时升级换代，导致技术落后或存在重大的技术安全隐患				√	
无形资产会计系统控制	无形资产丢失、毁损等造成账实不符，影响资产安全		√	√		
商标权的特殊管理	对商标权疏于管理，可能导致权属不清晰及其他企业侵权严重损害企业利益。				√	
无形资产抵押	无形资产抵押未履行严格的审批程序，可能导致无形资产流失		√	√	√	
无形资产处置	无形资产长期闲置或低效使用，及处置不当，造成无形资产流失		√	√	√	

9.4.3 无形资产内部控制的方法

无形资产内部控制方法有很多种，这里主要从以下四个方面介绍。

1. 职责分工与授权审批

企业应当建立无形资产业务的岗位责任制，明确相关部门和岗位的职责、权限，确保办理无形资产业务的不相容岗位相互分离、制约和监督。同一部门或个人不得办理无形资产业务的全过程。无形资产业务不相容岗位至少包括以下内容。

（1）无形资产投资预算的编制与审批岗位。

（2）无形资产投资预算的审批与执行岗位。

（3）无形资产取得、验收与款项支付岗位。

（4）无形资产处置的审批与执行岗位。

（5）无形资产取得与处置业务的执行与相关会计记录。

（6）无形资产的使用、保管与会计处理。

表 9-16 简要列举了与无形资产相关的需要职责分离的岗位。

表 9-16　无形资产职责分离矩阵

职责	A	B	C	D	E	F
A	—	×			×	×
B	×	—	×		×	×
C		×	—	×	×	×
D			×	—	×	×
E	×	×	×	×	—	×
F	×	×	×	×	×	—

注：× 表示需分离的职务；A 表示资产新增或处置的申请；B 表示资产新增或处置的审批；C 表示资产使用；D 表示资产管理；E 表示资产记账；F 表示资产记账复核。

企业应当配备合格的人员办理无形资产业务，办理无形资产业务的人员应当具备良好的业务素质和职业道德。

企业应当对无形资产业务建立严格的授权批准制度，明确授权批准的方式、权限、程序、责任和相关控制措施，规定经办人的职责范围和工作要求。严禁未经授权的机构或人员办理无形资产业务。

审批人应当根据无形资产业务授权批准制度的规定，在授权范围内进行审批，不得超越审批权限。

经办人在职责范围内，按照审批人的批准意见办理无形资产业务。对于审批人超越授权范围审批的无形资产业务，经办人员有权拒绝办理，并及时向上级部门报告。

企业应当制定无形资产业务流程，明确无形资产投资预算编制、自行开发无形资产预算编制、取得与验收、使用与保全、处置和转移等环节的控制要求，并设置相应的记录或凭证，如实记载各环节业务开展情况，及时传递相关信息，确保无形资产业务全过程得到有效控制。

2.取得与验收控制

企业应当建立无形资产预算管理制度。企业根据无形资产的使用效果、生产经营发展目标等因素拟定无形资产投资项目，对项目可行性进行研究、分析，编制无形资产投资预算，并按规定程序审批，确保无形资产投资决策科学合理。

对于重大的无形资产投资项目，应当考虑聘请独立的中介机构或专业人士进行可行性研究与评价，并由企业实行集体决策和审批，防止出现决策失误而造成严重损失。

企业应当严格执行无形资产投资预算。对于预算内无形资产投资项目，有关部门应严格按照预算执行进度办理相关手续；对于超预算或预算外无形资产投资项目，应由无形资产相关责任部门提出申请，经审批后再办理相关手续。

企业对于外购的无形资产应当建立请购与审批制度，明确请购部门（或人员）和审批部门（或人员）的职责权限及相应的请购与审批程序。

无形资产采购过程应当规范、透明。对于一般无形资产采购，应由采购部门充分了解和掌握产品及供应商情况，采取比质比价的办法确定供应商；对于重大的无形资产采购，应采取招标方式进行；对于非专有技术等具有非公开性的无形资产，还应注意采购过程中的保密保全措施。

无形资产采购合同或协议的签订应遵循企业合同或协议管理内部控制的相关规定。

企业应当建立严格的无形资产交付使用验收制度，确保无形资产符合使用要求。无形资产交付使用的验收工作由无形资产管理部门、使用部门及相关部门共同实施。

企业外购无形资产，必须取得无形资产所有权的有效证明文件，仔细审核有关合同或协议等法律文件，必要时应听取专业人员或法律顾问的意见。

企业自行开发的无形资产，应由研发部门、无形资产管理部门、使用部门共同填制无形资产移交使用验收单，移交使用部门使用。

企业购入或者以支付土地出让金方式取得的土地使用权，必须取得土地使用权的有效证明文件。除已经确认为投资性房地产外，在尚未开发或建造自用项目前，企业应当根据合同或协议、不动产权证书办理无形资产的验收手续。

企业对投资者投入、接受捐赠、债务重组、政府补助、企业合并、非货币性资产交换、外企业无偿划拨转入以及其他方式取得的无形资产均应办理相应的验收手续。

对验收合格的无形资产应及时办理编号、建卡、调配等手续。

3. 使用与保全控制

企业应加强无形资产的日常管理工作，授权具体部门或人员负责无形资产的日常使用与保全管理，保证无形资产的安全与完整。

　　企业应根据国家及行业有关要求和自身经营管理的需要，确定无形资产分类标准和管理要求，并制定和实施无形资产目录制度。

　　企业应依据国家有关规定，结合企业实际，确定无形资产摊销范围、摊销年限、摊销方法、净残值等。摊销方法一经确定，不得随意变更；确需变更的，应当按照规定程序审批。

　　企业应根据无形资产性质确定无形资产保全范围和政策。保全范围和政策应当足以应对无形资产因各种原因发生损失的风险。

　　企业应当限制未经授权人员直接接触技术资料等无形资产，对技术资料等无形资产的保管及接触应存有记录，对重要的无形资产应及时申请法律保护。

　　企业应当定期或者至少在每年年末由无形资产管理部门和财会部门对无形资产进行检查、分析，预计其未来给企业带来经济利益的能力。检查分析应包括定期核对无形资产明细账与总账，并及时对差异进行分析与调整。

　　无形资产存在可能发生减值迹象的，应当计算其可收回金额；可收回金额低于账面价值的，应当按照国家统一的会计制度的规定计提减值准备、确认减值损失。

4. 处置控制

　　企业应当建立无形资产处置的相关制度，确定无形资产处置的范围、标准、程序和审批权限等。

　　企业应区分无形资产不同的处置方式，采取相应控制措施。

　　对使用期满、正常报废的无形资产，应由无形资产使用部门或管理部门填制无形资产报废单，经企业授权部门或人员批准后对该无形资产进行报废清理。

　　对使用期未满、非正常报废的无形资产，应由无形资产使用部门提出报废申请，注明报废理由、估计清理费用和可回收残值、预计出售价值等。企业应组织有关部门进行技术鉴定，按规定程序审批后进行报废清理。

　　对拟出售或投资转出的无形资产，应由有关部门或人员提出处置申请，列明该项无形资产的原价、已提折旧、预计使用年限、已使用年限、预计出售价格或转让价格等，报经企业授权部门或人员批准后予以出售或转让。

　　无形资产的处置应由独立于无形资产管理部门和使用部门的其他部门或人员办理。无形资产处置价格应当选择合理的方式，报经企业授权部门或人员审批后确定。对于重大的无形资产处置，无形资产处置价格应当委托具有资质的中介机构进行资产评估。对于重大无形资产的处置，应当采取集体合议审批制度，并建立集体审批记录机制。无形资产处置涉及产权变更的，应及时办理产权变更手续。

企业出租、出借无形资产，应由无形资产管理部门会同财会部门按规定报经批准后予以办理，并签订合同或协议，对无形资产出租、出借期间所发生的维护保全、税负责任、租金、归还期限等相关事项予以约定。

对无形资产处置及出租、出借收入和发生的相关费用，应及时入账，保持完整的记录。

企业对于无形资产的内部调拨，应填制无形资产内部调拨单，明确无形资产名称、编号、调拨时间等，经有关负责人审批通过后，及时办理调拨手续。

无形资产调拨的价值应当由企业财会部门审核批准。

9.4.4　无形资产内部控制的关键点

无形资产从取得到保管各个环节都有需要注意的内部控制风险点及相应的控制措施，下面主要从五个方面进行介绍。

1. 无形资产取得与验收

该环节的主要风险包括：无形资产购建审批不严、没有产权、取得的无形资产不具有先进性、无形资产权属不清等，造成无形资产购建不符合发展战略、竞争力不强、浪费企业资源，引发法律诉讼等。

2. 无形资产使用和保全

该环节的主要风险包括：无形资产使用效率低下；缺乏严格的保密措施，导致商业秘密泄露；其他企业的侵权行为损害企业利益等。

3. 无形资产技术升级及更新换代

该环节的主要风险包括：无形资产未及时更新换代，造成技术落后、自主创新能力弱或存在重大技术安全隐患以及忽视品牌建设、社会认可度低等。

主要控制措施包括：第一，企业应当定期对专利、专有技术等无形资产的先进性进行评估，淘汰落后技术，加大研发投入，促进技术更新换代，不断提升自主创新能力，努力做到核心技术处于同行业领先水平；第二，企业应当重视品牌建设，加强商誉管理，通过提供高质量产品和优质服务等多种方式不断打造和培育主业品牌，切实维护和提升企业品牌的社会认可度。

4. 无形资产处置

该环节的主要风险包括：缺乏处置制度、无形资产处置不当等，造成企业资产流失。

　　主要控制措施包括：第一，企业应建立无形资产处置的相关制度，明确处置程序、审批权限等；第二，合理确定处置价格，按规定程序对处置进行严格审批；第三，重大无形资产处置应委托具有资质的中介机构进行资产评估。

9.4.5　无形资产取得与验收的控制流程

　　无形资产取得与验收的控制流程分别如图 9-9、图 9-10 所示。

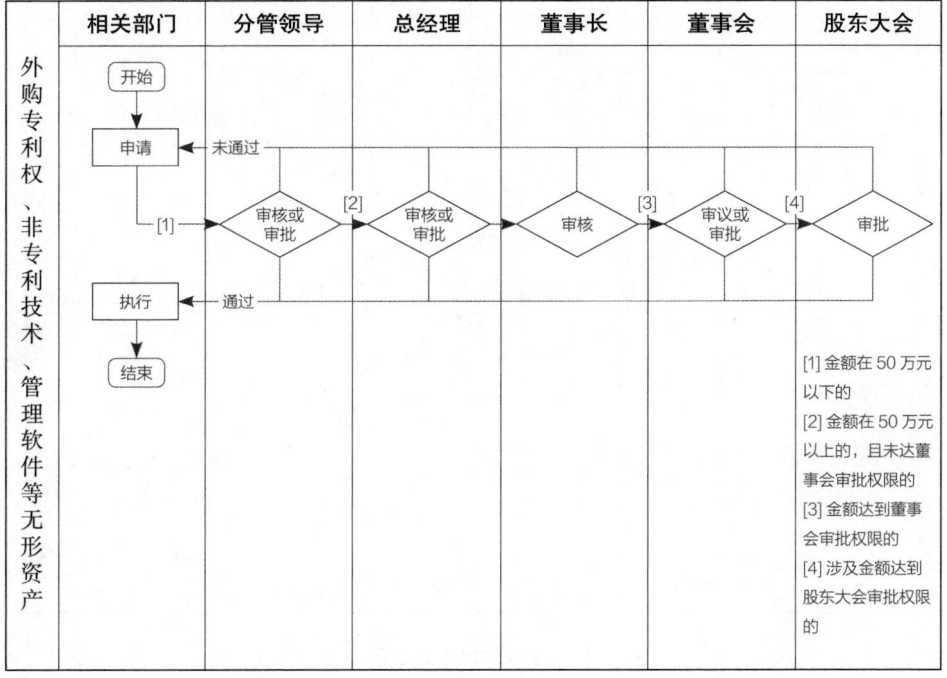

图 9-9　外购无形资产流程

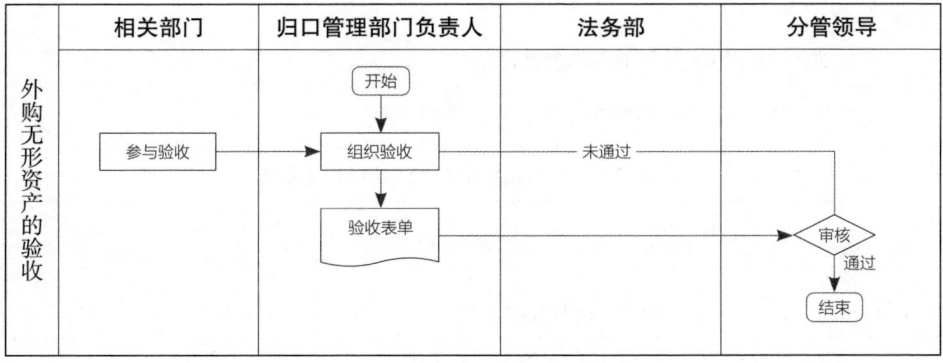

图 9-10　外购无形资产验收流程

9.4.6 无形资产投资与转让的控制流程

无形资产投资与转让的控制流程如图 9-11 所示。

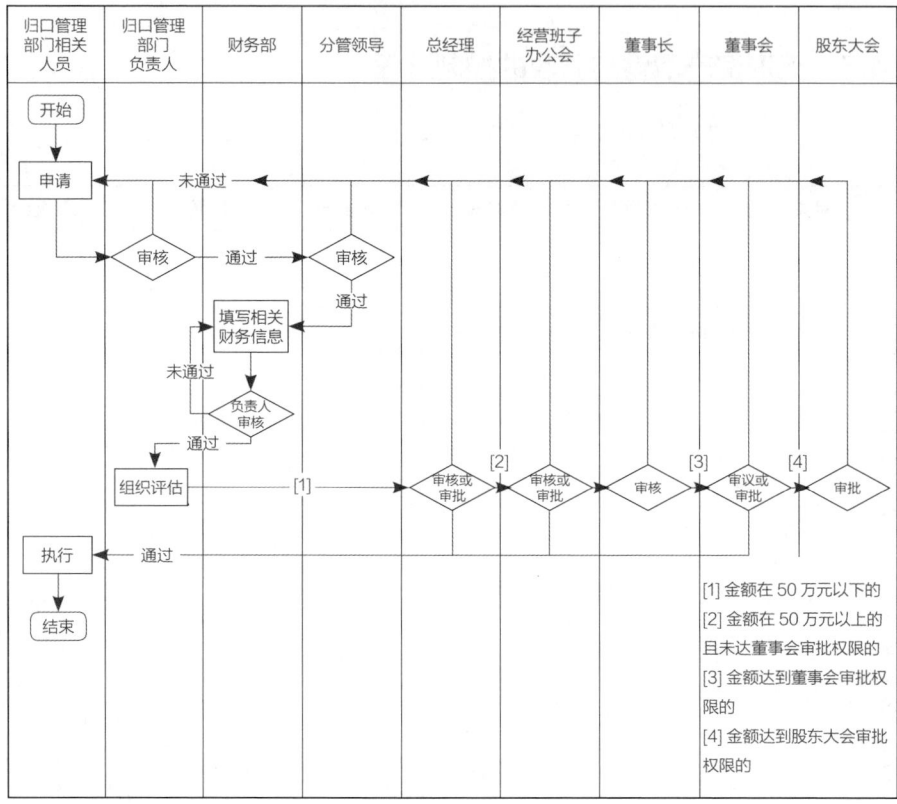

图 9-11 无形资产投资与转让流程

9.4.7 无形资产内部控制制度示范

一、无形资产取得与验收管理办法

无形资产取得与验收控制制度如表 9-17 所示。

表 9-17 无形资产取得与验收控制制度

制度名称	无形资产取得与验收控制制度		受控状态	
			文件编号	
执行部门		监督部门	考证部门	
第 1 章 总则				
第 1 条 为加强与规范企业无形资产取得与验收管理，特制定本制度。				

第 2 条　本制度适用于专利权、非专利技术、商标权、著作权、特许权、土地使用权等无形资产。

第 2 章　无形资产的增加

第 3 条　无形资产增加主要包括无形资产自创、购置、受赠、受让、调拨和划转等活动所引起的无形资产的数量和价值量的增加。

第 4 条　无形资产的外购，要符合企业发展规划，并经过充分论证和严格审批，避免重复、盲目引进。

1. 采购申请：请购部门提出采购申请，按授权审批权限交由相关部门审批，请购部门需同时提交所需采购的无形资产的性能、技术参数等。

2. 审核：无形资产管理部门及企业其他相关职能部门（如财务部门、法务部门等）对无形资产采购相关事项进行审核。

3. 审批：按照企业授权审批权限，相关管理部门或人员在授权范围内审批。

第 5 条　自行开发或研制的项目应依法及时申请并办理注册登记手续，明确产权关系。

第 3 章　无形资产的验收

第 6 条　企业外购无形资产，必须取得无形资产所有权的有效证明文件，仔细审核有关合同、协议等法律文件，必要时应听取专业人员或法律顾问的意见。

第 7 条　企业自行开发的无形资产，应由研发部门、无形资产管理部门、无形资产使用部门共同填制无形资产移交使用验收单，移交使用部门使用。

第 8 条　企业购入或者以支付土地出让金方式取得的土地使用权，必须取得土地使用权的有效证明文件。除已经确认为投资性房地产外，在尚未开发或建造自用项目前，企业应当根据合同或协议、不动产权证书办理无形资产的验收手续。

第 9 条　企业对投资者投入、接受捐赠、债务重组、政府补助、企业合并、非货币性资产交换、外企业无偿划拨转入以及其他方式取得的无形资产均应办理相应的验收手续。

第 4 章　无形资产取得时的入账处理

第 10 条　企业自行开发并按法律程序申请取得的无形资产，把依法取得时发生的注册费、聘请律师费等费用，作为无形资产的实际成本。

在研究与开发过程中发生的材料费用、直接参与开发人员的工资及福利费、租金、借款费用、设备折旧费等，应于当期发生时计入当期损益；对于已计入各期费用的研究与开发费用，在该项无形资产获得成功并依法申请取得权利时，不得再将原已计入费用的研究与开发费用资本化。

第 11 条　企业自行购进的无形资产，以实际支付的价款作为实际成本入账。

1. 无形资产的购进是指无形资产的有偿转让，涉及出让和受让双方，即出让方放弃无形资产获得会计收益，受让方付出经济代价获得无形资产。

2. 受让方支付的转让购买价，一般情况下应按全部支出作为无形资产入账，借记"无形资产"科目，贷记"银行存款"等科目。

第 12 条　投资者投入的无形资产，企业应根据投资的具体情况进行账务处理。

1. 一般来说，投资业务实现后，受资方应按照投资协议借记"无形资产"科目，贷记"实收资本""资本公积"等科目。无形资产长期投资业务一般应持续至受资企业经营终结，办理资产清算为止。

2. 若出资方与受资方约定有一定投资时效的投资方式（如联营投资），到期企业继续经营，而无形资产投资业务终止并单独清算。

（1）若双方约定了该项无形资产的清算价格。由于该项资产的特殊性，议定清算价格一般低于投资成本，到投资终止清算时，受资方应借记"实收资本""资本公积"等科目，贷记"银行存款""以前年度损益调整"等科目。

（2）如果双方没有议定结算价格或清算价格为0的，双方均通过"以前年度损益调整"科目冲销投资或资本记录。

第13条 企业接受债务人以非现金资产抵偿债务方式取得的无形资产，或以应收债权换入无形资产时，以应收债权的账面价值加上应支付的相关税费，作为实际成本。涉及补价的，按以下规定确定受让无形资产的实际成本。

1.收到补价的，以应收债权的账面价值减去补价，加上应支付的相关税费，作为实际成本。

2.支付补价的，以应收债权的账面价值加上支付的补价和应支付的相关税费，作为实际成本。

第14条 企业以非货币性交易换入的无形资产，按换出资产的账面价值加上应支付的相关税费，作为实际成本。涉及补价的，按以下规定确定换入无形资产的实际成本。

1.收到补价的，按换出资产的账面价值加上应确认的收益和应支付的相关税费减去补价后的余额，作为实际成本。

2.支付补价的，按换出资产的账面价值加上应支付的相关税费和补价，作为实际成本。

第15条 企业接受捐赠的无形资产，应按以下规定确定其实际成本。

1.捐赠方提供有关凭据的，按凭据上标明的金额加上应支付的相关税费，作为实际成本。

2.捐赠方没有提供有关凭据的，按以下顺序确定其实际成本。

（1）同类或类似无形资产存在活跃市场的，按同类或类似无形资产的市场价格估计的金额，加上应支付的相关税费，作为实际成本。

（2）同类或类似无形资产不存在活跃市场的，按该接受捐赠的无形资产的预计未来现金流量现值，作为实际成本。

第 5 章 附则

第16条 本制度由资产管理部门负责制定，其中入账处理部分由财务部门负责解释。

第17条 本制度报总裁办公会审议批准。

第18条 本制度自颁布之日起实施。

编制日期		审核日期		批准日期	
修改标记		修改处数		修改日期	

二、无形资产处置管理制度

无形资产处置管理制度如表9-18所示。

表 9-18　无形资产处置管理制度

制度名称	无形资产处置管理制度		受控状态	
			文件编号	
执行部门		监督部门	考证部门	
第 1 章　总则				
第1条　处置鉴定。				

处置无形资产应由无形资产业务主管部门（如资产管理部、财务部）组织专家进行论证和技术鉴定，确保无形资产处置的合理性。

第 2 条　处置审批。

根据授权审批权限，对无形资产业务主管部门上报的无形资产处置申请表进行审查，并签署意见。

第 2 章　处置

第 3 条　无形资产的处置应当遵循公开、公平、公正的原则，严格履行审批手续，未经批准不得自行处置。

第 4 条　对使用期满、正常报废的无形资产，应由无形资产使用部门或业务主管部门填制无形资产报废单（见下表），经企业授权部门或人员批准后对该无形资产进行报废清理。

无形资产报废单

所属单位：　　　　　　　　　　第　联　　　　　　填写日期：　年　月　日

编号	名称	规格	单位	单价	数量	总价	购买日期	规定使用期限	已使用时间	报废原因	审核意见	备注

申请人		申请部门主管	
无形资产归口管理部门		资产管理部	
财务部		总裁办公室	

注：本单一式四联。

第 5 条　对使用期未满、非正常报废的无形资产，应由无形资产使用部门提出报废申请，注明报废理由、估计清理费用和可回收残值、预计出售价值等。无形资产业务主管部门应组织有关部门进行技术鉴定并提出处理意见，按规定程序审批后进行处置。

第 6 条　对拟出售或投资转出的无形资产，应由有关部门或人员提出处置申请，列明该项无形资产的原价、已提折旧、预计使用年限、已使用年限、预计出售价格或转让价格等，报经企业授权部门或人员批准后予以出售或转让。

第 7 条　无形资产处置价格应当合理，报经企业授权部门或人员审批后确定。

第 8 条　重大无形资产处置项目。

1.对于重大无形资产的处置，无形资产处置价格应当委托具有资质的中介机构进行资产评估。

2.对于重大无形资产的处置，应当采取集体合议审批制度，并建立集体审批记录机制。

第 9 条　无形资产处置涉及产权变更的，企业无形资产业务主管部门会同归口管理部门组织无形资产技术鉴定，督促相关人员及时办理无形资产的产权确认手续。

第 10 条　企业出租、出借无形资产，应由无形资产业务主管部门会同财务部按规定报经批准后予以办理，并签订合同或协议，对无形资产出租、出借期间所发生的维护保全、税费、租金、归还期限等相关事项予以约定。

第 11 条　无形资产的内部调拨，应填制无形资产内部调拨单（见下表），明确无形资产名称、编号、调拨时间等，送无形资产业务主管部门审查批准。无形资产业务主管部门提出处理意见，报相关领导审核批准后调拨或转让。

无形资产内部调拨单

编号：　　　　　　　　　　　　　　　　　　　填写日期：　年　月　日

原使用部门		调入部门	
无形资产名称	□专利权　□非专利技术　□商标权　□著作权　□其他		
无形资产编号	购置日期	市场评估价格	
调拨原因			
原使用主管部门意见		经办人	
调入部门意见		经办人	
无形资产主管		财务部	
部门意见		领导意见	
主管领导意见			
备注			

第 12 条　无形资产调拨的价值应当由企业财务部审核批准。

第 13 条　出售、出让、转让、变卖企业无形资产的，应当经审计部审计。

第 14 条　无形资产业务主管部门要妥善保管好本企业无形资产管理文件、资料，建立健全企业无形资产产权登记档案，掌握其变动情况。

第 3 章　附则

第 15 条　本制度报呈总裁办公会审议批准。

第 16 条　本制度自颁布之日起实施。

第 17 条　本制度由无形资产业务主管部门组织实施。

编制日期		审核日期		批准日期	
修改标记		修改处数		修改日期	

第 10 章
销售业务内部控制

10.1 销售业务内部控制应用指引

企业内部控制应用指引第 9 号——销售业务

第一章 总则

第一条 为了促进企业销售稳定增长，扩大市场份额，规范销售行为，防范销售风险，根据有关法律法规和《企业内部控制基本规范》，制定本指引。

第二条 本指引所称销售，是指企业出售商品（或提供劳务）及收取款项等相关活动。

第三条 企业销售业务至少应当关注下列风险：

（一）销售政策和策略不当，市场预测不准确，销售渠道管理不当等，可能导致销售不畅、库存积压、经营难以为继。

（二）客户信用管理不到位，结算方式选择不当，账款回收不力等，可能导致销售款项不能收回或遭受欺诈。

（三）销售过程存在舞弊行为，可能导致企业利益受损。

第四条 企业应当结合实际情况，全面梳理销售业务流程，完善销售业务相关管理制度，确定适当的销售政策和策略，明确销售、发货、收款等环节的职责和审批权限，按照规定的权限和程序办理销售业务，定期检查分析销售过程中的薄弱环节，采取有效控制措施，确保实现销售目标。

第二章 销售

第五条 企业应当加强市场调查，合理确定定价机制和信用方式，根据市场变化及时调整销售策略，灵活运用销售折扣、销售折让、信用销售、代销和广告宣传等多种策略和营销方式，促进销售目标实现，不断提高市场占有率。

企业应当健全客户信用档案，关注重要客户资信变动情况，采取有效措施，防范信用风险。

企业对于境外客户和新开发客户，应当建立严格的信用保证制度。

第六条 企业在销售合同订立前，应当与客户进行业务洽谈、磋商或谈判，关注客户信用状况、销售定价、结算方式等相关内容。

重大的销售业务谈判应当吸收财会、法律等专业人员参加，并形成完整的书面记录。

销售合同应当明确双方的权利和义务，审批人员应当对销售合同草案进行严格审核。重要的销售合同，应当征询法律顾问或专家的意见。

第七条 企业销售部门应当按照经批准的销售合同开具相关销售通知。发货和仓储部门应当对销售通知进行审核，严格按照所列项目组织发货，确保货物的安全发运。企业应当加强销售退回管理，分析销售退回原因，及时妥善处理。

企业应当严格按照发票管理规定开具销售发票。严禁开具虚假发票。

第八条 企业应当做好销售业务各环节的记录，填制相应的凭证，设置销售台账，实行全过程的销售登记制度。

第九条 企业应当完善客户服务制度，加强客户服务和跟踪，提升客户满意度和忠诚度，不断改进产品质量和服务水平。

第三章 收款

第十条 企业应当完善应收款项管理制度，严格考核，实行奖惩。销售部门负责应收款项的催收，催收记录（包括往来函电）应妥善保存；财会部门负责办理资金结算并监督款项回收。

第十一条 企业应当加强商业票据管理，明确商业票据的受理范围，严格审查商业票据的真实性和合法性，防止票据欺诈。

企业应当关注商业票据的取得、贴现和背书，对已贴现但仍承担收款风险的票据以及逾期票据，应当进行追索监控和跟踪管理。

第十二条 企业应当加强对销售、发货、收款业务的会计系统控制，详细记录销售客户、销售合同、销售通知、发运凭证、商业票据、款项收回等情况，确保会计记录、销售记录与仓储记录核对一致。

企业应当指定专人通过函证等方式，定期与客户核对应收账款、应收票据、预收账款等往来款项。

企业应当加强应收款项坏账的管理。应收款项全部或部分无法收回的，应当

查明原因，明确责任，并严格履行审批程序，按照国家统一的会计准则制度进行
处理。

10.2　销售业务内部控制目标及风险点

10.2.1　销售业务内部控制的目标

销售业务内部控制主要是对收入相关业务流程进行控制，对业务的相关审批
权限进行明确，对销售业务可能会产生的风险进行防范，以及对收入相关业务开
展的过程进行监督。销售业务内部控制的目标有以下几点。

一、保护企业有关资产的安全与完整

企业相关资产包括货币资金、原材料、库存商品等。这些资产金额占比较
大，在生产经营中具有重要作用，同时，这些资产比较容易被偷盗、损毁或非法
占有。所以，企业需要建设相关内部控制制度来保护这些资产，使其不受非法
侵害。

二、确保销售行为符合法律法规

国家会根据市场情况更新收入流程相关的法律法规，企业应积极学习相关的
法律法规，了解其变动，并使自身的销售行为符合国家法律法规。

三、保证收入与相关成本费用的确认和计量的真实与完整

销售商品或提供劳务是企业创收的主要来源，而与销售相关的成本费用占企
业运营成本较大比重，销售收入和对应的成本费用的确认和计量影响财务报表披
露信息的真实性与完整性。因此，企业要准确记录收入和相关的成本费用，健全
收入流程内部控制制度是很有必要的。

四、提升客户满意度和忠诚度，扩大产品市场份额

在收入流程中，如要提升客户满意度和忠诚度，以及扩大产品市场份额，完善
相关内部控制就至关重要，这样才能保证与客户建立长期友好合作关系。企业应加
强彼此沟通，及时收集客户反馈的信息，并进行分析，及时整改存在的缺陷。

上述目标可以概括为企业的资产目标、合规目标、报告目标、经营目标。具体内容如表 10-1 所示。

表 10-1　销售业务内部控制的目标

目标类型	主要内容
资产目标	保障投资人、债权人和其他利益相关者的利益不受损失
合规目标	遵守国家法律法规，在守法的基础上开展经营活动，实现自身发展
报告目标	为企业管理者提供准确完整的财务信息，保证对外披露的信息报告的真实、完整
经营目标	降低经营风险，提高工作效率

10.2.2　销售业务内部控制的风险点

销售业务内部控制流程主要包括从销售计划订立到最后会计系统控制的八大流程，主要包括销售计划管理、客户开发与信用管理、销售定价、销售合同订立、发货、收款、售后服务和会计系统控制等环节。制造型企业因产销运作模式，在控制流程上与服务型企业相比较为特殊的是发货和售后服务环节的控制。销售业务内部控制的风险点如表 10-2 所示。

表 10-2　销售业务内部控制的风险点

环节	风险点
销售计划管理环节	（1）没有及时地制定销售计划或销售计划不合理、不科学 （2）销售计划调整可能会存在未经授权审批的问题
客户开发与信用管理环节	（1）对客户的管理不够精细，存在客户流失的问题 （2）客户档案不全面或没有建立客户档案
销售定价环节	（1）定价过高或者过低 （2）价格的制定或者调整没有经过适当层级的授权和审批
销售合同订立环节	（1）一方可能会违约 （2）可能因不可抗力导致合同无法履行
发货环节	（1）销售发货没有经过授权和适当层级的审批 （2）销售发货不符合合同的规定
收款环节	企业的信用管理存在一定的问题，结算方式选择不当，导致账款回收较慢
售后服务环节	（1）未建立起完善的售后服务体系，客户服务水平较低 （2）没有完整的销售退回的流程，退货处理出现严重的问题
会计系统控制环节	（1）未建立运行有效的会计系统控制 （2）未对应收账款建立起相应的清查制度

一、销售计划管理环节的风险点

销售计划是企业在综合本年度的实际销售情况和下一年度预测的客户需求的基础上，考虑自身的生产能力，对销售的目标总额和不同产品的销售额进行具体的设定，在此基础上将各销售目标进行分解，制定的具体方案和计划。这一环节的控制主要包括销售计划的控制和销售调整的控制，其中前者主要是指企业在综合考虑内、外部因素的基础上，根据企业的经营和生产计划制定年度、季度和月度的销售计划，并将这些计划下达具体的部门执行。后者主要是指企业需要定期对不同的产品的预测额和实际额的差异进行分析，在考虑生产能力的基础上及时地调整后续的销售计划，经调整的销售计划也需要履行相应的审批手续。

在这一环节的内部控制中，主要的风险点有两个方面。第一个方面是企业没有及时地制定销售计划、制定出的销售计划不合理、不科学，或者没有经过适当层级的授权和审批，这些都会使企业的销售和生产出现问题，难以实现良性的发展。第二个方面是企业的销售计划调整可能会存在未经授权审批的问题，这会对企业的经营活动产生一定的影响。

二、客户开发与信用管理环节的风险点

客户对企业来说是十分重要的利益相关者，是企业销售商品的直接对象，如果没有客户也就谈不上销售，企业就很难有较大的发展。因此，企业应当不断地扩大市场份额，维护老客户，发展新客户，对已有的客户建立客户档案并对他们进行信用评估，根据他们对风险的接受程度来确定不同的信用等级。在这一环节中，企业需要做好客户管理控制和客户信用管理控制，对不同的客户指定不同的价格机制和信用方式，建立客户信用档案和赊销审批机制。

在这一环节的内部控制中，主要的风险点有两个方面。一是对客户的管理不够精细，存在客户流失的问题。二是客户档案不全面，没有建立客户档案，存在一些信用等级较差的客户，造成大量坏账。

三、销售定价环节的风险点

商品的价值是通过价格来反映的，企业在销售商品之前会制定与发展目标相一致的价格，商品的价格会直接影响商品的销售数量进而影响经营利润，这关系到企业的生存和发展。在这一环节中，主要的内部控制包括价格政策管理、浮动价格控制等方面，企业需要综合考虑各种因素来制定合理的销售价格，并且定期

对价格进行调整和评估，在这一过程中的定价和调价都需要经过相关人员的授权和审批。此外，企业应当根据实际情况制定合适的销售折扣和销售折让等。

在这一环节的内部控制中主要的风险点包括：企业制定的价格或者调整的价格没有考虑到整个市场的需求状况，价格过高或者过低；销售价格的制定或者调整没有经过适当层级的授权和审批，存在一定的控制风险。

四、销售合同订立环节的风险点

签订销售合同是企业与客户就销售商品的数量、价格以及方式等方面的内容达成一致意见的一个过程，这在提高效率的同时也会减少企业与客户在后续供货中的风险。在这一流程中，主要是对合同事前、事中以及事后进行控制，企业应当指定专门的人员与客户进行磋商，对客户的信用状况给予重点关注，明确双方的权利和义务。销售合同条款的拟定和审核应当由专门的法务部门人员负责，确保销售的合法合规，最终销售合同的签订还需要经过适当层级的审批和审核。

这一环节的内部控制中的风险点主要包括合同没有明确双方的权利和义务，存在有争议的条款、重大疏漏以及合同欺诈等问题，对企业的合法权益产生十分不利的影响。此外，如果合同的签订没有经过授权和审批，可能会出现逾越层级的问题，给企业造成经济利益损害。

五、发货环节的风险点

销售发货是企业将商品从企业内部转移到外部市场的一个过程，如果发货不及时或者发出的商品有瑕疵，那么企业将会面临一定的违约风险。发货的流程一般包括根据合同填写销售出库单、库房核实单据、将发货单或者取货单等传真给客户、出库等。这一流程中涉及的部门很多，比如销售部门、仓储部门、会计部门等，需要各部门之间的协调与合作。销售部门需要根据合同把具体的销售货物的种类和数量通知交由仓储部门和会计部门，仓储部门需要根据经授权审批过的销售通知单按时、及时地发货，形成发货单并交由客户、销售部门和会计部门，会计部门需要根据销售部门和仓储部门的原始凭证及时地入账。

发货环节内部控制中的主要风险包括销售发货没有经过授权和适当层级的审批，导致货物损失以及销售款项难以收回，此外还包括销售发货不符合合同的规定、没有按照客户的需求发货，会存在一定的违约风险。

六、收款环节的风险点

收款环节是企业与客户进行最后结算的一个过程。企业结算的方式包括赊销和现销两种，这就要求企业根据不同客户的信用状况以及自身的销售政策来采取不同的结算方式，提高资金的利用效率。一般来说，主要的流程为：销售部门在取得销售收款的相关原始凭证之后，交由部门经理审核，审核完成之后交由会计部门对相关的原始单据进行审核，确认无误后对相关的收入情况予以确认。

收款环节内部控制中的主要风险有：企业的信用管理存在一定的问题，结算方式选择不当，导致账款回收较慢，甚至形成大量的呆账和坏账，资金的流动性受到较大的影响。

七、售后服务环节的风险点

售后服务环节是企业对销售产品提供的一种后续保障的服务，这一环节直接关系到客户满意度，对维护客户和挖掘潜在客户有一定的影响。这一环节的流程主要包括：企业建立起完善的售后服务体系，在此基础上售后服务人员要对销售退回情况进行及时有效的处理，在经过适当层级的审批之后将退回的商品参照物资销售入库，并将情况及时地通知销售、生产、研发等部门。此外，企业应当做好客户的回访工作，对客户满意度进行定期或者不定期的调查。

在这一环节的内部控制中企业所面临的主要风险包括：未建立起完善的售后服务体系、客户服务水平较低、客户满意度不高，最终导致客户流失；企业没有完整的销售退回流程，导致退货处理出现严重的问题。

八、会计系统控制环节的风险点

会计系统控制并不是在销售最后完成阶段的控制，而是贯穿在上述发货、收款等的流程中，会计部门的人员需要对取得的原始凭证（销售通知单、出库单等）进行初步的审核，审核完成之后完成入账。对于赊销业务，需要定期与客户对账监督货款的回收，按照会计准则的要求对应收账款计提坏账准备。

这一环节内部控制中的主要风险点包括企业可能没有建立运行有效的会计系统控制体系，销售记录、发货记录以及财务信息三者之间的信息不相吻合，从而导致账实、账证、账账的不符，对销售收入和销售成本的核算就不够真实和可靠，难以反映企业真实的业务状况。此外，在会计系统控制这一环节的内部控制中可能存在的风险还包括没有对应收账款建立起相应的清查制度，对应收账款的催收力度不够大，增加了坏账损失。

10.3　销售业务内部控制方法及关键点

10.3.1　销售业务内部控制的方法

销售业务内部控制方法指的主要是企业为了实现销售业务各流程目标所采取的手段、制度和相关的措施等，这些方法的主要目的是制约和反馈，以此实现各个环节的目标。销售业务内部控制的方法如表 10-3 所示。

表 10-3　销售业务内部控制的方法

销售业务 内部控制的方法	不相容职务分离控制
	销售货款收取控制
	授权审批控制
	会计系统控制
	财产保全控制

一、不相容职务分离控制

（1）不相容职务分离。

对于销售业务，适当的职务分离有助于防止各种有意或无意的错误。例如，主营业务收入账簿由记录应收账款账簿之外的员工独立登记，另一位不负责账簿记录的员工定期调节总账和明细账，这样就构成了一种有效的内部牵制，有利于员工之间的监督和检查；记录主营业务收入账簿和应收账款账簿的员工不经手现金，也是防止舞弊的一项重要控制；销售业务与批准赊销的业务相分离，这样会有效地防止销售人员盲目追求销售业绩而忽略客户的资信状况给企业造成的巨额坏账损失。企业应建立销售业务岗位责任制，明确相关部门和岗位的职责权限，确保办理销售业务的不相容职务分离、制约和监督，不得由同一部门或同一个人办理销售业务的全过程。销售不相容职务至少应包括图 10-1 中的内容。

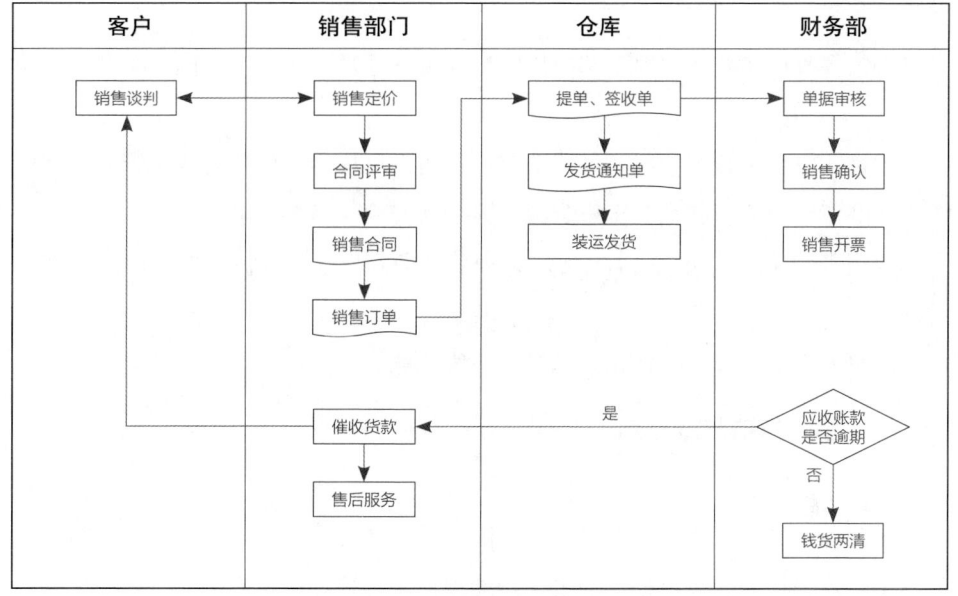

图 10-1　销售不相容职务

①客户信用调查评估与销售合同的审批签订分离。接收客户订单的人员不能同时是最后核准付款条件的人员；付款条件必须同时获得销售部门、专门追踪和分析客户信用情况的信贷部门（或财务部门下的信贷小组）的批准。

②销售合同的审批、签订与办理发货分离。

③销售货款的确认、回收与相关会计记录分离。

④销售退回货品的验收、处置与相关会计记录分离。

⑤销售业务经办与发票开具、管理分离。发货通知单的编制人员不能同时负责货款的收取、产品的包装和托运工作；填制发票人员不能同时担任发票的复核工作。

⑥坏账准备的计提与审批、坏账的核销与审批分离。

⑦应收账款的记账人员不能同时是应收账款的核实人员。

（2）业务归口办理。

①销售部门（或岗位）主要负责处理订单、签订合同、执行销售政策和信用政策、催收货款。

②发货部门（或岗位）主要负责审核发货单据是否齐全并办理发货的具体事宜。

③财务部门（或岗位）主要负责销售款项的结算和记录，监督和管理货款

回收。

④销售收据和发票由财务部门指定专人负责开具，销售人员应当避免接触销售现款。

⑤企业应根据具体情况对办理销售业务的人员进行岗位轮换或者管区、管户调整，防范销售人员将企业客户资源变为个人资源从事舞弊活动。

⑥企业应收票据的取得和贴现必须经过保管票据以外的主管人员的书面批准。

⑦严禁未经授权的机构和人员经办销售业务。

二、销售货款收取控制

（1）商品销售收入的确认。

企业确认商品销售收入，必须同时满足以下条件。

①企业已将商品所有权上的主要风险和报酬转移给购货方。

②企业既没有保留通常与所有权相联系的继续管理权，也没有对已售出的商品实施有效控制。

③收入的金额能够可靠地计量。

④相关的经济利益很可能流入企业。

⑤相关的已发生或将发生的成本能够可靠地计量。

（2）货款催收和办理。

①催收。企业应建立逾期应收账款催收制度。销售部门应负责应收账款的催收，催收记录（包括往来函电）要妥善保存。财务部门应当督促销售部门加紧催收。催收无效的逾期应收账款，经财务总监审核，总经理批准，可通过法律程序予以解决。针对不同性质的应收款项，企业应采取不同方法和程序进行管理。严格区分并明确收款责任，建立科学、合理的清收奖励制度以及责任追究和处罚制度，有利于及时清理催收欠款，保证企业营运资产的周转效率。

②催收记录。销售部门在向客户催收货款时，应做好催收记录，并尽可能取得客户的签证；销售部门会同财务部门定期或不定期向客户发出催收函，并保存发函凭证，将其作为催收记录的依据。

③收款业务办理。企业应按照《现金管理暂行条例》《支付结算办法》等规定，及时办理销售收款业务。对以银行转账方式办理的销售收款，应通过企业核定的账户进行结算。财务部门应将销售收入及时入账，不得账外设账，不得擅自

坐支现金。销售人员除事先经财务部门授权外，应避免接触销售现款。

（3）应收货款管理。

①应收账款台账。

a. 销售部门按责任范围建立应收账款台账，及时登记每一客户应收账款余额的增减变动情况和信用额度使用情况。

b. 财务部门按客户进行应收账款核算，对长期往来客户的应收账款，按客户设立台账登记其余额的增减变动情况。

c. 销售部门责任人员定期与财务部门核对应收账款余额和发生额，发现不符，及时查明原因，并进行处理。

d. 销售部门信用管理人员应对长期往来客户建立完善的客户资料，并对客户资料实行动态管理，及时更新。相关资料由销售部门和财务部门提供。

②与客户核对应收账款。

a. 销售部门业务人员或内勤人员每半年与客户核对应收账款余额和发生额，发现不符，及时查明原因，向财务部门报告，并进行处理。

b. 财务部门每年至少向客户寄发一次对账函，对涉及金额重大的客户，财务部门认为必要时或销售部门提出申请时派人员与客户对账，发现不符，及时向上级报告，会同相关部门及时查明原因，并进行处理。

③账龄分析和坏账处理。

a. 财务部门定期对应收账款账龄进行分析，编制账龄分析表，对逾期账款进行提示，并建议相关部门采取加紧催收或其他解决措施。

b. 对可能成为坏账的应收账款，按内部控制的有关规定办理。

c. 财务部门对已核销的坏账，应进行备查登记，做到账销案存，已核销的坏账又收回时，应及时入账，防止形成账外账。

④应收票据管理。

企业应结合销售政策和信用政策，明确应收票据的受理范围和管理措施，加强对应收票据合法性、真实性的审查，防止购货方以虚假票据进行欺诈。

a. 企业应收票据的取得和贴现必须经过保管票据以外的主管人员的书面批准。

b. 企业应有专人保管应收票据，对于即将到期的应收票据，应及时向付款人提示付款；对已贴现但仍承担收款风险的票据，应当在备查簿中登记，以便日后追踪管理。

c.企业应当制定逾期票据的冲销管理程序和逾期票据追索监控制度。对逾期未能实现的应收票据，经财务部门经理批准，转为应收账款，并通知相关责任人员及时催收。

三、授权审批控制

为保证销售与收款业务内部控制目标的实现，企业应当建立销售与收款业务的授权制度和审核批准制度，并按照规定的权限和程序办理销售与收款业务。审批人员应当根据销售与收款业务的规定，在授权范围内进行审批，不得超越权限。业务经办人员应当在职责范围内，按照审批人的批准意见办理销售与收款业务。对于审批人超越授权范围审批的销售与收款业务，经办人有权拒绝办理，并及时向上级部门报告。严禁任何未经授权的机构或人员办理销售与收款业务。

企业应建立健全销售合同审批制度，审批人员应当对销售合同草案中提出的价格、信用政策、发货及收款方式等进行审核；赊销业务必须经过信用部门的审批，未经审批销售部门不得开具销售通知单；销售价格、销售折扣、销售折让等必须经过授权审批；对于金额较大或特殊的销售业务应由集体决策，并经授权的审批人员审批；销售价格及销售折扣必须经过授权审批；应收账款坏账准备的计提及应收账款的核销必须经过授权审批。

这一控制的目的主要是规范企业在签订销售合同、销售发货等的流程，防止出现越级签合同、发货等的问题，减少由不规范带来的风险。比如销售计划和销售定价制定需要经过销售部门负责人以及总经理的审批、客户信用需要经过信用管理部门负责人的审批等。

四、会计系统控制

实施会计系统控制，首先要建立统一完善的会计制度。

（一）会计制度应符合内部会计控制规范

内部会计控制规范是内部会计控制行为应遵守的标准。内部会计控制规范体系是内部会计控制各种规范相互联系、相互制约而形成的有机整体。内部会计控制规范包括以下内容。

（1）会计法律，由全国人民代表大会及其常务委员会制定，如《中华人民共和国会计法》。

（2）会计行政法规，由国务院制定，如《企业财务会计报告条例》。

（3）会计地方法规，由地方各级国家权力机关及其常务委员会制定。

（4）会计规章，由国务院主管部委和地方各级国家行政机关及其所属机关制定。财政部制定的有：《内部会计控制规范——基本规范（试行）》《内部会计控制规范——货币资金（试行）》《内部会计控制规范——对外投资（试行）》《内部会计控制规范——工程项目（试行）》《内部会计控制规范——采购与付款（试行）》《内部会计控制规范——销售与收款（试行）》《内部会计控制规范——担保（试行）》《内部会计控制规范——成本费用（征求意见稿）》《内部会计控制规范——预算（征求意见稿）》等。其他单位制定的有：《国家电力公司内部会计控制制度指引（试行）》《商业银行内部控制指引》《证券公司内部控制指引》《保险中介机构内部控制指引（试行）》《上市公司内部控制制度指引（征求意见稿）》《黑龙江省企业会计基础工作规范》。这些规章对企业的会计机构和会计人员、会计核算和会计监督，以及内部会计控制制度等都作出了详细规定。

（5）企业制定规章制度，即由企业根据有关会计控制法规结合企业特点制定的规章制度。例如：《×× 公司内部会计控制制度》《×× 学校（学院）内部会计控制制度》《街道办事处内部会计控制制度》等。

在执行内部会计控制规范的过程中，需要明确和注意的事项如下。

（1）内部会计控制规范体系的各种规范都是企业实施内部会计控制的依据和标准。企业在实施内部会计控制过程中，不仅要直接依据财政部公布的各项内部会计控制规范，而且需要依据其他有关内部会计控制的各种规定，如《中华人民共和国会计法》中有关会计监督的各种规定，就是内部会计控制的依据和标准。

（2）内部会计控制规范包括其他法规中有关会计控制的规定，例如：《内部会计控制规范——货币资金（试行）》就必须根据《现金管理暂行条例》的规定来实施。企业应结合自身的实际情况，确定本企业现金的开支范围；不属于现金开支范围的业务应当通过银行办理转账结算。企业应当严格按照《支付结算办法》等国家有关规定，加强银行账户的管理，严格按照规定开立账户，办理存款、取款和结算。与货币资金相关的规范还有《中华人民共和国票据法》《票据管理实施办法》《人民币银行结算账户管理办法》《中国人民银行再贴现试行办法》等。

（3）内部会计控制规范与其他相关会计法规的关系。在内部会计控制规范体系中主要是财政部制定的有关《内部会计控制规范》的各种规定。《内部会计控制规范》对其他相关会计法规的贯彻实施起到保证作用，如《内部会计控制规范》是《中华人民共和国会计法》的重要配套法规之一，《内部会计控制规范》的实施，确保各企业根据实际发生的经济业务进行会计核算，企业通过运用一系列会计控制方法，严格会计监督。又如，有效实施《内部会计控制规范》，才能确保企业真正严格按照国家统一的会计制度——《企业财务会计报告条例》《企业会计制度》以及《企业会计准则》及其应用指南，规范会计行为，提高会计信息质量。

（二）统一会计政策

国家制定的统一的会计制度及会计准则中某些会计政策是可选的。从企业内部管理要求出发，必须统一执行所确定的会计政策，以便统一核算、汇总、分析和考核，企业会计政策可以专门文件的方式予以颁布。会计政策包括会计核算一般原则和会计处理方法，会计核算一般原则是进行会计核算必须遵循的基本原则和要求，会计处理方法包括会计确认、计量、记录的报告方法。具体要求如下。

（1）会计处理方法的选择应体现一贯性原则。总体要求所采用的会计处理方法前后各期应该一致，不得随意变更，以利于企业会计信息的对比。

（2）会计政策应合理、及时变更。当经济环境、客观情况改变使企业原先采用的会计政策所提供的会计信息已不能恰当地反映企业的财务状况、经营成果和现金流量等情况时，会计政策就有必要变更。会计政策变更必须经股东大会（或股东会）、董事会或类似机构批准。尽管目前财政部实行统一的会计制度，但由于企业的经营活动处于不断的变化之中，不可能始终采用同一会计处理方法，其中的某些会计处理方法是可以选择的。因此，企业要根据经营环境、内部会计管理的要求，执行统一的会计核算原则，选择合适的会计处理方法，以便统一核算口径、合并会计报表。

（三）统一会计科目

在我国，设置会计科目是会计主管部门统一会计核算口径所采用的手段之一，任何一个作为会计主体的企业都必须设置一套适合自身特点的会计科目体系。无论是国家有关部门统一制定会计科目，还是企业自行设计会计科目，均应按照一定的原则进行。在实行国家统一的会计制度和会计准则的基础上，企业根据经营管理需要，统一设定明细科目，特别是集团性公司更有必要统一下级公司的会计明细科目，以便统一口径，统一核算，以利于会计资料的汇总和监督检查。具体要求如下。

（1）必须适应会计对象的特点。适应会计对象的特点，是指必须根据各行业会计对象的特点，本着全面核算其经济业务的全过程及结果的目的来确定应设置的会计科目。

（2）必须符合经济管理的特点。设置科目，既要符合国家宏观经济管理的要求，又要符合企业自身经济管理要求，还要符合包括投资者在内的有关方面了解企业生产经营情况的要求。

（3）统一性与灵活性相结合。统一性就是在设置会计科目时，要根据《企业会计制度》《企业会计准则》《企业会计准则——应用指南》中规定的会计科目，使用统一的会计核算指标、口径；而灵活性是指会计科目的设置不但要服从统一的核算指标，而且也可根据企业的经营特点和规模、业务增减变动情况及投资者的要求，对统一规定的会计科目作必要增补或合并。

（4）保持相对的稳定性。为了便于不同时期的会计资料进行对比分析，会计科目设置和使用应保持相对稳定，以便在一定范围内综合汇总和在不同时期对比分析企业的核算指标。

五、财产保全控制

财产保全控制是为了确保企业财产安全完整所采用的各种方法和措施。企业的财产最容易被挪用、贪污和损坏，如何制定财产保全控制措施，保护财产的安全、完整是内部会计控制的重要内容。

财产保全控制的目标是保证财产安全完整，并做到保值增值，以实现企业长远发展的战略目标，包括财产价值保护控制和财产实物保护控制。财产价值保护控制可以保证企业再生产得以顺利进行，财产实物保护控制可以使实物安全完整。无论是对财产价值还是对财产实物的保护控制，都是在为企业的生存和发展奠定物质基础，都有可能避免会计舞弊的发生。但是我国不少企业存在着不同程度的对财产保护控制的不重视，如让没有经过授权批准的人员直接接触财产，对财产进行定期盘查核对成为一纸空文，有关财产的文件资料和会计记录受损、被盗及被毁，为会计舞弊提供了条件。因此，企业应该建立财产接触保护控制，严格限制无关人员与财产的直接接近；建立定期盘点保护控制，定期对财产进行盘查核对，保证账实相符；建立记录财产保护控制，使财产与相关的文件和会计记录得到妥善保管；建立财产保险保护控制，根据企业经营水平和业务性质的变化作出保险覆盖率水平决策，来增加财产受损后的补偿机会；建立内部审计保护控制，发挥内部审计对财产安全的控制，使财产的收、付、存、用得到严密控制，从而可以有效地防止财产的损失、浪费以及贪污偷窃等问题的发生，减少会计舞弊。

（一）财产接触保护控制

财产接触保护控制主要指严格限制无关人员对实物财产的直接接触，只有经过授权批准的人员才能够接触财产。限制对财产的接近，可以减少或杜绝财产被挪用、贪污等现象发生，是一种划分责任、保证财产安全的重要措施。限制接近财产包括限制接近现金、有价证券和存货等。现金的收支管理应该局限于特定的出纳。出纳不得兼任稽核、会计档案保管和收入、支出、费用、债权债务账目的登记工作。可以给出纳设立单独的办公室来保护现金的安全。对于有价证券等易变现的资产，一般应采用确保两个人同时接近财产的方式加以控制。对于存货的控制方式主要是设置专职的仓库管理人员和封闭的仓库区域。

（二）定期盘点保护控制

定期盘点保护控制是指企业根据财产的不同特点，定期核对每类财产的实际数与账面数，如果不一致，则查明原因，追究相关人员责任。通常可采用先盘点实物，再核对账册来防止盘盈资产流失。盘点时间、盘点人员、盘点方式要根据财产的特点来决定。对于现金，出纳每日都应将现金日记账与保险柜所存现金进行核对，财务主管、内部审计人员及其他经授权的人员不定期地采用突击方式对现金进行盘点；对于银行存款，企业应指定负责管理银行存款的人员以外的专人定期核对银行账户，每月至少核对一次，不能指定负责管理银行存款的出纳来执行这一任务，这可以防止相关人员在挪用银行存款后再采用修改对账单的方式进行对账，隐瞒真实的情况；存货、固定资产盘点应根据情况和管理上的需要，定期或不定期地进行，除实物保管人员参加外，还应有会计人员、审计人员及企业主管参加，以相互牵制。盘点完成后要编制财产盘点表，如现金盘点表、银行存款余额调节表、有价证券盘点表、存货盘点表和固定资产盘点表等，明确实物资产的盘盈盘亏情况，经企业领导批准后处理。做好财产的盘点工作，是加强财产保全控制的重要措施。

（三）记录财产保护控制

记录财产保护控制是指用会计记录反映企业经济业务的发生、处理和结果。健全有效的会计记录能够保护财产的安全、完整。首先，企业要建立财产的保管、记录和批准职务相互分离的工作岗位；其次，企业的会计和保管人员要对企业建立资产个体档案，及时全面记录资产增减变动；再次，加强财产所有权证的管理，财产所有权证最好由专人管理，并加强管理措施；最后，企业应将各种文件资料（尤其是资产、财务、会计等资料）妥善保管，避免记录受损、被盗、被毁。企业对某些重要资料应留有后备记录，以便其在遭受意外损失或毁坏时重新恢复。目前许多企业对低值易耗品的管理主要采用领用后会计账上一次转销法，这种方法不利于对实物的控制，笔者建议采用保留一元法，也就是说：领用时，账上保留一元；报废时，将这一元转销。这样，在低值易耗品使用过程中，账上一直有记录，达到对实物的控制。

（四）财产保险保护控制

财产保险保护控制是指对财产投保（如火灾险、盗窃险、责任险或一切险），增加实物受损后的补偿机会，从而保护实物的安全。企业管理者应该根据企业的经营管理水平和经济业务的性质，作出关于保险覆盖率水平的决策，并随时检查保险覆盖率水平是否恰当。

（五）内部审计保护控制

内部审计保护控制是指发挥内部审计对财产安全的控制。内部审计是企业内部一种独立客观的监督和评价活动，是强化内部会计控制的一项基本措施。内部审计可以监督和评价财产控制的安全、有效和完整。内部审计保护控制的内容主要包括：财产安全控制相关岗位的设置情况，重点检查是否存在财产安全控制不相容职务混岗的现象；财产安全保管措施是否有效，重点检查防火、防盗设施；财产安全保管措施授权批准制度的执行情况，重点检查授权批准手续是否健全，是否存在越权审批行为。内部审计的监督，可以帮助企业发现其在财产保全控制上的薄弱环节，为企业建立有效的财产保全控制体系提出建议。

10.3.2　销售业务内部控制的关键点

企业销售业务流程主要包括销售计划管理、客户开发与信用管理、销售定价、销售合同订立、发货、收款、售后服务和会计系统控制等环节。针对上述流程中的风险点，相应的控制措施关键点如表 10-4 所示。

表 10-4 销售业务内部控制的关键点

环节	关键点
销售计划管理环节	（1）根据发展战略和年度生产经营计划制定年度销售计划 （2）定期对各产品（商品）的区域销售额、进销差价、销售计划与实际销售情况等进行分析
客户开发与信用管理环节	（1）企业应当在进行充分市场调查的基础上，合理细分市场并确定目标市场 （2）建立和不断更新维护客户信用动态档案
销售定价环节	（1）确定产品基准定价 （2）针对某些商品授予销售部门一定限度的价格浮动权 （3）销售折扣、销售折让等政策的制定应由具有相应权限人员的审核批准
销售合同订立环节	（1）建立完善的合同管理机制，明确合同管理任务 （2）制定合同格式文本，减少交易风险 （3）严把合同审核关，重视合同订立和履行的监督和管理
发货环节	（1）按照审核后的销售合同开具相关的销售通知交仓储部门和财务部门 （2）严格按照所列的发货品种和规格、发货数量、发货时间、发货方式、收货地点等组织发货，形成相应的发货单据，并对单据连续编号 （3）以运输合同或条款等形式明确运输方式，商品短缺、毁损或变质的责任，到货验收方式，运输费用承担情况，保险等 （4）做好发货各环节的记录工作，填制相应的凭证
收款环节	（1）结合企业销售政策，选择恰当的结算方式，加快款项回收，提高资金的使用效率 （2）建立票据管理制度，特别是加强商业汇票的管理 （3）加强赊销管理 （4）加强代销业务款项管理，及时与代销商结算款项 （5）收取的现金、银行本票、汇票等应及时缴存银行并登记入账
售后服务环节	（1）建立和完善客户服务制度 （2）设专人或部门进行客户服务和跟踪 （3）建立产品质量管理制度 （4）做好客户回访工作 （5）加强销售退回控制
会计系统控制环节	（1）加强对销售、发货、收款业务的会计系统控制 （2）建立应收账款清收核查制度 （3）及时收集应收账款相关凭证资料并妥善保管 （4）对于可能成为坏账的应收账款，按照国家统一的会计准则规定计提坏账准备，并按照权限范围和审批程序进行审批

（一）销售计划管理控制措施

销售计划是指在销售预测的基础上，结合企业生产能力，设定总体目标额及不同产品的销售目标额，进而设定的具体营销方案和实施计划，以支持未来一定期间内销售额的实现。销售计划管理主要的控制措施关键点如下。

（1）企业应当根据发展战略和年度生产经营计划，结合企业实际情况制定年度销售计划。在此基础上，结合客户订单情况，制定月度销售计划，并按规定的权限和程序审批后下达执行。

（2）企业应定期对各产品（商品）的区域销售额、进销差价、销售计划与实际销售情况等进行分析，结合生产现状，及时调整销售计划，调整后的销售计划须履行相应的审批程序。

（二）客户开发与信用管理控制措施

企业应当积极开拓市场，加强现有客户维护，开发潜在目标客户，对有销售意向的客户进行资信评估，根据企业自身风险接受程度确定具体的信用等级。客户开发与信用管理主要的控制措施关键点如下。

（1）企业应当在进行充分市场调查的基础上，合理细分市场并确定目标市场；根据不同目标群体的具体需求，确定定价机制和信用方式，灵活运用销售折扣、销售折让、信用销售、代销和广告宣传等多种策略和营销方式，促进销售目标实现，不断提高市场占有率。

（2）企业应建立和不断更新维护客户信用动态档案，由与销售部门相对独立的信用管理部门对客户付款情况进行持续跟踪和监控，提出划分、调整客户信用等级的方案；根据客户信用等级和企业信用政策，拟定客户赊销限额和时限，经销售、财务等部门具有相关权限的人员审批；对于境外客户和新开发客户，应当建立严格的信用保证制度。

（三）销售定价控制措施

销售定价是指商品价格的确定、调整及相应审批。销售定价主要的控制措施关键点如下。

（1）企业应根据有关价格政策，综合考虑财务目标、营销目标、产品成本、市场状况及竞争对手情况等多方面因素，确定产品基准定价。企业定期评价产品基准价格的合理性，定价或调价需经具有相应权限人员的审核批准。

（2）企业在执行基准定价的基础上，针对某些商品可以授予销售部门一定限度的价格浮动权，销售部门可结合产品市场特点，将价格浮动权向下实行逐级递减分配，同时明确权限执行人。价格浮动权执行人必须严格遵守规定的价格浮动范围，不得擅自突破。

（3）销售折扣、销售折让等政策的制定应由具有相应权限人员的审核批准。销售折扣、销售折让授予的实际金额、数量、原因及对象应予以记录，并归档备查。

（四）销售合同订立控制措施

企业与客户订立销售合同，明确双方权利和义务，以此作为开展销售活动的基本依据。销售合同订立主要的控制措施关键点如下。

（1）订立销售合同前，企业应当指定专门人员与客户进行业务洽谈、磋商或谈判，关注客户信用状况，明确销售定价、结算方式、权利与义务条款等相关内容。重大的销售业务谈判还应当吸收财务、法律等专业人员参加，并形成完整的书面记录。

（2）企业应当建立健全销售合同订立及审批管理制度，明确必须签订合同的范围，规范合同的订立程序，确定具体的审核、审批程序和所涉及的部门人员及相应权责。审核、审批应当重点关注销售合同草案中提出的销售价格、信用政策、发货及收款方式等。重要的销售合同，应当征询法律专业人员的意见。

（3）销售合同草案经审批同意后，企业应授权有关人员与客户签订正式销售合同。

（五）发货控制措施

发货是根据销售合同的约定向客户提供商品的环节。发货主要的控制措施关键点如下。

（1）销售部门应当按照审核后的销售合同开具相关的销售通知交仓储部门和财务部门。

（2）仓储部门应当落实出库、计量、运输等环节的岗位责任，对销售通知进行审核，严格按照所列的发货品种和规格、发货数量、发货时间、发货方式、收货地点等组织发货，形成相应的发货单据，并对单据连续编号。

（3）以运输合同或条款等形式明确运输方式，商品短缺、毁损或变质的责任，到货验收方式，运输费用承担情况，保险等内容，货物交接环节应做好装卸和检验工作，确保货物的安全发运，由客户验收确认。

（4）做好发货各环节的记录工作，填制相应的凭证，设置销售台账，实现全过程的销售登记制度。

（六）收款控制措施

收款是企业经授权发货后与客户结算的环节。按照发货时是否收到货款，收款可分为现销和赊销。收款主要的控制措施关键点如下。

（1）结合企业销售政策，选择恰当的结算方式，加快款项回收，提高资金的使用效率。对于商业票据，企业要结合销售政策和信用政策，明确应收票据的受理范围和管理措施。

（2）建立票据管理制度，特别是加强商业汇票的管理，具体内容如下。

①对票据的取得、贴现、背书、保管等活动予以明确规定。

②严格审查票据的真实性和合法性，防止票据欺诈。

③由专人保管应收票据，对即将到期的应收票据，及时办理托收，定期核对盘点。

④票据贴现、背书应经恰当审批。

（3）加强赊销管理。

①需要赊销的商品，应由信用管理部门按照客户信用等级审核，并经具有相应权限的人员审批。

②赊销商品一般应取得客户的书面确认，必要时，要求客户办理资产抵押、担保等收款保证手续。

③完善应收款项管理制度，落实责任、严格考核、实行奖惩。销售部门负责应收款项的催收工作，并妥善保存催收记录（包括往来函电）。

（4）加强代销业务款项管理，及时与代销商结算款项。

（5）收取的现金、银行本票、汇票等应及时缴存银行并登记入账。防止由销售人员直接收取款项，如必须由销售人员收取，应由财务部门加强监控。

（七）售后服务控制措施

售后服务是在企业与客户之间建立信息沟通机制，对客户提出的问题予以及时解答或反馈、处理，不断改进商品质量和服务水平，以提升客户满意度和忠诚度的活动。售后服务包括产品维修、销售退回、维护升级等，其主要的控制措施关键点如下。

（1）结合竞争对手售后服务水平，建立和完善售后服务制度，包括售后服务内容、标准、方式等。

（2）设专人或部门进行售后服务和跟踪。有条件的企业可以按产品线或地理区域建立售后服务中心。加强售前、售中和售后技术服务，将售后服务人员的薪酬与客户满意度挂钩。

（3）建立产品质量管理制度，加强销售、生产、研发、质量检验等相关部门之间的沟通协调。

（4）做好客户回访工作，定期或不定期开展客户满意度调查；建立客户投诉制度，记录所有的客户投诉，并分析产生原因及解决措施。

（5）加强销售退回控制。销售退回需经具有相应权限的人员审批后方可执行；销售退回的商品应当参照物资采购入库管理。

（八）会计系统控制控制措施

会计系统控制是指利用记账、核对、岗位职责落实和相互分离、档案管理、工作交接程序等会计控制方法，确保企业会计信息真实、准确、完整。会计系统控制包括销售收入的确认、应收款项的管理、坏账准备的计提和冲销、销售退回的处理等内容，其主要的控制措施关键点如下。

（1）加强对销售、发货、收款业务的会计系统控制，详细记录销售客户、销售合同、销售通知、发运凭证、商业票据、款项收回等情况，确保会计记录、销售记录与仓储记录核对一致。具体要求为：财务部门开具发票时，应当依据相关单据（计量单、出库单、货款结算单、销售通知单等）并经相关岗位审核。销售发票应遵循有关发票管理规定，严禁开具虚假发票。财务部门对销售报表等原始凭证，要审核销售价格、数量等的准确性，并根据国家统一的会计准则制度确认销售收入，登记入账。财务部门与相关部门月末核对当月销售数量，保证各部门销售数量的一致性。

（2）建立应收账款清收核查制度，销售部门应定期与客户对账，并取得书面对账凭证，财务部门负责办理资金结算并监督款项回收。

（3）及时收集应收账款相关凭证资料并妥善保管；及时要求客户提供担保；对未按时还款的客户，采取申请支付令、申请诉前保全和起诉等方式及时清收欠款。收回的非货币性资产须经评估和恰当审批。

（4）企业对可能成为坏账的应收账款，应当按照国家统一的会计准则规定计提坏账准备，并按照权限范围和审批程序进行审批。对确定发生的各项坏账，应当查明原因，明确责任，并在履行规定的审批程序后作出会计处理。企业核销的坏账应当进行备查登记，做到账销案存。已核销的坏账又收回时应当及时入账，防止形成账外资金。

10.4　销售业务内部控制流程

销售业务的不同环节的内部控制目标有所不同，企业销售业务流程主要包括销售计划管理、客户开发与信用管理、销售定价、销售合同订立、发货、收款、售后服务和会计系统控制等环节，不同环节的目标有所不同。销售业务流程如图10-2所示。

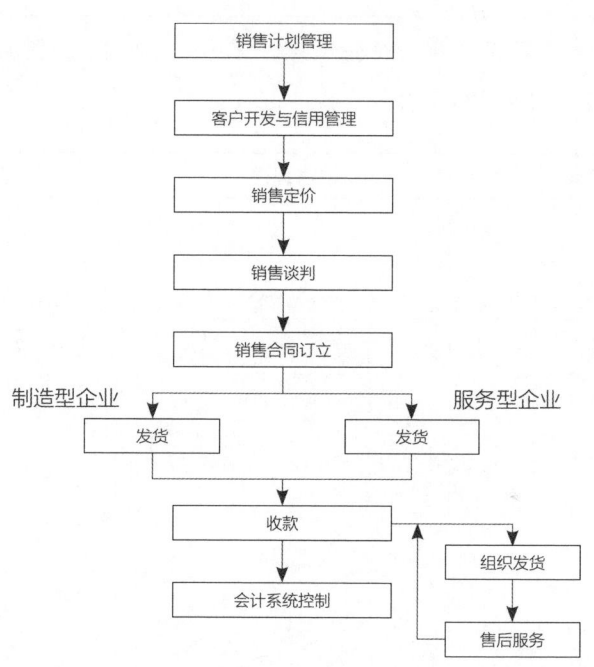

图 10-2　销售业务流程

10.4.1　信用评估及合同签订的内部控制流程

一、销售计划管理环节的内部控制措施

销售计划管理环节的主要内部控制措施如下。（1）企业应当根据发展战略和年度生产经营计划，结合企业实际情况制定年度销售计划，在此基础上，结合客户订单情况制定月度销售计划，并按规定的权限和程序审批后下达执行。（2）定期对各产品（商品）的区域销售额、进销差价、销售计划与实际销售情况等进行分析，结合生产现状，及时调整销售计划，调整后的销售计划需履行相应的审批程序。具体的控制措施见图10-3。

序号	图例	图释	序号	图例	图释
1		岗位名称及 工作内容	4		连接线
2		生成文档	5	◇	风险点
3	◇	判定	6	△	控制点

1.1M 表示第 1 环节的第一个关键点，详见表 10-4；风险点 1 表示内容控制的第 1 种方法，详见表 10-3。

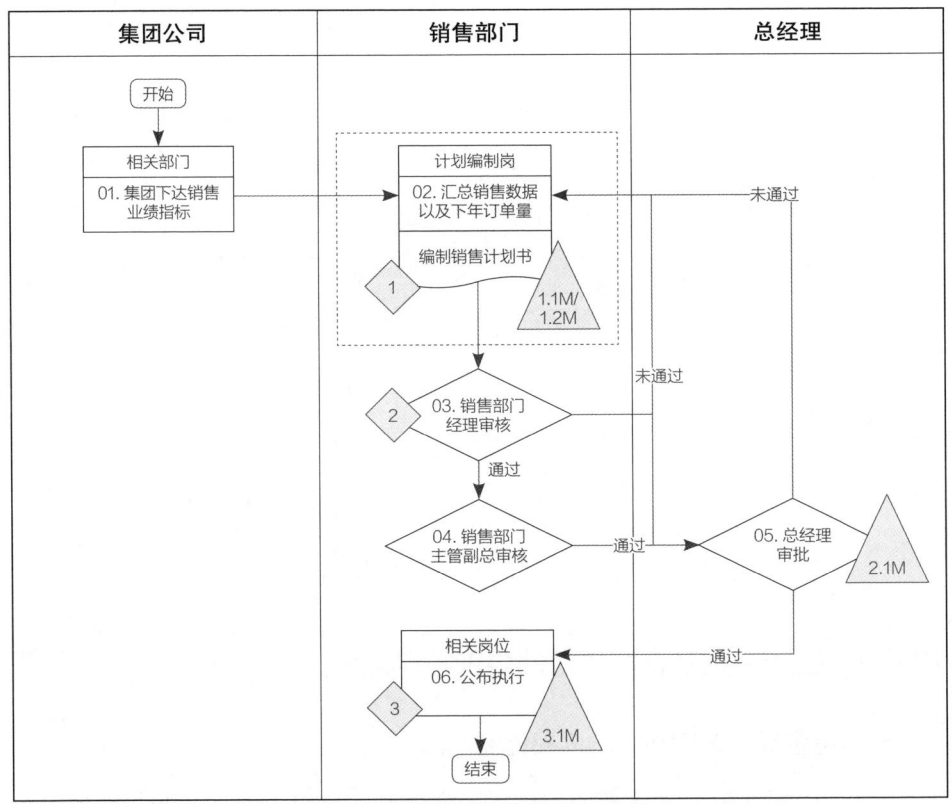

图 10-3　销售计划管理环节内部控制措施

二、客户开发与信用管理环节的内部控制措施

客户开发与信用管理环节的内部控制措施如下。（1）企业应当在进行充分市场调查的基础上，合理细分市场并确定目标市场，根据不同目标群体的具体需

求，确定定价机制和信用方式，灵活运用销售折扣、销售折让、信用销售、代销和广告宣传等多种营销方式，促进销售目标的实现，不断提高市场占有率。

（2）建立和不断更新维护客户信用动态档案，由与销售部门相对独立的信用管理部门对客户付款情况进行持续跟踪和监控，提出划分、调整客户信用等级的方案。根据客户信用等级和企业信用政策，拟定客户赊销限额和时限，经销售、财会等部门具有相关权限的人员审批。对于境外客户和新开发客户，应当建立严格的信用保证制度。具体的控制措施见图 10-4。

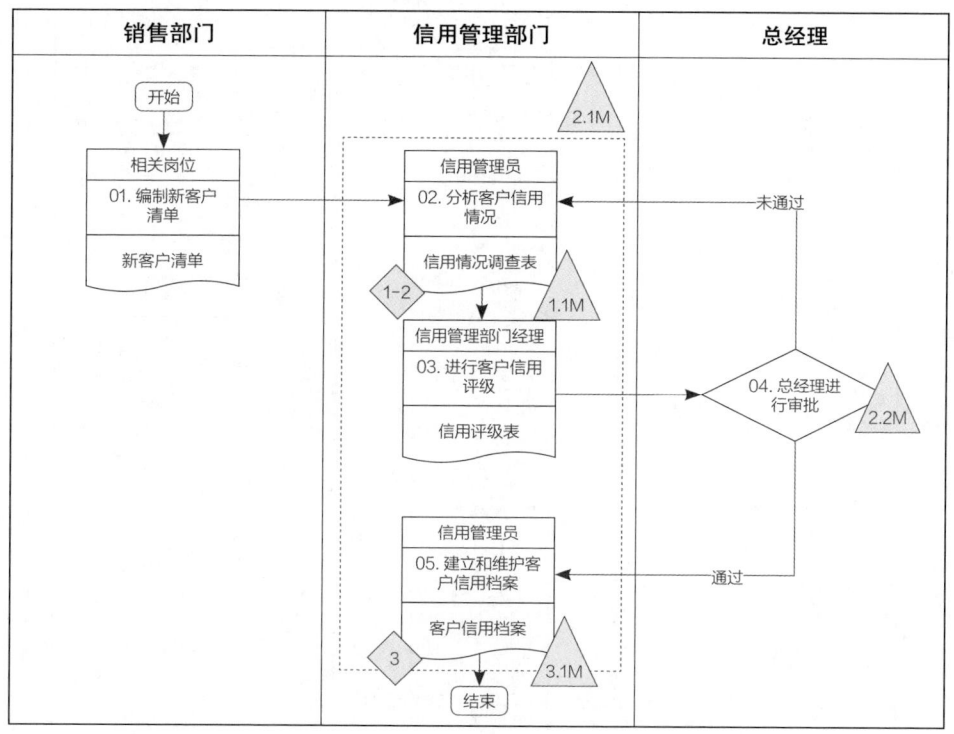

图 10-4　客户开发与信用管理环节内部控制措施

三、销售定价环节的内部控制措施

销售定价环节的内部控制措施如下。（1）应根据有关价格政策并综合考虑企业财务目标、营销目标、产品成本、市场状况及竞争对手情况等多方面因素，确定产品基准定价。定期评价产品基准价格的合理性，定价或调价需经具有相应权限人员的审核批准。（2）在执行基准定价的基础上，针对某些商品授予销售部门一定限度的价格浮动权，销售部门可结合产品的市场特点，将价格浮动权向下逐级递减分配，同时明确权限执行人。价格浮动权执行人必须严格遵守规定的价格浮动范围，不得擅自突破。（3）销售折扣、销售折让等政策的制定应由具有相应权限人员审核批准。销售折扣、销售折让授予的实际金额、数量、原因及对象应予以记录，并归档备查。具体的控制措施见图 10-5。

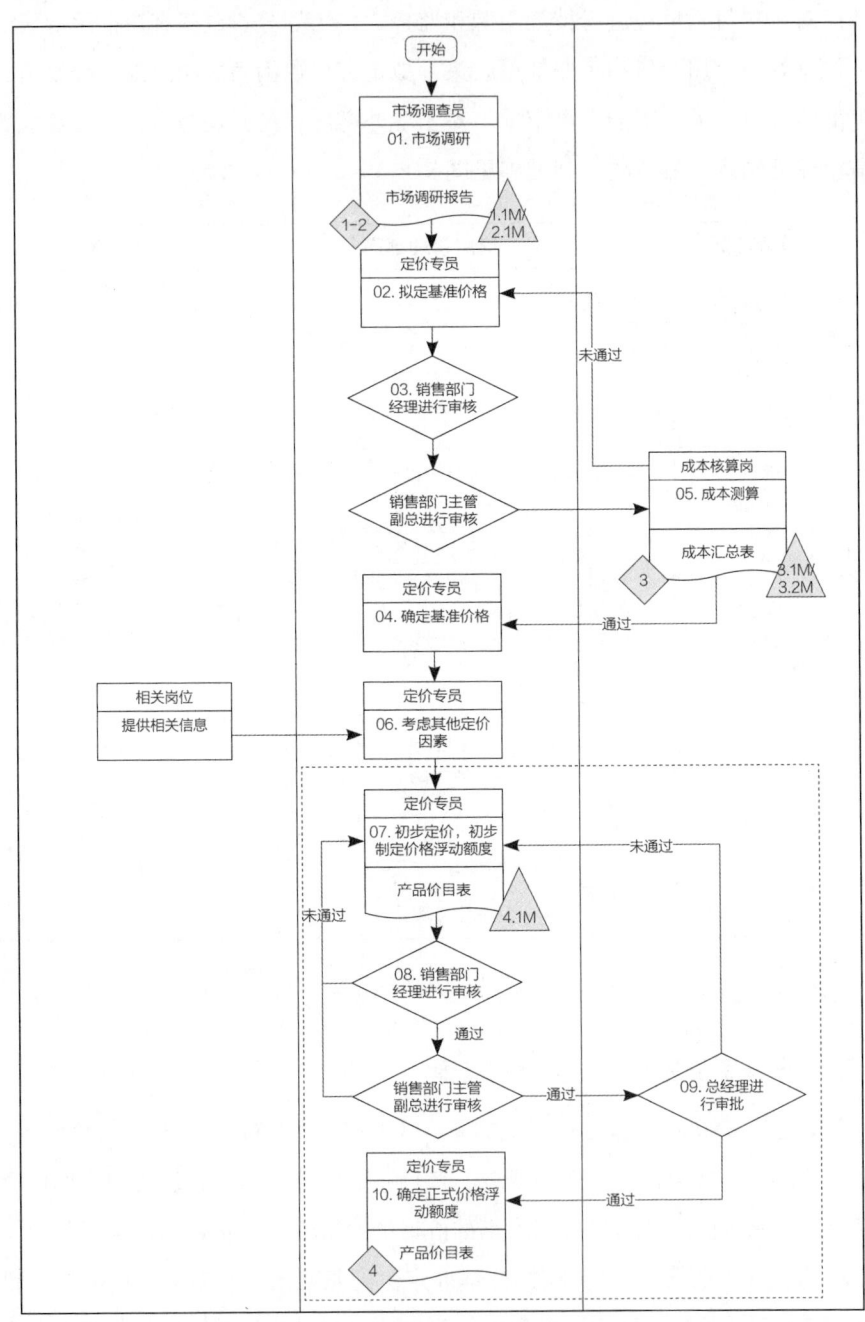

图 10-5　销售定价环节内部控制措施

四、销售合同订立环节的内部控制措施

销售合同订立环节的内部控制措施如下。（1）订立销售合同前，企业应当指定专门人员与客户进行业务洽谈、磋商或谈判，注明客户信用状况，明确销售定价、结算方式、权利与义务条款等相关内容。重大的销售业务谈判还应当吸收财会、法律等专业人员参加，并形成完整的书面记录。（2）企业应当建立健全销售合同订立及审批管理制度，明确必须签订合同的范围，规范合同订立程序，确定具体的审核、审批程序和所涉及的部门人员及相应权责。审核、审批应当重点关注销售合同草案中提出的销售价格、信用政策、发货及收款方式等。重要的销售合同，应当征询法律专业人员的意见。（3）销售合同草案经审批同意后，企业应授权有关人员与客户签订正式销售合同。具体的控制措施见图 10-6。

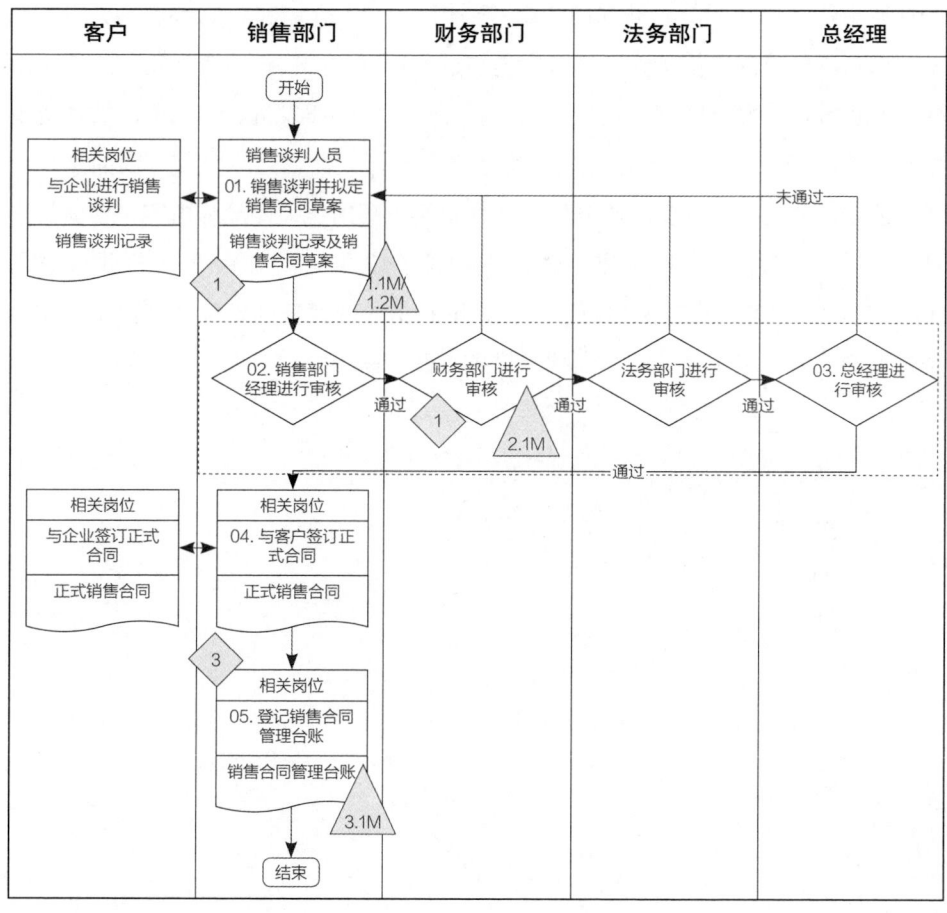

图 10-6　销售合同订立环节内部控制措施

10.4.2　销售发货的内部控制流程

仓储部门根据销售部门签发的销售通知单来编制发货通知单据，发货时要确保符合合同约定并经过授权发货。发货和编制发货通知单属于不相容职务，应该由两个人担任。同时要签订货物运输合同，明确运输方式与责任，保证货物安全、准时送到客户的手中。仓储部门还要做好发货记录并汇总，及时更新库存情况。

由财务部门根据商品价目表向客户开具发票，在开具之前，需检查出库单和销售通知单是否完整并经过授权审批。开具发票后，要检查销售发票上商品数量和金额的准确性，以减少销售过程中出现的错误和降低风险。

发货环节的内部控制措施如下。（1）销售部门应当按照审核后的销售合同开具相关的销售通知交仓储部门和财务部门。（2）仓储部门应当落实出库、计量、运输等环节的岗位责任，对销售通知进行审核，严格按照所列发货品种和规格、发货数量、发货时间、发货方式、收货地点等组织发货，形成相应的发货单据并连续编号。（3）应当以运输合同或条款等形式明确运输方式，商品短缺、毁损或变质的责任，到货验收方式，运输费用承担情况，保险等内容，货物交接环节应做好装卸和检验工作，确保货物的安全发运，并由客户验收确认。（4）应当做好各发货环节的记录工作，填制相应的凭证，设置销售台账，实现全过程的销售登记制度。具体的控制措施见图10-7。

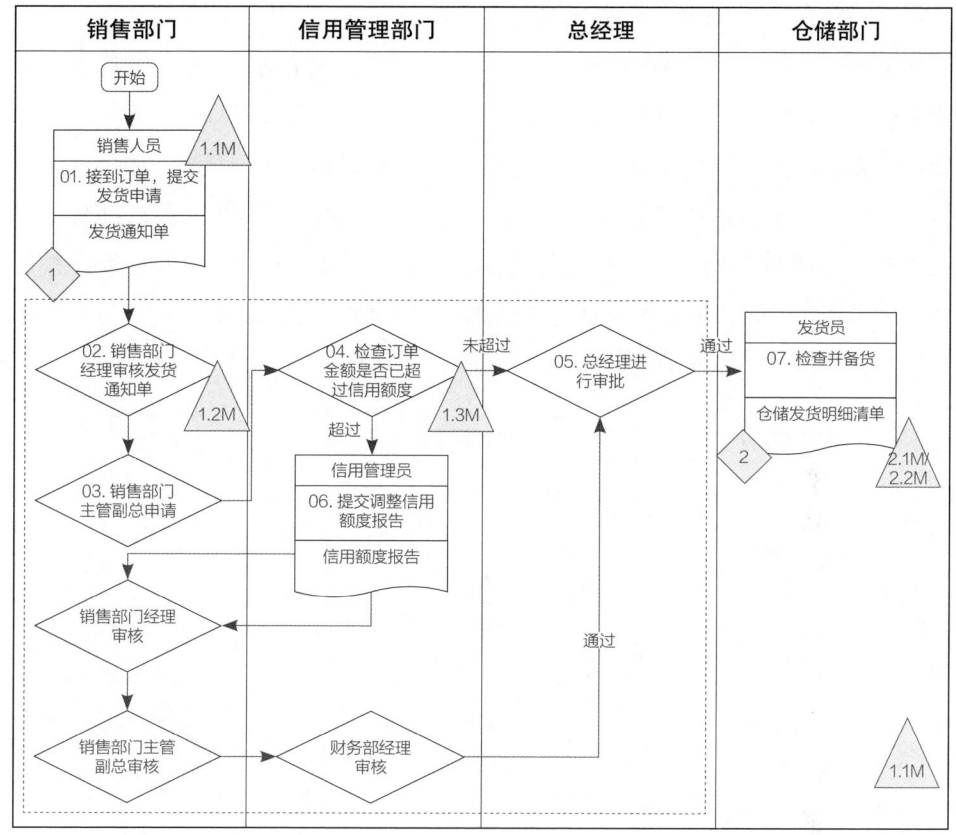

图 10-7　发货环节内部控制措施

10.4.3　销售收款的内部控制流程

在结算时应注意业务是赊销还是现销，密切关注应收账款的情况，及时对已经过期的应收账款进行追要。对于追收欠款要形成清欠体系，根据欠款的时间采取不同的追要策略，要充分利用销售合同等资料并借助法律来避免企业的利益受损。

收款环节的内部控制措施主要包括以下内容。（1）结合企业销售政策，选择恰当的结算方式加快款项回收，提高资金的使用效率。对于商业票据，结合销售政策和信用政策，明确应收票据的受理范围和管理措施。（2）建立票据管理制度，特别是加强商业汇票的管理：对票据的取得、贴现、背书、保管等活动予以明确规定；严格审查票据的真实性和合法性，防止票据欺诈；由专人保管应收票据，对即将到期的应收票据，及时办理托收，定期核对盘点；票据贴现、背书应经恰当审批。（3）加强赊销管理。需要赊销的商品，应由信用管理部门按照客户信用等级审核，并经具有相应权限的人员审批；赊销商品一般应取得客户的书面确认，必要时还应要求客户办理资产抵押、担保等收款保证手续；应完善应收款项管理制度，落实责任、严格考核、实行奖惩；销售部门负责应收款项的催收，催收记录（包括往来函电）应妥善保存。（4）加强代销业务款项的管理，及时与代销商结算款项。（5）收取的现金、银行本票、汇票等应及时缴存银行并登记入账。防止由销售人员直接收取款项，必须由销售人员收取的，应由财务部门加强监控。具体的控制措施见图 10-8。

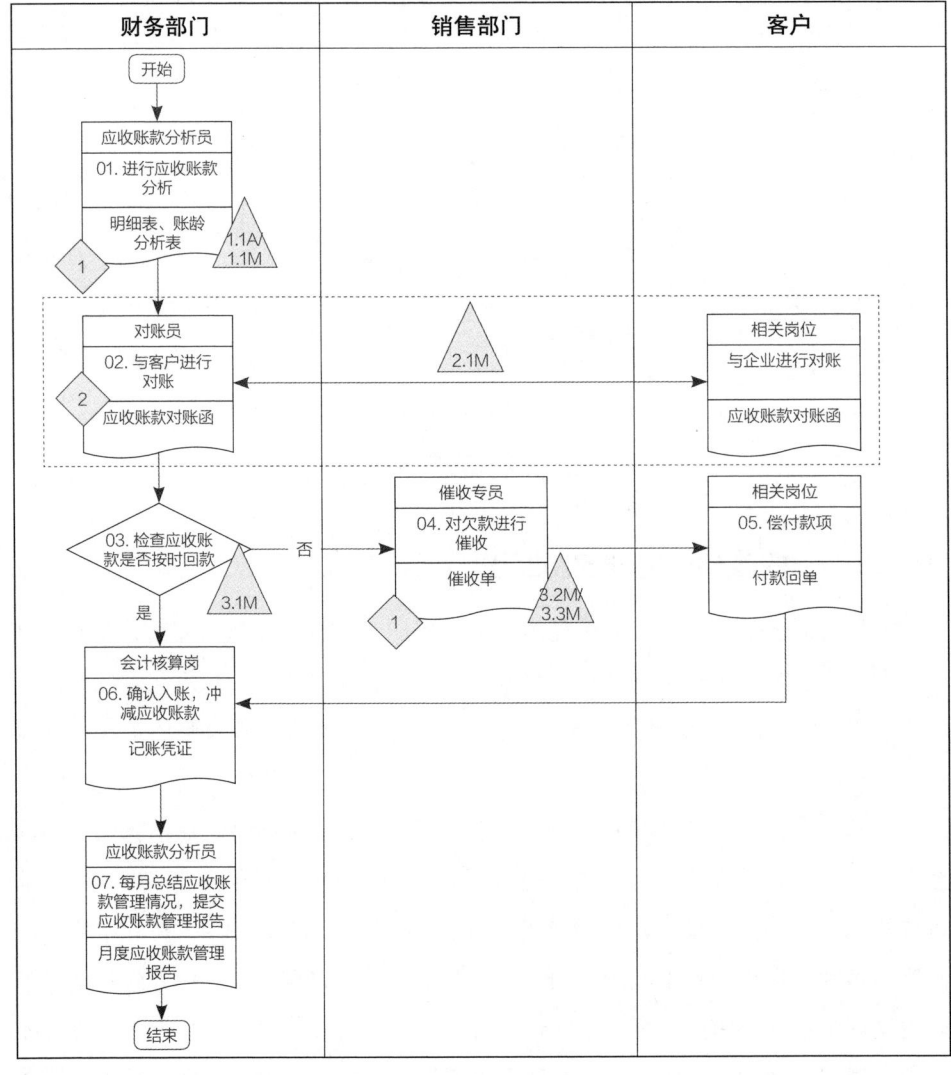

图 10-8　收款环节内部控制措施

10.4.4 销售退回的内部控制流程

销售退回环节的内部控制措施主要包括以下内容。（1）销售部门受理客户提出的折让或退货申请，并依据折让或退货理由组织相关部门查验和核实，提出处理意见。属于合同规定的折让和退货，则由销售部门审核后，将销售折让通知书传送财务部门，将退货产品入库单和退货通知书传送仓储部门。（2）销售部门将折让或退货申请及核实处理意见报分管业务的领导和财务总监审定，涉及法律纠纷的，同时应有企业法律部门的审批意见。（3）销售部门根据销售折让及退货审批意见，将销售折让或退货通知书传送财务部门，将退货产品入库单和退货通知书传送仓储部门。（4）仓储部门审核退货通知书后，将退货产品验收入库，系统生成相应会计凭证，将核实后的退货产品入库单的财务联传送财务部门。（5）财务部门审核销售折让通知书或退货通知书及退货产品入库单后，编制录入折让或退货会计凭证。（6）会计主管审核销售折让通知书或退货通知书及退货产品入库单，复核会计凭证后由会计人员记账。

在正常情况下，退货环节不应当有很多，但由于其对企业的信誉有较大影响，退货审核的控制仍非常重要。

（1）退货必须经销售主管审批后进行。退货的审批、退回货物的接收和贷项通知单的开具、应收账款的冲减应分别由不同人员负责，并确保与此业务有关的部门和人员各司其职，分别控制实物流和会计处理。销售退回的货物应当由质检部门检验和仓储部门清点后入库。质检部门应当对客户退回的货物进行检验并出具检验证明；仓储部门应当在清点货物、注明退回货物的品种和数量后填制退货接收报告；财务部门应当对检验证明、退货接收报告以及退货方出具的退货凭证等进行审核后办理相应的退款事宜。企业应对退货原因进行分析并明确有关部门和人员的责任。

（2）验收退货。客户退回的货物应由验收部门来验收，验收时应清点、检验和注明退回货物的数量和质量情况，为日后确定给予客户退货金额和确定退回货物是否需要修理和再存放提供依据。

（3）填制退货接收报告。填制退货接收报告是对退回货物进行文件记录和控制的重要方法，应事先编号，在发生退货时填制，填制该报告的人员不应同时从事货物发运业务。有关的资料，如客户名称、退货名称、退货数量、退货日期、退货性质、原始发票号和价格以及合理的退款理由等，必须记录在该报告上。填制后的退货接收报告应受到独立于发货和收货职能的人员的检查。

（4）调查退货索赔。收货部门收到和清点检验退回货物后，客户的退货要求应由客户服务部门进行调查。这一程序的目的在于确定对退回货物索赔的有效性，以及如果索赔有效应给客户的金额。客户服务部门应将调查结果和意见记录在退货接收报告上，并交财务部门、销售部门进行最后的审核。

（5）批准退货。退货的最终审批应由销售部门进行。这一批准只有在对退回货物仔细调查和以退货接收报告为依据的基础上才有效，批准意见应签署在退货接收报告上。

（6）填制和邮寄贷项通知单。贷项通知单应由销售部门中的员工在得到批准的退货接收报告基础上编制。贷项通知单事先应编号并加以控制。表明其数量、价格的内容和其他内容在邮寄该贷项通知单前需经其他人员复核。贷项通知单和其他相应的资料应附在有关分录凭证上，作为应收账款明细的附件。

（7）退货批准后应及时入账，以便修正营业收入和应收账款的余额。企业应当做好销售业务各环节的记录，填制相应的凭证，设置销售台账，实行全过程的销售登记制度。

10.5　销售业务内部控制制度示范

10.5.1　客户信用评估管理办法

客户信用评估管理办法

第一章　总则

第一条　为引导企业加强内部信用管理，增强信用观念，提升企业的风险防范能力和市场竞争水平，促进企业健康持续地发展，特制定本办法。

第二条　企业信用管理是企业采用过程控制的方式，强化营销、采购、财务、法务等各个业务环节的信用风险管理和协同管理，系统地解决企业发展和信用风险控制之间矛盾的管理活动。

第三条　建立企业信用管理体系应当遵照适应性原则、谨慎性原则、实质重于形式原则和成本效益原则，以企业现有的管理架构和自身发展战略为基础，主动适应市场竞争状况和社会信用体系建设状况，并适时进行调整。

第四条　企业信用管理具体职能一般包括：客户信用档案管理、信用分析与客户授信、合同管理、应收账款管理与商账催收、外部信用产品运用等。

第二章　客户信用档案管理

第五条　企业应按照分类归档、突出重点、长期积累、动态管理的原则建立客户信用档案。

第六条　企业应视情况合法采集客户工商登记信息、财务情况、业内评价情况、与本企业的交易记录、与银行的往来信用记录等信息。

第七条　合法采集客户信用信息应当采取内外结合的方法，既要充分整合企业营销、采购、财务、法务等各个业务部门的相关信息，又要充分利用政府部门或民间组织、社会中介开办的企业信用信息平台获取信用信息。

第八条　企业应利用信息化技术开发建立客户电子档案，实施集中管理，并与各业务部门共享。

第三章　客户评价和授信管理

第九条　企业应当充分利用信用信息，从信用能力、信用意愿、交易环境等方面对客户的信用风险及合作潜力等进行科学分析，并根据分析结果实施客户分类管理。对于不同类别的客户，可以制定相应的信用政策，采取不同的结算方式或价格条件等。

第十条　企业应当从便于实际管理和业务操作的原则出发，按照经验判断与模型化分析相结合、定量与定性相结合、静态与动态相结合的方法对客户进行客观的信用风险分析、评价。

第十一条　企业应当根据宏观经济、行业发展、市场环境、自身交易需求及客户资信变化等情况，及时调整信用政策，不断完善以管理客户授信。

第十二条　客户信用政策应当与企业发展战略管理有机结合。

第四章　合同管理

第十三条　企业应实行规范化、制度化的合同管理，将合同管理作为客户信用管理的基础和保障，建立按合同交验货物、违约时按合同索赔的管理制度。

第十四条　企业可以按照法律法规要求，充分考虑本行业交易习惯和本企业交易需求，制定标准合同文本。

第十五条　企业应当明确合同管理部门和人员职责，建立由营销、采购、法务、信用等各部门参与的合同联合审查制度。

第十六条 企业要建立合同履行管理责任制，明确合同任务分解，并建立相应的检查监督机制，保障按约定交接货物。企业应在合同履行过程中建立台账机制，及时跟踪客户的履约动态，提高合同履约率，降低法律风险和信用风险。

第十七条 企业应定期做好合同的统计分析，并定期归档。

第五章　应收账款管理

第十八条 企业应当建立高效率的货款回收管理体系，通过控制应收账款总量和账龄，落实相关债权管理制度，对应收账款进行科学管理并实施有效的催收。

第十九条 企业应收账款管理应当与客户信用档案管理、客户授信管理、合同管理等工作有机融合，要积极通过事前风险防范和事中风险控制，减小事后账款回收的压力。

第二十条 企业应当建立应收账款管理的预算与报告制度，从总量上控制应收账款的各项指标。

第二十一条 企业应当建立逾期账款预警制度，完善账款催收程序，采用流程化管理的方式，合理地安排销售、财务、法务、信用管理等部门的账款回收职责，多部门协同控制应收账款的账龄和质量，提高货款回收的效率。

第二十二条 企业可以通过设置销售变现天数、逾期应收账款比率等指标对应收账款管理绩效进行评价或考核。

第六章　信用产品的运用

第二十三条 企业应当与信用服务机构、行业协会及同行业企业建立联系，保障充分利用信用信息资源。

第二十四条 企业应当充分利用外部专业的信用服务提升信用管理水平，积极运用征信报告、信用评级、信用保险、信用保理等信用产品，降低或转移信用风险。

第七章　信用管理组织机构

第二十五条 企业可以根据规模、发展阶段及所处行业，科学、灵活地设置信用管理部门，但信用管理部门的管理目标必须超过任何一个部门局部的管理目标，必须立足于企业整体的经营目标和利益。

第二十六条 在企业组织结构中，信用管理部门应按照一个中层及以上级别的管理机构进行设置。企业可以设立专门的信用管理部门，也可由总经理、董事、信用经理、财务总监、销售总监等组成信用管理领导组织，作为企业信用决策的最高机构。

第二十七条　信用管理部门应当综合协调营销采购、财务、法务等部门的关系，建立和落实信用管理制度，帮助各部门实现扩大销售、加速资金周转、降低坏账率、保障合同履行、合理控制企业库存水平等工作目标。

第二十八条　信用管理部门应当建立并落实产品质量信用管理制度、财务信用管理制度、劳动用工信用管理制度、环保信用管理制度等，确保企业依法经营，建立与客户、员工及社会公众之间的信任关系。

第二十九条　企业要重视和加强企业信用管理队伍的建设，配备信用管理师等专职人员，并定期对专职人员开展信用培训。

第八章　附则

第三十条　本办法为非强制性规范，仅为企业规范和提升信用管理提供参考。

第三十一条　本办法由本机构负责解释。

10.5.2　销售合同管理办法

销售合同管理办法

第一章　总则

第一条　为明确销售合同的审批权限，规范销售合同的管理，规避合同或协议风险，依据《中华人民共和国民法典》及其相关法律法规的规定，按照本公司相关管理制度（《公司章程》《合同管理制度》等）制定本办法。

第二条　本办法所称销售合同是指本公司为了确定与客户（包括自然人、法人及其他组织）的销售供应关系而签订的书面协议。

第二章　销售合同的格式

第三条　本公司销售合同采用统一的标准格式和条款，由公司销售经理会同法律顾问共同拟定，经主管销售副总经理及总经理审批后统一执行。

第四条　公司销售合同格式按照版本号由销售部和公司法律顾问分别保管，供查阅和使用，已作废版本应予以注明。

第五条　公司销售合同应包括但不限于以下内容。

1.供需双方全称、签约时间和地点。

2.产品名称、质量标准、单价（价格审批）。

3.运输方式、运费承担情况、交货期限、交货地点及验收方法。

4. 付款方式及付款期限。

5. 免除责任及限制责任条款。

6. 违约责任及赔偿条款。

7. 具体谈判业务时的可选择条款。

8. 合同双方盖章生效等。

第六条 公司与客户签订销售合同应尽量采用公司经审批的统一格式，若客户要求使用客户公司的范本，合同需先经公司法律顾问及销售经理审核，经主管销售副总经理及总经理审批后才能使用。若客户不愿意签订销售合同，由客户经理填写《免签销售合同申请单》，报销售经理审核，经主管销售副总经理和总经理审批后免除签订销售合同；销售订单应按销售订单评审管理流程中"××条款"执行。

第七条 销售员与客户进行销售谈判时，可根据实际需要对格式合同部分条款作出调整，但调整后的销售合同应报经销售部经理审核，并经总经理审批后执行。

第三章 销售合同审批与签订

第八条 与客户签订不含金额的销售合同，客户经理应填写《合同签订申请单》，报销售经理审核，经本办法第六条、第九条规定权限审批后，与客户签订销售合同。

第九条 与客户签订含有金额的销售合同，客户经理应填写《合同签订评审表》，结合销售订单评审管理流程和本办法要求签订。

第十条 销售合同审批权限规定。

（一）签订不含确定金额的销售合同，即供货协议，依据以下权限审批。

1. 上一年度年销售额 500 万元（含 500 万元）以上的合同，由主管销售员制定，销售经理及主管销售副总经理审核，总经理签署。

2. 上一年度年销售额 100 万 ~500 万元（含 100 万元）的合同，由主管销售员制定，销售经理审核及销售副总经理签署。

3. 上一年度年销售额 100 万元以下及新增客户合同，由主管销售员制定，销售经理审批签署。

4. 与关联方签订的销售合同按照《关联方交易管理规定》执行。

（二）签订含有具体金额的销售合同，依据以下权限审批。

合同金额

合同涉及金额时应详细书写，币种、金额、大写、小写，都应规范的、全面的书写。

第十一条 销售合同订立后，客户经理将合同正本交销售助理归入该客户的档案盒，副本送交财务部等相关部门；销售助理应将销售合同扫描成电子档归入该客户的电子资料。

第四章 销售合同变更与解除

第十二条 合同履行过程中，因缺货或客户的特殊要求等原因，销售部或客户提出变更合同申请的，由双方共同协商变更条款，合同变更由客户经理填写《合同变更申请单》，按照本办法第三章合同审批权限规定报相关权限人审批。

第十三条 当合同规定的解除条件发生时，销售合同自动解除，销售部客户经理与客户协商是否续签合同，不续签合同的应出具《客户流失报告单》，说明缘由和后续管理措施，报销售经理审核；上一年度销售金额超过 100 万元的或合同约定金额超过 50 万元的客户，销售经理审核《客户流失报告单》后应报总经理确认。

第十四条 未发生合同解除条件需要解除合同的，客户经理填写《销售合同解除申请单》，按订立合同时规定的审批权限和程序执行，签署《销售合同解除协议》，解除协议审批前均应经过法律顾问审核，《销售合同解除协议》中应指明解除的合同，并确定双方职责。

第十五条 销售部客户经理依据变更后的销售合同或《销售合同解除协议》办理由于变更和解除导致的违约赔偿事项，公司法律顾问负责指导及办理约定无法履行的诉讼事项。

第十六条 销售经理按月检查销售部客户经理对违约赔偿事项的管理情况，并将结果汇总上报给主管销售副总经理与总经理。

第五章 销售合同存档与保管

第十七条 销售部签订的《销售合同》《免签销售合同申请单》《销售合同解除协议》，以及其他关联的单据（包括《销售合同变更申请单》《销售合同解除申请单》《客户流失报告单》），必须齐备并归类存档。

第十八条 销售部客户经理对其负责的客户编制《销售合同登记表》，登记客户名称、签约时间、到期时间、信用账期等重要信息。

第十九条 销售部客户经理应每月检查《销售合同登记表》的到期时间，确保在合同到期一个月内提前与客户签署新的销售合同；若客户不同意签订新的销售合同，客户经理按本办法第十三条执行。

第二十条　销售员因书写有误或其他原因造成合同作废的，必须保留原件。

第二十一条　销售合同及相关档案属于公司机密文件，保管和借阅按公司《档案管理制度》机密要求执行。

第六章　附则

第二十二条　本办法若与公司章程、合同管理规定等上级管理制度有冲突的，依照公司级规章制度要求执行。

第二十三条　本办法由销售部负责编制和修改，经股份公司总经理审批后发生效力，由销售部负责解释。

10.5.3　销售回款实施细则

销售回款实施细则

一、应收款项流程

为保障公司销售计划的顺利完成，加大回款工作的力度，结合目前各种实际回款情况，经财务总监与市场部商议起草，特制定本流程。

1.合同的签订。

合同的签订应规范，以产品供销合同的诠释为依据。

2.合同拟定好之后需由市场部主管核对款项，核对无误后签字，然后由财务盖上公章认定为有效合同。之后由相关负责销售人员传真给订单客户，通知付款。

3.根据实际情况划分不同标准和管理办法。

（1）标准：额度在一万元之内。

全款到账后，仓储部给予备货，并在合同范围内发货。

（2）标准：额度在一万元和三万元之间。

尽量要求客户全款到账，如果对方提出付定金采购，定金不得少于全款的50%。定金到账后，仓储部给予备货。①剩余款项在备好货之后，发货之间到账给予发货。②在合同范围内发货，货到后两个工作日内必须要求客户把剩余款项补上（以上两种情况需上报上级领导的，批准后根据情况执行）。

（3）标准：额度在三万元以上。

额度在三万元以上的属于公司的大客户，尽量要求客户全款到账，如果对方提出付定金采购，定金在全款的30%~50%，定金到账后，给予备货，此后流程参照标准（2）执行。

（4）标准：额度由担保人承担。

具有担保资格的人：部门经理及以上级别人员。担保人需在产品供销合同、提货单、出库单上签字，由领导批准后施行。款项由担保人跟踪催讨，出现坏账的情况，在担保人的工资中扣除。

二、合同履行的跟踪

（1）在业务人员收款期限内，对回款工作进行督促并协助财务处理回款过程中产生的问题。

（2）业务人员逾期未收回余款，填制工作事实报告连同规范合同、有效的送货单、发票回执单、对方负责人详细资料登记表，将回款的事宜移交给上级部门全权负责。

（3）上级部门接到报告，落实责任人，制定对应措施，时刻关注货款的回收情况，避免因超时效期或遗失证据而导致的坏账。对于人为原因造成的坏账，将追究有关人员的赔偿责任。

（4）每签订一笔新合同，应尽可能多了解对方单位及其负责人的详细资料并填制对方负责人详细资料登记表，以便在货款回收发生障碍时有多种途径保护公司的债权。

（5）如需总部发函给较严重的欠款单位，向总部填写申请，结合相关证据阐述事件的缘由，总部收到申请后立即着手办理，并直接发函给欠款单位，进行催款。

（6）在平时的收款工作中如有其他特殊需要，应及时以书面形式或电话与上级领导沟通、联系。

三、应收账款管理制度

为保证公司能最大限度地利用客户信用拓展市场，以利于销售公司的商品且以最小的坏账损失代价来保证公司资金安全，防范经营风险；并尽可能地缩短应收账款占用资金的时间，加速资金周转，提高资金的使用效率，特制定本制度。应收账款的管理原则为谁放货，谁清收。

（一）客户资信管理制度

（1）建立客户信用档案。业务部门负责收集客户信用档案。客户信用档案必须包括年检后的营业执照、法定代表人身份证复印件、经营场所的固定电话号码、家庭电话号码、法定代表人个人手机号码，财务部负责对客户信用档案进行维护、保管、整理、归档。

（2）客户授信额度的金额标准。业务人员根据签约销售量、外部评价，对信用额度、信用期限（账期）提出建议，原则上信用额度不能超过客户上年全年销售额的月平均销售额，在淡旺季可上下浮动 50%，账期不超过 30 天。部门经理、总监、财务负责人、总经理依次对信用额度进行审批。

（3）信用控制原则。业务部门发生销售业务时，应首先检查客户的信用状况，原则上对超信用额度或超信用期限的客户不再发生销售业务，特殊情况下需要对客户修改信用额度或信用期限时，由业务人员提出申请，部门负责人确认，再由财务负责人、总经理对信用额度进行审批；对于需要展期的客户，由业务人员提出申请，部门负责人确认后，依次由财务负责人、总经理进行审批。

（4）客户信用评价。业务人员根据客户的回款情况，每年 7 月对客户的信用进行再次评价，由业务人员根据历史交易、实地考察、同业调查等情况提出建议，调整客户信用额度和期限，依次由财务负责人、总经理对信用额度进行审批。对信用额度在 3 万元以上，信用期限在 1 个月以上的客户，业务经理每年应至少走访一次；对信用额度在 5 万元以上，信用期限在 1 个月以上的客户，除业务经理走访外，业务部门负责人每年必须走访一次以上。

在客户走访中，应重新评估客户信用等级的合理性，并结合客户的经营状况、交易状况及时调整信用等级。

（5）客户的信息资料为公司的重要档案，所有经管人员须妥善保管，确保不遗失。出现公司部分岗位人员的调岗和离职时，该资料的移交应为工作交接的主要部分；资料交接不清的，不予办理调岗、离职手续。

（二）商品赊销管理

（1）在市场开拓和产品销售中，凡利用信用额度赊销的，严格按照每个客户评定的信用限额进行审批。

（2）财务部主管应收账款的会计每周对照信用档案核对债权性应收账款的回款和结算情况，严格监督每笔账款的回收和结算；及时把应收账款录入系统，便于随时检查信用底数，及时和业务人员沟通，预防因为信用额度导致业务开展不顺。

（三）应收账款监控制度

（1）业务人员在与客户签订销售合同或协议书时，应按信用档案中对应客户的信用额度和信用期限约定单次销售金额和结算期限，并在期限内负责经手相关账款的催收和联络。

（2）财务部每月后 5 日内向总经理和业务经理提供当月应收账款账龄分析表，便于安排应收账款的回收工作。

（3）财务部每月后 5 日内向业务部门出具催款明细表。业务部门应严格对照客户信用档案和催款明细表，及时核对并签字确认、跟踪赊销客户的回款情况，及时联络未按期结算回款的客户进行催收并反馈信息给财务部。

（4）每季度终了，业务人员与客户进行应收账款函证，并负责应收账款询证函的发送、回收、保管、整理、归档工作。

（5）业务人员在销售商品和清收账款时不得有下列行为，一经发现，分别给予罚款并限期改正或赔偿，情节严重者适用公司奖惩制度或移交司法部门。

①收款不报或积压收款。（扣工资 5%）

②退货不报或积压退货。（扣工资 5%）

③转售不依规定或转售图利。（扣工资 10% 并收缴全额图利金额）

④代销其他厂家产品。（扣工资 100%）

⑤截留、挪用、坐支货款不及时上缴。（扣工资 100%）

（四）逾期应收账款管理

（1）业务人员全权负责对自己经手赊销业务的账款回收，为此，应定期或不定期地对客户进行访问（电话或上门访问），访问客户时，如发现客户有异常现象，应及时向业务经理报告并建议应采取的措施。客户有其他财产可供作抵价时，业务人员征得客户同意，立即协商抵价物价值，妥善处理，避免更大损失发生，但不得在没有担保的情况下，再次向该客户发货，否则相关损失由业务人员负责全额赔偿。

（2）业务部门应全盘掌握公司全体客户的信用状况及往来情况，对于所有的逾期应收账款，应由各个经办人将未收款的理由，详细陈述于账龄分析表的备注栏上，以供公司参考，对大额的逾期应收账款应特别书面说明，并提出清收建议。

（3）业务人员应严格按与客户确定的账期催收货款，逾期 1 个月扣当事人工资的 10%，逾期 2 个月扣当事人工资的 30%，逾期 3 个月扣当事人工资的 50%，逾期 3 个月以上按坏账处理，由相关责任人按规定承担。当业务人员全额收回货款时，公司将上述扣款全额退还相关人员。当业务人员不能全额收回货款时，公司将按收回账款的比例退还相关人员的上述扣款。

（4）逾期应收账款形成坏账的赔偿处理；发现呆账、坏账时，按账面余额由业务经办人赔偿40%，主管经理赔偿15%，主管总监赔偿15%，企业承担30%。

（五）应收账款交接管理

（1）业务人员调岗、离职，必须对经手的应收账款、发出商品进行交接，交接未完或不清的，不得调岗或离职；交接不清的，责任由交接者负责；若交接未完或不清擅自离职者，公司保留依照法律程序追究当事人责任的权利。

（2）业务人员提出离职后须把经手的应收账款全部收回或取得客户对应收账款的确认函，若在一个月内未能收回或未取得客户对应收账款确认函的，公司不予办理离职。

（3）离职移交清单至少一式三份，由移交人、接交人核对内容无误后签字，经监交人签字后，交移交人一份，接交人一份，公司存留一份。

（4）业务人员接交时，遇有疑问或账目不清时应立即向业务部门经理反映，有意代为隐瞒者应与离职人员同负全部责任。

（六）应收账款清查

公司财务部按财产清查制度负责对应收账款、发出商品、应付账款负数等实行清查，并对清查结果拟定处置意见上报公司。

第11章
研究与开发内部控制

研究与开发是企业核心竞争力的本源,是促进企业自主创新的重要体现,是企业加快转变经济发展方式的强大推动力。

简而言之,科技创新就是自主研发拥有曾经"买不到、买不起、买回来已落后"的核心技术;即使买到产品,也买不到产权;买到产权,买不到知识;买到知识,买不到人才。由此说明,创新、产权、知识、人才是核心资源,自主创新是第一要务。

在经济全球化的背景下,企业应坚定不移地走自主创新之路,重视和加强研究与开发,并将相关成果转化为生产力,在竞争中赢得主动权,夺得先机。《企业内部控制应用指引第10号——研究与开发》旨在有效控制研发风险,提升企业自主创新能力,充分发挥科技的支撑引领作用,促进企业实现发展战略。

11.1 研究与开发内部控制应用指引

企业内部控制应用指引第 10 号——研究与开发

第一章 总则

第一条 为了促进企业自主创新,增强核心竞争力,有效控制研发风险,实现发展战略,根据有关法律法规和《企业内部控制基本规范》,制定本指引。

第二条 本指引所称研究与开发,是指企业为获取新产品、新技术、新工艺等所开展的各种研发活动。

第三条 企业开展研发活动至少应当关注下列风险:

（一）研究项目未经科学论证或论证不充分，可能导致创新不足或资源浪费。

（二）研发人员配备不合理或研发过程管理不善，可能导致研发成本过高、舞弊或研发失败。

（三）研究成果转化应用不足、保护措施不力，可能导致企业利益受损。

第四条 企业应当重视研发工作，根据发展战略，结合市场开拓和技术进步要求，科学制定研发计划，强化研发全过程管理，规范研发行为，促进研发成果的转化和有效利用，不断提升企业自主创新能力。

第二章　立项与研究

第五条 企业应当根据实际需要，结合研发计划，提出研究项目立项申请，开展可行性研究，编制可行性研究报告。

企业可以组织独立于申请及立项审批之外的专业机构和人员进行评估论证，出具评估意见。

第六条 研究项目应当按照规定的权限和程序进行审批，重大研究项目应当报经董事会或类似权力机构集体审议决策。审批过程中，应当重点关注研究项目促进企业发展的必要性、技术的先进性以及成果转化的可行性。

第七条 企业应当加强对研究过程的管理，合理配备专业人员，严格落实岗位责任制，确保研究过程高效、可控。

企业应当跟踪检查研究项目进展情况，评估各阶段研究成果，提供足够的经费支持，确保项目按期、保质完成，有效规避研究失败风险。

企业研究项目委托外单位承担的，应当采用招标、协议等适当方式确定受托单位，签订外包合同，约定研究成果的产权归属、研究进度和质量标准等相关内容。

第八条 企业与其他单位合作进行研究的，应当对合作单位进行尽职调查，签订书面合作研究合同，明确双方投资、分工、权利义务、研究成果产权归属等。

第九条 企业应当建立和完善研究成果验收制度，组织专业人员对研究成果进行独立评审和验收。

企业对于通过验收的研究成果，可以委托相关机构进行审查，确认是否申请专利或作为非专利技术、商业秘密等进行管理。企业对于需要申请专利的研究成果，应当及时办理有关专利申请手续。

第十条　企业应当建立严格的核心研究人员管理制度，明确界定核心研究人员范围和名册清单，签署符合国家有关法律法规要求的保密协议。

企业与核心研究人员签订劳动合同时，应当特别约定研究成果归属、离职条件、离职移交程序、离职后保密义务、离职后竞业限制年限及违约责任等内容。

第三章　开发与保护

第十一条　企业应当加强研究成果的开发，形成科研、生产、市场一体化的自主创新机制，促进研究成果转化。

研究成果的开发应当分步推进，通过试生产充分验证产品性能，在获得市场认可后方可进行批量生产。

第十二条　企业应当建立研究成果保护制度，加强对专利权、非专利技术、商业秘密及研发过程中形成的各类涉密图纸、程序、资料的管理，严格按照制度规定借阅和使用。禁止无关人员接触研究成果。

第十三条　企业应当建立研发活动评估制度，加强对立项与研究、开发与保护等过程的全面评估，认真总结研发管理经验，分析存在的薄弱环节，完善相关制度和办法，不断改进和提升研发活动的管理水平。

11.2　研究与开发内部控制目标及风险点

11.2.1　研究与开发内部控制的目标

研究与开发内部控制目标，就是保证研究与开发内部控制设计和运行的有效性，促使企业预防和控制研究与开发风险。

研究与开发内部控制内容，因审计主体、审计要求及其审计方式的不同而不同。采用传统的全面审计方式，研究与开发内部控制是保证研究与开发运行的有效性，范围包括立项与研究、开发与保护等业务。采用现代风险导向方式，应以研究与开发内部控制风险为导向，应审查已经设计完成的研究与开发的内部控制及其相关的管理制度是否有效执行，是否有效控制了研究与开发风险；设计有效的研究与开发各控制点的控制措施是否有效实施，是否有效防止了各控制环节的风险；是否根据业务、环境等的变化持续改进研究与开发内部控制等。

11.2.2 研究与开发内部控制的风险点

要想了解企业研发活动的内部控制情况，首先应该了解研发活动内部控制中面临的主要风险。企业在研发活动内部控制中面临的主要风险有：研发技术风险、项目管理风险、人力资源风险、法律和政策风险及其他风险，如表 11-1所示。

表 11-1　研究与开发内部控制的风险点

研究与开发内部控制的风险点	研发技术风险
	项目管理风险
	人力资源风险
	法律和政策风险
	其他风险

（1）研发技术风险。

研发技术风险是指在新产品开发过程中，因技术本身的复杂性及其他因素导致新产品开发失败的可能性，研发技术风险直接影响研发项目的成功与否。研发技术的更新速度很快，当新技术提前出现时，企业将蒙受原有技术提前被淘汰的损失。新技术在诞生之初都是不完善的、粗糙的，且研发过程中还存在软硬件设计和优化等多方面的复杂性问题，能否在现有的技术知识条件下，按照预期的目标实现都是不确定的。同时，技术方案的选用存在与产品不适用的风险，比如选用过新或过旧的语言和软件框架，会导致开发成本提高甚至耽误研发进度，使得市场被竞争者占领。若技术上不过关，而新产品对技术要求甚高，则产品质量不能保证，企业将失去产品的核心竞争力。

（2）项目管理风险。

项目管理风险是指在新产品的研发活动中，由于计划、组织、协调、控制等管理工作达不到预定要求而产生的风险。管理者能力是项目管理成败的关键，若项目负责人的经验或者管理能力不足，则不能合理分配资源、凝聚团队力量、发挥成员之间的协同效力。项目计划制定不合理、没有清晰设立关键节点、部分研发环节顺序颠倒会导致进度延误。一旦研发项目进度延误便会增加项目成本，项目进度若不能达到客户的要求，项目很可能面临被迫中止的窘境。若对研发项目的监控不足，未能对研发项目的进展情况及各项资源的使用情况进行跟踪，缺少良好的监督、检查和控制，则难以使项目按照计划规定的进度和技术指标完成，导致项目实际进展不能达到预期水平。

（3）人力资源风险。

人力资源风险是指因人员问题造成的新产品在研发过程中的风险损失。核心研发人员是掌握企业核心技术的人，是企业研发活动正常运行的关键。研发活动中的人力资源风险主要体现在职业道德风险、离职风险、专业技术能力三方面。若核心研发人员主动泄露企业核心技术机密，则会对企业造成巨大的经济损失。

研发人员因处在长期加班的高压环境、绩效考评不合理、寻求更好的工作机会等原因可能会发生离职或者频繁的调动，其中，掌握了企业核心技术的研发人员的流失很可能迫使研发活动中断甚至终止，给企业带来难以弥补的损失。当然，研发人员的专业技能不足，不能够满足研发项目的需要，也会产生研发活动难以进行的风险。同时，财务人员由于研发业务专业知识的匮乏，会导致研发费用归集混乱；管理人员对项目了解的不清晰不深刻，致使研发预算的规划不合理等都会影响研发活动的进展。

（4）法律和政策风险。

研发活动的法律和政策风险主要是指知识产权风险，其主要是指专利风险，其往往贯穿于整个研发活动中，从最开始的研发项目的立项，到最后的研究成果的保护等不同阶段都涉及知识产权风险。专利风险主要有两种：一种是在新产品创新研发过程中未经专利权人及时获得许可授权带来的侵权风险，尤其要注意国外专利权人设置的陷阱；另一种是指在创新研发过程中未懂得保护已有专利，而被他人廉价使用的被侵权风险。

同时，法律和政策风险还包括因国家政策变化而导致研发项目受到潜在威胁的风险。对于面向国际市场、出口海外的产品，其检测标准和认证需要在产品设计前期提前规划，要满足进口国家的产品检验和验证标准。

（5）其他风险。

其他风险包括由于外部条件要素的不确定引起的市场风险以及合作伙伴带来的风险。目标市场空间有限，而同类产品过多，导致竞争激烈，迫使企业缩短研发周期，尽快上市抢占先机。研发企业若不能根据消费者的需求变化及时进行设计调整，满足消费者的需求，并实现相应的产品功能，则设计出来的产品很快会被淘汰。合作伙伴是指供应商和客户。由于行业市场变化很快，生产所需的零部件、系统等价格及存货等受到市场的影响波动很大，供应商能否实现资源及时提供且给予可接受的报价，在很大程度上影响研发活动能否顺利进行。客户需求的变更以及有关商务谈判未按时完成也会影响到研发进度。

11.3 研究与开发内部控制方法及关键点

11.3.1 研究与开发内部控制的方法

（一）调查了解

调查了解，就是调查了解研究与开发内部控制设计和运行的基本情况，是研究与开发内部控制审计实施阶段的首要环节。研究与开发中调查了解这项工作是在内部控制总体工作的准备阶段的基础上进行的，涉及具体内容很多，也因单位的不同而不同。研究与开发内部控制调查了解的方法有文字叙述法、调查表法、流程图法、控制矩阵法等。实际工作中，为提高研究与开发内部控制效率，调查了解工作应同研究与开发现场测试工作一并进行，不宜为满足调查而走形式。

（二）初步评价

研究与开发内部控制初步评价，可通过问题调查表和初步评价表进行反映。研究与开发初步评价可以结合调查了解程序一起进行，也可以独立进行。

（三）风险评估

按照风险导向理论，进行研究与开发内部控制应当以风险评估为基础，选择拟测试的控制，确定测试所需要收集的证据。研究与开发风险评估，就是识别、分析、评价研究与开发方面的风险。

（四）控制测试

研究与开发内部控制测试，就是审计人员现场测试研究与开发内部控制设计和运行的有效性。对研究与开发内部控制设计有效性测试时，审计人员应当综合运用询问适当人员、观察经营活动和检查相关文件等程序。对研究与开发内部控制运行进行有效性测试，审计人员应当综合运用询问适当人员、观察经营活动、检查相关文件以及重新执行控制等程序。在实践中，对研究与开发内部控制设计有效性和运行有效性是一并进行测试的，测试重点是研究与开发关键控制。

（五）评价缺陷

评价研究与开发控制缺陷，就是对研究与开发内部控制存在的设计和运行有效性方面的缺陷进行分析和评价。对已发现的研究与开发内部控制重大缺陷，应当及时以书面形式进行沟通，核对测试结果和数据，确认研究与开发内部控制缺陷事实并在缺陷认定底稿上签章。

11.3.2　研究与开发内部控制的关键点

内部控制中应把握研究与开发中的几个重要环节。

（1）根据每年度的研发计划，提出研究项目立项申请，开展可行性研究，编制可行性研究报告。

（2）按照规定的权限和程序对研发项目进行审批，重大研究项目应当根据董事会决议审批。

（3）加强对研发过程的管理，跟踪和检查研发项目的进展情况，评价各阶段研究成果，及时提供足够经费支持，确保项目按期、保质完成。

（4）研究开发项目确定委托外单位生产的，应当采用招标、议标等适当方式确定受托单位，签订外包合同，约定研究成果的产权归属、研究进度、质量标准等相关内容；与其他单位进行合作研究的，应当对合作单位进行尽职调查，签订书面研究开发合同，确定双方投资、分工、权利义务、研究开发成果产权归属等问题。

（5）制订和完善研发成果的验收制度，组织专业人士对研究成果进行独立评审和验收，并实际办理相关专利申请事宜。

（6）建立严格的核心研究人员管理制度，明确界定核心研究人员范围和名单，签署符合国家规定的保密协议。

研究与开发内部控制的关键点如表 11-2 所示。

表 11-2　研究与开发内部控制的关键点

控制特征	关键控制手段
最行之有效的控制手段	不相容职务分离控制
不要放弃权力和超越权力	授权批准控制
让人信赖又放心的控制系统	会计系统控制
看得见摸得着的东西	财产保护控制

高效的控制活动是实施有效内部控制的重要手段。企业应当根据研发项目的内部控制目标，结合风险评估结果及对应的风险应对策略，综合运用控制措施，对研究与开发活动的各种业务和事项实施有效控制。

11.4 研究与开发内部控制流程

企业研究与开发的基本流程主要涉及立项、研发过程管理、结题验收、研究成果的开发和保护等，如图 11-1 所示。

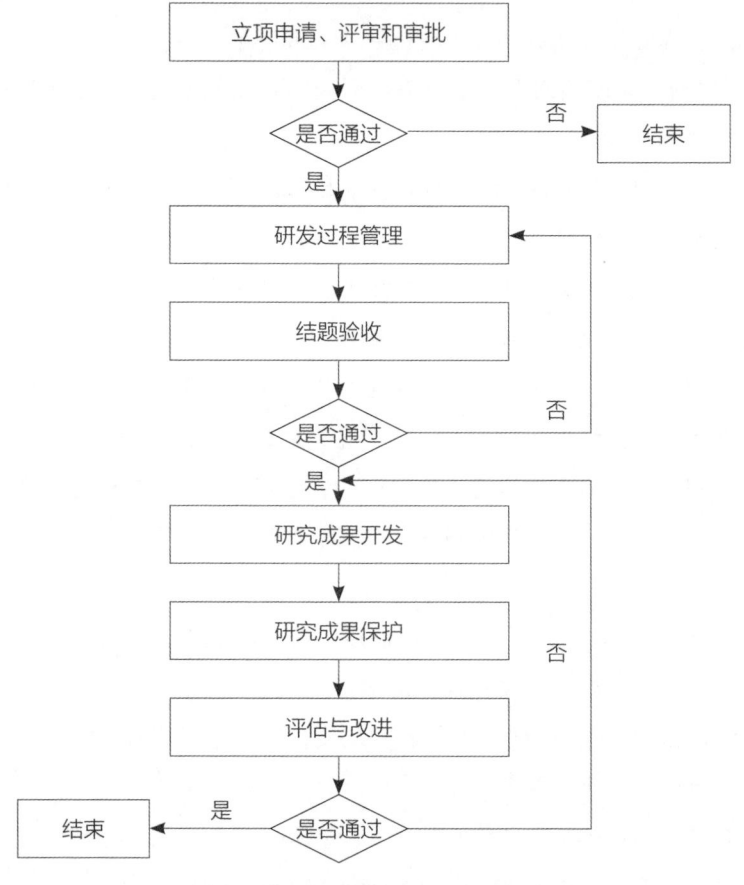

图 11-1 一般生产企业研究与开发活动的业务流程

11.4.1 立项与研发过程管理的内部控制流程

（一）立项

立项主要包括立项申请、评审和审批。该环节的主要风险有：研发计划与国家（或企业）科技发展战略不匹配；研发承办单位或专题负责人不具有相应资质；研究项目未经科学论证或论证不充分；评审和审批环节把关不严，可能导致创新不足或资源浪费。主要的管控措施如下。第一，建立完善的立项申请、评审和审批制度，确定研究开发计划制定原则和审批人，审查承办单位和专题负责人的资质条件和评估、审批流程等。第二，结合企业发展战略、市场及技术现状，制定研究项目开发计划。第三，企业应当根据实际需要，结合研发计划，提出研究项目立项申请，开展可行性研究并编制可行性研究报告。企业可以组织独立于申请及立项审批之外的专业机构和人员进行评估论证，出具评估意见。第四，研究项目应当按照规定的权限和程序进行审批，重大研究项目应当报经董事会或类似权力机构集体审议决策。审批过程中，应当重点关注研究项目促进企业发展的必要性、技术的先进性以及成果转化的可行性。第五，制定开题计划和开题报告，开题计划应经科研管理部门负责人审批，开题报告应对市场需求与效益、国内外在该方向的研究现状、主要技术路线、研究开发目标与进度、已有条件与基础、经费等进行充分论证、分析，以保证项目符合企业需求。研发立项决策流程如图 11-2 所示。

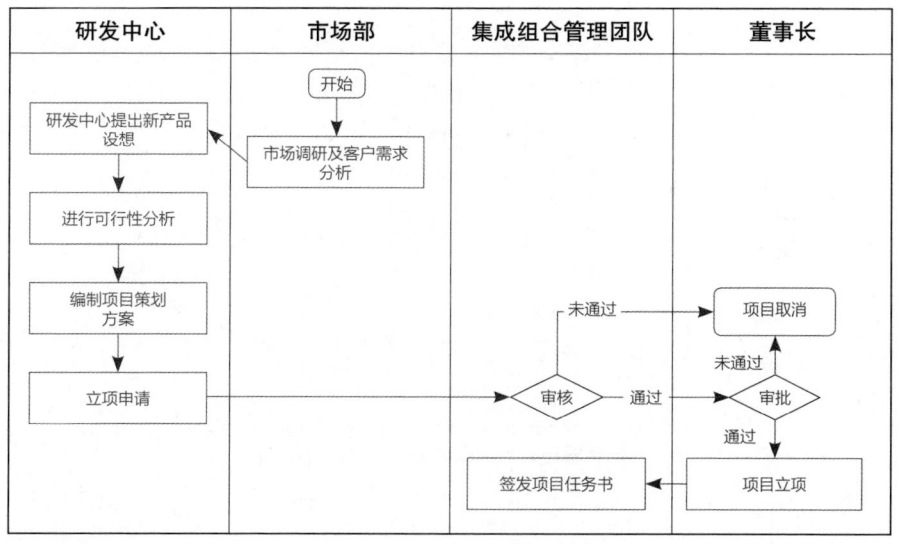

图 11-2　研发立项决策流程

（二）研发过程管理

研发过程是研发的核心环节。实务中，研发通常分为自主研发、委托研发和合作研发。研发活动循环如图 11-3 所示。

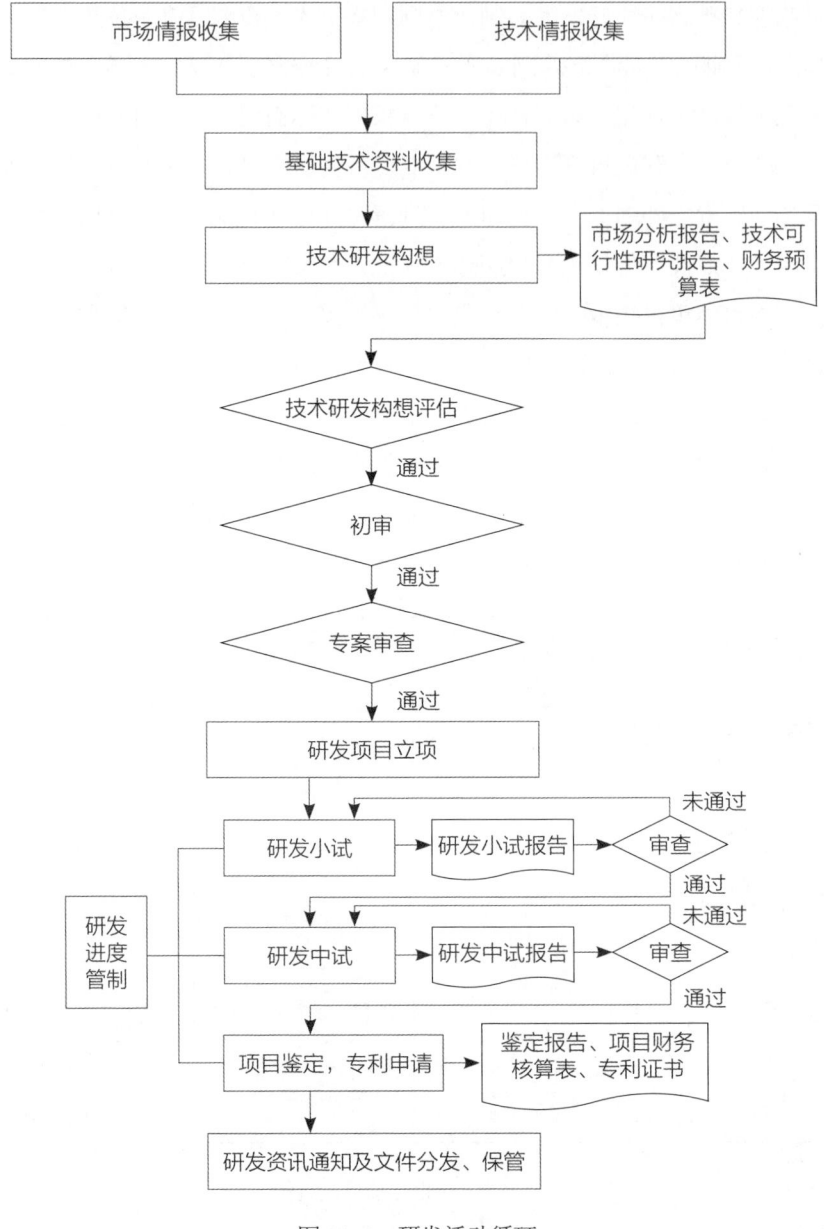

图 11-3 研发活动循环

（1）自主研发。自主研发是指企业依靠自身的科研力量独立完成项目，包括原始创新、集成创新和在引进消化基础上的再创新三种类型。其主要风险包括以下方面。第一，研究人员配备不合理，导致研发成本过高、舞弊或研发失败。第二，研发过程管理不善，费用失控或科技收入形成账外资产，影响研发效率，提高研发成本甚至造成资产流失。第三，多个项目同时进行时，相互争夺资源，出现资源的短期局部缺乏，可能造成研发效率下降。第四，研发过程中未能及时发现错误，导致修正成本提高。第五，科研合同管理不善，导致权属不清，知识产权存在争议。主要的管控措施如下。第一，建立研发项目管理制度和技术标准，建立信息反馈制度和研发项目重大事项报告制度；严格落实岗位责任制。第二，合理设计项目实施进度计划和组织结构，跟踪项目进展，建立良好的工作机制，保证项目顺利实施。第三，精确预计工作量和所需资源，提高资源使用效率。第四，建立科技开发费用报销制度，明确费用支付标准及审批权限，遵循不相容岗位牵制原则，完善科技经费入账管理程序，按项目正确划分资本性支出和费用性支出，准确开展会计核算，建立科技收入管理制度。第五，开展项目中期评审，及时纠偏调整；优化研发项目管理的任务分配方式。

（2）委托研发与合作研发。委托研发是指企业委托具有资质的外部承办单位进行研究和开发。合作研发是指合作双方基于研发协议，就共同的科研项目以某种合作形式进行研究和开发。委托（合作）研发的主要风险有：委托（合作）单位选择不当，知识产权界定不清。合作研发的风险还包括与合作单位存在沟通障碍、合作方案设计不合理、责权利不能合理分配、资源整合不当等风险。主要的管控措施如下。第一，加强委托（合作）研发单位资信、专业能力等方面的管理。第二，委托研发应采用招标、议标等方式确定受托单位，制定规范详尽的委托研发合同，明确产权归属、研究进度和质量标准等相关内容。第三，合作研发应对合作单位进行尽职调查，签订书面合作研究合同，明确双方投资、分工、权利义务、研究成果产权归属等。第四，加强项目的管理监督，严格控制项目费用，防止挪用、侵占等。第五，根据项目进展情况、国内外技术最新发展趋势和市场需求变化，对项目的目标、内容、进度、资金进行适当调整。

11.4.2　结题验收的内部控制流程

研究与开发的结题验收是对研究过程形成的交付物进行质量验收。结题验收有检测鉴定、专家评审、专题会议三种方式。其主要风险包括：由于验收人员的技术、能力、独立性等造成验收成果与事实不符；测试与鉴定投入不足导致测试与鉴定不充分，不能有效降低技术失败的风险。

主要的管控措施如下。

第一，建立健全技术验收制度，严格执行测试程序。

第二，对验收过程中发现的异常情况重新进行验收申请或补充研发，直至研发项目达到研发标准为止。

第三，落实技术主管部门验收责任，由独立且具备专业胜任能力的测试人员进行鉴定试验，并按计划进行正式的、系统的、严格的评审。

第四，加大企业在测试和鉴定阶段的投入，对重要的研究项目可以组织外部专家参加鉴定。

结题验收的主要风险与管控措施如图 11-4 所示。

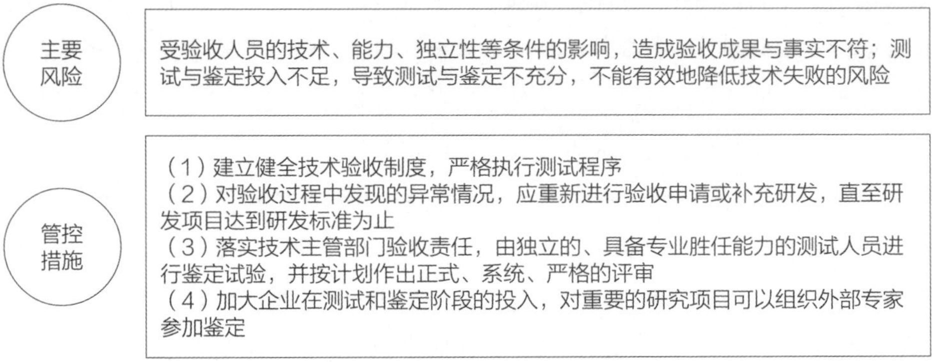

图 11-4　结题验收的主要风险与管控措施

11.4.3　研究成果的开发和保护的内部控制流程

研究成果开发是指企业将研究成果经过开发过程转换为企业的产品。其主要风险包括：研究成果转化应用不足导致资源闲置；新产品未经充分测试导致大批量生产技术不成熟或成本过高；营销策略与市场需求不符导致营销失败。主要的管控措施如下。第一，建立健全研究成果开发制度，促进成果及时有效转化。第二，科学鉴定大批量生产的技术成熟度，力求降低产品成本。第三，坚持开展以市场为导向的新产品开发消费者测试。第四，建立研发项目档案，推进有关信息资源的共享和应用。

研究成果保护是企业研发管理工作的有机组成部分。有效的研究成果保护，可保护研发企业的合法权益。其主要风险有：未能有效识别和保护知识产权，权属未能得到明确规范，开发出的新技术或产品被限制使用；核心研究人员缺乏管理激励制度，导致形成新的竞争对手或技术秘密外泄。

主要的管控措施如下。

第一，进行知识产权评审，及时取得权属。

第二，研发完成后确定采取专利或技术秘密等不同保护方式。

第三，利用专利文献选择较好的工艺路线。

第四，建立研究成果保护制度，加强对专利权、非专利技术、商业秘密及研发过程中形成的各类涉密图纸、程序、资料的管理，严格按照制度规定借阅和使用。禁止无关人员接触研究成果。

第五，建立严格的核心研究人员管理制度，明确界定核心研究人员范围和名册清单并与之签署保密协议。

第六，企业与核心研究人员签订劳动合同时，应当特别约定研究成果归属、离职条件、离职移交程序、离职后保密义务、离职后竞业限制年限及违约责任等内容。

第七，实施合理有效的研发绩效管理，制定科学的核心研发人员激励体系，注重长效激励。后评估是研究与开发内部控制建设的重要环节。企业应当建立研发活动评估制度，加强对立项与研究、开发与保护等过程的全面评估，认真总结研发管理经验，分析存在的薄弱环节，完善相关制度和办法，不断提升研发活动的管理水平。

研究成果开发的主要风险与管控措施如图 11-5 所示。

主要风险	研究成果转化应用不足，导致资源闲置；新产品未经充分测试，导致大批量生产不成熟或成本过高；营销策略与市场需求不符，导致营销失败
管控措施	（1）建立健全研究成果开发制度，促进成果及时有效转化 （2）科学鉴定大批量生产的技术成熟度，力求降低产品成本 （3）坚持开展以市场为导向的新产品开发消费者测试 （4）建立研发项目档案，推进有关信息资源的共享和应用

图 11-5　研究成果开发的主要风险与管控措施

总之，研究与开发是企业持久发展的不竭动力。始终坚持把研究与开发作为企业发展的重要战略、紧密跟踪科技发展趋势，是切实提升企业核心竞争力、增强企业国际竞争力的重要保证。

11.5　研究与开发内部控制制度示范

11.5.1　研究成果验收制度

研究成果验收与保护作为企业研发过程中有效的管理方法和工具，不仅有利于为企业研发过程中获得的智力成果提供有效的法律保护，还有利于企业选择正确的研发方向和途径，以及为合理配置企业的技术资源提供科学依据。

（1）企业建立与执行研究成果验收和保护制度势在必行。根据不相容职务分离原则，企业的研究成果应当组织专业人员或者机构进行独立评审和验收，切不可自己研发、自己验收。对通过验收、审查的研究成果，应当分门别类地确认为不同的知识产权，进行分层管理：针对专利权的专有性、地域性及时间性的特点，要及时办理相关申请手续；针对非专利技术、商业秘密及著作权等可复制性的特点，要求必须加强研发过程中形成的各类涉密图纸、程序、资料的管理，避免记录受损、被盗、被毁等；对记录研发过程的文件资料，应当运用计算机处理留有备份并进行加密管理；对研究成果本身的接触，应通过文件批准分级授权，禁止无关人员接触研究成果。

相关案例如下。

某机械制造有限公司组织科研力量，研制出非开挖水平定向钻机部件，未及时将其技术创新成果申请专利。数月后，就在该公司新产品 YQ300L 型水平定向钻机即将上市之时，公司却接到了专利侵权警告书，称该技术成果已被一辞职的外聘职员以个人名义抢先申请了专利。对方要求该公司支付其专利费 300 万元，否则将诉讼于法院。到此时，该公司才意识到没有及时申请专利的危害，主动与专利权人联系，以支付 150 万元的专利许可使用费方式来获得授权使用。

拥有一项受《中华人民共和国专利法》保护的技术成果，可以防止他人模仿企业开发的新技术、新产品，不怕因企业技术人员的泄密使技术成果流失。同时企业应当及时办理有关专利申请手续，依法享有专利优先权，防止被他人抄袭、抢先申请专利。本案中真正对部件从事了研发工作的某公司，由于缺乏知识产权保护意识，未及时将技术创新成果申请专利，从而错失良机为他人抢先申请专利提供了可乘之机；同时对于整个研发过程的文件资料缺乏有效的档案管理制度，从而无法提供其先期投入新产品研发活动并做好生产准备的必要证据，所以只能接受专利权人追究公司侵权责任的被动局面，为此付出惨痛代价。

（2）核心研究人员管理制度的建立与完善也至关重要。研发项目的核心人员一般是指涉及关键技术、知识产权研发活动等工作岗位的稀缺人力资源，是企业核心竞争力的根本。企业应当将职业道德修养和专业胜任能力作为选拔该类员工的重要标准，明确落实其职责权限；同时，对控制着企业关键研发资源的员工离职的限制性规定，应当成为与之签订劳动合同的重要内容，特别是研究成果归属的界定（比如职务发明）、离职后竞业限制年限的细分等；此外，核心研究人员应当按照制度规定借阅和使用研发文件资料，并与企业签署符合国家有关法律法规要求的保密协议。

相关案例如下。

A 公司是一家从事药品的研发、生产与销售的高新技术企业，2015 年 1 月高薪聘请吴某作为研制左卡尼汀原料药及注射液、口服等制剂的核心研究人员，并与之签订了劳动合同，期限自 2015 年 1 月至 2017 年 12 月。2015 年 3 月 A 公司委托市医药管理局下属的某研究所进行技术开发，项目核心内容是高效萃取左卡尼汀原料及性能深度研发，也与之签订了技术开发合同，并到相关技术市场管理部门进行了技术开发合同的认定，作为委托方的 A 公司联系人为吴某。2016 年 3 月吴某提前终止劳动合同离职，并于同年 9 月投资设立 B 公司。2016 年 10 月 B 公司向国家知识产权局提出一项名称为"一种高效萃取左卡尼汀原料及相关工艺"的发明专利申请，发明人为吴某，并于 12 月经申请公开。A 公司得知后，对上述专利申请存在疑义，通过律师向法院提出诉讼，认定其为吴某的职务发明，请求判令专利申请权归 A 公司所有。

本案属于职务发明专利权属纠纷案件，主张发明创造为职务发明的 A 公司依托平时内部控制的管理优势，特别是针对本公司特点在研究与开发方面的建立与实施，提供了大量真实、详细的证据，对曾经担任 A 公司核心研发人员的吴某与该项发明创造的研发时效性、核心关联性进行了充分论证。最终法院判决：涉案发明专利申请权归 A 公司所有。事后 A 公司的律师称，就是因为 A 公司在研发方面内部控制制度的规范与严谨，使取证工作客观、高效，真正成为该公司保护知识产权的有效武器。

11.5.2　研究成果保护制度

（1）加强研发活动项目的管理制度。企业应根据德才兼备原则合理、科学地选聘专业优秀人员，分清研发活动中各工作岗位的职责范围；根据研发预算要求，结合研发项目进展情况，提供足够的经费支持；按照国家研发费用加计扣除和高新技术认定条件等相关政策要求，严格控制研发费用的合法、合理支出，充分享受相关鼓励创新的税收优惠。

（2）建立研发活动项目验收和后评估制度。加强研发活动事前对立项与研究、事中对开发与保护过程的全面评估非常重要，同样建立事后验收和后评估制度也至关重要，企业应该重点评价研发项目后期新产品、新技术的实现情况和投资效益等，关注持续创新。

相关案例如下。

丙公司是一家生产销售通信设备的民营通信科技公司，在JK1000局用交换机研发项目上投入大量人力、物力，研究成果开发成功后便立刻投入大规模生产中，结果刚上市即面临被淘汰的命运：采用新技术标准（数字程控）的竞争产品基本取代了采用旧技术（空分模拟）的产品。

本案中的丙公司应当形成科研、生产、市场一体化的自主创新机制，在研究成果转化的过程中应当分步推进，防止转化过于激进，并且应当通过试生产在获得市场认可后再进行批量生产。

12.1　工程项目内部控制应用指引

企业内部控制应用指引第 11 号——工程项目

第一章　总则

第一条　为了加强工程项目管理，提高工程质量，保证工程进度，控制工程成本，防范商业贿赂等舞弊行为，根据有关法律法规和《企业内部控制基本规范》，制定本指引。

第二条　本指引所称工程项目，是指企业自行或者委托其他单位所进行的建造、安装工程。

第三条　企业工程项目至少应当关注下列风险：

（一）立项缺乏可行性研究或者可行性研究流于形式，决策不当，盲目上马，可能导致难以实现预期效益或项目失败。

（二）项目招标暗箱操作，存在商业贿赂，可能导致中标人实质上难以承担工程项目、中标价格失实及相关人员涉案。

（三）工程造价信息不对称，技术方案不落实，概预算脱离实际，可能导致项目投资失控。

（四）工程物资质次价高，工程监理不到位，项目资金不落实，可能导致工程质量低劣，进度延迟或中断。

（五）竣工验收不规范，最终把关不严，可能导致工程交付使用后存在重大隐患。

第四条　企业应当建立和完善工程项目各项管理制度，全面梳理各个环节可能存在的风险点，规范工程立项、招标、造价、建设、验收等环节的工作流程，明确相关部门和岗位的职责权限，做到可行性研究与决策、概预算编制与审核、项目实施与价款支付、竣工决算与审计等不相容职务相互分离，强化工程建设全过程的监控，确保工程项目的质量、进度和资金安全。

第二章　工程立项

第五条　企业应当指定专门机构归口管理工程项目，根据发展战略和年度投资计划，提出项目建议书，开展可行性研究，编制可行性研究报告。

项目建议书的主要内容包括：项目的必要性和依据、产品方案、拟建规模、建设地点、投资估算、资金筹措、项目进度安排、经济效果和社会效益的估计、环境影响的初步评价等。

可行性研究报告的内容主要包括：项目概况，项目建设的必要性，市场预测，项目建设选址及建设条件论证，建设规模和建设内容，项目外部配套建设，环境保护，劳动保护与卫生防疫，消防、节能、节水，总投资及资金来源，经济、社会效益，项目建设周期及进度安排，招投标法规定的相关内容等。

企业可以委托具有相应资质的专业机构开展可行性研究，并按照有关要求形成可行性研究报告。

第六条　企业应当组织规划、工程、技术、财会、法务等部门的专家对项目建议书和可行性研究报告进行充分论证和评审，出具评审意见，作为项目决策的重要依据。

在项目评审过程中，应当重点关注项目投资方案、投资规模、资金筹措、生产规模、投资效益、布局选址、技术、安全、设备、环境保护等方面，核实相关资料的来源和取得途径是否真实、可靠和完整。

企业可以委托具有相应资质的专业机构对可行性研究报告进行评审，出具评审意见。从事项目可行性研究的专业机构不得再从事可行性研究报告的评审。

第七条　企业应当按照规定的权限和程序对工程项目进行决策，决策过程应有完整的书面记录。重大工程项目的立项，应当报经董事会或类似权力机构集体审议批准。总会计师或分管会计工作的负责人应当参与项目决策。

任何个人不得单独决策或者擅自改变集体决策意见。工程项目决策失误应当实行责任追究制度。

第八条　企业应当在工程项目立项后、正式施工前，依法取得建设用地、城市规划、环境保护、安全、施工等方面的许可。

第三章　工程招标

第九条　企业的工程项目一般应当采用公开招标的方式，择优选择具有相应资质的承包单位和监理单位。

在选择承包单位时，企业可以将工程的勘察、设计、施工、设备采购一并发包给一个项目总承包单位，也可以将其中的一项或者多项发包给一个工程总承包单位，但不得违背工程施工组织设计和招标设计计划，将应由一个承包单位完成的工程肢解为若干部分发包给几个承包单位。

企业应当依照国家招投标法的规定，遵循公开、公正、平等竞争的原则，发布招标公告，提供载有招标工程的主要技术要求、主要合同条款、评标的标准和方法，以及开标、评标、定标的程序等内容的招标文件。

企业可以根据项目特点决定是否编制标底。需要编制标底的，标底编制过程和标底应当严格保密。

在确定中标人前，企业不得与投标人就投标价格、投标方案等实质性内容进行谈判。

第十条　企业应当依法组织工程招标的开标、评标和定标，并接受有关部门的监督。

第十一条　企业应当依法组建评标委员会。评标委员会由企业的代表和有关技术、经济方面的专家组成。评标委员会应当客观、公正地履行职务、遵守职业道德，对所提出的评审意见承担责任。

企业应当采取必要的措施，保证评标在严格保密的情况下进行。评标委员会应当按照招标文件确定的标准和方法，对投标文件进行评审和比较，择优选择中标候选人。

第十二条　评标委员会成员和参与评标的有关工作人员不得透露对投标文件的评审和比较、中标候选人的推荐情况以及与评标有关的其他情况，不得私下接触投标人，不得收受投标人的财物或者其他好处。

第十三条　企业应当按照规定的权限和程序从中标候选人中确定中标人，及时向中标人发出中标通知书，在规定的期限内与中标人订立书面合同，明确双方的权利、义务和违约责任。

企业和中标人不得再行订立背离合同实质性内容的其他协议。

第四章　工程造价

第十四条　企业应当加强工程造价管理，明确初步设计概算和施工图预算的编制方法，按照规定的权限和程序进行审核批准，确保概预算科学合理。

企业可以委托具备相应资质的中介机构开展工程造价咨询工作。

第十五条 企业应当向招标确定的设计单位提供详细的设计要求和基础资料，进行有效的技术、经济交流。

初步设计应当在技术、经济交流的基础上，采用先进的设计管理实务技术，进行多方案比选。

施工图设计深度及图纸交付进度应当符合项目要求，防止因设计深度不足、设计缺陷，造成施工组织、工期、工程质量、投资失控以及生产运行成本过高等问题。

第十六条 企业应当建立设计变更管理制度。设计单位应当提供全面、及时的现场服务。因过失造成设计变更的，应当实行责任追究制度。

第十七条 企业应当组织工程、技术、财会等部门的相关专业人员或委托具有相应资质的中介机构对编制的概预算进行审核，重点审查编制依据、项目内容、工程量的计算、定额套用等是否真实、完整和准确。

工程项目概预算按照规定的权限和程序审核批准后执行。

第五章 工程建设

第十八条 企业应当加强对工程建设过程的监控，实行严格的概预算管理，切实做到及时备料，科学施工，保障资金，落实责任，确保工程项目达到设计要求。

第十九条 按照合同约定，企业自行采购工程物资的，应当按照《企业内部控制应用指引第7号——采购业务》等相关指引的规定，组织工程物资采购、验收和付款；由承包单位采购工程物资的，企业应当加强监督，确保工程物资采购符合设计标准和合同要求。严禁不合格工程物资投入工程项目建设。

重大设备和大宗材料的采购应当根据有关招标采购的规定执行。

第二十条 企业应当实行严格的工程监理制度，委托经过招标确定的监理单位进行监理。工程监理单位应当依照国家法律法规及相关技术标准、设计文件和工程承包合同，对承包单位在施工质量、工期、进度、安全和资金使用等方面实施监督。

工程监理人员应当具备良好的职业操守，客观公正地执行监理任务，发现工程施工不符合设计要求、施工技术标准和合同约定的，应当要求承包单位改正；发现工程设计不符合建筑工程质量标准或者合同约定的质量要求的，应当报告企业要求设计单位改正。

未经工程监理人员签字，工程物资不得在工程上使用或者安装，不得进行下一道工序施工，不得拨付工程价款，不得进行竣工验收。

第二十一条 企业财会部门应当加强与承包单位的沟通，准确掌握工程进度，根据合同约定，按照规定的审批权限和程序办理工程价款结算，不得无故拖欠。

第二十二条 企业应当严格控制工程变更，确需变更的，应当按照规定的权限和程序进行审批。

重大的项目变更应当按照项目决策和概预算控制的有关程序和要求重新履行审批手续。

因工程变更等原因造成价款支付方式及金额发生变动的，应当提供完整的书面文件和其他相关资料，并对工程变更价款的支付进行严格审核。

第六章 工程验收

第二十三条 企业收到承包单位的工程竣工报告后，应当及时编制竣工决算，开展竣工决算审计，组织设计、施工、监理等有关单位进行竣工验收。

第二十四条 企业应当组织审核竣工决算，重点审查决算依据是否完备，相关文件资料是否齐全，竣工清理是否完成，决算编制是否正确。

企业应当加强竣工决算审计，未实施竣工决算审计的工程项目，不得办理竣工验收手续。

第二十五条 企业应当及时组织工程项目竣工验收。交付竣工验收的工程项目，应当符合规定的质量标准，有完整的工程技术经济资料，并具备国家规定的其他竣工条件。

验收合格的工程项目，应当编制交付使用财产清单，及时办理交付使用手续。

第二十六条 企业应当按照国家有关档案管理的规定，及时收集、整理工程建设各环节的文件资料，建立完整的工程项目档案。

第二十七条 企业应当建立完工项目后评估制度，重点评价工程项目预期目标的实现情况和项目投资效益等，并以此作为绩效考核和责任追究的依据。

12.2　工程项目内部控制目标及风险点

12.2.1　工程项目内部控制的目标

　　工程项目是指企业自行或者委托其他单位从事的建造、安装、装饰等工程活动。大型的工程项目往往与企业长期的发展战略和规划相联系，工程项目完成的情况直接关系着企业的经济效益和可持续发展。

　　工程项目的内部控制就是要结合施工企业投资金额大、建设工期长、施工全过程不确定风险因素多等特点，根据施工前期的可行性调研、勘察和图纸设计，定期分阶段地对施工企业工程项目的全过程进行监督、检查与改进，在符合国家和地方质量标准的基础上，保证工程项目施工的进度、安全和成本控制，发现偏差，及时纠正和改善，最终保质保量地完成施工任务的过程。工程项目的内部控制的关键是做好工程项目的风险管理，即需要管理层和全体工作人员强化风险意识，通过风险识别、风险评价、风险应对、风险管理后评价了一系列程序，最大限度保证工程项目资产的安全性、工程项目信息的真实性和完整性，进行实物资产的优化配置，最终实现施工企业的战略目标。

12.2.2　工程项目内部控制的风险点

一、工程项目内部控制的难点

　　第一，工程项目标的金额大，不确定因素多。施工企业工程项目的产成品具有大型单件性的特点，合同总金额很大，往往单笔的设计、施工合同就上千万元，甚至过亿元。一项工程项目的实施，往往需要签订数十项甚至上百项合同，涉及多家施工单位、材料供应商、设计单位和装饰单位，且工程项目的建设具有一次性，一旦施工建设完成，很难轻易改变，因而在施工过程中存在多重不确定的未知风险，加大了施工企业内部控制的难度。

　　第二，工程项目周期长，成本控制难度大。一项工程项目的建设周期往往有数年，由于建筑产品的价值高，且具有不可移动性，施工过程涉及大量的生产要素，因而对施工企业项目经理的管理水平提出了较高要求。工程项目建设的过程就是不断发生各项成本累加的过程，项目成本涵盖的内容多且杂，管理层必须在保证工程质量和工期的前提下尽可能地将成本控制在预算范围之内，以确保企业的经济效益的实现。

　　第三，施工企业经营场所分散，管理难度大。施工企业通常同时进行多项工程项目建设，而不同的工程项目的经营场所相对分散，对企业全面内部控制提出了严峻考验。企业一般会委派项目经理对工程项目进行全过程的监督管理，然而这样使得企业的授权管理和资源相对分散，加大了企业日常管理的难度。

二、工程项目的内部控制风险的特点

　　工程项目的内部控制风险具有多样性、频率高、损失严重且关联性强的特点。工程项目建设规模大，工期较长，涉及的各个生产领域范围较广，因而在整个生产周期中面临着各种各样的风险。随着建筑市场的多元化发展，国际工程项目日益增多，工程项目除了要面临一般的市场风险、操作风险、信用风险、质量风险外，还要面临政治风险、汇率风险、文化差异风险等，从而也加大了项目管理者的管理难度。

　　工程项目施工常常受到恶劣天气的影响，地震、干旱、暴雨、霜冻等不可抗力会引起工期延长、成本增加，工程风险事件发生频率很高。另外，由于人为技术、管理等原因与自然因素相互作用，更容易引发工程质量或安全事故。

　　施工企业工程项目通常由多项分项工程组成，各工程之间具有较强的关联性，一旦一个环节出现漏洞，不可避免会给后续的工程施工带来很大的影响，且一些隐蔽工程若不经质量检验合格后继续施工，一旦出现问题就需要返工，造成成本浪费。工程项目投资金额巨大，施工人员众多，一旦出现安全质量问题，就会造成重大财产损失甚至人员伤亡。鉴于工程项目的风险波及范围和影响都如此之大，企业更应关注工程项目内部控制的风险点，以便在实际的运营中更有效地控制并降低工程项目的整体风险。

　　工程项目内部控制的风险点如表 12-1 所示。

表 12-1 工程项目内部控制的风险点

工程项目内部控制的风险点	立项缺乏可行性研究或者可行性研究流于形式，决策不当，盲目上马，可能导致难以实现预期效益或项目失败
	项目招标暗箱操作，存在商业贿赂，可能导致中标人实质上难以承担工程项目、中标价格失实及相关人员涉案
	工程造价信息不对称、技术方案不落实、概预算脱离实际，可能导致项目投资失控
	工程物资质次价高、工程监理不到位、项目资金不落实，可能导致工程质量低劣，进度延迟或中断
	竣工验收不规范，最终把关不严，可能导致工程交付使用后存在重大隐患

（1）立项缺乏可行性研究或者可行性研究流于形式，决策不当，盲目上马，可能导致难以实现预期效益或项目失败。

立项决策中，应遵从决策的规范原则、系统原则及最优化原则等科学决策原则。而实际情况中工程项目的立项存在很多决策不科学的问题，在社会评价、环境影响评价、民主决策上均存在不同程度的缺陷，主要表现在以下方面。

①依法行政意识淡薄，对所要决策的事项合法性、所带来的效益或可能产生的破坏性缺乏清晰的认知。

②决策中缺乏应有的公开透明性，规划实施之前没有进行公示。

③决策中缺乏应有的科学民主，没有充分听取和考虑来自不同方面的意见，主要领导实行家长制、一言堂。

④政府主导下行政审批不严肃，流于形式。

可行性研究报告的内容应该包括：项目概况、项目建设的必要性、市场预测、项目建设选址及建设条件论证、项目规划方案、建设规模和建设内容、项目外部配套建设、环境保护、劳动保护与卫生防疫、消防、节能、节水、总投资及资金来源、经济、社会效益、项目建设周期及工程进度安排、结论等。

企业在可行性研究报告编制中经常会出现内容不完整、在技术可行性和经济指标的论证上存在不同程度的缺陷等问题，主要表现在以下方面。

①可行性研究报告中未详细说明项目所处的具体位置，没有项目选址的比较论证资料，缺乏项目的可行性分析和风险分析。

②项目投资估算依据不可靠，估算中的部分指标与颁布的工程造价指标存在较大差距，存在虚假信息。没有对产品的销售预测、数量、价格、产品竞争能力作客观、科学的分析，使其后的经济指标无据可依、可信度差。

③缺少对拟建项目的规模、产品设计方案和发展方向的技术经济指标的比较和分析。

④未按规定单列节能篇，没按节能要求作项目能耗指标计算和分析，节能措施没有针对性，也无有关部门的审批意见。

（2）项目招标暗箱操作，存在商业贿赂，可能导致中标人实质上难以承担工程项目、中标价格失实及相关人员涉案。

目前，我国工程项目招投标中的招标人在公开招标的过程中主要存在以下问题。

一是规避招标。所谓的规避招标就是工程项目的合同估价超过万元的，招标人故意将单个工程项目拆分成两个或者数个小的工程项目，使单个工程报价低于万元，从而规避招标活动；或者以各种理由为借口，故意缩短招标时间，甚至采用议标的方式代替公开招标；或者以特殊项目、保密项目等特殊名目将本应招标的项目规避招标。

二是在投标过程中人为地设置障碍。投标人在招标过程中不按照法律规定的要求发布招标信息，比如不在网上、电视、报纸上发布公告，只是在小范围内发布公告。有些招标人对公告的发布也是随意而为，对于招标公告中应该有的内容，如招标人的单位名称和单位地址、招标项目的相关信息、工程性质、招标地点和时间以及一些相关透明资料等故意隐瞒或者介绍不够详细。另一种情况是工程项目的建设单位，在招标文件中设置一些明显带有针对性的限制条款。招标中各种招标障碍的设置，主要是为了给招标人自己有意向的投标单位大开方便之门，完全不顾工程项目招投标中应该遵循的公平公正原则。

同样，投标人在工程建设招投标活动中的问题主要体现在以下两个方面。

一是在招投标过程中的串标现象。投标人为了中标，与招标人互相串通，投标人之间互相围标、陪标以及串标的现象时有发生。有的投标人为了中标，恶意攻击其他竞争者，以金钱诱惑或者暴力威胁等手段使招投标活动掌握在自己手里。

二是在投标结束后，投标人在中标之后，将获得的工程项目施工权全部或者部分转让、分包给其他建设单位。随意变更投标单位的人员，也是转让施工权的主要手段和表现形式。

（3）工程造价信息不对称、技术方案不落实、概预算脱离实际，可能导致项目投资失控。

施工企业具有资金投入大、项目周期长的特点，更应做好前期的资金预算安排，并在施工过程中严格执行预算情况。管理层必须在保证工程质量和工期的前提下尽可能地将成本控制在预算范围之内，以确保企业经济效益的实现。然而实际工作中，由于施工企业前期决策考虑不周全，导致施工中人工、材料、机械等各项成本费用大额增加的情况比比皆是，最终给施工企业带来经济损失。

（4）工程物资质次价高、工程监理不到位、项目资金不落实，可能导致工程质量低劣，进度延迟或中断。

一项工程项目的建设周期往往需要历经数年，由于建筑产品的价值高，且具有不可移动性，施工过程涉及大量生产要素，因而对施工企业项目经理的管理水平提出了较高要求。工程项目建设的过程就是不断发生各项成本累加的过程，项目成本涵盖的内容多且杂。随着自身规模的扩大、施工技术的日益复杂，企业面临的各种工程风险也越来越多。而当前企业工程项目的管理者对潜在风险识别和评估的认识不深，在风险来临时，多处于被动地位，无法从容应对。而且，施工企业对内部控制的执行情况监督不力，过分关注工程项目的最终盈亏情况，而忽视施工过程的动态控制和实时的监督管理。

（5）竣工验收不规范，最终把关不严，可能导致工程交付使用后存在重大隐患。

施工企业工程项目的产成品具有大型单件性的特点，合同总金额很高，往往单笔的设计、施工合同就上千万元，甚至过亿元。一项工程项目的实施，往往需要签订数十项甚至上百项合同，涉及多家施工单位、材料供应商、设计单位和装饰单位，且工程项目的建设具有一次性，一旦施工建设完成，很难轻易改变，因而在施工过程中存在多重不确定的未知风险，加大了施工企业内部控制的难度。

在竣工验收交付使用时，企业同样不能马虎，对已完工的建设工程进行验收是工程项目建设中非常重要的环节。竣工验收是全面考核建设工作、检查是否符合设计要求和工程质量的重要环节，对促进建设项目（工程）及时投产、发挥投资效果、总结建设经验有重要作用。而现实中企业常常存在未办理正式竣工便交付使用、初验整改不到位而蒙混过关、验收不仔细导致投入使用后隐患多发等风险。

12.3　工程项目内部控制方法及关键点

12.3.1　工程项目内部控制的方法

企业在建立与实施工程项目内部控制中，职责分工、权限范围和审批程序应当明确规范，机构设置和人员配备应当科学合理。工程项目内部控制的方法如表 12-2 所示。

表 12-2　工程项目内部控制的方法

工程项目内部控制的方法	设置不相容岗位
	配备合格的人员
	建立工程项目授权制度和审核批准制度
	制定工程项目业务流程

（一）设置不相容岗位

企业应当建立工程项目业务的岗位责任制，明确相关部门和岗位的职责权限，确保办理工程项目业务的不相容岗位相互分离、制约和监督。

工程项目业务不相容岗位一般包括以下内容。

（1）项目建议、可行性研究与项目决策岗位。

（2）预算编制与审核岗位。

（3）项目决策与项目实施岗位。

（4）项目实施与价款支付岗位。

（5）项目实施与项目验收岗位。

（6）竣工决算与竣工决算审计岗位。

（二）配备合格的人员

企业应当根据工程项目的特点，配备合格的人员办理工程项目业务。

办理工程项目业务的人员应当具备良好的业务素质和职业道德。企业应当配备专门的会计人员办理工程项目会计核算业务，办理工程项目会计核算业务的人员应当熟悉国家法律法规及工程项目管理方面的专业知识。

对于重大项目，企业应当考虑聘请具备规定资质和胜任能力的中介机构（如招标代理、工程监理、财务监理等机构）和专业人士（如工程造价专家、质量控制专家等），协助企业进行工程项目业务的实施和管理。企业应建立适当的程序对所聘请的中介机构和专业人士的工作进行必要的督导。

（三）建立工程项目授权制度和审核批准制度

企业应当建立工程项目授权制度和审核批准制度，并按照规定的权限和程序办理工程项目业务。

完善的授权制度和审核批准制度包括以下内容。

（1）企业的资本性预算只有经过董事会等高层治理机构批准方可生效。

（2）所有工程项目的立项和建造均须经企业管理者的书面认可。

（四）制定工程项目业务流程

企业应当制定工程项目业务流程，明确项目决策、概预算编制、价款支付、竣工决算等环节的控制要求，并设置相应的记录或凭证，如实记载工程项目各环节业务的开展情况，确保工程项目全过程得到有效控制。除在建工程总账外，企业还必须设置在建工程明细账和工程项目登记卡，按工程项目类别和每项工程项目进行明细分类核算。对投入的工程物资等，要及时、准确地进行记录和核算。

12.3.2　工程项目内部控制的关键点

工程项目风险管理系统是一个动态管理过程，是指由施工企业管理者联合各部门负责人通过风险管理程序识别各种风险要素，选取科学的方法进行风险评估，根据企业自身情况和工程项目特点选择有效的应对风险策略，最终实现较小的成本支出，尽可能减少工程风险损失，以期获得安全质量保证的工程项目风险管理目标。工程项目业务流程与风险控制过程的关键点见图12-1。

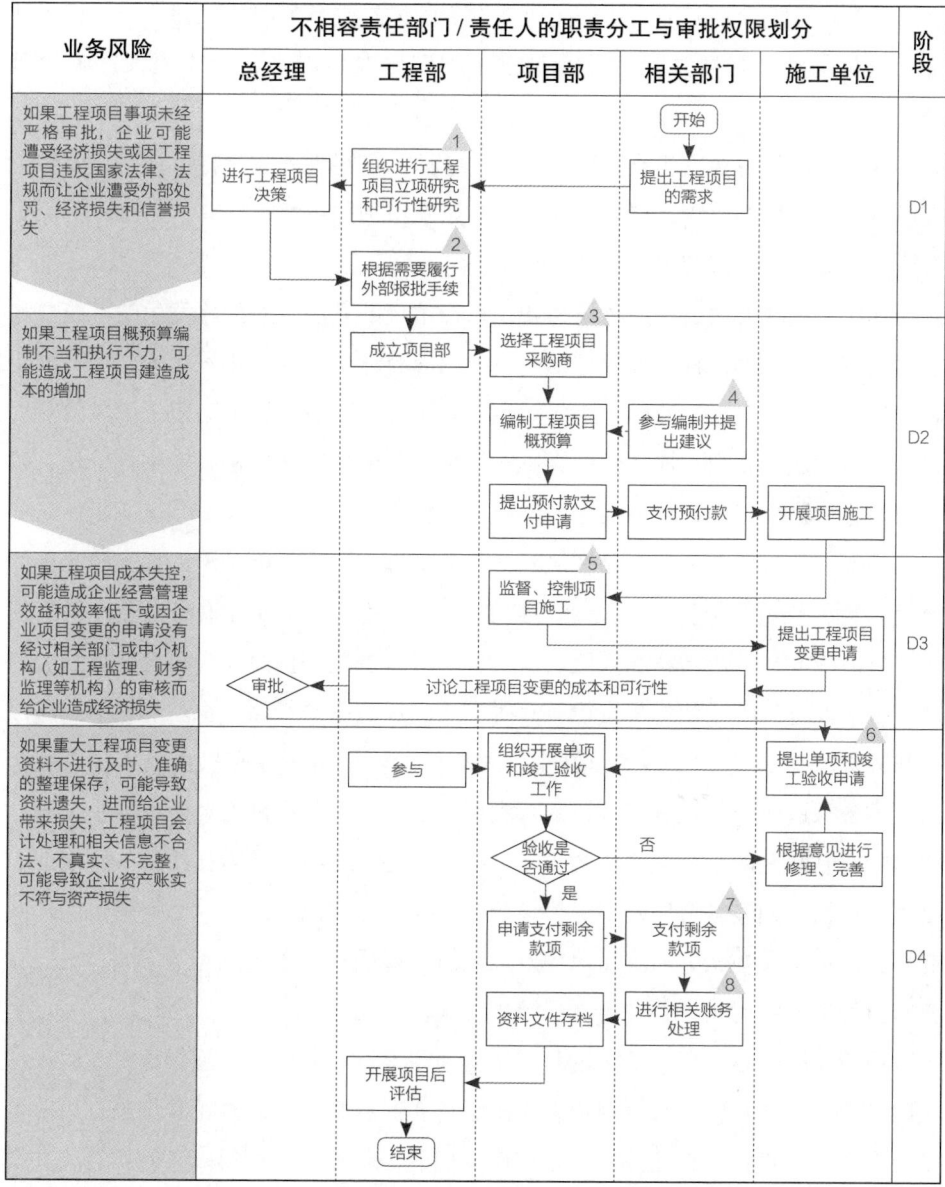

图 12-1 工程项目业务流程与风险控制过程的关键点

　　本书主要讨论施工企业工程项目风险管理程序在工程实施中重要环节的运用。工程项目风险管理的关键步骤主要可以概括为四步：第一步是风险识别，第二步是风险评估，第三步是风险应对和处理，第四步是风险管理后评价。

　　首先，风险识别是风险管理过程的第一步，是指施工企业在收集工程项目各种信息之后，通过一定的检查程序和步骤全面分析工程项目存在的风险和可能发生的损失。风险识别并非将每一个可能发生的风险进行简单的罗列，而是将各种可能发生的潜在风险进行归集和整理，识别出对生产经营产生重大影响的风险点。

风险识别的主要内容有：确定风险的来源，描述各种风险特征，确定会对工程项目产生影响的风险，以及影响后果。风险识别的主要方法有：对比分析历史数据、咨询相关专家意见、集体讨论等。

其次，风险评估是指通过定性和定量相结合的方法，对风险发生的可能性和严重程度进行合理估计。风险评估的主要内容有评价风险因素发生的概率、风险因素带来的损失程度、风险等级等。企业对工程项目风险评估时应考虑风险对项目工期、质量、安全和成本的综合影响。风险评估的主要方法有专家打分法、蒙特卡罗分析法、风险评估系图法、敏感性分析法等。

再次，风险应对和处理是在风险评估的基础上，将风险带来的损失降至最低点而制定相应的风险应对计划并付诸实施的过程。风险应对策略主要有风险规避、风险降低、风险转移和风险自留四种。风险规避是指企业为了免除风险的威胁，采取规避风险或使损失发生概率等于零的风险应对策略，也就是放弃或者停止与该风险相关的业务活动以减小损失。风险降低是企业在权衡成本与效益之后，准备采取适当的控制措施改变不利后果的概率，从而降低风险或减小损失，将风险控制在风险承受度之内的策略。风险转移是指将风险转移给另一家企业、公司或机构，如签订合同及财务协议是转移风险的主要方式。风险自留也叫风险容忍，是指企业在认为自身可以应对风险时选择的自我承受风险的方式，一般在没有更好选择的时候，企业会选择该种方式。

最后，风险管理后评价指的是在工程项目建设过程中，风险管理者随时关注风险管理过程的执行情况，对潜在风险进行实时监督、及时修正和调整。风险监察者定期检查正在发生的损失，以了解他们的控制建议是否得以有效实施，并设计方案来改善风险管理过程，以期应对不断出现的新风险。

总之，上述四个风险管理过程的步骤覆盖整个施工企业的各个生产部门，这些程序应深入企业的各业务层面中，以保证其有效的执行。企业管理者应该鼓励企业各级员工积极参与工程项目的全面风险管理过程。

12.4　工程项目内部控制流程

12.4.1　工程项目立项与招标的内部控制流程

工程立项属于项目决策过程，是对拟建项目的必要性和可行性进行技术经济论证，对不同建设方案进行技术经济比较并作出判断和决定的过程。立项决策正确与否，直接关系到项目建设成败。

（一）立项

（1）工程立项流程。

工程立项阶段的主要工作包括编制项目建议书、可行性研究、项目评审与决策，具体流程如图 12-2 所示。

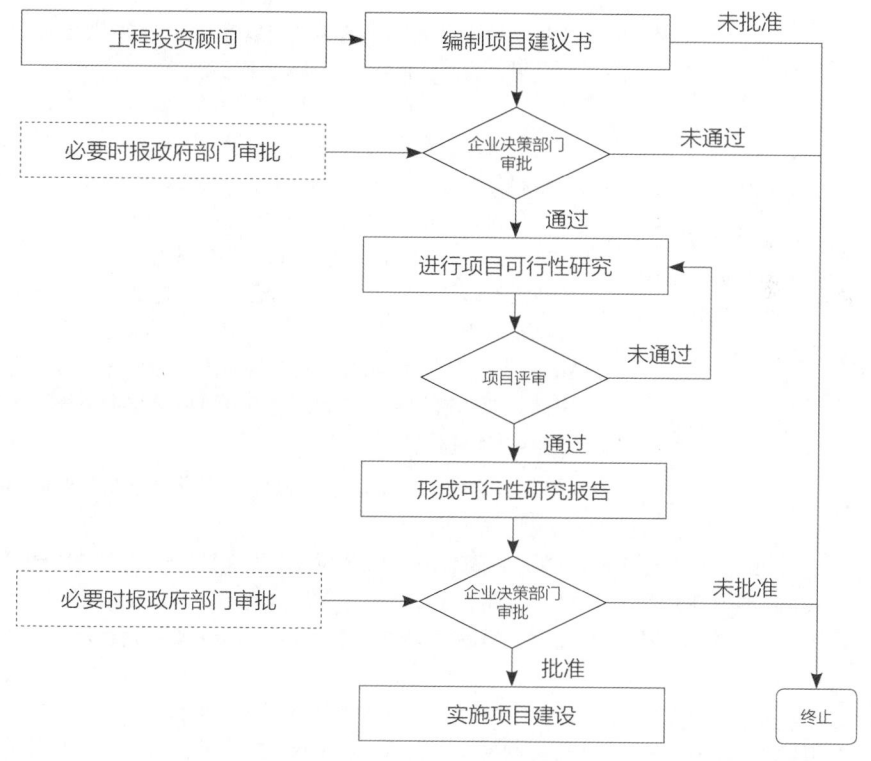

图 12-2　工程立项流程

（2）工程立项环节的主要风险及管控措施。

工程立项环节的主要风险及管控措施如表 12-3 所示。

表 12-3　工程立项环节的主要风险及管控措施

环节	主要风险	管控措施
编制项目建议书	（1）投资意向与国家产业政策和企业发展战略脱节 （2）项目建议书内容不合规、不完整，项目性质、用途模糊，拟建规模、标准不明确，项目投资估算和进度安排不协调	（1）明确投资分析、编制和评审项目建议书的职责分工 （2）全面了解所处行业和地区的相关政策规定，以法律法规和政策规定为依据，结合实际建设条件和经济环境变化趋势，客观分析投资机会，确定工程投资意向 （3）根据国家和行业有关要求，结合企业实际，规定项目建议书的主要内容和格式，明确编制要求 （4）对于专业性较强和较为复杂的工程项目，可以委托专业机构进行工程投资分析，编制项目建议书 （5）企业决策机构应当对项目建议书进行集体审议，必要时，可以成立专家组成委托专业机构对项目建议书进行评审；承担评审任务的专业机构不得参与项目建议书的编制 （6）根据国家规定，应当报批的项目建议书必须及时报批并取得有效批文
可行性研究	（1）缺乏可行性研究，或可行性研究流于形式，导致决策不当，甚至可能导致项目失败 （2）可行性研究的深度达不到质量标准和实际要求，无法为项目决策提供充分、可靠的依据	（1）根据国家和行业有关规定以及企业实际，确定可行性研究报告的内容和格式，明确编制要求 （2）委托专业机构进行可行性研究的，应当制定专业机构的选择标准，确保可行性研究科学、准确、公正。在选择专业机构时，应当重点关注其专业资质、业绩和声誉、专业人员素质、相关业务经验等 （3）切实做到投资、质量和进度控制的有机统一，即技术先进性和经济可行性要有机结合。建设标准要符合企业实际情况和财力、物力的承受能力，技术要先进适用，对于拟采用的工艺，既要考虑其对产品质量的提升作用，又要考虑企业营销状况和走势，避免盲目追求技术先进而造成投资或投资损失浪费
项目评审与决策	（1）项目评审流于形式，误导项目决策 （2）权限配置不合理，或者决策程序不规范，导致决策失误，给企业带来巨大经济损失	（1）组建项目评审组或委托具有资质的专业机构对可行性研究报告进行评审 （2）在项目评审中，要重点关注项目投资方案、投资规模、资金筹措、生产规模、布局选址、技术、安全、环境保护等方面的情况，核实相关资料的来源和取得途径是否真实、可靠，特别要对经济技术可行性进行深入分析和全面论证 （3）按照规定的权限和程序对工程项目进行决策，决策过程必须要有完整的书面记录，并实行决策责任追究制度。重大工程项目，应当报经董事会或者类似决策机构集体审议批准，任何个人不得单独决策或者擅自改变集体决策意见

（二）招标

工程招标一般包括招标、投标、开标、评标和定标五个主要环节，如图

12-4 所示。

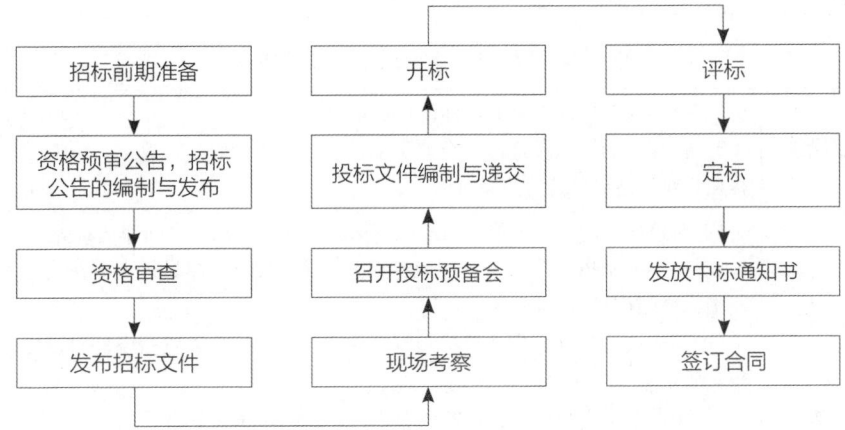

图 12-3 工程招标的主要环节

（1）招标。

招标的主要风险与管控措施如表 12-4 所示。

表 12-4 招标的主要风险与管控措施

主要风险	（1）招标人肢解建设项目，致使招标项目不完整，或逃避公开招标 （2）投标资格条件因人而设，未做到公平、合理，可能导致中标人并非最优选择 （3）相关人员违法违纪泄露标底，存在舞弊行为
管控措施	（1）建设单位应当按照《中华人民共和国招标投标法》等相关法律法规，结合本单位实际情况，本着公开、公平、公正等竞争原则，建立健全本单位的招投标管理制度，明确招标工程项目的范围、招标方式、招标程序，以及投标、开标、评标、定标等各环节的管理要求 （2）工程立项后，对于是否采用招标，以及招标方式、标段划分等，应由建设单位工程管理部门牵头提出方案，报经建设单位招标决策机构集体审议通过后执行 （3）建设单位确需划分标段组织招标的，应当进行科学分析和评估，提出专业意见；划分标段时，应当考虑项目的专业要求、管理要求、对工程投资的影响以及各项工作的衔接，不得违背工程施工组织设计和招标设计方案，将应当由一个承包单位完成的工程项目肢解成若干部分分发包给几个承包单位 （4）招标公告的编制要公开、透明，严格根据项目特点确定投标人的资格要求，不得根据意向中标人的实际情况确定投标人资格要求。建设单位不具备自行招标能力的，应当委托具有相应资质的招标机构代理招标 （5）建设单位应当根据项目特点决定是否编制标底；需要编制标底的，标底编制过程和标底要严格保密

（2）投标。

投标的主要风险与管控措施如表 12-5 所示。

表 12-5　投标的主要风险与管控措施

主要风险	（1）招标人与投标人串通投标，存在舞弊行为 （2）投标人的资质条件不符合要求或挂靠、冒用他人名义投标，可能导致工程质量难以达到规定标准等
管控措施	（1）对投标人的信息采取严格的保密措施，防止投标人之间串通舞弊 （2）科学编制招标公告，合理确定投标人资格要求，尽量扩大潜在投标人的范围，增强市场竞争性 （3）严格按照招标公告或资格预审文件中确定的投标人资格条件对投标人进行实质审查 （4）建设单位应当履行完备的标书签收、登记和保管手续

（3）开标、评标和定标。

开标、评标和定标的主要风险与管控措施如表 12-6 所示。

表 12-6　开标、评标和定标的主要风险与管控措施

主要风险	（1）开标不公开、不透明，损害投标人利益 （2）评标委员会成员缺乏专业水平，或者建设单位向评标委员会施加影响，致使评标流于形式 （3）评标委员会成员与投标人串通作弊，损害招标人利益
管控措施	（1）开标过程应邀请所有投标人或其代表出席，并委托公证机构进行检查和公证 （2）依法组建评标委员会，确保其成员具有较高的职业道德水平，以及招标项目专业知识和丰富经验。评标委员会成员名单在中标结果确定前应当严格保密。评标委员会成员和参与评标的有关工作人员不得私下接触投标人，不得收受投标人任何形式的商业贿赂 （3）建设单位应当为保证评标委员会独立、客观地进行评标工作创造良好条件，不得向评标委员会成员施加影响，干扰其客观评判 （4）评标委员会应当在评标报告中详细说明每位成员的评价意见以及集体评审结果，对于中标候选人和落标人要分别陈述具体理由。每位成员应对其出具的评审意见承担个人责任 （5）中标候选人是 1 个以上时，招标人应当按照规定的程序和权限，由决策机构审议决定中标人

（4）签订合同。

中标人确定后，建设单位应当在规定期限内同中标人订立书面合同，双方不得另行订立背离招标文件实质性内容的其他协议。在工程项目的合同管理方面，除应当遵循《企业内部控制应用指引第 16 号——合同管理》的统一要求外，还应特别注意以下几个方面。

① 建设单位应当制定工程合同管理制度，明确各部门在工程合同管理和履行中的职责，严格按照合同行使权利和履行义务。

② 建设工程施工合同、各类分包合同、工程项目施工内部承包合同应当按照国家或本建设单位制定的示范文本的内容填写，清楚列明质量、进度、资金、安全等各项具体标准。施工图纸是合同的重要附件，与合同具有同等法律效力。

③ 建设单位应当建立合同履行执行情况台账，记录合同的实际履约情况，并随时督促对方当事人及时履行其义务，建设单位的履约情况也应及时做好记录并经对方确认。

12.4.2　工程项目预算与进度的内部控制流程

（一）工程项目预算

1.成立预算管理小组，细分预算指标

预算管理小组负责预算审阅、汇总上报工作，并将获批预算指标按照责、权、利原则细化分解至各责任中心。各责任中心负责预算执行、分析具体工作，预算管理小组对其预算执行完成情况评价考核。各预算执行单位应细化预算指标。各责任主体应明确所负责的预算环节流程，避免推卸责任。

预算管理小组的业务职责具体划分如下。

（1）综合部负责工资总额及工资附加费、职工教育经费、固定资产及低值易耗品等相关指标的预算、分解、落实。

（2）工程部负责工程总承包业务板块收入、进款及委外分包等业务预算的编制，并按照项目进行分解落实；负责工程总承包业务板块合同管理及招投标等指标的预算，并按照项目进行分解落实；负责工程总承包业务板块设备材料采购指标的预算，并按照项目进行分解落实。

（3）安质部负责事业板块劳动保护费指标的预算，并按照项目进行分解落实。

（4）设计部负责工程总承包业务板块科研开发指标的预算，并按照项目进行分解落实。

（5）计财部牵头组织开展各项全面预算管理工作，以项目部的业务预算为基础编制整体预算；负责财务预算报表的编制、审核、上报、调整工作，按月编制预算执行情况分析报告；根据集团公司审核下达的预算指标进行分解落实。

2. 完善预算执行组织体系

项目部应对比对标行业、对标业务、对标专业，找差距、补短板、强弱项，优化调整组织机构，加快构建运行高效、管理顺畅、职责清晰的预算执行组织体系。完善后的项目部全面预算执行组织体系由预算管理决策机构、预算管理职能机构和预算管理执行机构组成。预算管理决策机构为项目部业务预算管理委员会（以下简称预算管理委员会）。项目部经理任主任委员，副主任委员由常务副经理担任，成员由计财部等5部门组成。预算管理委员会决定和处理全面预算管理的重大事项。其主要职责如下。

（1）制定项目部全面预算管理政策、规定、制度、措施、办法等文件；制定总承包业务全面预算编制的方针、原则、程序和要求。

（2）根据集团公司战略规划和经营目标，制定项目部业务年度预算目标。

（3）审查项目部预算草案，协调解决预算编制的问题并提出必要建议。

（4）将经过审查的年度预算按程序提交集团公司审批，并按集团公司下达的总承包业务预算进行分解平衡、组织下达各预算执行单位。

（5）协调解决预算执行中的问题，必要时对预算执行过程进行干预。

（6）审议、批准预算调整事项。

（7）接受定期预算分析报告。

（8）审查年度决算。

预算管理委员会下设预算管理办公室，将其作为项目部预算管理职能机构。预算管理办公室设在计财部，预算管理办公室主任由计财部部长兼任。其主要职责如下。

（1）负责研究、起草总承包业务全面预算管理相关政策、制度、规定等。

（2）组织项目部全面预算的编制、审核、汇总、评审及上报工作。

（3）负责跟踪、检查全面预算执行情况，定期向预算管理委员会提交全面预算执行情况分析报告，分析全面预算与实际执行的差异及原因，提出改进管理的措施和建议。

（4）负责收集、审查、整理全面预算调整资料，向预算管理委员会提交预算调整草案。

（5）参与全面预算的执行控制及考评。

（6）为各预算单位的预算管理提供咨询。

（7）负责预算管理其他日常工作。

项目部下设 5 个部门为预算管理执行机构。预算管理执行机构应根据预算管理委员会和预算管理办公室的要求，组织开展本预算单位的预算管理工作。其主要职责如下。

（1）成立本预算单位的预算管理组织，负责本预算单位预算编制、评审和上报等工作。预算数据不是各单位上报多少就采用多少，要增加预算的评审环节，要有评审过程，要将严控成本落到实处。

（2）负责将部门指标划分到人、划分到岗，指标应具体、定量、可操作。

（3）查找差异问题原因，总结部门的执行管理情况。

（4）协助完成评价考核工作。

（二）提高预算执行信息化水平

1. 创建数据共享平台

预算执行控制过程中，数据管理贯穿始终，如果没有数据支撑，效果会大打折扣。从信息化视角来看，同类数据汇聚成为信息，多类信息汇聚成为系统，数据如同系统的血液。一方面，企业各类管理行为，各应用系统时时刻刻都在产生数据。另一方面，企业要拾取海量数据，剔除杂质，开展数据分析，服务管理决策。数据仓库建设是数据管理的基础性工作，自然也就成为预算管理的基础性工作。做好数据仓库建设要把握好 3 点。

一是建立数据标准体系，聚焦项目管理需求，进一步细化拓展，丰富完善，建立起全面统一的预算执行数据标准体系。

二是厘清数据关联关系。数据承载的信息有一定的逻辑关系，需要通过业务流程梳理，科学把握数据的内在逻辑关系；要顺应逻辑关系来管理数据，最大限度减少人为干预，确保数据的真实性、及时性和有效性。

三是与系统建设同步实施。信息系统是数据传输的最佳载体。信息系统建设的同时要统筹考虑数据的采集、存储、转换、发布、传输等各环节，确保需要的数据能够源源不断地通过应用系统输送到数据仓库。

预算管理系统重点聚焦业务、财务融合，有效指导生产，明确数据输入、输出内容，统筹全面预算与预算执行情况，系统构建财务管理（或全面预算）系统建设方案，实现成本分析目标。

预算执行控制主要实现预算信息模块与各财务和业务系统的及时数据交换，实现对财务和业务预算执行情况的实时控制等。预算执行控制的输入信息一般包括企业各业务板块及部门的主要绩效指标、业务计划、预算执行控制标准及预算执行情况等。企业应通过对数据的校验、比较和查询汇总，比对预算目标和执行情况的差异；建立预算监控模型，预警和冻结超预算情形，形成预算执行情况报告；执行预算控制审核机制以及例外预算管理等。预算执行控制的最终输出结果为预算执行差异分析报告、经营调整措施等。

2. 加强软硬件改造升级

管理信息化是推进管理的重要手段。企业要做好信息化，首先管理理念要先进，信息化脉络要清晰，管理理念肯定要先进。目前项目部各项规范经营管理工作逐步完善，推行管理信息化的条件已基本具备，要着手开展这项工作，必须先从构建整体框架，分类、分板块、分步实施开始，制定推进计划，切实做好管理信息化工作。信息化技术发展日新月异，信息化作为实现项目发展的手段，已经介入项目管理的各项工作中。项目部需要利用信息化手段来推动高效管理，利用大数据管理，将现金流、信息流结合起来，实现信息资源互联互通，方便各部门及时获取、处理、反馈数据信息，提高部门间沟通效率，降低工作量，提升预算执行控制和信息共享控制能力，建设信息化管理平台。将预算系统管理信息化理论与实际结合，会使成本管控更加合理、精确，工程资料准确、合规。

软件升级是指计财部引进或开发预算执行控制软件、预算执行系统与总账做账系统，将平台数据与账务数据通过局域网实现信息共享。企业应建立健全预算执行动态预警机制，实现业务全过程监管。预算管理执行机构根据风险点设置预算控制点，当数据录入完成后进行科学计算。实际发生额接近预算指标时，系统会预警执行情况，此时系统还能保存数据。当实际发生额超出预算指标时，系统无法保存，提醒执行人员采取弥补措施。而当实际发生额为预算外指标时，系统会提示执行人员调整预算，提高预算执行的弹性及预警水平。预算调整不宜过于频繁，否则会影响整体预算质量。

硬件升级主要指配套服务器和局域网络端口升级等。

3. 加大预算执行监督力度

（1）制定合理验工计价管理办法，明确各管理部门职责分工。

①项目经理负责各类费用计划、验工计价、职责范围内的费用增减的审批。②项目总工程师负责验工计价的审核。③计财部负责各类费用计划的编制；负责各期验工计价表的编制和汇总；负责各期对各施工单位验工计价表的初审；负责对费用增减的计算和控制。④工程部负责对上验工计价中工程数量的澄清；负责各期验工数量的计算和确认；负责各期对各施工单位验工计价表的初审。⑤安质

部负责对上验工计价中施工质量的澄清,提供已完工程配套检验资料;负责各期验工数量的质量检查和确认,各期安全生产费用支出的确认。

（2）严控计价程序管理。

验工计价应设立标准化流程,保证记录工程量的真实性、准确性,按照先监理部门核实签认,再设计部审核,最后项目经理审签的程序,避免手续不齐全。计财部核准计价,保证其真实性,且与投资计划保持一致。对上（业主方）验工计价时,由工程部、安质部、计财部、监理方和业主方开会签认工程完工量,计财部根据其工程量编制验工计价表,报经总承包负责人审批后,交给业主批准。对下（施工方）验工计价时,遵循"先验工,后计价""先对上,后对下"原则。由工程部、安质部、计财部三方协作审核,工程部负责审核工程量;安质部负责审核完工质量;计财部负责审核单价及总价。同时做好计价批复完成后管理,清晰登记计价台账,扫描电子版留档管理。验工计价流程如图 12-4 所示。

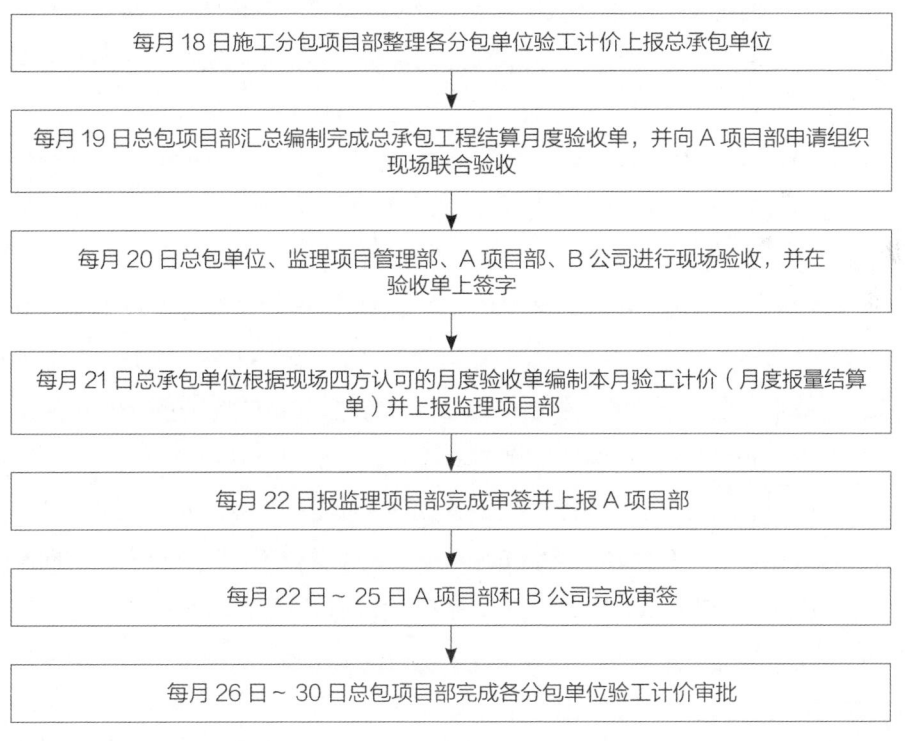

图 12-4　验工计价流程

注：A 项目部、B 公司为举例

验工计价批复后要及时分发,并留好分发签收记录备查。要及时根据验工计价情况登记验工计价台账，包括日期、金额、标段或者单位，以及其他需要说明的情况。为便于日常查阅，已批复验工计价资料建议扫描成 PDF 保存并发项管室备案。合同外验工计价要有完善的计价批复资料。总承包验工计价中应注意设计费和管理费的验工，不要漏项。

按合同中工程进度款的支付比例支付，可解释为按约定的验工计价款比例进行支付。如设计费至项目竣工结算时支付至总额的 95%，部分项目相关人员误解为设计费的验工计价按总额的 95% 报验，正解应为按设计费全额报验，仅在业主方拨付工程款时扣除 5%。

4. 强化现金流量管理

通常工程项目总包合同金额高，应收账款数额较大，且存在较大资金无法收回风险及行业政策风险。为了预算执行工作顺利进行，既要做好催收工作，尤其是逾期时间超过 1 年的应收账款；又要建立健全资金使用审核制度，加强现金流监督管理。针对现金的日常管理，要坚持收支两条线，防止坐收、坐支现象的发生。严格控制在项目当地开户，所有收支通过集团公司集团账户，定期对现金进行盘点，尽量做到业务流与现金流同步。现金流管理的要点如下。

（1）财务部门要通过现金流分析（至少要进行 3 年以上的现金流分析），结合预算执行控制目标确定本年度的资金使用计划，核算资金收、支、余；严格依据预算进行资金拨付，强化大额资金运用事前监督。

（2）按照量、本、利经济责任制，下放委外用款审批与支付权限，构建两级资金管控体系。资金管理要实现分级管控，资金审批绝不是资金管控。无论是收入还是成本，归本单位的，都由项目部负责管理。各部门要坚持节俭的原则，不能有了权限管理就放松，要严格管理资金，从源头上抓好管理。

（3）规避资金风险。项目部主要是从法律角度和经济角度去规避风险，不要以为能够通过委外分包转嫁风险给分包商，建设单位不会找分包商解决问题。

（4）提高资金使用效率，不要长时间过多占用资金。资金也是资源，具有货币时间价值。为了避免大量资金闲置，机会成本增加，企业要提高资金使用效益，在安全可控的前提下实现资金收益。

具体规则示例如下。各责任中心对外支付款项，合同金额 500 万元（含 500 万元）以下的，由项管室、财务室主任审核，主管副院长、院长联签审批。合同金额超过 500 万元的，履行内部"三重一大"决策程序后，由财务室主任审核，主管副院长、院长联签审批。房屋租赁、汽车租赁等后勤服务类采购合同，合同金额 200 万元（含 200 万元）以下的，由财务室主任审核，主管副院长、院长联签审批。合同金额超过 200 万元的，履行内部"三重一大"决策程序后，由财务室主任审核，主管副院长、院长联签审批。

5. 建立完善的预算反馈机制

预算反馈机制是预算执行情况自上而下、自下而上的信息收集、反馈机制，包括成本费用发生、资金进度、工程完成进度等信息，确保执行管理者能及时掌握相关有效信息，增强项目部风险应对能力。预算管理委员会应和执行部门沟通工程进度、预算执行差异情况，督促项目部更好完成既定目标。

6. 建立预算执行分析机制

预算执行分析控制是预算执行控制的有效方法之一，项目部上报预算批准后，各部门作为责任成本中心将年度预算指标细分为半年度预算指标，将对预算执行影响较大的收入、成本、现金流等因素相关指标细分为季度预算指标、月度预算指标，方便及时查找差异存在原因。不仅要对预算完成结果进行控制，还要加强事前控制、事中控制，避免造成不可逆转的损失。

项目部每月末编制资金预算执行差异汇总表，对当月主要经营目标预算执行情况进行分析，对与同期比变动、与预算指标比变动、与按时间进度偏差比变动达到 10％的项目，逐项说明原因。项目部既要分析有利差异又要分析不利差异，总结推广产生有利差异的经验，在年底绩效考核时对相关人员予以奖励；对产生不利差异的原因应进行分析。分析要有实质内容，要有工作量、数据作为原因分析的支撑；要深入体现业财融合原则，不能简单表述为"较上年增加多少，增幅多少；较预算增加多少，增幅多少"，也不能笼统地归结为"生产任务增长"，要分析反映经济业务发生的实质内容，体现出"为什么增减"。主要财务指标应至少包括营业收入、利润总额、产值利润率、资产负债率、未完施工挂账、业务招待费、人均经费、工资总额等指标。分析报告中要对预算文件提出要求的落实情况以及制定的保障措施等进行说明，于次月 10 日前上报预算执行情况。预算管理委员会根据汇报的情况表汇总，纠正出现的错误。

资金预算执行差异汇总表如表 12-7 所示。

表 12-7 资金预算执行差异汇总表

单位：万元 　　　　　　　　　年 　 月 　　　　　资料提供部门：

项目	实际数		预算数		增减		差异原因说明	备注
	金额	%	金额	%	金额	%		
								本表由财务部门填列实际数、预算数，各责任中心填写差异原因说明

7. 完善预算执行考核评价

各预算执行单位应借鉴平衡计分卡方法，以财务预算指标为核心，建立完整的指标分析体系，对经营业绩作出科学合理的客观评价，加强对关键指标的运行分析和预算控制，从业务前端入手，加大管控力度，确保预算对各项生产经营活动有效控制，提升企业经营质量；以全员为基础，全过程为标准，全方位为要求，综合考虑责任中心内的人、财、物和收入、支出、债权债务，加强全面预算基础工作管理，建立健全原始记录、定额等。各责任中心应结合生产经营特点，逐步积累和建立定额管理体系，按照生产作业环节查找成本发生的内在动因，积极强化各类定额、标准的制定工作，推动对标管理，通过收集整理各类对标数据，将历史标准、行业标准与先进标准有机结合，控制成本费用、提升资产运用效率，形成对标、立标和达标的闭环式定额管理体系，强化定额对经营生产的指导作用。

合理、科学的预算执行考评指标有利于预算分析、及时发现执行偏差原因、提高预算执行积极性、实现执行全过程的考核控制。项目部应建设合理、有效的考评体系，对预算执行情况进行考评，考核指标涉及收入控制，利润控制，人工费控制、材料费控制、机械费控制等成本控制以及现金流使用等。项目部应改变过去偏重财务指标的思维，转向综合性指标。

预算管理委员会不仅要根据静态的财务数据指标，还要根据各责任中心主体的实际情况设置合理的动态考核指标。年底根据财务数据和经营数据综合分析，易造成突击完成指标的现象。项目部应实行季度考核，时时监控。考核指标包括编制合理性和可操作性、编制方法选择、预算执行过程中的态度、预算执行的时效性、预算执行的合规性、财务指标的完成率、经营指标的完成率、预算执行与监督权是否保持独立性、预算监督是否贯穿全过程，预算执行差异分析的时效性、准确性、合规性，以及预算执行责任划分合规性、预算考核指标选取的合理性等。项目部下发预算执行情况权重调查表，根据反馈结果，依照重要性原则，依次设置不同权重系数，将指标加权计算分数，作为考核结果。项目部预算考核财务指标如表 12-8 所示。

表 12-8　项目部预算考核财务指标

指标	计算公式
营业收入完成率	实际营业收入 / 预算营业收入
营业成本完成率	实际营业成本 / 预算营业成本
净利润完成率	实际净利润 / 预算净利润
净现金流完成率	实际净现金流量 / 预算净现金流量
净利润差异率	净利润差异数 / 预算净利润
净现金流差异率	净现金流量差异数 / 预算净现金流量
营业收入差异数	实际营业收入 – 预算营业收入
营业成本差异数	实际营业成本 – 预算营业成本
净现金流量差异数	实际净现金流量 – 预算净现金流量
营业收入差异率	营业收入差异数 / 预算营业收入
营业成本差异率	营业成本差异数 / 预算营业成本
人工费差异数	实际人工费 – 预算人工费
人工费工日量差	实际耗用工日数 – 预算耗用工日数
人工费价差	实际耗用工日数 ×（实际费价 – 预算费价）
材料费差异数	实际材料费 – 预算材料费
材料费量差	实际材料用量 – 预算材料用量
材料费价差	实际材料用量 ×（实际材料单价 – 预算材料单价）
机械费差异数	实际机械费 – 预算机械费
机械费量差	实际机械用时 – 预算机械用时
机械费价差	实际机械用时 ×（实际机械用时单价 – 预算机械用时单价）

（三）工程项目进度

下面以丰台区某保障房建设项目为例，阐释工程项目工程质量、施工安全、进度检查的控制流程。

（1）具体控制措施设计。

为规范检查标准的制定和巡查内容指引的编写，防范检查标准制定和巡查内容指引编写过程中出现错漏，应将标准制定、指引编写和审批设置为不相容岗位；为了规范对偏差的整改，防止整改措施流于形式、整改措施不力等，应将整改方案的制定和审批设置为不相容岗位；为了规范检查结果的统计和评价，防止统计和评价与实际情况不符，应将检查结果统计、评价与审批设置为不相容岗位。

在工程质量、施工安全、进度检查中，工程管理部制定项目工程检查标准和巡查内容指引，明确工程项目施工各阶段检查的主要内容和关键点，并组织讨论确定后报工程总监审批。工程管理部根据项目施工节点和各阶段特点确定具体巡查时间，定期或不定期进行巡查，发生等级以上质量或安全事故的应立即检查。工程管理部组织以工程管理部成员为固定小组成员、其他专业工程师作为小组机动成员的巡查小组进行项目巡查。巡查小组记录检查结果，编制《项目巡查报告》，对检查发现问题提出整改建议，受检施工方工程管理部提交《项目整改方案》，工程管理部对《项目整改方案》进行审批。工程管理部、监理单位共同监督施工方进行整改，并定期或下次巡查时检查复核整改结果。工程管理部定期对检查结果进行统计和评价，统计和评价结果报工程总监审批并通报总经理办公会。

（2）关键控制点。

工程质量、施工安全、进度检查有三个关键控制点。第一，工程总监审批检查标准和巡查内容指引，重点审查指引巡查时间是否符合施工各阶段特点，确保在重要的施工节点进行巡视（地勘工作一周内、土方开挖第一周内、基础工程完工后一周内、地下室施工阶段、转换层施工阶段、首层标准施工阶段、主体验收之前一周内、装修施工开始第一周内、竣工验收前两周、入伙前两周左右等，主体标准层施工阶段的巡查时间可相对机动，视工程实际情况可再增设巡查节点）；发生质量或安全事故等是否立即安排了检查等。第二，工程管理部审核、工程总监审批施工方整改方案，主要关注整改方案采取的措施是否及时、有效。第三，工程总监审批检查结果统计和评价，主要关注统计和评价是否按照事先制定的统计和评价标准，是否及时、客观等。

（3）内部控制措施具体应用。

对于工程质量与进度检查控制，保障房建设工程项目管理中已成功案例如下。

丰台区某保障房项目施工进度控制工作的成功，主要表现在对项目用地的拆迁工作进度控制和工程项目施工进度控制方面。

在拆迁工作进度控制方面，涉及该项目用地征地过程中对石榴庄村集体土地的拆迁安置工作，该用地现用途为农、居民住宅户，集体企业家以及村内的道路、配电等公共设施。石榴庄村集体土地的征用及拆迁安置是保障房开发成本控制的最大不确定因素。公司从多方面进行管理，一是协调丰台区建委等政府力量进行督导；二是公司采取亿元整体打包的方式将石榴庄村集体土地拆迁工作整体转包给当地村委会，当地村委会由于熟悉住户及集体企业情况，对拆迁成本及拆迁进度的控制起到了极大的作用；三是公司采取一系列的拆迁奖励政策，对于在限定日期前搬离的，公司将按户给予奖励，这样虽然增加了一定的拆迁费用，但大大加快了拆迁进程，整个拆迁工作仅仅用了不到 3 个月的时间即宣告完成，创造了丰台区政府拆迁进度的奇迹，并最终为项目工程施工赢得了宝贵的时间。

在工程项目施工进度控制方面，项目为满足丰台区政府大量拆迁安置对保障性住房的巨大需求，公司在取得国家有关部门及丰台区政府的协办单及保障房建设绿色通道授权的情况下，于当年年底提前破土动工，并于当年第一季度末完成拆迁工作及启动主体工程项目的施工建设工作。公司已经提前与政府相关部门做过大量沟通工作，并完成好了相关前期准备工作，保障项目规划设计等没有大的变化。截至当年年底丰台区这一项目一期工程建设已经完成主体结构封顶，为后期配套工程建设及年底办理小业主入住赢得了宝贵的时间。

12.4.3　工程项目决算与验收的内部控制流程

企业应当从以下几个环节执行工程项目决算与验收的内部控制流程。

（1）竣工验收管理。竣工验收时应工作仔细，严把工程质量关，投资方应加强对施工单位和监理单位的管理，督促其把好验收关，使得现场检查到位、验收工作仔细。工程项目验收要求的文件有工程竣工验收报告和验收组出具的竣工验收报告。工程竣工验收报告由设计、施工、监理等单位提供素材或总结，由投资方（企业）编制汇总。该报告主要包括工程建设概况、设计概况、施工情况、试运和生产考核、生产准备、环境保护、劳动生产安全、消防、节能减排、投资执行情况等。由验收组（竣工验收委员会）出具的竣工验收报告应该包括项目名称、建设地址、项目类别、建设规模、施工单位、工程开工和竣工时间、工程质量评定、工程总投资和竣工验收意见等内容。该报告由验收组主任委员、副主任委员、委员共同签署。竣工验收的基本流程如图 12-5 所示。

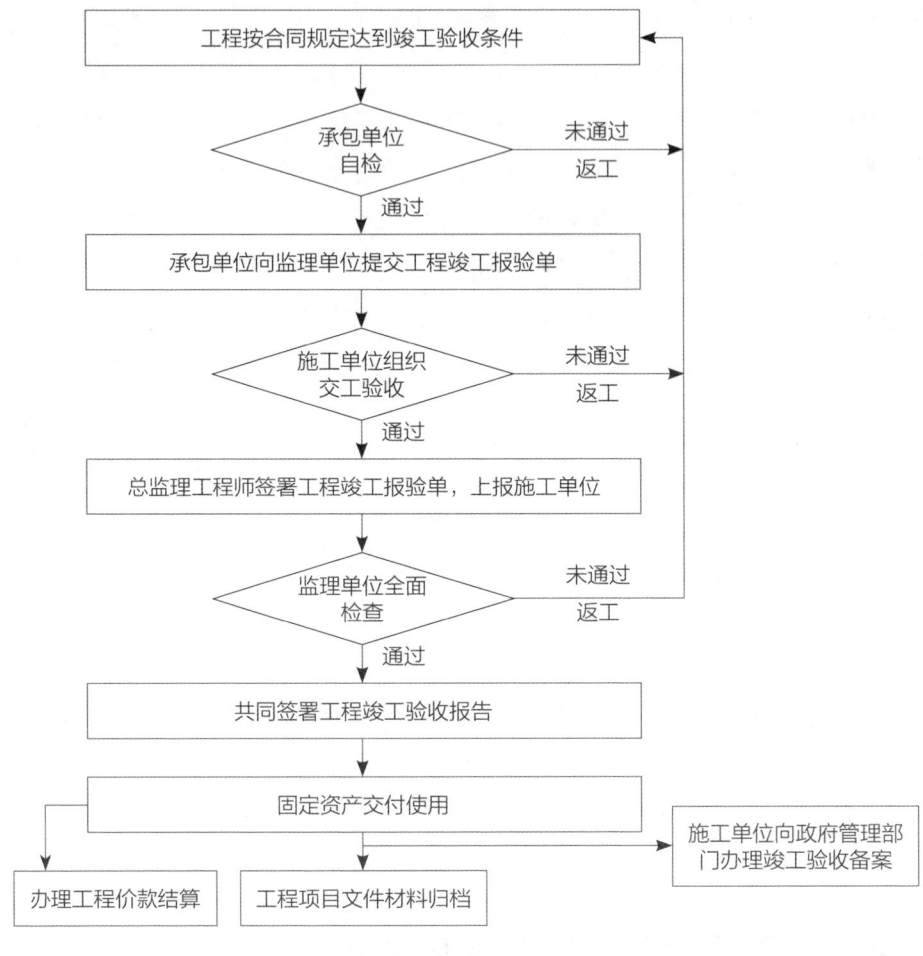

图 12-5 竣工验收的基本流程

（2）工程价款结算与支付管理。工程价款结算必须在全部完工、经过验收并且提交验收报告之后才能进行。未完工或者质量不达标的项目一律不得办理工程价款结算。工程项目较大、内容较复杂时，为给工程价款结算创造有利条件，企业可以尽早做好结算准备，在施工进入收尾阶段，临近全面竣工之前，结算双方达成一致意见，开始逐项核对结算，办理手续。严禁通过高估冒算，串通一气，挪用集体资金或牟取私利。审核工程价款时，不仅要对工程项目变更引起造价增加的项目进行核算，也要对原工程项目中实际未施工的部分进行减项扣除，正确客观地反映造价。进行减项扣除时，严格按照《建设工程工程量清单计价规范》的原则，对相关文件资料进行处理，如招标文件、施工合同等。如实调整设备材料的暂估价差价，合同签订方可以将暂时不能确定价格的设备材料以暂估价计算，但是在合同履行的过程中，双方应该确定适用的暂估价，防止出现纠纷。设备材料在报暂估价时，应该按招标人列出的单价计入综合单价，到工程结算时，如果是招标采购的，就按照中标价来调整；非招标采购的，就按发包、承包双方最终共同认可的单价进行调整，设备材料暂估价的价差只计提税金。

（3）竣工财务决算管理。企业要认真执行有关财务会计制度的规定，严肃财经法规，实事求是地编制工程项目的竣工决算，确保报告及时、数据准确、内容完整。编制竣工决算之前的准备工作为组成竣工决算报告编制小组，指定专业人员负责相关资料的收集整理，主要是做好会计账户的设置、设备管理，建立健全有关资产台账，建立各种费用和移交资产登记簿，明确财务收支情况，及时清理债权债务等。大型的工程项目建设期长、涉及内容多，当其中单项工程竣工，具备交付使用条件时，可以申请单项竣工决算，待工程项目全部竣工后，应编制总竣工决算。企业应该在工程项目完成后三个月之内完成竣工财务决算的编制。具备投产条件的工程项目，不得留有尾巴工程，如果确实有未完成的，可以预计，纳入竣工决算，但是预计未完成的实物工作量和费用不得超过总概算的 5%。

竣工决算报表中各项数据应和相关会计科目余额一致。检查竣工工程决算一览表，将各项投资支出与概算金额比较，分析工程项目建设资金的节约或者超支情况，深层次分析超支原因。检查资产明细表，其资产的入账价值要准确，资产名称和固定资产目录要一致，严禁出现虚交资产和资产缺失现象。

工程项目的建设信息应该详细，为保证工程项目竣工后编制的竣工决算报告符合财政部和行业规定，从项目建设前期开始，企业的管理人员应高度重视工程项目管理信息的详细度和准确度，越详细越有利于对工程项目进行成本控制，保证财务账目和工程投资进度吻合。

12.5   工程项目内部控制制度示范

12.5.1   工程项目招标管理政策

招标采购是有效控制保障性住房开发工程项目建设成本的有效手段，该方式的出现其实就是为了防范公司在物资采购等过程中舞弊腐败行为的发生。近些年，无论是政府投资，还是公司生产，采购过程中都存在舞弊、腐败案高发现象。而工程项目建设领域由于其隐蔽性特点，更是成为舞弊腐败的重灾区。要做到对公权力加以严格限制，防范腐败行为的发生，招标采购是最好的方式之一。保障房工程项目招标采购坚持"公开、公平、竞争、择优"原则，其根本目的是控制工程造价、确保工程质量和施工进度，从而达到控制房地产开发成本、提高项目开发经济效益的目的。

1. 风险分析

公司保障房开发工程项目招标采购工作由成本合约部完成，目前，公司应进一步完善招标流程的诸多环节：增加相关部门，尤其是审计等监督部门的参与，以防范舞弊行为的发生。

结合对近几年的招投标商业贿赂案例的分析，工程项目招投标舞弊行为的表现形式具体可以分为：规避招标、围标、倾向严重、泄露标底、贿赂评委、盲目压价、签订阴阳合同。以上舞弊行为将大大增加公司的开发成本，甚至给工程质量、施工安全、工期问题埋下巨大隐患。

2. 风险应对策略

公司在工程项目招标采购环节，需要防范的风险及应对策略如下。

一是招标采购环节中出现的各种规避招标、围标、倾向严重、泄露标底、贿赂评委、盲目压价、签订阴阳合同等舞弊腐败风险。对于此类风险的防范，重点是规范相关招标采购流程，做到编制招标书、发标、回标、开标、评标、决标不相容职务相分离控制，并建立监督措施。

二是项目招标采购过程中将低价中标作为唯一的衡量标准。对此类风险的防范，重点是编制标底。由于工程项目开发对成本控制要求高，招标时经常选择将低价中标作为唯一的衡量标准，但低价中标往往导致工程质量低劣与服务很差的后果，不能满足工程需要。主要原因是投标单位故意压低价格以求中标，而招标方由于未编制标底，评标时对报价合理性缺乏判断依据，可能导致投标单位恶意以低价中标，并在中标后的工程实施过程中以各种理由提高报价。

3. 完善工程招投标管理的对策

①加大工程项目招投标监管力度。

公司领导可以派专人监管项目投标程序，杜绝个别人弄虚作假、徇私舞弊，在派专人监管的同时，也需要公司其他人员对监督员监督，这样大家互相监督，一环扣一环，制定严厉的惩罚制度，一旦发现违规行为，严惩不贷。部分领导人员也要提高自身素质，不可滥用权力、知法犯法，保证市场正常有序地运行。公司除了用制度约束的方法以外，也要加强培训内部员工，提高员工素质，以德换心，端正员工的工作态度，让员工有一种归属感，把公司的利益当成自己的利益，从而更好地为公司效力。

②处理好统一管理与行业管理的关系。

建立有形的建筑工程承包市场，必须坚持统一管理和行业管理有机结合的管理体制。一方面，必须坚持维护招投标工作的统一管理，任何行业、部门、单位的建筑工程都要按照有关规定实行公开招标；另一方面，统一管理机构要积极主动地与行业主管部门合作，充分尊重行业工程的特点和行业主管部门的意见，共同抓好建筑工程招投标工作。

③正确处理好业主责任制与招投标制的关系。

根据现有的法规和制度，明确划分建设项目业主和招投标管理部门的责任、权利和义务，落实"建设单位组织招标，多个施工单位参与投标，评标委员会评标定标，招投标机构监督管理"的运行机制，使各方在招投标中既充分依法行使职权，又严格遵守招投标管理法规，互相制约，共同负责，确保招投标工作的正常进行。

④避免评标人员与投标人员提前接触。

在开标现场要为评标人员设置单独的休息室，避免评标人员与投标人员过早接触，防止徇私舞弊的现象发生。公司相关人员应做好评标人员名单的保密工作，公司应制定严格的保密制度，若有泄密者给予严惩，使评标人员公平公正地对待投标人员，评标人员名单一旦泄露，需要重新选择评标人员，重新进行招投标。只有在投标人员公平竞争的前提下，才能选择出最佳中标者，其才能出色地完成建筑工程项目，在保证工程质量和效率的前提下，实现公司利益最大化。

12.5.2　工程项目完工评估制度

工程项目后评估是指在建设项目已经完成并运行一段时间后，对项目的目的、执行过程、效益、作用和影响进行系统的、客观的分析和总结的一种技术经济活动。

（1）评估的时间：工程项目后评估通常安排在工程项目竣工验收后 6 个月或 1 年后，多分为效益后评价和过程后评价。

（2）评估控制措施：工程项目后评估本身就是一项重要的管控措施，建设单位要予以重视并认真用好。

①建设单位应当建立健全完工项目的后评估制度，对完工工程项目预期目标的实现情况和项目投资效益等进行综合分析与评价，总结经验教训，为未来作出项目决策和提高投资决策管理水平提出建议。

②建设单位应当采取切实有效措施，保证项目后评估的公开、客观和公正。原则上，凡是承担项目可行性研究报告编制、立项决策、设计、监理、施工等业务的机构不得从事该项目的后评估工作，以保证后评估的独立性。

③企业要严格落实工程项目决策及执行相关环节责任追究制度，项目后评估结果应当作为绩效考核和责任追究的依据。

④企业应当完善风险评估体系。为了规避风险、减少事故、消除事故隐患、降低损失，企业应该制定工程项目的风险评估制度。比如由工程总监或工程管理部的经理，组织项目经理及主要骨干对工程进行风险评估，通过风险评估，找出项目风险源；通过风险评估，针对各种风险源衡量其风险量和风险度，制定风险控制管理方案，采取措施降低风险。商业地产项目工程量较大，风险也很大，企业可以采取投保等措施转移风险。

工程项目风险评估流程如图 12-6 所示。

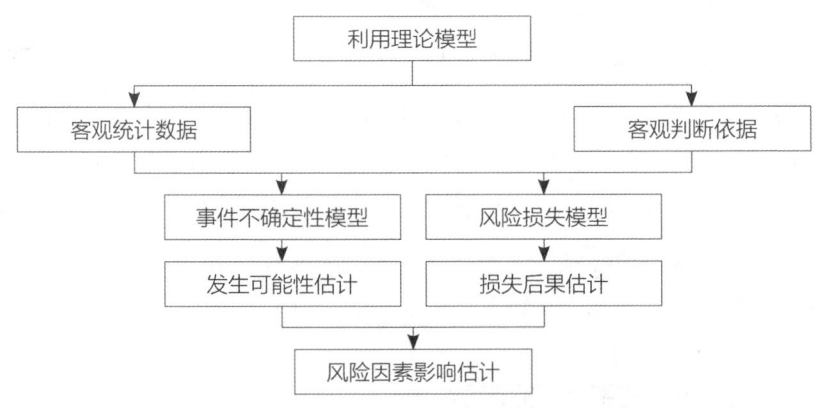

图 12-6　工程项目风险评估流程

企业可以将工程项目的各个内部控制阶段作为一层指标，将各项风险因素作为二层指标进行分析。对风险进行资料收集整理后，定期交到专家组，请专家对这些信息进行分辨和系统分析，并做好风险因素表（见表 12-9）。找出应对措施后，从整体上做好风险识别、预警、分析、补救等措施。

表 12-9　风险因素表

风险	立项管理	招标管理	合同管理	施工管理	竣工管理
费用风险					
工期风险					
质量风险					
技术风险					
外部风险					
人员风险					
其他风险					

13.1　担保业务内部控制应用指引

企业内部控制应用指引第 12 号——担保业务

第一章　总则

第一条　为了加强企业担保业务管理，防范担保业务风险，根据《中华人民共和国担保法》等有关法律法规和《企业内部控制基本规范》，制定本指引。

第二条　本指引所称担保，是指企业作为担保人按照公平、自愿、互利的原则与债权人约定，当债务人不履行债务时，依照法律规定和合同协议承担相应法律责任的行为。

第三条　企业办理担保业务至少应当关注下列风险：

（一）对担保申请人的资信状况调查不深，审批不严或越权审批，可能导致企业担保决策失误或遭受欺诈。

（二）对被担保人出现财务困难或经营陷入困境等状况监控不力，应对措施不当，可能导致企业承担法律责任。

（三）担保过程中存在舞弊行为，可能导致经办审批等相关人员涉案或企业利益受损。

第四条　企业应当依法制定和完善担保业务政策及相关管理制度，明确担保的对象、范围、方式、条件、程序、担保限额和禁止担保等事项，规范调查评估、审核批准、担保执行等环节的工作流程，按照政策、制度、流程办理担保业务，定期检查担保政策的执行情况及效果，切实防范担保业务风险。

第二章 调查评估与审批

第五条 企业应当指定相关部门负责办理担保业务，对担保申请人进行资信调查和风险评估，评估结果应出具书面报告。企业也可委托中介机构对担保业务进行资信调查和风险评估工作。

企业在对担保申请人进行资信调查和风险评估时，应当重点关注以下事项：

（一）担保业务是否符合国家法律法规和本企业担保政策等相关要求。

（二）担保申请人的资信状况，一般包括：基本情况、资产质量、经营情况、偿债能力、盈利水平、信用程度、行业前景等。

（三）担保申请人用于担保和第三方担保的资产状况及其权利归属。

（四）企业要求担保申请人提供反担保的，还应当对与反担保有关的资产状况进行评估。

第六条 企业对担保申请人出现以下情形之一的，不得提供担保：

（一）担保项目不符合国家法律法规和本企业担保政策的。

（二）已进入重组、托管、兼并或破产清算程序的。

（三）财务状况恶化、资不抵债、管理混乱、经营风险较大的。

（四）与其他企业存在较大经济纠纷，面临法律诉讼且可能承担较大赔偿责任的。

（五）与本企业已经发生过担保纠纷且仍未妥善解决的，或不能及时足额交纳担保费用的。

第七条 企业应当建立担保授权和审批制度，规定担保业务的授权批准方式、权限、程序、责任和相关控制措施，在授权范围内进行审批，不得超越权限审批。重大担保业务，应当报经董事会或类似权力机构批准。

经办人员应当在职责范围内，按照审批人员的批准意见办理担保业务。对于审批人超越权限审批的担保业务，经办人员应当拒绝办理。

第八条 企业应当采取合法有效的措施加强对子公司担保业务的统一监控。企业内设机构未经授权不得办理担保业务。

企业为关联方提供担保的，与关联方存在经济利益或近亲属关系的有关人员在评估与审批环节应当回避。

对境外企业进行担保的，应当遵守外汇管理规定，并关注被担保人所在国家的政治、经济、法律等因素。

第九条 被担保人要求变更担保事项的，企业应当重新履行调查评估与审批程序。

第三章 执行与监控

第十条 企业应当根据审核批准的担保业务订立担保合同。担保合同应明确被担保人的权利、义务、违约责任等相关内容，并要求被担保人定期提供财务报告与有关资料，及时通报担保事项的实施情况。

担保申请人同时向多方申请担保的，企业应当在担保合同中明确约定本企业的担保份额和相应的责任。

第十一条 企业担保经办部门应当加强担保合同的日常管理，定期监测被担保人的经营情况和财务状况，对被担保人进行跟踪和监督，了解担保项目的执行、资金的使用、贷款的归还、财务运行及风险等情况，确保担保合同有效履行。

担保合同履行过程中，如果被担保人出现异常情况，应当及时报告，妥善处理。

对于被担保人未按有法律效力的合同条款偿付债务或履行相关合同项下的义务的，企业应当按照担保合同履行义务，同时主张对被担保人的追索权。

第十二条 企业应当加强对担保业务的会计系统控制，及时足额收取担保费用，建立担保事项台账，详细记录担保对象、金额、期限、用于抵押和质押的物品或权利以及其他有关事项。

企业财会部门应当及时收集、分析被担保人担保期内经审计的财务报告等相关资料，持续关注被担保人的财务状况、经营成果、现金流量以及担保合同的履行情况，积极配合担保经办部门防范担保业务风险。

对于被担保人出现财务状况恶化、资不抵债、破产清算等情形的，企业应当根据国家统一的会计准则制度规定，合理确认预计负债和损失。

第十三条 企业应当加强对反担保财产的管理，妥善保管被担保人用于反担保的权利凭证，定期核实财产的存续状况和价值，发现问题及时处理，确保反担保财产安全完整。

第十四条 企业应当建立担保业务责任追究制度，对在担保中出现重大决策失误、未履行集体审批程序或不按规定管理担保业务的部门及人员，应当严格追究相应的责任。

第十五条　企业应当在担保合同到期时，全面清查用于担保的财产、权利凭证，按照合同约定及时终止担保关系。

企业应当妥善保管担保合同、与担保合同相关的主合同、反担保函或反担保合同，以及抵押、质押的权利凭证和有关原始资料，切实做到担保业务档案完整无缺。

担保是企业按照公平、自愿、互利的原则向被担保人提供一定方式的担保并依法承担相应法律责任的行为。对外担保涉及被担保人和提供担保人（企业）。如果企业对担保申请人的资信状况调查不深、审批不严或越权审批，可能导致企业担保决策失误或遭受欺诈；如果对被担保人在担保期内出现财务困难或经营陷入困境等状况监控不力，应对措施不当，可能会导致企业承担法律责任；如果被担保人和提供担保人在担保过程中存在舞弊行为，则会导致经办审批等相关人员涉案或企业利益受损。为此，一般情况下，企业应当严格限制担保业务活动，如确需对外提供担保的，应当在担保业务政策及相关管理制度中明确担保的对象、范围、方式、条件、程序、限额和禁止担保等事项，规范调查评估、审核批准、担保执行等环节的工作流程及控制措施，确实防范担保业务风险。《企业内部控制应用指引第 12 号——担保业务》就此提出以下具体要求。

一是企业应当对担保申请人进行资信调查和风险评估，并出具书面报告。企业自身不具备条件的，应委托中介机构对担保业务进行调查和评估。对于符合条件的担保申请人，经办人员应当在职责范围内，按照审批人员批准意见办理担保业务；对于审批人超越权限审批的担保业务，经办人员有权拒绝办理。

二是企业应当加强对子公司担保业务的统一监控，企业内设机构未经授权不得办理担保业务；企业为关联方提供担保的，与关联方存在经济利益或近亲属关系的有关人员在评估与审批环节应当予以回避。

三是企业应当根据审核批准的担保业务订立担保合同，定期监测被担保人的经营情况和财务状况，了解担保项目的执行、资金的使用、贷款的归还、财务运行及风险等情况，确定担保合同有效履行。

四是企业应当加强对担保业务的会计系统控制，建立担保事项台账，及时足额收取担保费用；加强对反担保财产的管理，妥善保管被担保人用于反担保的财产和权利凭证，定期核实财产的存续状况和价值，发现问题及时处理。

五是企业应当在担保合同到期时，全面清查用于担保的财产、权利凭证，按照合同约定及时终止担保关系。

13.2 担保业务内部控制目标及风险点

13.2.1 担保业务内部控制的目标

企业办理担保业务，一般包括受理申请、调查评估、审批、签订担保合同、进行日常监控等流程，具体内容如图 13-1 所示。具体而言，一是担保申请人提出担保申请；二是担保人对担保项目和被担保人资信状况进行调查，对担保业务进行风险评估；三是担保人根据调查评估结果，结合本企业担保政策和授权审批制度，对担保业务进行审批，重大担保业务应提交董事会或类似权力机构批准；四是担保人依据既定权限和程序，与被担保人签订担保合同；五是担保人切实加强对担保合同的日常管理，对被担保人经营情况、财务状况和担保项目执行情况等进行跟踪监控；六是如果被担保人不能如期偿债，担保人应履行代为清偿义务并向被担保人追偿债务，同时，应当按照本企业担保业务责任追究制度，严格追究有关人员的责任，被担保人如期偿债则担保终止。图 13-1 列示的担保流程适用于各类企业的一般担保业务，具有通用性。企业在开展担保业务时，可以参照此流程并结合自身情况予以扩充和细化。

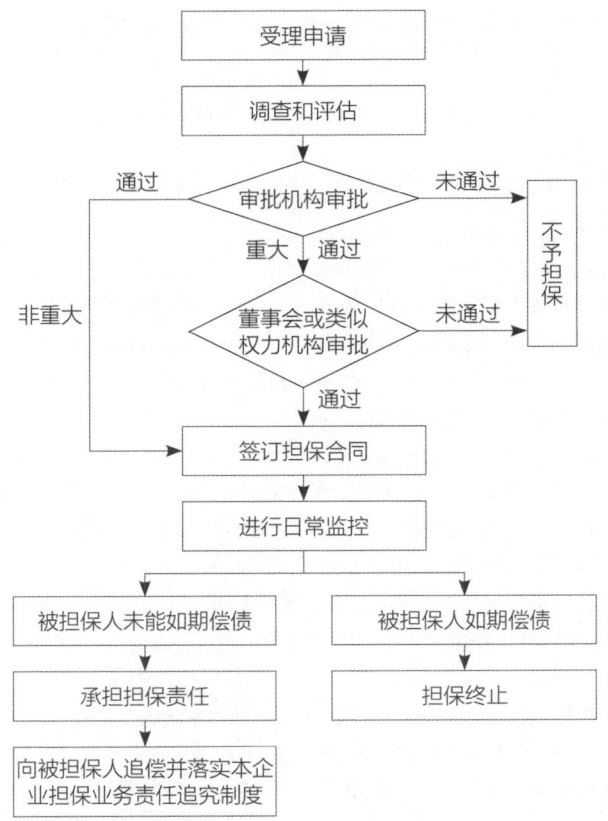

图 13-1　担保业务一般流程

担保业务内部控制的主要目标有三个，如表 13-1 所示。

表 13-1　担保业务内部控制的主要目标

目标	具体内容
经营目标	保证担保业务规范，防范和控制或有负债风险
财务目标	保证担保业务的真实、完整和准确，满足信息披露的需要
合规目标	符合国家有关担保规定和上市地监管机构的要求。主合同、担保合同符合国家法律、法规和公司内部规章制度

13.2.2　担保业务内部控制的风险点

1. 经营风险

担保业务的经营风险及管控措施如表 13-2 所示。

表 13-2　担保业务的经营风险及管控措施

主要风险	（1）授权审批制度不健全，导致对担保业务的审批不规范 （2）审批不严格或者越权审批，导致担保决策出现重大疏漏，可能引发严重后果 （3）审批过程存在舞弊行为，可能导致经办审批等相关人员涉案或企业利益受损
管控措施	（1）建立和完善担保授权审批制度，明确授权批准的方式、权限、程序、责任和相关控制措施，规定各层级人员应当在授权范围内进行审批，不得超越权限审批。企业内设机构不得以企业名义对外提供担保。企业应当加大分公司对外担保的管控力度，严格限制分公司担保行为，避免因分公司违规担保给本企业带来不利后果 （2）建立和完善重大担保业务的集体决策审批制度。企业应当根据《中华人民共和国公司法》等国家法律法规，结合企业章程和有关管理制度，明确重大担保业务的判断标准、审批权限和程序。上市公司的重大对外担保，应取得董事会全体成员 2/3 以上签署同意或者股东大会批准，未经董事会或者类似权力机构批准，不得对外提供重大担保 （3）认真审查担保申请人的调查评估报告，在充分了解掌握有关情况的基础上，权衡比较本企业净资产状况、担保限额与担保申请人提出的担保金额，确保将担保金额控制在企业设定的担保限额之内 （4）从严办理担保变更审批。被担保人要求变更担保事项的，企业应当重新履行调查评估程序，根据新的调查评估报告重新履行审批手续

2. 财务风险

财务风险包括担保事项归集、汇总与核销不及时、不完整，导致相关担保信息披露不适当，以及担保损失未合理预计，导致当期费用核算不实的风险。担保业务的财务风险及管控措施如表 13-3 所示。

表 13-3　担保业务的财务风险及管控措施

主要风险	重合同签订，轻后续管理，对担保合同履行情况疏于监控或监控不当，导致企业不能及时发现和妥善应对被担保人的异常情况，可能延误处置时机，加剧担保风险，加重经济损失
管控措施	（1）指定专人定期监测被担保人的经营情况和财务状况，对被担保人进行跟踪和监督，了解担保项目的执行、资金使用、贷款归还、财务运行及风险等情况，促进担保合同有效履行。企业财务部门要及时（最好是按月或者按季）收集、分析被担保人担保期内的财务报告等相关资料，持续关注被担保人的财务状况、经营成果、现金流量以及担保合同的履行情况，积极配合担保经办部门防范担保业务风险

续表

| 管控措施 | （2）及时报告被担保人异常情况和重要信息。企业有关部门和人员在实施日常监控过程中发现被担保人经营困难、债务沉重，或者存在违反担保合同的其他各种情况，应当按照《企业内部控制应用指引第 17 号——内部信息传递》的要求，在第一时间向企业有关管理人员作出报告，以便及时采取有针对性的应对措施 |

3. 合规风险

合规风险包括担保违反国家法律规定和上市地监管机构的要求，导致被处罚的风险；以及主合同、担保合同不符合国家法律、法规和企业内部规章制度的要求，造成损失的风险。担保业务的合规风险及管控措施如表 13-4 所示。

表 13-4　担保业务的合规风险及管控措施

主要风险	会计系统控制不力，可能导致担保业务记录残缺不全，日常监控难以奏效，或者担保会计处理和信息披露不符合有关监管要求，可能引发行政处罚
管控措施	（1）健全担保业务经办部门与财务部门的信息沟通机制，促进相关人员就担保信息及时有效地沟通 （2）建立担保事项台账，详细记录担保对象、金额、期限、用于抵押和质押的物品或权利，以及其他有关事项；同时，及时足额收取担保费用，维护企业担保权益 （3）严格按照国家统一的会计准则制度进行担保会计处理，发现被担保人出现财务状况恶化、资不抵债、破产清算等情形的，应当合理确认预计负债和损失。涉及上市公司的，还应当区别不同情况依法予以公告 （4）切实加强对反担保财产的管理，妥善保管被担保人用于反担保的权利凭证，定期核实财产的存续状况和价值，发现问题及时处理，确保反担保财产安全完整

13.3　担保业务内部控制方法及关键点

13.3.1　担保业务内部控制的方法

担保业务内部控制方法和流程如图 13-2 所示。

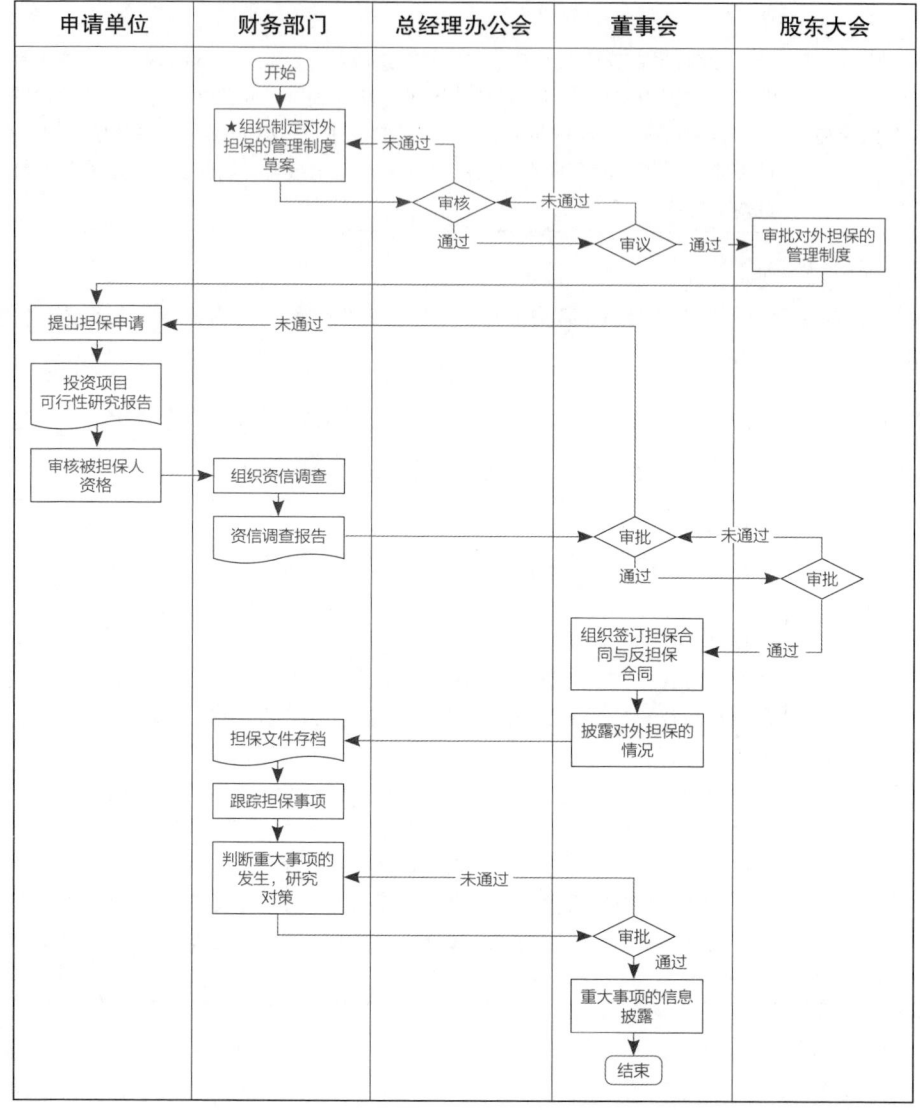

图 13-2　担保业务内部控制方法和流程

（一）受理申请

受理申请是企业办理担保业务的第一道关口，其主要风险有：企业担保政策和相关管理制度不健全，导致难以对担保申请人提出的担保申请进行初步评价和审核；或者虽然建立了担保政策和相关管理制度，但对担保申请人提出的担保申请审查把关不严，导致申请受理流于形式。

这一业务环节的主要控制措施如下。第一，依法制定和完善本企业的担保政策和相关管理制度，明确担保的对象、范围、方式、条件、程序、限额和禁止担保的事项。第二，严格按照担保政策和相关管理制度对担保申请人提出的担保申请进行审核。比如，审查担保申请人是否属于可以提供担保的对象。一般而言，对于与本企业存在密切业务关系需要互保的企业、与本企业有潜在重要业务关系的企业、本企业的子公司及具有控制关系的其他企业等，可以考虑提供担保；反之，则必须十分慎重。又如，审查对担保申请人整体实力、经营状况、信用水平的了解情况。如果担保申请人实力较强、经营良好、恪守信用，可以考虑接受申请；反之不应受理。再如，审查担保申请人申请资料的完备情况。如果资料完备、情况翔实，可予受理；反之不予受理。

（二）调查和评估

企业在受理担保申请后对担保申请人进行资信调查和风险评估，是办理担保业务中不可或缺的环节，在相当程度上影响甚至决定担保业务的未来走向。这一环节的主要风险有：对担保申请人的资信调查不深入、不透彻，对担保项目的风险评估不全面、不科学，导致企业担保决策失误或遭受欺诈，为担保业务埋下巨大隐患。

主要控制措施如下。

第一，委派具备胜任能力的专业人员开展调查和评估。调查评估人员与担保业务审批人员应当分离。担保申请人为企业关联方的，与关联方存在经济利益或近亲属关系的有关人员不得参与调查评估。企业可以自行对担保申请人进行资信调查和风险评估，也可以委托中介机构承担这一工作，同时应加强对中介机构工作情况的监控。

第二，对担保申请人资信状况和有关情况进行全面、客观的调查评估。在调查和评估中，应当重点关注以下事项。

（1）担保业务是否符合国家法律法规和本企业担保政策的要求，凡与国家法律法规和本企业担保政策相抵触的业务，一律不得提供担保。

（2）担保申请人的资信状况，包括基本情况、资产质量、财务状况、经营情况、信用程度、行业前景等。

（3）担保申请人用于担保和第三方担保的资产状况及其权利归属。

（4）企业要求担保申请人提供反担保的，还应对与反担保有关的资产状况进行评估。

企业应当综合运用各种行之有效的方式方法，对担保申请人的资信状况进行调查了解，信息务求真实准确。比如，在对担保申请人财务状况进行调查时，要深入分析其短期偿债能力、长期偿债能力、盈利能力、资产管理能力和可持续发展能力等核心指标，从而做到胸有成竹、防患未然。涉及对境外企业提供担保的，还应特别关注担保申请人所在国家和地区的政治、经济、法律等因素，并评估外汇政策、汇率变动等可能对担保业务造成的影响。

第三，对担保项目经营前景和盈利能力进行合理预测。企业整体的资信状况和担保项目的预期运营情况，构成判断担保申请人偿债能力的两大重要方面，应当予以重视。

第四，划定不予担保的"红线"，并结合调查评估情况作出判断。《企业内部控制应用指引第 12 号——担保业务》明确规定了以下 5 类不予担保的情形。

（1）担保项目不符合国家法律法规和本企业担保政策的。

（2）担保申请人已进入重组、托管、兼并或破产清算程序的。

（3）担保申请人财务状况恶化、资不抵债、管理混乱、经营风险较大的。

（4）担保申请人与其他企业存在较大经济纠纷，面临法律诉讼且可能承担较大赔偿责任的。

（5）担保申请人与本企业已经发生过担保纠纷且仍未妥善解决的，或不能及时足额交纳担保费用的。

各企业应当将上述 5 类情形作为办理担保业务的"高压线"，严格遵守、不得突破；同时，可以结合企业自身的实际情况，进一步充实、完善有关管理要求，切实防范为"带病"企业提供担保。

第五，形成书面评估报告，全面反映调查评估情况，为担保决策提供第一手资料。企业应当规范评估报告的形式和内容，妥善保管评估报告，并将其作为日后追究有关人员担保责任的重要依据。

（三）审批

审批环节在担保业务中具有承上启下的作用，既是对调查和评估结果的判断和认定环节，也是决定担保业务能否进入实际执行阶段的必经之路。这一环节的主要风险有：授权审批制度不健全，导致对担保业务的审批不规范；审批不严格或者越权审批，导致担保决策出现重大疏漏，可能引发严重后果；审批过程存在舞弊行为，可能导致经办审批等相关人员涉案或企业利益受损。主要控制措施如下。

第一，建立和完善担保授权审批制度，明确授权批准的方式、权限、程序、责任和相关控制措施，规定各层级人员应当在授权范围内进行审批，不得超越权限审批。企业内设机构不得以企业名义对外提供担保。企业应当加大对分公司对外提供担保的管控力度，严格限制分公司担保行为，避免因分公司违规担保给本企业带来不利后果。

第二，建立和完善重大担保业务的集体决策审批制度。企业应当根据《中华人民共和国公司法》等国家法律法规，结合企业章程和有关管理制度，明确重大担保业务的判断标准、审批权限和程序。上市公司的重大对外担保，应取得董事会全体成员 2/3 以上签署同意或者经股东大会批准，未经董事会或者类似权力机构批准，不得对外提供重大担保。

第三，认真审查对担保申请人的调查评估报告，在充分了解掌握有关情况的基础上，权衡比较本企业净资产状况、担保限额与担保申请人提出的担保金额，确保将担保金额控制在企业设定的担保限额之内。

第四，从严办理担保变更审批。被担保人要求变更担保事项的，企业应当重新履行调查评估程序，根据新的调查评估报告重新履行审批手续。

（四）签订担保合同

担保合同是审批机构同意办理担保业务的直接体现，也是约定担保双方权利义务的基础载体。签订担保合同的主要风险有：未经授权对外订立担保合同，或者担保合同内容存在重大疏漏和欺诈，可能导致企业诉讼失败、权利追索被动、经济利益和形象信誉受损。

主要控制措施如下。

第一，严格按照经审核批准的担保业务订立担保合同。合同订立经办人员应当在职责范围内，按照审批人员的批准意见拟订合同条款。

第二，认真审核合同条款，确保担保合同条款内容完整、表述严谨准确、相关手续齐备。在担保合同中应明确被担保人的权利、义务、违约责任等相关内容，并要求被担保人定期提供财务报告和有关资料，及时通报担保事项的实施情况。如果担保申请人同时向多方申请担保的，企业应当在担保合同中明确本企业的担保份额和相应责任。

第三，实行担保合同会审联签。除担保业务经办部门之外，鼓励和倡导企业法律部门、财会部门、内审部门等参与担保合同会审联签，增强担保合同的合法性、规范性、完备性，有效避免权利义务约定、合同文本表述等方面的疏漏。

第四，加强对有关身份证明和印章的管理。比如，在担保合同签订过程中，依照法律规定和企业内部管理制度，往往需要提供、使用企业法定代表人的身份证明、个人印章和担保合同专用章等。从近年来暴露出来的一些担保典型案例看，由于一些企业在有关人员身份证明、印章管理中存在薄弱环节，导致身份证明和印章被盗用，造成了难以挽回的严重后果。因此，必须加强对身份证明和印章的管理，保证担保合同用章用印符合当事人真实意愿。

第五，规范担保合同记录、传递和保管，确保担保合同运转轨迹清晰完整、有证据可查。

（五）日常监控

担保合同的签订，标志着企业的担保权力和担保责任进入法律意义上的实际履行阶段。切实加强对担保合同执行情况的日常监控，通过及时、准确、全面地了解掌握被担保人的经营状况、财务状况和担保项目运行情况，最大限度地实现企业担保权益，最大限度地降低企业担保责任，是一项艰巨而重要的任务。日常监控的主要风险有：重合同签订，轻后续管理，对担保合同履行情况疏于监控或监控不当，导致企业不能及时发现和妥善应对被担保人的异常情况，可能延误处置时机，加剧担保风险，加重经济损失。主要控制措施如下。

第一，指定专人定期监测被担保人的经营情况和财务状况，对被担保人进行跟踪和监督，了解担保项目的执行、资金的使用、贷款的归还、财务运行及风险等情况，促进担保合同有效履行。企业财务部门要及时（最好是按月或者按季）收集、分析被担保人担保期内的财务报告等相关资料，持续关注被担保人的财务状况、经营成果、现金流量以及担保合同的履行情况，积极配合担保经办部门防范担保业务风险。

第二，及时报告被担保人异常情况和重要信息。企业有关部门和人员在实施日常监控过程中发现被担保人经营困难、债务沉重，或者存在违反担保合同的其他各种情况，应当按照《企业内部控制应用指引第 17 号——内部信息传递》的要求，在第一时间向企业有关管理人员作出报告，以便及时采取有针对性的应对措施。

（六）会计控制

担保业务直接涉及担保财产、费用收取、财务分析、债务承担、会计处理和相关信息披露等，这决定了会计控制在担保业务经办中具有举足轻重的作用。会计控制的主要风险有：会计系统控制不力，可能导致担保业务记录残缺不全，日常监控难以奏效，或者担保会计处理和信息披露不符合有关监管要求，可能引发行政处罚。主要控制措施如下。

第一，健全担保业务经办部门与财务部门的信息沟通机制，促进相关人员就担保信息及时有效沟通。

第二，建立担保事项台账，详细记录担保对象、金额、期限、用于抵押和质押的物品或权利以及其他有关事项；同时，及时足额收取担保费用，维护企业担保权益。

第三，严格按照国家统一的会计准则制度进行担保会计处理，发现被担保人出现财务状况恶化、资不抵债、破产清算等情形的，应当合理确认预计负债和损失。涉及上市公司的，还应当区别不同情况依法予以公告。

第四，切实加强对反担保财产的管理，妥善保管被担保人用于反担保的权利凭证，定期核实财产的存续状况和价值，发现问题及时处理，确保反担保财产安全完整。

第五，夯实担保合同基础管理，妥善保管担保合同、与担保合同相关的主合同、反担保函或反担保合同，以及抵押、质押的权利凭证和有关原始资料，做到担保业务档案完整无缺。当担保合同到期时，企业要全面清查用于担保的财产、权利凭证，按照合同约定及时终止担保关系。

（七）代为清偿和权利追索

被担保人在担保期间如果顺利履行了对银行等债权人的偿债义务，且向担保企业及时足额支付了担保费用，担保合同一般应予终止，担保双方可以解除担保权力和责任。但在实践中，由于各方面因素的影响，部分被担保人无法偿还到期债务，使担保企业不得不按照担保合同约定承担清偿债务的责任。因此，在代为清偿后依法主张对被担保人的追索权，成为担保企业降低担保损失的最后一道屏障。这一环节的主要风险有：违背担保合同约定不履行代为清偿义务，可能导致银行等债权人诉诸法律，企业成为连带被告，影响企业形象和声誉；承担代为清偿义务后向被担保人追索权利不力，可能造成较大经济损失。主要控制措施如下。

第一，强化法治意识和责任观念，在被担保人确实无力偿付债务或履行相关合同义务时，自觉按照担保合同承担代偿义务，维护企业诚实守信的市场形象。

第二，运用法律武器向被担保人追索赔偿权利，在此过程中，企业担保业务经办部门、财务部门、法律部门等应当通力合作，做到在司法程序中举证有力；同时，依法处置被担保人的反担保财产，尽力减少企业经济损失。

第三，启动担保业务后评估工作，严格落实担保业务责任追究制度，对在担保中出现重大决策失误、未履行集体审批程序或不按规定管理担保业务的部门及人员，严格追究其行政责任和经济责任，并深入开展总结分析，举一反三，不断完善担保业务内部控制制度，严控担保风险，促进企业健康稳健发展。

13.3.2 担保业务内部控制的关键点

担保业务内部控制流程如表 13-5 所示。

表 13-5　担保业务内部控制流程

控制事项		详细描述及说明
阶段控制	D1	1. 企业为了防范担保业务风险，确保担保业务符合国家相关法律法规，需制定《担保业务管理制度》规范担保业务
	D2	2. 企业各项担保业务必须经过董事会或股东大会批准，企业任何部门或个人均无权代表企业提供担保服务 3. 财务部审查担保业务是否符合国家有关法律法规及企业发展战略和经营需要 4. 审计部及法务部相关人员参与对担保业务的审查
	D3	5.《担保风险评估报告》的主要内容包括担保申请人提出担保的经济背景、接受担保业务的利弊分析、拒绝担保业务的利弊分析、担保业务的评估结论及建议等
	D4	6. 综合考虑担保业务的可接受风险水平，设定担保风险限额
相关规范	应建规范	● 《担保业务管理制度》
	参照规范	● 《企业内部控制应用指引》
文件资料		● 《担保风险评估报告》 ● 《担保合同》
责任部门及责任人		● 股东大会、董事会、财务部、审计部、法务部 ● 董事长、总经理、财务总监、担保业务经办人、法律顾问

1. 确定担保方式和担保原则

（1）公司对外担保时，必须在有关合同中明确担保方式。担保方式分为一般担保与连带责任担保。

（2）公司不得为公司股东或个人提供担保。

（3）公司为子公司提供的担保，应在安全、可控制的原则下谨慎进行，并应符合关联交易的有关规定。

（4）公司为子公司以外的被投资公司提供担保，原则上应获得被投资公司其他股东的反担保。

（5）为没有投资关系的外部公司提供担保应以安全及对等互保为原则。

（6）除等额担保者外，其他对外担保原则上实行有偿担保，即公司在国家规定的范围内收取担保费。

2. 确定担保人资格

向公司申请担保的担保单位，需具备以下条件。

（1）具备借款人资格，且借款及资金投向符合国家法律法规、银行贷款政策的有关规定。

（2）具有较强的经济实力和良好的管理基础，没有出现或预见可能出现重大亏损、重大债务危机。

（3）资产流动性较好，短期偿债能力较强，具有较好的资信情况。

（4）愿意接受公司的跟踪监督。

3. 确定担保审批权限及程序

公司统一制定对外担保业务管理办法，具体明确公司和公司对外担保的权力和责任，明确授权的范围、审批的程序，以及有关部门和领导的职责权限、违反规定应承担的责任等。

（1）应由股东大会审批的对外担保，必须经董事会审议通过后，方可提交股东大会审批。股东大会在审议为股东、实际控制人及其关联方提供的担保议案时，该股东或受该实际控制人支配的股东，不得参与该项表决，该项表决由出席股东大会的其他股东所持表决权的半数以上通过。

（2）应由董事会审批的对外担保，必须经出席董事会的 2/3 以上董事审议同意并作出决议。

4. 提出担保申请

（1）请求担保的单位向公司提出担保申请和相关的担保业务合同或协议，以及其他担保业务的说明材料，同时提供资信材料和近三年的财务报告。

（2）公司对请求担保单位的经营、担保业务及其资信情况等进行审核，根据担保业务内容判断担保业务风险，必要时应到请求担保单位所在地银行等有关部门进行实地调查，提出是否给予担保的审核意见。

5. 审批担保申请

（1）公司财务部门将审核意见与请求担保单位的担保申请书等材料送审核

部门。

（2）公司分管副总和总经理办公会根据请求担保单位的资信情况和审核部门意见逐级审定担保申请。对拟同意担保的申请应该以正式文件上报公司董事会核准。董事会应认真审议分析被担保方的财务状况、营运状况、行业前景和信用情况，审慎依法作出决定。对于超出董事会决策权限范围内的担保，应提交股东大会审议通过。

①上报给董事会的担保申请，应明确担保业务的主要内容，具体包括：担保的金额、方式和期限、申请人的资信情况、担保的理由和办公会的审查意见等，同时附请求担保单位的担保申请和相关的业务合同或协议。

②对于涉及项目的担保，公司还要提供担保项目的可行性研究报告批准件或者政府主管部门批准件及其他相关政府批文。

6. 签订担保合同和反担保合同

（1）申请担保得到批准后，财务部门应与请求担保单位签订担保合同和反担保合同。

（2）公司法律部门／岗位对担保合同、对应的主合同及反担保合同进行认真审核。

（3）公司财务部门将经审核的担保合同和反担保合同提交相关负责人审定签字。

公司应确保反担保合同不存在法律方面的漏洞，防范合同条款的法律风险；确保反担保合同由授权人签订，防范无效合同和签订合同失控而导致的风险。

7. 披露对外担保情况

公司控股子公司应在其董事会或股东大会作出决议后，及时通知公司按规定履行信息披露义务。公司董事会秘书负责披露公司对外担保的情况，相关部门负责汇总、审核对外担保的各种资料，以保证披露信息的完整、真实、准确。披露信息由公司董事会办公室、财务部门、法律部门、公司管理层和独立董事审核，报公司董事会核准后披露。

8. 管理担保档案

（1）收集与对外担保有关的资料，如被担保人的背景资料、审核报告及合同等。

（2）对所有担保资料进行统一存档，并定期向公司相关部门及负责人反馈担保情况。

9. 跟踪和监督担保情况

（1）公司应指派专人持续关注被担保人的经营情况和债务清偿情况。如果发现被担保人经营状况严重恶化或发生公司解散、分立等重大事项的，有关责任人应及时报告董事会。董事会有义务采取有效措施，将损失降低到最小限度。

（2）公司财务部门对被担保人在担保期内主债务合同的履行情况进行跟踪了解，及时掌握财务报表信息和编制分析报告，检查督促被担保人还款。

（3）公司财务部门如果发现担保事项下的主债务合同将要发生或已发生变故，应及时向相关部门及负责人报告，并积极采取相应措施规避担保风险。

（4）当被担保单位没有按照具有法律效力的合同条款偿付债务或履行义务时，公司应及时、合理估计对外担保可能形成的现实负债，报公司财务部门核准后在财务报表中恰当披露。

（5）公司按照担保合同履行担保义务，负有连带责任时，应同时追究反担保人的履约责任，并行使对被担保单位的追索权。

（6）担保责任履行完成或已过担保时效后，公司应及时核销该担保事项，并对该项担保业务的管理经验及教训进行书面总结，完善担保制度。

13.4 担保业务内部控制流程

13.4.1 担保业务评估的内部控制流程

担保业务评估的内部控制流程如图 13-3 所示。

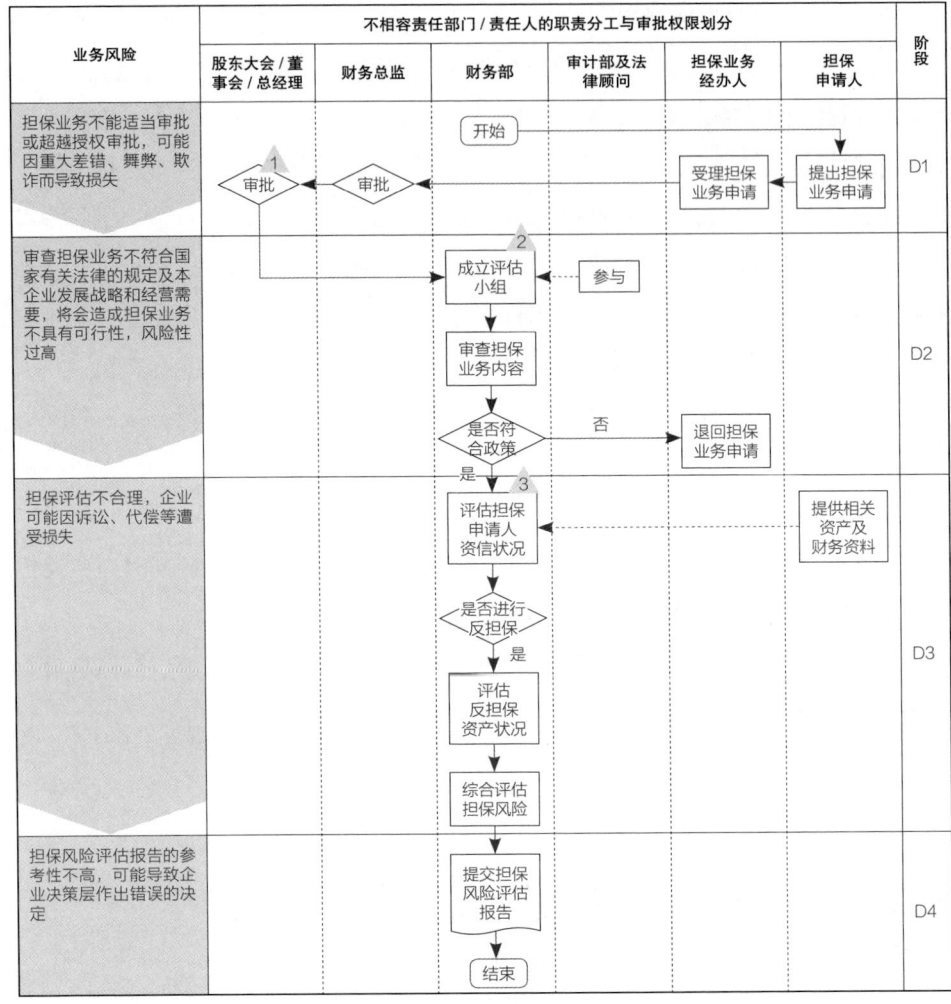

图 13-3　担保业务评估的内部控制流程

具体流程如下。

（1）防范担保业务风险，确保担保业务符合国家法律法规和本企业的担保政策。

（2）规范企业担保风险评估工作，合理、客观地评估担保业务风险，确保风险评估为担保决策提供科学依据。

（3）财务部、审计部及法律顾问共同组成担保风险评估小组，负责担保业务的风险评估工作。

（4）在担保业务经办人受理担保申请，审核通过后，担保风险评估小组开展担保业务的风险评估工作。

（5）担保风险评估小组应认真收集或要求申请担保人提供包括但不限于以下资料。

①申请担保人的营业执照、企业章程复印件、法定代表人身份证明、反映与本企业关联关系的资料等基础性资料。

②担保申请书、担保业务的资金使用计划或项目资料。

③近年经审计的财务报告等财务资料。

④申请担保人的资信等级评估报告及还款能力分析报告等资料。

⑤申请担保人与债权人签订的主合同复印件。

⑥申请担保人提供反担保的条件和相关资料。

（6）评估担保风险。

企业对担保业务进行风险评估，至少应当采取下列措施。

①审查担保业务是否符合国家有关法律法规以及企业发展战略和经营需要。

②审查担保项目的合法性、可行性。

③评估申请担保人的资信状况，评估内容一般包括申请人基本情况、资产质量、经营情况、行业前景、偿债能力、信用状况、用于担保和第三方担保的资产及其权利归属等。

④综合考虑担保业务的可接受风险水平，并设定担保风险限额。

⑤评估与反担保有关的资产状况。

（7）撰写评估报告。

担保评估结束后，担保风险评估小组应向企业财务总监提交担保风险评估报告，评估报告应包括但不限于以下内容。

①申请担保人提出担保申请的经济背景。

②接受担保业务的利弊分析。

③拒绝担保业务的利弊分析。

④担保业务的评估结论及建议。

担保风险评估报告须按照规定经财务总监、总裁审批通过后，为企业作出担保决策提供依据。

13.4.2　担保业务执行的内部控制流程

担保业务执行的内部控制流程如图 13-4 所示。

业务风险	不相容责任部门 / 责任人的职责分工与审批权限划分				阶段
	总经理	财务部	担保业务经办人	被担保人	
《担保合同》中的某些项目不符合国家法律法规和政策的规定，可能导致企业产生不必要的损失					D1
不能及时发现被担保人经营中存在的问题，尤其是财务方面的问题，可能会导致企业产生不必要的代偿责任					D2
企业不能及时了解被担保人担保项目的执行和资金使用情况、贷款的归还情况、财务运行及风险情况，将会导致企业担保风险增加					D3

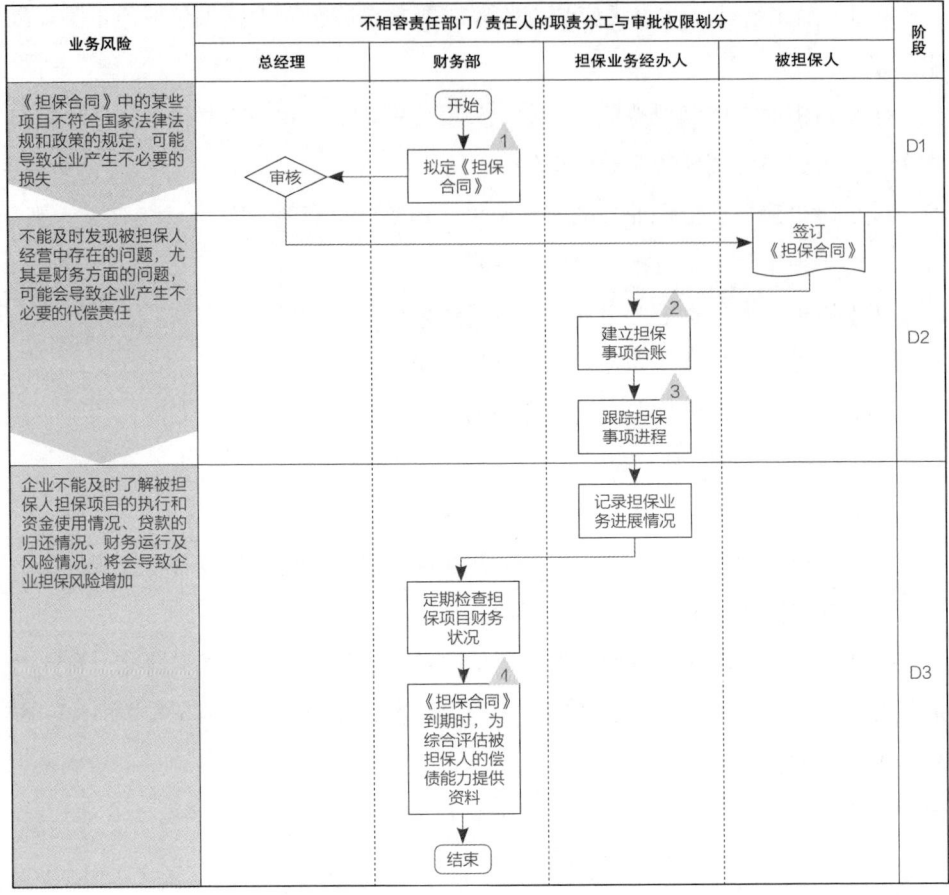

图 13-4 担保业务执行的内部控制流程

（1）担保业务实行过程中，担保业务经办人负责设置担保业务事项台账，对担保相关事项进行详细全面的记录。

（2）担保业务记录至少包括但不限于以下七项内容。

①被担保人的名称。

②担保业务的类型、时间、金额及期限。

③用于抵押财产的名称、金额。

④担保合同的事项、编号及内容。

⑤反担保事项。

⑥担保事项的变更。

⑦担保信息的披露。

（3）担保业务经办人负责对担保项目的执行状况进行定期或不定期的跟踪

和监督。

（4）监督检查时限。

①担保期限在 × 年以内，担保风险在 × 级以上的担保项目，担保业务经办人需 1 个月进行一次跟踪检查。

②担保期限在 × 年以上的担保项目，担保业务经办人至少每季度进行一次监督检查。

（5）监督检查项目。

①担保项目进度是否按照计划进行。

②被担保人的经营状况及财务状况是否正常。

③被担保人的资金是否按照担保项目书的规定使用，有无挪用现象等。

④被担保人的资金周转是否正常等。

（6）对于在检查中发现的异常情况和问题，应本着"早发现、早预警、早报告"的原则及时上报担保项目负责人，属于重大问题或特殊情况的，应及时向企业管理层或董事会报告。

（7）担保业务经总经理、董事会或股东大会在权限范围内批准后，应当与被担保人订立书面担保合同。

（8）订立担保合同时，企业法律顾问应结合被担保人的资信状况，严格审核各项义务性条款，以保证企业的权益。

（9）合同档案管理人员专门保管担保合同、与担保合同有关的主合同、反担保合同等。

（10）合同档案管理人员负责有关担保及反担保财产和权利凭证等原始文件资料的管理。

（11）合同档案管理人员配合财务部担保业务负责人定期核实反担保财产的存续状况和价值，确保反担保财产的安全与完整。

（12）财务部担保业务负责人应当在担保合同到期时全面清理用于担保的财产和权利凭证，按照合同约定及时终止担保关系。

13.5 担保业务内部控制制度示范

13.5.1 担保业务授权审批管理制度

××公司担保业务授权审批管理制度（示范）

第 1 章 总则

第 1 条 为明确企业对外提供担保业务的审批权限，规范企业担保行为，防范和降低担保风险，根据《中华人民共和国公司法》等法律法规及规范性文件规定，结合本企业实际情况，特制定本制度。

第 2 条 本制度所称担保，是指企业依据法律法规和担保合同或者协议，按照公平、自愿、互利的原则向被担保人提供一定方式的担保并依法承担相应法律责任的行为。

第 3 条 企业董事会和管理高层应审慎对待并严格控制担保产生的债务风险，对违反法律法规和企业担保政策的担保业务所产生的损失依法承担连带责任。

第 4 条 本制度适用于企业各业务部门、管理部门、各子公司及分支机构。

第 2 章 担保的申请审核

第 5 条 企业指定专门担保经办人员负责受理担保业务申请，具体人选由财务部提名，经总裁审批后确定。

第 6 条 企业财务部担保业务负责人负责对担保业务申请进行初审，确保申请担保人满足以下资信条件。

1.管理规范，运营正常，资产优良。

2.近 3 年连续获利，现金流稳定，并能提供经外部审计的财务报告。

3.申请担保人资产负债率不超过 ××%。

4.资信状况良好，银行评定信用等级不低于 ×× 级。

5.近一年内无因担保业务引起的诉讼或未决诉讼。

第 7 条 申请担保人有下列情况的，财务部担保业务负责人应退回其担保申请。

1.担保申请不符合国家法律法规或企业担保政策的。

2.财务状况已经恶化、信誉不良，且资不抵债的。

3.已进入重组、托管、兼并或破产清算程序的。

4.近 3 年内申请担保人财务会计文件有虚假记载或提供虚假资料的。

5.企业曾为其担保，发生过银行借款逾期、拖欠利息等情况，至本次担保申请时尚未偿还的。

6.未能落实用于反担保的有效财产的。

7.与其他企业存在经济纠纷，可能承担较大赔偿责任的。

8.董事会认为不能提供担保的其他情形。

第 8 条　财务部担保业务负责人将审核通过的担保申请提交财务总监审核，并于审核通过后组织开展担保业务风险评估工作。

第 3 章　担保业务审批

第 9 条　企业各项担保业务必须经董事会或股东大会批准，或由总裁在董事会授权范围内批准后具体实施，企业其他任何部门或个人均无权代表企业提供担保业务。

第 10 条　总裁的审批权限。单笔担保金额在 ×× 万元（含 ×× 万元）以下、年度累计金额 ×× 万元（含 ×× 万元）以下的担保项目由董事会授权总裁审批。

第 11 条　董事会的审批权限。

1.审批超出总裁审批权限的担保项目。

2.企业董事会的审批权限不应超出企业担保政策中的有关规定。

第 12 条　股东大会的审批权限。

1.审批超出董事会审批权限的担保项目。

2.审批单笔担保额超过企业最近一期经审计净资产 10% 的担保项目。

3.审批担保总额超过企业最近一期经审计净资产 50% 的担保项目。

4.审批申请担保人资产负债率超过 70% 的担保项目。

5.审批对企业股东、实际控制人及其关联方提供的担保项目。

第 13 条　担保经办人员应在职责范围内按照审批人的批准意见办理担保业务。对于审批人超越权限审批的担保业务，担保经办人员应拒绝办理。

第 4 章　担保合同审查

第 14 条　非经企业董事会或股东大会批准授权，任何人无权以企业名义签订担保合同、协议或其他类似法律文件。

第 15 条　在批准签订担保合同或协议前，应将拟签订的担保合同或协议文本及相关材料送企业审计部、法律顾问处审查。

第16条 审计部、法律顾问应至少审查但不限于担保合同或协议的下列内容。

1.被担保人是否具备法人资格及规定的资信状况。

2.担保合同及反担保合同内容的合法性及完整性。

3.担保合同是否与企业已承诺的其他合同、协议相冲突。

4.相关文件的真实性。

5.担保的债权范围、担保期限等是否明确。

第17条 订立担保合同时，担保业务负责人必须全面、认真地审查主合同、担保合同和反担保合同的签订主体及相关内容。

第18条 法律顾问应视情况适度参与担保合同的意向、论证、谈判或签约等过程事务。

第19条 已经审查的担保合同，如需变更或未履行完毕而解除，需重新履行审查程序。

第5章 履行担保责任审核

第20条 被担保人债务到期后××个工作日内未履行还款义务，或被担保人破产、清算，债权人主张企业履行担保责任时，担保经办人员受理债权人发出的《履行担保责任通知书》。

第21条 财务部担保业务负责人审核《履行担保责任通知书》的有效性及相关证据文件，核对款项后报财务总监或有权签字人审批。

第22条 财务总监或有权签字人审批通过后，财务部担保业务负责人向债权人支付垫付款项。

第6章 附则

第23条 本制度由企业财务部制定，董事会批准后实施。

第24条 本制度解释权归企业董事会。

13.5.2 担保业务执行管理制度

××公司担保业务执行管理制度（示范）

第一章 总则

第一条 为保证担保业务的规范化、制度化和程序化，防范和控制担保风险，根据法律法规，特制定本制度。

第二条　担保业务应遵守国家的法律、法规，遵循自愿、公平、诚实信用和合理分担风险的原则。

第二章　担保业务程序

第三条　担保业务简要程序如下。

（1）企业申请：企业填报《委托担保申报表》，提供担保申请资料。

（2）担保受理：业务拓展部根据企业申请，填写《担保项目受理登记表》。

（3）项目初审：信用管理部指定第一、第二调查人，从不同角度审核企业提供的担保申请资料，通过对申请企业的实地调查，提交担保调查报告，填写《担保项目处理表》。

（4）项目评审：在董事会授权范围内，由总经理召集担保评审会议，根据初审情况，决定是否提供担保；超出董事会授权范围的，由董事会所管辖担保评审委员会决定是否提供担保。

（5）签订合同：公司同意提供担保，则由业务拓展部填写《同意担保通知函》，同时填写相应合同文本（担保合同、反担保合同），公司总经理、律师及有关部门负责人共同审核相应合同文本（借款合同、担保合同、反担保合同），审核无误，正式签订合同，填写《合同登记表》。

（6）抵押登记：信用管理部指定原则项目第一调查人准备抵（质）押登记资料，包括主合同、担保合同、反担保合同及其他资料，办理《他项权利证书》或《抵（质）押登记表》（登记机关签章）。

（7）担保收费：业务拓展部填写《担保费认缴单》，负责收取保费。

（8）发放贷款：信用管理部填写《担保贷款业务联系单》，通知贷款银行放款，复印借款借据。

（9）保后管理：信用管理部负责日常检查、重点检查，定期填写《担保项目检查表》，提交保后检查报告。

（10）代偿和追偿：申请企业贷款到期前，业务拓展部填写《担保到期通知函》，通知企业准备还贷资金，如企业能按期还贷，则还贷后，办理担保终结；如企业不能按期还贷，则信用管理部会同企业与贷款银行协商后，提交担保项目展期（逾期）报告，如企业展期后仍有不能还贷的趋势，信用管理部应提交代偿和追偿方案，直至准备法律诉讼文件。

（11）担保终结：企业如期还贷，业务拓展部复印企业还贷票据，信用管理部据此办理注销抵（质）押登记、退还抵押、代管原件等手续，业务拓展部与信用管理部共同填写《免除担保责任确认表》，整理所有担保资料并存档，至此担保终结。企业未能如期还贷，信用管理部按已审定的代偿和追偿方案执行，若追偿有效，办理担保终结手续；追偿无效，按公司规定在确定相关人员责任后，办理担保终结手续。

<h3 style="text-align:center">第三章　担保申请和受理</h3>

第四条　企业申请担保需填写《信用担保申请书》，同时必须提供下列材料，并对所提供材料的真实性负责。

（一）担保申请人须提供的资料如下。

1.法人营业执照（年检）及法人代码证。

2.法人代表证明书。

3.法人代表授权书。

4.法人代表及委托代理人身份证。

5.注册贷款卡及验资报告。

6.贷款卡及贷款卡回执单。

7.资信证明。

8.公司章程。

9.借款申请书。

10.申请借款和担保的董事会决议。

11.当期财务报表及近3年的财务报表和合法中介机构出具的审计报告，财务报表主要包括资产负债表、利润表、现金流量表、主要存货明细表、长期投资明细表、固定资产明细表、银行借款明细表、应收账款账龄分析表等。

12.与借款用途有关的资料，包括购销协议、合作协议等。

13.项目可行性研究报告及主管部门批件。

14.生产经营情况简介。

15.其他需要的有关资料。

（二）反担保第三人须提供的资料如下。

1.法人营业执照（年检）及法人代码证。

2.法人代表证明书。

3.法人代表授权书。

4.法人代表及委托代理人身份证。

5. 注册资本验资报告。

6. 贷款卡及贷款卡回执单。

7. 资信证明。

8. 公司章程及公司合同。

9. 当期财务报表及近 3 年的财务报表和合法中介机构出具的审计报告，财务报表主要包括资产负债表、利润表、现金流量表等。

10. 主要存货明细表、长期投资明细表、固定资产明细表、银行借款明细表、应收账款账龄分析表和负债情况表。

11. 其他有关材料。

（三）反担保方式为抵押或质押，应提供的材料如下。

1. 抵押物、质押物清单。

2. 抵押物、质押物权力凭证。

3. 抵押物、质押物评估资料。

4. 保险单。

5. 董事会同意抵押、质押的决议。

6. 抵押物、质押物为共有的，提供全体共有人同意抵押的声明。

7. 抵押物、质押物为海关监管的，提供海关同意抵押或质押的证明。

8. 抵押物、质押物为国有企业所有的，提供主管部门及国有资产管理部门同意抵押或质押的证明。

9. 其他有关资料。

（四）注意事项。

1. 提供的材料除复印件外，同时应提供原件备验。

2. 提供的材料复印件要加盖公章。

3. 法人代表授权委托需法人代表亲笔签字授权。

4. 公司受理人可根据担保项目和企业的实际情况，对索取资料进行删除和添加。

第五条　公司业务拓展部负责项目受理，核实顾客提交材料的完整性和真实性，审理受理条件，提出受理意见。对符合担保条件下的正式受理，应建立顾客档案及档案编号，登记《担保项目受理登记表》《担保申请人材料清单》《反担保人材料清单》及按材料清单提供的材料作为《信用担保申报书》的附件，经公司担保受理人和项目负责人审核签字后归档。

第六条 担保受理条件。

（1）具备企业法人资格并已通过年检。

（2）依法经营，经营范围符合国家政策。

（3）基本具有偿还借款的能力，并能提供反担保措施。

（4）对单个企业的担保金额不超过本公司自身实收资本的10%。

（5）申请担保金额不超过企业有效净资产的50%。

（6）企业资产负债率不超过70%。

第四章　担保项目初审和实地调查

第七条 公司信用管理部根据人员和业务量的实际情况，确定第一调查人和第二调查人。第一调查人为项目负责人，负主要调查责任，第二调查人协办。

第八条 项目初审主要是通过资料审核和实地调查，获取担保项目、项目承担企业及反担保人真实、全面的信息，通过综合分析、比较、评价，形成最后综合性的评定和结论，即《担保调查报告》。

第九条 资料审核是项目初审的开始阶段，是对申请担保企业提供的资料、信息进行搜集、整理和审核的阶段，以确定这些信息的有效性、完整性和真实性。信息不仅来源于企业，还应从其他途径获取，如从与企业和项目有关的管理部门、财税部门、供应商、用户等处获取。对上述资料，信息审核过程中需要进一步明确、补充、核实之处以及发现的漏洞、疑点即下一步进行实地调查的重点。

第十条 资料审核要点。

（1）按清单要求提供的材料是否齐全、有效，要求提供的文件是否为原件，复印件是否和原件一致，复印件材料是否加盖公章。各种文件是否在有效期内，应年检的是否已办理手续。

（2）各有关文件的相关内容是否核对一致，逻辑关系是否正确，通过对企业成立批文、合同、章程、董事会决议、验资报告、立项批文、可行性研究、资信等级、环保及市场准入等具体文件的审核，了解借款人（担保申请人）和反担保人是否具备资格、是否合法。

（3）财务报表是否由会计师事务所出具了审计报告，是否有保留意见报告，初步分析财务状况，记录疑点，以便实地调查核实。

（4）对反担保人提供的文件资料的审核与以上三项基本相同，重点是审核反担保人提供的反担保措施是否符合有关法律法规（如房地产、土地相关法律法规）及有关抵押登记管理办法的规定，抵押物、质押物的权属（权力凭证）是否明晰。

第十一条　项目初审过程中，部门负责人、项目负责人与协办人（至少双人下户）应到借款人和反担保人及有关部门进行实地调查，实地调查至少要进行一次，公司负责人根据具体情况参与调查。进行调查前，要列出调查提纲，明确调查目标，以保证调查的质量和效率。

第十二条　实地调查要点。

（1）访问企业，会见有关当事人，了解企业和项目背景、市场竞争范围、销售和利润、资源和供应等情况；弄清贷款用途和还款来源；考察企业管理团队的整体素质（文化程度、主要经历、技术专长、经营决策、市场开拓、遵纪守法等方面），了解主要领导人的信用状况和能力。

（2）对需进一步核实的材料，要求企业提供原件核对。

（3）考察主要生产、经营场所，通过走、看、问，判断企业实际生产、经营情况，印证有关资料记载和有关当事人介绍的情况。

（4）对财务报表的调查审核，应根据企业的实际情况，主要调查核实以下内容。

①了解企业的主要会计政策，是否按会计准则记账。

②企业的财务预算内部控制制度是否完备并有效执行。

③通过采用抽查大项的方式，审核企业是否做到了账表、账账、账证、账实四相符，核实资产、负债、所有者权益是否虚假。

④有保留意见的审计报告的保留意见部分。

⑤企业的或有损失和或有负债情况。

（5）察看抵押物、质押物。以房地产抵押的，要察看地，了解抵押物的面积、用途、结构、竣工时间、原价和净值、周边环境等；以动产抵押、质押的，要察看、了解抵押物、质押物的规格、型号、质量、原价和净值、用途等；以汇票、本票、债券、存款单、仓单、提单等出资的，要察看权力凭证原件，识别真假，必要时请有关部门鉴定。

第十三条　综合分析是在核实资料的实地调查的基础上，对已经获取的信息进行综合判断、分析、比较和评价，主要有以下几个方面。

（1）分析、判断借款人（担保申请人）的主体资格、清偿债务意愿及是否能严格履行合同条款。

（2）分析经济环境对担保项目和项目承担企业的影响，主要包括：项目产品在行业中的地位、产品经济寿命期、技术、工艺先进程度，市场结构和市场竞争能力，市场风险程度及政府的管制程度等。

（3）分析借款人的还款能力。通过财务分析和现金流量分析，掌握借款人的财务状况和偿债能力，预测借款人的未来发展趋势。财务分析的主要内容如下。

①偿债能力（财务杠杆比率）。

②盈利能力（盈利比率）。

③营运能力（效率比率）。

④资产质量。

⑤资金结构。

⑥预测近三年的发展趋势，现金流量分析是预计在未来的还款期间内，是否能够产生足够的现金流量偿还银行借款。

（4）分析反担保人的担保资格和担保能力。重点分析担保方式的可操作性，抵押、质押是否合法合规，与抵押物、质押物的流动性相关的预期变现难易程度、交易成本和价格的稳定性及可预见性。

（5）基本风险度分析。

第十四条　项目初审结束，项目负责人须向评审会提交《担保调查报告》，《担保调查报告》主要内容如下。

（1）借款人的背景情况。

（2）项目基本情况。

（3）市场预测及销售分析。

（4）财务状况及偿债能力。

（5）借款用途及还款资金来源。

（6）反担保情况。

（7）与银行往来情况及或有负债情况。

（8）项目风险程度的综合分析结果。

（9）其他需要说明的情况。

（10）调查结论。

第十五条　项目初审过程中发现企业有不良信用记录、出具虚假资料、违法违规等问题，或企业主动要求撤回担保申请，致使初审工作不能继续进行时，项目负责人应在《担保调查报告》中说明原因并提出处理意见，填报《担保项目处理表》，经部门负责人签署意见后呈报公司总经理审批，项目负责人将处理结果告知企业。如因企业材料提供不全或要求暂缓处理影响项目初审工作的，亦按上述程序办理。

第十六条　项目初审工作自正式受理开始，一般应在 5 个工作日完成，如超过 5 个工作日，项目负责人应向部门负责人说明原因，部门负责人向总经理报告。

第五章　担保项目评审与决策

第十七条　担保项目的评审包括两个环节，即部门评审和会议评审。

第十八条　项目初审工作结束后，项目负责人将企业提交的各项资料和《担保调查报告》提交本部门，部门负责人组织人员对上述资料进行评审。部门评审的重点有项目资料和《担保调查报告》。

部门评审的主要内容如下。

（1）项目资料的真实性、完整性、正确性。

（2）对反担保措施提出意见。

（3）对企业的报审资料从法规角度加以审核。

（4）对项目的风险度进行评价。

（5）对企业的财务状况进行评价。

评审意见和结论填写于《担保项目评审书》，部门评审一般应在 3 个工作日完成。

第十九条　部门评审完毕后，将《担保项目评审书》连同其他资料一并提交会议评审。

第二十条　会议评审的组织机构是公司项目评审委员会，成员由公司总经理、各部门负责人组成，主任委员由公司总经理担任。评审委员会日常工作由信用管理部负责。

评审会议参加人员如下。

（1）评审委员会全体成员。

（2）项目负责人和协办人。

（3）评审委员会认为须参加的人员。

第二十一条　会议评审工作程序如下。

（1）评审委员会至少在会议召开前 2 天，将会议内容通知参加会议人员。

（2）会议由评审委员会主任召集，参加会议人员必须按时参加会议，因特殊情况不能出席时，必须事先向评审委员会主任请假。若参加会议人员未达应参加会议人数的半数，则会议另择期举行。

（3）项目负责人报告项目调查情况和初审意见，协办人作补充说明。

（4）部门负责人报告部门审核意见。

（5）评审委员和参加会议人员质疑，调查责任人和协办人答疑。

（6）参加会议人员从合法性、安全性、效益性等方面对项目进行综合分析并提出具体意见。

（7）评审委员会主任综合与会多数人的意见后提出总结性评审意见。

（8）会议评审采用签字表决制，参加会议评审人员须在《担保项目评审书》上明确填写"同意"或"不同意"并签字，不得弃权，三分之二以上的评审人员同意视为项目评审通过。

（9）按照公司决策权限划分的规定报公司董事会审批，审批意见列于《担保项目评审书》。

第二十二条　董事会授予公司总经理担保审批权限（包括担保额度、担保展期、担保逾期、撤保的审批）；担保申请人为企业法人，则单笔不超过人民币100万元（含）；担保申请人为自然人，则单笔不超过人民币20万元（含）。

第二十三条　部门评审、会议评审中被否决的项目，董事会只能作"不同意担任"或"进行复议"的决定，而不能作"同意担保"的决定。

第二十四条　会议由评审委员会指定专人记录，内容包括会议的时间、地点、出席人员、参加会议人员对项目的意见及评审委员会主任最后综合意见。会议形成的文书、资料归档保管。

第二十五条　发生以下情形的项目需要进行复议。

（1）公司评审委员会否决（三分之一以上评审人员不同意），但董事会决定复议的项目。

（2）多数评审人员质疑，评审委员会主任认为有必要进一步调查的项目。

（3）自公司批准担保之日起3个月后才办理手续的项目。

对复议的项目，自项目初审程序开始，如有必要可重新确定第一调查人。

第六章　担保合同的签订

第二十六条　项目正式批准后，由业务拓展部发函通知项目承担企事业办理担保手续，通知包括以下内容：公司同意担保的决定、缴纳担保费用的金额、付款期限及方式、办理担保手续应备资料和其他准备工作。发函前项目责任人要确认贷款银行的承贷情况。

第二十七条 业务拓展部安排专人经办担保合同签约手续，签约程序如下。

（1）准备（或拟定）空白法律合同文本，包括借款合同、担保合同、反担保合同及其他须准备的法律文书。

（2）由信用管理部、法律顾问审核上述合同文本，对需要调整和修改的合同条款应及时与对方当事人协商、谈判，将修改意见填写在《合同审核表》中，报总经理审定。

（3）公司经办人填写《合同登记表》，确定本公司出具合同的编号，填写合同内容并在经办人处签字。须注意的事项如下。

①与贷款人签订的《保证合同》中的"其他约定"要注明"本合同的保证人与借款人办妥抵押登记手续后，保证人以书面形式通知贷款人，贷款人收到保证人的书面通知后，才能向借款人放款。"

②与抵（质）押人签订的《反担保抵（质）押合同》中，一般情况下，抵（质）押期限要长于借款期限 6 个月，保险期限要长于抵（质）押期限 3 个月，投保总值不得低于抵押物、质押物总值，保单要注明本公司为保险赔偿第一受益人，保单正本须存放本公司。

（4）对填写完内容的合同文本再进行一次审核，方法与本条第（2）项相同。

（5）涉及股东代表、法人代表、董事会成员、共有人、反担保人（自然人）等签字盖章的情况，当事人必须当面签字、盖章，本公司至少应有两人在现场。

（6）企业签署《担保费认缴单》，一式两份，其中一份交公司财务部门。

（7）法人代表、公司签章。

第二十八条 办理完签约手续的项目资料移交业务拓展部档案管理员统一管理。重要合同和证件包括借款合同、保证合同、反担保合同等，须单独管理。

<h3 align="center">第七章 反担保措施</h3>

第二十九条 对获得批准担保企业，必须落实反担保措施，包括财产抵押、财产或权力质押、企业的保证反担保等，公司根据自身和项目的实际情况，采用一种或几种反担保措施。公司原则上不接受保证反担保。

第三十条 企业提供抵押物、反押物的范围，按相关法律法规执行，并按有关规定办理抵（质）押登记手续。

第三十一条 项目负责人负责准备抵（质）押登记资料和办理抵（质）押登记手续。抵（质）押登记资料包括主合同、保证合同、抵（质）押合同、抵（质）押登记部门要求提供的其他资料等。办理完抵（质）押登记手续后，应取得抵（质）押登记部门发放的《他项权利证书》或经抵（质）押登记部门签章的《抵（质）押登记表》等证明文件。

第三十二条 不动产抵押率（按净值计算）不高于70%；动产抵押率（按净值计算）不高于50%；动产质押率（按净值计算）不高于50%；股权、债券等权利质押率（分别按投资额、债券面值计算）不高于70%。

第三十三条 采用保证反担保措施的企业，必须满足以下条件。

（1）必须具备法律法规规定的担保资格。

（2）资产负债率不超过70%。

（3）连续2年获利。

（4）企业资信和经济实力要优于借款企业。

（5）企业在承保期必须参加保险。

第三十四条 办妥抵（质）押登记手续后，经办人填写一式两份的《担保贷款业务联系单》，联系单上注明"已经与借款人办妥抵（质）押登记手续，请承贷银行见此通知后为借款人放款"，报总经理签批后送承贷银行，银行经办人签章后可为企业放款，督促企业缴纳担保费。经办人将一份《担保贷款业务联系单》（银行经办人签章）和银行借款借据的复印件存档。

第八章 担保收费

第三十五条 担保收费执行国家规定的标准，并根据具体情况确定优惠费率。

第三十六条 贷款主体按一般企业、小型民营企业、个体工商户等三种不同类型划分，以不同贷款时间和金额为限制定不同的费率，具体标准见收费表。

第三十七条 担保费原则上应在借款合同生效之日一次性收取。根据情况也可以分年度收费。若逾期支付，应加收滞纳金。

第三十八条 企业在签署《担保费认缴单》时，要确认担保费率和担保费金额，担保费由业务拓展部负责计算和催缴，公司财务部门负责核实和收款。公司财务部门收到款项并在《担保费认缴单》上签字后，将《担保费认缴单》退业务拓展部存档。应缴纳担保费的当日，业务拓展部和公司财务部门有关人员须填制

《担保费收缴确认表》，确认缴费情况后报总经理核准。

第九章　担保项目管理

第三十九条　担保项目后期管理（保后管理），是指自承贷银行向企业放款至担保终结的过程和管理，包括担保项目检查、展期项目和逾期项目及撤保项目的处理等。

第四十条　担保项目检查由信用管理部负责。其检查前要制定检查计划，报总经理审批。保后检查分日常检查和重点检查。日常检查是根据企业的实际情况，如担保金额、担保期限、反担保措施、风险等级等确定检查频率，日常检查至少每个季度要进行一次。重点检查是对借款封闭管理的项目、认为风险较大的项目及其他需要特别关注的项目进行不定期检查或全程跟踪。检查完毕后，检查人员须填写《担保项目检查表》并附检查报告和要求企业及有关部门提供的资料，报总经理批注意见后与有关资料一并归档。

第四十一条　保后检查的内容如下。

（1）企业是否按借款合同规定支付利息。

（2）债务人的经营和财务状况。

（3）反担保措施中是否产生了新的不利因素。

（4）风险计量和总结（贷款的五级分类）。

（5）其他需说明的情况。

第四十二条　检查人员在检查中发现企业存在较大问题时，须当日向部门负责人口头报告，部门应在 2 日内将存在问题和处理意见书面报告总经理。对发现的重大问题，部门负责人应立即报告总经理，总经理认为有必要时，可召集有关人员进行专题讨论并提出相应的对策及措施。

第四十三条　对所有担保项目，在担保到期日前 30 日，由业务拓展部填制《担保到期通知函》，通知项目承担企业。

第四十四条　每月月末前，信用管理部应向总经理提交当月《逾期项目统计表》和《担保项目检查表》。

第四十五条　需要展期的担保项目，企业须在该担保项目到期前 20 日内向本公司提出担保展期书面申请。信用管理部负责调查担保展期的原因，提出处理意见，填写《担保项目展期（逾期）报告表》，报总经理审批。对展期项目的担保须按照新项目的担保程序办理。

第四十六条　对逾期的担保项目，由信用管理部写出检查报告，提出处理意见，填写《担保项目展期（逾期）报告表》，报总经理审批。对逾期担保项目的处理意见包括以下内容。

（1）采用更为可靠的反担保措施。

（2）建议撤保。

对逾期的担保项目按会议评审及审批权限办理。

第四十七条 具有下列情形之一的，公司应主动撤保。

（1）担保贷款未按担保申报时的用途使用。

（2）项目承担企业提供虚假资料或具有欺诈行为。

（3）公司认为项目承担企业出现重大经营失误或市场、财务状况等方面出现较大潜在风险。

第四十八条 项目撤保由信用管理部写出检查报告，提出处理意见，填写《担保项目（撤保）处理表》，报总经理审批。对项目撤保按会议评审及审批权限办理。

第四十九条 已经结束的担保项目，应及时办理终结手续。担保贷款到期后，业务拓展部负责核实贷款本息是否确已归还，并留存一份放款收回凭证复印件，信用管理部据此办理注销抵押登记，将所抵押和保管的原件资料退还企业，两部门共同填写《免除担保责任确认表》，报公司总经理核准。各部门将部门管理的档案移交公司档案管理部门。

第五十条 项目责任人在办理担保业务过程中，应根据业务进度将完成内容及时录入计算机，包括担保业务动态表、担保项目检查一览表等。

第十章　债的追偿

第五十一条 主债务人未能履行债务，本公司代为清偿后，应依法进行追偿及提起诉讼。

第五十二条 代偿和追偿方案由信用管理部负责制定并报总经理审定，项目责任人为具体经办人。对设定抵（质）押反担保的，应以抵（质）押物的处置价值冲抵债务。对设定反担保人的，应依法向反担保人追偿，反担保人拒绝清偿的，应依法对主债务人及反担保人提起诉讼。

第十一章　责任和罚则

第五十三条 项目负责人、部门审核人员、会议评审人员按公司的有关规定承担相应比重的责任。

第五十四条 因有关人员过失等主观原因使公司遭受损失，要追究有关人员责任，并按公司有关规定进行处罚。

第十二章　档案管理

第五十五条　业务拓展部及信用管理部设兼职档案管理员，负责自担保业务受理到债务追偿完毕整个过程有关文件、资料的整理、立卷和保管工作。

第五十六条　担保业务流程中所有有关文书和资料都在归档范围。归档的案卷要编排次序，卷内首页要有材料目录。借阅档案要填写《档案借阅登记表》，部门内部人员之间及部门与部门之间移交档案时要有移交记录，填写《档案移交登记表》。

第五十七条　担保项目终止后，各有关部门将档案移交给公司档案管理部门。

第十三章　附则

第五十八条　本制度如与国家法律、法规不一致时，应作出相应修改调整。

第五十九条　本制度由公司董事会负责解释。

第六十条　本制度经公司董事会批准后施行。

14.1 业务外包内部控制应用指引

企业内部控制应用指引第 13 号——业务外包

第一章 总则

第一条 为了加强业务外包管理，规范业务外包行为，防范业务外包风险，根据有关法律法规和《企业内部控制基本规范》，制定本指引。

第二条 本指引所称业务外包，是指企业利用专业化分工优势，将日常经营中的部分业务委托给本企业以外的专业服务机构或其他经济组织（以下简称承包方）完成的经营行为。

本指引不涉及工程项目外包。

第三条 企业应当对外包业务实施分类管理，通常划分为重大外包业务和一般外包业务。重大外包业务是指对企业生产经营有重大影响的外包业务。

外包业务通常包括：研发、资信调查、可行性研究、委托加工、物业管理、客户服务、IT 服务等。

第四条 企业的业务外包至少应当关注下列风险：

（一）外包范围和价格确定不合理，承包方选择不当，可能导致企业遭受损失。

（二）业务外包监控不严、服务质量低劣，可能导致企业难以发挥业务外包的优势。

（三）业务外包存在商业贿赂等舞弊行为，可能导致企业相关人员涉案。

第五条 企业应当建立和完善业务外包管理制度，规定业务外包的范围、方式、条件、程序和实施等相关内容，明确相关部门和岗位的职责权限，强化业务外包全过程的监控，防范外包风险，充分发挥业务外包的优势。

企业应当权衡利弊，避免核心业务外包。

第二章　承包方选择

第六条　企业应当根据年度生产经营计划和业务外包管理制度，结合确定的业务外包范围，拟定实施方案，按照规定的权限和程序审核批准。

总会计师或分管会计工作的负责人应当参与重大业务外包的决策。

重大业务外包方案应当提交董事会或类似权力机构审批。

第七条　企业应当按照批准的业务外包实施方案选择承包方。承包方至少应当具备下列条件。

（一）承包方是依法成立和合法经营的专业服务机构或其他经济组织，具有相应的经营范围和固定的办公场所。

（二）承包方应当具备相应的专业资质，其从业人员符合岗位要求和任职条件，并具有相应的专业技术资格。

（三）承包方的技术及经验水平符合本企业业务外包的要求。

第八条　企业应当综合考虑内外部因素，合理确定外包价格，严格控制业务外包成本，切实做到符合成本效益原则。

第九条　企业应当引入竞争机制，遵循公开、公平、公正的原则，采用适当方式，择优选择外包业务的承包方。采用招标方式选择承包方的，应当符合招投标法的相关规定。

企业及相关人员在选择承包方的过程中，不得收受贿赂、回扣或者索取其他好处。承包方及其工作人员不得利用向企业及其工作人员行贿、提供回扣或者给予其他好处等不正当手段承揽业务。

第十条　企业应当按照规定的权限和程序从候选承包方中确定最终承包方，并签订业务外包合同。业务外包合同内容主要包括：外包业务的内容和范围，双方权利和义务，服务和质量标准，保密事项，费用结算标准和违约责任等事项。

第十一条　企业外包业务需要保密的，应当在业务外包合同或者另行签订的保密协议中明确规定承包方的保密义务和责任，要求承包方向其从业人员提示保密要求和应承担的责任。

第三章　业务外包实施

第十二条　企业应当加强业务外包实施的管理，严格按照业务外包制度、工作流程和相关要求，组织开展业务外包，并采取有效的控制措施，确保承包方严格履行业务外包合同。

第十三条 企业应当做好与承包方的对接工作，加强与承包方的沟通与协调，及时搜集相关信息，发现和解决外包业务日常管理中存在的问题。

对于重大业务外包，企业应当密切关注承包方的履约能力，建立相应的应急机制，避免业务外包失败造成本企业生产经营活动中断。

第十四条 企业应当根据国家统一的会计准则制度，加强对外包业务的核算与监督，做好业务外包费用结算工作。

第十五条 企业应当对承包方的履约能力进行持续评估，有确凿证据表明承包方存在重大违约行为，导致业务外包合同无法履行的，应当及时终止合同。

承包方违约并造成企业损失的，企业应当按照合同对承包方进行索赔，并追究责任人责任。

第十六条 业务外包合同执行完成后需要验收的，企业应当组织相关部门或人员对完成的业务外包合同进行验收，出具验收证明。

验收过程中发现异常情况，应当立即报告，查明原因，及时处理。

14.2 业务外包内部控制目标及风险点

14.2.1 业务外包内部控制的目标

业务外包流程如图 14-1 所示。

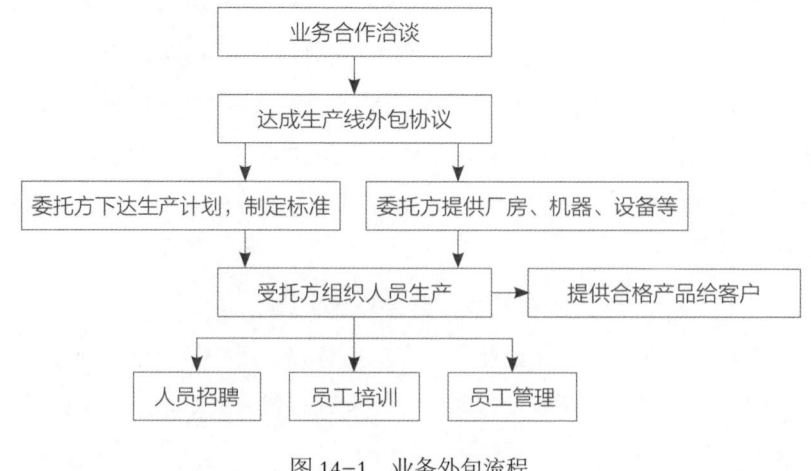

图 14-1 业务外包流程

业务外包内部控制的主要目标有三个，如表 14-1 所示。

表 14-1　业务外包内部控制的主要目标

目标	业务外包内部控制目标
经营目标	通过规范外包业务流程，确保外包业务按规定的程序和适当的授权进行，促进业务外包方案的顺利实施，确保业务外包质量
财务目标	规范业务外包会计系统控制，控制业务外包成本，真实记录和反映外包业务流程各环节的资金流和实物流，确保财务报告信息的真实、准确、完整
合规目标	确保外包业务的承包商选择、合同签订等环节符合《中华人民共和国民法典》等有关法律法规及企业内部控制制度的规定

14.2.2　业务外包内部控制的风险点

业务外包在给企业带来收益的同时也产生了风险。从业务外包活动的流程来看，主要包括制定业务外包实施方案、审核批准、选择承包方、签订业务外包合同、组织实施业务外包活动、业务外包过程管理、验收、会计系统控制等环节。每一个环节组织不当都会给企业带来风险，进而直接影响企业预期利润的提升和战略目标的实现。

1. 外包业务选择不当风险

在业务外包决策中，企业首先要回答的问题就是选择哪些业务外包。一般来说，企业应当尽量选择与自身核心业务关联性不大、相对独立的非核心业务进行外包。然而在实践中，企业的核心业务和非核心业务边界不清晰，管理层因专业知识和能力所限，有可能将不宜外包的业务外包出去，使企业丧失核心竞争力，这将对企业造成不可估量的严重后果。外包业务的主要风险、管控措施如表14-2 所示。

表 14-2　外包业务主要风险和管控措施

主要风险	（1）审批制度不健全，导致业务外包审批流程不规范 （2）审批不严格或者越权审批，导致业务外包决策出现重大疏漏，可能引发严重后果 （3）未能对业务外包实施方案是否符合成本效益原则进行合理审核，以及作出恰当判断，导致业务外包不经济
管控措施	（1）建立和完善业务外包审核批准制度。明确授权批准的方式、权限、程序、责任和相关控制措施，规定各层级人员应当在授权范围内进行审批，不得超越权限审批。同时加大对分公司重大业务外包的管控力度，避免因分公司越权将业务外包给企业带来不利后果

管控措施	（2）在对业务外包实施方案进行审查和评价时，应当着重对比分析该业务项目在自营与外包情况下的风险和收益，确定外包的合理性和可行性 （3）总会计师或企业分管会计工作的负责人应当参与重大业务外包的决策，对业务外包的经济效益作出合理评价 （4）对于重大业务外包方案，应当提交董事会或类似权力机构审批

2. 外包承包商选择不当风险

外包承包商的选择对外包业务的开展产生重要的影响。企业对重要业务的外包没有建立外包承包商的遴选机制，或者确定外包承包商的决策权过于集中，容易导致由于失去权力制衡而产生的商业贿赂；外包承包商定价过高，使外包成本超过外包所带来的收益，导致企业遭受损失；缺乏对外包承包商资格审查制度，对承包商的专业能力、财务状况、经营状况以及信用水平等缺乏了解，如果外包承办商不具备相应的专业资质，从业人员也不具备相应的专业技术与职业资格，缺乏从事相关项目的经验，会导致双方产生严重分歧而陷入法律纠纷。外包承包商选择的主要风险和管控措施如表 14-3 所示。

表 14-3　外包承包商选择的主要风险和管控措施

主要风险	（1）承包方不是合法设立的法人主体，缺乏应有的专业资质，从业人员不具备专业技术资格，缺乏从事相关项目的经验，导致企业遭受损失甚至陷入法律纠纷 （2）外包价格不合理，业务外包成本过高导致难以发挥业务外包的优势 （3）存在接受商业贿赂的舞弊行为，导致相关人员涉案
管控措施	（1）充分调查候选承包方的合法性，即其是否为依法成立、合法经营的专业服务机构或经济组织，是否具有相应的经营范围和固定的办公场所 （2）调查候选承包方的专业资质、技术实力及其从业人员的履历和专业技能 （3）考察候选承包方从事类似项目的成功案例、业界评价和口碑 （4）综合考虑企业内外部因素，对业务外包的人工成本、营销成本、业务收入、人力资源等指标进行测算分析，合理确定外包价格，严格控制业务外包成本 （5）引入竞争机制，按照有关法律法规，遵循公开、公平、公正的原则，采用招标方式等择优选择承包方 （6）按照规定的程序和权限在候选承包方中作出选择，并建立严格的回避制度和监督处罚制度，避免相关人员在选择承包方的过程中出现受贿和舞弊行为

3. 合同不完备风险

确定承包方后，企业应当及时与选定的承包方签订业务外包合同，约定业务外包的内容和范围、双方权利和义务、服务和质量标准、保密事项、费用结算标准和违约责任等事项。该环节的主要风险有：合同条款未能针对业务外包风险作出明确的约定，对承办方的违约责任界定不够清晰，导致企业陷入合同纠纷和诉讼；合同约定的业务外包价格不合理或成本费用过高，导致企业遭受损失。合同不完备的主要风险和管控措施如表 14-4 所示。

表 14-4　合同不完备的主要风险和管控措施

主要风险	（1）合同条款未能针对业务外包风险作出明确的约定，对承办方的违约责任界定不够清晰，导致企业陷入合同纠纷和诉讼 （2）合同约定的业务外包价格不合理或成本费用过高，导致企业遭受损失
管控措施	（1）在订立外包合同前，充分考虑业务外包方案中识别出的重要风险因素，并通过合同条款予以有效规避或降低 （2）在合同规定的内容和范围方面，注明承包方提供的服务类型、数量、成本，以及明确界定服务的环节、作业方式、作业时间、服务费用等细节 （3）在合同规定的服务和质量标准方面，规定外包商最低的服务水平以及未能满足标准实施的补救措施 （4）在合同规定的权利和义务方面，明确企业有权督促承包方改进服务流程和方法，承包方有责任按照合同或协议规定的方式和频率，将外包实施的进度和现状告知企业，并对存在的问题进行有效沟通 （5）在合同的保密事项方面，应具体约定涉及本企业机密的业务和事项，承包方有责任履行保密义务 （6）在费用结算标准方面，综合考虑内外部因素，合理确定外包价格，严格控制业务外包成本 （7）在违约责任方面，制定既具原则性又体现一定灵活性的合同条款，以适应环境、技术和企业自身业务的变化

4. 业务外包过程管理风险

该环节主要风险如下。承包方在合同期内因市场变化等原因不能保持履约能力，无法继续按照合同约定履行义务，导致业务外包失败和本企业生产经营活动中断；承包方出现未按照业务外包合同约定的质量要求持续提供合格的产品或服务等违约行为，导致企业难以发挥业务外包优势，甚至遭受重大损失；管控不力，导致商业秘密泄露。企业与外包承包商签订协议后，往往不进行后续的监督管理，从而使业务外包活动处于失控状态。承包方陷入财务困境而无法及时提供外包产品或服务，承包方未能持续提供与合同规定相符的产品，承包方没有严格按照合同规定履行保密义务，泄露了企业的商业秘密。业务外包过程的主要风险和管控措施如表 14-5 所示。

表 14-5 业务外包过程的主要风险和管控措施

主要风险	（1）承包方在合同期内因市场变化等原因不能保持履约能力，无法继续按照合同约定履行义务，导致业务外包失败，本企业生产经营活动中断 （2）承包方出现未按照业务外包合同约定的质量要求持续提供合格的产品或服务等违约行为，导致企业难以发挥业务外包优势，甚至遭受重大损失 （3）管控不力，导致商业秘密泄露
管控措施	（1）在承包方提供服务或制造产品的过程中，密切关注重大业务外包承包方的履约能力，采取承包方动态管理方式，对承包方开展日常绩效评价和定期考核 （2）对承包方的履约能力进行持续评估，包括承包方对该项目的投入是否能够支持其产品或服务质量达到企业预期目标，承包方自身的财务状况、生产能力、技术创新能力等综合能力是否满足该项目的要求 （3）建立即时监控机制，一旦发现偏离合同目标等情况，应及时要求承包方调整改进 （4）对重大业务外包的各种意外情况作出充分预计，建立相应的应急机制，制定临时替代方案，避免业务外包失败造成企业生产经营活动中断 （5）有确凿证据表明承包方存在重大违约行为，并导致业务外包合同无法履行的，应当及时终止合同，并指定有关部门按照法律程序向承包方索赔 （6）切实加强对业务外包过程中形成的商业信息资料的管理

14.3 业务外包内部控制方法及关键点

14.3.1 业务外包内部控制的方法

在评估业务外包各个环节所存在的风险后，企业应当根据业务外包内部控制目标实施针对性的控制措施。业务外包内部控制的方法有以下 5 种。

1. 不相容岗位分离

通过对业务外包流程的梳理，企业应当明确不同岗位的职责和权限，从而形成相互制约、相互监督的机制，以避免在实施业务外包过程中出现舞弊行为。具体内容如图 14-2 所示。

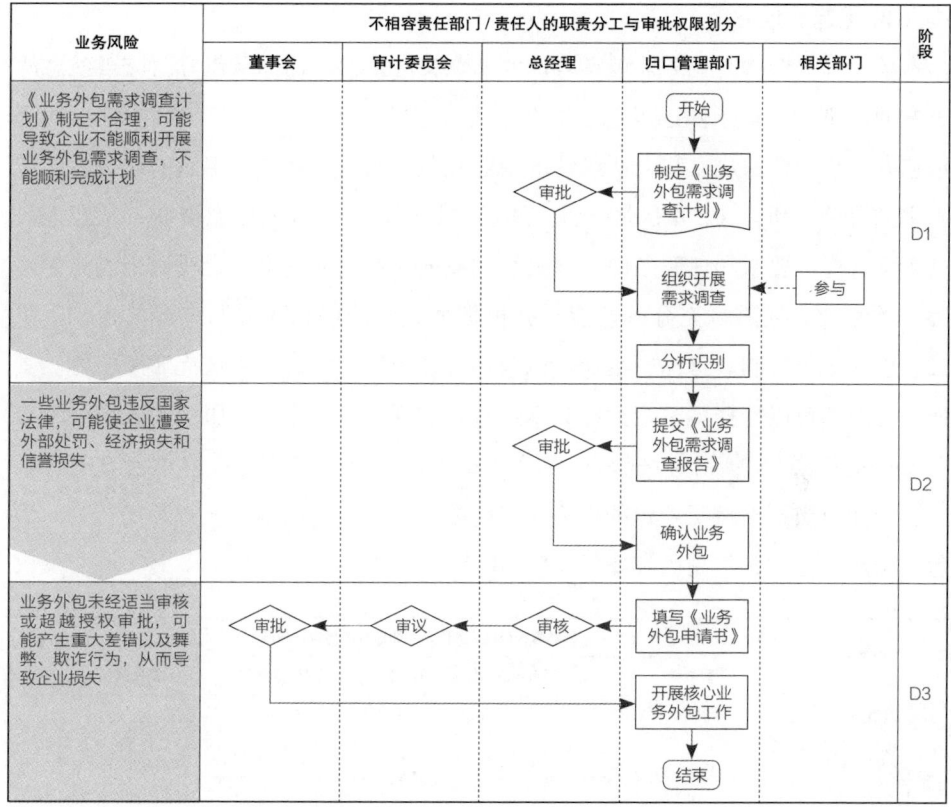

业务风险	不相容责任部门／责任人的职责分工与审批权限划分					阶段
	董事会	审计委员会	总经理	归口管理部门	相关部门	
《业务外包需求调查计划》制定不合理，可能导致企业不能顺利开展业务外包需求调查，不能顺利完成计划			审批	开始 → 制定《业务外包需求调查计划》 → 组织开展需求调查 → 分析识别	参与	D1
一些业务外包违反国家法律，可能使企业遭受外部处罚、经济损失和信誉损失			审批	提交《业务外包需求调查报告》 → 确认业务外包		D2
业务外包未经适当审核或超越授权审批，可能产生重大差错以及舞弊、欺诈行为，从而导致企业损失	审批	审议	审核	填写《业务外包申请书》 → 开展核心业务外包工作 → 结束		D3

图 14-2 不相容岗位分离相关流程

业务外包不相容岗位主要包括以下几项。

（1）业务外包的申请与审批。

（2）业务外包的审批与执行。

（3）外包合同的订立与审核。

（4）业务外包的执行与相关会计记录。

（5）付款的申请、审批与执行。

2. 授权审批

企业应当建立业务外包审核批准制度，明确授权批准的方式和程序、各部门的审批范围和权限，保证申请、审批、执行和监督等环节按相关管理制度规范操作，禁止出现无权审批或越权审批情况。在对业务外包实施方案进行审批时，企业应当根据自身业务特点，着重对比分析该项目在自营和外包情况下的风险和收益，确定外包的合理性和可行性。涉及企业市场竞争力的重大业务外包对企业发展影响较大的，应当提交董事会或类似权力机构审批。

3.优选承包方

承包方的选择对业务外包具有重要的意义。企业在选择承包方时应当注意两个方面。第一，对于候选承包方的调查主要包括以下内容。（1）合法性。候选承包方是否为依法成立和合法经营的专业服务机构，是否具有相应的经营范围和固定的办公场所。（2）专业资质。承包方是否具备相应的专业资质，从业人员是否符合岗位要求和任职条件，并具有相应的专业技术资格。企业应当委派能够胜任的专业人才进行充分的调查，并根据搜集到的信息形成调查评估报告。第二，引入竞争机制。首先，企业可以采用公开招标的方式，挑选优质承包方。其次，企业还可以选择多家企业作为承包方，这样可以降低一方服务失败可能给企业带来的损失。最后，按规定程序确定最终承包方。在确定最终承包方的过程中，企业应当严格按照规定的程序和权限办理，以防止出现徇私舞弊的行为。承包方资质审查内部控制内容如图14-3所示。

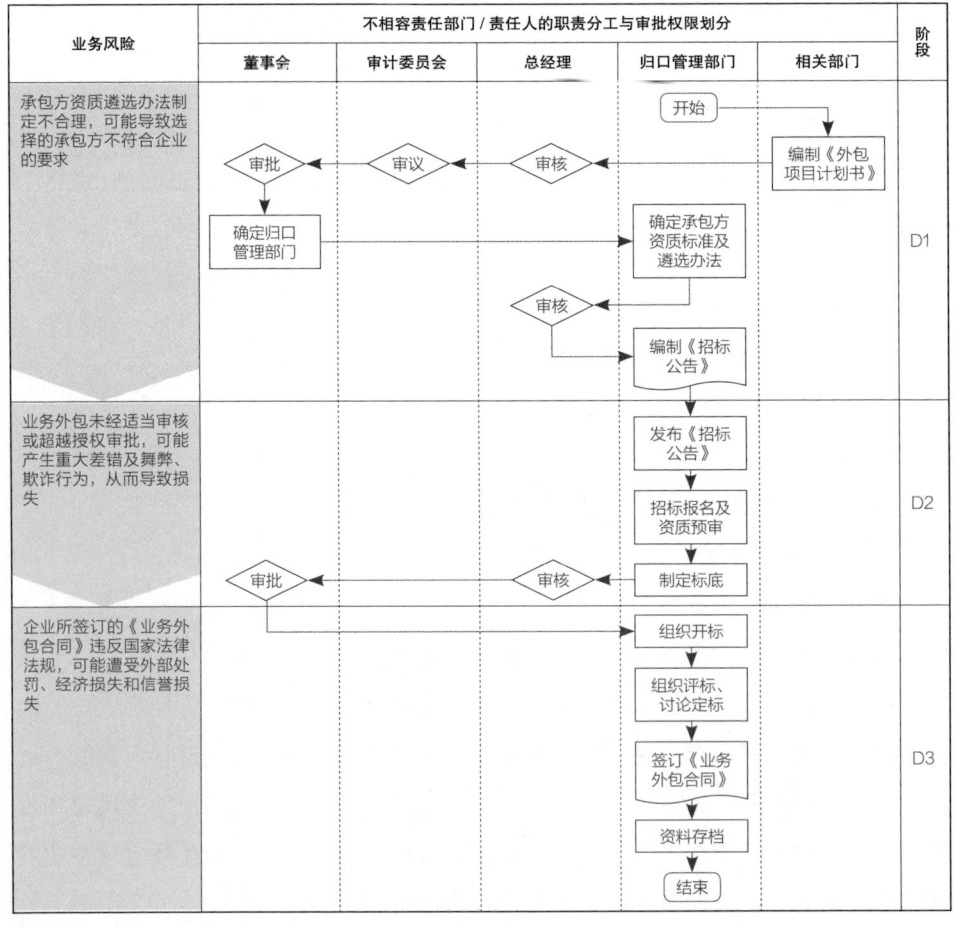

图14-3　承包方资质审查内部控制

4.建立有效的沟通机制

对于通过招标竞争机制挑选出来的优质承包方,企业应当加强双方的交流与沟通,一方面使承包方能够了解企业的文化,使提供的服务更能够符合企业的需求;另一方面,企业也能够对承包方在行业中的地位、提供的服务质量、生产经营状况等有更为深入的认识。对于资金雄厚、服务质量高、规模大、信誉好的承包方,企业应当与其建立长期合作的长效机制,这样既有利于企业得到了优质、专业、快捷的服务,又能够让承包方开拓更多业务,从而通过建立战略合作伙伴关系来达到共赢。此外,企业还应当建立承包方档案,对于其经营范围、产品质量、服务质量与效率进行跟踪记录,从而有利于未来进一步的合作。

5.加强业务外包过程监控

业务外包的风险监控应当贯穿于整个业务流程之中,应当实施全过程监控。由于业务外包是一种界于市场交易和纵向一体化的中间形式,厂商和外包供应商之间实际上形成了一种委托代理关系,外包供应商比厂商拥有更多关于产品和服务的质量、成本等信息,从而导致信息不对称。另外,合作双方理念和文化的差异、无效的沟通机制等因素都可能导致外包失败。因此,强化对外包过程的管理非常必要,为此企业可以通过建立相应的管理协调机构,构建畅通的沟通渠道,解决业务外包过程中的问题和矛盾,防止意外发生。此外,企业还可以通过细化外包合同、建立质量保证体系等管理控制手段,强化对外包过程的监督,减少外包过程中因信息不对称造成的风险。

在业务外包运作过程中,企业应当密切关注重大业务外包承包方的履约能力。企业应对承包方履约能力进行持续评估,分阶段检查其业务完成进度以及资源投入状况,通过对其生产规模和能力、财务状况和经营状况的评估来预测其是否能够按合同期限完成任务。凡事预则立,不预则废,对于对企业影响重大的业务外包,企业应当事先充分地预计各种可能出现的意外情况,建立相应的应急机制,制定备选方案,避免业务外包失败造成企业生产经营活动的中止。企业应当搜集相关信息,如果有确凿证据证明承包方有重大违约行为,导致业务外包合同无法履行,应当及时终止合同,以免造成更大损失。同时企业应当指派有关部门按照合同约定向承包方就因违约行为而造成的损失进行索赔。

14.3.2 业务外包内部控制的关键点

业务外包内部控制流程如图 14-4 所示。

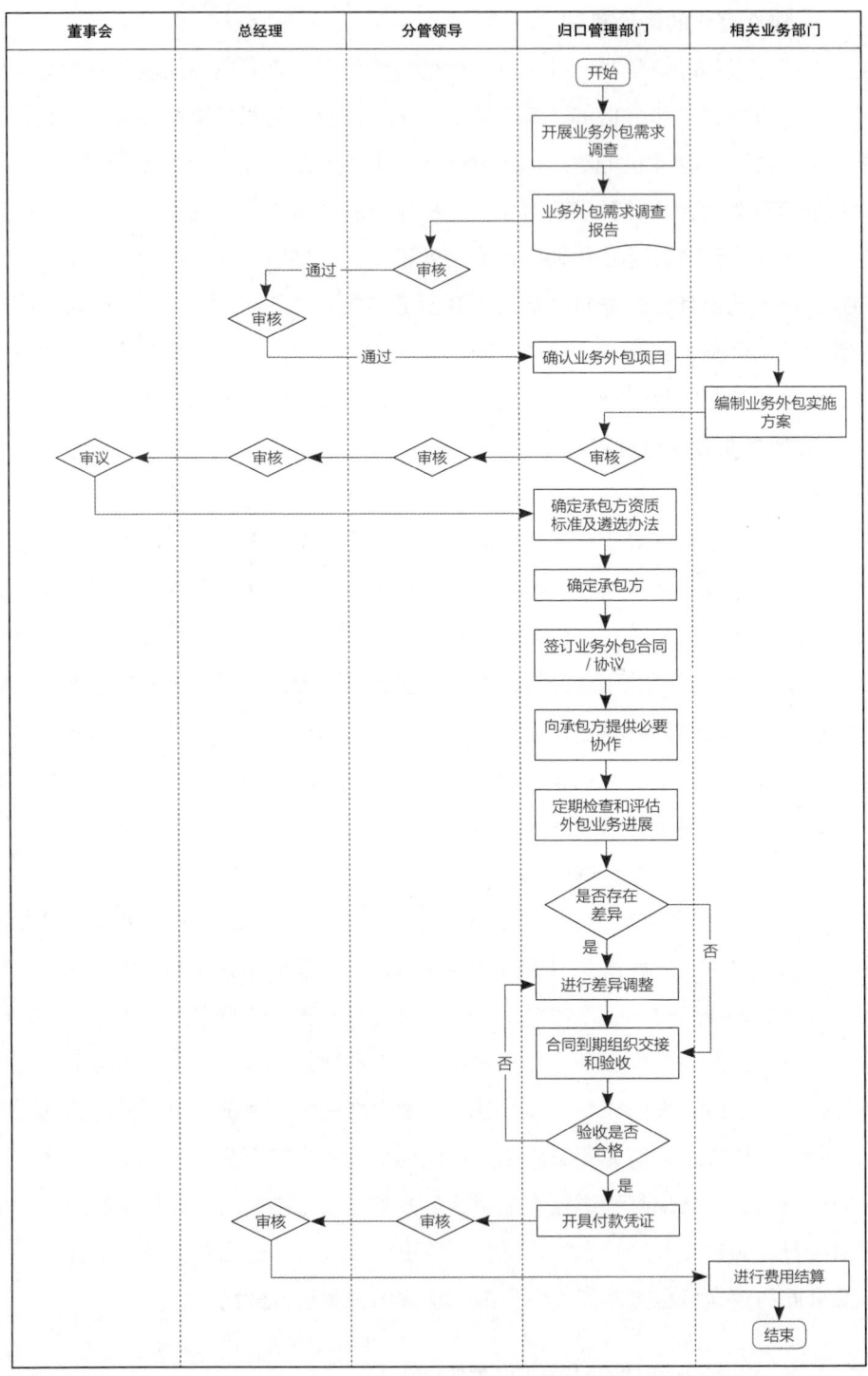

图 14-4　业务外包内部控制流程

1. 业务外包方案制定

（1）归口管理部门负责人根据企业生产状况及年度生产计划，拟订业务外包需求调查计划，经企业分管领导审核通过后，组织开展业务外包需求调查，通过访谈、问卷调查等方式收集业务外包信息。

（2）归口管理部门根据业务外包需求调查结果，识别业务外包需求，确定外包业务的范围和目标，提交业务外包需求调查报告，编制业务外包申请，报总经理审核后，交由董事会审批。

企业应着重关注各类业务与主业核心能力的关联度、企业对外包业务的控制程度及外部市场成熟度等情况，以确定业务外包的范围，明确业务外包的方式、条件、程序和实施等相关内容。

（3）企业确定业务外包内容后，指定与该项业务相关的职能部门编制业务外包实施方案，避免将核心业务外包，并确保方案的完整性。在此过程中，企业应认真听取外部专业人员对业务外包的意见，根据其合理的建议对实施方案进行完善。

（4）分管领导根据企业年度预算及生产经营计划，对业务外包实施方案进行深入评估与复核，包括承包方的选择、外包方式、外包业务的成本效益及风险、外包合同期限等，确保方案的可行性。

2. 业务外包实施方案审批

（1）企业分管领导、总经理、董事会等依照规定的审批权限与程序对业务外包实施方案进行审批，不得越权审批。尤其是要加大分公司重大业务外包的管控力度，避免因分公司越权进行业务外包给企业带来不利影响。

（2）在对业务外包实施方案进行审查和评价时，应关注外包业务的合理性和可行性，着重对比分析该业务在自营与外包情况下的风险与收益情况。

（3）企业总会计师或分管会计工作的负责人应当参与重大业务外包的决策，对业务外包的经济效益进行合理评价。

（4）重大业务外包实施方案应提交董事会或类似权力机构进行集体决策审批。

3. 业务外包承包方选择

（1）业务外包归口管理部门根据企业外包业务的性质确定承包方的资质标准及遴选办法，报经归口管理部门负责人审批。

（2）企业根据承包方的资质标准及遴选办法组织选择承包方。企业可引入承包方竞争机制，通过公开招标等适当方式，择优选择承包方。

（3）选择承包方时，归口管理部门应对承包方进行资质预核，评估承包方的综合能力，包括以下方面。

①调查候选承包方的合法性，即其是否为依法成立、合法经营的专业服务机构或经济组织，是否具有相应的经营范围和固定的办公场所。

②调查候选承包方的技术专业背景和实力以及其从业人员的履历和专业技能。

③考察候选承包方从事类似项目的成功案例、业界评价和口碑。

④承包价格的考虑。综合考虑企业内外部因素，对业务外包的人工成本、营销成本、业务收入、人力资源等指标进行测算分析，合理确定外包价格。

（4）归口管理部门通过评估给出候选承包方的综合竞争力排名，会同相关管理层及其他职能部门负责人分析与候选承包方建立外包合同的风险，确定承包方名单，并报相关授权审批人依照规定审批权限与程序进行审核。

（5）企业在从候选承包方中作出选择时，应建立严格的回避制度和监督处罚制度，避免相关人员在承包方选择过程中出现受贿和舞弊行为。

4. 业务外包合同签订

（1）确定承包方后，归口管理部门协同相关部门专业人员在充分考虑业务外包实施方案中所识别的重要风险因素基础上，拟订合同条款，与承包方协商一致后，交由相关责任人审核。

（2）归口管理部门负责人会同法律顾问对业务外包合同进行初审。初审通过后，根据合同金额交由不同级别管理层审批。

（3）归口管理部门负责人按照合同签订与审核流程组织承包方与企业签订业务外包合同。

（4）在双方所签订的业务外包合同中，必须明确约定业务外包的内容和范围、双方的权利与义务、服务和质量标准、保密事项、费用结算标准和违约责任等事项。

5. 业务外包组织实施

组织实施业务外包是正式实施业务外包前的必要准备工作，在此环节中企业必须制定相关控制机制，为有效实施业务外包过程管理奠定基础。

（1）按照业务外包制度、工作流程和相关要求，制定与承包方间的资产管理、信息资料管理、人力资源管理、安全管理、保密等机制，落实业务外包实施的全过程管控。

（2）归口管理部门要做好与承包方的对接工作，通过培训等方式确保承包方充分了解企业的工作流程和质量要求，控制业务质量。

（3）建立并保持畅通的沟通协调机制，以便及时发现并解决业务外包过程中所存在的问题。

（4）梳理相关工作流程，提出每个环节上的岗位职责分工、运营模式、管理机制、质量水平等方面的要求，并建立对应的即时监控机制，及时检查、收集、反馈业务外包实施过程中的相关信息。

6. 业务外包过程管理

（1）归口管理部门依照业务外包合同约定，向承包方提供必要的协作，定期对外包业务进展进行检查和评估，对承包方实行日常绩效评价和定期考核。

（2）在承包方提供服务或制造产品过程中，要密切关注重大业务外包承包方的履约能力，并对其履约能力进行持续评估，出具承包方履约能力评估报告。评估过程中重点关注以下两方面。

①承包方对该项目的投入是否能够支持其产品或服务质量达到企业预期目标。

②承包方自身的财务状况、生产能力、技术创新能力等综合能力是否满足该项目的要求。

（3）在业务外包实施过程中，一旦发现有偏离合同目标等情况发生时，归口管理部门应及时要求承包方进行调整改进。有确凿证据表明承包方存在重大违约行为，导致业务外包合同无法履行的，应及时终止合同，归口管理部门应指定相关部门在规定期限内依照有关法律程序向承包方索赔。

（4）对重大业务外包事项，企业应对各种意外情况进行充分统计，建立相应的应急机制，制定临时替代方案，避免外包业务失败。

（5）企业财会部门要加强业务外包过程中的资产管理，加强对业务外包过程中交由承包方使用的资产、涉及资产负债变动的事项及外包合同诉讼等的核算与监督，确保财务报告信息的真实、准确。

7. 业务外包成果验收

（1）归口管理部门根据承包方业务外包成果交付方式的特点，对业务外包成果进行分阶段或一次性验收。

（2）归口管理部门依据外包业务合同约定，结合在日常绩效评价基础上对业务外包质量是否达到预期目标的总体评价，制定外包业务验收标准，并报相关负责人审核批准。

（3）归口管理部门组织有关职能部门等的相关人员，严格按照验收标准对承包方交付的产品或服务进行审查，并进行全面测试，验收合格后，出具验收证明。验收过程中发现承包方最终提供的产品或服务与合同约定不一致的情形，相关人员应立即报告，查明原因，视问题严重程度与承包方协商采取恰当措施，并依法索赔。

（4）企业根据验收结果对业务外包是否达到预期目标以及承包商的履约能力进行总体评价，以此对业务外包的管理制度和流程进行改进与优化。

（5）归口管理部门与承包方就最终产品或服务达成一致后，由承包方提交费用支付申请报告，由归口管理部门对申请报告中的研制进度、技术质量情况进行核实。审核通过后，由财会部门对申请报告中的经费情况进行核实，并报总经理批准。经批准，财会部门通知承包方开具相关票据，办理费用支付手续。

（6）企业财会部门在向承包方结算费用时，应严格按照合同约定的费用结算条件、标准和验收证明进行支付。

14.4　业务外包内部控制流程

14.4.1　选择承包商的内部控制流程

企业选择承包商是一个复杂的过程，从初始目标设定开始，伴随着规划进行，在合约签署后结束。它所需的时间可能不是最长的，但却可能是最花费心思和最具挑战性的。为规避企业选择承包商的风险，实现外包利益的最大化，企业应建立一套科学合理的承包商选择的业务流程。从已有研究来看，对业务外包中承包商选择流程方面的研究较为零碎，没有形成体系。因此，本小节试图给出一套宏观意义上的选择承包商框架，将企业选择业务外包承包商的过程划分为8个阶段，如图14-5所示。

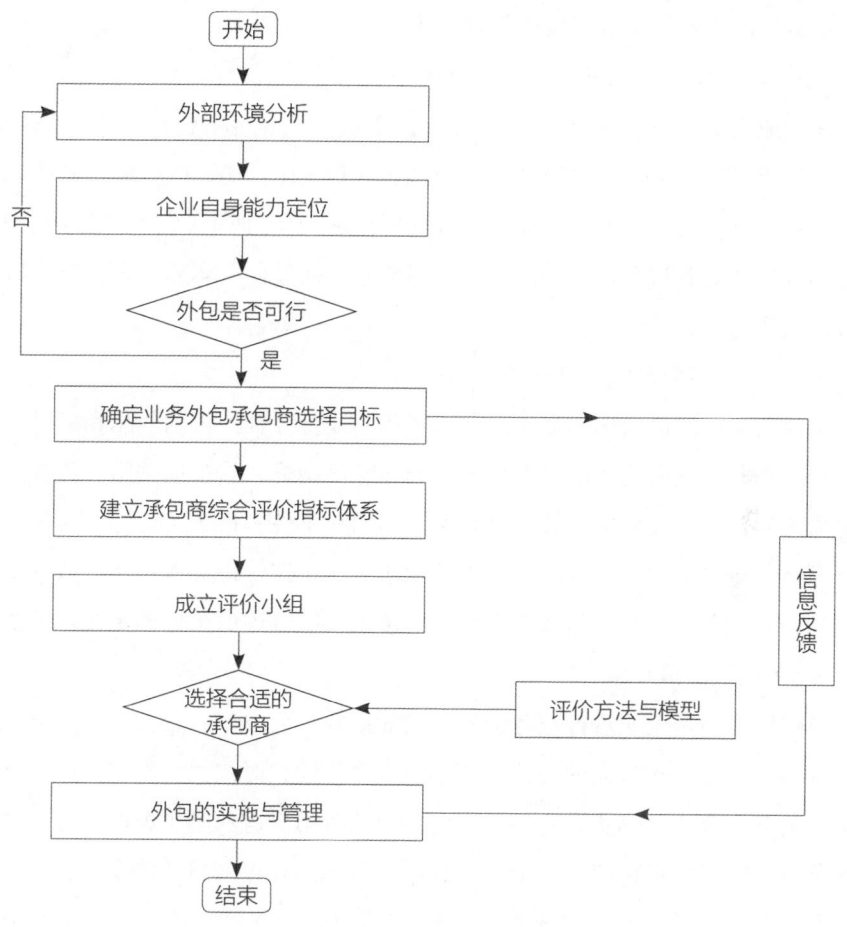

图 14-5 选择承包商的内部控制流程

（1）外部环境分析。

项目小组需要对企业外包业务的外部市场环境如业务外包相关行业的市场成熟度、承包商的数量、承包商的服务水平、承包商的地理位置分布等进行分析。如果相关行业的市场成熟度不高、承包商的数量不多、质量不高，外包业务对企业来说虽是非核心业务，但是出于对外包风险的考虑，企业需考虑暂缓对相关业务进行外包。

（2）企业自身能力定位。

企业把自身完成该业务的能力与同行业的其他企业进行对比，可得出自身的能力定位。企业只有在明确自身能力定位的基础上才能确定所需要的外部能力，明确哪些业务领域需要外包，从而将企业资源聚焦于自身的核心业务。在确定了要外包的业务后，企业还需要收集大量的材料和数据以确定从哪些外包的业务中可以获得最快或者最佳的投资回报。

（3）确定业务外包承包商选择目标。

在完成企业自身能力定位的基础上，企业必须确定承包商评价程序如何实施、信息流程如何运作、由谁负责，而且必须制定切合实际的目标，其中降低成本就是主要目标之一。承包商评价、选择不仅是一个简单的评价、选择过程，也是企业自身和企业与企业之间的一次业务流程重构过程。实施得好，它本身就可带来一系列利益。

（4）建立承包商综合评价指标体系。

承包商综合评价指标体系是企业对承包商进行综合评价的依据和标准，是反映企业本身和环境所构成的复杂系统不同属性的指标，按隶属关系、层次结构有序组成的集合。企业应根据系统全面性、简明科学性、稳定可比性、灵活可操作性的原则，建立企业外包战略环境下的承包商综合评价指标体系。一般情况下，不同的行业、企业、产品需求、环境下的承包商综合评价指标体系是不同的。

（5）成立评价小组。

承包商选择是企业进行业务流程外包的重要部分之一。企业必须建立一个小组以控制和实施对承包商的评价。该小组以合作性和时效性为基础，应由外包项目实施的最高负责人牵头，包括对企业外包业务需求有深刻了解的内部专家、能把内部需求转换为承包商需求的外包顾问、参加过外包项目并能发现合同中隐藏成本和条款的律师、市场调研和咨询等与承包商选择有关的企业外的企业或部门。该小组必须能不断衡量企业的外包需求与承包商的情况，以保证企业外包业务流程的顺利实施。

（6）选择合适的承包商。

评价承包商的一个主要工作是调查、收集有关承包商的服务质量、业内声誉等各方面的信息。在收集承包商信息的基础上，企业就可以利用一定的工具和技术方法对承包商进行评价。该阶段可以进一步细分为粗选阶段和精选阶段，粗选阶段企业将承包商的数量缩小到一定的范围，精选阶段企业通过各种方法选出合适的承包商。

（7）外包的实施与管理。

发包企业和满足企业要求的承包商进行相应的谈判，签订双方互惠的合同，建立外包关系。外包关系的建立只是双方合作的开始。在合作过程中，需要建立完善的激励机制、约束机制和信息共享机制、对外包关系进行有效的管理以达到防范风险、提高合作绩效的目的。

（8）信息反馈。

发包企业成立相应的项目小组，定期对承包商进行评价。如果发现所选承包商不能满足企业需求，则返回重新制定业务外包承包商选择目标，继续选择合适的承包商。如果所选承包商能很好地满足企业需求，则企业继续与之合作，并将该承包商相关信息记入承包商档案库中，作为以后选择相同行业承包商的重要依据。

14.4.2　外包产品验收的内部控制流程

在业务外包合同执行完成后需要验收的，企业应当组织相关部门或人员对完成的业务外包合同进行验收。业务外包的验收流程如图 14-6 所示。

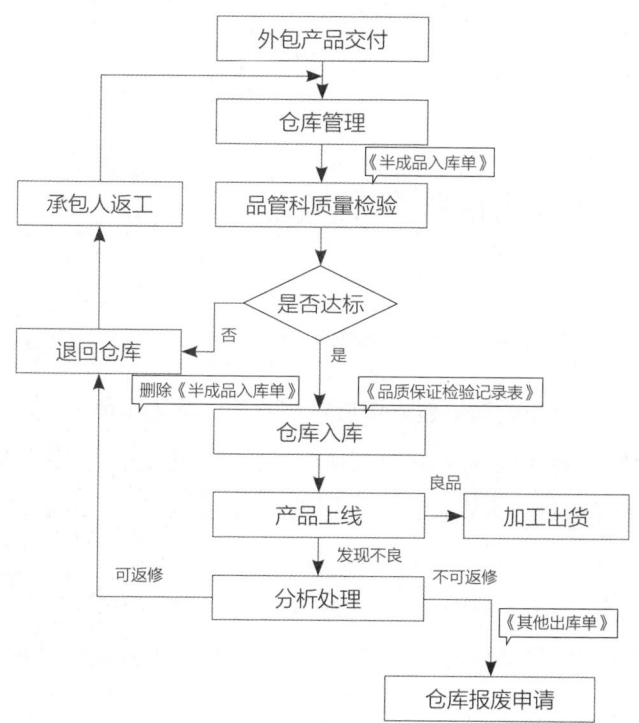

图 14-6　业务外包的验收流程

验收风险包括：验收方式与业务外包成果交付方式不匹配、验收标准不明确、验收程序不规范，使验收工作流于形式，不能及时发现业务外包质量低劣等情况，可能导致企业遭受损失。

具体的验收步骤如下。

（1）根据承包方业务外包成果交付方式的特点，制定不同的验收方式。一般而言，可以对最终产品或服务进行一次性验收，也可以在整个外包过程中分阶段验收。

（2）根据业务外包合同的约定，结合在日常绩效评价基础上对外包业务质量是否达到预期目标的基本评价，确定验收标准。

（3）组织有关职能部门等相关人员严格按照验收标准对承包方交付的产品或服务进行审查和全面测试，确保产品或服务符合需求，并出具验收证明。

（4）验收过程中发现异常情况的，应当立即报告，查明原因，视问题的严重性与承包方协商采取恰当的补救措施，并依法索赔。

（5）根据验收结果对业务外包是否达到预期目标作出总体评价，据此对业务外包管理制度和流程进行改造和优化。

14.5　业务外包内部控制制度示范

14.5.1　承包方资质审核管理政策

××公司承包方资质审核管理政策（示范）

（1）归口管理部门确定承包方资质标准及遴选办法，并上报总经理审核。

（2）总经理对承包方资质标准及遴选办法审核之后，由归口管理部门发布招标公告。

（3）归口管理部门与候选承包方建立联系。参与竞标的候选承包方在指定期限内提交投标书及相关材料，主要内容包括项目解决方案、实施计划、资源配置、报价等。

（4）归口管理部门对承包方进行资质预审，评估承包方的综合能力。评估因素主要包括以下五个方面。

①承包方类似项目的经验、服务能力、资格认证和信誉。

②承包方是否与本公司存在直接或潜在的竞争关系。

③承包方在知识产权保护方面的力度和效果。

④承包方提供的服务性价比是否合适。

⑤其他因素。

（5）归口管理部门组织进行开标、评标、定标工作。归口管理部门给出候选承包方的综合竞争力排名。

（6）归口管理部门同相关管理层及其他职能部门负责人分析与候选承包方建立外包合同的风险，根据实际情况挑选出一家或几家公司作为业务承包方，并提交总经理审定，最后确定业务外包承包方。

（7）归口管理部门和承包方就《外包项目合同》的主要条款进行谈判，达成共识，由合同双方代表签署《外包项目合同》。

14.5.2　业务外包考核管理办法

×××公司业务外包考核管理办法

第一章　总则

第一条　为使×××公司（以下简称公司）外包业务流程顺畅合理，规范参与业务外包人员的行为，确保业务外包期间公司资产安全，维护公司利益，实现业务外包的战略目标，提高资源利用率，特制定本办法。

第二条　本办法所称业务外包，主要是指公司为实现战略经营目标，利用专业化分工优势，将日常经营中的部分业务委托给公司以外的专业服务机构或其他经济组织（以下简称承包方）完成的经营行为。

第三条　常见的业务外包包括：研发、资信调查、可行性研究、委托加工、物业管理、客户服务、物业服务、IT服务等。

第四条　本办法适用于本公司及全资、控股子公司所有业务外包活动的管理。

第二章　业务外包主要岗位职责

第五条　董事会职责。

审议、审批重大或核心业务外包项目计划书；确定外包业务的归口管理部门。

第六条　董事长、总经理职责。

审批外包业务流程管理制度；审议非核心业务或涉及金额较少的外包项目计划书；审定最终的承包方；审议、批准外包合同书；审批业务外包付费款项；审议因承包方提供附加产品而产生的额外费用。

第七条 总会计师或主管财务负责人职责。

审核外包业务固定资产、存货各项制度；审批盘盈和盘亏的资产；审批资产的会计处理结果。

第八条 法律顾问职责。

审核外包的法律性协议或合同文件；参与外包业务的谈判；解释协议或合同条款，处理相关法律事务。

第九条 归口管理部门职责。

拟定外包业务流程管理制度；跟踪监督外包业务流程管理制度的执行情况；编制外包项目计划书；根据承包方资质标准及遴选办法，审核承包方资质并进行初步遴选；初步接洽，订立外包合同或协议；培训涉及业务外包流程的员工；定期检查和评价外包业务进展情况；提出外包业务的初步检验结果，参与项目的正式验收；确认承包方最终提供的产品（服务）的差异，提出改进意见或建议；协调处理与承包方之间，以及各承包方之间的争议；申请外包业务正常及额外付费款项。

第十条 财务部等职能部门职责。

组织编制外包业务固定资产、存货各项制度，并进行审核；审查外包业务承包方对公司固定资产、存货的使用情况；定期对承包方库存存货进行检查；组织开展资产的盘点工作；根据成本收益情况，评估业务外包项目计划；进行外包业务相关会计处理；审核外包业务付费款项；确认业务外包中的退款及折扣金额。

第三章 外包业务流程

第十一条 制定外包战略。

（一）在决定是否将业务项目外包时，应考虑以下三个方面的因素。

1.此项业务是否利用了公司没有的设备、生产系统、专业人员及专门技术。

2.此项业务外包是否可以降低成本。

3.此项业务外包是否能够产生比公司运作更多的利益等。

（二）准确把握公司核心竞争力与盈利环节，避免将公司核心业务外包。

第十二条 编制外包项目计划书。

公司在确定业务外包内容后，指定与该项业务相关的职能部门编制计划书。计划书主要包括以下内容。

（一）业务外包的背景，如公司外部环境要求及公司中长期发展战略。

（二）业务外包内容，将部分还是全部业务职能交由承包方提供。

（三）业务外包的具体实施程序。

（四）业务外包的主要风险和预期收益。

（五）其他相关内容。

第十三条　外包项目计划书通过审批后，成立外包业务归口管理部门，该部门由业务部门负责人、有关咨询专家、法律及财会专业人员等组成。

第十四条　外包业务归口管理部门负责业务外包项目的具体实施，确保业务外包流程的顺利实现。

第十五条　按照《业务外包承包方管理制度》选择承包方。

第十六条　外包业务归口管理部门组织有关人员和承包方就《外包项目合同》的主要条款进行谈判，达成共识，由合同双方代表签署《外包项目合同》。

第十七条　外包业务归口管理部门负责培训涉及外包业务流程的员工，确保员工正确理解和掌握业务外包项目相关政策制度。

第十八条　外包业务归口管理部门根据合同约定，为承包方提供必要协作条件，并指定专人定期检查和评估项目进展情况。

第十九条　项目结束或合同到期时，外包业务归口管理部门负责组织相关人员对外包业务产品（服务）进行验收。如承包方最终提供的产品（服务）与合同约定不一致，及时告知承包方进行调整。

第二十条　与承包方就最终产品（服务）达成一致后，由承包方提交费用支付申请书，外包业务归口管理部门对申请书进行审核，审核通过后，开具付款证书，按照公司规定程序审批，支付承包方费用。

第二十一条　对于承包方原因导致外包合同未完整履行的，外包业务归口管理部门负责向承包方索赔。

（一）指定专人对承包方认可的赔偿事项进行跟踪、报告，及时收回相关款项并追究责任人责任。

（二）采用法律手段解决长期未决赔款。

（三）若终止对承包方的索赔，由外包业务归口管理部门提出申请，详细说明终止索赔理由，报公司总经理以上级别管理层审批后执行并备案。

第四章　外包合同管理

第二十二条　订立外包合同应遵循自愿平等、互利有偿和诚实守信的原则，不得有损公司的利益和形象。

第二十三条　业务外包合同内容涉及国家安全或重大利益需要保密的，按相关规定办理，并与承包方签订《外包项目保密协议书》。

第二十四条 外包合同按照《合同管理制度》《合同管理实施办法》办理审批事宜后签订。

第二十五条 合同文本要规范，根据外包业务的性质，按公司的相关规定格式填写，内容要翔实，必要时要补充保密协议书附件、技术协议书附件、外包项目咨询合同书附件。

第二十六条 公司应当在外包合同中具体约定下列事项。

1.对于涉及公司机密的业务和事项，承包方有责任履行保密义务。除合同约定的保密事项外，公司应当根据业务外包项目实施情况和外界环境的变化，不断更新、修正保密条款，必要时可与承包方补签保密协议。

2.公司有权获得和评估业务外包项目的实施情况和效果相关信息，获得具体的数据，督促承包方改进服务流程和方法。

3.承包方有责任按照合同规定的方式和频率，将外包实施的进度和现状告知公司，并对存在的问题进行有效沟通。

第二十七条 公司所有业务外包合同均要由印章管理部门统一编号，便于业务外包合同的管理。

第二十八条 合同档案管理人员专门保管业务外包合同或协议、与业务外包合同有关的主合同（如保密合同、技术协议、咨询合同等）。

第二十九条 子公司外包金额超过50万元应报公司审批后实施；外包金额不足50万元的由各公司根据其审批权限审批后执行，并报公司备案。

第五章　外包合同经费管理及执行

第三十条 外包合同经费根据项目进展情况，按合同规定分阶段外拨，如需全额拨出需提出充分、正当的理由。经费外拨时，归口管理部门应填写外包合同经费拨转申请表。

第三十一条 合同生效后，外包业务归口管理部门应指定专人对外包业务进行定期或阶段性检查，检查内容包括经费的适用情况、业务进度情况及存在的问题。

第三十二条 对于问题较大的外包合同应终止执行，并追究当事人的责任。

第三十三条 合同专用章的使用报告按照《印章管理制度》的规定执行。

第六章　业务外包流程中资产的管理

第三十四条 固定资产管理。

（一）对于公司所有固定资产，如因业务需要交由承包方使用的，要求承包方按照公司《固定资产管理制度》使用和管理。

（二）固定资产管理部门指定专人定期检查承包方使用和管理固定资产的情况。

（三）交由承包方使用但所有权归公司的资产，只能用于外包业务活动。未经公司总经理同意，擅自将固定资产挪作他用的承包方，相关部门应对其采取警告直至解除合同的措施。

第三十五条　存货管理。

（一）对于因业务外包需要由承包方购进的存货，存货订单应经公司相关授权领导审核批准，而存货的数量、质量检查由承包方负责办理；存货管理部门按公司存货管理规章制度准确、及时地在存货系统中予以记录和反映。

（二）对于因业务外包需要由公司销售给承包方的存货，承包方只能将其用于外包项目，不得另作他用。存货管理部门负责监督。

（三）存货管理部门负责定期组织相关部门（如生产部、财务部等）及相关人员对承包方的存货进行盘点（每月 1 次）。而对于盘盈盘亏的存货，应经公司财务负责人审批后，交会计人员进行会计处理。

（四）对于所有权归公司的、在承包方储存的存货，存货管理部门负责监督、检查承包方是否按公司存货库存管理制度中的要求进行管理；对于检查中发现的次品、损坏品或过期存货，应当及时予以确认、分离。

（五）存货管理部门负责指定专人跟踪、调查外包业务中涉及的所有存货的一切变动，查明原因，报财务负责人审核后处理。对于承包方无合理原因过度使用存货，造成公司成本上升的行为，存货管理部门或相关人员有权代表公司要求承包方补偿。

第七章　外包业务流程中的防范措施

第三十六条　外包业务归口管理部门采取承包方竞争机制，选择多家单位作为业务承包方和备选承包方，以降低一方服务失败或单方中止合同可能给公司带来的损失。

第三十七条　外包业务归口管理部门应密切关注重大业务外包承包方的履约能力，采取承包方动态管理方式，对承包方开展日常绩效评价和定期考核。

定期对所有重要承包方的履约能力进行持续评估，形成业务可持续能力评估报告，交由公司总经理及以上级别管理层审阅。

评估的内容包括：承包方对该项目的投入是否能够支持其产品或服务质量达到公司预期目标；承包方自身的财务状况、生产能力、技术创新能力等综合能力是否满足该项目的要求等。

第三十八条　对重大业务外包的各种意外情况作出充分预计，建立应急机制，制定临时替代方案，避免业务外包失败造成公司生产经营活动中断。

第三十九条　根据业务可持续能力评估报告，外包业务归口管理部门负责及时将不再具备履约能力的承包方的情况和需要替换承包方的名单呈报公司管理层核准，避免外包业务的失败造成公司商业活动的中断。

第八章　业务外包的验收

第四十条　根据外包业务的性质采取对最终产品或服务的一次性验收，或在整个外包过程中分阶段验收等方式。

第四十一条　外包业务归口管理部门根据业务外包合同的约定，结合在日常绩效评价基础上对外包业务质量是否达到预期目标的基本评价，确定验收标准，并报公司管理层批准后执行。

第四十二条　组织有关职能部门等的相关人员，严格按照验收标准对承包方交付的产品或服务进行审查和全面测试，确保产品或服务符合需求，并出具验收证明。

第四十三条　验收过程中发现异常情况的，外包业务归口管理部门应当立即报告，查明原因，视问题的严重性与承包方协商采取恰当的补救措施，并依法索赔。

第四十四条　根据验收结果对业务外包是否达到预期目标作出总体评价，据此对业务外包管理制度和流程进行改进和优化。

第九章　附则

第四十五条　本办法由公司外包业务归口管理部门负责制定和解释。

第四十六条　本办法自颁布之日起执行。

15.1 财务报告内部控制应用指引

企业内部控制应用指引第 14 号——财务报告

第一章 总则

第一条 为了规范企业财务报告，保证财务报告的真实、完整，根据《中华人民共和国会计法》等有关法律法规和《企业内部控制基本规范》，制定本指引。

第二条 本指引所称财务报告，是指反映企业某一特定日期财务状况和某一会计期间经营成果、现金流量的文件。

第三条 企业编制、对外提供和分析利用财务报告，至少应当关注下列风险：

（一）编制财务报告违反会计法律法规和国家统一的会计准则制度，可能导致企业承担法律责任和声誉受损。

（二）提供虚假财务报告，误导财务报告使用者，造成决策失误，干扰市场秩序。

（三）不能有效利用财务报告，难以及时发现企业经营管理中存在的问题，可能导致企业财务和经营风险失控。

第四条 企业应当严格执行会计法律法规和国家统一的会计准则制度，加强对财务报告编制、对外提供和分析利用全过程的管理，明确相关工作流程和要求，落实责任制，确保财务报告合法合规、真实完整和有效利用。

总会计师或分管会计工作的负责人负责组织领导财务报告的编制、对外提供和分析利用等相关工作。

企业负责人对财务报告的真实性、完整性负责。

第二章　财务报告的编制

第五条　企业编制财务报告，应当重点关注会计政策和会计估计，对财务报告产生重大影响的交易和事项的处理应当按照规定的权限和程序进行审批。

企业在编制年度财务报告前，应当进行必要的资产清查、减值测试和债权债务核实。

第六条　企业应当按照国家统一的会计准则制度规定，根据登记完整、核对无误的会计账簿记录和其他有关资料编制财务报告，做到内容完整、数字真实、计算准确，不得漏报或者随意进行取舍。

第七条　企业财务报告列示的资产、负债、所有者权益金额应当真实可靠。

各项资产计价方法不得随意变更，如有减值，应当合理计提减值准备，严禁虚增或虚减资产。

各项负债应当反映企业的现时义务，不得提前、推迟或不确认负债，严禁虚增或虚减负债。

所有者权益应当反映企业资产扣除负债后由所有者享有的剩余权益，由实收资本、资本公积、留存收益等构成。企业应当做好所有者权益保值增值工作，严禁虚假出资、抽逃出资、资本不实。

第八条　企业财务报告应当如实列示当期收入、费用和利润。

各项收入的确认应当遵循规定的标准，不得虚列或者隐瞒收入，推迟或提前确认收入。

各项费用、成本的确认应当符合规定，不得随意改变费用、成本的确认标准或计量方法，虚列、多列、不列或者少列费用、成本。

利润由收入减去费用后的净额、直接计入当期利润的利得和损失等构成。不得随意调整利润的计算、分配方法，编造虚假利润。

第九条　企业财务报告列示的各种现金流量由经营活动、投资活动和筹资活动的现金流量构成，应当按照规定划清各类交易和事项的现金流量的界限。

第十条　附注是财务报告的重要组成部分，对反映企业财务状况、经营成果、现金流量的报表中需要说明的事项，作出真实、完整、清晰的说明。

企业应当按照国家统一的会计准则制度编制附注。

第十一条　企业集团应当编制合并财务报表，明确合并财务报表的合并范围和合并方法，如实反映企业集团的财务状况、经营成果和现金流量。

第十二条　企业编制财务报告，应当充分利用信息技术，提高工作效率和工作质量，减少或避免编制差错和人为调整因素。

第三章　财务报告的对外提供

第十三条　企业应当依照法律法规和国家统一的会计准则制度的规定，及时对外提供财务报告。

第十四条　企业财务报告编制完成后，应当装订成册，加盖公章，由企业负责人、总会计师或分管会计工作的负责人、财会部门负责人签名并盖章。

第十五条　财务报告须经注册会计师审计的，注册会计师及其所在的事务所出具的审计报告，应当随同财务报告一并提供。

企业对外提供的财务报告应当及时整理归档，并按有关规定妥善保存。

第四章　财务报告的分析利用

第十六条　企业应当重视财务报告分析工作，定期召开财务分析会议，充分利用财务报告反映的综合信息，全面分析企业的经营管理状况和存在的问题，不断提高经营管理水平。

企业财务分析会议应吸收有关部门负责人参加。总会计师或分管会计工作的负责人应当在财务分析和利用工作中发挥主导作用。

第十七条　企业应当分析企业的资产分布、负债水平和所有者权益结构，通过资产负债率、流动比率、资产周转率等指标分析企业的偿债能力和营运能力；分析企业净资产的增减变化，了解和掌握企业规模和净资产的不断变化过程。

第十八条　企业应当分析各项收入、费用的构成及其增减变动情况，通过净资产收益率、每股收益等指标，分析企业的盈利能力和发展能力，了解和掌握当期利润增减变化的原因和未来发展趋势。

第十九条　企业应当分析经营活动、投资活动、筹资活动现金流量的运转情况，重点关注现金流量能否保证生产经营过程的正常运行，防止现金短缺或闲置。

第二十条　企业定期的财务分析应当形成分析报告，构成内部报告的组成部分。

财务分析报告结果应当及时传递给企业内部有关管理层级，充分发挥财务报告在企业生产经营管理中的重要作用。

15.2 财务报告内部控制目标及风险点

15.2.1 财务报告内部控制的目标

企业编制财务报告内部控制的目标通常有五个。

（1）保护企业资产的安全、完整及对其的有效使用，使企业各项生产和经营活动有秩序、有效地进行，避免可能遭受的经济损失。

（2）保证会计信息及其他各种管理信息真实、可靠和及时提供，避免因虚假记载、误导性陈述、重大遗漏和未按规定及时披露导致损失。

（3）保证企业管理层制定的各项经营方针、管理制度和措施的贯彻执行。

（4）尽量压缩和控制成本、费用，减少不必要的成本、费用，以求企业达到更大的盈利目标。

（5）预防和控制且尽早、尽快查明各种错误和弊端，及时准确地制定和采取纠正措施，避免因重大差错、舞弊、欺诈而造成损失。

15.2.2 财务报告内部控制的风险点

财务报告内部控制的风险点如表 15-1 所示。

表 15-1 财务报告内部控制的风险点

阶段	环节	风险点
一、财务报告编制阶段	1. 制定财务报告编制方案	会计政策未能有效更新，不符合有关法律法规； 重要会计政策、会计估计变更未经审批，导致会计政策使用不当； 会计政策未能有效贯彻、执行； 各部门职责、分工不清，导致数据传递出现差错、遗漏、格式不一致等； 各步骤时间安排不明确，导致整体编制进度延后，违反相关报送要求
	2. 确定重大事项的会计处理	重大事项，如债务重组、非货币性交易、公允价值计量、收购兼并、资产减值等的会计处理不合理，会导致会计信息扭曲，无法真实反映企业实际情况
	3. 清查资产、核实债务	资产、负债账实不清，虚增或虚减资产、负债； 资产计价方法随意变更； 提前、推迟甚至不确认资产、负债等

阶段	环节	风险点
一、财务报告编制阶段	4. 结账	账务处理错误导致账证、账账不符； 虚列或隐瞒收入，推迟或提前确认收入； 随意改变费用、成本的确认标准或计量方法，虚列或多列部分费用； 结账的时间、程序不符合相关规定，关账后又随意打开已关闭的会计期间等
	5. 编制个别财务报告	提供虚假财务报告，误导财务报告使用者，造成决策失误，干扰市场秩序； 报表数据不完整、不准确； 报表种类不完整； 附注内容不完整等
	6. 编制合并财务报告	合并范围不完整； 合并内部交易和事项不完整； 合并抵销记录不准确
二、财务报告对外提供阶段	1. 财务报告对外提供前的审核	在财务报告对外提供前未按规定程序进行审核，对内容的真实性、完整性及格式的合规性等审核不充分
	2. 财务报告对外提供前的审计	财务报告对外提供前未经审计，审计机构不符合相关法律法规的规定，审计机构与企业串通舞弊
三、财务报告分析利用阶段	1. 制定财务分析制度	制定的财务分析制度不符合企业实际情况，财务分析制度未充分利用企业现有资源，财务分析的流程、要求不明确，财务分析制度未经审批等
	2. 整改落实	财务分析报告的内容传递不畅，不能及时使有关各部门获悉； 各部门对财务分析报告不够重视，未对其中的问题进行整改落实

15.3　财务报告内部控制方法及关键点

15.3.1　财务报告内部控制的方法

财务报告内部控制的方法主要有以下几种。

1. 健全财务报告各环节授权批准制度

企业应当健全财务报告编制、对外提供和分析利用各环节的授权批准制度，具体包括：编制方案的审批、会计政策与会计估计的审批、重大交易和事项会计处理的审批、财务报告内容的审核审批等。

2. 建立日常信息核对制度

企业应当从会计记录的源头做起，建立起日常信息定期核对制度，以保证财务报告的真实、完整，防范出于主观故意的编造虚假交易，虚构收入、费用的风险，以及会计人员业务能力不足导致的会计记录与实际业务发生的金额、内容不符的风险。

3. 规范企业财务报告控制流程，明晰各岗位职责

企业应当制定明确的财务报告编制、报送及分析利用等相关流程，职责分工、权限范围和审批程序应当明确规范，机构设置和人员配备应当科学合理，并确保全过程中财务报告的编制、披露和审核等不相容岗位相互分离。企业总会计师或分管会计工作的负责人负责组织领导财务报告编制和分析利用工作，企业负责人对财务报告的真实性和完整性承担责任，企业财会部门负责财务报告编制和分析报告编写工作，企业内部参与财务报告编制的各部门应当及时向财会部门提供编制财务报告所需的信息，参与财务分析会议的部门应当积极提出意见和建议以促进财务报告的有效利用，企业法律事务部门或外聘律师应当对财务报告对外提供的合法合规性进行审核。

4. 充分利用会计信息技术

企业应当充分利用会计信息技术，提高工作效率和工作质量，减少或避免编制差错和人为调整因素。同时，企业也应当注意防范信息技术所带来的特有风险，做好以下几项工作。

第一，建立访问安全制度，操作权限、信息使用、信息管理应当有明确规定，确保财务报告数据安全保密，防止对数据的非法修改和删除。

第二，做好数据源的管理，保证原始数据的真实、准确、完整，满足财务分析的需要。

第三，定期更新和维护会计信息系统，确保取数、计算公式以及数据钩稽关系准确无误。

第四，制定业务操作规范，保证系统各项技术和业务配置维护符合会计准则要求和内部管理规定，月结和年结流程规范、及时等。

第五，指定专人负责信息化会计档案的管理，定期备份，做好防消磁、防火、防潮和防尘等工作，对于存储介质保存的会计档案，应当定期检查，防止介质损坏而使会计档案丢失。

第六，对正在使用的会计核算软件进行修改、对通用会计软件进行升级和对计算机硬件设备进行更换时，企业应有规范的审批流程，并采取替代性措施确保财务报告数据的连续性。

15.3.2　财务报告内部控制的关键点

财务报告流程内部控制关键点汇总表如表 15-2 所示。

表 15-2　财务报告流程内部控制关键点汇总表

被审计单位：　　　　　　编制人：　　　　日期：　　　　　索引号：
会计期间或截止日：　　　复核人：　　　　日期：　　　　　页次：
说明：注册会计师需要识别财务报告流程内部控制的关键点，并根据具体审计计划拟定的针对评估的重大错报风险实施的程序，对拟依赖的设计有效并被执行的关键点进行控制测试。

控制目标和关键点	相关账户	有关认定	情况描述	评价	索引号
一、所有发生的交易或事项均按照会计政策，以恰当的会计分录在会计账簿中反映 1. 会计分录均由被明确授权的人员编制 2. 会计分录均经过被明确授权的人员复核，并且编制会计分录的人员与复核人员为不同人员 3. 重大或异常交易的会计分录均经过特别的审批 4. 会计分录连续编号并且编号唯一 5. 由独立的人员定期抽查会计分录与原始支持文件是否相符		存在 / 发生 完整性 / 截止 准确性 / 计价 分类 权利 / 义务			
二、所有的会计分录均被准确过入相应的明细账和总账 1. 由独立的人员对会计分录的数量和明细账记录的数量进行核对 2. 由独立的人员对会计分录借贷方发生额、总额与总账借贷方发生额、总额进行核对 3. 由独立的人员检查明细账和总账是否一致 4. 由独立的人员检查现金日记账、银行存款日记账与总账是否一致		存在 / 发生 完整性			

控制目标和关键点	相关账户	有关认定	情况描述	评价	索引号
5. 由独立的人员检查试算平衡表与总账、明细账是否一致 6. 由独立的人员定期选取一定的明细账记录与会计分录核对是否一致 7. 采用电算化账务处理系统，系统设计有效		存在／发生 完整性			
三、为编制个别财务报表的各项调整事项均有适当充分的依据，并且对于所有应该调整的事项均准确调整 1. 为编制财务报表而作的调整由被特别授权的人员进行，调整事项需要经过审批 2. 由独立的人员对财务报表进行复核，并对异常余额或发生额予以分析		准确性／计价 分类／完整性			
四、财务报表根据总账、明细账以及调整事项准确编制 1. 财务报表按照确定的程序编制 2. 由独立的人员对财务报表进行复核，并对异常余额或发生额予以分析 3. 由独立的人员对财务报表与总账、明细账的关系进行检查		存在／发生 完整性 准确性			
五、个别财务报表附注根据各项列报要求准确编制，并且与财务报表数据总账、明细账一致 1. 财务报表附注按照确定的程序编制 2. 财务报表附注格式为审批确定，改变财务报表格式需要经过适当的审批程序 3. 财务报表附注由特别授权的人员编制 4. 由独立的人员对财务报表与附注数据的钩稽关系进行检查 5. 由独立的人员对财务报表与附注进行分析，报告并解决异常的财务报表数据和列报		分类和披露			
六、合并财务报表及其附注根据各项列报要求准确编制 1. 按照确定的程序编制合并财务报表及其附注 2. 合并财务报表及其附注由经授权的人员编制 3. 由独立的人员对合并财务报表及其附注的数据和列报进行分析，报告并解决异常的财务报表数据和列报		分类和披露			

控制目标和关键点	相关账户	有关认定	情况描述	评价	索引号
4.合并财务报表及其附注依据经审批的个别财务报表及其附注编制 5.调整事项或抵销事项需要经过审批		分类和披露			

15.4　财务报告内部控制流程

15.4.1　会计政策与会计估计变更流程

会计政策与会计估计变更流程如图 15-1 所示。

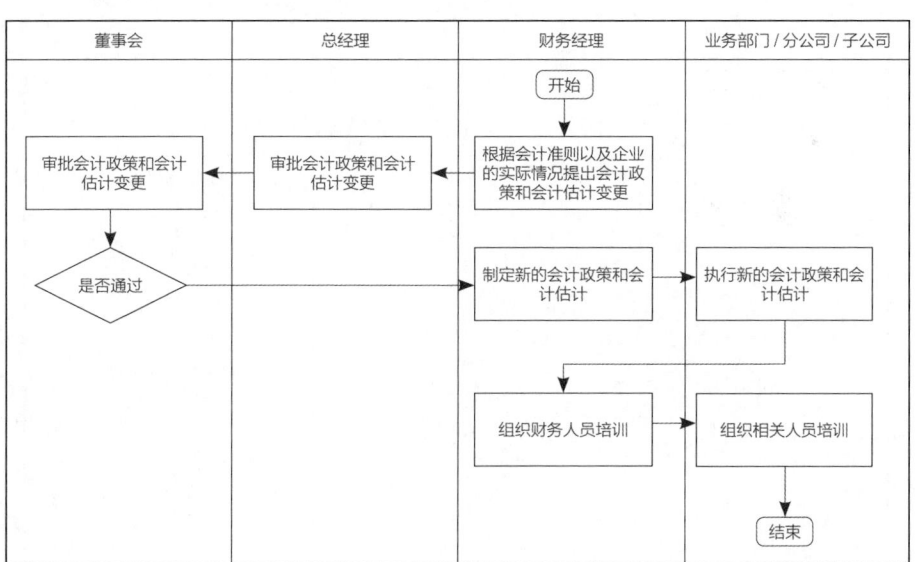

图 15-1　会计政策与会计估计变更流程

15.4.2　财务报告编制与披露流程

财务报告编制与披露流程如图 15-2 所示。

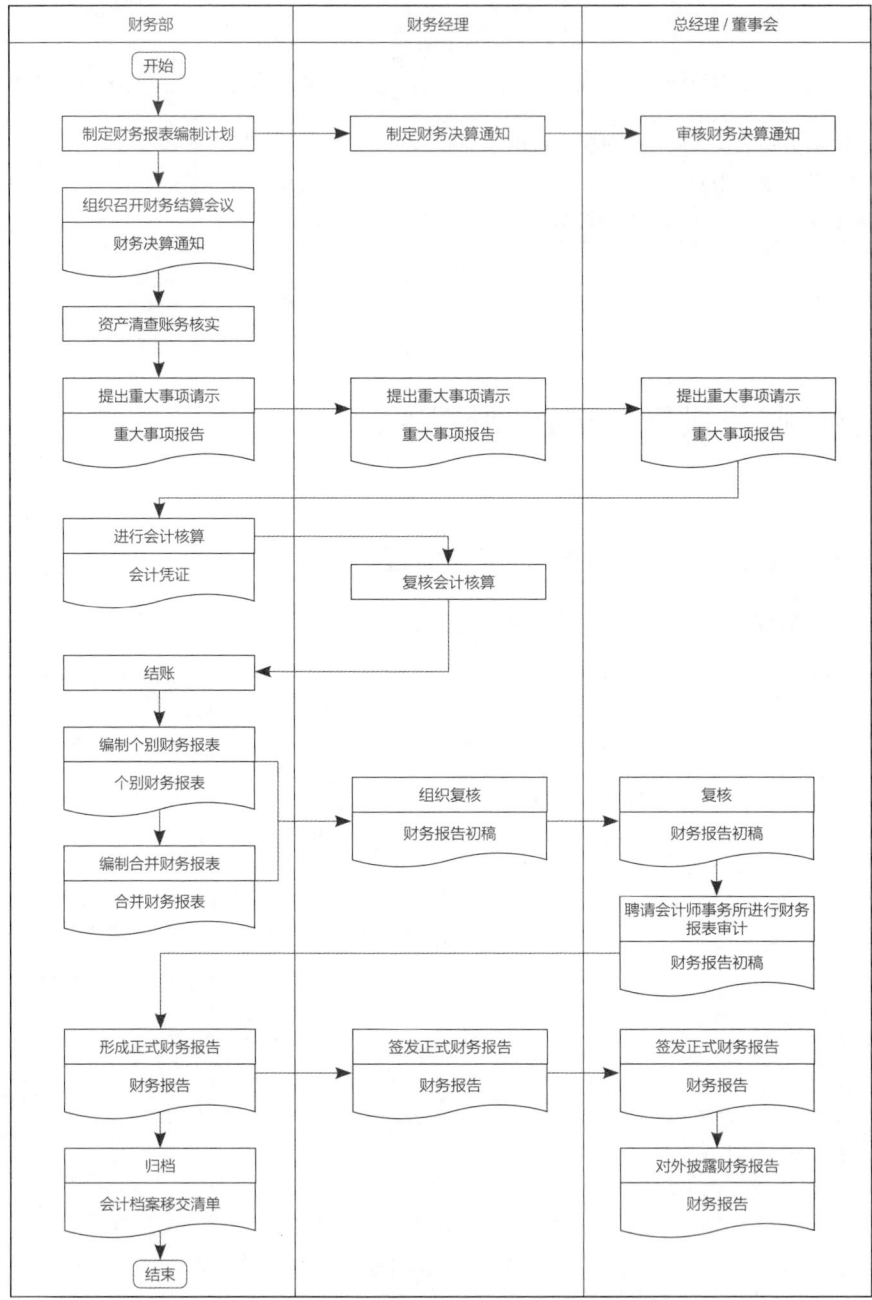

图 15-2　财务报告编制与披露流程

15.4.3　财务报告分析流程

财务报告分析流程如图 15-3 所示。

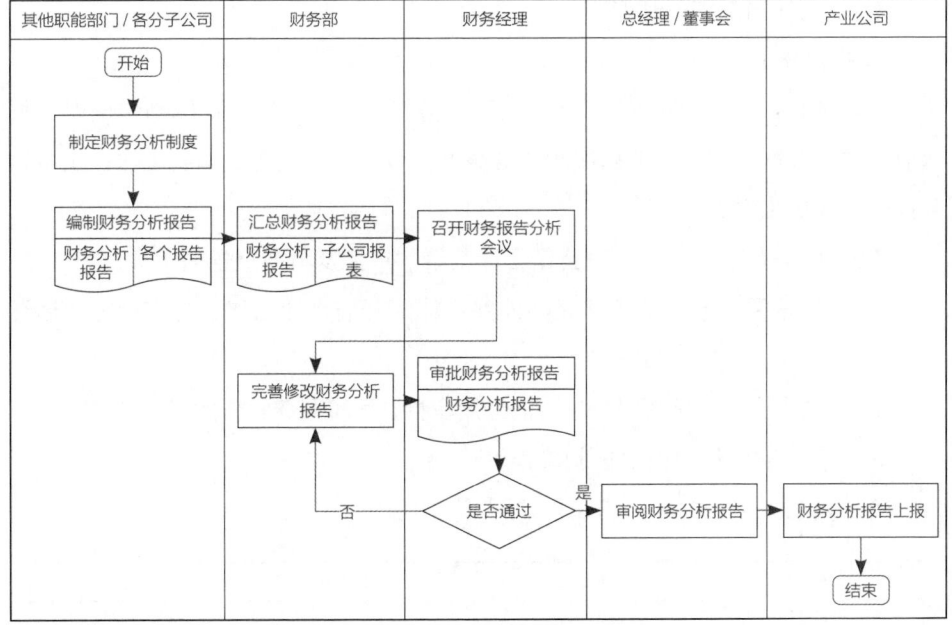

图 15-3　财务报告分析流程

15.5　财务报告内部控制制度示范

M 公司财务报告编制内部控制流程

1. 概述

本流程规定了 M 公司集团总部及其下属公司［下属公司是指 M 公司投资（参股或控股）或托管或由上海 ×× 有限公司托管的公司］财务报告分析过程，旨在明确财务报告的内容、填报方式、报送时间，规范公司财务报告的编制与管理，保证财务报告的编制符合国家法律、法规以及企业内部相关规章制度的要求。

2. 适用范围

本流程适用于 M 公司集团总部及其下属公司。

3. 相关制度

（1）财务报告管理制度。

（2）会计核算管理制度。

（3）财务信息系统管理制度。

（4）会计档案管理制度。

4.职责分工

（1）财务部：负责制定会计政策及财务报告编制方案；在编制年度财务报告前，进行资产清查、减值测试和债务核实，负责财务报告的编制工作；负责财务报告的分析工作。

（2）财务负责人：负责对公司会计政策的审批及财务报告的审核。

（3）审核委员会：安排并督促外部审计师开展审计工作，与审计师沟通调整财务报告。

（4）董事会：负责对财务报告的最后审批，负责财务报告的对外披露工作。

5.M公司财务报告内部控制流程

M公司财务报告内部控制流程如图15-4所示。

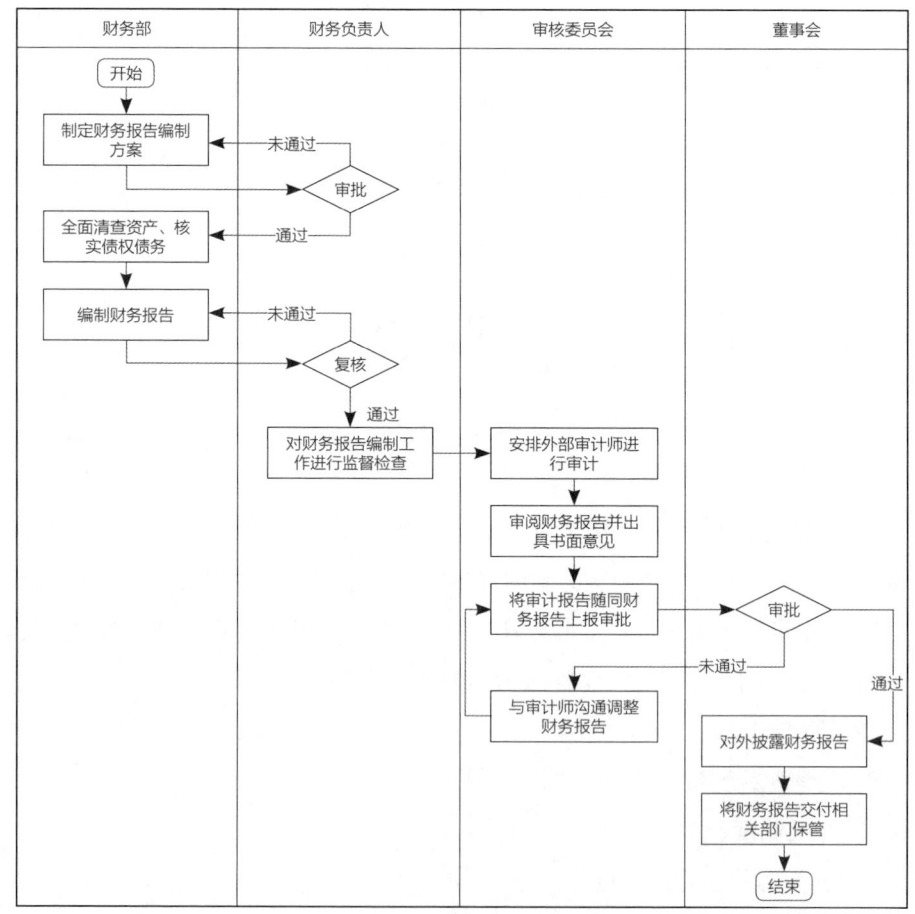

图15-4　M公司财务报告内部控制流程

6. 控制目标

财务报告的内部控制目标如表 15-3 所示。

表 15-3　财务报告的内部控制目标

序号	《内控手册》唯一具体控制目标编号	控制目标	目标类别
1	15-CT1	确保制定合理的财务报告编制方案与流程	财务信息真实性目标
2	15-CT2	确保按照财务报告编制方案进行财务报告编制工作	财务信息真实性目标
3	15-CT3	确保财务报告信息真实可靠	财务信息真实性目标
4	15-CT4	确保财务报告妥善保管	财务信息真实性目标
5	15-CT5	确保有效分析财务信息	经营效率目标

7. 控制矩阵

企业内部控制矩阵如表 15-4 所示。

表 15—4　企业内部控制矩阵

风险编号	风险描述	对应控制目标编号	关键控制措施编号	关键控制措施	不相容职务	控制活动类型	对应制度	控制痕迹	财务报告认定 1.存在和发生性;2.完整性;3.权利与义务;4.计价或分摊;5.表达和披露					财务报告项目
									1	2	3	4	5	
15—R1	未明确财务报告编制方案,包括财务报告编制方法、会计政策调整与原则、财务报告编制流程、责任与分工、编报时间安排等,导致财报编制不合理、影响财务报告的完整性,影响公司财务信息真实性目标的实现	15—CT1	15—CA1	财务报告根据《企业会计准则》《企业财务会计报告条例》规定的编制基础、编制依据、编制原则和方法进行编制		预防型	财务报告管理制度	财务报告部署通知	√	√	√	√	√	各会计科目
		15—CT1	15—CA2	财务部事前部署报告编制工作,明确各部门的职责、责任人等		预防型	财务报告管理制度	财务报告部署通知	√	√	√	√	√	各会计科目
		15—CT1	15—CA3	明确公司及其下属公司各类财务报送的时间及要求		预防型	财务报告管理制度	与事务所沟通记录	√	√	√	√	√	各会计科目

续表

风险编号	风险描述	对应控制目标编号	关键控制措施编号	关键控制措施	不相容职务	控制活动类型	对应制度	控制痕迹	财务报告认定 1.存在和发生；2.完整性；3.权利与义务；4.计价或分摊；5.表达和披露					财务报告项目
									1	2	3	4	5	
15–R2	结账程序不明确，操作不规范，导致财务报告不符合实际情况，影响公司财务报告准确性	15–CT1	15–CA4	明确财务报告编制前的结账流程		预防型	财务报告管理制度	会计核算管理制度	√	√	√	√	√	各会计科目
		15–CT1	15–CA5	财会人员严格按照结账流程进行财务报告编制前的各项工作		预防型	财务报告管理制度	会计核算管理制度	√	√	√	√	√	各会计科目
		15–CT1	15–CA6	对于需要调整的项目，需取得和保留审批文件，以保证调整有据可依	申请／审批	预防型	财务报告管理制度	调账申请表	√	√	√	√	√	各会计科目
		15–CT1	15–CA7	公司须在当期所有交易或事项处理完毕并经财务经理审核签字确认后，实施关账和结账操作	经办／审核	预防型	财务报告管理制度	月结检查表	√	√	√	√	√	各会计科目

续表

风险编号	风险描述	对应控制目标编号	关键控制措施编号	关键控制措施	不相容职务	控制活动类型	对应制度	控制痕迹	财务报告认定 1.存在和发生/真实性；2.完整性；3.权利与义务；4.计价或分摊；5.表达和披露					财务报告项目
									1	2	3	4	5	
15-R3	账务处理不规范，难以确保财务报告的完整性和准确性，导致财务报告不能符合规范要求，影响公司财务信息真实性目标的实现	15-CT2	15-CA8	公司使用统一的财务信息系统，并通过信息系统对账务处理的控制措施进行自动控制，表现如下：（1）每月的全部会计记录均录入财务系统生成电子凭证，凭证全部由系统自动连续编号，保证完整性；（2）系统自动校验凭证的借贷平衡，且如不平衡无法保存凭证，以确保凭证录入正确；（3）自动控制系统要求限制凭证的编制人与审核人不能为同一人，以确保职责分离，已过账的凭证不可删除和修改，以避免未经授权的凭证更改、删除；（4）若结账时存在尚未完成的期末事项，无法结账，以确保所有凭证均转入当期报告；（5）自动限制期末结账后不能再进行该期间的账务处理工作，且不可随意更改调整已结账月份的数据，以确保经济业务记录在恰当的会计期间；（6）关键的系统权限被适当赋予指定人员		预防型	会计核算管理制度、财务信息系统管理制度	财务系统设置	√	√	√	√	√	各会计科目
		15-CT2	15-CA9	对于财务信息系统的控制措施设计有效性以及执行有效性进行定期检查或审计		发现型	财务信息系统管理制度	定期审计报告			√	√	√	各会计科目

续表

风险编号	风险描述	对应控制目标编号	关键控制措施编号	关键控制措施	不相容职务	控制活动类型	对应制度	控制痕迹	财务报告认定 1.存在和发生/真实性；2.完整性；3.权利与义务；4.计价或分摊；5.表达和披露					财务报告项目
									1	2	3	4	5	
15-R4	未对以前年度财务报告中所指出的影响公司财务状况及正常生产经营的问题进行原因分析并制定合理的解决方案，导致以前年度发生的问题重复出现，影响公司经营效率目标的实现	15-CT2	15-CA10	公司财务部需对以前年度财务报告中所指出的影响公司正常生产经营的问题及时进行分析调查，查找问题的原因，提出解决方案并报财务经理及分管领导审批	经办/审批	预防型	会计核算管理制度	财务分析报告；领导审核意见	√	√	√	√	√	各会计科目

续表

风险编号	风险描述	对应控制目标编号	关键控制措施编号	关键控制措施	不相容职务	控制活动类型	对应制度	控制痕迹	财务报告认定 1.存在和发生/真实性；2.完整性；3.权利与义务；4.计价或分摊；5.表达和披露					财务报告项目
									1	2	3	4	5	
15-R5	未及时上报会计事项变化情况，包括以前年度审计调整以及相关事项对当期情况的影响、会计准则的变化及对财务报告的影响，新增业务影响、影响财务报告的其他新发生的事项，影响财务报告的真实性、准确性，从而影响公司财务信息真实性目标的实现	15-CT2	15-CA11	各公司会计核算按照公司统一的会计政策的要求进行，如境外公司遇到确实无法保持一致的情况，要按照公司的会计政策和会计期间对其财务报告进行必要的调整；对于没有规定统一核算方法的交易、事项，按照企业会计准则中会计核算的一般原则进行确认、计量和报告。对于新增需要专业判断的重大会计事项，公司统一的会计政策尚未作相关规定的，各公司不得自行处理，需将业务情况和处理方案的说明上报集团财务部审核，集团财务部结合咨询外部中介机构的专业意见，制定统一的会计处理方法，履行审批程序后下达各公司执行	经办/审批	预防型	财务报告管理制度	领导审核意见	√	√	√	√	√	各会计科目

续表

风险编号	风险描述	对应控制目标编号	关键控制措施编号	关键控制措施	不相容职务	控制活动类型	对应制度	控制痕迹	1	2	3	4	5	财务报告项目
									财务报告认定 1. 存在和发生性；2. 完整性；3. 权利与义务；4. 计价或分摊；5. 表达和披露					
15-R6	财务部对需要专业判断的重大会计事项未制定合法的会计核算办法并经财务主管及相关领导审核，导致会计核算不准确，影响财务报告的真实性、准确性，从而影响公司财务信息真实性目标的实现	15-CT3	15-CA12	对于新增需要专业判断的重大会计事项，公司不得自行处理，需将业务情况和处理方案的说明上报集团财务部审核，各公司统一的会计政策尚未作相关规定的，集团财务部结合咨询外部中介机构的专业意见，制定统一的会计处理方法，履行审批程序后下达各公司执行	经办/审批	预防型	财务报告管理制度	领导审批意见	√	√	√	√	√	各会计科目

续表

风险编号	风险描述	对应控制目标编号	关键控制措施编号	关键控制措施	不相容职务	控制活动类型	对应制度	控制痕迹	财务报告认定 1. 存在和发生/真实性；2. 完整性；3. 权利与义务；4. 计价或分摊；5. 表达和披露					财务报告项目
									1	2	3	4	5	
15-R7	重大交易披露不规范、不合理，可能因虚假记载、误导性陈述、重大遗漏和未按规定及时披露而导致损失，影响公司财务信息真实性目标的实现	15-CT3	15-CA13	建立公司信息披露管理制度，并严格按照监管部门重大事项披露要求进行信息披露		预防型		信息披露管理制度					√	各会计科目
15-R8	财务报告编制前期准备工作不充分，可能导致结账前未能及时发现会计差错，影响公司财务信息真实性目标的实现	15-CT2	15-CA14	明确财务报告编制的计划和职责		预防型	财务报告管理制度		√	√	√	√	√	各会计科目
		15-CT2	15-CA15	财务部在编制年度财务报告前，必须全面清查核实账目，并报相应人员审核	经办/审核	预防型	财务报告管理制度	审批单	√	√	√	√	√	各会计科目

续表

风险编号	风险描述	对应控制目标编号	关键控制措施编号	关键控制措施	不相容职务	控制活动类型	对应制度	控制痕迹	财务报告认定 1.存在和发生/真实性；2.完整性；3.权利与义务；4.计价或分摊；5.表达和披露					财务报告项目
									1	2	3	4	5	
15-R9	在未确认公司各项经济业务（包括对账、调账、差错更正等业务）是否已经处理完毕的情况下编制财务报告，影响编报财务报告信息不完整，影响财务报告的完整性，从而影响公司财务信息真实性目标的实现	15-CT2	15-CA16	在编制财务报告前，除全面清查资产、核实债务外，还需完成下列工作：（1）在规定的结账日前进行结账，结出有关会计账簿的余额和发生额，并核对各会计账簿之间的余额；（2）检查相关会计核算是否按照公司会计制度的规定进行；（3）检查各项交易、事项是否按照会计核算的一般原则进行确认、计量，以及相关账务处理是否合理；（4）检查是否存在因会计估计、会计政策变更等原因需要调整前期或本期相关项目的情况		预防型	财务报告管理制度		√	√	√	√	√	各会计科目

续表

风险编号	风险描述	对应控制目标编号	关键控制措施编号	关键控制措施	不相容职务	控制活动类型	对应制度	控制痕迹	财务报告认定 1. 存在和发生性；2. 完整性；3. 权利与义务；4. 计价或分摊；5. 表达和披露					财务报告项目
									1	2	3	4	5	
15–R10	财务报告中未披露影响公司重大财务状况及生产经营情况的事项，影响财务报告的真实性、完整性，从而影响公司财务信息的真实性目标的实现	15–CT3	15–CA17	财务部对所有在会计年度内发生的影响公司财务状况的重大事项，包括公司重大投融资事项、资产重组、并购、相关或有事项及可能影响公司正常经营生产的事项等，必须在财务报告中披露		预防型	财务报告管理制度	公司年度财务报告	√	√	√	√	√	各会计科目

续表

风险编号	风险描述	对应控制目标编号	关键控制措施编号	关键控制措施	不相容职务	控制活动类型	对应制度	控制痕迹	财务报告认定 1. 存在和发生性；2. 完整性；3. 权利与义务；4. 计价或分摊；5. 表达和披露					财务报告项目
									1	2	3	4	5	
15－R11	财务报告编制未经适当审核或超越授权审批，可能会产生重大差错或舞弊行为而使企业遭受损失，从而影响公司财务信息真实性目标的实现	15－CT2	15－CA18	月度财务报告，经财务负责人审批后，报送相关人员；季度、半年度、年度财务报告经财务负责人审核，法定代表人审批，提交董事会审议后方可对外提供	编制／审核	预防型	财务报告管理制度	公司财务报告	√	√	√	√	√	各会计科目

续表

风险编号	风险描述	对应控制目标编号	关键控制措施编号	关键控制措施	不相容职务	控制活动类型	对应制度	控制痕迹	财务报告认定 1. 存在和发生/真实性；2. 完整性；3. 权利与义务；4. 计价或分摊；5. 表达和披露					财务报告项目
									1	2	3	4	5	
15－R13	公司财务管理部未对各下属公司上报的财务报告进行合理复核，不能确保各下属公司财务报告的准确性、完整性、合理性，从而影响公司财务信息真实性目标的实现	15－CT3	15－CA19	财务部指定人员对各下属公司按期上报的财务报告进行合并合理性。对各下属公司的报告分析总和合并的总体合理性。对各下属公司的报告有异议的，要求提供分析及说明	编制/复核	发现型	财务报告管理制度	报告分析复核记录	√	√	√	√	√	各会计科目

续表

风险编号	风险描述	对应控制目标编号	关键控制措施编号	关键控制措施	不相容职务	控制活动类型	对应制度	控制痕迹	财务报告认定 1.存在和发生；2.完整性；3.权利与义务；4.计价或分摊；5.表达和披露					财务报告项目
									1	2	3	4	5	
15-R14	公司合并财务报表的编制未关注准确性、合理性，导致财务报告不够准确，影响公司财务信息真实性目标的实现	15-CT2	15-CA20	明确公司合并财务报表的范围。公司收集全部被投资公司名单，根据控制条件，进行专业判断，筛选满足合并范围条件的子公司，将所有纳入合并范围的子公司和子公司最新名单和子公司增减变动的原因说明交财务负责人审批后，纳入合并范围	经办/审批	预防型	财务报告管理制度	财务报告管理制度	√	√	√	√	√	各会计科目
		15-CT2	15-CA21	明确合并财务报表编制过程中的岗位职责以及编制流程	编制/复核	预防型	财务报告管理制度	财务报告管理制度	√	√	√	√	√	各会计科目
15-R15	合并财务报表编制范围变更工作不规范，可能导致的审计工作不规范，致使企业受到重大影响，影响公司财务信息真实性目标的实现	15-CT3	15-CA22	公司收集全部被投资公司名单，根据控制条件的子公司，进行专业判断，将所有纳入合并范围的子公司最新名单和子公司增减变动的原因说明交财务负责人审批后，纳入合并范围	经办/审批	预防型	财务报告管理制度	合并报表编制范围变更申请报告	√	√	√	√	√	各会计科目

续表

风险编号	风险描述	对应控制目标编号	关键控制措施编号	关键控制措施	不相容职务	控制活动类型	对应制度	控制痕迹	财务报告认定 1. 存在和发生／真实性；2. 完整性；3. 权利与义务；4. 计价或分摊；5. 表达和披露					财务报告项目
									1	2	3	4	5	
15–R16	合并报财务表编制披露不规范、不合理，可能因虚假记载、误导性陈述、重大遗漏或未按规定及时披露而导致公司财务信息真实性目标的实现损失，影响公司财务信息真实性目标的实现	15–CT3	15–CA23	明确合并财务报表范围以及合并财务报表的内容		预防型	财务报告管理制度	领导审批记录	√	√	√	√	√	各会计科目
		15–CT3	15–CA24	建立合并财务报表编制流程并严格执行		预防型	财务报告管理制度		√	√	√	√	√	各会计科目
		15–CT3	15–CA25	公司指定专人对合并财务报表编制进行复核	编制／复核	预防型	财务报告管理制度	公司年度财务报告	√	√	√	√	√	各会计科目

续表

风险编号	风险描述	对应控制目标编号	关键控制措施编号	关键控制措施	不相容职务	控制活动类型	对应制度	控制痕迹	财务报告认定 1. 存在和发生/真实性；2. 完整性；3. 权利与义务；4. 计价或分摊；5. 表达和披露					财务报告项目
									1	2	3	4	5	
15–R17	未以经过核对确认的各下属公司财务报表为基础编制公司合并财务报表，导致合并财务报表基数不准确，影响财务报告的真实性、准确性，从而影响公司财务信息真实性目标的实现	15–CT3	15–CA26	各下属公司上报的财务报表须经本公司财务负责人以及集团财务部审核通过后，纳入合并财务报表编制		预防型	财务报告管理制度	上报的财务报告	√	√	√	√	√	各会计科目

531

续表

风险编号	风险描述	对应控制目标编号	关键控制措施编号	关键控制措施	不相容职务	控制活动类型	对应制度	控制痕迹	1.存在和发生性；2.完整性；3.真实性、权利与义务；4.计价或分摊；5.表达和披露 1	2	3	4	5	财务报告项目
15-R18	未对经授权批准的合并抵销分录与合并报表编制人的合并抵销分录进行核对合并工作底稿，对合并工作底稿，由同一会计人工录入同一会计人员完成，影响合并财务报表的真实性、准确性，从而影响公司财务信息真实性目标的实现	15-CT3	15-CA27	公司合并财务报表编制人员核对公司与合并报表单位的内部交易事项和金额，编制内部交易表及内部交易往来表，发现差异应及时查明原因并进行调整		预防型	财务报告管理制度	内部交易往来表	√		√	√	√	各会计科目
		15-CT3	15-CA28	公司财务经理审核内部交易表及内部交易往来表	编制/审核	预防型	财务报告管理制度	财务经理审核意见	√		√	√	√	各会计科目
		15-CT3	15-CA29	公司合并财务报表编制人员根据《企业会计准则》《企业会计准则——应用指南》以及编制财务报告的有关规定编制合并抵销分录，报公司财务经理审核确认	编制/确认	预防型	财务报告管理制度	抵销分录确认	√		√	√	√	各会计科目
		15-CT3	15-CA30	公司财务报表编制人员按照核准的合并抵销分录编制合并工作底稿，并形成合并财务报表初稿		预防型	财务报告管理制度	合并财务报表初稿	√		√	√	√	各会计科目
		15-CT3	15-CA31	合并财务报表初稿经公司财务经理审核后，方可出具正式报表	编制/审核	预防型	财务报告管理制度	财务报告管理制度	√		√	√	√	各会计科目

续表

风险编号	风险描述	对应控制目标编号	关键控制措施编号	关键控制措施	不相容职务	控制活动类型	对应制度	控制痕迹	财务报告认定 1. 存在和发生 / 真实性; 2. 完整性; 3. 权利与义务; 4. 计价或分摊; 5. 表达和披露					财务报告项目
									1	2	3	4	5	
15-R19	财务报表附注编制不规范,影响财务报表的真实性、准确性,从而影响公司财务信息真实性目标的实现	15-CT3	15-CA32	财务部人员负责编制合并财务报表附注,对在资产负债表、利润表、现金流量表、所有者权益变动表等报表中列示项目的文字描述或明细资料,以及对未能在这些报表中列示的项目进行说明	编制 / 审核	预防型	财务报告管理制度	财务报告					√	各会计科目
15-R20	年度财务报告审计调整事项未经过充分讨论及确认,影响财务报表的真实性、准确性,从而影响公司财务信息真实性目标的实现	15-CT3	15-CA33	对于涉及计算的调整事项,应加以准确核实,保证计算依据客观,计算过程准确,计算结果真实;对于各项调整涉及的有关事实(特别是各项减值准备、预计负债等),要逐一核实;对于因事实不清而产生的判断差异,需提供进一步的信息,并与外部审计师进行充分沟通。审计调整事项必须报财务负责人审批		预防型	财务报告管理制度	审计调整事项确认函		√	√	√	√	各会计科目

续表

风险编号	风险描述	对应控制目标编号	关键控制措施编号	关键控制措施	不相容职务	控制活动类型	对应制度	控制痕迹	财务报告认定 1.存在和发生/真实性；2.完整性；3.权利与义务；4.计价或分摊；5.表达和披露					财务报告项目
									1	2	3	4	5	
15-R21	年度财务报表未及时交付档案室保管，造成重要财务资料遗失，影响财务审计工作，影响公司经营效率目标的实现	15-CT4	15-CA34	明确财务报表归档时间、归档类别等级以及保管期限		预防型	会计档案管理制度	会计档案管理制度						
15-R22	财务报告未有效利用，导致公司无法及时分析经营管理的状况和存在的问题，影响公司管理水平的提高	15-CT5	15-CA35	公司定期编制财务分析报告。财务分析报告可以使用各项财务指标来反映公司目前的盈利水平、偿债能力和资产规模等现状，财务分析报告结果要及时传递给企业内部有关管理层级，充分发挥财务分析报告在公司生产经营管理中的重要作用		发现型	财务报告管理制度	财务分析报告						

16.1 全面预算内部控制应用指引

企业内部控制应用指引第 15 号——全面预算

第一章 总则

第一条 为了促进企业实现发展战略,发挥全面预算管理作用,根据有关法律法规和《企业内部控制基本规范》,制定本指引。

第二条 本指引所称全面预算,是指企业对一定期间经营活动、投资活动、财务活动等作出的预算安排。

第三条 企业实行全面预算管理,至少应当关注下列风险:

(一)不编制预算或预算不健全,可能导致企业经营缺乏约束或盲目经营。

(二)预算目标不合理、编制不科学,可能导致企业资源浪费或发展战略难以实现。

(三)预算缺乏刚性、执行不力、考核不严,可能导致预算管理流于形式。

第四条 企业应当加强全面预算工作的组织领导,明确预算管理体制以及各预算执行单位的职责权限、授权批准程序和工作协调机制。

企业应当设立预算管理委员会履行全面预算管理职责,其成员由企业负责人及内部相关部门负责人组成。

预算管理委员会主要负责拟定预算目标和预算政策,制定预算管理的具体措施和办法,组织编制、平衡预算草案,下达经批准的预算,协调解决预算编制和执行中的问题,考核预算执行情况,督促完成预算目标。预算管理委员会下设预算管理工作机构,由其履行日常管理职责。预算管理工作机构一般设在财会部门。

总会计师或分管会计工作的负责人应当协助企业负责人负责企业全面预算管理工作的组织领导。

第二章　预算编制

第五条　企业应当建立和完善预算编制工作制度，明确编制依据、编制程序、编制方法等内容，确保预算编制依据合理、程序适当、方法科学，避免预算指标过高或过低。

企业应当在预算年度开始前完成全面预算草案的编制工作。

第六条　企业应当根据发展战略和年度生产经营计划，综合考虑预算期内经济政策、市场环境等因素，按照上下结合、分级编制、逐级汇总的程序，编制年度全面预算。

企业可以选择或综合运用固定预算、弹性预算、滚动预算等方法编制预算。

第七条　企业预算管理委员会应当对预算管理工作机构在综合平衡基础上提交的预算方案进行研究论证，从企业发展全局角度提出建议，形成全面预算草案，并提交董事会。

第八条　企业董事会审核全面预算草案，应当重点关注预算科学性和可行性，确保全面预算与企业发展战略、年度生产经营计划相协调。

企业全面预算应当按照相关法律法规及企业章程的规定报经审议批准。批准后，应当以文件形式下达执行。

第三章　预算执行

第九条　企业应当加强对预算执行的管理，明确预算指标分解方式、预算执行审批权限和要求、预算执行情况报告等，落实预算执行责任制，确保预算刚性，严格预算执行。

第十条　企业全面预算一经批准下达，各预算执行单位应当认真组织实施，将预算指标层层分解，从横向和纵向落实到内部各部门、各环节和各岗位，形成全方位的预算执行责任体系。

企业应当以年度预算作为组织、协调各项生产经营活动的基本依据，将年度预算细分为季度、月度预算，通过实施分期预算控制，实现年度预算目标。

第十一条　企业应当根据全面预算管理要求，组织各项生产经营活动和投融资活动，严格预算执行和控制。

企业应当加强资金收付业务的预算控制，及时组织资金收入，严格控制资金支付，调节资金收付平衡，防范支付风险。对于超预算或预算外的资金支付，应当实行严格的审批制度。

企业办理采购与付款、销售与收款、成本费用、工程项目、对外投融资、研究与开发、信息系统、人力资源、安全环保、资产购置与维护等业务和事项，均应符合预算要求。涉及生产过程和成本费用的，还应执行相关计划、定额、定率标准。

对于工程项目、对外投融资等重大预算项目，企业应当密切跟踪其实施进度和完成情况，实行严格监控。

第十二条　企业预算管理工作机构应当加强与各预算执行单位的沟通，运用财务信息和其他相关资料监控预算执行情况，采用恰当方式及时向决策机构和各预算执行单位报告、反馈预算执行进度、执行差异及其对预算目标的影响，促进企业全面预算目标的实现。

第十三条　企业预算管理工作机构和各预算执行单位应当建立预算执行情况分析制度，定期召开预算执行分析会议，通报预算执行情况，研究、解决预算执行中存在的问题，提出改进措施。

企业分析预算执行情况，应当充分收集有关财务、业务、市场、技术、政策、法律等方面的信息资料，根据不同情况分别采用比率分析、比较分析、因素分析等方法，从定量与定性两个层面充分反映预算执行单位的现状、发展趋势及其存在的潜力。

第十四条　企业批准下达的预算应当保持稳定，不得随意调整。由于市场环境、国家政策或不可抗力等客观因素，导致预算执行发生重大差异确需调整预算的，应当履行严格的审批程序。

第四章　预算考核

第十五条　企业应当建立严格的预算执行考核制度，对各预算执行单位和个人进行考核，切实做到有奖有惩、奖惩分明。

第十六条　企业预算管理委员会应当定期组织预算执行情况考核，将各预算执行单位负责人签字上报的预算执行报告和已掌握的动态监控信息进行核对，确认各执行单位预算完成情况。必要时，实行预算执行情况内部审计制度。

第十七条　企业预算执行情况考核工作，应当坚持公开、公平、公正的原则，考核过程及结果应有完整的记录。

16.2　全面预算内部控制目标及风险点

16.2.1　全面预算内部控制的目标

预算控制是内部控制中使用较为广泛的一种控制措施。预算控制，使得企业的经营目标转化为各部门、各岗位以至个人的具体行为目标，并作为各责任单位的约束条件，能够从根本上保证企业经营目标的实现。

全面预算，是指企业对一定期间的各项生产经营活动作出的预算安排。企业全面预算一般包括经营预算、资本预算和财务预算等。预算业务流程如图16-1所示。

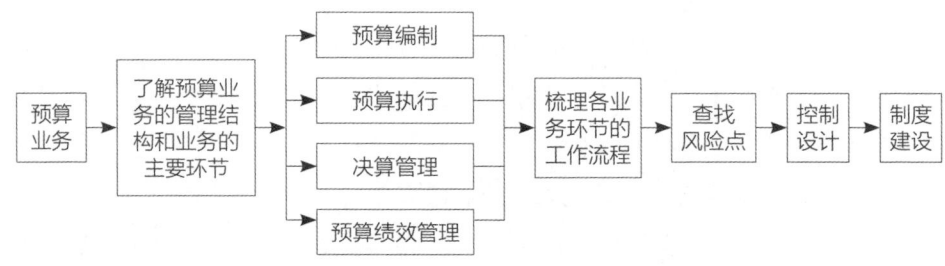

图 16-1　预算业务流程

预算控制的形式可以分为外部控制和内部控制。外部控制就是指控制主体与控制客体处于不同的组织，如政府部门对企业、事业单位的控制。内部控制是企业内部的组织机构和人员主动进行的对预算执行过程的跟踪反应、分析调控。内部控制可以通过自我控制和管理控制两种手段来实现。自我控制是特定部门或人员对自己权责范围内的预算执行的监督，以及自我分析。管理控制则有赖于上级对下级预算执行情况的监督和分析。

预算作业程序包括预算规划、预算编制、预算执行和预算控制，其中预算控制的主要目的如下。

（1）确认作业最终的结果与既定的预算目标相符合（事后控制）。

（2）随时提供信息，便于及时修正错误（事中控制）。

控制行为必须详加规划，否则容易缺乏方向，最终徒劳无功。

一般可将预算控制分为两类，即管理控制与作业控制。管理控制是指管理者确保资源的取得及有效运用，以达成企业目标的过程，也就是研究工作执行、控制计划，以期相互沟通、协调，共同达成企业目标；而作业控制是指有效地完成既定任务的过程。作业控制与管理控制的主要区别在于前者不需要太多管理判断，只要按照既定规则进行即可，而后者则需要进行管理判断。

全面预算管理的目标确定与其定位紧密联系，现代预算管理是集战略管理、目标管理、系统管理和人本管理为一体的管理体系，所以，预算管理的目标必须体现这一管理体系的管理特点。

首先，预算管理是对经营活动的一种战略管理。预算管理过程必须是围绕企业战略的制定、实施、控制而采取一系列措施的全过程。所以，预算管理目标实际上也就是以企业战略目标为基础的经营目标。预算是对长期战略在经营活动中的分解，可以使日常活动和企业经营战略互相之间得以衔接和沟通。

其次，预算管理是对经营活动的一种目标管理。经营活动目标是指企业根据经营或者发展需要所制定的一定时期内的经营活动所要达到的总目标。企业预算的编制、执行、考核的过程，实质上也是对企业经营目标的确定、分解、落实、考核的管理过程。以经营目标为导向的预算管理过程也是一个确定预算目标和实现预算目标的过程，即以目标指导预算，以预算支持目标。

再次，预算管理是对经营活动的一种系统化管理。预算管理在管理对象上涉及人、财、物等各个方面，而且全面预算中各子预算和各责任中心之间也形成层次系统。另外，企业预算管理目标的实现建立在完善的预算管理控制组织基础上，因此预算管理的目标也是层级化、系统化的。预算管理目标体系分类如表16-1 所示。

表 16-1 预算管理目标体系分类

经济目标	非经济目标
自有资本盈利	企业长寿和可持续发展
总资本利润率	经营者地位维持
人员职位保障	事业规模
主营业务交易额	声誉
企业规模	社会责任
资产流动性、运营流动性	
风险把控	

最后，预算管理也是一种以人为本的管理。人本管理就是确定人的主导地位，围绕调动人的积极性、主动性和创造性而展开一切管理活动。在预算管理主

体和预算执行主体之间往往涉及关系的处理和协调，利益的双方总是难免存在一定的矛盾和冲突，从而存在着由双方关系协调以使其目标趋于一致的协调空间。预算执行组织是预算责任的承担者，也是预算考评的对象，是预算目标具体落实的领受者。所以，预算目标的确定一定要考虑到人的因素。

一、预算管理目标确定的依据和原则

（一）预算管理目标的确定依据

预算目标的确定要遵循一定的逻辑，方便各目标的分解和层次设计。通常设定目标有两种观点，即任务导向型和结果导向型。

任务导向型可以按照演绎法来理解，就是从企业的战略出发，结合企业实际的经营管理工作，将之以预算指标的形式细化分解为各预算管理组织机构的具体工作目标和控制目标，体现的是行政命令式的自上而下的预算目标下达过程；以高管层设定的总体目标为起点，自上而下地将之层层分解为各机构的工作任务和预算目标，在此基础上形成整个企业的预算目标。

结果导向型更像是推断法，主要是从企业最终创造的效用出发，具体来说就是客户需求的满足和客户价值的创造。各组织机构可以树立以满足客户需求为标杆的理念，在预算目标的设定和执行过程中予以遵循，在此基础上确立预算目标，最终经过预算决策机构——预算管理委员会协调平衡之后下达执行。这样做的好处就是，预算目标的设定不是局限于企业内部的，而是在各个层面上都有一定的客户接触，这样能充分接受各层级责任部门的意见，通常这种方法更加适合参与式预算。

（二）预算管理目标的确定原则

企业预算目标是企业战略的体现，应该适应企业长远战略发展目标的要求，同时需要考虑内部各责任机构的能力范围以及外部经济环境，要求目标有一定稳定性的同时也要有灵活度，所以要遵循以下原则。

1. 股东期望原则

企业经营的目标就是价值最大化，一个很重要的表现就是股东财富的增长，通常体现在资本报酬率和每股净利润。预算目标的最低期待是不能低于行业平均的资本报酬率。

2. 产能过剩和资本盈利能力的平衡

这一方面是对财务风险的考量，因为它制约着资产盈利水平的设定，这一制约即资产盈利水平一定要高于资本成本，否则将会导致比较大的财务风险，或者导致资产盈利水平较低。另一方面也要充分挖掘资产的盈利潜力，做到充分利用，杜绝产能过剩。

3.先进性和可行性的兼顾

企业预算目标也就是企业将来一段时间期待达到的应该高于目前企业已经达到的水平，以最终引导企业效益的增长。但是过高的预算目标不但达不到，反而会挫伤员工的积极性，这种忽略企业自身硬件限制和软件制约等因素的设定是不切实际的，无法带来生产和管理的创新，更加无法提高企业的经济效益。

4.战略性和短期目标结合

企业的全面预算管理是以企业整体战略为出发点的，所以一定要顾全大局，从全局出发，从企业整体的长远发展来考虑。考虑到稳定性等因素，战略管理的跨度一般都是 3~5 年，而预算管理的跨度往往是 1 年，并且预算管理涉及企业具体的生产管理的控制，应该设定一些短期和局部的目标，使得目标的实施更加具有可操作性。完善的预算目标应该是由整体目标和分解后可操作性较强的具体指标共同构成的有机体系。

5.充分考虑外部市场的因素

预算目标不能"拍脑袋决定"，而应该以企业内部条件为根据，充分结合外部市场基础，包括市场上的竞争和风险，只有内外结合才能使企业的预算目标真正落地。

预算管理目标的确定应该遵从必要的原则，具体来说，预算管理目标应该尽力将企业一切生产经营活动纳入预算管理范畴，努力做到全员参与、全面覆盖、全程监控。企业应将预算管理对象划分为可控与不可控两方面，将可控因素列入预算。预算目标的确定要结合自上而下与自下而上两种制定路线。企业应做到量入为出和量出为入相结合，增产节约和增收节支并重，预算内额度授权和预算外程序审批相结合，事前预算、事中监控、事后考评相结合，刚性控制和柔性控制相结合。

二、全面预算管理目标的分解

预算目标是一个系统的层级体系，不同组织机构都应该在目标的确定上有所侧重。管理层的宏观目标一定要兼具稳定性和引导作用，照顾到战略计划；管理和执行机构在设定预算目标的时候要多元化，比如兼顾财务和非财务目标，兼顾收益目标和规模以及现金流目标；基层的执行机构设置目标的时候，要设置质量和数量结合的定量及定性目标。任何预算目标都是企业股东、董事会、经营管理者和员工共同利益互相协调之后的结果，要体现出决策、管理和执行三分立原则。所以，全面预算管理的目标也要反映企业在计划期间日常发生的各种具有实质性的基本活动的预算，比如销售预算，生产预算，材料、人工和制造费用预算等。业务预算是指有关业务收入和业务费用的预算。财务预算主要是指企业在计划期间有关现金收支、经营成果和财务状况的预算，包括预算现金流量表、预算利润表和预算资产负债表。基于战略的预算目标体系如图 16-2 所示。专项预算是指企业为不经常发生的长期投资决策项目或者筹资项目所编制的预算，包括资本支出预算和筹资预算。

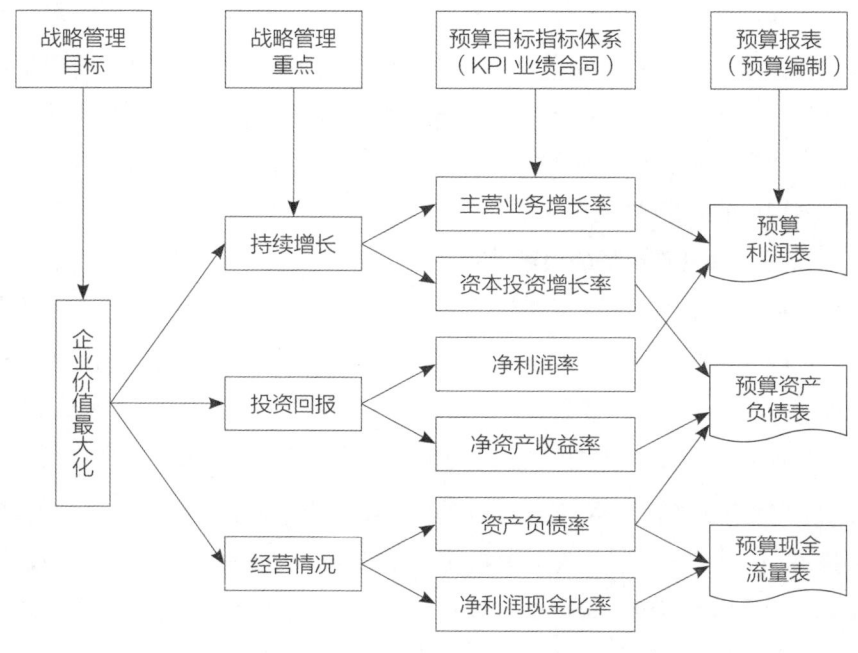

图 16-2　基于战略的预算目标体系

预算和管理是相辅相成的，没有预算中事先制定的明确目标，就不可能进行有效的管理控制，而在执行中不进行有效的管理控制，预算就不能发挥应有的作用。因此为了确保企业目标的实现，企业管理部门还必须适应分权管理和经济责任制的要求，把全面预算所确定的指标，按照各个责任单位进行分解，形成责任预算，通过在企业内部建立责任中心，将日常经营管理决策权在不同层级的管理人员之间进行适当的划分，同时可以减小高层管理人员的工作压力和决策负荷，激发各层次员工的积极性和创造性。这样，一方面使各个分权单位之间具有一定的相互依赖性，因为它们互相之间需要提供产品或者劳务；另一方面使各分权单位得以保持相对的独立性。为了适应分权管理的这些新特点的要求，在企业内部要建立若干责任单位，对各责任单位职责范围内的生产经营情况进行规划以及业绩的控制考评。在企业内部可根据责任和权限的不同划分若干责任区域，也就是责任中心，所以建立责任中心的关键就是分清楚责任和权限。企业应根据具体情况，按照所能够控制的范围和承担的不同责任以及管理的需要建立责任中心。

一般按照企业内部责任单位权责范围以及业务活动的特点不同，可以将企业生产经营上的责任中心划分为成本中心、利润中心和投资中心。

16.2.2　全面预算内部控制的风险点

企业至少应当关注全面预算管理的下列风险。

（1）缺乏预算或预算编制不完整，可能导致企业盲目经营。

（2）预算目标不合理、预算编制不科学，可能导致企业资源浪费或发展目标难以实现。

（3）预算缺乏刚性、执行不力、考核不严，可能导致预算管理流于形式。

应对措施如下。

企业应当建立全面预算管理制度，强化预算约束，明确预算编制、执行、考核等环节的主要风险点，采取相应措施，实施有效控制。企业在建立与实施预算内部控制中，至少应当强化对下列关键方面或者关键环节的控制。

（1）职责分工、权限范围和审批程序应当明确规范，机构设置和人员配备应当科学合理。

（2）全面预算编制、执行、调整、分析与考核、评估与披露等的控制流程应当清晰严密，对预算编制方法、审批程序、预算执行情况检查、预算调整、预算执行结果的分析考核等应当有明确的规定。

一、预算编制

预算编制是企业实施全面预算管理的起点，该环节的主要风险和管控措施如表16-2所示。

表 16-2　预算编制的主要风险和管控措施

主要风险		（1）预算编制以财务部门为主，业务部门参与度较低，可能导致预算编制不合理，预算管理责、权、利不匹配；预算编制范围和项目不全面，各个预算之间缺乏整合，可能导致全面预算难以形成 （2）预算编制所依据的相关信息不足，可能导致预算目标与战略规划、经营计划、市场环境、企业实际等相脱离；预算编制基础数据不足，可能导致预算编制准确率较低 （3）预算编制程序不规范，横向、纵向信息沟通不畅，可能导致预算目标缺乏准确性、合理性和可行性 （4）预算编制方法选择不当，或强调采用单一的方法，可能导致预算目标缺乏科学性和可行性 （5）预算目标及指标体系设计不完整、不合理、不科学，可能导致预算管理在实现发展战略和经营目标、促进绩效考评等方面的功能难以有效发挥 （6）编制预算的时间太早或太晚，可能导致预算准确性不高，或影响预算的执行
管控措施	全面性控制	（1）明确企业各个部门、单位的预算编制责任，将企业各个部门、单位的业务活动全部纳入预算管理 （2）将企业经营、投资、财务等各项经济活动的各个方面、各个环节都纳入预算编制范围，形成经营预算、投资预算、筹资预算、财务预算等一系列预算组成的相互衔接和钩稽的综合预算体系
	编制依据和基础控制	（1）制定明确的战略规划，并依据战略规划制定年度经营目标和计划，将其作为制定预算目标的首要依据，确保编制的预算真正成为战略规划和年度经营计划的年度行动方案 （2）深入开展企业外部环境的调研和预测，包括对企业预算期内客户需求、同行业发展等市场环境的调研，以及宏观经济政策等社会环境的调研，确保预算编制以市场预测为依据，与市场、社会环境相适应 （3）深入分析企业上一期间的预算执行情况，充分预测预算期内企业资源状况、生产能力、技术水平等自身环境的变化，确保预算编制符合企业生产经营活动的客观实际 （4）重视和加强预算编制基础管理工作，包括历史资料记录、定额制定与管理、标准化工作、会计核算等，确保预算编制以可靠、翔实、完整的基础数据为依据

二、预算审批

预算审批的主要风险和管控措施如表 16-3 所示。

表 16-3　预算审批的主要风险和管控措施

主要风险	全面预算未经适当审批或超越授权审批，可能导致预算权威性不够、执行不力，或可能因重大差错、舞弊而导致损失
管控措施	企业全面预算应当按照《中华人民共和国公司法》等相关法律法规及企业章程的规定报经审议批准

三、预算下达

预算下达的主要风险和管控措施如表 16-4 所示。

表 16-4　预算下达的主要风险和管控措施

主要风险	全面预算下达不力，可能导致预算执行或考核无据可查
管控措施	全面预算经审议批准后应及时以文件形式下达执行

四、预算指标分解和责任落实

预算指标分解和责任落实的主要风险和管控措施如表 16-5 所示。

表 16-5　预算指标分解和责任落实的主要风险和管控措施

主要风险	（1）预算指标分解不够详细、具体，可能导致企业的某些岗位和环节缺乏预算执行和控制依据 （2）预算指标分解与业绩考核体系不匹配，可能导致预算执行不力 （3）预算责任体系缺失或不健全，可能导致预算责任无法落实，预算缺乏强制性与严肃性 （4）预算责任与执行单位或个人的控制能力不匹配，可能导致预算目标难以实现
管控措施	（1）企业全面预算一经批准下达，各预算执行单位应当认真组织实施，将预算指标层层分解。横向将预算指标分解为若干相互关联的因素，寻找影响预算目标的关键因素并加以控制；纵向将各项预算指标层层分解落实到最终的岗位和个人，明确责任部门和最终责任人；时间上将年度预算指标分解细化为季度、月度预算，通过实施分期预算控制实现年度预算目标 （2）建立预算执行责任制度，对照已确定的责任指标，定期或不定期地对相关部门及人员责任指标完成情况进行检查，实施考评。企业可以通过签订预算目标责任书等形式明确各预算执行部门的预算责任 （3）分解预算指标和建立预算执行责任制应当遵循定量化、全局性、可控性原则，即预算指标的分解要明确、具体，便于执行和考核；预算指标的分解要有利于企业经营总目标的实现；赋予责任部门和责任人的预算指标通过该责任部门或责任人的努力是可以达到的，责任部门或责任人以其责权范围为限，对预算指标负责

五、预算执行控制

预算执行控制的主要风险和管控措施如表 16-6 所示。

表 16-6　预算执行控制的主要风险和管控措施

主要风险	（1）缺乏严格的预算执行授权审批制度，可能导致预算执行随意 （2）预算审批权限及程序混乱，可能导致越权审批、重复审批，降低预算执行效率和严肃性 （3）预算执行过程中缺乏有效监控，可能导致预算执行不力，预算目标难以实现 （4）缺乏健全有效的预算反馈和报告体系，可能导致预算执行情况不能及时反馈和沟通，预算差异得不到及时分析，预算监控难以发挥作用
管控措施	（1）加强资金收付业务的预算控制，及时组织资金收入，严格控制资金支付，调节资金收付平衡，防范支付风险 （2）严格资金支付业务的审批控制，及时制止不符合预算目标的经济行为，确保各项业务和活动都在授权的范围内运行 （3）建立预算执行实时监控制度，及时发现和纠正预算执行中的偏差。确保企业办理的采购与付款、销售与收款、成本费用、工程项目、对外投融资、研究与开发、信息系统、人力资源、安全环保、资产购置与维护等各项业务和事项均符合预算要求；涉及生产过程和成本费用的，还应严格执行相关计划、定额、定率标准 （4）建立重大预算项目特别关注制度。对于工程项目、对外投融资等重大预算项目，企业应当密切跟踪其实施进度和完成情况，实行严格监控；对于重大的关键性预算指标，也要密切跟踪、检查 （5）建立预算执行情况预警机制，科学选择预警指标，合理确定预警范围，及时发出预警信号，积极采取应对措施 （6）建立健全预算执行情况内部反馈和报告制度，确保预算执行信息传输及时、畅通、有效

六、预算分析

预算分析的主要风险和管控措施如表 16-7 所示。

表 16-7　预算分析的主要风险和管控措施

主要风险	（1）预算分析不正确、不科学、不及时，可能削弱预算执行控制的效果，或可能导致预算考评不客观、不公平 （2）预算差异原因的解决措施不得力，可能导致预算分析形同虚设
管控措施	（1）企业预算管理工作机构和各预算执行单位应当建立预算执行情况分析制度，定期召开预算执行分析会议，通报预算执行情况，研究、解决预算执行中存在的问题，认真分析原因，提出改进措施 （2）企业应当加强对预算分析流程和方法的控制，确保预算分析结果准确、合理 （3）企业应当采取恰当措施处理预算执行偏差

七、预算调整

预算调整的主要风险和管控措施如表 16-8 所示。

表 16-8　预算调整的主要风险和管控措施

主要风险		预算调整依据不充分、方案不合理、审批程序不严格，可能导致预算调整随意、频繁，预算失去严肃性和约束性
管控措施	明确预算调整条件	由于市场环境、国家政策或不可抗力等客观因素，导致预算执行发生重大差异确需调整预算的，应当履行严格的审批程序。企业应当在有关预算管理制度中明确规定预算调整的条件
	强化预算调整原则	（1）预算调整应当符合企业发展战略、年度经营目标和现实状况，重点放在预算执行中出现的重要的、非正常的、不符合常规的关键性差异方面 （2）预算调整方案应当客观、合理、可行，在经济上能够实现最优化 （3）预算调整应当谨慎，调整频率应予以严格控制，年度调整次数应尽量少
	规范预算调整程序，严格审批	（1）调整预算一般由预算执行单位逐级向预算管理委员会提出书面申请 （2）预算管理工作机构应当对预算执行单位提交的预算调整报告进行审核分析，集中编制企业年度预算调整方案，提交预算管理委员会 （3）预算管理委员会应当对年度预算调整方案进行审议，根据预算调整事项性质或预算调整金额的不同，按照授权进行审批，或提交原预算审批机构审议批准，然后下达执行 （4）企业预算管理委员会或董事会审批预算调整方案时，应当依据预算调整条件，并遵循预算调整原则严格把关，对于不符合预算调整条件的，坚决予以否决；对于预算调整方案欠妥的，应当协调有关部门和单位研究改进方案，并责成预算管理工作机构予以修改后再履行审批程序

八、预算考核

预算考核的主要风险如表 16-9 所示。

表 16-9　预算考核的主要风险

主要风险	预算考核不严格、不合理、不到位，可能导致预算目标难以实现、预算管理流于形式。其中，预算考核的合理性受到考核主体和对象界定的合理性、考核指标的科学性、考核过程的公开性、考核结果的公正性、奖惩措施的公平合理性以及落实情况等因素的影响

16.3 全面预算内部控制方法及关键点

16.3.1 全面预算内部控制的方法

企业应当建立全面预算工作岗位责任制，明确相关部门和岗位的职责、权限，确保全面预算工作中的不相容岗位相互分离、制约和监督。

一、全面预算工作不相容岗位分离

全面预算工作不相容岗位一般包括以下方面。

（1）预算编制（含预算调整）与预算审批岗位。

（2）预算审批与预算执行岗位。

（3）预算执行与预算考核岗位。

二、建立全面预算管理组织体系

企业应当建立全面预算管理组织体系，明确企业最高权力机构、决策机构、预算管理部门及各预算执行单位的职责权限、授权批准程序和工作协调机制。

企业全面预算管理组织体系的基本架构如图 16-3 所示。

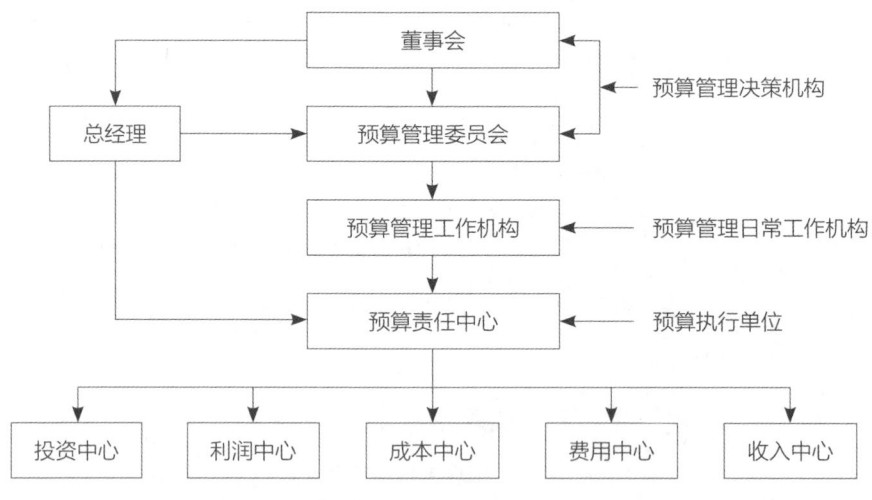

图 16-3 企业全面预算管理组织体系的基本架构

三、明确授权批准制度与程序

在建立健全全面预算管理组织体系的基础上，企业应当进一步梳理、制定预算管理工作流程，按照不相容职务相互分离的原则细化各部门、各岗位在预算管理组织体系中的职责、分工与权限，明确预算编制、执行、分析、调整、考核各环节的授权批准制度与程序。

在全面预算管理各个环节中，预算管理部门主要起决策、组织、领导、协调、平衡的作用。企业可以根据自身的组织结构、业务特点和管理需要，责成内部生产、市场、投资、技术、人力资源等各预算归口管理部门负责所归口管理预算的编制、执行、监控、分析等工作，并配合预算管理部门做好企业总预算的综合平衡、执行、监控、分析、考核等工作。

四、预算控制

（一）全面预算编制环节的控制

（1）全面性控制：形成由经营预算、投资预算、筹资预算、建设预算、财务预算等一系列预算组成的相互衔接和钩稽的综合预算体系。

（2）编制依据和基础控制：制定明确的战略规划；深入开展外部环境的调研和预测；深入分析企业上一期间的预算执行情况；重视和加强预算编制基础的管理工作。

（3）预算目标及指标体系设计控制：按"财务指标为主体、非财务指标为补充"的原则设计预算指标体系；将企业战略规划、运营目标体现在预算指标体系中；将企业各项经济活动的各个环节、各项业务都纳入预算指标体系；将预算指标与绩效评价指标协调一致；按各预算责任中心在工作性质、权责范围、业务活动特点等方面的不同，设计不同或各有侧重的预算指标体系；各预算项目的编制应说明计算依据和潜在的影响因素。

（4）编制程序及时间控制：企业应按照上下结合、分级编制、逐级汇总的程序编制年度全面预算。

（5）编制方法控制：企业本着遵循经济活动规律，充分考虑符合自身经济业务特点、历史数据、基础数据管理水平、生产经营周期和管理需要的原则，选择或综合运用零基预算、固定预算、增量预算、弹性预算、滚动预算等方法编制预算。

（二）全面预算审批与下达环节的控制

（1）全面预算草案完成后，由预算管理委员会提交董事会审批。

（2）全面预算草案经企业董事会审议批准后形成全面预算方案，并及时以文件形式下达。

（3）全面预算方案一经批准下达，办公室应组织培训学习，并以全面预算方案为依据，制定详细可行的预算指标分解计划。

（4）将年度预算指标分解细化为季度、月度预算指标，通过实施分期预算控制，实现年度预算目标。

（5）建立预算执行责任制度，对照已确定的责任指标，定期或不定期地对相关部门及人员责任指标的完成情况进行检查，实施考评。

（6）分解预算指标，应遵循定量化、全局性、可控性原则。

（三）全面预算执行环节的控制

（1）根据全面预算管理的要求，组织各项生产经营活动和投融资活动，严格执行和控制预算。

（2）财会部门加强资金收付业务的预算控制，及时组织资金收入，严格控制资金支付，调节资金收付平衡，防范支付风险。

（3）建立严格的授权审批制度，确保各项业务活动合法合规，与预算目标一致。

（4）建立重大预算项目特别关注制度。

（5）建立健全预算执行情况的内部反馈和报告制度，确保预算执行信息传输及时、畅通、有效。

五、绩效考评控制

（1）建立健全并有效实施严格的预算考核制度，按年度对各预算责任中心和个人进行考核，将预算目标执行情况纳入考核和奖惩范围，切实做到有奖有惩、奖惩分明。

（2）合理界定预算考核主体和考核对象。预算考核主体有预算管理委员会、办公室和预算责任中心三个层次。预算考核对象为内部各预算责任中心和相关个人。

（3）明确预算考核原则，具体如下。

①上级考核下级。

②逐级考核。

③预算执行与预算考核相互分离。

（4）科学地设计预算考核指标体系，具体如下。

①预算考核指标要以各预算责任中心承担的预算指标为主，同时本着相关性原则，增加一些全局性的预算指标和与其关系密切的相关预算责任中心的预算指标。

②预算考核指标应以定量指标为主，同时根据实际情况辅以适当的定性指标。

③预算考核指标应具有可控性、可达到性和明晰性。

（5）预算考核按年度进行。

（6）预算考核过程公开、公平、公正。

（7）奖惩措施要公平合理并及时落实。预算考核结果应与各预算责任中心及其员工薪酬、职位等挂钩，实施预算奖惩。

16.3.2　全面预算内部控制的关键点

一、预算编制

预算编制的管控关键点如表 16-10 所示。

表 16-10　预算编制的管控关键点

关键点	全面性控制	（1）明确企业各个部门、单位的预算编制责任，将企业各个部门、单位的业务活动全部纳入预算管理 （2）将企业经营、投资、财务等各项经济活动的各个方面、各个环节都纳入预算编制范围，形成由经营预算、投资预算、筹资预算、财务预算等一系列预算组成的相互衔接和钩稽的综合预算体系
	编制依据和基础	（1）制定明确的战略规划，并依据战略规划制定年度经营目标和计划，将其作为制定预算目标的首要依据，确保编制的预算真正成为战略规划和年度经营计划的年度行动方案 （2）深入开展企业外部环境的调研和预测，包括对企业预算期内客户需求、同行业发展等市场环境的调研，以及宏观经济政策等社会环境的调研，确保预算编制以市场预测为依据，与市场、社会环境相适应 （3）深入分析企业上一期间的预算执行情况，充分预测预算期内企业资源状况、生产能力、技术水平等自身环境的变化，确保预算编制符合企业生产经营活动的客观实际 （4）重视和加强预算编制基础管理工作，包括历史资料记录、定额制定与管理、标准化工作、会计核算等，确保预算编制以可靠、翔实、完整的基础数据为依据

关键点	编制程序	企业应当按照上下结合、分级编制、逐级汇总的程序编制年度全面预算。其基本步骤及其控制如下。 （1）建立系统的指标分解体系，并在与各预算责任中心进行充分沟通的基础上分解、下达初步预算目标 （2）各预算责任中心按照下达的预算目标和预算政策，结合自身特点以及预测的执行条件，认真测算并提出本预算责任中心的预算草案，逐级汇总上报预算管理工作机构 （3）预算管理工作机构进行充分协调、沟通，审查平衡预算草案 （4）预算管理委员会应当对预算管理工作机构在综合平衡基础上提交的预算草案进行研究论证，从企业发展全局角度提出进一步调整、修改的建议，形成企业年度全面预算草案，并提交董事会 （5）董事会审核全面预算草案，确保全面预算与企业发展战略、年度生产经营计划相协调
	编制方法	企业应当本着遵循经济活动规律，充分考虑符合企业自身经济业务特点、基础数据管理水平、生产经营周期和管理需要的原则，选择或综合运用固定预算、弹性预算、滚动预算等方法编制预算
	预算目标及预算指标体系设计	（1）按照"财务指标为主体、非财务指标为补充"的原则设计预算指标体系 （2）将企业的战略规划、经营目标体现在预算指标体系中 （3）将企业产、供、销、投融资等各项活动的各个环节、各个方面的内容都纳入预算指标体系 （4）将预算指标体系与绩效评价指标协调一致 （5）按照各预算责任中心在工作性质、权责范围、业务活动特点等方面的不同，设计不同或各有侧重的预算指标体系
	预算编制时间	企业可以根据自身规模大小、组织结构和产品结构的复杂性、预算编制工具和熟练程度、全面预算开展的深度和广度等因素，确定合适的全面预算编制时间，并在预算年度开始前完成全面预算草案的编制工作

二、预算审批

预算审批的管控关键点如表16-11所示。

表16-11　预算审批的管控关键点

关键点	企业全面预算应当按照《中华人民共和国公司法》等相关法律法规及企业章程的规定报经审议批准

三、预算下达

预算下达的管控关键点如表16-12所示。

表 16-12　预算下达的管控关键点

关键点	全面预算经审议批准后应及时以文件形式下达执行

四、预算指标分解和责任落实

预算指标分解和责任落实的管控关键点如表 16-13 所示。

表 16-13　预算指标分解和责任落实的管控关键点

关键点	（1）企业全面预算一经批准下达，各预算执行单位应当认真组织实施，将预算指标层层分解。横向将预算指标分解为若干相互关联的因素，寻找影响预算目标的关键因素并加以控制；纵向将各项预算指标层层分解落实到最终的岗位和个人，明确责任部门和最终责任人；时间上将年度预算指标分解细化为季度、月度预算指标，通过实施分期预算控制实现年度预算目标 （2）建立预算执行责任制度，对照已确定的责任指标，定期或不定期地对相关部门及人员责任指标完成情况进行检查，实施考评。企业可以通过签订预算目标责任书等形式明确各预算执行部门的预算责任 （3）分解预算指标和建立预算执行责任制应当遵循定量化、全局性、可控性原则，即预算指标的分解要明确、具体，便于执行和考核；预算指标的分解要有利于企业经营总目标的实现；赋予责任部门和责任人的预算指标通过该责任部门或责任人的努力是可以达到的，责任部门或责任人以其责权范围为限，对预算指标负责

五、预算执行控制

预算执行控制的管控关键点如表 16-14 所示。

表 16-14　预算执行控制的管控关键点

关键点	（1）加强资金收付业务的预算控制，及时组织资金收入，严格控制资金支付，调节资金收付平衡，防范支付风险 （2）严格执行资金支付业务的审批控制，及时制止不符合预算目标的经济行为，确保各项业务和活动都在授权的范围内运行 （3）建立预算执行实时监控制度，及时发现和纠正预算执行中的偏差。确保企业办理的采购与付款、销售与收款、成本费用、工程项目、对外投融资、研究与开发、信息系统、人力资源、安全环保、资产购置与维护等各项业务和事项均符合预算要求；涉及生产过程和成本费用的，还应严格执行相关计划、定额、定率标准 （4）建立重大预算项目特别关注制度。对于工程项目、对外投融资等重大预算项目，企业应当密切跟踪其实施进度和完成情况，实行严格监控。对于重大的关键性预算指标，也要密切跟踪、检查

关键点	（5）建立预算执行情况预警机制，科学选择预警指标，合理确定预警范围，及时发出预警信号，积极采取应对措施 （6）建立健全预算执行情况内部反馈和报告制度，确保预算执行信息传输及时、畅通、有效

六、预算考核

预算考核的管控关键点如表 16-15 所示。

表 16-15　预算考核的管控关键点

关键点	建立健全预算执行考核制度	（1）建立严格的预算执行考核制度，对各预算责任中心和个人进行考核 （2）制定有关预算执行考核的制度或办法 （3）定期组织实施预算执行考核，预算执行考核的周期一般应当与年度预算细分周期相一致
	合理界定预算考核主体和考核对象	预算考核主体分为两个层次：预算管理委员会和内部各级预算责任中心。预算考核对象为企业内部各级预算责任中心和相关个人。界定预算考核主体和考核对象主要遵循以下原则。 （1）上级考核下级原则，即由上级预算责任中心对下级预算责任中心实施考核 （2）逐级考核原则，即由预算责任中心的直接上级对其进行考核，间接上级不能隔级考核间接下级 （3）预算执行与预算考核相互分离原则，即预算责任中心的预算考核应由其直接上级部门来执行，而绝不能自己考核自己
	科学设计预算考核指标体系	（1）预算考核指标要以各预算责任中心承担的预算指标为主，同时本着相关性原则，增加一些全局性的预算指标和与其关系密切的相关预算责任中心的预算指标 （2）考核指标应以定量指标为主，同时根据实际情况辅以适当的定性指标 （3）考核指标应当具有可控性、可达到性和明晰性
	按照公平、公开、公正的原则实施预算考核	（1）考核程序、标准、结果要公开。企业应当将全面预算考核程序、考核标准、奖惩办法、考核结果等及时公开 （2）考核结果要客观公正。企业预算管理委员会及预算管理工作机构定期组织预算执行情况考核时，应当将各预算责任中心负责人签字上报的预算执行报告和已掌握的动态监控信息进行核对，确认各执行单位预算完成情况。必要时，实行预算执行情况内部审计制度 （3）奖惩措施要公平合理并得以及时落实。预算考核的结果应当与各执行单位以及员工的薪酬、职位等挂钩，实施预算奖惩

16.4　全面预算内部控制流程

企业全面预算内部控制流程如图 16-4 所示。

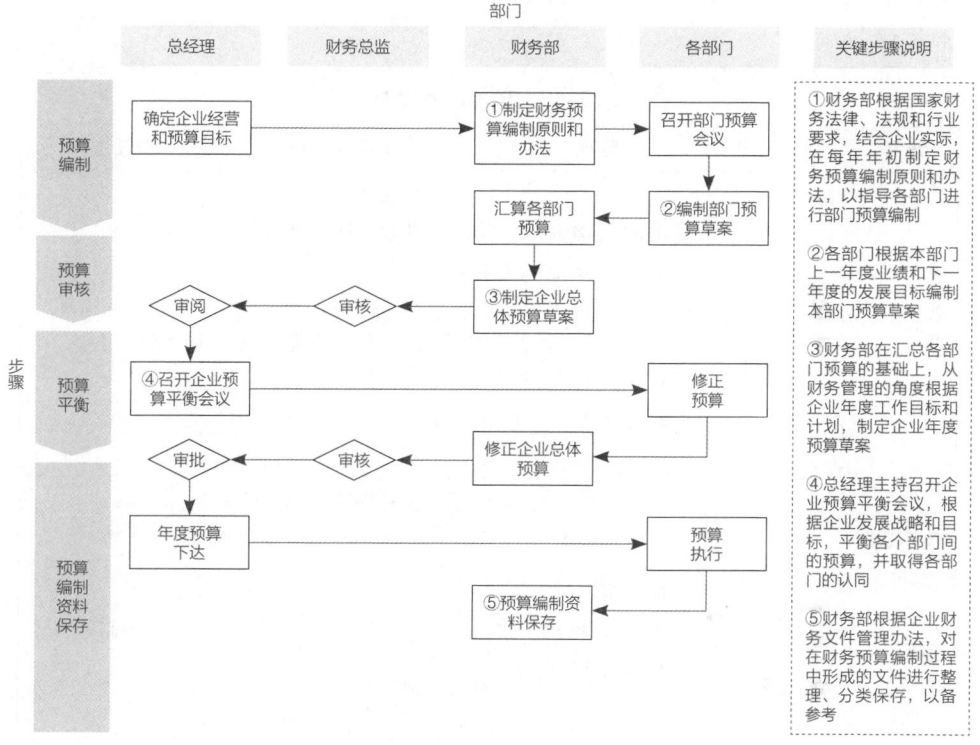

图 16-4　企业全面预算内部控制流程

16.4.1　预算编制的内部控制流程

预算编制是企业实施预算管理的起点，也是预算管理的关键环节。企业采用什么方法、什么编制程序编制预算，对预算目标的实现有着至关重要的影响，从而直接影响到预算管理的效果。企业应当在企业战略的指导下，以上一期间实际状况为基础，结合本企业业务发展情况，综合考虑预算期内经济政策变动、行业市场状况、产品竞争能力、内部环境变化等因素对生产经营活动可能造成的影响，根据自身业务特点和工作实际编制相应的预算，并在此基础上汇总编制预算方案。企业年度预算方案应当符合本企业发展战略、整体目标和其他有关重大决议，反映本企业预算期内经济活动规模、成本费用水平和绩效目标，满足控制经济活动、考评经营管理业绩的需要。制定预算方案，应当做到内容完整、指标统一、要求明确、权责明晰。

企业应当加强对预算编制环节的控制，对编制依据、编制程序、编制方法等作出明确规定，确保预算编制依据合理、程序适当、方法科学。预算编制及批复如表 16-6 所示。

表 16-16　预算编制及批复

流程	关键环节	风险点	主要防控措施	责任主体
预算编制及批复	提出新增需求、评审新增项目	提出的新增需求不真实，虚报人员、资产、业务工作内容，新增项目未经过科学论证和评审	1. 建立财政补助人员和资产基础信息数据库，加强需求审核 2. 建立和完善项目评审制，对于建设工程、大型修缮、信息化项目等专业性较强的重大事项，需先进行项目评审	提出新增需求的业务部门
	按规定的预算编审程序进行预算编制	预算编制不科学，预算编制粗糙，不符合工作实际	1. 召开预算编制会议，全面把握预算编制政策，细化预算编制 2. 建立预算编制、预算执行、资产管理、人事管理的沟通协调机制 3. 加强预算合理性和合规性审核	预算编制部门
	预算批复	预算不进行内部批复，导致预算执行力度不足，预算约束力弱	将批复的预算在企业内部进行指标分解和审批下达	预算管理委员会

一、预算编制原则

为了使预算内容更准确、更符合实际情况，预算编制应遵循以下原则进行。

（1）坚持效益优先原则，实行总量平衡，进行全面预算管理。

（2）坚持积极稳健原则，确保以收定支，加强财务风险控制。

（3）坚持权责对等原则，确保切实可行，围绕经营战略实施。

二、预算编制起点

在编制预算的实际操作之前确定全面预算的编制起点，是任何预算编制机构首先应当解决的问题。

1. 以销售为起点

以销售为起点的预算模式是指以销售预算的结果为起点，分别编制销售预算、生产预算、成本预算、利润预算、现金预算等的一种预算模式。该预算以销售收入为主导指标，以利润和现金回收为辅助指标。

由于该模式以销售预算的结果为起点和导向，重视市场销售，如果应用不当，可能会造成市场的过度开发，而忽视对成本的管理和现金的回收，所以在实施该预算模式时，除了考虑销售收入等主导指标因素，对利润、现金回收等辅助指标也必须给予足够重视。

2. 以利润为起点

以利润为起点的预算模式就是以目标利润为起点，分别编制企业收入预算、成本预算，并进行反复平衡，直到实现目标利润为止。该模式的指标体系以利润为主导指标，以销售收入和成本为辅助指标。

该模式适用于提高企业利润、改善企业管理、降低营运成本，比较适合以利润最大化为目标的企业或大型企业集团的利润中心。

但以利润为核心的预算管理行为可能引发短期行为，使企业只顾预算年度利润，忽略企业长远发展；可能引发冒险行为，使企业只顾追求高额利润，增加企业的财务和经营风险。

三、编制预算方法的选择及对编制预算的监督

（1）企业可以选择或综合运用固定预算、弹性预算、滚动预算、零基预算等方法编制预算。

①固定预算。固定预算是按固定业务量编制的预算，一般按预算期的可实现水平来编制。这是一种较为传统的预算编制方法。固定预算的主要优点是编制较为简便；缺点是实际业务水平与预算业务水平相差较大时，难以发挥预算应有的作用，难以进行控制、考核、评价等。因此，在市场变化较大或较快的情况下，不宜采用此法。

②弹性预算。弹性预算是指按照预算期内可预见的多种业务量水平而编制的、能够适应不同业务量情况的预算。理论上说，所有预算都可采用弹性预算方法编制。但在实际工作中，从经济的角度出发，弹性预算方法多用于成本、费用、利润预算的编制。其主要优点是可以反映一定范围内各业务量水平下的预

算，为实际结果与预算的比较提供动态的基础，从而能更好地履行其在控制依据和评价标准两方面的职能。

③滚动预算。滚动预算的基本点就是它的预算期永远保持一个固定期间，其实质是动态的、不断连续更新调整的弹性预算。这种编制方法的优点是能保持预算的完整性、持续性，从动态预算中把握企业的未来。由于预算不断修整，预算与实际情况更相适应，有利于充分发挥预算的指导和控制作用。但在实际中，采用滚动预算，必须有与之相适应的外部条件，如材料供应时间等。当然，采用滚动预算方法编制预算，也会加大预算编制的工作量。

④零基预算。零基预算是以零为基础编制预算的方法，一切从零开始，逐项审议预算期内各项费用的内容及开支标准是否合理，在综合平衡的基础上进行预算的编制。这种方法打破了旧的束缚，既能促进人们充分发挥其积极性、创造性，又能迫使人们精打细算，将有限的资源运用到最需要的地方，从而提高企业资源的使用效率。这种编制方法的工作量大，需要各项基础管理工作尤其是基础数据全面精确。

企业确定预算编制方法，应当遵循经济活动规律，并符合自身经济业务特点、生产经营周期和管理需要。

预算编制应当遵循全员参与、上下结合、分级编制、逐级汇总、综合平衡的原则。

（2）企业预算管理部门应当加强对企业内部预算执行单位预算编制的指导、监督和服务。

四、预算编制程序

预算编制程序可分为自上而下式、自下而上式以及上下结合式三种方式。《企业内部控制应用指引第 15 号——全面预算》要求，企业应当根据发展战略和年度生产经营目标，综合考虑预算期内市场环境变化等因素，按照"上下结合、分级编制、逐级汇总"的程序编制年度全面预算。预算编制应当科学合理、符合实际，避免预算指标过高或过低，其基本步骤如下。

（1）下达目标。预算的编制应先由预算管理委员会根据企业董事会中长期规划和年度经济工作目标，结合企业的发展战略，提出企业下一年度的预算总目标，并将之分解下达至各预算责任中心。

（2）编制上报。各预算责任中心根据下达的预算目标和编制政策，结合本单位自身特点以及预算的执行条件，详细编制各项预算草案，并在规定时间内上报。

（3）审议平衡。预算管理工作机构会对各预算责任中心上报的预算草案进行审查、汇总、提出综合平衡的建议。在审查、平衡的过程中，预算管理委员会进行充分协调，对发现的问题提出初步调整的意见，并反馈给有关预算责任中心予以修正。

（4）审核批准。预算管理工作机构会将各预算责任中心调整后的预算进行汇总平衡，编制企业年度预算草案，报董事会或股东大会审议批准。

（5）下达执行。企业应当在预算年度开始前编制完成全面预算，按照规定的权限和程序审核批准后，以文件形式下达执行。企业应当将预算指标层层分解，落实到内部各部门、各环节和各岗位，确保预算刚性，严格预算执行。

16.4.2　预算执行的内部控制流程

企业预算编制完成后，便开始进入执行阶段，企业各部门在生产经营及相关的各项活动中，需要充分地按预算办事，围绕实现预算开展经济活动。同时，在预算的执行过程中，企业应该明确各项业务的授权审批权限及审批流程，强调预算的约束性，对于无预算或者超预算的项目进行严格控制。预算执行如表 16–17 所示。

表 16–17　预算执行

流程	关键环节	风险点	主要防控措施	责任主体
预算执行	预算支出管理	没有按照批复的预算安排支出、超预算指标安排预算支出	1. 业务部门申请支出事项必须有预算指标，再履行预算支出审批手续 2. 无预算指标或超预算指标的事项应先履行预算追加调整程序 3. 明确企业内部预算追加调整程序	企业负责人、预算管理委员会、财会部门、预算管理执行机构
	预算收入管理	没有按照规定足额收取收入并相应上缴财政	建立收入监控机制，按照进度组织收入并及时上缴	收入执收部门、财会部门
	预算执行效果管理	没有进行预算执行分析，没有建立有效沟通机制，可能导致预算执行进度偏快或偏慢	1. 建立预算执行监控机制，运用信息系统对业务部门的预算执行情况进行监控 2. 建立预算分析机制，召开预算执行分析会议，定期通报预算执行情况，研究存在的问题，提出改进措施	企业负责人、预算管理委员会、财会部门、预算管理执行机构

一、预算执行要求

企业应当加强对预算执行环节的控制，对预算指标的分解方式、预算执行责任制的建立、重大预算项目的特别关注、预算资金支出的审批要求、预算执行情况的报告与预警机制等作出明确规定，确保预算严格执行。

企业预算一经批准下达，各预算执行单位必须认真组织实施，将预算指标层层分解，从横向和纵向落实到内部各部门、各环节和各岗位。

企业应当建立预算执行责任制度，对照已确定的责任指标，定期或不定期地对相关部门及人员责任指标完成情况进行检查，实施考评。在建立预算执行责任制时要充分考虑各责任中心的责权利的关系，主要可以从以下几个方面考虑。

（1）权责明确、权责相当，即授予与其管理职能相适应的经营决策权。权力和责任应该要匹配，如果责任大于权力，或者权力大于责任，就会出现滥用权力或无法控制相应权力，从而使全面预算管理无法实施的情况。权责相当有利于提高管理的效率。

（2）责任可控，即赋予权力和完成任务之间有必然联系，可以控制才能承担责任。只有控制了才能对所承担的任务负责，才能在实际中让全面预算执行起来有实际效果，可控原则的运用将使权责范围更加明确，使责任考核不会流于形式，可控和不可控的界定是执行预算责任制的基本要求。

（3）有效激励。任何行为产生，都是由动机驱使的。给每个员工权力和责任，让他们有动力去用好权力完成任务，最重要的一点就是建立激励机制，让每个员工个人利益与其业绩联系起来，使预算能够得到有效执行。

企业应当以年度预算作为预算期内组织、协调各项生产经营活动和管理活动的基本依据，可按时间进度将年度预算细分为季度、月度等预算，通过实施分期预算控制，实现年度预算目标。

企业对重大预算项目和内容，应当密切跟踪其实施进度和完成情况，实行严格监控。

企业应当加强对货币资金收支业务的预算控制，及时组织预算资金的收入，严格控制预算资金的支付，调节资金收付平衡，严格控制支付风险。

企业办理采购与付款、工程项目、对外投资、成本费用、固定资产、存货、筹资等业务，应当严格执行预算标准；对超出企业预算的资金支付，实行严格审批制度。

企业应当健全凭证记录，完善预算管理制度，严格执行生产经营月度计划和成本费用的定额、定率标准，并对执行过程进行监控。

二、预算预警机制

预警是度量某种状态偏离预警线的强弱程度、发出预警信号的过程。《企业内部控制应用指引第 15 号——全面预算》要求，企业应当建立预算执行情况的预警机制和报告制度，确定预警和报告指标体系，密切跟踪预算实施进度和完成情况，采取有效方式对预算执行情况进行分析和监控，发现预算执行差异，及时采取改进措施。

预算预警机制的方法主要为：对可计量的风险因素运用的指标预警法；对不可计量的风险因素采用的因素预警法，与前者相比，其使用范围较小；指标预警法与因素预警法相结合的方法，其可综合诸多因素进行考虑。

16.4.3　预算调整的内部控制流程

企业批准之后正式下达的预算应当保持稳定，不得随意调整。市场环境、国家政策或不可抗力等客观因素导致预算执行发生重大差异确需调整预算的，应当履行严格的审批程序。

预算调整是预算管理中一个必不可少的环节。一方面，在预算执行过程中，主、客观环境的变化，尤其是当外部环境发生重大变化时，如果片面强调预算的刚性，预算就会变得呆板僵化，妨碍企业的有效运作，此时，预算调整就必不可少；另一方面，预算调整又是一个十分规范的过程，必须建立严格规范的调整审批制度和程序，必须按照规定的程序进行调整，在变化中求不变。企业应当加强对预算调整环节的控制，保证预算调整依据充分、方案合理、程序合规。

一、预算调整的程序

企业在预算执行过程中，市场环境、经营条件、国家法规政策等发生重大变化，或出现重大自然灾害、公共紧急事件等致使预算的编制基础不成立，或者将导致预算执行结果产生重大差异，需要调整预算的，应当报经原预算审批机构批准。调整预算由预算执行单位逐级向原预算审批机构提出书面报告，阐述预算执行的具体情况、客观因素变化情况及其对预算执行造成的影响程度，提出预算的调整幅度。企业预算管理部门应当对预算执行单位提交的预算调整报告进行审核分析，集中编制企业年度预算调整方案，提交原预算审批机构审议批准，然后下达执行。

绝不能随便调整预算，应按照严格的程序和规范操作。其程序一般有以下三个。

1. 预算执行情况的分析

预算执行单位在具体执行预算时，如发现预算偏差，必须进行具体的分析，如属于主观原因不得进行调整；如为客观原因则应向预算管理委员会申请进行预算调整。

2. 预算调整的申请

预算调整应由预算执行单位向预算管理委员会提出书面申请，应在申请报告中详细说明调整理由、调整的建议方案、调整前后预算指标的比较，调整后预算指标可能对企业预算总目标产生的影响等。涉及财务预算调整的，应同时向财务部门申请。

3. 预算调整的审查

预算管理委员会接到预算执行单位申请后即进入调整审查程序，预算管理委员会根据预算调整事项性质的不同，依据权限批准预算调整事项，并下发预算执行单位执行。

二、预算调整方案要求

（1）预算调整事项符合企业发展战略和现实生产经营状况。

（2）预算调整重点放在预算执行中出现的重要的或非正常的关键性差异方面。

（3）预算调整方案客观、合理。

对于不符合上述要求的预算调整方案，企业预算审批机构应予以否决。

16.5 全面预算内部控制制度示范

全面预算内部控制制度

第一条 为了加强××公司（以下简称公司）对预算的内部控制，规范预算编制、审批、执行、分析与考核，提高预算的科学性和严肃性，促进预算目标实现，根据国家有关法律法规和《企业内部控制基本规范》，制定本制度。

第二条　本制度所称预算，是指公司结合整体目标及资源调配能力，经过合理预测、综合计算和全面平衡，对当年或者超过一个年度的生产经营和财务事项进行相关额度、经费的计划和安排的过程。公司预算一般包括经营预算、资本预算和财务预算。

第三条　公司在完成预算管理活动过程中，至少应关注涉及预算的下列风险。

（一）预算体系不健全，岗位职责分工不合理，可能造成公司资源浪费和管理效率低下。

（二）预算管理未经适当审批或超越授权审批，可能因重大差错、舞弊、欺诈而导致损失。

（三）预算目标不合理、预算项目不完整、预算标准不科学、预算编制程序不规范、预算分解和预算调整不合理，可能造成公司预算管理体系缺乏科学性和准确性。

（四）预算的下达和执行不力，可能造成预算失去其应有的权威性和严肃性。

（五）预算分析不正确，预算监控和预算考核不力，对考核结果的奖惩不公平、不合理，可能造成预算管理流于形式。

第四条　公司应建立预算管理体系，明确预算编制、审批、执行、分析、考核等各部门、各环节的职责任务、工作程序和具体要求。

公司在建立与实施预算内部控制过程中，至少应强化对下列关键方面或关键环节的控制。

（一）职责分工、权限范围和审批程序应明确规范，机构设置和人员配备应科学合理。

（二）预算编制、执行、调整、分析、考核的控制流程应清晰严密，对预算编制方法、审批程序、预算执行情况检查、预算调整、预算执行结果的分析考核等应有明确的规定。

16.5.1　预算编制管理办法

第五条　公司应加强对预算编制环节的控制，对编制依据、编制程序、编制方法、编制时间、上报时间等作出明确规定，确保预算编制依据合理、程序适当、方法科学。

第六条 公司应在公司战略的指导下，以上一期间实际状况为基础，结合本公司业务发展情况，综合考虑预算期内经济政策变动、行业市场状况、产品竞争能力、内部环境变化等因素对生产经营活动可能造成的影响，根据自身业务特点和工作实际编制相应的预算，并在此基础上汇总编制预算方案。

公司年度预算方案应符合公司发展战略、整体目标和其他有关重大决议，反映本公司预算期内经济活动规模、成本费用水平和绩效目标，满足控制经济活动、考评经营管理业绩的需要。制定预算方案，应做到内容完整、指标统一、要求明确、权责明晰。

第七条 公司应明确预算管理部门和预算编制程序，对预算目标的制定与分解、预算草案编报的流程与方法、预算汇总平衡的原则与要求、预算审批的步骤以及预算下达执行的方式等作出具体规定。

公司年度预算方案，应在预算年度开始前编制完毕，经公司董事会和股东大会批准后，以书面文件形式下达执行。

第八条 公司可以选择或综合运用固定预算、弹性预算、零基预算、滚动预算、概率预算等方法编制预算。

公司确定预算编制方法，应遵循经济活动规律，并符合自身经济业务特点、生产经营周期和管理需要。预算编制遵循全员参与、上下结合、分级编制、逐级汇总、综合平衡的原则。

第九条 公司预算管理部门应加强对公司内部预算执行单位预算编制的指导、监督和服务。

16.5.2 预算执行管理细则

第十条 公司应加强对预算执行环节的控制，对预算指标的分解方式、预算执行责任制的建立、重大预算项目的特别关注、预算资金支出的审批要求、预算执行情况的报告与预警机制等作出明确规定，确保预算严格执行。

第十一条 预算一经批准下达，各预算执行单位必须认真组织实施，将预算指标层层分解，从横向和纵向落实到内部各部门、各环节和各岗位。

第十二条 公司应建立预算执行责任制度，对照已确定的责任指标，定期或不定期地对相关部门及人员责任指标完成情况进行检查，实施考评。

第十三条 公司应以年度预算作为预算期内组织、协调各项生产经营活动和管理活动的基本依据，可按时间进度将年度预算细分为季度、月度等预算，通过实施分期预算控制，实现年度预算目标。

第十四条　公司对重大预算项目和内容，应密切跟踪其实施进度和完成情况，实行严格监控。

第十五条　公司应加强对货币资金收支业务的预算控制，及时组织预算资金的收入，严格控制预算资金的支付，调节资金收付平衡，严格控制支付风险。

公司办理采购与付款、工程项目、对外投资、成本费用、固定资产、存货、筹资等业务，应严格执行预算标准；对超出公司预算的资金支付，实行严格审批制度。分、子公司的预算外支出应上报公司财务总监和总经理批准后支付。大额（一般为 20 万元以上）预算外支出应上报公司总经理办公会集体决策批准后支出。公司应健全凭证记录，完善预算管理制度，严格执行生产经营月度计划和成本费用的定额、定率标准，并对执行过程进行监控。

第十六条　公司预算责任部门应加强与公司内部有关业务部门的沟通和联系，确保相关业务预算的执行情况能够相互监督、核对一致。

第十七条　公司应建立预算执行情况内部报告制度，及时掌握预算执行动态及结果。

公司各级预算管理部门应运用财务报告和其他有关资料监控预算执行情况，及时向公司决策机构和各预算执行单位报告或反馈预算执行进度、执行差异及其对公司预算目标的影响，促进公司完成预算目标。

第十八条　公司应建立预算执行情况预警机制，通过科学选择预警指标，合理确定预警范围，及时发出预警信号，积极采取应对措施；努力实现预算管理的信息化，通过电子信息技术手段控制和监控预算执行，提高预警与应对水平。

第十九条　公司应建立预算执行结果质询制度，要求预算执行单位对预算指标与实际结果之间的重大差异作出解释，并采取相应措施。

16.5.3　预算考核制度

第二十条　公司应加强对预算分析与考核环节的控制，通过建立预算执行分析制度、审计制度、考核与奖惩制度等，确保预算分析科学、及时，预算考核严格、有据。

第二十一条　公司应建立预算执行分析制度。

公司预算管理部门应定期召开预算执行分析会议，通报预算执行情况，研究、解决预算执行中存在的问题，提出改进措施。

公司预算管理部门和各预算执行单位应充分收集有关财务、业务、市场、技术、政策、法律等方面的信息资料，根据不同情况分别采用比率分析、比较分析、因素分析等方法，从定量与定性两个层面充分反映预算执行单位的现状、发展趋势及存在的潜力。

对于预算执行差异，应客观分析产生的原因，提出解决措施或建议，提交公司总经理室和董事会研究决定。

第二十二条 公司应建立预算执行情况内部审计制度，通过定期或不定期地实施审计监督，及时发现和纠正预算执行中存在的问题。

第二十三条 公司应将预算执行情况纳入考核体系。

（一）公司预算执行情况考核，依照预算执行报告或财务分析报告由人力资源部门和财会部门负责审查核实、按公司总经理室批准的程序进行。

（二）公司内部预算执行单位上报的预算执行报告或财务分析报告，应经本单位负责人签章确认。

（三）公司预算执行情况考核，以公司正式下达的预算方案为标准，以经审定的预算执行报告或财务分析报告为依据。

公司预算执行情况考核，应坚持公开、公平、公正的原则，考核结果应有完整的记录。

第二十四条 公司应建立预算执行情况奖惩制度，明确奖惩办法，落实奖惩措施。

合同是企业与自然人、法人及其他组织等平等主体之间设立、变更、终止民事权利义务关系的协议。合同管理是合同洽谈、草拟、签订、履行、变更、中止、终止或解除全过程的管理。加强合同管理，有利于规范、约束市场主体交易行为，优化资源配置，维护市场秩序。企业应当建立合同管理制度，明确合同签署和履行过程中的主要风险点，采取相应措施实施有效控制。

17.1 合同管理内部控制应用指引

企业内部控制应用指引第 16 号——合同管理

第一章 总则

第一条 为了促进企业加强合同管理，维护企业合法权益，根据有关法律法规和《企业内部控制基本规范》，制定本指引。

第二条 本指引所称合同，是指企业与自然人、法人及其他组织等平等主体之间设立、变更、终止民事权利义务关系的协议。

企业与职工签订的劳动合同，不适用本指引。

第三条 企业合同管理至少应当关注下列风险：

（一）未订立合同、未经授权对外订立合同、合同对方主体资格未达要求、合同内容存在重大疏漏和欺诈，可能导致企业合法权益受到侵害。

（二）合同未全面履行或监控不当，可能导致企业诉讼失败、经济利益受损。

（三）合同纠纷处理不当，可能损害企业利益、信誉和形象。

第四条 企业应当加强合同管理，确定合同归口管理部门，明确合同拟定、审批、执行等环节的程序和要求，定期检查和评价合同管理中的薄弱环节，采取相应控制措施，促进合同有效履行，切实维护企业的合法权益。

第二章 合同的订立

第五条 企业对外发生经济行为，除即时结清方式外，应当订立书面合同。合同订立前，应当充分了解合同对方的主体资格、信用状况等有关内容，确保对方当事人具备履约能力。

对于影响重大、涉及较高专业技术或法律关系复杂的合同，应当组织法律、技术、财会等专业人员参与谈判，必要时可聘请外部专家参与相关工作。

谈判过程中的重要事项和参与谈判人员的主要意见，应当予以记录并妥善保存。

第六条 企业应当根据协商、谈判等的结果，拟订合同文本，按照自愿、公平原则，明确双方的权利义务和违约责任，做到条款内容完整，表述严谨准确，相关手续齐备，避免出现重大疏漏。

合同文本一般由业务承办部门起草、法律部门审核。重大合同或法律关系复杂的特殊合同应当由法律部门参与起草。国家或行业有合同示范文本的，可以优先选用，但对涉及权利义务关系的条款应当进行认真审查，并根据实际情况进行适当修改。

合同文本须报经国家有关主管部门审查或备案的，应当履行相应程序。

第七条 企业应当对合同文本进行严格审核，重点关注合同的主体、内容和形式是否合法，合同内容是否符合企业的经济利益，对方当事人是否具有履约能力，合同权利和义务、违约责任和争议解决条款是否明确等。

企业对影响重大或法律关系复杂的合同文本，应当组织内部相关部门进行审核。相关部门提出不同意见的，应当认真分析研究，慎重对待，并准确无误地加以记录；必要时应对合同条款作出修改。内部相关部门应当认真履行职责。

第八条 企业应当按照规定的权限和程序与对方当事人签署合同。正式对外订立的合同，应当由企业法定代表人或由其授权的代理人签名或加盖有关印章。授权签署合同的，应当签署授权委托书。

属于上级管理权限的合同，下级单位不得签署。下级单位认为确有需要签署涉及上级管理权限的合同，应当提出申请，并经上级合同管理机构批准后办理。上级单位应当加强对下级单位合同订立、履行情况的监督检查。

第九条　企业应当建立合同专用章保管制度。合同经编号、审批及企业法定代表人或由其授权的代理人签署后，方可加盖合同专用章。

第十条　企业应当加强合同信息安全保密工作，未经批准，不得以任何形式泄露合同订立与履行过程中涉及的商业秘密或国家机密。

第三章　合同的履行

第十一条　企业应当遵循诚实信用原则严格履行合同，对合同履行实施有效监控，强化对合同履行情况及效果的检查、分析和验收，确保合同全面有效履行。

合同生效后，企业就质量、价款、履行地点等内容与合同对方没有约定或者约定不明确的，可以协议补充；不能达成补充协议的，按照国家相关法律法规、合同有关条款或者交易习惯确定。

第十二条　在合同履行过程中发现有显失公平、条款有误或对方有欺诈行为等情形，或因政策调整、市场变化等客观因素，已经或可能导致企业利益受损，应当按规定程序及时报告，并经双方协商一致，按照规定权限和程序办理合同变更或解除事宜。

第十三条　企业应当加强合同纠纷管理，在履行合同过程中发生纠纷的，应当依据国家相关法律法规，在规定时效内与对方当事人协商并按规定权限和程序及时报告。

合同纠纷经协商一致的，双方应当签订书面协议。合同纠纷经协商无法解决的，应当根据合同约定选择仲裁或诉讼方式解决。

企业内部授权处理合同纠纷的，应当签署授权委托书。纠纷处理过程中，未经授权批准，相关经办人员不得向对方当事人作出实质性答复或承诺。

第十四条　企业财会部门应当根据合同条款审核后办理结算业务。未按合同条款履约的，或应签订书面合同而未签订的，财会部门有权拒绝付款，并及时向企业有关负责人报告。

第十五条　合同管理部门应当加强合同登记管理，充分利用信息化手段，定期对合同进行统计、分类和归档，详细登记合同的订立、履行和变更等情况，实行合同的全过程封闭管理。

第十六条　企业应当建立合同履行情况评估制度，至少于每年年末对合同履行的总体情况和重大合同履行的具体情况进行分析评估，对分析评估中发现合同履行中存在的不足，应当及时加以改进。

企业应当健全合同管理考核与责任追究制度。对合同订立、履行过程中出现的违法违规行为，应当追究有关机构或人员的责任。

17.2 合同管理目标及内部控制风险点

17.2.1 合同管理的目标

合同管理目标主要包括合同业务目标及合同合规目标。合同业务目标是对合同的履行、变更或解除等事项进行规范和控制，使缔约风险得到及时识别和有效处理，降低业务过程中合同履行、变更或解除可能存在的风险。其具体目标见表17-1。

表 17-1 合同业务目标

目标一	明确企业合同、协议审批权限，规范企业合同、协议订立行为
目标二	确保合同、协议的签订符合国家及行业有关规定和企业自身利益
目标三	规范企业经营行为，强化合同管理，防范法律风险，有效维护企业的合法权益
目标四	明确各岗位的职责、权限，确保合同、协议管理的不相容岗位相互分离、制约和监督

合同合规目标是通过规范企业在合同订立、履行中的行为，确保合同符合相关法律法规，降低企业生产经营的经济损失，其具体目标见表17-2。

表 17-2 合同合规目标

目标一	有效实行分级授权、归口管理
目标二	合同、协议的履行、变更或解除符合相关规定
目标三	及时识别和有效处理合同、协议的违约行为
目标四	合同订立应符合相关法律法规和企业合同管理制度
目标五	严格审核签约主体的资格及规范合同、协议订立的程序、形式和内容

17.2.2 合同管理内部控制的风险点

目前，企业合同管理中尚存在一些问题。

首先，合同内容方面不够严谨。合同内容不严谨，主要表现为以下几个方面。（1）合同条款不全面、不完整，有缺陷、有漏洞。常常漏掉的是违约责任。有些合同只讲好话，不讲丑话；只讲正面的，不讲反面的。合同中缺少违约如何处理的条款。（2）合同文字不严谨。不严谨就是不准确，容易产生歧义和误解，导致合同难以履行或引起争议。依法订立的有效合同，应当体现双方的真实意思。（3）只有从合同而没有主合同。主合同是指能够独立存在的合同。从合同是指以主合同的存在为前提才能成立的合同。没有主合同的从合同是没有根据的合同，是无源之水，而无源之水是不存在的。

其次，合同执行过程中忽视变更管理。在履约过程中合同变更是正常的事情，问题在于不少负责履约的管理人员缺乏这种及时变更的意识，结果导致了损失。合同变更包括合同内容变更和合同主体变更两种情形。合同变更的目的是通过对原合同的修改，保障合同更好履行和一定目的的实现。

最后，合同签订后没有进行合同交底。比如：在签订合同时，企业总部一般都很重视，但合同签订后，对合同分析和合同交底往往不够重视，甚至忽视了这项工作。合同签订与合同执行脱节，致使合同往往被锁在文件柜或项目负责人的抽屉内，其他人员只知其相关工作职责，而对合同总体情况知之甚少，甚至完全不了解合同的具体内容，给日后的合同纠纷埋下了隐患。为了规范合同管理，避免以上问题的产生，需要恰当的内部控制制度设计和严格的内部控制执行。

企业应当建立合同管理制度，明确合同签署和履行过程中的主要风险点，采取相应措施实施有效控制。合同管理内部控制的风险点主要有：未对合同对方资质（营业执照、业务许可文件）信用进行审查；信用评价不当，将不具备履约能力的对象确认为准合同对象，或将有履约能力的对象排除在外；在合同履行过程中未持续关注对方的资质信用变化，致使企业蒙受损失；在谈判过程中，经验不足，缺乏技术、法律和财务知识的支撑，忽略合同重大问题或在重大问题中让步，导致企业蒙受损失；在合同审核过程中，审核人员虽发现了问题，但是未提出恰当的修改意见，或者合同起草人员并未针对修改意见进行合同条款的修改；未按内部流程履行签约审批手续；先履行后签约、先签章后填写合同内容；合同未载明签订日期、印章加盖不规范，影响合同效力，或导致更改签订时间、偷换文本等漏洞发生；合同上载明的当事人姓名与实际签章不符；需办理备案、公证的合同未办理相关手续；给内容尚有不确定性的合同盖章；擅自调整已审批合同的内容；不同合同之间的义务有冲突；在合同生效后，对合同条款未明确的事项没有及时补充协议，导致合同无法正常履行；合同档案不全、合同泄密和合同滥用等风险。合同管理内部控制风险点总结如表 17-3 所示。

表 17-3　合同管理内部控制风险点

阶段	事项管理	重要风险点
阶段一 合同准备管理	1. 合同策划立项管理 2. 合同对象调查管理 3. 合同对象选择管理	重要风险点： 合同的策划、调查，初步确定商业对象、要约，谈判及拟定合同文本
阶段二 合同签署管理	4. 合同谈判管理 5. 合同文本管理 6. 合同审查管理 7. 合同确认管理	重要风险点： 法律意见征求，按照权限进行审核、会签，签署合同文本
阶段三 合同履行管理	8. 合同执行管理 9. 合同变更/转让/解除管理 10. 合同结算管理	重要风险点： 合同的履行，执行、跟踪、监督，变更或终止
阶段四 合同纠纷管理	11. 处理时效管理 12. 处理方案选择管理 13. 处理方案执行管理	重要风险点： 纠纷的处理
阶段五 合同履行后管理	14. 合同档案管理 15. 合同履行后评估管理	重要风险点： 对合同履约情况的总体评价，风险防控、合同档案归档保管

针对上述风险，采取的风险管理方法如下。

1. 流程图分析法

流程图分析法是指通过将分析目标按照业务过程和逻辑联系分成一个个小环节并制成流程图，对流程的每一阶段、每一环节逐一进行调查分析，对流程中的关键环节和薄弱环节进行风险的调查和识别，从中发现潜在风险，找出导致风险发生的因素，分析风险产生后可能造成的损失以及对整个组织可能造成的不利影响的方法。流程图是指使用一些标准符号代表某些动作，能直观地描述一个工作过程的具体步骤。

在合同管理中，主要是针对合同的谈判、签署、履行等各个动态环节进行分析，发现关键问题点，确定是否有未履行的流程节点或现有流程节点不适应业务是否会带来损失，损失规模多大，是否需要事前防范等。

2. 风险清单分析法

风险清单分析法主要是指根据专业人员设计的较为全面详细的，按照风险的轻重程度确定风险管理次序的风险损失清单，来排查可能面临的风险。风险清单一般列示此前已经存在，或较为普遍的风险。

在合同管理中，主要是针对内容条款等静态因素来进行分析。对照清单，即可通过简单的方式达到识别风险的目的。

17.3　合同管理内部控制方法及关键点

17.3.1　合同管理内部控制的方法

针对合同管理，企业可采用建立分级授权管理制度、明确归口管理部门和职责分工、健全考核与责任追究制度来完善其内部控制，具体方法如下。

一、建立分级授权管理制度

公司应当根据经济业务实质、组织机构设置和管理层级安排，建立合同分级授权管理制度。（1）将公司分层治理原则与内部控制指引要求相结合，根据合同事项性质、组织机构设置和管理层安排，明确 TIH 与各子公司、各子公司内部的合同分级授权管理制度。属于上级单位管理权限的合同，下级单位不得签署。（2）对目前已归属 TIH 管控的重大投资类、融资类、担保类、产权类合同，上级单位应当加强管理，并细化现有管控流程。（3）上级单位应当加强对下级单位合同订立、履行情况的监督检查。（4）下级单位认为确有需要签署涉及上级单位管理权限的合同，应当提出申请，并经上级单位合同管理机构批准后办理。

二、明确归口管理部门和职责分工

公司合同管理归口部门如果是由各类合同所负责部门负责管理，既无法在短时间内获取最全面的合同信息，也没有统管部门来履行对各个负责部门合同管理工作的监督。那么，公司应为各个单元指定一个职能部门作为统管部门，对合同管理进行统一的规范管理工作指导，收集和整理所在单元所有合同登记信息以便复核备查；原有各个负责部门仍负责各自所负责类别合同的调查、谈判、订立、履行和终结责任，以及合同正文的归档保管、履行情况的总结评价。财务部侧重履行对合同的财务监督职责。

公司可以根据实际情况指定法律部门等作为合同归口管理部门，对合同实行统一规范管理，具体负责制定合同管理制度，审核合同条款的权利义务对等性，管理合同标准文本、合同专用章，定期检查和评价合同管理中的薄弱环节，采取相应的控制措施，促进合同的有效履行等。

三、健全考核与责任追究制度

公司应当健全合同管理考核与责任追究制度，对已完成的合同、签署的年度合同进行评估，对在合同订立、履行过程中出现的违法违规行为、非客观原因造成的经济损失追究单元或人员责任。

17.3.2 合同管理内部控制的关键点

合同管理从大的方面可以划分为合同订立阶段和合同履行阶段。合同订立阶段包括合同调查、合同谈判、合同拟定、合同审批、合同签署等环节；合同履行阶段涉及合同履行、合同结算、合同登记等环节。企业应针对合同管理的不同环节确定其内部控制的关键点，执行相应的内部控制制度，合同管理不同环节内部控制的关键点主要包括以下内容。

（1）合同调查。合同订立前，企业应当进行合同调查，充分了解合同对方的主体资格、信用状况等有关情况，确保对方当事人具备履约能力，初步确定准合同对象。

（2）合同谈判。初步确定准合同对象后，企业内部的合同承办部门将在授权范围内与对方进行合同谈判，按照自愿、公平原则，磋商合同内容和条款，明确双方的权利义务和违约责任。

（3）合同拟定。企业在合同谈判后，根据协商谈判结果拟定合同文本。

（4）合同审核。合同文本拟定完成后，企业应进行严格审核。

（5）合同签署。企业经审核同意签订的合同，应当与对方当事人正式签署并加盖企业合同专用章。

（6）合同履行。合同订立后，将其发送相关部门并履行。企业应当与合同对方当事人一起遵循诚实信用原则，根据合同的性质、目的和交易习惯履行通知、协助、保密等义务；在履约过程中，正确处理合同纠纷。

（7）合同结算。合同结算是合同执行的重要环节，它既是对合同签订的审查，也是对合同执行的监督，一般由财务部门负责办理。

（8）合同登记。合同登记管理制度体现合同的全过程封闭管理，合同的签署、履行、结算、补充或变更、解除等都需要进行合同登记。

（9）合同管理后评估。合同作为企业承担独立民事责任、享有权利、履行义务的重要依据，是企业管理活动的重要痕迹，也是企业风险管理的主要载体。为此，企业应当建立合同履行情况评估制度，至少于每年年末对合同履行的总体情况和重大合同履行的具体情况进行分析、总结和评估，对发现的合同履行中存在的不足，应当及时弥补。

合同管理内部控制关键点如图 17-1 所示。

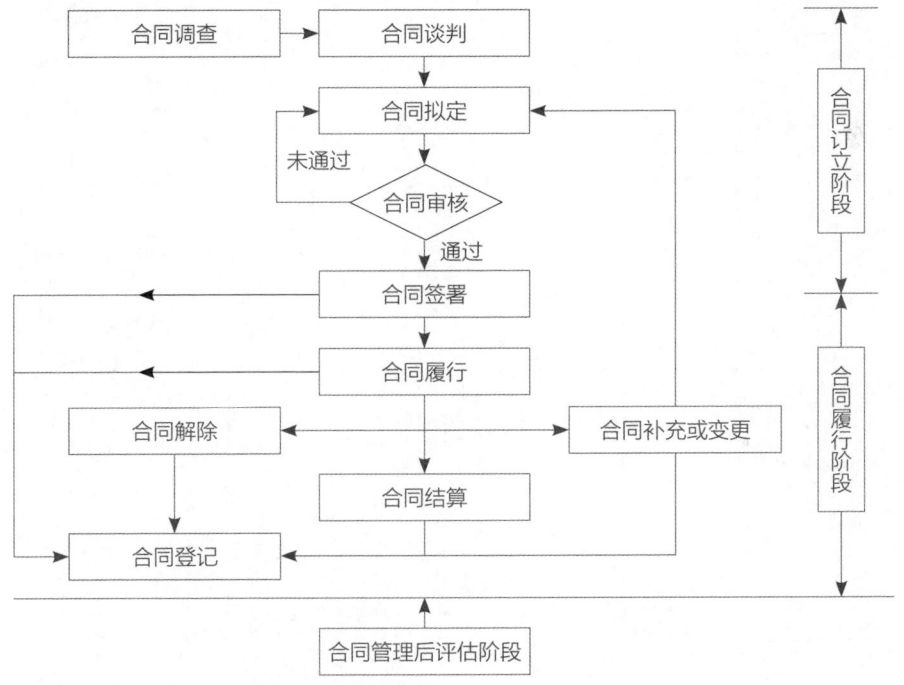

图 17-1　合同管理内部控制关键点

17.4　合同管理内部控制流程

17.4.1　合同订立的内部控制流程

合同订立包括合同签订和合同登记两部分。

一、合同签订的内部控制流程

合同签订流程与风险控制如图 17-2 所示。

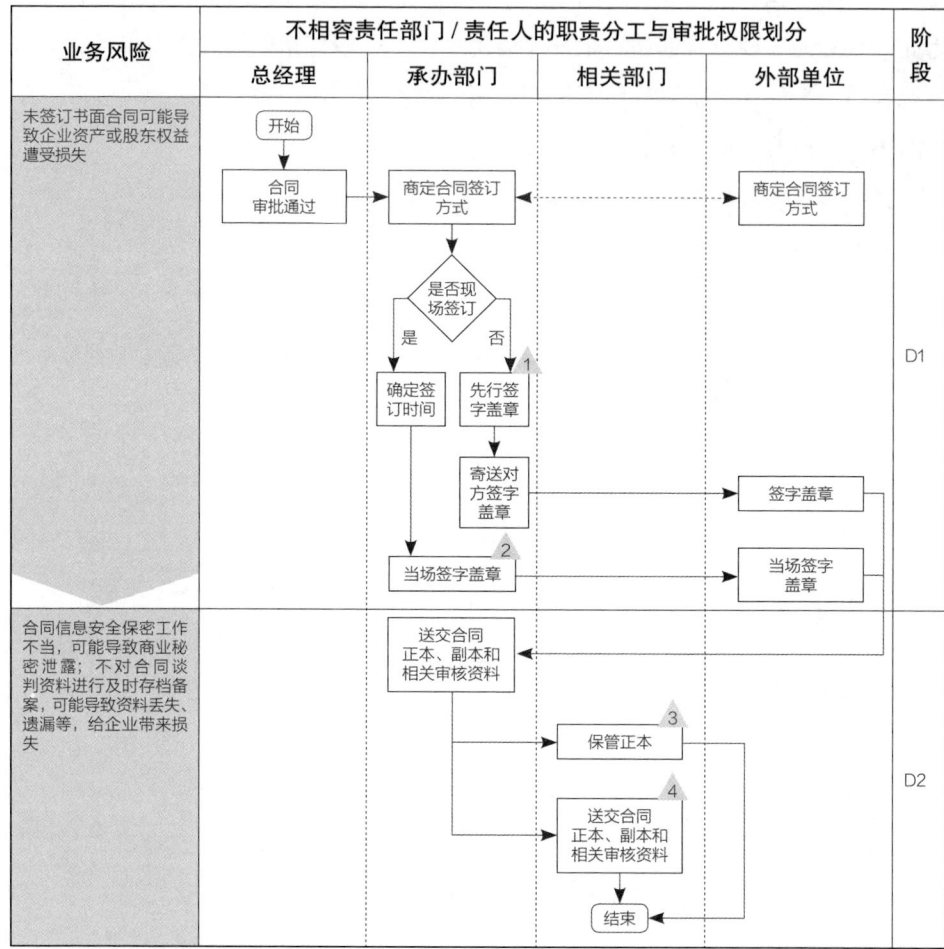

图 17-2 合同签订流程与风险控制

合同签订流程控制如表 17-4 所示。

表 17-4 合同签订流程控制

控制事项		详细描述及说明
阶段控制	D1	1. 对合同先行签字盖章，应当由具有审批权限或具备被授权资格的人履行签字盖章手续，不对未经编号、缺少合同审核手续、缺少报签文件，以及代签的情况下缺少授权委托书的合同用章 2. 当场签字盖章的合同签订方式多用于合同比较重要的情况；正式订立的合同，包括合同书、补充协议、公文信件、数据电文等应当采用书面形式；款项即时结清的情况除外

控制事项		详细描述及说明
阶段控制	D2	3. 一般由合同的归口管理部门保管合同正本 4. 保管合同副本和其他相关审核资料的部门一般为企业的档案管理部门
相关规范	应建规范	《合同章管理制度》《合同保密制度》《档案管理规定》
	参照规范	有关法律法规
文件资料		《××××合同》
责任部门及责任人		承办部门、归口管理部门、档案管理部门 总经理、承办部门人员、归口管理部门人员、档案管理部门人员

二、合同登记的内部控制流程

合同登记流程与风险控制如图 17-3 所示。

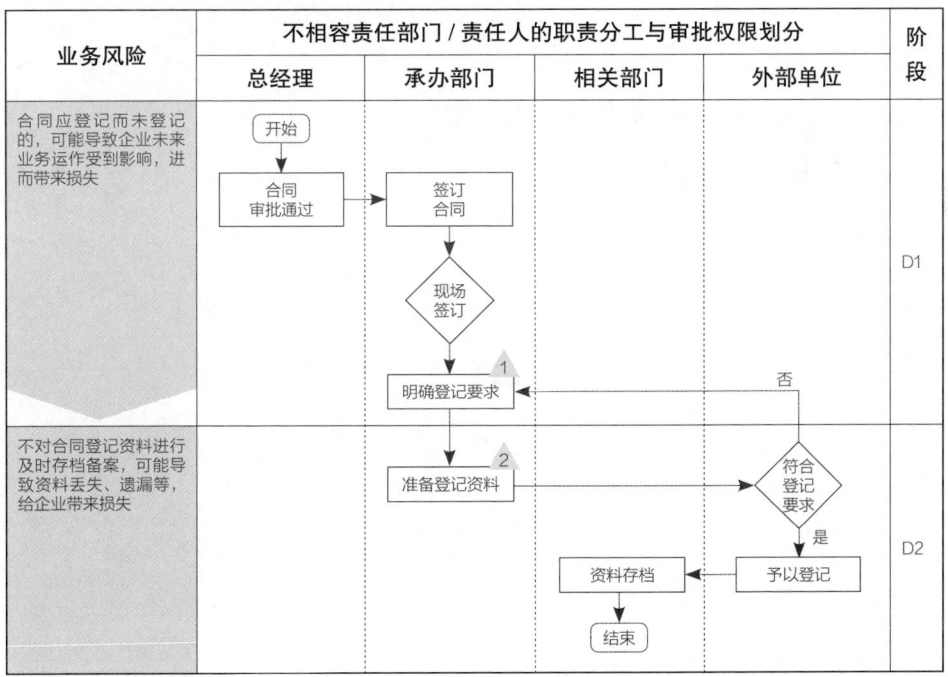

图 17-3　合同登记流程与风险控制

合同登记流程控制如表 17-5 所示。

表 17-5　合同登记流程控制

控制事项		详细描述及说明
阶段控制	D1	1. 合同承办部门对需要登记的合同，应通过查阅相关法律法规明确登记的具体要求，包括登记时间、登记需要携带的资料等
	D2	2. 合同承办部门根据合同登记要求准备登记材料，包括向相关部门收集相关材料，查阅相关文件的盖章用印是否规范等，并应将登记材料独立保管，以备登记时使用
相关规范	应建规范	《合同章管理制度》《档案管理规定》
	参照规范	有关法律法规
文件资料		《××××合同》
责任部门及责任人		合同承办部门、归口管理部门、档案管理部门 总经理、承办部门人员、归口管理部门人员、档案管理部门人员

17.4.2　合同变更解除的内部控制流程

合同变更解除的内部控制流程如图 17-4、表 17-6 所示。

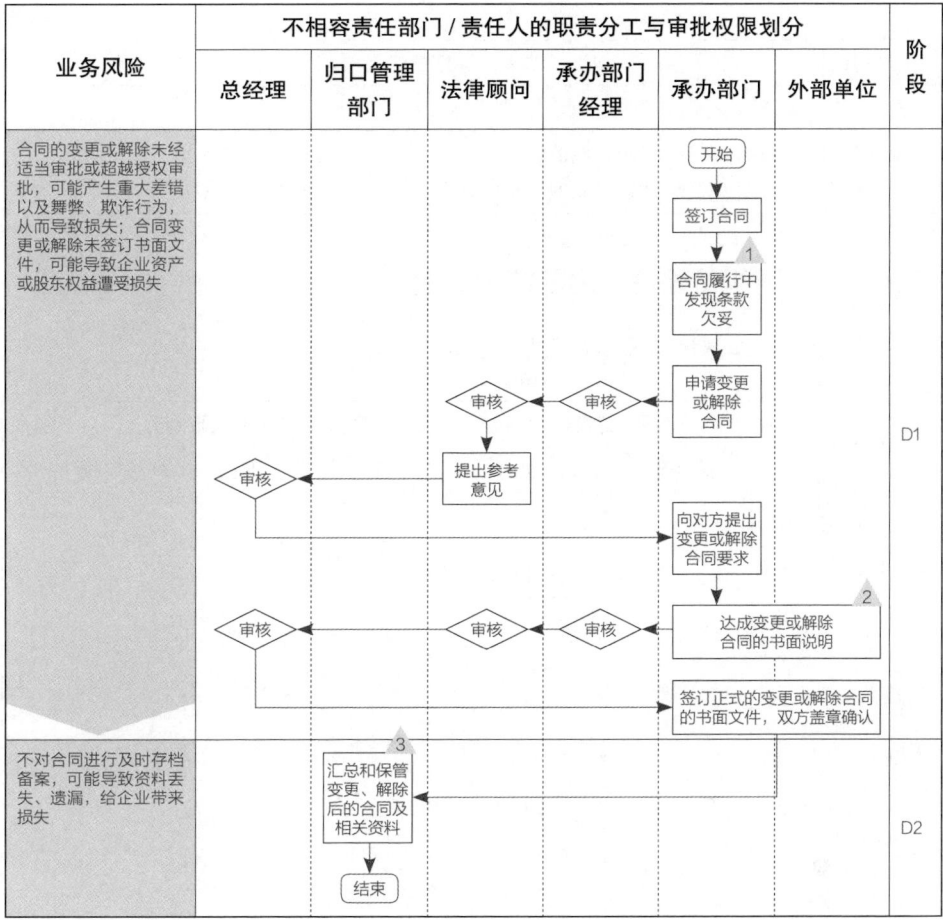

图 17-4　合同变更解除流程与风险控制

表 17-6　合同变更解除流程控制

控制事项		详细描述及说明
阶段控制	D1	1. 合同承办部门在合同履行过程中发现合同条款存在的不合法或显失公平的问题 2. 双方如果未能达成合同变更或解除的共识，可以通过仲裁或诉讼予以解决
	D2	3. 归口管理部门作为合同的专门管理部门，负责对变更、解除后的合同及相关资料进行分类汇总、编号等处理，并进行存档保管
相关规范	应建规范	《合同管理制度》《合同变更管理办法》
	参照规范	有关法律法规

续表

控制事项	详细描述及说明
文件资料	《××××合同》《合同变更协议书》
责任部门 及责任人	承办部门、归口管理部门 总经理、承办部门经理、归口管理部门人员、法律顾问

17.4.3　合同纠纷处理的内部控制流程

合同纠纷处理流程与风险控制如图 17-5 所示。

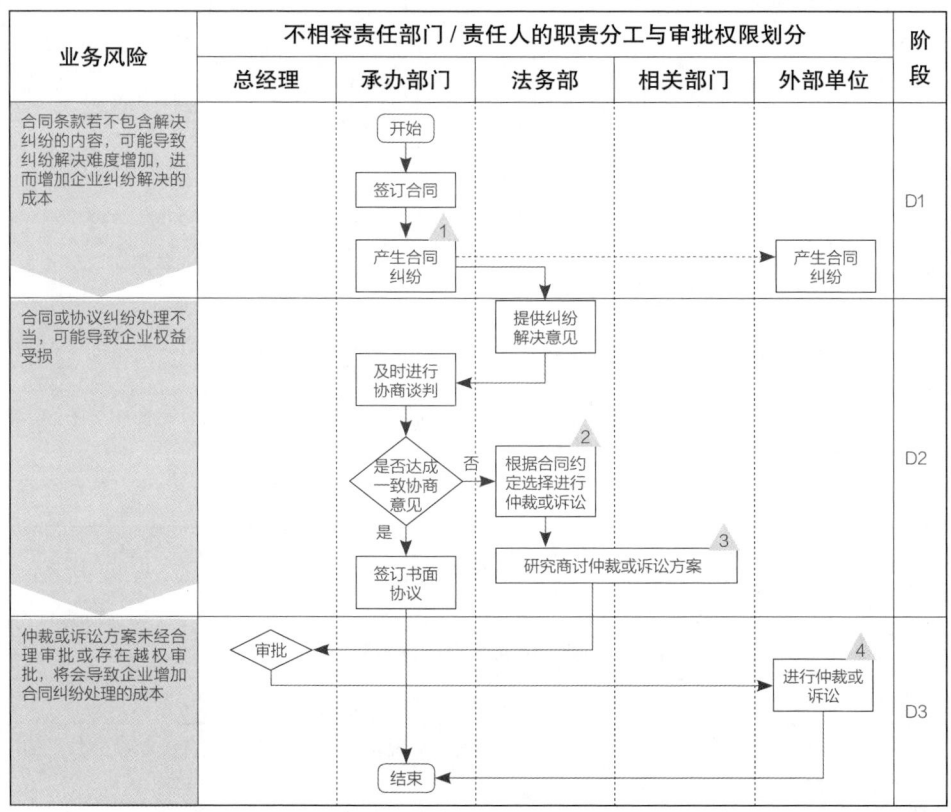

图 17-5　合同纠纷处理流程与风险控制

合同纠纷处理流程控制见表 17-7。

表 17-7　合同纠纷处理流程控制

控制事项		详细描述及说明
阶段控制	D1	1. 合同承办部门在履行合同的过程中，由于各种原因可能会产生纠纷，产生纠纷的原因包括主观上不愿履行合同，或者客观上对无法履行合同的解决方法存在分歧
	D2	2. 法务部根据合同约定的纠纷处理方式，选择对企业最为有利的方式解决纠纷 3. 法务部会同合同承办部门以及其他相关部门开会研究商讨仲裁或诉讼方案，并形成正式的书面意见
	D3	4. 仲裁机构或法院按照国家的相关仲裁法律法规和诉讼法律法规对纠纷的解决作出仲裁或审判
相关规范	应建规范	《合同管理制度》《合同纠纷处理制度》
	参照规范	《中华人民共和国民法典》
文件资料		《××××合同》《合同变更协议书》
责任部门及责任人		承办部门、法务部、其他相关部门 总经理、承办部门人员、法务部人员、其他相关部门人员

17.5　合同管理内部控制制度示范

17.5.1　合同订立审批制度

合同订立审批制度详见表 17-8。

表 17-8　合同订立审批制度

制度名称		合同订立审批制度		受控状态	
				文件编号	
执行部门		监督部门		考证部门	
第 1 章　总则					

第一条　为明确单位合同审批权限，规范单位合同订立行为，加强对合同使用的监督，防范和降低因合同的签订给单位带来的风险，特制定本制度。

第二条　规范单位合同的拟定、审批及签章工作，以符合《中华人民共和国公司法》等法律法规及规范性文件有关规定，确保合同的顺利履行，维护单位的合法权益。

第 2 章　适用范围

第三条　本制度所称合同是指单位与自然人、法人及其他组织设立、变更、终止民事权利义务的协议。

第四条　本制度适用于单位所有的书面合同审批，包括冠以合同、合约、协议、契约、意向书等名称的规范性文件的审批。

第五条　本制度中所称部门指代表单位洽谈、签订合同的各业务、职能部门。

第六条　本制度中所称业务经办人员是合同谈判、签订及履行的第一责任人，并有责任保证合同最终文本与经各级审批后的合同文本在条款内容上的一致性。

第 3 章　授权审批职责

第七条　合同分类。

1. 一般性合同：合同标的在 ×× 万元资金支出或 ×× 万元资金收入以下的合同。

2. 重大合同：合同标的超出 ×× 万元资金支出或 ×× 万元资金收入的合同。

第八条　单位对外签订合同均由董事长授权局长代表单位行使职权。

第九条　局长职责。

1. 审批单位所有格式合同和各部门的合同文本。

2. 负责单位对外重大合同的签章，并审核超出各部门负责人审核权限的合同。

3. 授权业务经办人员代表单位签订合同。

第十条　副局长审核单位格式合同和各部门合同文本。

第十一条　各部门负责人职责。

1. 负责草拟与本部门业务相关的合同文本。

2. 协助法律顾问拟定单位主营业务格式合同。

3. 初步审核业务经办人员与合同对方商定的合同具体条款。

第十二条　法律顾问职责。

1. 草拟单位主营业务格式合同或单位重大、特殊合同。

2. 监督、指导各部门起草及修订合同文本。

第 4 章　授权审批流程

第十三条　原则上，在业务谈判中双方达成一致意见后，各部门应尽可能使用单位制定的格式合同或部门合同文本。

第十四条　法律顾问草拟的格式合同应经副局长、局长审核批准后形成正式书面合同，变更程序亦同。

第十五条　各部门草拟的合同文本应经副局长审核、局长审批，然后形成正式书面合同，变更程序亦同。

第十六条　业务经办人员与合同对方拟定的一般性合同，须经所属部门负责人初审、法律顾问审查后订立正式合同，变更程序亦同。

第十七条　业务经办人员与合同对方拟定的重大合同，须经所属部门负责人初审、法律顾问审查、副局长审核、局长审批后订立正式合同，变更程序亦同。

第 5 章　附则

第十八条　本制度由单位制定并负责解释。

第十九条　本制度报局长审议批准后生效。

第二十条　本制度自 × × × × 年 × × 月 × × 日起实施。					
编制日期		审核日期		批准日期	
修改标记		修改处数		修改日期	

17.5.2　合同违约与纠纷处理办法

合同违约与纠纷处理办法详见表 17-9。

表 17-9　合同违约与纠纷处理办法

制度名称	合同违约与纠纷处理办法		受控状态	
			文件编号	
执行部门		监督部门	考证部门	

<table>
<tr><td colspan="2" align="center">第 1 章　总则</td></tr>
<tr><td colspan="2">第一条　为监督合同的有效履行，及早发现违约情况，避免或减少因违约或纠纷给单位带来的损失，保障本单位合法权益，根据《中华人民共和国民法典》及单位相关规定，制定本办法。
第二条　本办法适用于单位所有合同违约及纠纷情况的处理。</td></tr>
<tr><td colspan="2" align="center">第 2 章　合同违约处理</td></tr>
<tr><td colspan="2">第三条　合同签订后进入执行阶段，业务经办人员应随时跟踪合同的履行情况，发现合同对方可能发生违约、不能履约或延迟履约等行为的，或单位自身可能无法履行或延迟履行合同的，应及时报告领导处理。
第四条　针对合同对方违约的情形，可采取以下措施处理。
1. 要求合同对方继续履行合同。
继续履行合同是违约对方必须承担的法律义务，也是本单位享有的法定权利。不论违约对方是否情愿，只要存在继续履行的可能性，本单位就有权要求违约对方继续履行原合同约定的义务。
2. 要求合同对方支付违约金。
合同对方违约的，本单位可按照合同约定要求违约对方支付违约金。
3. 要求定金担保。
合同对方违约，本单位可按照合同约定《中华人民共和国民法典》向对方收取定金作为债权的担保。违约对方履行债务后，可将定金抵作价款或者收回；违约对方不履行约定债务的，无权要求返还定金。
4. 要求赔偿损失。
合同对方因不履行合同义务或者履行合同义务不符合约定，给本单位造成损失的，本单位有权提出索赔，具体赔偿金额可由业务经办部门会同法律顾问与合同对方协商确定。
第五条　单位自身违约的，业务经办部门或人员应与合同对方协商解决办法，将解决办法以书面形式上报局长，经批准后承担相应责任、履行有关义务。</td></tr>
</table>

第3章　合同纠纷处理
第六条　合同履行过程中发生纠纷的，业务经办人员应在规定时效内与合同对方协商谈判，并及时报告主管领导。
第七条　经双方协商达成一致意见的，双方签订书面补充协议，由双方法定代表人或其授权人签章并加盖单位印章后生效。
第八条　合同纠纷经协商无法解决的，应依合同约定选择仲裁或诉讼方式解决。
第九条　单位法律顾问会同相关部门研究仲裁或诉讼方案，报局长批准后实施。
第十条　纠纷处理过程中，单位任何部门或个人未经授权，不得向合同对方作出实质性答复或承诺。
第4章　附则
第十一条　本办法由法务部负责制定，经局长审核批准后实施。
第十二条　本办法解释权归法务部。

编制日期		审核日期		批准日期	
修改标记		修改处数		修改日期	

17.5.3　合同会审制度

合同会审制度详见表17-10。

表17-10　合同会审制度

制度名称		合同会审制度		受控状态	
				文件编号	
执行部门		监督部门		考证部门	

第1章　总则
第一条　为防范和控制合同可能的风险，加强对合同制定的监督，规范单位合同制定行为，制定本制度。
第二条　本制度适用于单位各类格式合同、部门合同文本的制定，以及对业务经办人员与合同对方拟定的合同的会审。
第三条　本制度所称会审，指合同在拟稿以后、正式生效之前，由合同关键条款涉及的其他专业部门（如技术、财务、审计等相关部门）会同单位法务部对合同文本进行审核。
第2章　合同的会审内容及要点
第四条　合同拟定。
1.法律顾问会同各部门起草单位各类格式合同、各部门拟定本部门合同文本以及业务经办人员与合同对方拟定合同的，分别由法律顾问、各部门负责人及业务经办人员负责合同在会审过程中的传递。
2.合同拟定者须按单位规定在合同会审单上填写合同会审部门及人员名称。
3.合同拟定者负责合同连同合同会审单在整个会审过程的传递，直到合同盖上合同专用章后结束。

第五条　合同会审主体及内容。

1.法务部主要负责对合同对方当事人身份和资格的审查及合同争议解决方式的审核。

2.技术部门主要负责对合同标的物是否符合国家各项标准（产品质量、卫生防疫等）、单位技术标准等进行审查。

3.财务部主要负责合同对方资信情况、价款支付等的审查。

4.法务部和财务部负责违约责任条款的审查，包括违约金的赔偿及经济损失的计算等。

第六条　合同会审要点。

1.合法性：包括合同的主体、内容和形式是否合法；合同订立程序是否符合规定，会审意见是否齐备；资金的来源、使用及结算方式是否合法，资产动用的审批手续是否齐备等。

2.经济性：主要指合同内容是否符合单位的经济利益。

3.可行性：包括签约方是否具有资信及履约能力，是否具备签约资格；担保方式是否可靠；担保资产权属是否明确等。

4.严密性：包括合同条款及有关附件是否完整齐备；文字表述是否准确；附加条件是否适当合法；合同约定的权利义务是否明确；数量、价款、金额等标示是否准确。

第 3 章　合同会审管理规定

第七条　参与合同会审的部门应根据会审职责安排人员按时参加会审工作。

第八条　会审人员应对合同中相关内容认真仔细审查，发现疑问之处，应及时与合同拟定部门进行沟通。

第九条　会审中发现合同中确有不妥之处的，应责成合同拟定部门修改或重拟，直至确认无误。

第十条　各会审部门对合同的会审工作时间累计不得超过 ×× 个工作日。

第十一条　根据法律规定及单位需要，会审通过后的合同文本应及时报经国家有关主管部门审查或备案。

第十二条　会审通过的合同报局长审批后，应统一进行分类连续编号，并由合同档案管理人员专人保管。

第 4 章　附则

第十三条　本制度由单位法务部制定并负责解释。

第十四条　本制度经局长批准后自 ×××× 年 ×× 月 ×× 日起实施。

编制日期		审核日期		批准日期	
修改标记		修改处数		修改日期	

18.1　内部信息传递内部控制应用指引

企业内部控制应用指引第 17 号——内部信息传递

第一章　总则

第一条　为了促进企业生产经营管理信息在内部各管理层级之间的有效沟通和充分利用，根据《企业内部控制基本规范》，制定本指引。

第二条　本指引所称内部信息传递，是指企业内部各管理层级之间通过内部报告形式传递生产经营管理信息的过程。

第三条　企业内部信息传递至少应当关注下列风险：

（一）内部报告系统缺失、功能不健全、内容不完整，可能影响生产经营有序运行。

（二）内部信息传递不通畅、不及时，可能导致决策失误、相关政策措施难以落实。

（三）内部信息传递中泄露商业秘密，可能削弱企业核心竞争力。

第四条　企业应当加强内部报告管理，全面梳理内部信息传递过程中的薄弱环节，建立科学的内部信息传递机制，明确内部信息传递的内容、保密要求及密级分类、传递方式、传递范围以及各管理层级的职责权限等，促进内部报告的有效利用，充分发挥内部报告的作用。

第二章　内部报告的形成

第五条　企业应当根据发展战略、风险控制和业绩考核要求，科学规范不同级次内部报告的指标体系，采用经营快报等多种形式，全面反映与企业生产经营管理相关的各种内外部信息。

内部报告指标体系的设计应当与全面预算管理相结合，并随着环境和业务的变化不断进行修订和完善。设计内部报告指标体系时，应当关注企业成本费用预算的执行情况。

内部报告应当简洁明了、通俗易懂、传递及时，便于企业各管理层级和全体员工掌握相关信息，正确履行职责。

第六条 企业应当制定严密的内部报告流程，充分利用信息技术，强化内部报告信息集成和共享，将内部报告纳入企业统一信息平台，构建科学的内部报告网络体系。

企业内部各管理层级均应当指定专人负责内部报告工作，重要信息应及时上报，并可以直接报告高级管理人员。

企业应当建立内部报告审核制度，确保内部报告信息质量。

第七条 企业应当关注市场环境、政策变化等外部信息对企业生产经营管理的影响，广泛收集、分析、整理外部信息，并通过内部报告传递到企业内部相关管理层级，以便采取应对策略。

第八条 企业应当拓宽内部报告渠道，通过落实奖励措施等多种有效方式，广泛收集合理化建议。

企业应当重视和加强反舞弊机制建设，通过设立员工信箱、投诉热线等方式，鼓励员工及企业利益相关方举报和投诉企业内部的违法违规、舞弊和其他有损企业形象的行为。

第三章 内部报告的使用

第九条 企业各级管理人员应当充分利用内部报告管理和指导企业的生产经营活动，及时反映全面预算执行情况，协调企业内部相关部门和各单位的运营进度，严格绩效考核和责任追究，确保企业实现发展目标。

第十条 企业应当有效利用内部报告进行风险评估，准确识别和系统分析企业生产经营活动中的内外部风险，确定风险应对策略，实现对风险的有效控制。

企业对于内部报告反映出的问题应当及时解决；涉及突出问题和重大风险的，应当启动应急预案。

第十一条 企业应当制定严格的内部报告保密制度，明确保密内容、保密措施、密级程度和传递范围，防止泄露商业秘密。

第十二条 企业应当建立内部报告的评估制度，定期对内部报告的形成和使用进行全面评估，重点关注内部报告的及时性、安全性和有效性。

18.2 内部信息传递内部控制目标及风险点

18.2.1 内部信息传递内部控制的目标

企业编制财务报告内部控制的目标通常有五个。

（1）保护企业资产的安全、完整及对其的有效使用，使企业各项生产和经营活动有秩序、有效地进行，避免可能遭受的经济损失。

（2）保证会计信息及其他各种管理信息真实、可靠和及时提供，避免因虚假记载、误导性陈述、重大遗漏和未按规定及时披露导致损失。

（3）保证企业管理层制定的各项经营方针、管理制度和措施的贯彻执行。

（4）尽量压缩和控制成本、费用，减少不必要的成本、费用，以求企业达到更大的盈利目标。

（5）预防和控制且尽早、尽快查明各种错误和弊端，及时准确地制定和采取纠正措施，避免因重大差错、舞弊、欺诈而造成损失。

18.2.2 内部信息传递内部控制的风险点

内部信息传递内部控制的环节和风险点如表 18-1 所示。

表 18-1 内部信息传递内部控制的环节和风险点

环节	风险点
1. 建立内部报告指标体系	内部报告指标体系的设计未能结合企业的发展战略，指标体系层级混乱，与全面预算管理要求相脱节，设定后未能根据环境和业务变化有所调整
2. 收集外部信息	（1）收集的内外部信息过于散乱，不能突出重点 （2）信息内容准确性差，据此作出的决策容易误导经营活动 （3）获取内外部信息的成本过高，违反了成本效益原则
3. 编制及审核内部报告	（1）内部报告未能根据各内部使用单位的需求进行编制，内容不完整，编制不及时，未经审核即向有关部门传递 （2）因报告类型不同、反映的信息特点不同，内部报告的格式不尽一致
4. 构建内部报告流转体系及渠道	未制定内部报告传递流程，内部报告未按传递流程进行传递，内部报告流转不及时
5. 内部报告有效使用及保密要求	企业管理层在决策时并没有使用内部报告提供的信息，内部报告未能用于风险识别和控制，商业秘密通过企业内部报告被泄露
6. 内部报告的保管	企业缺乏内部报告的保管制度，内部报告的保管存放杂乱无序，对重要资料的保管期限过短，保密措施不严

环节	风险点
7. 内部报告评估	企业缺乏完善的内部报告评估体系,对信息传递环节和传递方式控制不严,针对传递不及时、信息不准确的内部报告缺乏相应的惩戒机制
8. 反舞弊	(1) 忽视对员工道德准则体系的培训,内部审计监察不严,内部人员未经授权或采取其他不法方式侵占、挪用企业资产 (2) 在财务会计报告和信息披露等方面存在虚假记录、误导性陈述或重大遗漏等,董事、监事、经理及其他高级管理人员滥用职权,相关机构或人员串通舞弊,企业对举报人的保护力度小,信访事务处理不及时,缺乏相应的舞弊风险评估机制

18.3　内部信息传递内部控制方法及关键点

18.3.1　内部信息传递内部控制的方法

《企业内部控制基本规范》 要求企业建立内部控制相关信息与沟通制度,明确相关信息的收集、处理和传递程序,确保信息的及时沟通,促进内部控制有效运行。

企业内部信息传递内部控制的方法主要有以下几种。

1. 建立信息收集、加工机制

企业应当对收集的各种内部信息和外部信息进行合理筛选、核对、整合,提高信息的有效性。

从内部信息来讲,企业应根据经营目标等建立与其经营活动相适应的信息系统,持续性地收集经营活动所生成的各种信息。企业可以从财务会计资料、经营管理资料、调研报告、专项信息、内部刊物、办公网络等渠道获取内部信息。

从外部信息来讲,企业应通过行业协会组织、社会中介机构、业务往来单位、市场调查、来信来访、网络媒体以及有关监管部门等渠道获取外部信息。由于企业所收集的各种信息来自不同的渠道和信息源,属于零散的、非系统的,所以必须对所收集的信息进行必要的筛选、整理和加工,以提供给有关方面。

2. 完善信息传递机制

收集信息的最终目标在于使用，为企业经营目标的实现服务，处于内部控制之中的信息则必须服务于内部控制，服务于内部控制的有效性。为了提高内部控制的有效性，需要做到以下几点。

（1）企业应当将相关信息在企业内部各管理级次、责任单位、业务环节之间进行内部传递。内部信息传递一方面要完善信息向下传递机制，使企业内部参与经营活动的各个方面和全体人员了解企业实现经营目标方面的信息，明确各自的职责，了解自身在内部控制体系中的地位和作用。另一方面要完善信息向上传递机制，使企业员工能够及时地将其在经营活动中所了解到的重要信息向管理层及董事会等方面传递。此外，企业还须建立信息横向传递机制，特别是要使信息在管理层与企业董事会及其委员会之间进行沟通。

（2）企业应当建立良好的外部沟通渠道，加强与外部投资者、客户、供应商、监管部门和中介机构人员等有关方面之间的沟通和反馈。外部沟通应重点关注以下六个方面。

①加强与投资者之间的沟通，根据有关法律、行政法规和企业章程，建立企业的信息披露政策与程序，及时、公平地向投资者披露企业的战略规划、经营成果、投融资计划、年度预算、重大财务担保、合并分立、资产重组、财务状况、经营成果、利润分配方案等方面的信息。

②加强与客户的沟通，通过座谈会、走访等形式，采集客户对消费偏好、销售政策、产品质量、售后服务、货款结算等方面的意见和建议，及时发现并处理存在的问题。

③加强与供应商的沟通，通过供需见面会、订货会、业务洽谈会等与供应商就供货渠道、产品质量、技术性能、交易价格、信用政策、结算方式等问题进行沟通，及时发现并处理存在的问题。

④加强与监管部门的沟通和协调，及时了解监管要求，积极反映诉求和建议。

⑤加强与注册会计师的沟通和协调，听取注册会计师对内部控制等方面的建议，保证内部控制的有效运行。

⑥企业应当根据有关法律、行政法规的要求和管理需要，与律师保持有效沟通。

3. 加强信息技术的运用

随着信息技术的发展，新技术在信息系统中得到越来越广泛的运用。在建立内部信息系统时，企业应当利用信息技术促进信息的集成与共享，充分发挥信息技术在信息与沟通中的作用，并根据企业的经营目标、内部控制目标以及经营活动的特点，建立自身的信息系统。

企业的信息系统在内部控制体系中发挥控制活动的作用。另外，由于信息系统在内部控制中的重要性，其本身又是内部控制的对象，企业应当加强对信息系统的开发与维护、访问与变更、数据输入与输出、文件储存与保管、网络安全等方面的控制，保证信息系统安全、稳定地运行。

4. 建立反舞弊机制

企业应当建立反舞弊机制，明确反舞弊工作的重点领域、关键环节和有关机构在反舞弊工作中的职责权限，规范舞弊案件的举报、调查、处理、报告和补救程序。企业通过反舞弊机制的建立，将反舞弊工作的重点放在重点领域和关键环节，防范舞弊行为的发生并及时发现发生的舞弊行为。在所建立的反舞弊机制中，企业要规范相应的舞弊案件查处程序，以便对舞弊案件及时进行处理。对于反舞弊机制，企业要坚持惩防并举、重在预防的原则，避免舞弊行为的发生，并在反舞弊的过程中，不断完善内部控制体系。

企业应当将下列内容作为反舞弊工作的重点。

（1）未经授权或者采取其他不法方式侵占、挪用企业资产，牟取不当利益的行为。

（2）在财务会计报告和信息披露等方面存在虚假记载、误导性陈述或者重大遗漏等行为。

（3）董事、监事、经理及其他高级管理人员滥用职权的行为。

（4）相关机构或人员串通舞弊的行为。

（5）建立投诉和举报人保护制度。

投诉是信息沟通的重要手段之一，是信息自下而上沟通的重要形式。企业员工处于经营活动的第一线，能够及时发现经营活动及内部控制实施过程中存在的不足、问题和缺陷，以及舞弊行为，并能就完善内部控制体系提出合理化建议和改进意见。

为此，企业应当建立举报投诉制度，设置举报专线，明确举报投诉处理程序、办理时限和办理要求，确保举报、投诉成为企业有效掌握信息的重要途径。

同时，企业要建立举报人保护制度，保护举报人的积极性，维护举报人的利益。

18.3.2 内部信息传递内部控制的关键点

企业内部信息传递内部控制流程主要包括建立内部报告指标体系、收集外部信息、信息系统总体控制、构建内部报告流转体系及渠道、内部报告信息披露和反舞弊等环节。内部信息传递内部控制的环节和关键点见表 18-2。

表 18-2　内部信息传递内部控制的环节和关键点

环节	关键点
1. 建立内部报告指标体系	（1）内外部信息的获取 （2）保证各级管理人员得到足够的信息 （3）对信息管理进行总体规划 （4）管理层应对信息系统的建设提供必要支持
2. 收集外部信息	（1）让员工了解其职责及职责的有效性 （2）企业内部保证充分沟通 （3）建立畅通的沟通渠道 （4）制定公开、透明的职业道德规范 （5）管理层对外部信息应采取及时、有效的应对措施
3. 信息系统总体控制	（1）信息系统控制环境 （2）信息安全 （3）信息系统项目建设管理 （4）信息系统变更管理 （5）信息系统日常运作 （6）最终用户操作
4. 信息系统应用控制	（1）完整性 （2）准确性 （3）有效性 （4）接触控制
5. 内部报告信息披露	（1）有效沟通 （2）向涉及的员工传达其职责和控制责任 （3）整体支持 （4）管理层的监督 （5）持续改进与维护
6. 反舞弊	建立健全企业反舞弊机制

1. 建立内部报告指标体系

（1）内外部信息的获取。

①为了随时掌握有关市场状况、竞争情况、政策变化及环境的变化，企业应

该完善获取外部相关信息的机制。

②为了保证目标的达成，企业应该建立重要内部信息的获取和沟通机制，重要信息应得到及时确认并向上级汇报。

（2）保证各级管理人员得到足够的信息。

①为了保证决策的有效性，各级管理人员应能够及时得到他们履行职责所需要的内、外部信息。

②向不同级别的管理人员汇报详细程度不同的信息。

③对信息进行适当的汇总，以满足进一步详查的需要。

④为了有效监控有关事件和活动，并对经济、行业因素和控制问题进行迅速反应，应及时获取和传递信息。

（3）对信息管理进行总体规划。

①由专门的部门对所产生的信息需求持续进行识别和跟踪。

②由相应的管理层决定信息的需求和优先次序。

③订立与战略决策相关的长期信息技术总体规划。

④管理层应对信息系统的建设提供必要支持。

管理层应为建立或改进信息系统提供足够的、必要的资源，并采取相应的控制措施。

2. 沟通

（1）让员工了解其职责及职责的有效性。

①采取适当的沟通方式，保证沟通目的的实现。

②员工应清楚他们的行为要达到的目标，以及他们的工作对实现这些目标的作用。

③员工应清楚个人职责与他人职责的相互影响。

（2）企业内部保证充分沟通。

这主要包括企业沟通信息的完整性和及时性，以及内部沟通的充分性等。

（3）建立畅通的沟通渠道。

企业应建立畅通的沟通渠道，保证相关方的建议、投诉和收到的其他情况得到有效的记录、汇报、处理、反馈和跟踪。

（4）制定公开、透明的职业道德规范。

①针对重要信息应由相应的管理人员与外部交流。

②供应商、客户及其他第三方合作者应清楚在合作的过程中，企业员工应遵

循的职业道德规范。

③强调员工在与外部机构交流合作过程中应遵循的职业道德规范。

④对于员工的不当行为应有相应的汇报和惩处机制。

（5）管理层对外部信息应采取及时、有效的应对措施。

①企业应积极进行客户满意度调查，并采取适当的措施。

②对与客户进行交易的财务数据应严格把关，如果发现错误应及时纠正。

③保证所获取的信息并非失真信息。

④对于投诉信息，管理层应认真对待。

3. 信息系统总体控制

（1）信息系统控制环境。

（2）信息安全。

（3）信息系统项目建设管理。

（4）信息系统变更管理。

（5）信息系统日常运作。

（6）最终用户操作。

4. 信息系统应用控制

（1）完整性。

①所有交易都经过处理，且只处理一次。

②不允许数据的重复录入和处理。

③例外情况的发现和解决。

（2）准确性。

①所有数据（包括金额和账户）是正确和合理的。

②例外情况被及时发现以保证交易被记录在正确的会计期间。

（3）有效性。

①交易被适当授权。

②系统不接受虚假交易。

（4）接触控制。

①未经授权，不得对数据进行修改。

②数据的保密性。

③物理设备的保护。

5. 内部报告信息披露

（1）有效沟通。

信息披露工作中涉及的员工均能获得他们应该了解的信息，确保信息披露工作的内部沟通畅通、有效；与投资者和外界媒体等进行良好的沟通。

（2）向涉及的员工传达其职责和控制责任。

信息披露工作中涉及的员工应对整个信息披露工作有充分的认识，明确其在信息披露工作中所承担的工作和职责。参与信息披露工作的每个岗位应由适当人员担任，以保证信息的准确传递。

（3）整体支持。

有效推行信息披露程序，需要管理层和所有员工的充分支持和配合。对所有涉及披露流程的有关人员进行专门培训，以确保他们能充分理解自身职责；对不同岗位的员工进行有针对性的培训，以确保他们有能力履行职责和应付不断更新的外部监管要求。

（4）管理层的监督。

管理层采取个别及定期的监控流程来保证信息披露的质量。监控流程由有经验的员工进行客观、公正的执行。

（5）持续改进与维护。

管理层对信息披露工作进行改进与维护，以确保信息披露工作能够有效实施，并保证所披露资料能够满足监管要求和上市地法律、法规的要求。对于新的法规要求被提议的问题或程序执行中出现的问题，管理层应采取及时且适当的应对措施。

6. 反舞弊

（1）管理层设计、实施有效的企业反舞弊控制和程序，针对财务报告内部控制与企业风险管理失效行为和其他欺诈行为，采取适当的措施。

（2）董事会和审计委员会监督企业反舞弊的控制和程序。

（3）建立并推行诚信与道德价值观。

（4）建立举报热线和检举揭发机制及举报人保护制度。

（5）招聘和晋升时进行背景调查。

（6）建立舞弊调查程序并实施恰当的补救措施。

（7）进行舞弊风险分析。

（8）为减少已识别的舞弊风险，应该设计并实施有效的控制活动。

（9）对反舞弊相关信息进行收集和分享，并对员工进行适当培训。

（10）管理层对反舞弊控制和程序的效果进行持续监控和定期评估。

18.4　内部信息传递内部控制流程

18.4.1　内部报告形成和审核的内部控制流程

一、内部报告形成流程

内部报告形成流程与风险控制如图18-1所示。

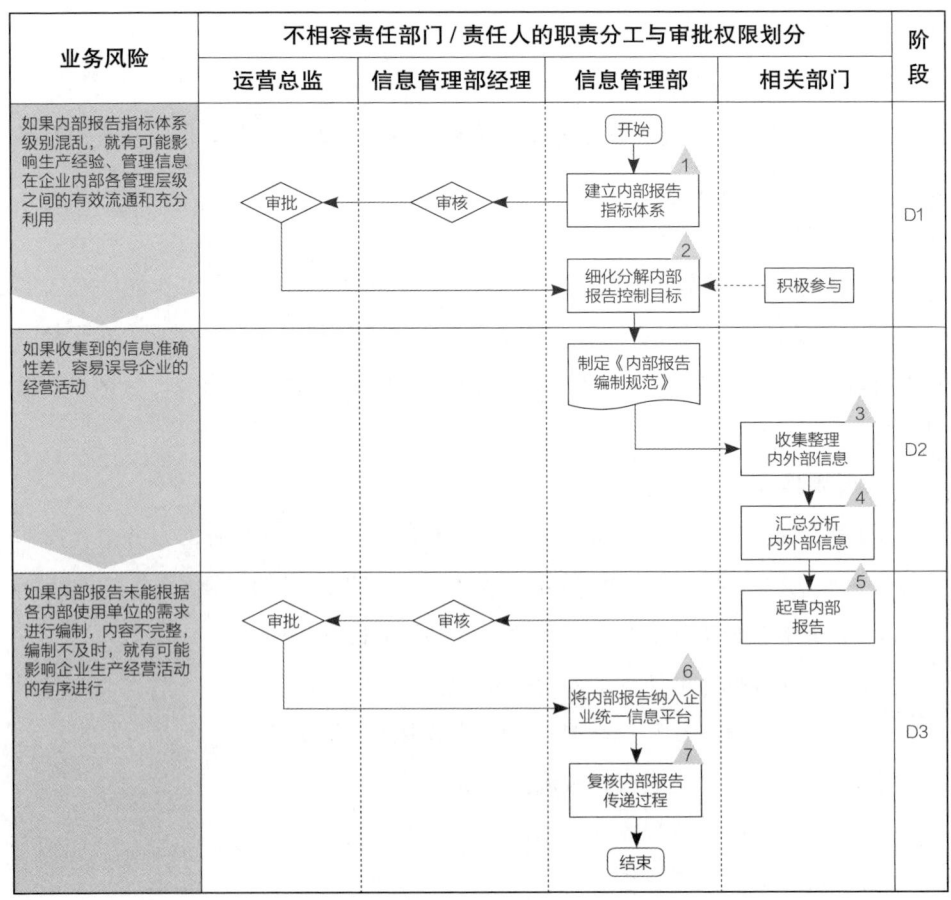

图18-1　内部报告形成流程与风险控制

内部报告形成流程控制如表 18-3 所示。

表 18-3 内部报告形成流程控制

控制事项		详细描述及说明
阶段 控制	D1	1. 企业应认真研究企业的发展战略、风险控制要求和业绩考核标准，根据各管理层级对信息的不同需求建立一套级次分明的内部报告指标体系 2. 企业内部报告控制目标确定后，应进行细化，层层分解，使企业各责任中心及各相关职能部门都有自己明确的目标，以利于控制风险并进行业绩考核
	D2	3. 企业可以通过行业协会组织、社会中介机构、业务往来单位、市场调查、来信来访、网络媒体以及有关监管部门等渠道获取外部信息；通过财务会计资料、经营管理资料、调研报告、专项信息、内部刊物、办公网络等渠道获取内部信息 4. 企业信息管理部及各职能部门应将收集的有关资料进行筛选、整理，然后根据各管理层级对内部报告的信息需求和先前制定的内部报告指标体系建立各种分析模型，提取有效数据进行反馈汇总，在此基础上对分析模型进一步改造，进行资料分析
	D3	5. 企业应合理设计内部报告编制程序，提高编制效率；内部报告内容应全面、简洁明了、通俗易懂；内部报告应形成总结性结论，并提出相应的建议，为企业的效益分析、业务拓展提供有力保障 6. 企业应充分利用信息技术，强化内部报告信息集成和共享，将内部报告纳入企业统一信息平台，构建科学的内部报告网络体系 7. 对于重要信息，企业应当委派专门人员对其传递过程进行复核，确保信息正确传递给使用者
相关 规范	应建 规范	● 《内部报告编制规范》
	参照 规范	● 《企业内部控制应用指引》 ● 《企业内部控制基本规范》
文件资料		● 内部报告文件
责任部门 及责任人		● 信息管理部、相关部门 ● 运营总监、信息管理部经理、相关部门负责人

二、内部报告审核流程

内部报告审核流程与风险控制如图 18-2 所示。

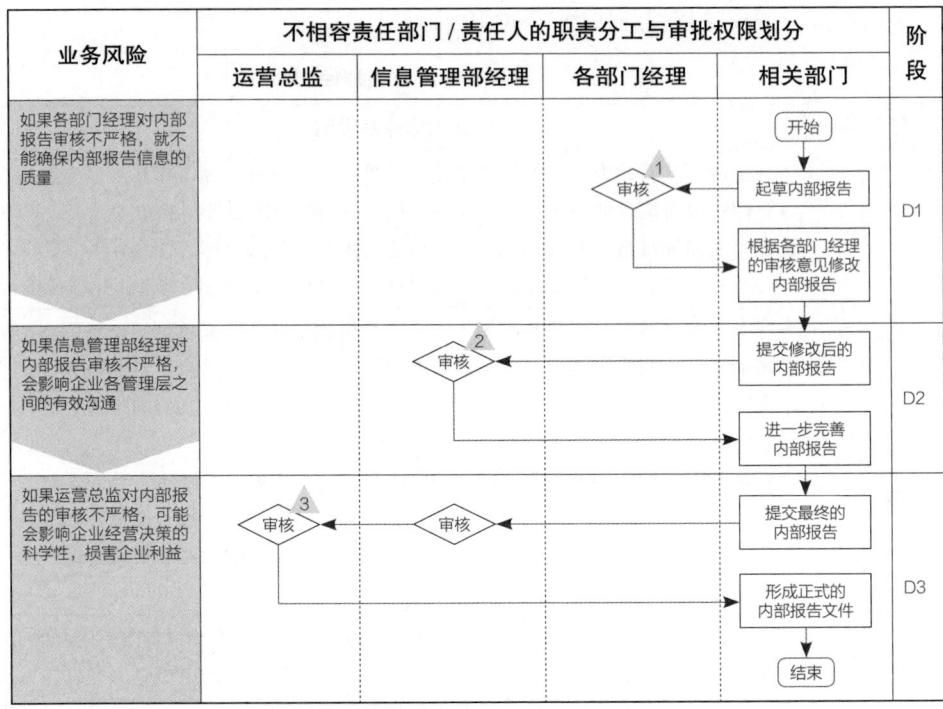

图 18-2　内部报告审核流程与风险控制

内部报告审核流程控制如表 18-4 所示。

表 18-4　内部报告审核流程控制

控制事项		详细描述及说明
阶段控制	D1	1. 各部门起草内部报告文件后，应首先提交部门经理进行审核，并根据部门经理提出的审核意见修改内部报告
	D2	2. 信息管理部经理对各部门提交的内部报告进一步审核，主要从以下三个方面着手：内部报告的内容是否真实、全面、完整；内部报告控制目标是否科学，以满足其经营决策、业绩考核、企业价值与风险评估的需要；内部报告编写格式是否规范，如报告名、文件号、执行范围、报告内容、起草或制定部门、报送和抄送部门以及时效要求等内容是否符合编制要求
	D3	3. 内部报告修改完毕后应提交运营总监进行审核，对于重要信息，还应当委派专门人员对其传递过程进行复核，确保信息正确传递给使用者
相关规范	应建规范	●《内部报告审核制度》
	参照规范	●《企业内部控制应用指引》 ●《企业内部控制基本规范》
文件资料		●内部报告文件

控制事项	详细描述及说明
责任部门 及责任人	● 信息管理部、相关部门 ● 运营总监、信息管理部经理、各部门经理

18.4.2　内部报告使用和保管的内部控制流程

一、内部报告使用流程

内部报告使用流程与风险控制如图 18-3 所示。

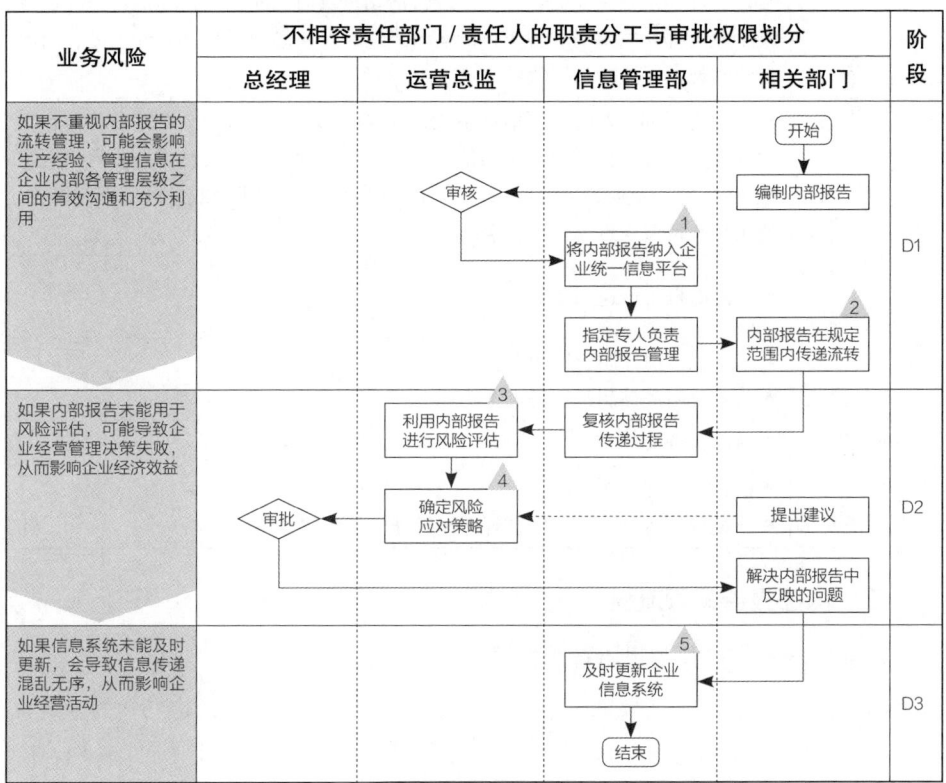

图 18-3　内部报告使用流程与风险控制

内部报告使用流程控制如表 18-5 所示。

表 18-5　内部报告使用流程控制

控制事项		详细描述及说明
阶段控制	D1	1. 信息管理部应充分利用信息技术强化内部报告信息集成和共享，将内部报告纳入企业统一信息平台，构建科学的内部报告网络体系 2. 企业各管理层对内部报告的流转应做好记录，对于未按照流转制度进行操作的事件，应当调查原因，并作相应处理
	D2	3. 企业管理层应通过内部报告提供的信息对企业生产经营管理中存在的风险进行评估，准确识别和系统分析企业生产经营活动中的内外部风险，涉及突出问题和重大风险的，应当启动应急预案 4. 企业各级管理人员应当充分利用内部报告进行有效决策，确定风险应对策略，管理和指导企业的日常生产经营活动，及时反映全面预算执行情况，协调企业内部相关部门和各单位的运营进度，严格绩效考核和责任追究，确保企业实现发展战略和经营目标
	D3	5. 信息管理部应及时更新信息系统，确保内部报告有效安全地传递；信息管理部应在实际工作中尝试精简信息系统的处理程序，使信息在企业内部更快地传递；对于重要紧急的信息，可以越级向董事会、监事会或经理层直接报告，便于相关负责人迅速作出决策
相关规范	应建规范	●《内部报告传递制度》
	参照规范	●《企业内部控制应用指引》 ●《企业内部控制基本规范》
文件资料		● 内部报告文件
责任部门及责任人		● 信息管理部、相关部门 ● 总经理、运营总监、信息管理部经理、各部门经理

二、内部报告保管流程

内部报告保管流程与风险控制如图 18-4 所示。

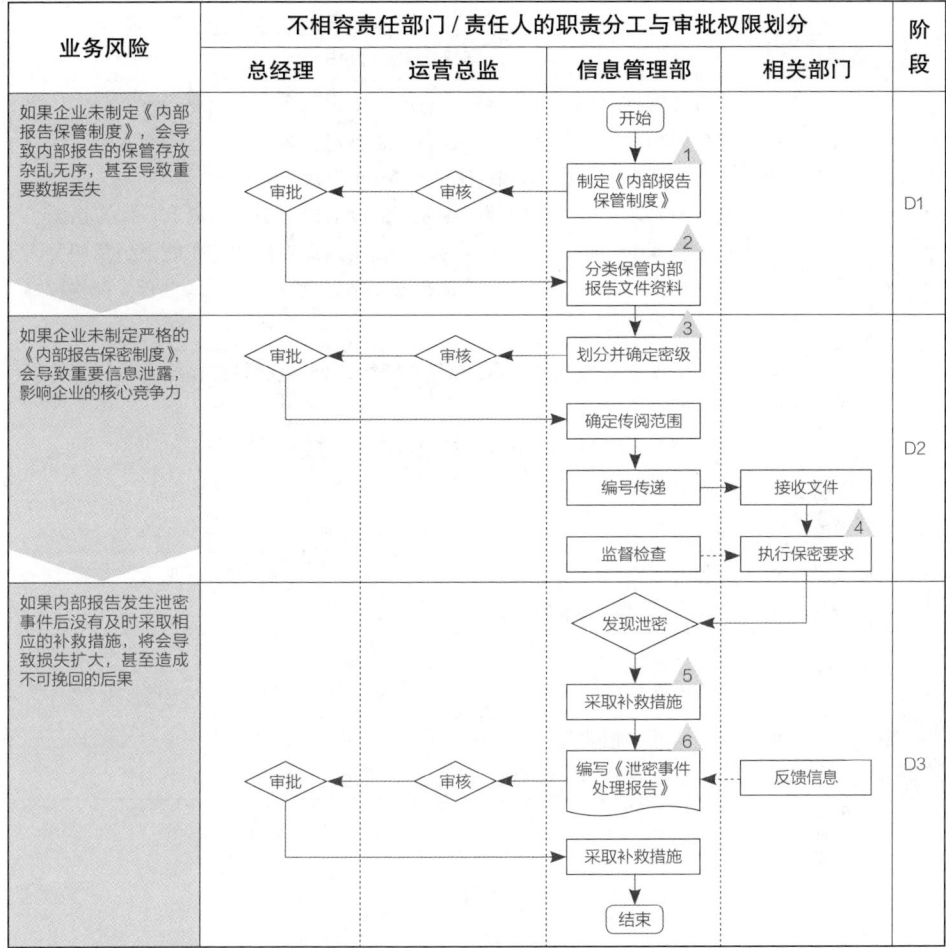

图 18-4　内部报告保管流程与风险控制

内部报告保管流程控制如表 18-6 所示。

表 18-6　内部报告保管流程控制

控制事项		详细描述及说明
阶段控制	D1	1. 信息管理部应当制定《内部报告保管制度》，报运营总监审核、总经理审批 2. 为了便于内部报告的查阅、对比分析，改善内部报告的格式，提高内部报告的有效性，信息管理部应按类别保管内部报告，对影响较大、金额较高的内部报告一般要严格保管，如企业重大重组方案、债券发行方案等；对不同类别的报告应按影响程度规定其保管年限，只有超过保管年限的内部报告方可予以销毁，对影响重大的内部报告应当永久保管，如企业章程及相应的修改、企业股东登记表等；有条件的企业应当建立电子内部报告保管库，分性质，按照类别、时间、保管年限、影响程序及保密要求等分门别类地储存电子内部报告

控制事项		详细描述及说明
阶段控制	D2	3. 内部报告信息的密级分为绝密、机密、秘密三级：在企业经营发展中，直接影响企业经营决策的重要内部报告信息为绝密级；企业重要的业务往来内部信息为机密级；企业一般业务往来的内部信息为秘密级 4. 企业应当制定严格的《内部报告保密制度》，明确保密内容、保密措施、密级和传递范围，防止泄露商业秘密；使用内部报告的各职能部门及相关人员必须严格执行保密要求，不论是有意还是无意外泄重要信息者，都将被追究责任
	D3	5. 一旦发生泄密事件，信息管理部应及时采取相应的补救措施，尽可能将损失降至最低 6. 信息管理部应编写《泄密事件处理报告》，报上级领导
相关规范	应建规范	● 《内部报告保管制度》 ● 《内部报告保密制度》
	参照规范	● 《企业内部控制应用指引》 ● 《企业内部控制基本规范》
文件资料		● 内部报告文件 ● 《泄密事件处理报告》
责任部门及责任人		● 信息管理部、相关部门 ● 总经理、运营总监、信息管理部经理、各部门经理

18.5 内部信息传递内部控制制度示范

M 企业内部控制——内部信息传递

一、业务目标

（1）内部报告编制及时、准确、全面，能够满足企业内部信息需求，为企业进行运营分析和决策提供合理依据。

（2）信息的收集、报送和保管程序符合国家法律、法规和企业内部管理的要求。

（3）制度规范外部行情信息、内部经营数据信息及企业重大事项的收集和报告程序，为各管理层的经营决策提供依据。

（4）明确决策信息、重大事项、经营数据的浏览权限和保密要求，规避数据信息的不合法使用风险。

（5）经营数据信息全面受控、传递通畅，保证企业财务报表信息准确及时获取。

（6）规范企业内部信息重大事项的内部报告流程和职责，防止企业虚假信息和舞弊行为。

二、业务风险

（1）内部报告系统缺失，功能不健全，内容不完整，影响生产经营有序进行。

（2）信息管理分类不清、不能有效收集外部信息、内部经营数据得不到有效收集汇总，内部信息传递不畅通、不及时，可能导致企业决策失误。

（3）没有保密措施或信息收集和内部报告程序不严密、企业经营数据传递不规范，可能造成企业内部信息传递中商业秘密被泄露，可能削弱企业核心竞争力。

（4）经营数据信息不准确、发生重大事项不能及时上报或隐瞒重大事项的真相，可能导致舞弊行为发生或上层领导决策失误，可能引发更大的经济或信誉损失。

（5）不建立内部员工信息反馈和投诉双向交流制度，不但造成员工积怨，也可能造成企业不能及时发现舞弊现象，影响正常生产经营。

（6）信息反馈或重大事项处理不当，可能造成企业对外信息披露不及时或提供虚假信息，严重影响企业社会声誉或受到证监会、政府主管部门处罚。

三、业务范围

本业务流程主要描述与内部信息传递相关的业务流程。

四、业务流程描述

1. 岗位职责

企业办公室是企业非财务信息的管理机构，企业财务部是企业财务信息的管理机构，系统管理员负责 ERP 及各类软件信息管理。

企业人行经理为非财务信息收集和处理的负责人，财务经理为财务信息收集和处理的负责人。

企业设立合理化建议奖，鼓励员工为企业经营发展提供合理化建议，反映和举报生产经营中的违规、舞弊行为。

2. 内部信息表现的主要形式

（1）企业主要业务管理运营所产生的信息。所有程序文件如书面报告、口头报告、会议报告、计算机多媒体显示等；业务计划书；工作记录；其他外来文件等。

（2）企业主要业务监控所产生的信息。跟踪监督和控制企业目标和计划，实现程序的有效运行，企业管理层必须重视这些过程所产生的信息。

（3）重大评审或不确定评审所产生的信息。企业的发展目标，必须进行定期或不定期的评审，评审产生的数据可以改进或持续改进企业运作的重要方法或手段，这类信息必须加以共享和控制。

（4）企业重大决策或决定所产生的信息。决策产生的结论需要企业运作来实现，企业运作需要决策作支撑。

（5）重大失误或突发事件所产生的信息。企业生产经营过程中出现的问题，必须即时反馈和加以共享，否则都有可能影响企业的发展和战略目标的实现。

3. 内部信息有效应具备的特点

（1）完整性。完整性是信息有效的第一个关键因素，有利于企业更好地把握信息。

（2）可读性。有效的信息必须具备可读性。

（3）结构性。企业内部有很多问题，需要结构化。

（4）一致性。

4. 信息报告的分类

（1）内部信息：企业根据经营目标等建立与其经营活动相适应的信息系统，持续收集生产经营活动所产生的各种信息，包括财务会计资料、经营管理资料、调研报告、分析报告、专项报告、内部刊物、办公网络等。

（2）外部信息：通过行业协会、中介机构、往来单位、市场调查、来信来访、网络媒体、监管部门等获取的信息。

（3）即时市场信息：涉及各业务板块的国家行业政策、企业经营环境、原料行情波动、销售市场波动、政府控制措施、企业产品调整等信息，归为即时市场信息，主要由各对应的业务主管部门负责收集和传递，信息传递形式是每月各部门的经营分析和每周信息通报。

（4）经营数据信息：企业每日生产、采购、销售、管理活动所实际发生的原料、成品、半成品、包装物、五金电料、固定资产的数量变化，归为经营数据信息，主要由各级财务部门实施控制和传递，信息传递形式为通过各类财务报表传递。

（5）企业重大事项信息：各部门发生的可能对企业有重大影响的各类决策事件、交易事件、投诉事件、质量事件、安全事件、内部舞弊事件，或其他突发事件等，归为企业重大事项，主要由人行部门负责控制和传递，信息传递形式是重大事项报告。

（6）内部反馈信息：企业内部员工通过投诉、举报或建议而提供的各类信息，由人行部门负责接收、处理和传递。信息传递形式包括投诉 / 举报受理记录、员工建议书、员工创新申报书等。

5. 即时经营信息反馈报告

企业下属的原料、销售、生产等业务部门，均应建立即时经营信息反馈报告制度。

各业务部门均应设立内勤信息人员，负责收集和整理业务人员、同行业企业交流所回馈的市场行情信息。

各业务部门的业务人员必须每日向本部门内勤信息人员反馈所在市场的行情信息，应反馈的内容由部门经理确定。反馈的形式包括：电话、手机短信或电子邮件。

各业务部门的内勤信息人员应将各市场反馈的行情信息，编制成本部门的信息快报向部门经理报告，传递形式包括：手机短信、微信、电子邮件等。部门经理应每天审查信息快报所反映的行情信息，作出业务决策调整。

根据部门经理授权规定的信息发布范围，内勤信息人员应将每日的信息快报向其他相关业务人员或管理层级传递发送。

各业务部门应将每天实际发生业务的价格、交易数量、交易时间等相关信息输入企业 K3 计算机信息网络系统，通过系统生成经营信息报表。各管理层级领导和相关部门均可以通过系统查看昨日经营信息报表。

企业对产品、价格及营销方案的调整信息，由财务部门进行 K3 计算机信息网络系统调整，并至少经过主办会计或者财务经理审核。企业业务部门均可即时查询 K3 计算机信息网络系统中的相关调整信息，按调整后信息实施相关业务操作。

6. 经营数据信息报告

（1）经营数据信息报告的形式。

①日常经营数据。各单位每日的生产经营数据的汇总结果。

②月度经营数据报表。各单位的月度经营数据汇总结果。

③年度经营数据报表。各单位的年度经营数据汇总结果。

（2）日常经营数据信息的传递。

日常经营数据信息以日期为时间单元每日报告，通过企业 K3 计算机信息网络系统实现即时传递，包括企业每日的产量、销量、入库量、出库量、库存量、收款和付款等数据信息。

企业的经营数据，应按照总部财务部或 K3 计算机信息网络系统的规定格式要求，每工作日结束后由财会人员、统计人员、保管人员从网络终端直接输入计算机系统。

（3）月度经营数据信息的传递。

企业的月度经营数据信息，由财务经理负责分析汇总，编制本企业的月度经营快报，当月的月度经营快报应于次月 2 日前编制完成并报总经理审阅，同时上报片区财务总监，由片区财务总监汇总报送总部财务部。企业月度经营分析由各部门在每月 7 日前完成，企业每月 10 日前由总经理组织召开月度经营检讨会，通报当月经营情况。

（4）年度经营数据信息的传递。

年度经营数据信息，由财务负责人整理汇总，编制形成年度经营报表及分析报告。各类报表应按总部要求的期限及时间编制完成，与每年 12 月的月度经营快报同时报告。年度终了 10 日内由企业总经理组织召开年度经营检讨会，通报当年度预算指标完成情况。

7. 重大事项报告

（1）重大事项的范围。

重大事项的范围包括但不限于以下几种情况。发生以下类似事项，各下属管理层级应按企业重大事项实施处理。

①总部董事会、监事会、股东大会等作出的会议决议。

②购买、出售、出租资产，或对外投资、资产重组，价值 ≥ 200 万元。

③重大交易事项，交易金额占企业最近一期审计净资产 10% 以上，或总金额超过 500 万元。

④发生内部关联交易，总价值≥100万元。

⑤发生诉讼或仲裁事项涉案金额≥100万元，或连续12个月发生诉讼或仲裁案件涉案金额累计为100万元以上。

⑥发生重大亏损或遭受意外损失，价值≥200万元。

⑦发生重大的质量、食品安全或客户投诉事件，涉案金额≥100万元。

⑧发生重大的自然灾害、设备事故、生产安全事故等，造成人员伤亡。

⑨发生人员违法、舞弊、贪污、短款行为，涉案金额≥20万元。

⑩生产经营涉嫌违法，被政府主管部门调查、查封或受到重大行政、刑事处罚。

⑪变更企业名称、合资企业章程、注册资本、注册地址、主要办公地址或联系电话。

⑫其他可能有重大影响的事件。

（2）重大事项上行报告程序。

①企业发生以上所列的类似重大事项，现场的当事人、负责人、经销商或顾客均有权向上级部门报告，任何人不得阻拦或隐瞒重大事项。

②企业总经理必须立即向本片区总经理报告，片区领导不在现场或无法取得联系时，应立即越级上报。

③片区总经理了解事项情况后，应在职权范围内作出处理决定，实施应急处理，并在2小时内向总部的应急事件处理小组报告。

④发生出租出售、资产转移或关联交易等涉及财务的重大事项时，当事人在向上级报告时，应当同时向财务部门报告。

⑤企业突发重大事项，在事项结果或处理措施未有定论前应不拘形式及时向片区及总部领导报告，包括电话、短信或微博等各种快速方式。

⑥企业发生重大事项，总经理应在事发后1小时内作出初次报告；并根据事故处理的进程或者上级的要求随时作出阶段性报告；应在事故处理结束后3日内作出书面的重大事项报告，将事件的原因、经过及处理结果详细报告。

⑦负有重大事项报告的义务人、当事人、负责人应当谨慎处理、及时上报。未及时上报或故意隐瞒重大事项，造成信息传递或披露不及时的，应追究相关责任人的责任。

8. 内部反馈信息报告

（1）企业行政管理部门应建立内部员工投诉举报和建议的接收渠道。有效收集来自企业员工内部的管理监督信息，接受民主监督，持续改善内部管理。

（2）企业应设立投诉举报的渠道，包括热线电话、专用邮箱、面谈等，各种形式的举报投诉均应建立书面工作记录，依据总部《反舞弊管理制度》的要求，对员工反馈或投诉问题实施调查和处理。

（3）企业应建立《员工创新激励管理办法》，鼓励员工提供合理化建议以及工作创新，定期组织员工建议和创新的评选活动。

（4）企业总经理应每月组织员工座谈，主动找基层员工了解员工对企业管理现状的满意程度，并认真记录和处理员工的反馈信息，保持良好的双向信息沟通。

（5）来自各层级员工的建议、投诉或举报信息，不论是主动反馈还是企业领导调查得知的，应由办公室调查处理后，给予员工回复。企业应消除员工抱怨，对评选出的有价值的工作建议和创新实施推广。

9. 内部信息的使用和风险评估

（1）企业应将相关信息在企业内部各管理层级、业务环节之间进行传递。

企业各业务部门，接收到上级或下级传达的信息报告，应及时作出信息的发布范围和上报级别报告，以便其他部门和业务环节能够做到信息共享，使企业内部参与经营活动的各个方面和人员了解企业实现经营目标方面的信息，明确各自职责。

企业各级管理人员应当充分利用内部反馈信息报告，对企业的生产、经营、管理、决策或控制措施实施调整或改进，及时反映全面预算执行情况、运营进度和绩效考核。

企业应建立良好的外部沟通渠道，加强与外部投资者、客户、供应商、中介机构人员（律师、注册会计师）和监管部门等方面之间的沟通和反馈。

（2）企业应依据总部要求建立企业风险评估制度，对内部报告的形成和使用进行全面评估，重点关注报告信息的准确性和沟通机制的有效性。利用各类信息报告，对企业所处的市场环境、企业治理结构、产品质量、管理措施进行风险评估，准确识别企业生产经营活动中的内外部风险，实现对风险的有效控制。

各层级的管理人员、负责人及信息处理人员，应建立信息报告的风险分析制度，识别出内部信息报告所反映出的生产、经营、管理中存在的突出问题和重大风险隐患，并及时向上级领导报告或相关业务板块通报。

各管理层级的负责人在信息接收或处理过程中发现重大风险隐患，应采取预防措施或启动应急预案，消除隐患、降低各类风险发生的概率。

（3）企业应当建立内部信息报告的评估审核制度，应通过内部审计、员工举报投诉的处理调查、聘请外部专家评估等方式对内部信息报告的收集、传递、安全可靠性、传递效率等方面进行全面评估，根据评估结果作出改进要求。

10. 加强信息技术的运用

企业应当利用信息技术促进信息的集成与共享，充分发挥信息技术在信息与沟通中的作用；根据企业经营目标、内部控制目标以及经营活动的特点，建立自身的信息系统。加强对信息系统的开发与维护、访问与变更、数据输入与输出、文件储存与保管、网络安全等方面的控制，保证信息系统安全、稳定运行。

11. 内部信息的保密规定

（1）企业应建立信息保密工作制度，计算机网络系统应设立各管理层级的密码权限，各业务板块负责信息处理和档案保管工作的人员，应树立信息保密意识。企业应确定各类数据信息的保密级别，并明示其他相关人员及档案管理部门按密级进行管理。

（2）企业应与负责信息处理和档案保管工作的人员签订保密协议，约定信息保密的相关责任和义务，在数据信息收集、整理和保管工作中严格履行保密义务。

（3）各部门因业务需要向外部提供保密信息时，应先向企业总经理或本部门的最高领导请示并获得批准。任何业务人员、管理人员严禁在公共场合、公用电话、传真上交谈、传递保密信息事项，不准在私人交往中泄露企业秘密。

（4）企业应当综合利用防火墙、路由器等网络设备，漏洞扫描、入侵检测等软件技术以及远程访问安全策略等手段，加强网络安全，防范来自网络的攻击和非法侵入。企业对于通过网络传输的涉密或关键数据应当采取加密措施，确保信息传递的保密性、准确性和完整性。

（5）企业的信息系统管理员、内勤人员、文秘员、档案管理员等在出现工作变动时，应建立健全明确的、书面的交接手续，经主管领导审批签字后才能离开。涉及重要秘密的岗位，应签订相关的保密协议、约定保密责任后才能离开。

（6）对外发文应经主管领导审核，外发的文件不得出现对企业不利或不该宣传的内容，同时应确定文件编号、保密级别、发放范围和打印份数。含有企业经营数据信息的文件应做好登记，包括打印份数、发放范围等。

（7）企业的计算机电子数据信息，由系统管理员设立各管理层级的浏览权限，越级浏览和查看需经财务负责人和总经理批准。严禁不对涉密电子信息设置打开权限，严禁无权限的人员查看电子档案信息。

12. 建立举报投诉制度

投诉是信息沟通的重要手段和重要形式。员工处于企业生产经营活动的第一线，能够及时发现经营活动及内部控制实施过程中存在的不足、问题、缺陷和舞弊行为，并能就企业完善内部控制建设体系提出合理化建议和改进意见。因此，企业应当建立举报投诉制度，设置举报信箱和举报电话，明确举报投诉处理程序等。

13. 建立内部报告的评估制度

企业应定期对内部报告的形成和使用进行全面评估，重点关注内部报告的及时性、安全性和有效性。

五、相关文件制度目录

（1）总部《信息系统管理规定》。

（2）总部《财务报告管理制度》。

（3）总部《档案管理规定》。

（4）总部《信息系统管理规定》。

（5）总部《信息系统管理维护办法》。

（6）总部《文件收发传阅审批管理规定》。

六、主要控制点

（1）信息报告的分类。

（2）即时经营信息反馈报告。

（3）经营数据信息报告。

（4）重大事项报告。

（5）内部反馈信息报告。

（6）内部信息的使用和风险评估。

（7）内部信息的保密规定。

七、相关工作记录

月度经营快报、年度经营报表、片区月度经营快报、片区年度经营报表、重大事项报告、文件接收传阅记录、文件发送确认记录、各类签呈申请。

第 19 章
信息系统内部控制

19.1 信息系统内部控制应用指引

企业内部控制应用指引第 18 号——信息系统

第一章 总则

第一条 为了促进企业有效实施内部控制，提高企业现代化管理水平，减少人为因素，根据有关法律法规和《企业内部控制基本规范》，制定本指引。

第二条 本指引所称信息系统，是指企业利用计算机和通信技术，对内部控制进行集成、转化和提升所形成的信息化管理平台。

第三条 企业利用信息系统实施内部控制至少应当关注下列风险：

（一）信息系统缺乏或规划不合理，可能造成信息孤岛或重复建设，导致企业经营管理效率低下。

（二）系统开发不符合内部控制要求，授权管理不当，可能导致无法利用信息技术实施有效控制。

（三）系统运行维护和安全措施不到位，可能导致信息泄露或毁损，系统无法正常运行。

第四条 企业应当重视信息系统在内部控制中的作用，根据内部控制要求，结合组织架构、业务范围、地域分布、技术能力等因素，制定信息系统建设整体规划，加大投入力度，有序组织信息系统开发、运行与维护，优化管理流程，防范经营风险，全面提升企业现代化管理水平。

企业应当指定专门机构对信息系统建设实施归口管理，明确相关单位的职责权限，建立有效工作机制。企业可委托专业机构从事信息系统的开发、运行和维护工作。

企业负责人对信息系统建设工作负责。

第二章　信息系统的开发

第五条　企业应当根据信息系统建设整体规划提出项目建设方案，明确建设目标、人员配备、职责分工、经费保障和进度安排等相关内容，按照规定的权限和程序审批后实施。

企业信息系统归口管理部门应当组织内部各单位提出开发需求和关键控制点，规范开发流程，明确系统设计、编程、安装调试、验收、上线等全过程的管理要求，严格按照建设方案、开发流程和相关要求组织开发工作。

企业开发信息系统，可以采取自行开发、外购调试、业务外包等方式。选定外购调试或业务外包方式的，应当采用公开招标等形式择优确定供应商或开发单位。

第六条　企业开发信息系统，应当将生产经营管理业务流程、关键控制点和处理规则嵌入系统程序，实现手工环境下难以实现的控制功能。

企业在系统开发过程中，应当按照不同业务的控制要求，通过信息系统中的权限管理功能控制用户的操作权限，避免将不相容职责的处理权限授予同一用户。

企业应当针对不同数据的输入方式，考虑对进入系统数据的检查和校验功能。对于必需的后台操作，应当加强管理，建立规范的流程制度，对操作情况进行监控或者审计。

企业应当在信息系统中设置操作日志功能，确保操作的可审计性。对异常的或者违背内部控制要求的交易和数据，应当设计由系统自动报告并设置跟踪处理机制。

第七条　企业信息系统归口管理部门应当加强信息系统开发全过程的跟踪管理，组织开发单位与内部各单位的日常沟通和协调，督促开发单位按照建设方案、计划进度和质量要求完成编程工作，对配备的硬件设备和系统软件进行检查验收，组织系统上线运行等。

第八条　企业应当组织独立于开发单位的专业机构对开发完成的信息系统进行验收测试，确保在功能、性能、控制要求和安全性等方面符合开发需求。

第九条　企业应当切实做好信息系统上线的各项准备工作，培训业务操作和系统管理人员，制定科学的上线计划和新旧系统转换方案，考虑应急预案，确保新旧系统顺利切换和平稳衔接。系统上线涉及数据迁移的，还应制订详细的数据迁移计划。

第三章　信息系统的运行与维护

第十条　企业应当加强信息系统运行与维护的管理，制定信息系统工作程序、信息管理制度以及各模块子系统的具体操作规范，及时跟踪、发现和解决系统运行中存在的问题，确保信息系统按照规定的程序、制度和操作规范持续稳定运行。

企业应当建立信息系统变更管理流程，信息系统变更应当严格遵照管理流程进行操作。信息系统操作人员不得擅自进行系统软件的删除、修改等操作；不得擅自升级、改变系统软件版本；不得擅自改变软件系统环境配置。

第十一条　企业应当根据业务性质、重要性程度、涉密情况等确定信息系统的安全等级，建立不同等级信息的授权使用制度，采用相应技术手段保证信息系统运行安全有序。

企业应当建立信息系统安全保密和泄密责任追究制度。委托专业机构进行系统运行与维护管理的，应当审查该机构的资质，并与其签订服务合同和保密协议。

企业应当采取安装安全软件等措施防范信息系统受到病毒等恶意软件的感染和破坏。

第十二条　企业应当建立用户管理制度，加强对重要业务系统的访问权限管理，定期审阅系统账号，避免授权不当或存在非授权账号，禁止不相容职务用户账号的交叉操作。

第十三条　企业应当综合利用防火墙、路由器等网络设备，漏洞扫描、入侵检测等软件技术以及远程访问安全策略等手段，加强网络安全，防范来自网络的攻击和非法侵入。

企业对于通过网络传输的涉密或关键数据，应当采取加密措施，确保信息传递的保密性、准确性和完整性。

第十四条　企业应当建立系统数据定期备份制度，明确备份范围、频度、方法、责任人、存放地点、有效性检查等内容。

第十五条　企业应当加强服务器等关键信息设备的管理，建立良好的物理环境，指定专人负责检查，及时处理异常情况。未经授权，任何人不得接触关键信息设备。

19.2　信息系统内部控制目标及风险点

19.2.1　信息系统内部控制的目标

信息系统内部控制的目标是促进企业有效实施内部控制，提高企业现代化管理水平，减少人为操纵因素；同时，企业要增强信息系统的安全性、可靠性和合理性，以及相关信息的保密性、完整性和可用性，为建立有效的信息与沟通机制提供支持保障。信息系统内部控制的主要对象是信息系统，由计算机硬件、软件、人员、信息流和运行规程等要素组成。

信息系统是企业利用计算机和通信技术，对内部控制进行集成、转化和提升所形成的信息化管理平台，由计算机硬件、软件、人员、信息流和运行规程等要素组成。信息系统自身具有复杂性和高风险的特征。信息系统控制的对象是信息系统开发、维护、运行和使用中的相关风险，主要包括三类：一是信息系统缺乏或规划不合理，可能造成信息孤岛或重复建设，导致企业经营管理效率低下；二是信息系统开发不符合内部控制要求，授权管理不当，可能导致无法利用信息技术实施有效的控制；三是信息系统运行维护和安全措施不到位，可能导致信息泄露或毁损，信息系统无法正常运行。

信息系统控制通常包括一般控制与应用控制。一般控制是为了保证信息系统的安全，对整个信息系统及外部各种环境要素实施的、对所有应用或控制模块具有普遍影响的控制措施。一般控制的政策和程序与多个应用系统有关，具体包括程序开发、程序变更、程序和数据访问及计算机运行等方面。常见的一般控制有：数据中心和网络运行控制，系统软件购置、修改及维护控制，接触或访问权限控制等。一般控制有助于保证信息系统（包括信息的完整性和数据的安全性）持续、恰当地运行，支持应用控制作用的有效发挥。应用控制是针对具体业务的控制，侧重于信息采集与处理的完整、准确、授权及有效性等，通常包括输入控制、处理控制和输出控制等。例如，将输入数据汇总后与总额核对，以便发现数据是否存在录入错误；设置校验码；对数据的合理性进行测试；逻辑测试；对例外报告进行人工干预等。以开车为例：一般控制要求车辆状况良好，包括定期维护保养、换机油、换轮胎、加油等；应用控制要求开车人遵守交通规则、谨慎驾驶等。

19.2.2　信息系统内部控制的风险点

企业的运营越来越依赖于信息系统。例如：航空公司的网上订票系统、银行的资金实时结算系统、旅行网的客户服务系统等。没有信息系统的支撑，业务开展就举步维艰、难以为继，企业经营则很可能陷入瘫痪状态。还有一些新兴产业和新兴企业，其商业模式完全依赖信息系统。例如，各种网络公司、各种电子商务公司，若没有信息系统，这些企业可能失去生存之基。

同时应当看到，企业信息系统内部控制以及利用信息系统实施内部控制也面临诸多风险。企业至少应当关注下列风险。

（1）缺乏信息系统建设整体规划或规划不当，可能导致重复建设，形成信息孤岛，影响企业发展目标的实现。

（2）开发不合理或不符合内部控制要求，可能导致无法利用信息系统实施有效控制。

（3）授权管理不当，可能导致非法操作和舞弊。

（4）安全维护措施不当，可能导致信息泄露或毁损，系统无法正常运行。

一、信息系统开发环节的主要风险

企业根据发展战略和业务需要进行信息系统建设，先要确立信息系统建设目标，根据目标进行系统建设战略规划，再将规划细化为项目建设方案。企业开展信息系统建设，可以根据实际情况，采取自行开发、外购调试或业务外包等方式。选择外购调试或业务外包方式的，应采用公开招标等形式择优遴选供应商或开发单位。选择自行开发信息系统的，信息系统归口管理部门应组织企业内部相关业务部门进行需求分析，合理配置人员，明确系统设计、编程、安装调试、验收、上线等全过程的管理要求。企业信息系统归口管理部门应加强对信息系统开发全过程的跟踪管理，增进开发单位与企业内部业务部门的日常沟通和协调，组织独立于开发单位的专业机构对开发完成的信息系统进行检查验收，并组织信息系统上线运行。

（一）信息系统开发规划环节的主要风险

信息系统开发规划是信息化建设的起点，应以企业发展战略为依据制定企业信息化建设的全局性、长期性规划。信息系统开发规划环节的主要风险如表19-1 所示。

表 19-1　信息系统开发规划环节的主要风险

主要风险	（1）缺乏战略规划或规划不合理，可能造成信息孤岛或重复建设，导致企业经营管理效率低下 （2）没有将信息化与企业业务需求相结合，降低了信息系统的应用价值

（二）信息系统开发建设环节的主要风险

系统开发是信息系统建设中技术难度非常大的环节，企业可以选择自行开发、业务外包、外购调试等方式进行。

1. 自行开发方式的主要风险

自行开发通常包含项目计划、需求分析、信息系统设计、编程和测试、上线等环节。

（1）项目计划环节的主要风险见表 19-2。

表 19-2　项目计划环节的主要风险

关键环节	主要风险
项目计划	信息系统建设缺乏项目计划或者计划不当，导致项目进度滞后、费用超支、质量低下

（2）需求分析环节的主要风险。

需求分析的目的是明确信息系统需要实现哪些功能，其主要风险见表 19-3。

表 19-3　需求分析环节的主要风险

关键环节	主要风险
需求分析	（1）需求本身不合理，对信息系统提出的功能、性能、安全性等方面的要求不符合业务处理和控制的需要 （2）技术上不可行、经济上成本效益倒挂，或与国家有关法规制度存在冲突 （3）需求文档表述不准确、不完整，未能真实全面地表达企业需求，存在表述缺失、表述不一致甚至表述错误等问题

（3）信息系统设计环节的主要风险。

信息系统设计环节的主要风险有四点，如表 19-4 所示。

表 19-4　信息系统设计环节的主要风险

关键环节	主要风险
信息系统设计	（1）设计方案不能完全满足用户的需求，不能实现需求文档规定的目标 （2）设计方案未能有效地控制建设开发成本，不能保证建设质量和进度 （3）设计方案不全面，导致后续变更频繁 （4）设计方案没有考虑信息系统建成后对企业内部控制的影响，导致信息系统运行后衍生出新的风险

（4）编程和测试环节的主要风险。

编程和测试环节的主要风险共四点，内容如表 19-5 所示。

表 19-5　编程和测试环节的主要风险

关键环节	主要风险
编程和测试	（1）编程结果与设计不符 （2）各程序员编程风格差异大，程序可读性差，导致后期维护困难，维护成本高 （3）缺乏有效的程序版本控制，导致重复修改或修改不一致等问题 （4）测试不充分，单个模块正常运行但多个模块集成运行时出错，开发环境下测试正常而生产环境下运行出错，开发人员自测正常而业务部门用户使用时出错，导致系统上线后可能出现严重的问题

（5）上线环节的主要风险。

上线环节的主要风险共三点，内容如表 19-6 所示。

表 19-6　上线环节的主要风险

关键环节	主要风险
上线	（1）缺乏完整可行的上线计划，导致信息系统上线混乱无序 （2）人员培训不足，不能正确使用系统，导致业务处理错误，或者未能充分利用系统功能，导致开发成本浪费 （3）初始数据准备的设置不合格，导致新旧系统的数据不一致、业务处理错误

2. 业务外包方式的主要风险

在业务外包、外购调试方式下，企业对信息系统设计、编程和测试环节的参与程度明显低于自行开发方式，可以适当简化相应的风险控制措施；但同时也因开发方式的差异产生一些新的风险，必须采取有针对性的控制措施。

业务外包的关键环节和主要风险如表 19-7 所示。

表 19-7　业务外包的关键环节和主要风险

关键环节	主要风险
选择外包服务商	由于企业与外包服务商之间本质上是一种委托代理关系，合作双方的信息不对称容易诱发道德风险，外包服务商可能会实施损害企业利益的自利行为，如偷工减料、放松管理、泄密等
签订外包合同	由于合同条款不准确、不完善，可能导致企业的正当权益无法得到有效保障
持续跟踪评价外包服务商的服务过程	企业缺乏外包服务跟踪评价机制或跟踪评价不到位，可能导致外包服务质量水平不能满足企业信息系统开发需求

3. 外购调试方式的主要风险

在外购调试方式下，一方面，企业面临与业务外包方式类似的问题，企业要选择软件产品的供应商和服务供应商、签订合约、跟踪服务质量，可采用与业务外包方式类似的控制措施；另一方面，外购调试方式也有其特殊之处，企业需要有针对性地强化某些控制措施。

外购调试方式的关键环节和主要风险如表 19-8 所示。

表 19-8　外购调试方式的关键环节和主要风险

关键环节	主要风险
软件产品选型和供应商选择	（1）软件产品选型不当，产品在功能、性能、易用性等方面无法满足企业需求 （2）软件供应商选择不当，产品的支持服务能力不足，产品的后续升级缺乏保障
服务提供商选择	服务提供商选择不当，阻碍外购软件产品的功能发挥，导致无法有效满足用户需求

二、信息系统运行与维护环节的主要风险

信息系统运行与维护主要包括日常运行维护、系统变更和安全管理。

（一）日常运行维护的主要风险

日常运行维护的目标是保证系统正常运转，主要工作有日常操作、系统的日常巡检和维修、系统运行状态监控、异常事件的报告和处理等。

日常运行维护的主要风险如表 19-9 所示。

表 19-9　日常运行维护的主要风险

主要风险	（1）没有建立规范的信息系统日常运行管理规范，计算机软硬件的内在隐患易于爆发，可能导致企业信息系统出错 （2）没有执行例行检查，导致一些人为恶意攻击因素长期隐藏在系统中，从而造成严重损失 （3）企业信息系统数据未能定期备份，可能导致损坏后无法恢复，从而造成重大损失

（二）系统变更的主要风险

系统变更主要包括硬件的升级扩容、软件的修改与升级等。系统变更是为了更好地满足企业的需求，但同时应加强对变更申请、变更成本与进度的控制。

系统变更的主要风险如表 19-10 所示。

表 19-10　系统变更的主要风险

主要风险	（1）企业没有建立严格的变更申请、审批、执行、测试流程，导致系统随意变更 （2）系统变更后的效果达不到预期目标

（三）安全管理的主要风险

安全管理的目标是保障信息系统安全，使所有硬件、软件和数据受到保护，不因偶然和恶意的事项而遭到破坏、更改和泄露，信息系统能够持续、正常地运行。企业应积极开展信息系统的风险评估工作，定期对信息系统进行安全评估，及时发现系统安全问题并加以整改。

安全管理的主要风险如表 19-11 所示。

表 19-11　安全管理的主要风险

主要风险	（1）硬件设备分布物理范围广，设备种类繁多，安全管理难度大，可能导致设备生命周期短 （2）业务部门信息安全意识薄弱，对系统和信息安全缺乏有效的监管手段，少数员工可能恶意或非恶意滥用系统资源，造成系统运行效率降低 （3）对系统程序的缺陷或漏洞安全防护不够，导致遭受黑客攻击，造成信息泄露 （4）对各种计算机病毒防范清理不力，导致系统运行不稳定，甚至瘫痪 （5）缺乏对信息系统操作人员的严密监控，可能导致舞弊和利用计算机犯罪

三、信息系统终结环节的主要风险

信息系统终结是信息系统生命周期的最后一个环节，这一环节的主要风险如表 19-12 所示。

表 19-12　信息系统终结的主要风险

主要风险	（1）因经营条件发生剧变，数据可能泄密 （2）信息档案的保管期限不够长

四、数据输入、处理和输出环节的主要风险

（一）数据输入环节的主要风险

输入控制要确保只有有效的、经授权的数据才能进入系统，以确保数据的准确性、有效性和完整性。例如，给予顾客的折扣必须在允许的输入值限度内。

（二）系统处理环节的主要风险

系统处理控制要确保系统按规定程序对数据进行处理。

（三）数据输出环节的主要风险

输出控制要在确保输入和处理活动已被正确执行的基础上，使生成的输出信息可靠并被分发给用户。输出控制包括输出正确性控制、输出权限控制和输出资料分发控制。

数据输入、系统处理和输出环节的主要风险如表 19-13 所示。

表 19-13　数据输入、系统处理和输出环节的主要风险

关键环节	主要风险
数据输入	数据输入未经授权或输入错误等
系统处理	（1）系统不能对经济业务进行正常处理 （2）业务数据在处理过程中丢失、增加、重复或出现不恰当的变更 （3）处理中的错误未能被及时发现并得到更正
数据输出	输出结果错误，输出操作未经授权，输出结果分发给不该看到的人等

19.3　信息系统内部控制方法及关键点

19.3.1　信息系统内部控制的方法

信息系统公司层面、一般控制层面、应用层面控制如图 19-1 所示。

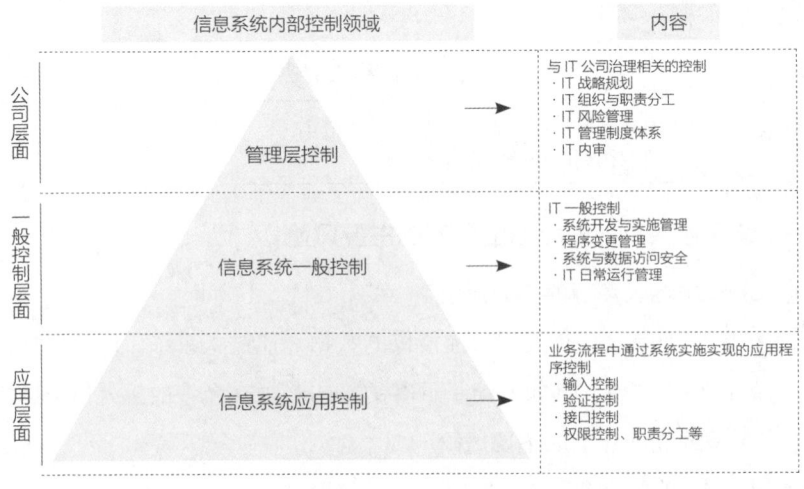

图 19-1　信息系统公司层面、一般控制层面、应用层面控制

一、建立计算机信息系统岗位责任制

企业应当建立计算机信息系统岗位责任制，具体内容如表 19-14 所示。

表 19-14　计算机信息系统岗位职责

序号	岗位	职责
1	系统分析	分析用户的信息需求，并据此制定设计或修改程序的方案
2	编程	编写计算机程序，执行系统分析岗位的设计或修改方案
3	测试	设计测试方案，对计算机程序是否满足设计或修改方案进行测试，根据反馈安排编程岗位修改程序，以最终满足测试方案
4	程序管理	保障并监控应用程序正常运行
5	数据库管理	对信息系统中的数据进行存储、处理、管理，维护组织数据资源
6	数据控制	维护计算机路径代码的注册，确保原始数据经过正确授权，监控信息系统工作流程，协调输入和输出，将输入的错误数据反馈到输入部门并跟踪监控其纠正过程，将输出信息分发给经过授权的用户
7	终端操作	终端用户负责记录交易内容，授权处理数据并合理利用系统输出的结果

二、不相容岗位分离

（1）系统开发和变更过程中不相容岗位（或职责）一般包括开发（或变更）立项、审批、编程和测试，这些岗位不能由同一人兼任。

（2）系统访问过程中不相容岗位（或职责）一般包括申请、审批、操作、监控，即这几个岗位是不能由同一人兼任的。

三、授权批准与管理

（1）企业计算机信息系统战略规划、重要信息系统政策等重大事项应当经董事会（或者企业章程所规定的经理、厂长办公会等类似的决策、治理机构）审批通过后实施。

（2）信息系统战略规划应当与企业业务目标保持一致。信息系统使用部门应该参与信息系统战略规划、重要信息系统政策等的制定工作。

（3）企业可以指定相关部门（或岗位，以下称归口管理部门）对计算机信息系统实施归口管理，负责信息系统开发、变更、运行及维护等工作。

四、实施会计系统控制

实施会计系统控制，首先要建立统一完善的会计制度。

（一）会计制度应符合内部会计控制规范

在执行内部会计控制规范的过程中，需要明确和注意的事项如下。

（1）内部会计控制规范体系的各种规范都是企业实施内部会计控制的依据和标准。企业在实施内部会计控制过程中，不仅要直接依据财政部公布的各项内部会计控制规范，而且需要依据其他有关内部会计控制的各种规定，如《中华人民共和国会计法》中有关会计监督的各种规定。

（2）内部会计控制规范包括其他法规中有关会计控制的规定。

（3）内部会计控制规范与其他相关会计法规的关系。在内部会计控制规范体系中主要是财政部制定的有关规定。确保各企业根据实际发生的经济业务进行会计核算，企业通过运用一系列会计控制方法，严格会计监督。规范会计行为，提高会计信息质量。

（二）统一会计政策

国家制定的统一的会计制度及会计准则中某些会计政策是可选的。从企业内部管理要求出发，必须统一执行所确定的会计政策，以便统一核算、汇总、分析和考核，企业会计政策可以专门文件的方式予以颁布。会计政策包括会计核算一般原则和会计处理方法。

19.3.2 信息系统内部控制的关键点

一、信息系统开发环节的关键点

（一）信息系统开发规划环节的关键点

信息系统开发规划环节的关键点如表 19-15 所示。

表 19-15 信息系统开发规划环节的关键点

涉及环节	关键点
信息系统开发规划	（1）制定信息系统开发规划，并与企业发展战略和经营计划相协调 （2）拟定信息化规划的过程，充分调动和发挥信息系统归口管理部门与业务部门的积极性，使各部门广泛参与、充分沟通，提高战略规划的科学性、前瞻性和适应性 （3）信息系统规划要与企业的组织架构、业务范围、地域分布、技术能力等相匹配，避免相互脱节

（二）信息系统开发建设环节的关键点

1. 自行开发方式的关键点

自行开发方式涉及环节和关键点如表 19-16 所示。

表 19-16 自行开发方式涉及环节和关键点

涉及环节	关键点
项目计划	（1）根据信息系统整体规划提出分阶段项目的建设方案，明确建设目标、人员配备、职责分工、经费保障和进度安排等相关内容，按照规定的权限和程序审批后实施 （2）采用项目管理软件（如 Microsoft Project）制定项目计划并加以跟踪，在关键环节进行阶段性评审，以保证过程可控 （3）参照相关国家标准和行业标准编制项目关键环节的文档，以提高项目计划编制水平
需求分析	（1）组织内部各有关部门提出开发需求，加强系统分析人员和有关部门的管理人员、业务人员的交流，经综合分析提炼后形成合理的需求 （2）编制表述清晰、表达准确的需求文档，详细说明系统建设的目标、功能和要求 （3）建立健全需求评审和需求变更控制流程。依据需求文档进行设计（含需求变更设计）前，应评审其可行性，由需求提出人和编制人签字确认，并经业务部门与信息系统归口管理部门负责人审批
系统设计	（1）系统设计负责部门应就总体设计方案与业务部门进行沟通和讨论，说明方案对用户需求的覆盖状况；存在备选方案的，应详细说明各方案在成本、建设时间和用户需求响应上的差异；信息系统归口管理部门和业务部门应对选定的设计方案予以书面确认 （2）参照相关国家标准和行业标准，提高系统设计说明书的编写质量 （3）建立设计评审制度和设计变更控制流程 （4）充分考虑信息系统建成后的控制环境，将生产经营管理业务流程、关键控制点和处理规程嵌入系统程序，实现手工环境下难以实现的控制功能。例如，对于某一财务软件，当输入支出凭证时，可以让计算机自动检查银行存款余额，防止透支 （5）充分考虑信息系统环境下新的控制风险。例如，通过信息系统中的权限管理功能控制用户的操作权限，避免将不相容职务的处理权限授予同一用户 （6）针对不同的数据输入方式，强化对进入系统数据的检查和校验功能。例如，凭证的自动平衡校对 （7）考虑在信息系统中设置操作日志功能，确保操作的可审计性，对异常的或者违背内部控制要求的交易和数据，应设计由系统自动报告并设置跟踪处理机制 （8）预留必要的后台操作通道，对于必需的后台操作，应加强管理，建立规范的操作流程，确保足够的日志记录，保证对后台操作的可监控性
编程和测试	（1）建立并执行严格的代码复查评审制度 （2）建立并执行统一的编程规范，在标识符命名、程序注释等方面统一风格 （3）使用版本控制软件系统（如 CVS），保证所有开发人员基于相同的组件环境开展项目工作，协调开发人员对程序的修改

涉及环节	关键点
编程和测试	（4）区分单元测试、组装测试（集成测试）、系统测试、验收测试等不同测试类型，建立严格的测试工作流程，提高最终用户在测试工作中的参与程度，改进测试用例的编写质量，加强测试分析，尽量采用自动测试工具提高测试工作的质量和效率。企业也可以组织独立于开发建设项目组的专业机构对开发完成的信息系统进行验收测试，确保在功能、性能、控制要求和安全性等方面符合开发需求
上线	（1）制定信息系统上线计划，并经信息系统归口管理部门和用户部门审核批准，上线计划一般包括人员培训、数据准备、进度安排、应急预案等内容 （2）系统上线涉及新旧系统切换的，在上线计划中应明确应急预案，保证新系统失效时能够顺利切换回旧系统 （3）系统上线涉及数据迁移的，应制定详细的数据迁移计划，并对迁移结果进行测试。用户部门应参与数据迁移过程，对迁移前后的数据予以书面确认

2. 业务外包方式的关键点

业务外包方式涉及环节和关键点如表 19-17 所示。

表 19-17　业务外包方式涉及环节和关键点

涉及环节	关键点
选择外包服务商	（1）选择外包服务商时要充分考虑服务商的市场信誉、资质条件、财务状况、服务能力、对本企业业务的熟悉程度、既往承包服务成功案例等因素，对外包服务商进行严格筛选 （2）借助外包业界基准来判断外包服务商的综合实力 （3）严格外包服务的审批及管控流程，对信息系统外包业务，原则上应采用公开招标等形式选择外包服务商，并实行集体决策审批
签订外包合同	（1）与外包服务商签约前，针对外包可能出现的各种风险损失，恰当地拟定合同条款，对涉及的工作目标、合作范畴、责任划分、所有权归属、付款方式、违约赔偿及合约期限等问题作出详细说明，并由法务部门或法律顾问审查把关 （2）开发过程中涉及商业秘密、敏感数据的，应与外包服务商签订保密协定，以保证数据安全 （3）在合同中约定付款事宜时，应选择分期付款方式，尾款应在系统运行一段时间并经评估验收后再支付 （4）在合同条款中明确要求外包服务商保持专业技术服务团队的稳定性
外包服务商服务过程	（1）规范外包服务评价工作流程，明确相关部门的职责权限，建立外包服务质量考核评价指标体系，定期对外包服务商进行考评，并公布服务周期的评估结果，实现外包服务水平的跟踪评价 （2）必要时，可以引入监理机制，降低外包服务风险

3. 外购调试方式的关键点

外购调试方式涉及环节和关键点如表 19-18 所示。

表 19-18　外购调试方式涉及环节和关键点

涉及环节	关键点
软件产品和供应商选择	（1）明确自身需求，对比分析市场上的成熟软件产品，合理选择软件产品的模块组合和版本 （2）广泛听取行业专家的意见 （3）不仅要评价其现有产品的功能、性能，还要考察其服务支持能力和后续产品的升级能力
服务提供商选择	选择服务提供商时，不仅要考核其对软件产品的熟悉、理解程度，还要考核其是否深刻理解企业所处行业的特点、企业的个性化需求，是否有过相同或相近的成功案例

二、信息系统运行与维护环节的关键点

信息系统运行与维护涉及环节和关键点如图 19-19 所示。

表 19-19　信息系统运行与维护涉及环节和关键点

涉及环节	关键点
日常运行维护	（1）制定信息系统使用操作程序、信息管理制度及各模块子系统的具体操作规范，及时跟踪、发现和解决系统运行中存在的问题，确保信息系统按照规定的程序、制度和操作规范持续、稳定地运行 （2）切实做好系统运行记录，尤其是系统运行不正常或无法运行时，应对异常现象、发生时间和可能原因进行详细记录 （3）重视系统运行的日常维护，在硬件方面，日常维护主要包括各种设备的保养与安全管理、故障的诊断与排除、易耗品的更换与安装等，这些工作应由专人负责 （4）配备专业人员负责处理信息系统运行中的突发事件，必要时应会同系统开发人员或软硬件供应商共同解决
系统变更	（1）建立标准流程来实施和记录系统变更，保证变更过程得到适当的授权与管理层的批准，并对变更进行测试 （2）信息系统变更应严格遵照管理流程进行操作，信息系统操作人员不得擅自进行软件的删除、修改等操作，不得擅自升级、改变软件版本，不得擅自改变软件系统的环境配置 （3）系统变更程序（如软件升级）需要遵循与新系统开发项目同样的验证和测试程序，必要时还应进行额外测试 （4）加强紧急变更的控制管理 （5）加强将变更移植到生产环境中的控制管理，包括系统访问授权控制、数据转换控制、用户培训等

涉及环节	关键点
安全管理	（1）建立信息系统相关资产的管理制度，保证电子设备的安全，对于关键信息设备，未经授权，不得接触 （2）成立专门的信息系统安全管理机构 （3）强化全体员工的安全保密意识，特别要对重要岗位员工进行信息系统安全保密培训，并与其签署安全保密协议 （4）建立信息系统安全保密制度和泄密责任追究制度 （5）按照国家相关法律法规以及信息安全技术标准，制定信息系统安全实施细则。根据业务性质、重要程度、涉密情况等确定信息系统的安全等级，建立不同等级信息的授权使用制度，采用密码控制、数字证书、生物识别等技术手段进行用户身份识别，定期对系统中的用户进行审查，避免授权不当或有非授权用户存在，保证信息系统的安全有序运行 （6）有效利用信息技术手段，对硬件配置调整、软件参数修改严加控制。例如，企业可利用操作系统、数据库系统、应用系统提供的安全机制，设置安全参数，保证系统访问安全；对于重要的计算机设备，企业应利用技术手段防止员工擅自安装、卸载软件或者改变软件系统配置，并定期对上述情况进行检查 （7）委托专业机构进行系统运行与维护管理的，企业应严格审查其资质条件、市场声誉和信用状况等，并与其签订正式的服务合同和保密协议 （8）采取安装安全软件等措施防范信息系统受到病毒等恶意软件的感染和破坏，对于通过互联网传输的涉密或关键业务数据，应采取必要的技术手段确保信息传递的保密性、准确性、完整性 （9）建立系统数据定期备份制度，明确备份范围、频度、方法、责任人、存放地点、有效性检查等内容
	（10）建立信息系统开发、运行与维护等环节的岗位责任制度和不相容职务分离制度，防范利用计算机舞弊和犯罪。一般而言，信息系统不相容职务涉及的人员可分为三类：系统开发建设人员、系统管理和维护人员、系统操作使用人员。系统开发建设人员在运行阶段不能操作使用信息系统。系统管理和维护人员担任密码保管、授权、系统变更等关键任务，如果被允许使用信息系统，就可能较为容易地篡改数据，从而达到侵吞财产或滥用计算机信息的目的。系统操作使用人员也要区分不同岗位，包括业务数据录入、数据检查、业务批准等，并在他们之间设置必要的相互牵制。企业应建立用户管理制度，加强对重要业务系统的访问权限管理，避免将不相容职务授予同一用户。企业应采用密码控制等技术手段进行用户身份识别，对于重要的业务系统，应采用数字证书、生物识别等可靠性强的技术手段识别用户身份。对于发生岗位变化或离岗的用户，用户部门应及时通知系统管理人员调整其在系统中的访问权限或者关闭账号。企业应定期对系统中的账号进行审验，避免存在授权不当或非授权账号。对于超级用户，企业应严格规定其使用条件和操作程序，并对其在系统中的操作进行全程监控或审计

三、信息系统终结环节的关键点

信息系统终结涉及的关键点如表 19-20 所示。

表 19-20　信息系统终结环节的关键点

涉及环节	关键点
信息系统终结	（1）做好善后工作，不管因何种情况导致系统停止运行，都应将废弃系统中有价值或者涉密的信息销毁、转移 （2）严格按照国家有关法规制度和对电子档案的管理规定（如审计准则对审计证据保管年限的要求），妥善保管相关信息档案

四、数据输入、系统处理和输出环节的关键点

数据输入、系统处理和输出环节的关键点如表 19-21 所示。

表 19-21　数据输入、系统处理和输出环节的关键点

涉及环节	关键点
数据输入	（1）对各种输入数据进行校验，如使用循环冗余校验码，进行数据取值合理性检查、参照完整性检查、合计数与明细数一致性检查、借贷平衡检查等 （2）依据手工录入、批量导入、接收其他系统数据等不同数据来源，采取针对性的控制手段
系统处理	（1）处理权限控制 （2）合理性检验控制 （3）业务时序控制
系统处理	（4）审计跟踪控制 （5）备份及恢复控制
数据输出	合计数控制、抽样统计控制、数据稽核控制等；输出权限控制使特定的、经过授权的用户才可以执行输出操作，而且不同权限的人应该只能输出相应权限的内容；输出资料分发控制使资料只能分发给有权接受资料的人。输出控制也主要依赖于程序自身的算法正确性，因此必须加强系统测试

19.4　信息系统内部控制流程

信息系统自行开发流程与风险控制见图 19-2，信息系统自行开发流程控制见表 19-22，信息系统开发招标流程与风险控制见图 19-3。

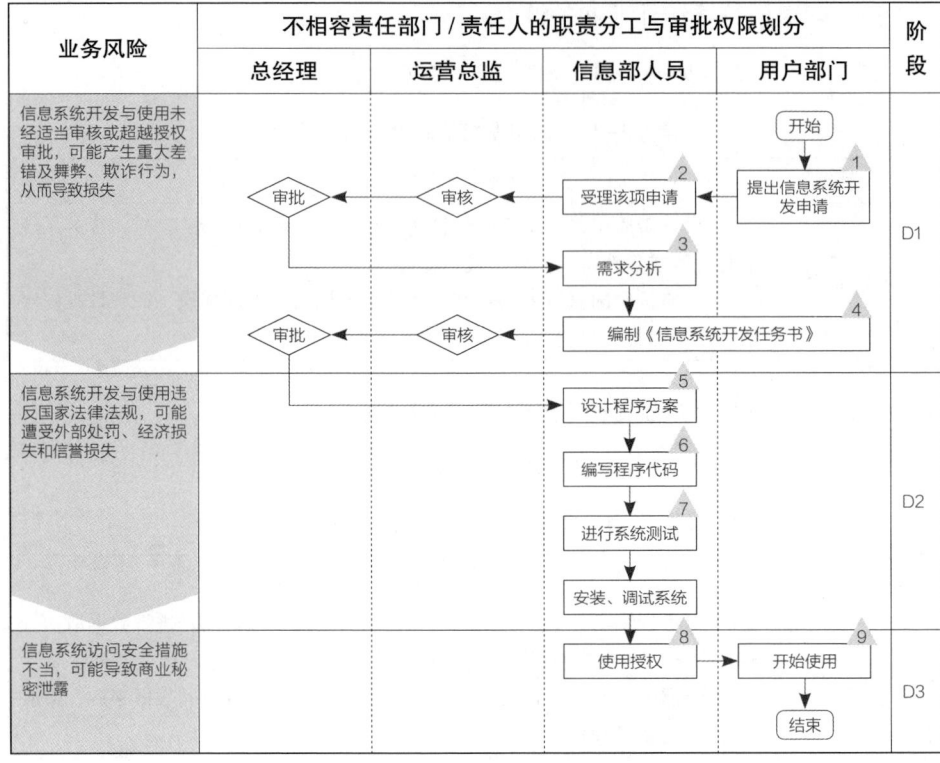

图 19-2　信息系统自行开发流程与风险控制

表 19-22　信息系统自行开发流程控制

控制事项		详细描述及说明
阶段控制	D1	1. 企业生产、销售、仓储、财务等信息系统使用部门根据实际工作需要提交信息系统开发申请 2. 信息部仔细核对用户部门提交的申请，审核无误后提交运营总监核、总经理审批 3. 信息系统开发申请通过审批后，信息部根据企业相关规定以及用户部门的实际情况，分析信息系统需求 4. 在分析需求的基础上编制《信息系统开发任务书》，提交运营总监审核、总经理审批，《信息系统开发任务书》包括信息系统名称、应达到的技术性能、操作环境、具体工作计划、开发人员以及费用预算等内容
	D2	5. 系统分析人员设计信息系统程序方案 6. 信息部的程序员编写程序代码 7. 信息部的测试员进行系统测试
	D3	8. 安装、调试后，系统最终上线，信息部设置用户部门的使用权限 9. 用户部门在信息部的授权下使用信息系统

控制事项		详细描述及说明
相关规范	应建规范	● 《信息系统管理制度》 ● 《信息系统开发管理办法》
	参照规范	● 《企业内部控制应用指引》
文件资料		● 《信息系统开发任务书》 ● 信息系统程序方案
责任部门及责任人		● 信息部、财务部、生产部、销售部、仓储部 ● 总经理、运营总监、程序员、测试员、生产部人员、财务人员、仓储主管、销售经理

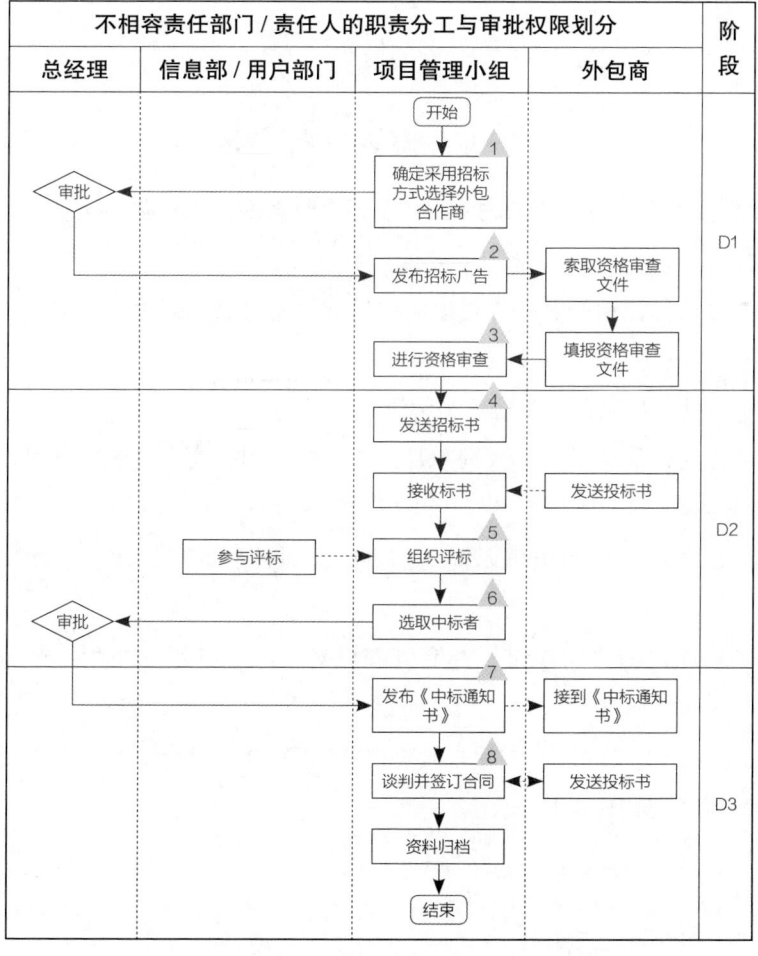

图 19-3　信息系统开发招标流程与风险控制

随着企业业务及日常管理的信息化程度逐步提高，企业的业务、财务流程对信息系统的依赖日益加深。图 19-4 中，信息技术已成为支持企业业务、财务、管理的重要基础构架，提供内部、外部、第三方等用户对企业信息的访问。

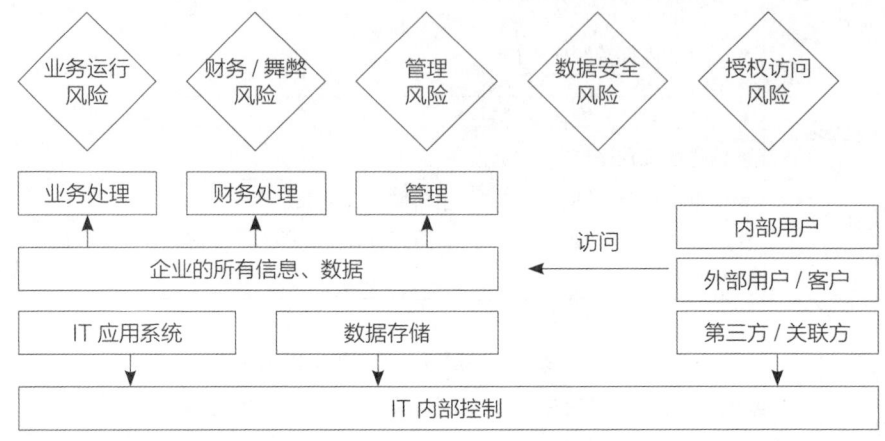

图 19-4　信息系统内部控制关系

在信息技术环境下，传统的手工控制越来越多地被自动化控制替代，概括地讲，自动化控制能为企业带来以下好处。

（1）自动化控制能够有效处理大流量交易及数据，因为自动化信息系统可以提供与业务规则一致的系统处理方法。

（2）自动化控制比较不容易被绕过。

（3）自动化信息系统、数据库及操作系统的相关安全控制功能可以实现有效的职责分离。

（4）自动化信息系统可以提高信息的及时性、准确性，并使信息更易被获取。

（5）自动化信息系统可以提高管理层对企业业务活动及相关政策的监督水平。

信息化会计档案的管理流程与风险控制如图 19-5 所示，信息化会计档案的管理流程控制如表 19-23 所示。

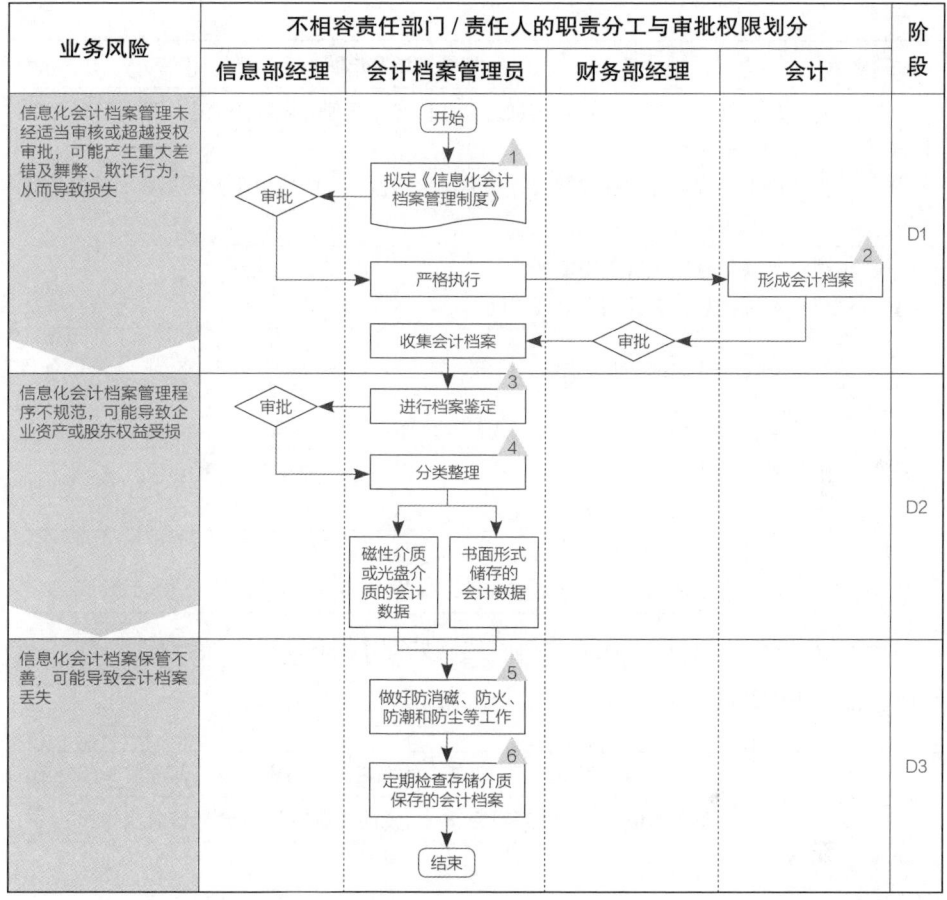

图 19-5　信息化会计档案的管理流程与风险控制

表 19-23　信息化会计档案的管理流程控制

控制事项		详细描述及说明
阶段控制	D1	1. 会计档案管理员拟定《信息化会计档案管理制度》，经信息部经理审批后严格执行 2. 会计档案主要指存储在磁性介质或光盘介质的会计数据和计算机打印出来的书面等形式的会计数据，包括记账凭证、会计账簿、会计报表（包括报表格式和计算公式）中的数据
	D2	3. 会计档案管理员对收集到的会计档案进行鉴定，对会计档案进行去粗取精等工作，确定会计档案的利用价值 4. 把零散的、需要修改的会计档案进行分类、组织和编目，使之成为一个体系；分类主要是根据会计档案的时间、内容或形式的异同，按照一定体系，分门别类、系统化地区分档案和整理档案，使其构成有机整体

控制事项		详细描述及说明
阶段控制	D3	5. 会计档案管理员负责信息化会计档案的管理，做好防消磁、防火、防潮和防尘等工作 6. 对于存储介质保存的会计档案应定期检查，防止由于介质损坏而使会计档案丢失
相关规范	应建规范	● 《信息系统管理制度》 ● 《信息化会计档案管理制度》
	参照规范	● 《企业内部控制应用指引》
文件资料		● 记账凭证 ● 会计账簿 ● 会计报表
责任部门及责任人		● 信息部、财务部 ● 信息部经理、会计档案管理员、财务部经理、会计

会计信息管理人员操作流程与风险控制如图 19-6 所示，会计信息管理人员操作流程控制如表 19-24 所示。

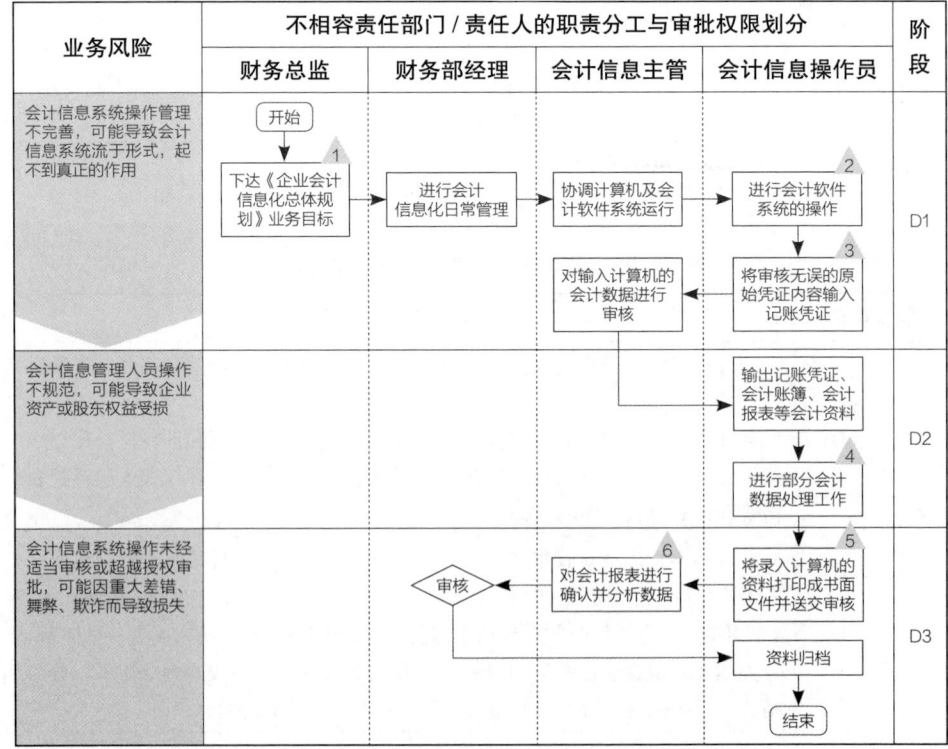

图 19-6　会计信息管理人员操作流程与风险控制

表 19-24 会计信息管理人员操作流程控制

控制事项		详细描述及说明
阶段控制	D1	1. 财务总监主要负责财务系统会计信息化的领导工作，按照国家财政部门的有关规定设计企业全面实施会计信息化的总体规划 2. 会计信息化操作岗位任职人员必须持有会计电算化上岗证 3. 会计信息操作员主要负责账务及其他专项核算子系统的操作，如输入记账凭证、输出记账凭证和会计账簿，编制会计报表，进行工资核算、固定资产核算、往来账核算等
	D2	4. 会计信息操作员审核输出的记账凭证、会计账簿、会计报表等会计资料，并对部门会计数据进行简单处理
	D3	5. 会计信息操作员打印出需要上级领导审核的会计资料 6. 会计信息主管需要对打印输出的会计账簿、会计报表进行确认，并对计算机内的会计数据进行分析，为各管理层决策提供有效信息
相关规范	应建规范	● 《信息系统管理制度》 ● 《会计信息化操作管理制度》
	参照规范	● 《企业内部控制应用指引》
文件资料		● 会计报表 ● 记账凭证
责任部门及责任人		● 财务部、信息部 ● 财务总监、财务部经理、会计信息主管、会计信息操作员

19.4.1 信息系统一般控制测试

信息系统一般控制是指与多个程序相关且支持应用控制有效运行的政策或程序，应用于主机、小型机和终端用户环境。信息系统一般控制是为了保证信息系统的安全，对整个信息系统以及外部各种环境要素实施的、对所有应用或控制模块具有普遍影响的控制措施，通常会对实现部分或全部财务报告认定作出间接贡献。在有些情况下，信息系统一般控制也可能对实现财务报告认定作出直接贡献。这是因为有效的信息系统一般控制确保了应用系统控制和依赖计算机处理的自动会计程序得以持续有效地运行。当手工控制依赖系统生成的信息时，信息系统一般控制同样重要。

如果信息系统一般控制存在缺陷，则会影响系统整体的可信程度。例如：程序变更控制缺陷可能导致未授权人员对检查录入数据字段格式的编程逻辑进行修改，导致系统接收不准确的录入数据；与安全和访问权限相关的控制缺陷可能导致系统数据被未经授权的人员访问甚至修改，造成重要数据泄露，以及数据的准确性无法得到保障。

注册会计师应当清楚记录信息系统一般控制与关键的自动应用控制及接口、关键的自动会计程序、关键手工控制使用的系统生成数据和报告或生成手工日记账时使用系统生成的数据和报告的关系。

一般而言，信息系统一般控制特定风险包括以下内容。

（1）依赖不能正确处理数据或者处理出来的数据不正确的系统或者程序。

（2）未经授权的数据访问会导致数据损坏或者被不正当地修改，包括未经授权地记录不存在的交易或者不正确的交易。

（3）未定期进行逻辑访问控制监督与稽核。

（4）程序变更或开发未满足业务需求或未满足规范流程。

（5）不恰当的人为干预。

（6）无效的问题申报、处理、跟进等环节。

企业应该结合自身特点，充分考虑信息系统一般控制风险，结合相关控制合理设计并执行信息系统一般控制。

由于程序变更控制、计算机操作控制及程序数据访问控制影响系统驱动组件的持续有效运行时，注册会计师需要对这三类控制实施控制测试。

信息系统一般控制包括程序开发、程序变更、程序和数据访问以及计算机运行等四个方面。

1. 程序开发

程序开发领域的目标是确保系统的开发、配置和实施能够实现管理层的应用控制目标。程序开发控制一般包括以下要素。

（1）对开发和实施活动的管理。

（2）项目启动、分析和设计。

（3）对程序开发实施过程的控制软件包的选择。

（4）测试和质量保证。

（5）数据迁移。

（6）程序实施。

（7）记录和培训。

（8）职责分离。

2. 程序变更

程序变更领域的目标是确保对程序和相关基础组件的变更是经过申请、授权、执行、测试和实施的，以达到管理层的应用控制目标。程序变更控制一般包括以下要素。

（1）对维护活动的管理。

（2）对变更请求的规范、授权与跟踪。

（3）测试和质量保证。

（4）程序实施。

（5）记录和培训。

（6）职责分离。

3. 程序和数据访问

程序和数据访问这一领域的目标是确保分配的访问程序和数据的权限是经过用户身份认证和授权的。程序和数据访问一般包括安全活动管理、安全管理、数据安全、操作系统安全、网络安全和实物安全。

4. 计算机运行

计算机运行这一领域的目标是确保系统根据管理层的控制目标完整准确地运行，确保运行问题被完整准确地识别并解决，以维护财务数据的完整性。计算机运行的子组件一般包括计算机运行活动的总体管理、批调度和批处理、实时处理、备份和问题管理以及灾难恢复。

计算机运行中须注重系统开发与实管理、程序变更管理，系统与数据访问安全与 IT 日常运行管理。

系统开发与实施管理的目标是确保系统的开发、配置和实施能够实现管理层的应用控制目标，具体控制领域包括以下方面。

（1）用户需求：对系统开发过程中用户需求调研、分析、编制、复核等关键操作环节进行管理和控制，确保系统需求分析文档及设计方案满足业务需求。

（2）测试和质量：对新的信息系统实施过程中测试、质量控制等环节进行有效管理，确保信息系统功能、质量满足业务部门实际需要。

（3）数据迁移：在系统实施过程中，对历史数据迁移操作的关键节点进行管理，确保迁移后的数据完整性、准确性、有效性满足系统所有人、数据所有人的要求，为系统开发项目奠定数据基础。

（4）程序实施：对开发完成的系统、模块、代码上线操作进行管理，确认新的信息系统上线操作经过管理层正式的审核和授权。

（5）记录和培训：对系统开发过程中产生的需求分析、项目管理、测试记录、操作手册等文档进行归档保存；系统实施后，需对相关人员进行有效培训，确保其能够正确地使用新的信息系统。

（6）职责分离：在项目开发过程中，禁止同一人员拥有不相容的工作职责，确保系统开发过程控制满足要求，避免潜在安全风险。如，禁止同一人员同时担任系统开发、系统测试工作。

程序变更管理的目标是确保对程序和相关基础组件的变更是经过请求、授权、执行、测试和实施的，以达到应用控制目标，具体控制领域如下。

（1）对变更操作流程的规范与定义：建立正式程序变更申请与审批操作流程，规范程序变更过程中关键操作环节和关键控制节点，确保程序变更全程满足要求。

（2）对变更请求的规范、授权与跟踪：任何程序变更需通过书面形式提出，并经过部门负责人、系统所有人或 IT 负责人进行正式的评估与审核，确认变更申请内容满足业务需要，在技术上具有可行性，相关责任人对程序变更全程能有效管理和监控、跟踪。

（3）对程序变更实施过程的控制：对程序变更操作、代码修订环节操作进行有效管理和监控，确保变更程序设计满足系统安全性、可靠性、有效性要求。

（4）测试和质量确保：在变更程序部署前，需经过必要的测试环节，确保变更后程序功能、质量满足业务要求。

（5）程序实施：对变更程序实施至生产环境操作过程进行全程管理，确保变更程序实施过程经过正式授权、监督和记录。

（6）记录和培训：对程序变更过程中申请、审批、变更设计与测试、上线操作文档进行归档保存；对重大程序变更事项，组织系统用户进行培训，帮助相关使用人员了解变更后的系统功能和操作步骤。

（7）职责分离：在程序变更过程中，对关键操作岗位人员职责进行有效定义和授权，确保不相容职责分别由不同人员担任。

系统与数据访问安全的目标是确保分配的访问程序和数据的权限是经过用户身份认证和授权的，具体控制领域如下。

（1）安全活动管理：建立覆盖关键信息系统、数据及 IT 设备的安全管理制度及流程文档，定义、规范和指导企业范围内信息安全管理实践操作，确保系统、数据及 IT 基础架构的逻辑、物理及访问安全。

（2）系统账号安全管理：规范和管理关键信息系统应用层、网络层、数据库层访问账号、权限操作流程，确保系统账号、权限新增、修改、变更、注销、定期复核操作满足系统访问安全管理要求。尤其要加强对系统特权账号（操作系统、数据库、应用层面管理员，以及拥有对数据进行修改或进行程序移植权限的账号等）的管理，包括账号申请、授权、使用过程中的监控，以及使用完毕后的及时收回或注销等。

（3）IT 基础架构安全管理：涉及数据库安全、操作系统安全、网络安全等 IT 基础架构层面，对 IT 基础架构层面密码策略部署、安全配置基准设置与检查、日志管理等操作内容进行明确定义和规范。

（4）物理安全：对企业内 IT 机房物理环境安全管理和访问控制操作进行规范，从物理层面确保 IT 基础设备、系统、数据的安全。

（5）职责分离管理：遵循不相容职责相分离的原则，实现合理的组织分工。企业通过控制实现对交易授权、交易记录以及资产保管等职责的分离要求，以防范同一员工在履行多项职责时可能发生的舞弊或错误。

IT 日常运行管理的目标是确保生产系统有效运行，确保运行问题被完整准确地识别并解决，以维护财务数据的完整性，具体控制领域如下。

（1）计算机运行活动的总体管理：建立覆盖关键信息系统日常运行各领域的 IT 管理制度或流程，规范和定义具体的 IT 管理标准、操作步骤、职责等内容。

（2）批处理：对关键信息系统中自动作业程序的申请、审批、测试及上线、运行监控等环节进行管理，确保批处理程序设置、执行满足业务需求与系统安全双重要求。

（3）实时处理：对关键信息系统、IT 设备的运行情况进行实时监控和管理，使异常情况可以得到及时发现、处理，确保系统运行稳定、高效。

（4）备份和问题管理：备份管理是指对关键信息系统数据备份操作进行管理，确保备份数据满足企业管理要求。例如，备份部分应包括本地备份及异地备份管理等内容，如备份介质的授权，备份机制的建立、备份频率、备份记录等。问题管理是指对 IT 问题故障的上报、处理、跟踪、记录、分析等操作环节进行有序管理和监控。

（5）灾难恢复计划：根据企业业务需求和信息系统使用情况，识别和评估关键系统、数据重要性水平，制定 IT 灾难恢复计划并定期进行演练、更新；当重大异常或灾害发生时，能够及时、有效地重启 IT 服务，确保业务操作的持续性。

（6）重要电子表格：建立关键电子表格管理流程，对存储重要数据的电子表格访问、录入、备份操作及完整性控制等关键操作环节进行有效管理，确保电子表格数据安全、准确、完整、有效。

19.4.2　信息系统应用控制测试

信息系统应用控制是指在业务经营和管理流程层面为了合理保证业务运行准确、完整、有效并完成业务数据的生成、记录、处理、报告等而设计、执行的内部控制。

应用系统能够支持业务活动，并且允许用户更加有效率地履行他们的职责，有些应用系统可以被用于访问和修改业务及财务信息。因此，保护对这些应用程序的访问权限至关重要，从而降低任何与对关键业务与财务相关数据拥有不合理的访问权限相关的风险。

以银行业务为例，通过授权与批准及职责分离控制，控制银行员工对不同业务数据的访问，以确保其访问及修改适当；通过在信息系统中对业务需求及业务规则的设置，对输入信息系统的信息进行格式检查及相关编辑控制等，以确保信息系统中业务数据的有效性；对于银行业务系统与其他外围系统的接口控制，实现数据传输的一致性及准确性等，并对差异原因予以跟进处理。

针对不同的信息处理目标的应用控制的应用如下。

（一）完整性

顺序标号，即要求信息系统中产生或者记录的票据和凭证的编号的连续性，信息系统会自动产生连续编号。此控制可以保证系统每笔日记账都是唯一的，并且系统不会接受相同编号或者在编号范围外的凭证。此时，需要系统提供一个有编号凭证的报告，如果存在例外，需要相关人员进行调查跟进。例如财务系统中的每笔日记账凭证、销售系统产生的销售订单或者银行信贷系统的贷款发放的编号应该是唯一且连续的。若相关信息系统中存在编号不连续或者编号为空等例外情况，需要相关人员进行跟进。为了确保业务流程中数据的完整性，可以在信息系统中设置一些编辑检查控制。例如，在收入循环中，通过在 ERP 系统中设定唯一的批号、批的日期、交易代码（表示交易的类型，如销售订单或者现金收入凭证的编号）、批中的记录个数（记录总数）、批控制总数（财务字段的货币总值）、杂数总计（唯一的非财务字段的总和）等，以保证在每个业务数据处理阶段之后，数据批被检查以保证其完整性。

（二）准确性

（1）编辑检查，包括限制检查、合理性检查、存在性检查、格式检查等。其目的是保证信息系统中数据的准确性，信息系统会对某些关键字段建立自动的检查性控制。例如，为了将人工输入数据错误降到最低，从而减少数据输入错误的风险，并确保业务数据在被处理之前就能发现其中的转录错误，以免其录入会计记录中影响财务数据的准确性，可以通过在信息系统中设置相关控制以实现错误日志跟踪、错误更正和交易的重新提交等。如某制造企业在 SAP 系统中新建销售订单时，需要输入客户订购号，系统中对客户订购号进行了一定的格式要求，如该字段中只能输入 8 位阿拉伯数字，若其长度超过或少于 8 位都是不被允许的，这些输入信息将被提示并拒绝录入信息系统。在销售订单处理环节，某公司采用 SAP 系统自动将销售订单上的产品价格与月度执行价格进行比较，若销售订单价格低于月度执行价格，则 SAP 系统会自动锁住订单，以便相应人员对价格进行检查后进行后续的销售订单处理过程。此外，SAP 系统还会对每一次交易分配唯一识别的文件及识别号，如发运凭证号和销售发票号，以确保收入不发生重复确认的情况等。

（2）与现有数据比较，包括客户、供应商、发票和采购订单等信息。例如为了保证正确并且一贯地运用信用政策，确保企业应收账款的可回收性，企业需要确定存在有效的程序，以建立适当的客户赊销限额；与信用政策决策制定者进行充分的信息交流；定期检查信用政策并在必要时予以修正；同时还须监控现行信用政策的遵循情况。为了实现上述业务目标，可以通过在系统中对现有数据的配置及审核来实现授信限制。如某制造企业通过 ERP 系统对销售流程中涉及的客户进行授信限制，即对产品面向的销售客户设定一定的信用额度以实现部分赊销业务，在进行销售订单价格与设定的信用额度比较流程时，系统会调取已设定的该客户信用额度，并将此数据与销售订单价格进行比较，当系统中设定的信用额度大于该销售订单中的销售价格时，可以对客户进行赊销；否则，需检查该客户预存款是否足够支付此笔销售订单，以保证只在客户合理授信的信用额度内实现对销售订单业务的赊销流程。

（三）授权

（1）交易流程中必须包含恰当的授权，以防止非法的业务数据变更等。例如，为了确保只有经过合理授权的人员才能接触到业务数据，防止未经授权或不合理的数据访问及修改操作，企业可以采用信息系统设置相关用户角色及其权限以实现只有经过合理授权的人才能访问相关数据。如在某银行的资金业务交易中，资金业务交易系统控制使前台交易必须经过中台风险控制人员对系统中相关资金业务数据的审阅和放行才能进行，即通过资金业务交易系统中对该流程的固化及配置，实现授权控制机制。

（2）信息系统授权控制测试：为了保证信息系统中数据的真实性及准确性，需要进行相关授权控制测试。例如，为了防止舞弊行为、切实保证企业合理的财务及经营利益，可以通过信息系统中的授权控制来保证只有经过合理授权的数据才能被调用。如某大型制造企业采购部门在进行产品采购时，需要从得到授权的供应商处进行采购，且每次采购是基于下月的生产计划和能够识别每单位生产所需要的零部件的材料需求计划而进行的。企业通过在 SAP 系统中设置经合理授权的供应商数据，并按照企业实际材料需求计划的要求设置针对某种材料的数量，可以合理保证只有经过合理授权的业务数据用于实际采购业务中。

（四）访问限制

（1）对于某些特殊的会计记录的访问，必须经过数据所有者的正式授权。管理层必须定期检查系统的访问权限来确保只有经过授权的用户才能够拥有访问权限，并且符合职责分离原则。如果存在例外，必须进行调查。例如，为合理保证财务数据的准确性及完整性，可以通过在信息系统中按照会计期间结账时间表设置明细账的每个会计期间截止日期，当过了结账日期，任何当月的交易都不能在系统中进行。如某全球规模的大型制造企业，可以通过在 Oracle ERP 系统中对应付 / 应收账款模块预设会计截止期间，确保其设置与该企业全球会计期间结账时间表一致。在系统账期关闭后，不允许对期间交易及历史交易数据进行修改。当试图在关账日期后对已关账数据进行修改时，该系统会提示"该财务数据在关账日期后不能进行修改，如有需要，请联系财务总监或授权人员进行解锁或修改"。

（2）访问控制必须满足适当的职责分离。为了防止违规的业务操作，信息系统中定义了不相容岗位，业务人员不能拥有相互冲突的岗位权限。常见的职责分离控制如下。

①负责收回应收账款的人员不应该负责与会计账簿接触的工作。

②负责签发支票的人员不应该负责编制银行存款余额调节表。

③负责验收货物的人员不应该负责货款的支付。

④负责保管资产的人员不应该负责保存这些资产的记录。

（3）对每个系统的访问控制都要单独考虑。例如逻辑访问控制中关于信息系统密码策略的要求，包括密码长度、复杂度、有效期、重用次数、锁定次数要求等。此外，还包括一些检查性控制，例如，为了保证管理层及时发现不合理的账号添加或用户权限设置，需要定期对用户账号及其访问权限进行审阅，即通过审阅从信息系统中导出的全部用户账号、权限及其过期时间等信息，确保对财务报告相关的信息系统以及关键数据的访问设置的适当性。此外，为了确保对业务数据的访问及操作的合理性，需要通过信息系统实现其日志记录功能，即通过日志稽核模块记录监测业务数据的访问 / 操作人员 ID、访问 / 操作 IP、访问 / 操作时间、数据访问 / 操作内容等，管理层需要定期对用户登录及其操作日志进行审阅，以发现潜在的违规行为，并及时采取相关措施。

19.5　信息系统内部控制制度示范

信息系统内部控制制度

第一章　总则

第一条　为了利用信息系统规范交易行为，提高公司信息系统的可靠性、稳定性、安全性及数据的完整性和准确性，降低人为因素导致内部控制失效的可能性，形成良好的信息传递管道，根据国家有关法律、法规、《企业内部控制基本规范》及本公司实际，制定本制度。

第二条　本制度所称信息系统是指利用计算机技术对业务和信息进行集成处理的程序、数据和文件等的总称。

第三条　公司应当关注信息系统一般控制的下列风险。

1.信息系统缺乏或规划不合理，可能造成信息孤岛或重复建设，导致企业经营管理效率低下。

2.系统开发不符合内部控制要求，授权管理不当，可能导致无法利用信息技术实施有效控制。

3. 系统运行维护和安全措施不到位，可能导致信息泄露或毁损，系统无法正常运行。

第四条 公司应当加强信息系统内部控制的下列关键方面和环节的控制。

1. 职责分工、权限范围和审批程序应当明确规范，机构设置和人员配备应当科学合理，重大信息系统开发与使用事项应履行审批程序。

2. 信息系统开发、变更和维护流程应当清晰合理。

3. 应当建立访问安全制度，操作权限、信息使用、信息管理应当有明确规定。

4. 硬件管理事项和审批程序应当科学合理。

5. 会计信息系统流程应当规范，会计信息系统操作管理、硬件、软件和数据管理、会计信息化档案管理应当完善。

第二章　岗位分工与授权审批

第五条 公司应当建立计算机信息系统岗位责任制，在岗位设置过程中原则上应当做到下列岗位不相容。

1. 系统开发和变更过程中不相容岗位（或职责）一般应当包括：开发（或变更）立项、审批、编程、测试。

2. 系统访问过程中不相容岗位（或职责）一般应当包括：申请、审批、操作、监控。

计算机信息系统中不相容岗位一般包括：系统分析、编程、测试、程序管理、数据库管理、数据控制和终端操作。

第六条 公司计算机信息系统战略规划、重要信息系统政策等重大事项应当经由权力机构审批通过后实施。

信息系统战略规划应当与公司业务目标保持一致。信息系统使用部门应该参与信息系统战略规划、重要信息系统政策等的制定。

公司主管信息工作的副总经理应当就系统归口管理部门和用户部门（含财会部门）在保证系统正常安全运行过程中各自承担的职责制定明确的职责分工表，报经理办公会审批后实施。

第七条 公司信息管理部门是计算机信息系统的归口管理部门，协助公司完成信息系统开发、变更、运行、维护的战略、规划、计划、预算和方案等领导和管理工作，并负责具体贯彻和落实。

第八条　信息系统用户部门应当履行下列职责。

1.财会部门负责信息系统中各项业务、账务处理的准确性和及时性；会计电算化制度的制定；财务系统操作规定等。

2.生产、销售、仓储及其他部门（以下称用户部门）应当根据本部门在信息系统中的职能定位，参与信息系统建设，按照归口管理部门制定的管理标准、规范、规章来操作和运用信息系统。

第三章　信息系统安全管理制度

一、信息系统建立与维护

第九条　计算机信息系统开发时，应当充分考虑公司实际情况和信息的集成性，做到流程优化、权限合理，以预防、检查、纠正错误和舞弊行为，确保公司生产经营活动的真实性、合法性和效益性。

公司信息系统开发采取外购调试或业务外包方式时，应当对合作主体或第三方加强监控，并按照公司相关规定履行招投标程序。

第十条　公司应当制定详细的信息系统上线和变更计划，同时应当制定新旧系统切换时的相应控制措施，包括以下内容。

1.制定上线计划应急预案，保证新系统一旦失效，能够顺利切换回旧系统状态。

2.制订详细的资料迁移计划。

3.积极组织用户部门参与数据迁移过程，对数据迁移结果进行测试，并在测试报告上确认。

4.拟定并实施整体测试和用户验收测试，以确保系统的正常运转。

第十一条　公司计算机信息系统实施遵循以事先预防为主、事后补救为辅的使用和维护原则，确保计算机信息系统的持续运行。常见预防性措施包括但不限于日常检测、设立容错冗余机制、编制应急预案等。

二、信息系统访问安全

第十二条　公司信息系统的访问者应当严格遵守公司信息系统管理制度以及各子系统的具体控制程序及操作规范。

第十三条　信息系统操作人员等访问者，应当遵守的具体控制规程如下。

1.信息系统的变更权由公司相关权力机构或授权部门、人员行使，严禁擅自对系统软件删除、修改和变更等。

2.公司实施信息系统操作员上岗培训制度，操作员应当在指定的账号、密码和使用权限内履行岗位职责，操作员未经培训不得擅自上岗。

3.公司严格执行账号审批和监管制度，访问人员应当在审批权限范围内访问系统，管理人员应当定期审核和监管账号和用户的使用情况。

4.公司应当加强系统访问安全，设置合理的安全参数，严禁未经授权人员擅自调整、删除或修改系统中设置的各项参数。

5.公司建立不同类别信息的授权使用制度，严禁越权使用和泄密。

6.信息管理部门经公司权力机构授权有权查看、增减、删改信息设备内文件内容。

第十四条 公司应当定期检测信息系统运行情况，及时进行计算机病毒的预防、检查工作，禁止用户安装非法防病毒软件和私自卸载公司要求安装的防病毒软件。

第十五条 公司应当利用计算机信息系统建立信息化平台，规范信息的使用和传递，促进业务流程与信息流程的统一，提高经营管理的效率和效果。

第十六条 公司计算机信息系统应当划分为生产、销售、存储等子系统，及时反映和记录交易。交易责任部门在其授权范围内对子系统录入信息的真实性、完整性、准确性和及时性负责，并定期检查、核对所录信息。

第十七条 公司财会部门应当认真审核采购、生产、销售、仓库等部门与财务相关的关键业务数据，保证会计信息与业务流程在时间、数量和价值上的统一。

第十八条 公司应当建立信息数据变更处理（包括数据导入、数据提取、数据修改等）规范。一经发现已输入数据信息有误，应当按照信息系统操作规定加以修正。

第十九条 公司应当建立数据信息定期备份制度和资料批处理或实时处理的处理前自动备份制度，并规定在备份完毕后，异地保存备份介质。

第二十条 公司应当编制完整、具体的灾难恢复计划，同时应当定期检测、及时修正该计划。

三、硬件管理

第二十一条 企业应当制定计算机信息系统硬件管理制度，信息管理部门对信息设备的新增、报废、流转等情况建文件登记，统一管理。

信息设备的处置应当由职能管理部门按照公司相关规定办理，其他部门不得随意处置，信息管理部享有信息设备处置的建议权。

第二十二条　公司应当将计算机硬设备放置在合适的物理环境中，由专人负责管理和检查，其他任何人未经授权不得接触计算机信息系统硬件设备。公司对于主要系统服务器应当配备不中断电源供给设备。

第二十三条　硬件设备的更新、扩充、修复等工作应当由相关人员提出申请，报上级主管负责人审批。

第二十四条　公司操作人员应当严格遵守用电安全规定，不得在计算机专用线路上使用其他用电设备。

第二十五条　公司应当完善计算机信息系统硬件设备异常状况处理制度。发生异常状况（如冒烟、打火、发出异常声响等），应当立即通知信息管理部门和行政部门，发生重大事故的应当按照公司《突发事故应急预案》《安全生产管理制度》《总部办公安全管理办法》处理。

第四章　会计信息化操作管理

第二十六条　公司应当加强会计信息化工作，并对其工作流程进行有效控制。

本制度所称会计信息化是指利用计算机信息技术代替人工进行财务信息处理，以及替代部分由人工完成的对会计信息的分析和判断的过程。

第二十七条　公司应当建立会计信息化操作管理制度，明确会计信息化系统的合法有权使用人员及其操作权限和操作程序，形成分工牵制的控制形式。

公司出纳人员不得兼任电算化系统管理员，不得兼任记账凭证的审核工作。

第二十八条　公司应当建立会计信息化系统硬件、软件和数据管理制度，重点如下。

1. 对正在使用的会计核算软件进行修改、对通用会计软件进行升级和对计算机硬件设备进行更换时，公司应当有规范的审批流程，并采取替代性措施确保会计数据的连续性。

2. 公司应当健全计算机硬件和软件出现故障时进行排除的管理措施，保证会计数据的完整性。

3. 确保会计数据安全保密，防止对数据的非法修改和删除。

第二十九条　公司应当建立信息化会计档案管理制度。

本制度所称信息化会计档案是指存储在磁性介质或光盘介质的会计数据和计

算机打印出来的书面等形式的会计数据，包括记账凭证、会计账簿、会计报表（包括报表格式和计算公式）中的数据。

公司应当指定专人负责信息化会计档案的管理，做好防消磁、防火、防潮和防尘等工作；对于存储介质保存的会计档案，应当定期检查，防止由于介质损坏而使会计档案丢失。

第 20 章
内部控制评价

20.1　内部控制评价概述

内部控制评价是指企业董事会或类似权力机构对内部控制的有效性进行全面评价、形成评价结论、出具评价报告的过程。评价主要针对企业在内部控制设计与实施中存在的问题，通过评价—反馈—改进—再评价的动态循环，实现内部控制的持续改进和自我完善。我国《企业内部控制基本规范》明确要求："企业应当结合内部监督情况，定期对内部控制的有效性进行自我评价，出具内部控制自我评价报告。"内部控制评价是优化内部控制自我监督机制的一项重要安排，对促进内部控制有效性的持续提升、提高企业运营的透明度、实现企业管理与政府监管的协调互动、满足利益相关者对企业关注的需要等具有重要意义。

从内部控制评价的定义可以看出，董事会是内部控制评价的最终责任主体，对内部控制评价报告的真实性负责。董事会可以通过审计委员会来承担对内部控制评价的组织、领导和监督职责。董事会（审计委员会）应听取内部控制评价报告，审定重大缺陷和重要缺陷的整改意见，对于缺陷整改中遇到的困难，应积极协调、排除障碍。监事会应审议内部控制评价报告，对董事会建立与实施内部控制进行监督。

管理层具体负责组织实施内部控制评价工作，在实际操作中，可授权内部控制评价机构组织实施，并积极支持和配合内部控制评价。管理层应结合日常掌握的信息，为内部控制评价方案提出应重点关注的业务或事项，审定评价方案和听取评价报告；对于评价中发现的问题或报告的缺陷，应按董事会或审计委员会的整改意见，积极采取有效措施予以整改。

董事会和管理层可授权内部审计机构或专门机构（以下简称评价机构）负责

内部控制评价的具体工作。这是由于内部审计机构在企业内部处于相对独立的地位，该机构的工作内容、性质和人员业务专长符合内部控制评价的工作要求。评价机构根据授权承担内部控制评价的具体工作，为了保证评价的独立性，负责内部控制设计和评价的部门应适当分离。评价机构通过复核、汇总、分析内部监督资料，结合管理层的要求，拟订评价工作方案并认真组织实施；对于评价中发现的重大问题，应及时与董事会、审计委员会或管理层沟通，并认定内部控制缺陷，拟订整改方案，编写内部控制评价报告，及时向董事会、审计委员会或管理层报告；沟通外部审计师，督促各业务单位和职能部门对内部控制缺陷进行整改；根据评价和整改情况拟订内部控制考核方案。

各业务单位和职能部门应逐级落实内部控制评价责任，负责组织本单位（部门）的内部控制自查、测试和评价工作，对发现的内部控制设计和运行缺陷提出整改方案及具体整改计划，积极整改并报送内部控制机构复核，配合内部控制评价机构或外部审计师开展评价工作。

企业也可以根据自身的特点，成立内部控制评价的非常设机构，抽调内部审计、内部控制等相关机构的人员组成内部控制评价小组，具体组织实施内部控制评价工作。企业还可以委托会计师事务所等中介机构实施内部控制评价。此时，董事会（审计委员会）应加强对评价工作的监督和指导。从业务性质上讲，中介机构受托为企业实施内部控制评价是一种非保证服务，评价报告的责任仍由董事会承担。为了保证审计的独立性，为企业提供评价服务的会计师事务所，不得同时为企业提供内部控制审计服务。

20.2　内部控制评价内容及程序

20.2.1　内部控制评价的内容

内部控制评价的内容应全面、完整，结合内部控制五大目标，涵盖内部控制的五大要素，覆盖企业及其所属单位的各种业务和管理活动的全过程。

内部控制评价包括内部控制测试、缺陷评估和评价报告等。

①内部控制测试是按照规定的程序、方法和标准，针对财务报告控制目标，

对企业内部控制体系设计有效性和执行有效性进行检查，旨在发现内部控制体系在设计层面和执行层面是否存在缺陷。

②缺陷评估是以规定的程序、方法和标准，对内部控制测试发现的缺陷进行分析，评估缺陷对内部控制的影响程度的过程。

③评价报告是在内部控制测试和缺陷评估结果的基础上，根据企业对外披露和内部控制管理的不同需要，对内部控制有效性进行评价及报告的过程。

内部控制评价的主要内容如图20-1所示。

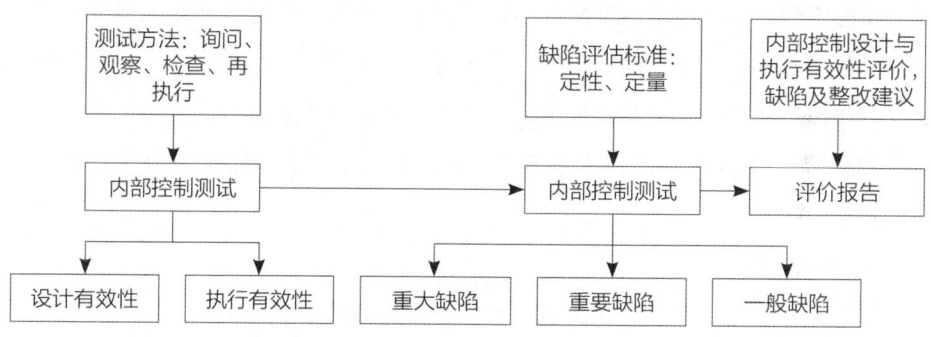

图20-1　内部控制评价的主要内容

内部控制评价原则是开展评价工作应遵循的原则，与内部控制的基本原则不完全相同。内部控制评价至少应遵循以下原则。

1. 全面性原则

内部控制评价的范围应全面完整，结合内部控制的五大目标，涵盖内部控制的五大要素，覆盖企业及其所属单位的各种业务和管理活动；在业务流程上应包括决策、执行、监督、反馈等各环节。

2. 重要性原则

内部控制评价应在全面性的基础上，突出重点，在制定和实施评价工作方案、分配评价资源的过程中，着重关注重要业务事项、关键控制环节和重要业务单位。

3. 风险导向原则

评价人员应关注影响内部控制目标实现的高风险领域和主要风险，及时获取风险评估形成的风险清单，进行风险排序，将评价重点放在高风险领域和重大风险点控制的效率与效果上。

4. 客观性原则

内部控制评价工作应准确揭示经营管理的风险及其管控状况，如实反映内部控制设计和运行的有效性。只有在制定评价工作方案、实施评价的全过程中始终坚持客观性，才能保证评价结果的客观性。

20.2.2　内部控制评价的程序

1. 制定评价工作方案

评价机构应根据内部监督情况和管理要求，分析企业经营管理过程中的高风险领域和重要业务事项，确定与检查评价方法，制定科学的评价方案，经董事会批准后实施。评价方案应明确评价范围、工作任务、人员组织、进度安排和费用预算等内容。评价方案既可以全面评价为主，也可根据需要采用重点评价的方式。

2. 组成评价工作组

评价工作组在内部控制评价机构的领导下，具体承担内部控制的检查评价任务。评价机构根据经批准的评价方案，挑选具备独立性、业务胜任能力和职业道德素养的评价人员实施评价。评价工作组应吸收企业内部相关机构熟悉情况、参与日常监控的负责人或业务骨干参与评价。评价工作组成员对本部门的评价应实行回避制度。企业应根据自身条件，尽量建立长效的内部控制评价培训机制。

3. 实施现场评价

现场评价要了解被评价单位的基本情况，充分沟通企业文化和发展战略、组织机构设置及职责分工、领导层成员构成及分工等基本情况，根据掌握的情况，进一步确定评价范围、检查重点和抽样数量，并结合评价人员的专业背景进行合理分工。检查重点和分工情况可根据需要适时调整。评价人员应对被评价单位进行现场测试，综合运用个别访谈、调查问卷、专题讨论、穿行测试、实地查验、抽样和比较分析等方法，充分搜集被评价单位内部控制设计和运行是否有效的证据，按评价内容如实填写评价工作底稿，研究分析内部控制缺陷。工作底稿应详细记录企业执行评价工作的内容，包括评价要素、主要风险点、采取的控制措施、有关证据资料及认定结果等。工作底稿可以通过一系列评价表格加以实现。

4. 认定内部控制缺陷，汇总评价结果

评价工作组汇总评价人员的工作底稿，初步认定内部控制缺陷，形成现场评价报告。评价工作底稿应进行交叉复核签字，并由评价工作组负责人审核后签字

确认。评价工作组将评价结果及现场评价报告向被评价单位通报，由被评价单位相关责任人签字确认后，提交评价机构。评价机构汇总各评价工作组的评价结果，对评价工作组现场初步认定的内部控制缺陷进行全面复核、分类汇总；对缺陷的成因、表现形式及风险程度进行定量或定性的综合分析，按其对控制目标的影响程度判定缺陷等级。

5. 编报评价报告

评价机构以汇总的评价结果和认定的内部控制缺陷为基础，综合内部控制工作的整体情况，客观、公正、完整地编制内部控制评价报告，并报送企业经理层、董事会和监事会，由董事会最终审定后对外披露。

6. 报告反馈和跟踪

对于认定的内部控制缺陷，评价机构应结合董事会和审计委员会的要求，提出整改建议，要求责任单位及时整改，并跟踪其整改落实情况；已经造成损失或负面影响的，应追究相关人员的责任。

20.3　内部控制缺陷认定

内部控制缺陷是描述内部控制有效性的一个负向维度。开展内部控制评价，主要工作之一就是查找内部控制缺陷并有针对性地整改。

内部控制缺陷认定具有一定的难度，需要运用职业判断。内部控制缺陷分为重大缺陷、重要缺陷和一般缺陷，需要借助一套可系统遵循的认定标准进行认定。由于企业所处行业、经营规模、发展阶段、风险偏好等存在差异，我国《企业内部控制基本规范》及其配套指引没有对内部控制缺陷认定的具体标准作出统一规定。企业可结合经营规模、行业特征、风险水平等因素，研究确定适合本企业的内部控制重大缺陷、重要缺陷和一般缺陷的具体认定标准。认定标准应从定性和定量的角度综合考虑，并保持相对稳定。

在确定内部控制缺陷的认定标准时，企业应充分考虑内部控制缺陷的重要性及其影响程度。重要性和影响程度是就内部控制目标而言的。按缺陷对财务报告目标和其他内部控制目标实现的影响，内部控制缺陷可以分为财务报告内部控制缺陷和非财务报告内部控制缺陷。

（一）财务报告内部控制缺陷的认定标准

财务报告内部控制是针对财务报告目标设计和实施的控制，主要的政策和程序包括：保存充分、适当的记录，准确、公允地反映企业的交易和事项；合理保证按会计准则的规定编制财务报告；合理保证收入和支出的发生以及资产的取得、使用或处置经过适当授权；合理保证及时防止或发现并纠正未经授权的、对财务报告有重大影响的交易和事项；等等。

由于财务报告内部控制的目标集中体现为财务报告的可靠性，因而财务报告内部控制缺陷主要是指不能合理保证财务报告可靠性的内部控制设计和运行缺陷。也就是说，财务报告内部控制缺陷是不能及时防止或发现并纠正财务报告错报的内部控制。

将财务报告内部控制缺陷划分为重大缺陷、重要缺陷和一般缺陷，所采用的认定标准直接取决于该缺陷存在可能导致财务报告错报的重要程度。这种重要程度主要取决于两方面。一是该缺陷是否具备合理可能性，导致企业内部控制不能及时防止或发现并纠正财务报告错报。合理可能性是指大于微小可能性（几乎不可能发生）的可能性，确定是否具备合理可能性涉及评价人员的职业判断。二是该缺陷单独或连同其他缺陷可能导致的潜在错报金额的大小。

如果一项内部控制缺陷单独或连同其他缺陷具备合理可能性，导致不能及时防止或发现并纠正财务报告中的重大错报（管理层确定的财务报告重要性水平），就应将该缺陷认定为重大缺陷。一般可采用绝对金额法（例如，规定金额超过 100 000 元的错报被认定为重大错报）或相对比例法（例如，规定金额超过资产总额 1% 的错报被认定为重大错报）来确定重要性水平。

如果一项内部控制缺陷单独或连同其他缺陷具备合理可能性，导致不能及时防止或发现并纠正财务报告中虽然未达到和超过重要性水平，但仍应引起董事会和管理层重视的错报，就应将该缺陷认定为重要缺陷。不构成重大缺陷和重要缺陷的内部控制缺陷，应认定为一般缺陷。

另外，从性质上说，企业存在以下情形之一的，通常表明财务报告内部控制可能存在重大缺陷。

（1）董事、监事和高级管理人员舞弊。

（2）企业更正已公布的财务报告。

（3）注册会计师审计发现当期财务报告存在重大错报，而内部控制在运行过程中未能发现该错报。

（4）审计委员会和内部审计机构对内部控制的监督无效。

如果财务报告内部控制存在一项或多项重大缺陷，就不能得出该企业财务报告内部控制有效的结论。

（二）非财务报告内部控制缺陷的认定标准

非财务报告内部控制是针对除财务报告目标之外的目标设计和实施的内部控制。这些目标一般包括战略目标、资产安全目标、运营目标、合规目标等。非财务报告内部控制缺陷认定具有涉及面广、认定难度大的特点。

企业可参照财务报告内部控制缺陷的认定标准，合理确定定性和定量的认定标准，根据其对内部控制目标实现的影响程度分别认定为重大缺陷、重要缺陷和一般缺陷。其中：定量标准既可以涉及金额（例如，造成直接经济损失的金额），也可以根据直接损失占资产、销售收入及利润等的比率确定；定性标准指涉及业务性质的严重程度，可以根据其直接或潜在负面影响的性质、影响的范围等因素确定。

为了避免企业操纵内部控制评价报告，非财务报告内部控制缺陷认定标准一经确定，必须在不同的评价期间保持一致，不得随意变更。

需要强调的是，在内部控制的非财务报告目标中，战略目标和运营目标的实现往往受到企业不可控的诸多外部因素的影响，企业的内部控制只能合理保证董事会和管理层了解这些目标的实现程度。因此，在认定针对这些控制目标的内部控制缺陷时，不能只考虑最终结果，还应考虑企业制定战略、开展经营活动的机制和程序是否符合内部控制的要求，以及不适当的机制和程序对企业战略目标及运营目标实现可能造成的影响等。

企业存在以下情形之一的，通常表明非财务报告内部控制可能存在重大缺陷。

（1）国有企业缺乏民主决策程序，如缺乏"三重一大"决策程序。

（2）企业决策程序不科学、决策失误，导致并购不成功。

（3）违反国家法律法规，如环境污染。

（4）管理人员或技术人员纷纷流失。

（5）媒体负面新闻频现。

（6）内部控制评价的结果，特别是重大或重要缺陷未得到整改。

（7）重要业务缺乏制度控制或制度系统性失效。

如果非财务报告内部控制存在一项或多项重大缺陷，就不能得出该企业非财务报告内部控制有效的结论。

企业对内部控制缺陷的认定，应以企业在日常监督和专项监督中获取的资料为基础，结合年度内部控制评价，由评价机构进行综合分析后提出认定意见，按规定权限和程序进行审核，由董事会最终确定。

20.4　内部控制评价报告

内部控制评价报告是内部控制评价的最终体现，按编制主体、报送对象和时间，分为对外报告和对内报告。对外报告的内容、格式等强调符合披露要求，时间具有强制性；对内报告则主要以符合董事会（审计委员会）、经理层需要为主，编制主体层级更多，内容更加详尽，格式更加多样，可以定期编制，也可以不定期编制。

企业应根据《企业内部控制基本规范》及其配套指引，设计内部控制评价报告的种类、格式和内容，明确内部控制评价报告的编制程序和要求。内部控制评价报告应报经董事会或类似权力机构批准后对外披露或报送相关部门。

内部控制评价报告应当分别围绕内部环境、风险评估、控制活动、信息与沟通、内部监督等要素进行设计，对内部控制评价过程、内部控制缺陷认定及整改情况、内部控制有效性结论等相关内容作出披露。通常，内部控制评价报告至少应披露以下内容。

（1）董事会声明：声明董事会及全体董事对报告内容的真实性、准确性、完整性承担个别及连带责任，保证报告内容不存在任何虚假记载、误导性陈述或重大遗漏。

（2）内部控制评价的总体情况：明确企业内部控制评价工作的组织、领导体制、进度安排，是否聘请会计师事务所对内部控制有效性进行独立审计。

（3）内部控制评价的依据：说明企业开展内部控制评价工作所依据的法律法规和规章制度。

（4）内部控制评价的范围：描述内部控制评价所涵盖的被评价单位、纳入评价范围的业务事项，以及重点关注的高风险领域。评价范围如有所遗漏，则应说明原因及其对内部控制评价报告真实性、完整性产生的重大影响等。

（5）内部控制评价的程序和方法：描述内部控制评价工作遵循的基本流程，以及评价过程采用的主要方法。

（6）内部控制缺陷及其认定：描述适用企业的内部控制缺陷的具体认定标准，并声明与以前年度保持一致或作出调整及相应的原因；根据内部控制缺陷认定标准，确定评价期末存在的重大缺陷、重要缺陷和一般缺陷。

（7）内部控制缺陷的整改情况：针对评价期间发现、期末已完成整改的重大缺陷，说明企业有足够的测试样本显示与该重大缺陷相关的内部控制已设计且运行有效；针对评价期末存在的内部控制缺陷，说明企业拟采取的整改措施及预期效果。

（8）内部控制有效性的结论：对于不存在重大缺陷的情形，出具评价期末内部控制有效的结论；对于存在重大缺陷的情形，不得作出内部控制有效的结论，并必须描述该重大缺陷的性质及其对实现相关控制目标的影响程度、可能给企业未来生产经营带来的相关风险。自内部控制评价报告基准日至内部控制评价报告发出日发现重大缺陷的，内部控制评价机构应予以核实，并根据核查结果对评价结论进行相应调整，说明董事会拟采取的措施。

年度内部控制评价报告应以 12 月 31 日作为基准日。

内部控制评价是董事会对企业内部控制有效性的自我评价，有一定的主观性。即使同时满足设计有效性和运行有效性标准的内部控制，受内部控制固有局限的影响，也只能为目标实现提供合理保证而不能提供绝对保证，不应不切实际地期望内部控制能绝对保证内部控制目标的实现，也不应以内部控制目标的最终实现情况与程度作为唯一依据直接判断内部控制设计和运行的有效性。